走向上的路　追求正义与智慧

律路法学实践教育系列丛书

律路法学实践教育系列丛书编委会成员

胡雪梅　李中衡

本册主编

胡雪梅

本册主笔 第一作者

李中衡

本册副主编

蔡崇山　胡启鹏　简鸣蝉　杨翼飞
吴墨茨　刘一尘

本册合作作者

蔡崇山　胡启鹏　简鸣蝉　杨翼飞
张先生　刘一尘　吴墨茨　李女士
王维康　方　翔　毕文轩　宋云超
吕点点　黄佩佩　蒋先生　王　哲
庄凌宇　谢剑威　翟同学　陈泉程
王先生　姜智夫　司徒沛宏
刘　霖　雷女士　石　莹　付女士
胡子涵
（另有不署名合作作者若干）

研究支持团队

姜同学　刘同学　赵同学　韩同学
陈同学　戚同学　张同学　周同学
纪同学　Lisa　Mia　Alex
Isabelle　William

推开法学之门

GETTING TO ROAD OF LAW

胡雪梅 李中衡 主编

法学学业规划与就业指南

Study and Career Planning-Book for Chinese Law School Student

中国民主法制出版社
全国百佳图书出版单位

胡雪梅

江西共青城人，华东师范大学法学院教授、博士生导师，律路法学实践教育系列丛书主编、总策划。胡雪梅教授为西南政法大学民商法学博士，厦门大学民商法学博士后，教育部公派英国牛津大学、剑桥大学、美国康奈尔大学访问学者；上海市"曙光"学者；上海市闵行区第六届、第七届人民代表大会代表暨法制委员会委员，上海仲裁委员会仲裁员，上海坤澜律师事务所兼职律师。胡雪梅教授从1986年起从事法学教学及学术研究，从1994年起从事兼职律师工作，至今已有三十余年的法学教学、科研经验与二十多年的法律实务经验。胡雪梅教授先后出版学术专著4部；在《法学》《现代法学》等刊物发表学术论文数十篇；主编《民法》《婚姻法》等高校教材多部；主持国家社科基金项目及教育部、司法部等国家级、省部级科研及教改课题等9项；3项科研成果先后荣获省部级一等奖、三等奖、优秀作品奖。胡雪梅教授先后为本科生主讲《民法》《民法总则》《合同法》《人身权的民法保护》等多门课程，先后荣获所在单位及上海市优秀教师等多项荣誉称号；《民法总则》课程还获评上海市思政示范课程。在律师实务工作方面，其先后代理多起经媒体广泛报道、有重大影响的疑难案件，不仅合理维护了当事人合法权益，还产生了积极广泛的社会影响；其常年担任数家公司法律顾问，提供相关法律建议；还曾作为香港地区法院确立我国政府机关在香港法院享有官方豁免权之规则的"华天轮"一案的法律专家，为香港地区法院确立上述规则作出了积极贡献。

律路官方公众号
"律路"

李中衡

江西南昌人，律路法学实践教育系列丛书执行主编、主笔。美国南加州大学法学院中国招生大使与南加州大学中国办公室职业发展导师。李先生曾在多家中美律所实习与工作，并曾任国际教育咨询公司东亚分部负责人。李先生法学本科毕业于华东政法大学，法学硕士（LL.M.）毕业于英国布里斯托大学，职业法律博士（J.D.）毕业于美国南加州大学，法学博士就读于上海交通大学。自2013年始，李先生在多个平台解答法学专业学业就业规划问题与高考志愿填报问题，累计撰写答复数万字；此外，李先生曾在多家教育机构兼任升学规划顾问，专精中国法学专业高考志愿填报与美国法学院职业法律博士项目（J.D.）的申请与就业规划。李先生还出版有学术作品《数字平台企业反垄断救济新论》（译著）与长篇小说一部，其创作的《推开法学之门：法学专业高考志愿填报指南》即将出版。

律路团队
作者公众号

谨以此书,献给安宝与她的母亲。

——主笔:李中衡

名家荐语

对于那些准备选择法学专业和已经在读的众多法科学子来讲,有太多太多的现实问题需要得到认真、专业和有效的解答,这是在持续推进法治建设和不断深化教育改革背景下法学专业训练早已发展成为一台复杂机器的必然结果。《推开法学之门:法学学业规划与就业指南》坚持问题导向、需求导向的写作思路,以务实的精神和写作风格,从相互之间紧密关联的学业、专业和职业三个要点推展开来,对于诸多的偶遇或常见问题,尽可能以权威和专业视角为理清盲区、减少弯路、避免错路提供指导和帮助。指望一本书能够针对性解决所有的问题既不现实,也不可能,但是读者如能从中受到启示而获益,纾解困局,那就足以证明本书所具有的基本价值了。

——王健,西北政法大学副校长、教授、中国法学会法学教育研究会副会长

这是一件看似平凡却不平凡的事:本书主编胡雪梅教授和主笔李中衡博士历经五年时间终于完成了这部中国法学实践教育领域颇具特色和创新元素的力作《推开法学之门:法学学业规划与就业指南》。他们的坚持与执着诠释着他们对中国法学实践教育的无私奉献与拳拳之心。本书让我感受最深刻之处有:一、本书定位准确、体系完善。对于学业规划与就业规划的讲解事无巨细、娓娓道来。二、本书编排科学、内容完满。对于专业教育与职业教育的铺陈相得益彰、融会贯通。三、本书详略得当,建议完备。对于涉外法律人才培养的路径创新与规划建议,更是不可多得。总之,这是一本适合现在和未来的法科生以及刚刚走进法律服务领域的法律人的佳作,本书将使读者在相应的学习和工作中获取事半功倍之效。

——陈晶莹,华东政法大学前副校长、教授、上海市政府参事

《推开法学之门：法学学业规划与就业指南》是一本非常精彩和有启发性的读物，它不仅揭示了我国法学实践教育领域的现状和挑战，也为如何学好法律提供了实用的指导和建议。我第一时间拜读了本书，深感作者团队成员以自己的亲身经历和实践为基础，生动地描述了推动现代中国法学教育的艰辛和挑战，同时也分享了他们自己对法学教育的心得和经验。通过对一些具有代表性的实践性教育事例的分析和解析，作者们深入探讨了法学教育的多种可能，为读者提供了很多有价值的参考和借鉴。如果你对法学教育感兴趣，这本书绝对值得一读。它不仅能够提升你对法学教育的了解程度，更能让你深刻认识到法学教育对于司法公正、权利保障、法治人才培养的重要性。法学教育，任重道远，你我都不是局外人！

——周光权，清华大学法学院院长、教授、全国人大宪法和法律委员会副主任委员

专业、学业、就业、职业是法科学生迈进法学之门所不能回避的基础性问题。《推开法学之门：法学学业规划与就业指南》从法科学生所急所需所感出发，详细介绍了法学专业、法律职业、法律工作的基本情况，系统讲授了学习专业、选择行业、从事职业的策略技巧，具有很强的指导性、操作性、实用性。本书必将成为法科学生的良师益友，成为法学教育的重要工具书。

——黄文艺，中国人民大学法学院院长、教授、《中国法学》总编辑

从仙人指路到前辈带路，这是我阅读《推开法学之门：法学学业规划与就业指南》这本书的总体印象。高考志愿填报网红张老师对于专业及就业指点江山，大家都耳熟能详，被当成“仙人指路”。我们知道，法学教育是一个难题，法学教育的品质以及法科生的就业连着国家治理以及法治发展的未来。因此，后学者不如认真思考前辈学者及实务人士的经验之谈，听他们现身说法。这也是向师傅带徒弟的法律教育传统致敬。三人行必有我师。前辈在法学学习以及职业选择方面的经验是非常宝贵的，值得后辈萧规曹随，亦步亦趋。所以，这种“前辈带路”的有益尝试会带动在法学教育及职业上孜孜以求，努力寻路的后辈得以认真思考、认真学习、勤于实践，帮助他们最终能成为最好的自己，成为成功的职业人。

——许身健，中国政法大学法律硕士学院院长、教授、中国法学会法律文书学研究会副会长兼秘书长

《推开法学之门:法学学业规划与就业指南》是一本法学教育领域的上佳之作:胡雪梅教授编得有心;李中衡博士和创作者们写得有趣;对同学们来说,书中内容,一定会十分有用。我不仅要向即将入读和已经入读法学院的同学们推荐这本书;我还要向并非法学专业,但对法学有兴趣的同学们推荐这本书。因为这本书,能为大家照亮法学专业学业和就业规划的路——路有很多,但能在一本书里把最重要的路都写明白的,此时此刻,我一定要推荐这一本。

——李雨峰,西南政法大学民商法学院(知识产权学院)院长、教授

法学专业一直是高考的热门专业,但在就业时又是经常被亮红牌的专业。法学专业的就业门槛高(需要通过国家统一法律职业资格考试)、就业时间滞后性强(一般均需硕士研究生毕业)等是非常重要的原因。胡雪梅教授主持、李中衡博士主笔的《推开法学之门:法学学业规划与就业指南》一书为法学专业的学生就法学专业的特色、专业和职业的关系、职业和规划的关系等方面的内容提供了非常好的指导,相信该书一定会成为法学专业学生的良师益友。

——方新军,苏州大学王健法学院院长、教授

《推开法学之门:法学学业规划与就业指南》是一部体系完备、内容丰富、特色鲜明的法学教育作品,其中有关涉外法治人才培养的内容令人印象深刻。近年来,国家将涉外法律人才的培养提升到了极为重要的高度,愈来愈多的法学院学子对如何成为涉外法律人展现出浓厚兴趣。但何为涉外法律人?成为涉外法律人的方式、门槛及成本几何?法科生如何对学业就业进行规划?这些基本问题,似乎尚未得到明确而细致的解答。本书无疑为上述问题的解决,提供了值得参考的答案。

——张海斌,上海外国语大学法学院院长、教授

我国法学院校众多优秀学子都渴望在未来的法律之路上再攀高峰,但受制于地理位置与经济发展水平,很多同学仍缺乏渠道第一时间了解最前沿的学业与就业规划方案。胡雪梅教授主编、李中衡博士主笔的《推开法学之门:法学学业规划与就业指南》一书,弥补了这方面的遗憾。该书用极为高效和直接的方式,系统全面地向法学学子介绍了"从学业到专业、从专业到职业、从职业到规划"整个过程的知识信息,扫清

了相关领域的知识信息盲区,是一部法学学子有关学业、专业、职业和规划方面的百科全书,可谓善莫大焉。我十分认同书中的一句话"在所有教育不公之中,信息普及的不公,大概是最容易被消灭的一种",本书用白纸黑字有力地践行了这句话。有鉴于此,我真诚地向所有法学院的同学们和关心法学教育的工作者们推荐这本书!

——杨峰,南昌大学法学院院长、教授

二十多年前,当我刚入学法学院本科一年级时,我并不清楚法学专业毕业后到底能从事什么职业。更换不同的实习方向、询问高学年的学长学姐、在校内 BBS 法学板块上寻找各种信息、甚至刷并不靠谱的律政剧,是我们那个年代获得职业信息的主要渠道。近年来互联网的高速发展虽然带来了大量信息,但同时也良莠并存。学法学后究竟能做什么?如何形成自己的职业规划?哪些是从事该职业的必备技能?如此等等,问题依然存在。可以认为,《推开法学之门:法学学业规划与就业指南》为法学的职业选择提供了一条捷径。本书作者们均为法学出身,现作为高校教师、律师、法务等任职于法学相关各行各业,通过各自经验和教训,让读者们能在法学职业选择上快速"避坑",对自己的学业和专业提前形成规划,从而实现从法学生到法律人的职业转身。

——杜仪方,复旦大学法学院副院长、教授

2016 年,我曾邀请本书主笔李中衡博士为华东政法大学法学专业的本科生同学做过一次学业与就业规划的讲座。这场讲座办得很成功,同学们纷纷表示受益良多。李博士深入浅出地为学弟学妹们介绍与总结法学专业升学路径与就业方向的能力给我留下了极为深刻的印象。讲座结束,李博士对我说,"谢谢马老师鼓励,将来,我一定会写一本以法学学业与就业规划为主题的书,让更多同学获益"。没想到,这句听来"玩笑"的话,在胡雪梅教授的策划支持与一众青年才俊的鼎力相助下,最终变为了现实。在我看来,《推开法学之门:法学专业学业规划与就业指南》是一本务实接地气的好书,也确实做到了"书如其名"——如果同学们想要"推开法学之门"并深入了解在法学院学什么,以及毕业后做什么这两个最关键的问题,我强力推荐大家第一时间阅读这本书。

——马金芳,华东政法大学法律学院副院长,教授

序　言

2023年2月，中共中央办公厅、国务院办公厅印发《关于加强新时代法学教育和法学理论研究的意见》，其中第十条明确对法学实践教育提出新要求，即："健全法学教学体系""更新完善法学专业课程体系，一体推进法学专业理论教学课程和实践教学课程建设。适应'互联网+教育'新形态新要求，创新教育教学方法手段。强化法学实践教学，深化协同育人，推动法学院校与法治工作部门在人才培养方案制定、课程建设、教材建设、学生实习实训等环节深度衔接。"

这一要求向所有法学教育工作者提出了一个新课题：何为新时代的法学实践教育？新时代的法学实践教育又当如何展开？胡雪梅教授主编、李中衡博士主笔、来自十余所国内外法学院的青年才俊参与创作完成的《推开法学之门：法学学业规划与就业指南》，可谓交出了一份具有开创性与独特性且值得广大法学教育工作者关注与深思的答卷。

这本以在校法科生、法学教育工作者与法学院校教学管理者为目标读者的作品，共分为四个部分："导论"以史开篇，详略得当地回顾了横跨千年的中国传统法学教育史，也明确无误地证明，指导学生将知识运用于实践的法律教育，与中国传统法律教育一同诞生并相伴传承千年。换言之，法学的实践教育，本就是中国法学教育的正科之一。"上部：从学业到专业"，系统梳理介绍了中国法学本科教育的基本教学模式、核心升学方式与主要学习技能，为所有刚刚进入法学院的新生扫清了学业规划与能力提升的信息盲区。"中部：从专业到职业"全面聚焦法律行业的就业出路、业务分类与基本求职和工作技能，为所有明确了学业规划的法科生，进一步指明了未来的就业方向。"下部：从职业到规划"则从升学、择校、就业、规划四者之间的复杂动态关系入手，以本书作者亲自辅导的真实案例为参照，成功展示了在现行法学教学体系的框架下，法学实践教育如何帮助法科生以就业为目标科学进行学业规划。四部分一气呵成,体系化地展现了胡教授与李博士所原创的法学实践教育的具体内涵、核心理念与实践方法,这些内容不仅为所有即将进入法学院的大一新生点亮了值得眺望的灯塔;也为希望理性规划个人学业和职业发展的各年级法科生指明了合理可行的路径;同时,还为有志于开展法学实践教育的同仁,提供了翔实丰富的参考。

通览本书,我感觉有“四项创新”。

首先,在法学实践教育的研究方面,本书具有理论创新。在作者看来,法学实践教育的内涵并不单纯局限于“就业指导”或“实务人员上讲台”这么简单。合格的实践教育与相关人才培养方案的制定,需以学业规划为根本、以就业教育为导向;两者之间是“叶与花”“干与枝”“根与基”的关系。换言之,法学实践教育的目标,是要培养既善于思考又精于劳动的法科生。这显然为新时代“健全法学教育体系”——尤其是法学实践教育体系——这一目标的全面实现,标定了一条可见、可能且可行的新基准。

其次,在立意筹划与谋篇布局方面,本书具有体例创新。一直以来,法学院校提供的学术教育与就业教育一直处于一种颇为泾渭分明的分割与独立状态。学生学习了学术知识却不知如何运用于实践,实践当中遇到的实际问题又不知如何诉诸于学术思维,这种双重困境正是上述状态在法学实践教育层面最直观的体现。而本书将学业知识、就业知识、实务技能与个人规划在本书中进行统筹编排并详实论述,这也为强化法学实践教学、“创新教育教学方法手段”,做好配套“课程建设”与“教材建设”这一工作的顺利展开,提供了一种可供参考的新思路。

再次,在行文构思与遣词造句方面,本书具有风格创新。本书主笔通过极具个人风格的笔触,使本书内容的表达,取得了学术与职业之间难能可贵的平衡:既能用学术的语言描述庞杂的实务世界,又能用职业的话语传递深邃的学术哲思。同时,还能用符合大众传播的通俗口吻,深入浅出地为法科生答疑解惑。须知,法学实践教育是最贴近学生所思所想的法学教育,如今的零零后所面对的世界、所熟悉的话语体系早与前辈大相径庭,这迫切呼唤能够“承上启下”的教育者将“长辈的智慧”与“晚辈的诉求”进行与时俱进的链接与传承。对于这一考题,本书给出了一个值得品味的新答案。

最后,在课程构建与教学展开方面,本书具有功能创新。不可否认,各大法学院校在推进法学实践教育的过程中,面临天然的挑战:校内教师大部分并不具备扎实的实务工作经验,职称考评对此也无具体要求,在精力有限的情况下,法学实践教育确属教师们的“份外之事”。校外实务工作者则不具备必要的教学经验与稳定的时间安排,从多年实践来看,他们“上讲台”的授课质量与成效仍有待观察。专职思政与职业规划的教师大部分又非法学科班出身,对法学实践教育,往往心有余而力不足。本书显然为上述问题的统筹解决,实现“各环节深度衔接”,提供了一种灵活的新工具:对于法学院校来说,本书可以作为谋划布局法学实践教育课程的综合教案;对于用人单位来说,本书可以作为法科生实习实训期间的配套教程;对于思政教师来说,本书可以作为辅助法学专业职业规划课程的授课教材。换言之,对于有志于系统开展法学实践教育的法学院校来说,本书展示了一种“更新完善法学专业课程体系,一体推进法学专业理论教学课程和实践教学课程建设”的新可能。

基于这四项创新,本书还呈现出了如下两个特色:

其一,本书以问题意识为核心。本书始终把“解决问题”作为最优先事项,这些问题并非来自主观臆断或“闭门造车”,而是基于前后五年近千次的一线走访调研。通览此书不难发现,作者对于法学实践教育核心命题的系统梳理总结与相应目录编排,体现的正是学生、家长、用人单位对于校内法学教育最接地气的期待。法学教育工作者显然有必要对这些朴素而实际的期待予以严肃回应。万事开头难!对此,本书毫无疑问迈出了抛砖引玉又富有开创性的第一步。

其二,本书以价值引导为根本。近年来,随着互联网自媒体的异军突起,法学教育面临相当的考验与冲击,法学实践教育也不例外。或是出于博眼球的动机、或是出于引流量的考虑,“自媒体老师”与“教育网红”争相登台,对法学院校的就业教育造成了一波又一波冲击。“劝人学法、千刀万剐”这一俗语的广为流传便是这一社会现象最直观的写照。正面回应这则俗语背后隐含的价值导向,亦是本书创作的初衷之一。它对于法律行业的分析与介绍,不仅能够让读者看到不同细分岗位的日常状态与工作价值,更能通过生动形象的比较与对照,有力传达“三百六十行、行行不可少、行行有价值、行行出状元”的正面价值观。法学教育在攀登“互联网+教育”新高地的同时，如何做到“不盲从、不流俗、不自媚”？本书之态度，当可供读者诸君品鉴。

谈完了本书的创新与特色，最后，我想再谈谈对于本书与作者团队的三大期许：

第一，希望继续补强本书有关涉外法律人才培养的相关内容。近年来，出于国家战略的需要，党中央与国务院在不同场合及多份文件中，着重对涉外法律人才的培养提出了重点要求。而法学实践教育本身就与涉外法律人才的培养具有高度的关联性。因为这一类人才价值的实现，往往就体现在他们于国际舞台通过实践涉外法律捍卫我国的正当利益。而这一类人才的成长，往往又离不开长达数年的融贯中外的学业规划。我也了解到，在本书出版的最后阶段，为了平衡不同章节的权重，作者大幅缩减了本书中有关涉外法律人才培养的相关内容。因此，我希望，以本书第一版的成功面世为契机，在下一版中，本书创作团队中的青年涉外法律人才能够继续群策群力，为我国涉外法律人才的培养与相关法学实践教育的展开，针对性地建言献策。

第二，希望继续组建更具代表性与包容性的主创团队。胡雪梅教授所带领的创作团队具有十分典型的代表性：其中既有背景光彩熠熠的“青年翘楚”，亦有靠着不懈努力在研究生阶段成就目标的“后起之秀”，他们就同一问题共同表达的观点，显然具有广泛的参考借鉴价值。此外，本书第一版核心创作成员半数为华东政法大学的青年校友，这令我倍感欣慰。但我同时也殷切希望在本书未来的版本中，创作团队能够更多吸纳来自五湖四海、甚至世界各地的优秀青年作者，共同为中国法学实践教育的未来出谋划策。

第三，希望继续对法学实践教育进行更加深入的研究。应当看到，在我国，法学实践教育仍属法教育学领域尚未被前人过多涉足的“罕至之境”，胡雪梅教授与李中衡博士充分酝酿、深入调研、不惜投入、甘于寂寞、历时五载完成的这部视野广博的开拓之作，不仅使他们成为了法学实践教育领域最为前沿的专家，也填补了法教育学领域一处“既不够学术、又不够实务”但却十分重要的留白。因此，我希望，以本书为起点，“律路”创作团队能够继续不懈探索中国法学实践教育的新内涵、新模式与新方法。而有心于法学实践教育的法学院校若能慧眼识珠，为本书作者未来的研究与实践提供宝贵的教育资源与教学环境,那也必将为新时代中国法学实践教育新篇章的续写增光添彩。

笔者身居校园之内,专攻法律史与比较法,对于法学实践教育并不熟悉。但感动于本书作者对于法学实践教育的挚爱,对法科学子就业之上心,遵作者之嘱,略陈上述浅见。是为序。

何勤华
华东政法大学涉外法治研究院
华东政法大学法律文明史研究院
2023 年 7 月 20 日

前言一：法学实践教育路在何方？

2017 年 5 月，习近平总书记在中国政法大学考察时强调："法学学科是实践性很强的学科，法学教育要处理好知识教学和实践教学的关系。要打破高校和社会之间的体制壁垒，将实际工作部门的优质实践教学资源引进高校，加强法学教育、法学研究工作者和法治实际工作者之间的交流。"〔1〕

总书记的这段话引起了我持续至今的思考——究竟什么是"法学实践教育"？

我从 1986 年起从事法学教学及学术研究工作至今，从 1994 年起从事兼职律师工作至今，累计已有三十余年的教学科研经验与二十多年的法律实务经验。近年来，我深感法学教育领域以帮助学生实践书本知识并指导学生成功就业为目标而展开的工作殊为稀缺。考虑到本人兼具较丰富的法学教学与法律实务工作经验，我认为，回答这个问题于我当属义不容辞，因为这事关学生最实际的未来。

坐在办公室里显然无法找到这个问题的答案。我认为，真正要解决这个和实践相关的教育问题，作为教育工作者，首先要做的，是深入一线，倾听学生和家长们的真实想法，倾听有志于参与法学教育的高校之外的法治实际工作者的真实想法，倾听不同细分领域用人单位的真实想法，从而探寻真正的破题之道。

故自 2017 年开始，我与本书的另一位作者李中衡博士，和来自不同生源地、不同法学院与不同家庭的法学院本科生、研究生以及他们的家长进行了数百次的交流和答疑，咨询请教了多个不同实务部门当中的业

〔1〕《习近平在中国政法大学考察时强调 立德树人德法兼修抓好法治人才培养 励志勤学刻苦磨炼促进青年成长进步》，发布时间 2017 年 5 月 3 日，载中青在线，参见：http://news.cyol.com/content/2017-05/03/content_16022797.htm。

界贤达,细致归纳梳理总结他们眼中对于法学实践教育的定义、对法学院提供的实践教育的期待以及他们在参与实践教育时所面临的困境与挑战。

经过一次又一次的一线走访和调查研究,什么是"法学实践教育"这个问题的答案开始变得越来越清晰——对于法学院的在校生来说,他们对法学实践教育的定义简单而纯粹,那就是"教会他们如何通过法学院的学习找到合适的工作";对于他们的父母来说,他们对法学实践教育的期待非常朴素而自然,那就是"由法学院提供的有关法律行业择业、就业与求职的教育";而对于高校之外的法治实际工作者来说,他们对于法学实践教育的定义非常务实而直接,那就是"由法学院提供的将学术知识实践于基本实务工作的教育"。调查研究的结果实际上也和我个人的教学感知深度印证。我想,法学专业之所以一度被列为"就业红牌"专业,固然有校园之外的原因,但法学实践教育的长期缺位与学术教育和就业市场之间的"供需错配"是否也为这一现象推波助澜,同样值得我们深思。

那么与之相关的另一个问题是——所谓"法学实践教育"就是"法律就业教育"吗?我认为答案也是否定的。因为成功的法学实践教育,首先要建立在完善的学业规划教育之上,什么是学业规划教育?在我看来,它是对法学学术教育的一种必要且重要的补充。成功的学业规划教育应该起到这样一种作用:它让法科生们明白,法学院接受的学术教育对于其日后的就业将起到何种作用;而为了实现自己的就业目标、胜任相应岗位的职责要求,法科生们又应当如何规划在校期间所接受的学术教育、所选修的课程与所参加的考试,以完成求职。

自此,筑基于全面、深入调查研究的"法学实践教育"的全貌终于浮出水面:一方面,从"实践教学"角度出发,它是法学院提供的就业教育,它需要普及法律行业不同岗位的职责、相应求职流程与基本的实务技能;另一方面,从"知识教学"角度出发,它是法学院提供的规划教育,它要让学生明白学习与就业、学术知识与实务技能、学业安排与就业目标之间的辩证关系。我认为,习近平总书记所强调的"法学教育要处理好知识教学和实践教学的关系",正是新时代法学实践教育核心理念的应有之义。作为法学教育工作者,我辈又怎可对此袖手旁观?

本人策划及主编、李中衡博士策划及主笔的律路法学实践教育系列丛书，正是我们对这一问题的回答。我们希望本书能为法学院的莘莘学子——尤其是来自普通家庭与非知名法学院校的法科生——普及最重要的学业规划与就业教育信息，并为各大法学院校“打破高校和社会之间的体制壁垒，将实际工作部门的优质实践教学资源引进高校，加强法学教育、法学研究工作者和法治实际工作者之间的交流”这一目标的切实实现，做好必要的前期研究与促进铺垫工作。

在本书创作的过往 5 年时光中，我们得到了诸多支持与帮助，在此，我不仅代表我个人，也代表律路创作团队，向何勤华教授、王健教授、陈晶莹教授、周光权教授、黄文艺教授、许身健教授、李雨峰教授、方新军教授、张海斌教授、杨峰教授、杜仪方教授与马金芳教授致以由衷的谢意！你们是本书的贵人，你们的帮助与推荐一定会让更多法科生们更快了解这本会对他们有所裨益的书，谢谢！

最后，在本书的策划、出版与宣发阶段，麦读的曾健老师及各位同仁、中国民主法制出版社的各位同仁以及《中国律师》原总编辑、《民主与法制》原总编辑、桂客学院院长刘桂明老师也向我们提供了专业的指导、建议与帮助，在此，我也代表本人及律路创作团队，向你们表达深深的谢意！

胡雪梅

2023 年 5 月

前言二：律路丛书的由来与愿景

在法学院，似乎有一个“答非所问”的谜题，那就是，同学们在大学接受法学教育，是不是为了就业？这个问题很难正面回答，有些教授告诉学生进入法学院的首要目标是“锻炼思维”，有些教授告诉学生学习法律的最终目的是“追求正义”。这些说法都对，但也都没有回答开篇之问。那我不如换一个问法：在大学生完成法学院的高等教育后，他们要不要就业呢？这个问题，应该没有第二个答案。顺着这个答案，我很自然想问，如果完成法学院的高等教育后，同学们一定要就业，那法学院有没有为此做好必要的准备呢？

我不喜欢用壮怀激烈的宏大叙事或形而上学的原则理论来分析这个问题，其实，我们完全可以从非常具体的场景中寻找答案。

作为法学院的本科生，当父母问你“毕业后想干什么”时，你给出的回答可能包括：(1)做老师(包括但不限于法学院的教师)；(2)做研究；(3)“考公(参加公务员考试)”；(4)做律师；(5)做法务；(6)“进公司(成为各类公司企业中从事与法律相关或不相关工作的员工)”；(7)创业。而每一个答案，都大有文章。如果从法学院毕业后，你希望继续求学，你依然会面临诸多抉择，比如：(1)以优异成绩通过夏令营或推免保送硕士研究生；(2)考研；(3)申请海外法学院的硕士项目。除此之外，稍显小众但近年来被越来越多人关注的选项还有：(1)申请国内外法学院的“硕博连读或直博项目”；(2)申请国内外法学院的职业法律博士项目。并且，对于中国法学院的同学们来说，在求学期间，他们还需要合理规划，在完成上述目标的同时，尽快通过国家统一法律职业资格考试。如果同学们有志于成为涉外法律人才，还可能需要备考其他法域的律师执业资格考试。

而当我们以学业规划的实施作为达成就业目标的核心手段时，根据学生的学业偏好、个性特长和家庭背景以及不同地区的就业环境，上述抉择之间又能组合出多少种“从学业到就业”的方案呢？并且为了顺利就业，同学们又需要在法学院就读期间学习多少书本中不会传授的实务技能呢？这些问题的答案，显然和我在本文开篇提出的问题直接相关。而这本书首要解决的，其实就是这么一个似乎“既不学术、也不职业”但无比重要的问题，因为这关系到每一位法学院同学——尤其是那些迫切需要在走出校园后自食其力甚至补贴家用的同学们——走入社会后的“第一个饭碗”。

此时，不少老师便会问我，为什么法学院一定要传授这些知识，教授学术知识不够吗？每当遇到这个问题，我都会这样回答——如果我们的公立教育机构不提供这类知识，没有这些信息的学生被扔给“市场”时，会发生什么呢？接下来我的回答纯粹基于我和胡雪梅教授所进行的大量一线调查走访：

首先，传统知名法学院校（不超过几十所）的在校生，还是能够在就读期间源源不断获得相关信息；而普通高校——尤其是地处三四线城市的——法学院校在校生，几乎没有任何权威渠道获取相关信息。该类信息的整体性缺失与差异性缺失已经造成部分学生群体心态失衡严重。在如今的大环境下，这类群体的心态失衡可能间接引发的社会问题更是需要引起教育者们足够的重视。

其次，这些信息的缺失不仅加剧了同一法学院学生群体之间的差异，也在校外培训市场滋生了众多乱象。对于家境优渥的学生，他们在进入大学后很快就能意识到相关信息的必要，于是从校外寻找替代性教育产品成为他们的必然选择。而应运而生的校外培训机构推出的各类“求职培训”与“付费实习”更是五花八门、价格不菲。与之相对，出身于经济欠发达地区的同学由于无法获得权威且平价的信息来源，他们不约而同且持续地认为“自己已经输在了起跑线上”。

再次，相关信息的缺失不仅将学生的合理诉求交给了以盈利为天然导向的“市场”，在这个自媒体空前发达的年代，绝大部分没有充足资源的普通法学院校同学只能通过关注“网红”来满足个人的教育需要。不可否认，在这一领域，有一些优秀的博主通过言传身教，成功科普了相应信息。但同时，必须正视的问题是，自媒体本质上“流量为王”的“博眼球”属性、对教育理论缺乏最基本的了解以及“无知者无畏”的“优秀心理素质”，也让大量这类博主向学生群体传递的信息充满了不成熟的偏见，甚至涉及价值观和意识形态的误导。

最后，这些信息的普遍性缺失从宏观来看，会导致法律行业劳动力供给和就业需求的不匹配，投射到个体的命运——尤其是那些即将走出大学校园、第一次面对就业的应届生群体——之中时，可能是一次错过了就再也无法重来的机会。在我们为筹划本书所进行的前期调研中，因为本科时代无法获知最基本的学业就业规划信息而“被改变命运”的例子比比皆是。

所以，为了解决这些问题，也为了帮助法学院妥善回答本文开篇之问，我们认为最务实且最“便宜”的方案，就是写一本能够进行大众传播的法学学业就业规划读物——它能够一站式向所有学子普及与法学专业学业规划、就业教育和职业技能相关的重要信息，让绝大部分即将走入法学院的同学，不要输在起跑线上。

我想，一定有人会问，普及这些信息能创造就业吗？对于这个问题，我的回答是“也许不能”。但它的普及，至少能让所有同学和家长们明白自己为什么“能”或“不能”，从而提早开始进行科学规划与心理建设，不打无准备之仗；也能让真正关心学生前途与命运的教育工作者们，多一份心安理得。毕竟，在所有教育不公之中，“信息普及的不公”，大概是最容易被消灭的一种。

总之，这本书里并没有什么石破天惊的观点，也没有什么学究玄妙的讨论，它有的，只是历时五年，被数十人的创作团队所精心创作、整理、汇总、归纳与总结的经验、信息与方法。但这样一本书，永远有其存在并被持续更新的必要，因为哪怕相关论著与信息已浩如烟海、汗牛充栋，教育工作者要做的第一步，永远是给每一位学子，一本阅读简单又易于上手的“索引”和“目录”——而这，就是这本书以及律路法学实践教育系列丛书想要实现的目标。

当然，作为本书的执行主编、主笔与统稿人，我深知本书现在所呈现的版本还有诸多不足之处，这当然会影响我们对前述目标的达成，也时常让我在深夜辗转难眠。因此，我也恳请各位热心读者能够在阅读本书后，就其内容方面的不足与错误，及时通过律路公众号或我个人的账号与我们联系,并进行批评指正。相关反馈一经采纳,必有回应,也必将在本书下一版中,及时进行相应修正。

李中衡

2023 年 5 月

目　录

上部：从学业到专业

中部：从专业到职业

第四章
就业的方向

下部:从职业到规划

PART Ⅰ 导论

推开法学院之门

法学世界的基本概念

在正式进入本书的世界之前，我想，我们需要对一些法学概念和法律词汇建立最基本的了解，这些概念和词汇，大都属于“舶来品”，但在今天，它们早已融入了我国的法律体系之中。不对它们进行一些必要的梳理和总结，刚刚进入法学院的同学们难免会在接下来的阅读中遇到障碍。而为了尽量让我的介绍显得有趣，我会顺着世界法学历史发展的大致脉络，对这些概念的缘起和发展逐一进行解释，以此为本书余下的内容，做好最基本的铺垫。

什么是法律？

首先，这个问题和“什么是爱情”一样，不存在标准答案。甚至研究“什么是法律”这个问题本身，就是“法律”的意义所在。古往今来，多少先贤鸿儒对此都进行过深入的分析与讨论，各位同学进入法学院后，也会有充分的机会和时间去探索不同的思想家对这个问题的回答。但为了本书的阅读之便，我还是需要对什么是“法”、什么是“法律”、什么是“法学”进行一个定义，那么，仅在本书的讨论范围内，我给出的定义和举例如下。

本书中所提及的“法”，泛指一种特定的社会现象。“法律”是这一社会现象在日常生活中最直接的体现。“法学”，则是围绕这一特定社会现象——尤其是“法律”——展开的所有相关研究的统称。

概而言之，我想，绝大部分法学研究者都不会否认，我们日常生活中狭义的“法律”，具有如下一些基本特征：(1)它代表的是一国社会中最强势的政治集团为社会中所有人制定的共同行为准则；(2)它一般由一国宪法规定的立法机关颁布，一国公民应当自觉遵守；(3)它由国家强制力（如军队和警察等）和司法机关（如法院）等部门保障或监督其强制实施。当然，这只是我所做的“通俗”概括，不能被视为一种学术总结。而且在不同文化不同国家中，“法律”所体现出的具体特征，也会和我在此作出的总结有所不同。

法律的作用对象——法律主体

在我们这个社会中,谁需要服从法律的规定呢?通俗理解,所有服从法律规定的对象,或者法律作用的对象,我们都将其称为“法律主体”。法律主体依据法律的规定享有若干权利,同时也负有若干义务。如果法律主体的权利受到了损害,其可以依法维护自身的权益。如果其违反了义务,则可能要受到法律的制裁。

在法律体系中,任何人都能成为法律的主体,比如:一国公民、生活在本地的外国人,甚至是母亲腹中的胎儿。但除了你我她这样有血有肉的“人”之外,还有一类主体,得到法律的明确认可,那就是法律上拟制的主体。比如政府机关、企事业单位和各类社会组织(如社团、协会、基金会等)。这些拟制的主体也具有相应的权利与义务,并可同其他各类主体建立法律关系。

● 常见的法律主体——市场主体

那在本书中,最常被提及的法律主体是什么呢?对此,我的总结是“市场主体”。何为“市场主体”?在本书中,我们采用最为广义的概念,即“一切在市场中从事交易活动和订立契约以从事交易活动的法律主体”。比如,如果某市政府部门或某所公立高校需要采购各类办公用品并与某家公司签订了采购合同,那么对于这家公司或这所高校来说,它们就因为这份合同而具有了“市场主体”的特性。在我们的日常生活中,大部分法律主体都可能成为市场主体。

● 常见的市场主体——公司与企业

那最常见的市场主体又有哪些呢?对此,我的回答是“公司和企业”。如何精确定义“公司”与“企业”,是一个很难回答的问题。经济学、管理学、法学甚至社会学视野下的答案可能也不尽相同。不过对于本书来说,同学们只需要这样理解——除非另有说明,否则公司和企业的概念是可互换的。换言之,它们都是满足一定设立条件的市场主体,拥有法定代表人、老板、资产与员工。只要同学们把握住这个核心定义,就不会在接下来的阅读中遇到任何障碍。

法律的规制内容——法律行为

在明确需要服从法律规定的法律主体后,由此衍生的问题是法律主体的哪些行为会受到法律规制?显然,如果一个人只是有“干坏事”的想法而未付诸实施,法律并不能予以规制;但如果这个人虽然没有“干坏事”的想法但实际却做了坏事,法律却能够要求其停止相应行为;再如这个人既有想法,又付诸实践,就有可能构成犯罪,受到严厉处罚。

由此可知,法律行为就是法律主体作出的会受到法律规制的行为。其表现形式可以是作为的,也可以是不作为(即应当行为而不行为,比如父母应当照顾尚未成年的子女,父母却不如此为之),可以是单方行为(如通知对方解约)或双方行为(如合同双方订立契约),可以是自己实施的或由他人代理的行为;不同的法律行为根据法律规定将成立不同的法律关系,从而产生不同的法律责任。

● 宪法、民法、刑法与程序法

既然我提到,法律的体现方式会有不同,那么我想,很多同学自然会问,这个世界上,究竟有多少种法律呢?如果以法律所规定的基本内容来区分,我想首先向同学们介绍四种类型的法律,它们分别是:宪法、民法、刑法与程序法。

宪法是国家的根本大法,它规定了一个国家方方面面最根本的制度;它规定了该国社会所有主体的最基本、最重要的权利义务;它规定了其他法律法规应当如何确立、颁布、实施,以及如何对宪法本身进行修订;换言之,一切法律法规,都必须以宪法为依据并且不得与宪法的规定相抵触。可以说,宪法是一国法律体系的基础和核心。虽然宪法可谓每个国家最重要的法律,但在生活中,它却并不是离大家“最近”的法律。

因为在日常生活中,大家最耳熟能详的两类法律,一般是“民事法律(即‘民法’)”与“刑事法律(即‘刑法’)”。民法指的是调整平等的人与人之间人身关系和财产关系的法律规范的总称,当然,这里的“人”既包括具体的你我他,也包括有公司、社团这些法律主体。民法的分支也很多,比如“合同法”“侵权法”“公司法”与“婚姻法”等。而刑法规定的则是国家公权力机构如何代表国家惩治严重违法行为(犯罪),哪些行为构成犯罪以及如何惩罚犯罪分子。

除此之外,当我们真的遇到法律纠纷时,我们还要遵守一类法律规范，这类法律名叫“程序法”。举例而言，如果我们面对的是“民事纠纷”，比如合同或财产纠纷，我们希望通过“打官司”解决，我们就要依据“民事诉讼”法律法规，去法院或仲裁庭立案并按照法院或仲裁庭的安排提交证据、陈述主张、履行判决、提出上诉等，这些“程序性规定”便是这类法律的核心所在。相似的，在刑事案件中，也一样有一套程序制度，确保犯罪嫌疑人和被害人能够得到公正的判决。这类法律也非常重要，因为无论民法刑法对行为准则规定的多么完善，如果没有这样的程序法确保司法机关能够公正的实施法律，公平正义将一样难以实现。

当然，以内容区分，法律的分类远不止我在此列举的几种，相关问题就留给同学们自行探索吧！

法系

除了以内容区分法律外，肯定有同学会问，能否以文明、文化或国别来区分法律呢？从最广义的角度上说，这个问题，实际上就是在问，这个世界上存在哪些“法系”。

我想，“法系”不只是一个游戏里才会出现的概念。在法学的世界里，它指的是发源于相同的文明，在法律内容、立法形式和法学教育研究等方面具有鲜明文化传承一致性且通行于现代不同国家和地区的法律、法学与司法体制的统称。

当今世界，最常被提及的法系毫无争议有二，它们分别是“大陆法系”与“普通法系”。此外，我还会介绍发源于中国本土，影响力曾一度广播东亚诸国的“中华法系”以及以宗教典籍为基础建立的“伊斯兰法系”。而“印度法系”与是否构成法系尚存争议的“犹太教法律体系”“基督教会法律体系”与“非洲诸国法律体系”等内容，本节将不做提及，同学们若感兴趣，可在进入法学院后继续探索相关内容。

● 大陆法系

大陆法系，又称罗马法系或民法法系。从它的另外两个称呼可知，它发源于古罗马文明，其代表性法律为“民法”。换言之，其是以罗马时代的民法——尤其是被系统编纂的民法典——为主体发展起来的法律体系。

第一部正式以文字形式公布的罗马法，是公元前 450 年颁布的《十二表法》，随后，罗马法历经漫长的发展与完善，随着公元 6 世纪东罗马帝国皇帝查士丁尼下令以《国法大全》为基础系统整理编纂罗马法及随后《敕法汇集》(又称查士丁尼法典)的颁布,罗马法的体系与立法技术达到了相当完善的程度。

近现代以来,欧洲的两大传统强国法国和德国分别在罗马法的立法技术与法律内容基础上,整理修订汇编了各自具有代表性的民法典,它们分别是 1804 年颁布的《拿破仑法典》(又称"法国民法典")与 1896 年颁布的《德国民法典》,大陆法系至此已经成为具有鲜明历史传承与技术特点的法系,被许多国家接受采纳,这些国家也被统称为"大陆法系国家"。

除了刚才提到的法国、德国外,意大利、西班牙、荷兰、葡萄牙、瑞士及这些国家曾经殖民的一些非洲和南美洲国家都被认为是典型的大陆法系国家。而在亚洲,典型的大陆法系国家是日本。而中国也被很多学者认为属于大陆法系国家。此外,我国的台湾地区,也被认为是施行大陆法系法律法规的地区。一般认为,大陆法系国家制定的法律与法律体系,具有这样一些共同的特征:

首先,罗马法开创了以"公法"和"私法"作为区分标准的法律分类法,按照著名罗马法学家乌尔比安的说法:"公法是与国家组织相关的法律"而"私法是与个人利益相关的法律"。虽然公法与私法的定义不断进化变迁,但这一基本二分方式对现代所有大陆法系国家的法律都产生了巨大影响。

其次,大陆法系国家普遍强调对庞杂的法律法规条文进行严格编排,并按照精密的体例进行"法典化"编纂。2021 年 1 月 1 日,我国正式实施的《中华人民共和国民法典》就可以被认为是这一特点的代表,此外,这部民法典还是我国第一部正式以"法典"命名的法律,具有里程碑式的意义。

最后,大陆法系国家中的法官,一般被认为是"法律的严格执行者"。他们的任务是准确无误地适用法律,而不能以任何形式修改法律的规定,更不能通过判决创制新的法律规则。我想对于许多同学来说,这似乎是天经地义的事情,但在接下来我介绍的普通法系国家中,法官的职能却远非如此。

● 普通法系

普通法系又称英国法系或英美法系,它指的是发源于公元 11 世纪英国第一个封建王朝诺曼王朝的法律体系。一般认为,该法律体系由三大分支法律体系组成,它们分别是:普通法体系、衡平法体系与制定法体系。

普通法体系以诺曼王朝在英国建立的各级直接服从于英国国王的司法审判机关为基础,以英国国王发出的谕令或"令状"以及英国社会早已约定俗成的各种规则(即习惯法)为依据,以法官的判决或陪审团的决定(即判例)为法律法规主要体现形式。

换言之,在普通法体系中,并不存在任何"法典",大量事关百姓民生的"法律规定"体现在法官作出的判决中。在案件宣判后,如果还出现类似的纠纷,法官就会以之前的判例为依据,直接作出相似的裁判,这一原则被称为"遵循先例"。这是普通法体系的核心特征,所以它又被很多学者称为"判例法体系"。

衡平法体系的出现与完善,主要是为了弥补普通法体系的不足。普通法体系建立后,其逐渐开始变得死板僵化,当时一个人想要在普通法法院提起诉讼,必须申请得到由法官以国王名义签发的要求其执行特定行为的"令状"。不同的令状意味着不同的诉讼程序与不同的权利认可和救济模式。13 世纪末期,英国司法体系中令状的种类被严格固定,已经无法满足各类纠纷当事人的利益诉求。

在这种情况下,当时的英国人可以向国王直接请求对案件进行裁决,显然,日理万机的一国之君不可能对每个案件都亲力亲为,于是,其指派专门的法官审理这类案件,并且法官作出的判决不受普通法案例和令状规定的程序的制约,法官只需要基于"公平正义"的考量,作出判决。这类判决一样也具有"判例"的效力,而衡平法体系,也因此得以发展形成。

相较于上述两种法律体系,制定法较为容易理解,它指的就是英国国王与国会颁布的法律,这些法律拥有直接的法律效力。早期,这些法律主要作为对普通法法院或衡平法法院通过判决所确立的规则的补充,后来慢慢发展为独立的法律体系。

在英国,最有名的制定法当属 1215 年英国国王签署的确认贵族与教士权利并限制国王征税特权的《大宪章》,其也被认为是英国的第一部"宪法性文件"。十九世纪末英国颁布的制定法《司法法》大幅简化了英国的法院组织与司法程序,废除了令状制度,并在实质上将普通法法院与衡平法法院体系合并。至此,普通法系开始正式呈现出我们如今看到的面貌。

当今世界适用普通法系的国家包括英国(除苏格兰地区)、美国大部分州、加拿大(除魁北克省)、印度、澳大利亚、新加坡以及中国香港地区等。一般认为,普通法系国家制定的法律与相应的司法体系,具有这样一些共同的特征:

首先,普通法系国家的法律体系中虽然也存在为数众多的制定法,但总体上看,其法律制度的核心依然还是案例判决。法官在案件中通过判决确定相关情况下法律如何适用之"先例",这种先例直到下一次法官在其他案件将其推翻之前,都具有等同于法律的效力。这种模式也决定了普通法系国家的法律制度、法学研究与法学院教学体系,也都需要围绕对案例的研究展开。并且在普通法系国家,官方一般不会特别地对某类法律进行法典化的编纂。

其次,普通法系的法官虽然通过判决确定案例的法律效力,享有所谓"法官造法"之权。但在普通法系的庭审中,其他案件参与人也会在相应司法程序中发挥决定性的作用,比如很多刑事案件中,被告人是否有罪,往往需要由陪审团决定,法官只是辅助角色;比如法庭庭审阶段原被告律师及律师与证人和法官之间的唇枪舌战,也一直被视为普通法法院的标志性司法现象。

今时今日,大陆法系与普通法系的发展都呈现出了许多新面貌,其相对的差异性在不少方面也日趋模糊。比如一些普通法系国家的立法机关也开始制定各类法律法规供其法院援引适用。而在一些大陆法系国家,虽然没有正式确立"案例"的法律地位,但一般某些具有典型性的案件判决被作出后,其他法官也都会尽量做到"同案同判"以维护相应判决的司法权威。但行文至此,我的介绍才刚刚触及这两大法系的皮毛,更多的内容,就留给各位同学进入法学院后继续探索吧。

● 中华法系

"中华法系"特指依托于中华民族数千年文明积淀所产生、发展并传承的各类法律、思想与制度。其以中国各传统人文哲学思想为根基,以围绕"刑法"展开的各类"律令"为主要表现形式。其体现了浓厚的礼法合一色彩与伦理纲常理念,以维护封建君主专制为核心立法目的。中华法系的智慧结晶虽然始终受制于封建帝王的专制统治,但其依然蕴藏着许多闪烁着永恒光芒的中国传统法律智慧。

中华法系的代表性立法为唐朝统治者所编纂的一系列法律,比如:

《武德律》《贞观律》与《唐律疏议》。《唐律疏议》可被认为体现了中国古代立法的最高水平,并在很长一段时间,成为中国周边所有邻国争相学习、研究和仿效的对象。这些国家派出僧侣或学者来到当时的中国学习相关法律,并将之移植回本国,建立起本国的封建法律体系。这其中最具代表性的国家就是古代日本、古代朝鲜与古代越南。

坦诚地说,主要围绕"刑法"展开的基于封建帝制的中华法系,伴随着清王朝的灭亡,其核心法律条文与法律制度,早已退出了中国与东亚各国的历史舞台。但不可否认,历经千年发展,中华法系的许多文明成果肯定对今天的中国乃至东亚多国的法律体系产生了不可磨灭的影响。

● 伊斯兰法系

伊斯兰法系是以信奉伊斯兰教的国家围绕伊斯兰教法所建立的法律体系的统称,其兴起于公元 7 世纪伊斯兰世界的先知穆罕默德传播《古兰经》之时。《古兰经》和《圣训》(即穆罕默德言行录)为伊斯兰教法的核心内容。因大部分伊斯兰法系国家都位于传统意义上的"阿拉伯世界",伊斯兰法系因此又被称为"阿拉伯法系"。

在公元 8 世纪至公元 13 世纪的阿巴斯王朝时期,伴随着王朝疆域的拓展,伊斯兰法系的影响达到顶峰。但进入近现代后,伴随着中世纪阿拉伯帝国的衰落与部分阿拉伯国家世俗化运动的逐渐兴起,伊斯兰教法在部分传统伊斯兰法系国家的地位和作用发生了根本性转变。时至今日,在部分信奉伊斯兰教的国家,伊斯兰教教法依然在社会中扮演着举足轻重的作用,而同时,在另外一些国家,现代法律已经代替了许多传统教法。

但不可否认的是,由于伊斯兰教教法与伊斯兰教典籍之间的紧密关系,即使一些信奉伊斯兰教的国家并未将其正式确立为法律,其依然对这些国家世俗生活和宗教生活的方方面面产生巨大影响,甚至在很多其他法系的国家,其境内信奉伊斯兰教的公民也会遵守相应"法律法规"与"司法体系"。所以时至今日,伊斯兰法系依然是一个具有相当影响的法系。

● "海外留学"

与海外法系相关的另一个话题,自然就是去"海外"学习法律的"留学"活动,这一部分内容,也将是本书重点讨论的。不过接下来,当我们提及“海外留学”时，在没有明确说明的情况下，此处的“留学目的地”也包括中国香港地区、中国澳门地区与中国台湾地区，毕竟在法学院约定俗成的用语习惯与许多法律从业者口中，当他们提及海外留学时，也包括前往这几个地区进行学习。同理，当我们提及“海外就业市场”时，遵循的也是这一逻辑。但法律上，它们当然不属“国外”，这是原则问题，毕竟“智者不入爱河，香港/澳门/台湾属于中国”。

法律的其他分类方式

聊完了主要的法系，接下来，我将逐一介绍一些技术性的法律分类概念，这些词汇在本书接下来的不少章节都会出现，故在此，对其统一进行通俗的介绍。

● 自然法与实在法

按照法律的根本来源，在许多法学理论家与哲学家看来，世界上的法律可以分为最基本的“自然法”与“实在法”两大类。在我看来，“自然法”可以被理解为法学理论研究中最为形而上学的观点之一，其认为世界上存在一种绝对的、独立于人类理性的，甚至“只能被接近不能被代表”的永恒法则。不管人类文明有没有在地球上出现，“自然法”都是存在的（从这个角度上说，它也许更接近于物理规则）。而“自然法”研究者们讨论的问题就是，这个法究竟是什么。

而与之相对，“实在法”指的就是人类文明诞生后，所有由人类自主创设、认定与颁布的法律。换言之，我们今天所有“看得见、摸得着”的法律法规，大概都属于“实在法”的范畴。甚至在部分学者看来，只要是政府机关制定的法律，即使是“恶法”也属于“实在法”的范畴。比如在纳粹执掌德国政权时期，其颁布了大量与正常社会中的法律背道而驰的立法，这些法律，究竟属于不属于“法律”，就属于研究“实在法”的法学家们讨论的问题。

● 成文法/制定法、非成文法/非制定法

按照法律是否由国家机关以法律文本的形式正式颁布实施，法律可以分为“成文法”与“非成文法”。前者当然指的是国家以“白纸黑字”的形式颁布的“一条一条”的法律。所以，至少在阅读本书时，同学们也可以将“成文法”理解为由国家立法机关颁布实施的“制定法”。

而后者并非指的是完全缺乏文字记载的法律,比如上文提及的英国普通法系的“案例法”,这些法律法规并非由英国的立法机关制定颁布,而是以法院判决的形式存在,一般认为,这一类法律,就是“非成文法”或“非制定法”。

● 习惯法

顾名思义,“习惯法”首先是一种“习惯”,它被认为既可以独立于国家的法律而以“非成文法”的形式存在,也能够被国家转化为“成文法”予以确认实施。换言之,在很多领域,即使国家立法机关并没有颁布“成文法”,一些约定俗成的“习惯”仍然会被相关人士“像法律一样”遵守。

比如古往今来,世界各地的商人们都有各自需要遵守的“行规”,这些规则即使不是国家的法律,也具有一定的强制力,不遵守的商人,往往也会失去和其他商人交易的机会,甚至被商会或行业协会“驱逐”出相关市场。所谓“国有国法、行有行规”,指的就是这种习惯法。

习惯法特点比较鲜明,往往具有突出的“行业性”或“地域性”。并且习惯法是一种伴随着人类生活生产自然而然形成的“规矩”,由于缺乏明文规定,行业或地域之外的人们往往对这类法律缺乏必要的了解。

在很长一段时间,习惯法都被认为具有典型的“非成文法”特征。但随着时代的发展和进步,现代社会中,许多习惯法都已经被立法机关以法律条文或案例的形式予以确认颁布,或者被专业人士整理汇编为“行业守则”予以公开。所以今时今日,很多习惯法已经被转化为了“成文法”与“制定法”。

● 实体法与程序法

实体法指的是对社会中的各类主体的权利与义务进行具体规定的法律。比如上文提到的民法与刑法。而程序法规定的内容则是确保相应权利和义务可以得到司法保护的具体程序,在生活中,除了民事诉讼法和刑事诉讼法之外,常见的程序法还包括行政诉讼法。

● 国内法和国际法

顾名思义,国内法指的就是在一国之内具有法律效力的各类法律法规的统称。而国际法则指的是国家、国际组织与一些其他“国际法主体”(比如欧盟)之间确立的法律规范的统称。国内法显然是我们传统意义上所称的“法律”,但“国际法”究竟是法律还是“法律名义下的一种国际政治体系规则”,实际上仍然是一个值得商榷的问题。比如法律的一个最基本特点是具有强制性,如果主体触犯了法律,就要受到制裁。但在国际舞台,这一最基本的法律特征能否通过国际法得到体现呢?这个问题,就留给各位同学进入法学院继续探索吧。

● 部门法

通俗理解,部门法就是按照法律规定的具体内容对法律法规进行的分类,前文提及的民法、刑法与程序法是三类最典型的部门法。此外,同学们今后进入法学院,还会学习的部门法可能包括“商法”“经济法”“行政法”“军事法”等。此外,“宪法”由于具有根本大法的性质,不少学者主张其不属于部门法,但在阅读此书时,同学们可将“宪法与宪法性质的文件”理解为一个独立的部门法体系。

此外,还需要注意的是,“部门法”只是统称,在每个部门法辖下,都会有许多具体的法律。以“经济法”为例,这个部门法中,就包括“消费者权益保护法”“财税法”“金融法”“反不正当竞争法”与“反垄断法”等。

行文至此,我们大致对接下来这本书将可能提及的一些比较专业的概念和词汇进行了基本介绍。同学们务必要对这些词汇的具体含义有一个比较清晰的理解与认识,因为上文提及的许多词汇,将会在接下来的章节中反复出现。

法学教育简史

这一节,让我们来短暂回顾一下中国的“法学教育简史”。但为了叙事的方便,我们首先要对“法学教育”和“法律教育”之间的区别和联系进行一些基本的讨论。

如果说“中国法学”是对与古代、近代与现代中国法学所有相关研究的归纳、梳理、分析、总结、发展与传承。那么“中国法学教育”最广义的概念,自然便是与“中国法学”相关的所有教育活动的统称。而“法律教育”则是一个内涵具体得多的概念,其所传授的知识与信息显然需要和国家与机构颁布的各类法律法规直接相关。以此观之,“法学教育”的概念显然完全涵盖了“法律教育”的定义。

在我看来,中国的法学教育,存在广义与狭义两个维度:

广义来看,它泛指一切让社会中的每个人更加了解法律或法学的活动。比如我们熟知的“国家宪法日”和“宪法宣传周(原‘全国法制宣传日’)”活动;比如任何人都可以在互联网平台实时观看的法庭庭审直播;比如“今日说法”这样长播不衰的法制节目。

狭义来看,法学教育指的就是专门机构向特定人群以传授专业性与体系化的法学或法律知识为目的所从事的活动。

以“校内”视角来看,它指的自然是各大法学院校所开展的法学教育活动,其核心是以学位授予为目标的法学专业高等教育活动;而在“校外”,它可以是“国家统一法律职业资格考试”与相关培训;可以是“中华全国律师协会”向已经成为或想要成为律师的专业人士所提供的辅导;也可以是公务人员为职务需要所接受的法律专业课程教育。

从逻辑关系来看,“广义”的法学教育的定义,显然也完全涵盖了“狭义”的定义。而在接下来的叙述中,我们对于“法学教育”一词,采用的是狭义定义。但在必要的时候,与广义的法学教育相关的内容,也会是我们介绍的对象。

(一)古代中国的法律教育

我们首先介绍的,自然就是中国古代或"中华法系"的法学教育。可以说,古代中国存在的法学教育其主体就是"法律教育"。因为中国古代的法学研究与相关教育活动,几乎全部围绕着统治阶级所颁布的成文法展开,教育活动的核心目标,就是解释清楚法律条文的具体意义。

而接受这类教育的群体,按现在的话说,绝大多数都是已经或将要上岗的"公务员",他们人数有限,学习目的也非常明确,那就是学习法律知识以帮助其更好的处理相应公务。换言之,在中国古代,接受法律教育的学生,"毕业之后的主要去向",就是从事法律实务工作。阅读下文时,时刻记住这一点,才能更好地帮助我们理解中华法系法律教育的基本面貌。

● 先秦时代

根据何勤华老师的看法,[1]大致从西周开始,"法律教育作为政、法、礼、制教育的组成部分,成为当时学校教育的一部分,则是可以推定的"。而中国古代法律教育较为系统地展开,当始于春秋战国时期。这不仅源于那个群雄割据的时代各国法律是否具有相对的先进性影响着其综合国力的强弱,也源于诸子百家在那个思想争鸣的时代不遗余力地对所有社会现象所进行的深入思辨与探讨。但需要指出的是,当时并不存在官方性质的"法学院",相关教育活动大都以"私立学堂(以下简称'私学')"的形式展开。

比如孔子[2]的诸多论述中已经涉及了对法学原理的深入讨论——子曰:"听讼,吾犹人也,必也使无讼乎!"这句话的意思是,孔子说:"审理诉讼,我和别人的能力差不多,但我更愿意天下没有诉讼。"可以说,这里孔子提出的"无讼"理想,代表了一种几乎后世所有法学研究者都曾憧憬过的乌托邦式的美好法治愿景。而孔子的学生子夏,子夏的学生李悝,后来也都传授过法律知识。

---

〔1〕 本节相关内容均源起于我在过去数年间阅读何老师相关著作后所整理的读书笔记与资料。在此,特向我本科时代的老校长,以及我人生中第一堂法学院课程的授课老师何老师,致以最深的敬意。

〔2〕 其实孔子本人就曾在鲁国担任过司法官员,在成为"万世师表"前,他是一个正儿八经的"司法系统公务员"。(《史记·孔子世家·第十七》)

如果说孔子作为一个伟大的思想家和教育家,其对法学原理的论述只是其浩瀚智慧的冰山一角的话。那么在春秋战国时代,真正以专门传授法律内容为己任的教育家——或者说,所有法学或法律教师的祖师爷——当为邓析莫属。[1]

既然是"祖师爷",我们不妨简单介绍一下"邓老师"的生平。邓析生于公元前545年,春秋末期郑国人。生前为郑国大夫,即我们所说的"郑国公务员"。他精通郑国法律,并且口才绝佳,擅长辩论(当然,也有人[2]认为他擅长的是"操两可之说,设无穷之词"[3]的"诡辩"[4]之术)。

总之,邓析在世时,时常接受他人请托,以郑国法律为依据为他人据理力争,战绩斐然,而他的这一行为也使他被认为是"讼师"(即现代意义上"律师")这一职业的开山鼻祖。不仅如此,他还开设私学,传授他所理解的法律知识和诉讼辩论技巧,所以他也被认为是第一位专门传授法律知识的专业人士。[5]

但是邓析人生的结局并不美好。邓析身处的时代,是春秋末期,当时礼乐崩坏,各国统治集团都已意识到,必须以更加直接、公开的法律而不是所谓深不可测的"礼"来管理其治下的臣民,正是在这一背景下,公元前536年,郑国"执政"[6]子产将郑国的刑法铸于青铜大鼎,供全民观

---

〔1〕 何勤华:《中国法学史》,法律出版社2006年版,第62~63页:"专门以法律为内容的教育,则是从邓析开始的。"

〔2〕 荀子在《荀子·非十二子》中评价邓析:"不法先王,不是礼义;而好治怪说,玩绮辞。甚察而不惠,辩而无用,多事而寡功,不可以为治纲纪。然而其持之有故,其言之成理,足以欺惑愚众。是惠施邓析也。"

〔3〕 见《列子·力命篇》:"邓析操两可之说,设无穷之辞。当子产执政,作《竹刑》。郑国用之,数难子产之治。子产执而戮之,俄而诛之。"

〔4〕 关于邓析擅长诡辩的最有代表性的故事如下:据《吕氏春秋·离谓》记载,郑国有一次犯水灾,一富人被大水冲走淹死。有人打捞了他的尸体,他的家属得知后,想要赎买尸体,但对方要价奇高。于是,富人家属就请邓析出主意,邓析说:"安心回家,他们只能将尸体卖给你们。"于是,富人家属就不再去买尸体。打捞尸体的人急了,也请邓析出主意。邓析又说:"你放心,富人家属只能向你买回尸体。"邓析因此同时收取了"原告"和"被告"的费用。

〔5〕 按照《吕氏春秋》的说法,邓析在世时"与民之有讼者约,大狱一衣,小狱襦裤。民之献衣而学讼者不可胜数"。这句话的意思是,邓析在世时,若有人与他人产生了法律纠纷,要请邓析出谋划策,大的案件,要给他一件衣服,小的案件,要给他一条裤子。而通过赠送衣物向他学习处理诉讼纠纷(即学习法律)的人,数不胜数。

〔6〕 "执政"这一官职可以大致理解为当时郑国的总理。

阅,这便是著名的"子产铸刑书"事件,[1]这也是中国历史上统治集团第一次公布成文法的活动。虽然这部法律依然是以维护统治集团的利益为目标的,但其公布彻底打破了当时法律"刑不可知,则威不可测"的"薛定谔"状态,为郑国社会所有人,界定了一条能查明的行为底线与边界。

然而,邓析的存在,似乎阻碍了郑国"建设法制社会"目标的实现。为什么呢?首先,邓析精通郑国法律,这当然就包括子产颁布的刑法,然而,他对这部刑法所持的是"嗤之以鼻"的态度,个中原因,此处不表。总之,为了表达自己的不同立场,邓析私自编纂了一套法律,并将其刻在更方便阅读、传播与携带的竹简之上,人称"《竹刑》",这部"私家法律"在当时的郑国被广泛传播。

此外,邓析传播的法律知识与辩论技巧,在不断流行的同时,也极大扰乱了郑国的社会秩序,所谓"郑国大乱,民口欢哗(即郑国社会秩序大乱,全民嬉笑着辩论)"。[2] 所以,不难发现,邓析的所作所为,完全"搞乱"了郑国人民的思想。于是乎,郑国的当权者决定将邓析处决,[3]但讽刺的是,他私自编纂的《竹刑》后来却被郑国统治者采纳。

所以,简单总结一下中国法律教育与中国律师行业祖师爷邓析的一生——有才华,很飘,而且可能飘过了头。希望各位后辈,以此为鉴。

● 秦朝

秦朝崇尚"严刑峻法",统治者以法家思想为纲,法家思想的核心便是"以法治国(以法律治理国家)"。自然,统治者向臣民普法,向臣民告知法律的规定,成为社会生活的一种必然。与此同时,秦朝不仅不存在官方的法律教育机构,也禁止私下传授包括法律在内的任何学说。如何在这种情况下做到广义上的法律教育——普法教育——呢?

秦始皇采纳了丞相李斯的建议,倡导"以吏为师,以法为教"。这句

---

[1] 见《左传·昭公六年》:"三月,郑人铸刑书。"

[2] 见《吕氏春秋·离谓篇》:"以非为是,以是为非,是非无度,而可与不可日变。所欲胜,因胜。所欲罪,因罪。郑国大乱,民口讙哗。子产患之,于是杀邓析而戮之。民心乃服,是非乃定,法律乃行。"

[3] 至于究竟是谁处决了邓析,历史学界的主流观点是子产——《荀子宥坐篇》云:"子产诛邓析,史符。"但据钱穆先生考证,是驷歂(郑国后来上任的一位"执政")处决了邓析,但采纳了其《竹刑》(《先秦诸子纪年·邓析考》)。

话中,“吏”指的并不是普通的官吏,根据史书记载,这里的“吏”指的是专门从事法律相关工作的官吏。[1] 所以这句话的意思是:“臣民和其他官员要向专门从事法律工作的官员学习法律,并且要以法律作为教化社会的工具。”在我看来,虽然在秦朝并不存在狭义上的法律教育,但广义上看,统一中国前的秦国与统一中国后的秦帝国,社会中应当已经存在一种具体的“全民法律教育”模式。

可能正是这一“全民学法”的历史背景与社会氛围为“律学”的诞生奠定了基础。构成中国古代法学主体的“律学”就诞生于秦代,其代表性文献为《睡虎地秦墓竹简·法律问答》,该文献共计有竹简二百一十支,以问答形式解释秦朝的法律多达一百八十七条。据推测,其编写者,应该就是专门从事法律工作并传授法律知识的“(法)吏”。

然好景不长,众所周知,秦朝“二世而亡”,“以法治国”与全民普法的社会治理模式,就此告一段落。

● 汉朝

汉朝实施“独尊儒术”的国策,“法”作为社会治理手段的优先地位,让位于“礼”,后世将之视为“德主刑辅”[2]法治思想付诸政权治理实践的开端。在整个汉朝存续期间,都没有出现官方设立的专门传授法律知识的机构。

元朔五年(公元前124年),汉武帝采纳了大儒董仲舒“愿陛下兴太学,置明师,以养天下之士”的建议,于京师长安设立太学,是为汉朝最高的教育机构。太学招收的学生称为“博士弟子”或“太学弟子”,学生人数在大部分时候维持在数十人至百人间,毕业后,他们都会被皇帝委以官职。

太学之内,设五经博士,专门讲授《诗》《书》《礼》《易》《春秋》这五部儒家经典著作。可以推知,如果当时存在官方的法律教育,当杂糅于

---

〔1〕 见《商君书·定分》:“吏、民(预)知法令者,皆问法官。故天下之吏民,无不知法者”“故圣人必为法令置官也置吏也,为天下师,所以定名分也。”

〔2〕 “德主刑辅”思想由汉代大儒董仲舒正式提出,其中的“德”与“刑”应做广义理解。“德”泛指道德和礼义,“刑”泛指政令和刑罚。该理论的具体运用在于兼顾道德与法律在治国理政中的作用,但更偏重于道德的教化功能。“教,政之本也。狱,政之末也。”“德主刑辅”理论的治理智慧之一便是通过德化的方式,在百姓心中建构起一套评价是非善恶的价值体系,教导百姓内心向善、耻于为恶。

太学之内对儒家经典的讲授之中。而东汉开国皇帝刘秀下诏选官时,也把“明达法令,足以决疑”作为必要条件。[1]

虽然汉朝在官方层面仍然没有设立专门的法律教育机构,但当时“私学”盛行,相关法律教育活动非常活跃,甚至出现了诸多专门传授法律知识的世家,其中以颍川郭氏和沛国陈氏为代表。

颍川郭氏的代表人物为郭躬,何勤华老师对其评价为“东汉法律世家中最为著名者”。郭躬家族世代为官,其父郭弘,是当时著名的“决曹椽”[2],断案达三十年,执法公正。而郭躬本人,则官至“廷尉”[3]。根据《后汉书》的记载,郭躬年少时就继承了父亲的职业志向,传授法律知识时学徒听众常常达到数百人。

而沛国陈氏的代表人物为陈宠,其出身法律世家,也是一位法学研究者。比如他就提出了“礼之所去,刑之所取,出礼则入刑,相为表里”[4]的著名论断。这句话的意思是,“行为不符合礼的规范,那么就要成为刑罚的处罚对象。礼的范围和刑的范围互为表里”。根据《后汉书》的记载,陈宠在世时不仅传授法律知识,也传授与儒家经典相关的知识。[5]

● 魏晋南北朝

公元229年,魏明帝曹叡颁布《新律》,同年其依卫觊之建议,在廷尉之下,设“律博士”官职,员额为一人,官阶为六品中中[6],其职责是对地方行政官员和狱吏传授国家的法律和法令。两晋时期,在主管刑法狱讼的廷尉之下,也设置了律学博士。南北朝时期,几个较大的割据政权,也都在行政机构中设置了律博士官职。

这是中国古代法律教育史上具有里程碑意义的事件,这表明执掌中国的正统政权在官方层面,正式设立了传授法律知识的官职,在中国,正

---

[1] 见《续汉书·百官志》载刘秀诏书:“丞相故事,四科取士:一曰德行高妙,志节清白;二曰学通行修,经中博士;三曰明达法令,足以决疑,能案章覆问,文中御史;四曰刚毅多略,遭事不惑,明足以决,才任三辅令。”

[2] 此为汉朝郡一级(汉朝有一百多个郡)司法机关专职司法审判的官吏。

[3] 形象理解,东汉廷尉作为九卿之一,官职近似于今天的最高人民法院院长。

[4] 《汉书·陈宠传》。

[5] 见《后汉书》:其“传授法律,而兼通经书”。

[6] 虽然没有直接可比性,但从笔者查阅的资料来看,“六品中中”大致等同于如今的“县处级”官员。

式有了以“传授法律知识”为工作的“体制内”人员。自然,这对于“律学”的发展也肯定起到了积极的促进作用。

但同时也应当注意,魏晋南北朝时期的律博士官职,作为廷尉或大理寺这类司法机构内的属官,他们既研究、传授与法律相关的知识,同时也要参与立法和执法活动。进行法律教育并不是其唯一的职责。

此外,据考证,后秦姚兴政权(公元394-416年)存续期间,其在长安设立“律学”——专门传授律学知识的官方法律学校。[1] 因此,有学者主张,可以推定认为,这是中国历史上第一所独立的官方法律教育机构。但我认为,考虑到后秦的政权性质、存续时间与势力范围,这一论断仍存疑问,故此处只做观点展示。

● 隋唐[2]

隋朝的建立结束了南北朝割裂中华大地近两百年的局面。隋朝的统治者在中央设立了专门管理教育机构的行政机构“国子寺”,后改称“国子监”,这开创了大一统王朝创建专门化教育行政管理机构之先河,其作用和地位类似于今日的“教育部”。

隋朝初年,隶属于国子监的中央学校共有五种,即国子学、太学、四门学、书学与算学。“国子学”招生对象为贵族与高官子弟、“太学”招生对象门第的要求低于贵族与高官而高于平民阶层、“四门学”的招生对象为平民子弟。这三种学校教授的课程,仍以儒家“五经”为主。如前所述,法律教育当杂糅于这三所学校提供的课程之中。“书学”与“算学”均面向平民子弟招生,前者专门培养书法人才,后者专门培养工程计算人才。

与此同时,专门传授法律知识的“律学(校)”,在隋朝时也已经设立,但是其最初属于大理寺[3]管理。其中负责传授法律知识的官职为“律博士”,学习法律知识的学生为“律博士子弟”。其招生对象,可以推知仍主要为平民子弟。而到了隋朝末年,“律学”才归于国子监管理,并列于“书学”“算学”。至此,可以认为,在中国法律教育历史上,正式出

---

〔1〕《晋书·后秦》:“立律学于长安,召郡县散吏以授之,其通明者还之郡县,论决刑狱。”

〔2〕由于隋朝存续时间较短而唐朝在教育体制方面全面承袭了隋朝,故隋唐两朝归于一处进行介绍。

〔3〕隋朝大理寺的前身即为前朝官职“廷尉”,其相当于现在的最高人民法院。

现了“公立”性质的专门性法律教育机构。

唐王朝建立后,法律教育及相应机构设置沿袭隋朝。武德初年,唐高祖李渊开“律学(校)”,律学隶属于国子监。教授课程包括“除历代刑法志外,必有当代律令”以及“格式法例”等内容,所用教材包括《唐律疏议》这一经典唐代律学著作。律学内设律学博士一人,从八品下;助教一人,从九品上。唐代律学学生主要来源于文武八品以下官员的子弟及符合招生选拔要求的平民子弟。招生年龄一般在 18 岁至 25 岁之间,学习年限一般为 6 年(国子监的其他学科为 9 年)。且招生人数基本稳定在每年 50 人左右的水平。

此时设置的律学博士,比魏晋又进了一步,其可被认为是中国古代法律教育史上首个专门从事法律教育的“公务员职位”。而后,律学(校)在唐王朝几度废止又几度重开,且隶属关系也在国子监和大理寺之间反复。“归大理寺时,律学侧重于官员岗位的培训;在归国子监时,则是比较正规的普通高等法律教育。”

此外,唐朝建立后,进一步完善了科举考试选拔官吏的制度,唐朝的科举考试,分为“常科”与“举制”两种,在“常科”之中,便设置有“明法”一科,即“专门通过考查对法律的了解程度来选拔公务员候选人的考试”。这也是古代中国法律教育史上的一个里程碑事件,第一次,在官方层面,中国出现了专门性的以遴选法律公职人员为目标的标准化考试。

至此不难看出,隋唐时代,尤其是唐朝,法律教育无论从体系性还是专业性的角度来看,都取得了长足的发展与进步。如前所述,也正是在这一时期,中华法系的影响力达到了顶峰,唐朝周边的邻国纷纷派出“留学生”前来学习唐朝法律,这也是唐朝法律教育取得的一项重要成就。

● 宋朝[1]

北宋开国之初,中央教育行政管理机构依然是国子监,其下常设国子学与太学,并未设律学(校),只是设置了律博士这一官职负责传授法律知识。而后,宋神宗熙宁六年(公元 1073 年),才又在国子监属下设置

---

〔1〕 本部分原名“宋元”,但由于元朝统治者废除了专门性的官方法律教育机构,元朝时期,中国古代法律教育实质上出现了倒退。且考虑到元朝政权的性质与存续时间。故本部分名称后改为“宋朝”,且内容将全部围绕宋朝法律教育展开。元朝法律教育内容,将不在本节中被提及,特此说明。

律学(校),并设“律学教授”四人,传授法律知识。

元丰年间(1078 年-1085 年),又改设律学博士、学正各一人。学正的职能大致等同于“助教”,其主要负责执行“学规(即校规)”并协助律学博士传授法律知识。[1] 至于南宋是否继续设置相关机构并系统性的进行官方法律教育,由于史料匮乏,尚无定论,此处便不做观点展示。

北宋律学学生的来源有两种,一种是朝廷在职命官,即“北宋公务员”;另一种便是“举人”。要理解“举人”的概念,就要对宋朝的科举考试制度有最基本的了解。宋代的科考共有三级,分别为“解试”“省试”和“殿试”。解试相当于初试,由各州郡主持,考生通过就可被称为“举人”。

只有举人才有参加省试的资格。省试由礼部[2]主持,考试通过后,举人们还必须在吏部进行“铨试”,铨试合格后方能被委任官职,正式“入仕(步入仕途)”,而法律考试一直都是铨试的主要内容。省试成绩优异者,将获得参加殿试的资格,这批佼佼者就被称为“进士”。殿试于皇宫内举行,由皇帝亲自主持并酌定名次,殿试一般不存在“落榜”的情况(毕竟能参加殿试的学子“个个都是人才”)。在宋代,进士通过殿试后皆直接授官,不需再经吏部铨试。

上述“升学”路径,一般被称为宋朝传统的“进士科”。而除此之外,宋朝还存在以学科为专门考查内容的“专科”科举考试[3]以及不限资质选拔特别人才的“制科”[4]考试。而在“专科科举”中,就有“明法科”。

具体来说,宋太祖开宝元年(公元 972 年),宋朝第一次举办了包括“明法科”考试在内的专科科举,但第一年考试规模很小,总共只有 17 人“得赐及第(即获得‘进士’头衔)”。第二年,宋太祖又召见了当年 360 名“落第举子(通过省试但未进入殿试者)”,重新予以考试,其中 5 名学

---

[1] 学正为宋朝特有的教育系统官职,一般分为职事学正和命官学正两种。由学生任此职者,称职事学正,初设于仁宗时;由朝廷命官任此职者,称命官学正,初设于熙宁末。两者职责相同,主要是执行学规及协助直讲考校训导学。而后,元丰三年(公元 1080 年),学正正式成为官职,定为正九品。

[2] 宋朝的礼部所管理的事项大致包括宋朝的科举考试与各种皇室礼仪事务。

[3] 宋代专门性科举考查内容包括:九经、五经、开元礼、三史、三礼、三传、学究、明法、明经各个专科。

[4] 见《旧五代史》“不限前资,见任职官、黄衣草泽悉许应诏”的特别考试,叫作“制科”。

子以“明法(通晓法律)”得赐及第。

而后,明法科考试可谓命途多舛,几度被废止又重开,最终在公元1146年寿终正寝。但值得一提的是,在王安石变法期间,由于法律在宋朝社会生活中的地位被进一步提高,当时宋朝的官吏选拔考试只有三种,它们分别是传统的“进士科”与“制科”,以及特别设立的专门遴选司法官员的“新明法科”。

总体而言,源于宋朝“重文轻武”的国策与几次著名的变法运动的推动,法律教育在宋朝受到人们的普遍重视,法律知识也被视为“入仕必备”。按照何勤华老师的看法,宋代的法律教育是很发达的。宋朝大文豪苏辙也说过,当时“天下官吏争诵律令”。

● 明朝

明朝的官方教育体制总体上承袭了唐宋旧制,但明代并没有仿照宋朝设立诸如“律学”这样的专门性法律学校。尽管如此,明朝在中央与地方官学(即官方学校)和各类私立学堂(比如各类书院)中,都设置有传授法律知识的课程。

虽然明朝并没有出现官方法律学校,但至少在明朝开国之初,全社会学习法律的风气,应当并不逊于一千多年前“以吏为师,以法为教”的秦朝,原因就在于明朝开国皇帝朱元璋也是一位坚定的“以法治国”政策实践者。当然,对于明朝的人民来说,这并不是一件“温柔”的事情,朱元璋崇尚用严苛刑罚惩罚罪犯,明朝的许多刑罚手段也因此十分骇人听闻。

朱元璋认为“夫法度者,朝廷所以治天下也”,这句话的意思简单直接——“朝廷治理天下,用的就是法律。”在明朝正式建立前,公元1364年,刚刚自立为吴王的朱元璋就提出“建国之初,先正纲纪”。随后,他便命令其重臣李善长编纂《律令》(其中律285条,令145条)[1],并且他对这部法律也有着非常明确的要求,那就是“法贵简当,使人易晓(法律贵在简约,使人一目了然)”。这部法律,便是后来颁布的《大明律》的前身。

公元1367年,明朝即将建立,李善长刚刚编纂完成《律令》初稿。那时为了方便让治下臣民尽快了解这部法律的内容,朱元璋就要求将这部

---

〔1〕“律”是由元律衍化而成的刑事法规,而“令”则是调整各行政部门的行政法规。

法律中与“人民日常生活较远的”[1]部分全部剔除,然后将剩下的律令分类汇编,并配以通俗易懂的讲解,以此制成名为《律令直解》的讲义,刊发各地。这可被视为“明朝全民法律教育”的开端。

随后不久,在明朝建立的第六年(洪武六年,公元1373年),朱元璋认为《律令直解》对法律的讲解还不够完善,他又组织编写了升级版的讲义,名曰《律令宪纲》,并在刊发前亲自对内容进行审核。次年,《大明律》正式颁行天下。此后三十余年的时间里,《大明律》经历了三次重大修订才最终得以“定稿”。[2]

而在此期间,洪武十八年(公元1385年),朱元璋又亲自编写了一部法律案例教科书《御制大诰》,并且诸多案例还配有朱元璋本人的评论。说是“教科书”,实际上,这也是一部“威权宣示书”。比如,朱元璋本人就在书中颇为得意的解释了他缘何因为群众“间接放任”囚犯越狱便斩首了170余户平民百姓。[3]

为了更好地推广这本“教材”,朱元璋下诏,犯罪的人如果家中有这本书,刑罚便减轻一等;反之,就要罪加一等。[4] 随后四年,朱元璋又接连“发表”了《大诰续编》《大诰三编》与《大诰武臣》三部全民普法教材。至此,“大诰法律教育系列丛书”才正式完成。

《大诰》丛书对明朝的人文教育,尤其是法律教育的影响是非常深远的。因为朱元璋不仅要求全民学《大诰》,还要求科举考试必须有相关内容的考查。自此开始,明朝全国各类学校将《大诰》丛书作为一门课程专门讲解,盛况最空前之时,“天下讲读《大诰》师生来朝者凡十九万三千四百余人”。《大诰》系列丛书,作为一本皇帝亲书的“普法教

---

[1] 如礼乐、制度、钱粮、选法相关规定。

[2] 见《明史·刑法志》:“太祖之于律令也,草创于吴元年,更订于洪武六年,整齐于二十二年,至三十年始颁示天下。日久而虑精,一代法始定。”

[3] 见《大诰三编·逋送潘富第十八》记载:皂隶潘富犯法外逃,沿途有二百余家知情,有的人家曾提供食宿。追者回奏,将豪民赵真、胜奴并二百余家尽行抄投,持杖者尽皆诛戮。沿途节次递送者一百七户尽行枭令,抄没其家。呜呼:见恶不拿,意在同恶相济,以致事发,身亡家破,又何恨欤?所在良民,推此以戒狂心,听朕言以擒奸恶,不但去除民害,身家无患矣。

[4] 比如,朱元璋就曾表示:“朕出是诰,昭示祸福,一切官民诸色人等,户户有此一本,若犯笞杖徙流罪名,每减一等,无者每加一等,所在臣民,熟观为戒。”“斯上下之本,臣民之至宝,发布天下,务必家家有之,敢有不敬而不收者,非吾治化之民,迁居化令归,的不虚示。”“此诰前后三编,凡朕臣民,务要家藏人育,以为鉴戒,倘有不遵,迁于化外,的不虚示。”

材”，也顺理成章成为整个明朝印刷量最大的书籍。

所以，无论明朝的法律教育其定义有多宽泛、法律本身的规定有多残酷，统治者对于全民法律教育的热情——至少在明朝开国之初的几十年间——在业已完结的中国古代法律教育史中，一定是前无古人后无来者的。

● 清朝

清朝在官方教育体制方面基本承袭了明朝的制度，法律教育方面，依然没有设置专门的律学(校)。但在清朝的各类官方学校教育和科举考试中，法律，尤其是律、例的考查，仍然是重要内容。比如，在清朝每三年才在各省省城举行的科举“乡试”中，就会要求考生模仿前朝皇帝的口气根据前朝法律做出判决，就是一种非常常见的法律考试题型。

但在非官方的层面，清朝的法律教育依然展现了鲜明的时代特点，那就是相对体系化且发达的“幕友法律教育体制”。“幕友”有一个更加通俗的称呼，叫作“师爷”，形象地理解，他们就是政府官员专门聘请用来出谋划策与处理问题的门客。他们之所以会出现，和清朝独特的政治生态密不可分。在何勤华老师看来：“幕友是清代法制运行的主要承担者……他们的法学教育构成了清代法学教育的正科。”

清代各级地方主官，上至巡抚下至知县，都会聘请具有专业技能的幕友帮助自己处理政务，他们并不具有“公务员编制”，薪水由官员自负，总数庞大。[1] 即使如此，他们在各自的业务领域，实际上拥有相当的实权，因为他们协助处理——甚至直接处理——的都是正儿八经的政务。而其中，在法律事务方面，清朝的官员聘请的就是“刑名幕友(专门负责法律，尤其是刑事案件的幕友)”。

刑名幕友法律教育体系中，传授知识的人我称为“幕师”，接受知识的人，我称为“幕徒”。而他们之间的教育模式非常简单：“幕师”通过言传身教，向“幕徒”传授与其未来所处理法律事务相关的所有专业知识，直到“幕徒”出师。而教育的内容，最主要的部分，自然就是“幕师”带着“幕徒”研读当朝法律与各类判例，甚至以已经办理完结的案件为对象，

---

〔1〕 美国学者费正清在《剑桥中国晚清史》中的说法是：“随着官员在省级或地方一级职责的加重，幕友的规模和人数也跟着增加。到 18 世纪末，这些助手的总人数估计已达 7500 人。虽然没有可靠的调查统计数字，但可以假定他们的人数在 19 世纪继续有所增长。”

要求“幕徒”通过“模拟法庭”进行练习。

除此以外,值得一提的是,在清朝的幕友教育中,已经出现了“法律职业道德教育”的雏形。比如,清朝著名幕友汪辉祖[1]写过两本书,名叫《佐治药言》与《续佐治药言》,这两本书记录的是他在从事幕友职业时的心得体会和感悟,可以被认为是两本类似“幕友教材”的书籍。

在其中,汪辉祖就写道:“办案之法,不惟入罪宜慎,即出罪亦宜慎。”这句话的意思是,幕友在办案时,不仅认定当事人有罪时,需要非常谨慎;认定当事人无罪时,也需要非常谨慎。此外,他还认为,幕友应当“立心立品”“为民谋利除害”,这两句应该不需要我翻译的古文简单直接地表达了从事法律幕友工作三十四年的汪辉祖对“职业道德”的看法。

此外,还有观点认为,在清朝,也存在类似明朝那样的全民法律教育,其普法教育内容的载体便是雍正二年(公元 1724 年)正式出版的《圣谕广训》。其是由清朝官方修订刊行的“国训”,由两部分组成,一部分是康熙皇帝在位期间颁布的《圣谕十六条》,另一部分是雍正皇帝在位期间颁布的《广训》。

不可否认,《圣谕广训》中的一些内容,确实和清朝当时的法律相关,但同时,其内容也广为涉及封建伦理和宗族礼法。将其视为“清朝的《大诰》”,无论从其文本体量还是内容性质来看,似乎都无法成立。故对于这一见解,此处只做观点展示。

● 古代中国法律教育总结

行文至此,我们大致能够对中国古代法律教育的轮廓和特点做一个简单的总结和归纳:

首先,中国古代的法律教育在规模和编制上,始终不曾存在独立的、官方的、无差别招生的所谓“西式或现代法学院校”。在绝大多数时期,古代中国的“律学(校)”只是作为官方综合性学校的分支或司法机构的下属单位存在。并且,由于明清两朝统治者对意识形态的超高压管控,坦诚地说,和历朝历代其他“显学”相比,中国古代的法律教育,始终在

---

〔1〕 汪辉祖为幕三十四年,以善断疑案著称,足迹遍布江浙两省十八个州县衙门,后来他任州县官五年,勤政爱民,政绩斐然。他不仅是一位难得的清官,也是一位著述宏富的学者。

社会上处于一个不太显眼甚至是颇为弱势的地位。[1]

其次,中国古代的法律教育,其目标非常明确,就是为了培养处理法律事务的专业人员。这不仅导致其招生规模始终有限,而且也使得其“教学理念”和“教学内容”,必须以“拱卫皇权”为根本目标。这就导致在绝大部分时间里,对任何“原则性”问题(比如“皇权能否凌驾于法律之上”),只能存在一个标准答案,没有任何讨论的余地。学术相对独立、研究相对自主、学生毕业后就业去向相对多元的“法学院”样态,可能在古代中国的法律教育中,连最基本的雏形,都不曾存在。

最后,古代中国的法律教育,从秦朝开始,就始终围绕着“法律条文”展开。法哲学思辨、法学理论、各类法学跨学科研究,在中国古代的法律教育中,是无法找到承载主体的。这些超出法律,属于法学的内容,在中国古代,要么通过各类综合性学校对儒家经典的讲授传递,要么通过清朝类似“幕友”这样的师傅言传身教。教学科目体系化、部门化、多样化的“法学院课程设置”,在中国古代法律教育史中,也从未出现。

那此时此刻,我想同学们不禁要问,中国何时出现了真正意义上与古代中国法律教育模式截然不同的近代法学教育形态呢?具体的时间节点在学术界现在还尚存争议,但大致的历史阶段,是得到公认的,那就是,近代中国法学教育,诞生于中华民族饱受列强欺压、晚清政权摇摇欲坠的清朝末期。

(二)近代中国法学教育

这一时期,中国的法律教育开始逐渐向法学教育的形态过渡。而在我看来,近代中国之所以出现了真正意义上的“法学教育”,其核心缘由,必然是承载法学教育活动的载体——“法学院校”的出现。

那近代中国的“法学院校”,又应该具有什么样的特征呢?在我看来,其核心特征有三:首先,这类院校当“有教无类”,即不以制度化的方式将特定“门第出身(即身份背景)”的学生排除在招生范围之外;其次,

---

〔1〕 在何勤华老师看来,“中国古代的法律教育,从来没有获得过独立的地位,在春秋战国时期,它依附于其他学术教育;在秦代,它只是官吏的附带职责;在汉代,它又成为经学教育的内容之一;魏以后,它也只是为选拔官吏而学习科目的一种。即使在后汉和魏晋时期,律学最为昌盛,法律教育也仅仅局限于民间的私塾。元代以后,朝廷取消了律学博士一职,嗣后,元明清的法律教育只能成为府县衙门中幕僚和胥吏学徒式学习。在整个中国漫长的古代,从来没有出现过如古罗马时期就存在于罗马的专门法律教育机构。”

其编制独立，机构运作至少相对独立，教师与科研人员的学术工作相对自主，学生毕业后就业去向并不唯一、甚至较为多元；最后，在教学方面，这类法学院校的教学科目编排科学化、制度化且多样化，既以法学学术素养的训练为主，又兼顾学生实务工作技能的培训。

● 晚清

那么，何时中国出现了大体符合上述标准的法学院校呢？大致时代，毫无疑问，是在晚清时期。而在给出这个问题的具体答案前，我们不妨先回顾一下晚清时代中国法学教育的另外两个“第一”。因为这两个里程碑式的“第一”，为近代中国第一所法学院校的创立，奏响了前曲。

中国近代法学教育史上的“第一堂西式法学课程”开设于“京师同文馆”，其为晚清第一所官办外国语学校，由精通洋务的权臣恭亲王奕訢和洋务运动主要参与者名臣文祥奏请创办，并于 1862 年正式成立。同文馆创建的主要目标是培养精通外语的洋务人才，其聘请的教师主要为“洋人”。1867 年，同文馆聘请的英文教师丁韪良（William A. P. Martin）〔1〕在馆内开设国际法相关课程“万国公法”。而丁韪良本人，正是《万国公法》一书的中文翻译者。

此外，曾宪义老师认为，中国近代法学教育史上“第一个法学专业”，是开设于 1895 年创立的“天津中西学堂（又称‘北洋西学堂’）”。根据该学堂的课程设置，学生入读后，前两年不分专业，统一学习包括“万国公法”在内的文理课程。第二年后，根据学业水平及兴趣，学生可分别从工程学、电学、矿务学、机器学及律例学五科中选择一科修读毕业。故，天津中西学堂开设的“律例学”或可被视为中国近代法学教育的起点。〔2〕

有了这些铺垫，伴随着历史的进程与晚清整个社会维新救国的思

---

〔1〕 丁韪良，基督教新教教会长老派传教士。丁韪良是清末在华外国人中首屈一指的“中国通”，同时也是一位充满争议的历史人物。道光三十年（公元 1850 年），丁韪良在长老派神学校毕业后，派来中国，在宁波传教。1865 年为同文馆教习，1869－1894 年为该馆总教习，并曾担任清政府国际法方面的顾问。光绪十一年（公元 1885 年），得三品官衔。1898 年又得二品官衔。1898－1900 年，任京师大学堂总教习。1863 年，丁韪良开始着手翻译美国人惠顿的《万国公法》，该书受到恭亲王等人的赏识，1864 年（同治三年）京师同文馆刊行，由总理衙门拨专款付印出版。

〔2〕 见曾宪义、王健、闫晓君主编：《律学与法学：中国法律教育与法律学术的传统及其现代发展》，中国人民大学出版社 2012 年版。

潮,中国最早的专门性法学教育机构呼之欲出。但究竟近代中国第一所法学院花落谁家?很遗憾,在我看来,直到今天,这依旧是一桩“悬案”。

最被普遍接受的答案,指向1906年应修律大臣沈家本、伍廷芳等人之奏请,由清政府创办的“京师法律学堂”。京师法律学堂被大多数人认为是中国近代法学教育史上第一所官办的专门性法律学校。其于1906年夏天开始招生,共有两个“招生项目”,分别是学制一年半的“速成科”与学制三年的“正科”。1906年10月,京师法律学堂正式开学,第一届学生共计246人。这246人,或可被认为是中国近代法学院培养的第一批法科生。然而好景不长,1911年,辛亥革命爆发,京师法律学堂也停止办学,当时的在校生班级被并入1907年成立的京师法政学堂。

而另一个答案则认为,严格遵照成立时间,1905年成立的“直隶法政学堂”当被视为近代中国第一所专门性的法学教育机构。1905年11月,以成立不久的专门培养本省行政司法幕僚的“直隶法律学堂”为班底,袁世凯奏请创立了以“改良直隶全省吏治,培养佐理新政人才”为目标的“直隶法政学堂”。

学堂招收直隶45岁以下符合要求的候补官员,每年招收120人,招生项目为半年制的预科和一年半制的正科。正科的法学教育体系已经较为完备,学生所学课程包括:大清律例、大清会典、交涉约章、政治学、宪法、行政法、刑法、民法、商法、国际公法、国际私法、刑事诉讼法、裁判构成法、应用经济、财政学、警察学、监狱学、统计学、中外通商史、日语和学习裁判等。

作为以培养一省司法官员为办学宗旨的省级最高法学教育机构,“直隶法政学堂模式”于第二年在清朝全国推广,随即各省官方均创立了相应法政学堂,最高峰时共计46所,学生总数接近12000人。前文提及的成立于1907年的京师法政学堂,便诞生于这次“法政学堂办学潮”中。

在我看来,若以“正统性”“招生范围”和“学制时长”来看,京师法律学堂毫无疑问当为中国近代第一所法学院。而严格参考创建时间及授课内容,称直隶法政学堂为中国近代第一所法学院也言之有理。我想,在这个世界上,总有一些问题,是没有标准答案的,这个问题,似乎便是如此。

此外,还值得一提的是,同一时期,中国多地,也出现了多所“私立法政学堂”。1910年,浙江巡抚增韫建议清廷废除禁止民间开设私立法政学堂的规定得到了批准，随即，在浙江的宁波和绍兴，就分别出现了宁波法政学堂与东湖（绍兴）法政学堂。随后两年，全国出现的类似学堂竟多达几十所。

中华民国成立后，1913 年，北洋政府教育部通令各省停办私立法政学堂或改为“讲习科（培训班）”。私立法政学堂的数量才开始减少，到 1925 年仅剩 11 所。1930 年，国民政府又出台相关规定进一步收编与改组私立政法学堂，使其最终退出了历史舞台。[1]

● 民国时期[2]

1912 年元旦，中华民国成立。民国时期的法学教育，总体来看，处于一个承上启下、中西融合的特殊阶段。对于这一时期中国近代法学教育历史的梳理，可以从“公立法学教育机构”与“私立法学教育机构”两个维度进行。而前者，自然指的就是我们传统意义上所知的“公立大学”或“公立法学院”。

民国元年，北洋政府便公布了“大学令”，意图规范全国公立大学的运行与教学，其规定“法科大学修业年限为四年”，[3] 而文理农工商及医学的年限均为三年。次年，北洋政府继续发布规定：“大学分为文科、理科、法科、商科、医科、农科及工科。”

根据此规定，法学本科需要修读的课程如下：“（1）宪法（2）行政法（3）刑法（4）民法（5）商法（6）破产法（7）刑事诉讼法（8）民事诉讼法（9）国际公法（10）国际私法（11）罗马法（12）法制史（13）法理学（14）经济学（15）英吉利法（16）德意志法（17）法兰西法，以上三门[4] 任选

---

[1] 1929 年 12 月与 1930 年 4 月南京国民政府先后颁布《修正司法院监督国立大学法律科规程》和《修正司法院特许私立法政学校设立规程》，其规定：国立大学法律科之课程、编制及其研究指导，由“司法院”直接监督；各私立法政学堂，已经教育部核准设立及开办者，应转请“司法院”备案，新申请设立、变更、停办者，一律由教育部转送“司法院”审核。

[2] 中华民国成立于 1912 年，根据史学通说，其政权存续大致分为两个阶段，即：以袁世凯为首的晚清北洋军阀集团占据主导地位的“北洋政府时期（1912 年——1928 年）”与以蒋介石为核心的国民党占据主导地位的“南京国民政府（1927 年——1949 年）时期”。在不影响本节内容的情况下，为叙述方便，统一将这一历史阶段称为“民国时期”，称前一政府为“北洋政府”，后一政府为“国民政府”。

[3] 见薛铨曾：《我国大学法学课程之演进》，载《法律史评论》2008 年第 1 期。

[4] 此处指的应该是从“（15）英吉利法（即：英国法）（16）德意志法（即：德国法）（17）法兰西法（即：法国法）”中任选一门。

一种。”

此外,还有四门选修课,分别是:比较法制史、刑事政策、公法学与财政学。不过除了课程名称外,北洋政府并未对具体教学内容、学分、学时等做进一步的规定,这导致该时期民国大学及法学院校所开设之课程,除了课程名称保持一致外,实际教授的内容存在不少差异。

南京国民政府时期,民国的“国立(即公立)大学体系”已经初步建成。彼时,民国最知名的几所公立大学均已设立法学院。以1926年成立的“中山大学”和1927年成立的“南京大学”为例。前者法学院的班底,就来自于其筹建过程中被合并的广东法科大学与国立广东法科学院。后者法学院的主要班底,则来自其筹建过程中被合并的江苏法政大学。

1930年,国民政府教育部组织标准起草委员会,着手对全国大学各院系的教学内容、教材与课时分配等事项进行标准统一。根据后来发布的规定,国立大学法学院必须教授下列课程:“(1)三民主义(2)宪法(3)民法及商事法(4)刑法(5)民事诉讼法(6)刑事诉讼法(7)法院组织法(8)行政法(9)国际公法(10)国际私法(11)政治学(12)经济学(13)社会学(14)劳工法。”且这些课程的总时长需至少占学生在校学习总时长的三分之二。至此,通行全国的民国官方法学教育体系,当被认为已初具体系与规模。

与此同时,在中国也出现了一批在近现代中国的教育史中留下浓墨重彩篇章的私立大学,比如成立于1900年的东吴大学、成立于1903年的震旦大学、成立于1917年的复旦大学与成立于1919年的燕京大学等。这些大学在成立之初或之后,都相继设立了法学院系。且在这一时期,私立大学中的法学院及江浙私立法政学校总数已达到了40余所。[1]

由于民国时期私立大学享有很高的自治权,且大部分这类大学的前身脱胎于宗教氛围浓厚的基督教教会大学。所以我们无法对民国时期私立大学的法学教育作出一以概之、“不偏不倚”的评价。故在此,我仅以民国时期最为著名的东吴大学法学院作为代表,以点代面稍作介绍。

“东吴大学法学院”一般被认为是位于苏州的东吴大学开设于上海的专门提供法学教育的“分部”。1914年,时任东吴大学校长的葛赉恩

---

〔1〕 这几所大学成立的时间至今仍有争议,本文选择的是较为流行的说法。

(John W. Cline)委派当时在东吴大学讲授政治学的美国律师兰金(C. W. Rankin)到上海主持东吴大学第二附中的校务。随后，1915年，在罗炳吉等人的协助下，兰金在上海创立了"东吴大学法科"，又称"中华比较法律学院(Comparative Law School of China)"。1926年，其开设硕士班。1927年，其改名为东吴大学法律学院，并聘请吴经熊[1]为院长。1935年，其又更名为东吴大学法学院。

成立之初，东吴大学法学院主要效仿美国法学院的教育模式，"在最初的十年它的课程设置与美国法学院极为相似，几乎全部是由受过美国训练的法律专家以英文教授的普通法课程组成。"[2]且入学要求也与美国法学院相似，学生在就读前必须修读完成至少三年及以上的本科课程(一般以社科专业为主)。下图为1915年东吴大学法学院课程表：

一年级上学期(5门)	法制纲要暨案牍研究、法学大纲、家族法、债权(关于契约)、圣经
一年级下学期(8门)	代理法、有价证券、罗马法(近世民法)、债权(关于契约)、债权(不法行为)、议院规则暨辩论术、法庭规则暨雏形法庭演示、圣经
二年级上学期(6门)	私法人通论、货物委托与传递法、刑法概论、法庭规则暨情形法庭演试、物权法、圣经
二年级下学期(8门)	公法人导论、买卖法、物权法、赔偿法、新发明之特许及版权、诉讼法、雏形法庭演试、圣经
三年级上学期(7门)	宪法、保险法、继承通论、国际公法、证据、法律伦理学、圣经
三年级下学期(8门)	行政法、合伙、财产转移法、国际私法、证据、破产法、法律伦理、圣经

从课程设置不难看出，东吴大学法学院提供的法学教育，主要围绕

---

[1] 吴经熊(1899—1986年，英文名为John C. H. Wu)。其1921年在美国密西根大学攻读职业法律博士学位(J. D.)，之后前往巴黎大学(索邦)和柏林大学学习。1923年至1924年吴经熊在哈佛法学院任研究员。参见王伟：《中国近代留洋法学博士考(1905—1950)》，上海人民出版社2011年版，第71页。

[2] 康雅信：《中国比较法学院》，张岚译，贺卫方校，载高道蕴、高鸿钧、贺卫方编：《美国学者论中国法律传统(增订版)》，清华大学出版社2004年版，第588页。

普通法系课程展开,且开设了多门与法律实务工作相关的课程,学生还需研读《圣经》。并且作为课堂教学的补充,东吴大学法学院的学生在校期间都要参加模拟法庭比赛。[1] 而其大部分学生,毕业后也选择了从事律师、法官或公务员等实务工作。[2] 此外,新中国首任海牙国际法院大法官倪征燠、前南斯拉夫问题国际刑事法庭大法官李浩培,均为东吴法学院毕业生。

总体而言,近代中国法学教育在特定历史背景下,较之于古代中国法律教育而言,依然取得了长足的发展。按何勤华老师的话说:"此时全国涌现了一批有质量和有声望的……法学院……以及独立的法政大学……虽然总量不大但也初步构造起了一个高等法律教育的网络体系。"[3]并且近代中国法学教育以"培养精通法律知识、懂得西方法学理念、服从法律规范、能够处理社会问题的高层次法律人才"之目标,"从清末至 1949 年这 40 多年法律教育以及立法和司法实践来看基本上是实现了。"[4]

(三)现代中国法学教育

1949 年 10 月 1 日,中华人民共和国成立,新中国的诞生也标志着中国法学教育,由近代走入了现代阶段。当年中国共计有高校 227 所,其中 53 所设有法律院系。[5] 不过在开国大典之前,1948 年,中国共产党就已经在吉林创建了东北行政学院司法系,而其被认为是后来吉林大学法学院的前身。

新中国成立之初的近十年时间里,在法学研究和法学教育方面,完全摒弃了民国时期建立起的体系,优先确立的指导思想是马克思列宁主义。在法学教育方面,效法的自然是"老大哥"苏联的模式。与近代中国法学教育相比,这一时期,中国的法学教育体制和人才培养方式发生

---

〔1〕 见[美]艾莉森·康纳:《培养中国的近代法律家:东吴大学法学院》,王健译,贺卫方校,载《比较法研究》1996 年第 2 期。

〔2〕 同上。

〔3〕 曾宪义、王健、闫晓君主编:《律学与法学:中国法律教育与法律学术的传统及其现代发展》,中国人民大学出版社 2012 年版。

〔4〕 同上。

〔5〕 王健:《新中国法学教育六十年》,载王健:《以法为教》,高等教育出版社 2018 年版,第 123 页。

了根本性改变。

1950 年,旨在为新中国培养建设干部、学习苏联先进教育经验、培养高等教育师资并支援其他高校建设的中国人民大学正式成立,[1] 随即一批苏联专家学者陆续来到人民大学从事教育工作,“从 1950 年到 1957 年,人大先后聘请了 98 名苏联专家,是全国聘请苏联专家最多的高校”。[2] 作为人民大学最早创办的院系之一,人民大学法律系可以被认为是“新中国的第一所法学院”。在创立之初,其专业设置、课程体系与培养模式,基本上承袭的就是苏联法学教育模式。比如大家耳熟能详的“教研室模式”,就直接来源于苏联高等教育的创造。[3]

人民大学法律系的成立,从师资培养与教材编译两个重要方面,为中国现代法学教育描绘出了清晰的底色。人民大学也因此“给了全国高等学校特别是财经、政法院校很大的帮助”。[4] 故在此,我仅以人民大学法学教育发展史为代表,简单介绍新中国早期的法学教育风貌。

在教育人才培养方面,仅在人民大学法律系成立的前三年,其便培养了 120 多名法律系教员,极大充实了新中国许多法学院校的师资队伍与教学力量。比如,1953 年,吉林大学法律系选送至人民大学法律系修读研究生的 12 名学生回到母校,他们的回归,才使得吉林大学法学院能够提供全面完整的法学院课程。此外,人民大学法律系还长期承担全国各地政法院校教师的进修培训任务。仅 1955 年上半年,其便接收了全国各政法院系的进修教师近 50 名。最后,人民大学还多次组织苏联专家学者赴各政法院校讲学,并组织开展校际合作以支援相关院校的师资建设。

在教材编译方面,1950 年至 1957 年间,人民大学翻译出版的苏联法学专著近 90 余种,出版的法律系讲义、提纲与参考资料近 70 种。而 1954 年召开的全国政法教育会议更是规定:“中国人民大学应将所编译

---

〔1〕 见黄松龄:《中国人民大学教学经验讨论会开幕词》,载《中国人民大学教学经验讨论会报告汇编》,中央人民政府高等教育部高等教育通讯编辑室 1954 年版,第 1 页。

〔2〕 见《关于 1950——1957 年聘请苏联专家工作的报告》,1960 年中国人民大学档案馆藏。

〔3〕 见成仿吾:《中国人民大学的教研室工作》,载《人民教育》1951 年第 4 期。

〔4〕 见黄松龄:《中国人民大学教学经验讨论会开幕词》,载《中国人民大学教学经验讨论会报告汇编》,中央人民政府高等教育部高等教育通讯编辑室 1954 年版,第 1 页。

的苏联法学教材进行校阅,推荐各校试用。”〔1〕人民大学法律系编写的各类教材,不仅为新中国的各大法学院提供了可以直接使用的范本,也为其他高校法学院随后自主编写相关教材,提供了重要的参照。

可以说,这一阶段,新中国成立时业已存在的法学院校和以人民大学法律系为代表的“政法院校新势力”处于一个齐头并进、共谋发展的成长期。在此期间,这些院校之间也经历了多次院系调整。

1963年,教育部和最高人民法院召开全国政法教育工作会议,再次确立了以“五院四系”为代表的中国现代法学教育高校布局体系。而在我看来,“五院四系”这一概念对中国现代法学教育在资源布局与生源流动方面所产生的影响,一直持续至今。在这里,“五院”指的是北京政法学院(现中国政法大学)、西南政法学院(现西南政法大学)、华东政法学院(现华东政法大学)、西北政法学院(现西北政法大学)与中南政法学院(现中南财经政法大学)这五所政法院校;而“四系”指的是北京大学、人民大学、吉林大学与武汉大学四所综合性大学下属的法学院系。

然而,“文革”的到来使得中国法学教育的发展突然陷入停滞,这一状况,直至1978年全国逐步恢复高等法学教育才告停止,经过近十年的艰难重建,到1988年时,全国共恢复重建法学院80多所,除了本科及高等教育之外,还陆续开设函授、夜校与“专升本”法学教育项目。〔2〕至1999年,开设法学专业的高校数量增加到了178所。

此外,同一时期,律师资格考试、初任法官和初任检察官资格考试也陆续举办,这标志着我国法律职业资格考试体系的建设,正式拉开了序幕。

与此同时,必须提及的是,同一阶段,中国的法学研究也逐渐开始走向“外学我用、独立自主”的发展道路,〔3〕而这一路径转变必然也会对中国法学教育产生巨大影响。这一时期,中国的法学研究与法学教育,

〔1〕 见《中国教育年鉴》编辑部编:《中国教育年鉴1949-1981》,中国大百科全书出版社1984年版,第267页。

〔2〕 李其瑞、冯飞飞:《中国法学教育70年:发展历程、问题反思和未来展望》,载《法学教育研究》2020年第2期。

〔3〕 自二十世纪九十年代始,我国法学研究者开始在全面学习各国法学之所长的同时,深入结合中国国情实际与社会主义法治思想,提出真正具有中国特色的学术主张与内生于中国本土的学术作品。能够代表这一学术现象的事件之一的,即为中国政法大学出版社于20世纪90年代出版的“中青年法学文库”系列丛书。

既不再和近代时期一样盲目崇拜“西方”,也不再如新中国成立之初一般彻底“倒向”苏联,而是越来越具有鲜明的“中国特色”。

1997 年党的十五大将“依法治国”定为国策,这无疑加速了中国法学与法学教育的发展。正是在这一大背景下,1999 年高等院校扩招政策的推出使中国法学院校的数量与招生人数双双迎来了一个前无古人、也很有可能后无来者的“大爆发”。在随后数年间,中国法学院系数量迅速增长。根据统计,截至 2011 年,全国在校法学专业学生总人数,正式突破 70 万人。[1] 而截至 2020 年,我国设有法学本科专业的高校共计 635 所,约占全国高校总量的 50%。

按照王健老师的话说:“从最东边的佳木斯大学到最西端的喀什大学,从最北的黑河学院到最南端的三亚学院,法学本科专业的设置遍被神州大地,法学本科学子的弦诵之声通达祖国四至。”[2]

在经历了前述法学教育规模“爆发式增长”后,近几年来,中国法学教育的发展思路已经从追求量变转为寻求质变。2018 年,教育部与中央政法委联合发布了《关于坚持德法兼修实施卓越法治人才教育培养计划 2.0 的意见》,其中就明确提出要以马克思主义法学思想和中国特色社会主义法治理论为指导,“做强一流法学专业,培育一流法治人才,为全面推进新时代法治中国建设提供有力的人才智力保障”。

而在 2023 年 3 月,中共中央办公厅、国务院办公厅印发《关于加强新时代法学教育和法学理论研究的意见》[3] 则是新时代中国法学教育领域最为重要的新成果与新指南。在王健老师看来,该指南所具有的跨时代意义如下:第一,在新中国法学教育发展史上,这是党和国家专题研究部署法学教育和法学理论研究工作的第一份中央文件,法学教育和法学理论研究工作由此被纳入党和国家工作大局。第二,首次明确了法学教育管理指导体制,为实现新时代法学教育和法学理论研究的发展目标提供了根本制度保障。第三,指明了新时代法学教育和法学理论研究发展的目标方向和主要任务。其中最重要的,就是坚持一个指导思想,即习近平新时代中国特色社会主义思想。[4] 在这份指南的引领下,中国

---

〔1〕 见唐波等:《法学专业标准研究》,上海人民出版社 2014 年版,第 3 页。

〔2〕 王健:《法学本科专业的若干基本概念》,载《新文科教育研究》2021 年第 1 期。

〔3〕 参见:中共中央办公厅 国务院办公厅印发《关于加强新时代法学教育和法学理论研究的意见》http://www.gov.cn/zhengce/2023-02/26/content_5743383.htm。

〔4〕 见王健:《洞见 | 王健:新时代法学教育和法学研究向何处去?》。

的法学教育,必将会迎来更加灿烂的明天。

对于选择入读法学院的同学们来说,悠悠历史,千年长河,你我虽然都很渺小,但当我们推开法学院之门的那一刻,其实,我们都将会成为这段继往开来且仍在延续的中国法学教育史当中最真实的那一部分。我想,凡是过往,皆为序章,以历史为起点,接下来,就让我们正式走入本书的世界。

PART I 上部

从学业到专业

第一章

法学院的学习与考试

介绍完了历史,这一章,我们来聊聊“正事”。接下来,我就将具体向同学们介绍,如果你真的被一所中国大陆的法学院录取,本科四年,你将要学什么?并且,我还会提醒你,如何确保,你一定能够毕业。

1.1 你读的是“法学(0301)”专业吗?

不过,在“正事”开始之前,我希望同学们首先确认一下,你所就读的专业,确实属于本书讨论的“法学”专业。弄清楚这个问题,对于了解本书的内容所涉及的范围,至关重要。而要解答这个问题,就需要从“学科”“专业”与“方向”三个概念之间的区别与联系说起,我们首先来看前两个概念:

“法学学科”是一个学术概念,它指的是一个知识体系,在该体系之下的所有知识,一般都被认为属于“法学”这一社会科学分支的范畴。而该体系有若干层级,不同层级代表的是具体的法学研究方向所涵盖的具体知识体系。在法学教育的具体层面,各类教材的编纂、各大法学院系对教研室的设置和研究组织内部机构的设计,一般都围绕“学科”这一概念展开。而“法学专业”更接近一个“行政概念”,它指的是国家教育部门以国家和社会需求为导向、所要求或允许高校法学院系开设的“一个大类专业的统称”。

在我国法学教育领域,与“法学学科”和“法学专业”相关的重要文件,主要有三份,下文将逐一介绍。

第一份文件,是由国家质检总局和国家标准化管理委员会发布的《中华人民共和国学科分类与代码国家标准》(GB/T13745-2009)。根据其规定,“法学学科”作为“一级学科”属于“人文与社会科学”门类。在“法学学科”之下,存在“理论法学”“法律史学”“部门法学”“国际法学”与“法学其他学科”五个“二级学科”。在这些二级学科之下,又存在若干三级学科。不过需要提醒同学们注意的是,由于这一标准划分过于细致,本书对于法学专业与学科的介绍,与许多法教育学文献一样,并不会以该分类方式展开。所以同学们对于“学科国标”的具体内容，只需要了解即可。其具体内容如下：

门类	一级学科	二级学科	三级学科
人文与社会科学	法学	理论法学	法理学
			法哲学
			比较法学
			法社会学
			立法学
			法律逻辑学
			法律教育学
			法律心理学
			理论法学其他学科
		法律史学	中国法律思想史
			外国法律思想史
			法律制度史
			法律史学其他学科
		部门法学	宪法学
			行政法学
			民法学
			经济法学
			劳动法学
			婚姻法学
			民事诉讼法学
			行政诉讼法学
			刑事诉讼法学
			刑法学
			刑事侦查学

（续表）

门类	一级学科	二级学科	三级学科
人文与社会科学	法学	部门法学	司法鉴定学
			军事法学
			卫生法学
			环境法学
			安全法学
			知识产权法学
			宗教法学
			部门法学其他学科
		国际法学	国际公法学
			国际私法学
			国际刑法学
			国际经济法学
			国际环境法学
			国际知识产权法学
			国际法学其他学科
		法学其他学科	

第二份文件，是2020年由教育部发布的《普通高等学校本科专业目录（2020年版）》（以下简称“专业目录”）。该目录对各大高校法学院系开设的专业进行了详细编排汇总。该文件是最为重要的法学学科专业分类文件，因为同学们日后在报名国家统一法律职业资格考试（以下简称“法考”）与研究生考试时，都需要依据这张表格来明确个人的报考资格。该表内容如下。

法学	法学类	030101K	法学	法学
法学	法学类	030102T	知识产权	法学
法学	法学类	030103T	监狱学	法学

（续表）

法学	法学类	030104T	信用风险管理与法律防控	法学
法学	法学类	030105T	国际经贸规则	法学
法学	法学类	030106TK	司法警察学	法学
法学	法学类	030107TK	社区矫正	法学
法学	政治学类	030201	政治学与行政学	法学
法学	政治学类	030202	国际政治	法学
法学	政治学类	030203	外交学	法学
法学	政治学类	030204T	国际事务与国际关系	法学
法学	政治学类	030205T	政治学、经济学与哲学	法学
法学	政治学类	030206TK	国际组织与全球治理	法学
法学	社会学类	030301	社会学	法学
法学	社会学类	030302	社会工作	法学
法学	社会学类	030303T	人类学	法学
法学	社会学类	030304T	女性学	法学
法学	社会学类	030305T	家政学	法学
法学	社会学类	030306T	老年学	法学
法学	民族学类	030401	民族学	法学
法学	马克思主义理论类	030501	科学社会主义	法学
法学	马克思主义理论类	030502	中国共产党历史	法学
法学	马克思主义理论类	030503	思想政治教育	法学
法学	马克思主义理论类	030504T	马克思主义理论	法学
法学	公安学类	030601K	治安学	法学
法学	公安学类	030602K	侦查学	法学
法学	公安学类	030603K	边防管理	法学
法学	公安学类	030604TK	禁毒学	法学
法学	公安学类	030605TK	警犬技术	法学
法学	公安学类	030606TK	经济犯罪侦查	法学

（续表）

法学	公安学类	030607TK	边防指择	法学
法学	公安学类	030608TK	消防指挥	法学
法学	公安学类	030609TK	警卫学	法学
法学	公安学类	030610TK	公安情报学	法学
法学	公安学类	030611TK	犯罪学	法学
法学	公安学类	030612TK	公安管理学	法学
法学	公安学类	030613TK	涉外警务	法学
法学	公安学类	030614TK	国内安全保卫	法学
法学	公安学类	030615TK	警务指挥与战术	法学
法学	公安学类	030616TK	技术侦查学	法学
法学	公安学类	030617TK	海警执法	法学
法学	公安学类	030618TK	公安政治工作	法学
法学	公安学类	030619TK	移民管理	法学
法学	公安学类	030620TK	出入境管理	法学

根据教育部印发的《普通高等学校本科专业目录(2020年)》,“法学类”是指普通高等学校本科专业法学门类下的“法学类”,其学科代码为0301。换言之,对于想要报考法考的应届生来说,只有你的专业学科代码为0301开头,你才被视为法本考生。对于研究生考试来说,也是如此。

而在2021年的法考公告答疑中,官方只给出了7个专业,但在2021年12月,教育部又新增了一批普通高等学校本科专业,这其中,就包含法学类的纪检监察专业。所以现在可以法本考生身份报考法考的法学专业应当包括:法学、知识产权、监狱学、信用风险管理与法律防控、国际经贸规则、司法警察学、社区矫正与纪检监察,共8个。

列入普通高等学校本科专业目录的新专业名单

序号	门类	专业类	专业代码	专业名称	学位授予门类	修业年限	增设年份
1	经济学	财政学类	020203TK	国际税收	经济学	四年	2021
2	经济学	经济与贸易卷	090403T	国际经济发展合作	经济学	四年	2021
3	法学	法学类	030108TK	纪检监察	法学	四年	2021
4	法学	公安学类	030623TK	铁路警务	法学	四年	2021

第三份文件,是 2022 年国务院学位委员会、教育部印发,于 2023 年起实施的《研究生教育学科专业目录》(以下简称“学位目录”)。我国实行学位制度后的“学位目录”共有了五个版本,最新的学位目录为第五个版本。1997 年版学位目录在法学门类下设置了“法学、政治学、社会学、民族学、马克思主义理论”五个一级学科,一级学科下设多个二级学科。但 2011 年版学位目录中只列有学科门类和一级学科两个层级,二级学科不再进入目录。[1] 这是教育行政部门将二级学科由之前的指令式管理改为统计式管理,并将二级学科设置权限下放人才培养单位的结果。根据最新学位目录的规定,授予学位的学科门类共计 14 大类,大类之下,仅设“一级学科”。在本目录中,法学学位设置如下:

03 法学

0301 法学
0302 政治学
0303 社会学
0304 民族学
0305 马克思主义理论
0306 公安学
0307 中共党史党建学
0308 纪检监察学

[1] 此前四次分别为 1983 年版目录、1990 年版目录、1997 年版目录、2011 年版目录;1997 年版目录全称《〈授予博士、硕士学位和培养研究生的学科、专业目录〉(1997 年颁布)》、2011 年版目录全称《学位授予和人才培养学科目录(2011 年)》。

0351 法律
0352 社会工作
0353 警务 *
0354 知识产权 *
0355 国际事务 *
名称后加“ * ”的仅可授硕士专业学位,其他可授硕士、博士专业学位。

对于以上几份文件之间“学科”与“专业”两个术语的定义,在相关学术界,一直存在讨论。但仅为阅读本书之便,我们不需要非常详细的了解已经被上升到学术层面的“学科”与“专业”定义之辩。同学们只需要记住,在本书后续章节,当我们讨论一切与“法学学业规划”和“研究生择校”相关的话题时,我们特指的,就是第二份文件中所有“0301”开头的专业。

说完了两个重要且“官方”的概念后,接下来,我们聊一个通俗的概念,即,何为“专业方向”或“方向”。这个词其实在同学们日后的学习和生活中,出现的频率远高于刚才我们所提及的两个概念。

比如:(1)当你决定是否需要报考某所法学院校的硕士项目时,前辈也许会建议你“先考虑具体报考方向”;(2)当你准备联系导师申请攻读博士学位时,导师也许会问你“想研究哪个方向”;(3)当你第一次参加律师事务所的面试时,面试官也许会问你“想做哪个方向的业务”。

在我看来,在我们日常学习工作的语境中,通俗理解,“方向”一词,更接近第一份文件的划分。比如,回到刚才的问题(1),如果你对三级学科经济法感兴趣,你可以回答“我想报考经济法方向的硕士”;对于问题(2),你可以回答“我想研究的是(经济法领域的)反垄断法方向”;而对于问题(3),你可以回答“我对于反垄断方向的诉讼业务非常感兴趣”。

至此,我们总算对法学教育领域的三个关键名词:“学科”“专业”和“方向”做了简单的梳理和归纳。而在本书后续章节中,也请同学们时刻注意这三个词在不同内容和语境中出现时所可能代表的具体意义,这对于充分理解掌握这本书所要表达的内容,非常重要。

1.2　培养计划与奖学金政策

在你收到法学院的录取通知书或开学报到期间,你一般会收到一本小手册,[1]不同大学或法学院校对于这本小册子的命名方式会有不同。这本册子可能叫《培养计划》、《培养方案》或《培养手册》(以下统称"《培养手册》");这本手册,在我看来,才是同学们大学生涯的起点。它会详细向你说明,在接下来的大学四年,你将要修读的课程、你可以选择的专业方向、你可以考取的证书、毕业需要满足的条件甚至包括申请各类奖学金、助学金或助学贷款的政策。这本手册非常重要,所以有必要对其进行比较详细的介绍。

由于《培养手册》的核心内容与同学们在大学期间修读的课程高度相关,所以在正式对其进行讲解之前,有必要对大学课程的基本分类概念做一个必要的说明。

✍ 大学课程分类

任何"培养手册"都会着重对同学们大学四年需要学习的课程进行系统介绍。因为,大家进入法学院学习的,远远不止"法学课程"那么单纯,要满足毕业要求,除了法学专业课之外,还有很多课程需要修读。

大学本科的课程,一般可以分为三大类,它们分别是"基础类或通识类""专业类"与"实践类"。

基础类或通识类课程一般与法学专业课没有关系,但这些课程是国家统一规定所有本科生都应该修读的,换言之,只要你是一个本科生,就要完成这些课程,它们的授课目的在于确保你拥有作为一个大学生的基本常识性知识。一般而言,这类课程还可以分为"思政理论课""文化基础课"与"通识课",常见的此类课程包括:中国近代史、大学英语、逻辑学,等等。

专业类课程就是大家所熟知的法学专业课,而具体来说,一般它也分为两类,我分别称之为"基础专业课"与"方向专业课"。前者指的是所有法学院的同学都必须在本科期间修读完成的专业课程,而后者指的是同学们在确定了不同的专业方向后,被允许修读的与方向直接相关的专业类课程。

实践类课程顾名思义,就是将课堂中学习的理论知识付诸实践或直接传授工作技能的教学活动。我将其分为三个类别,分别是"实务实践课""学术实践课"与"创业实践课"。实务实践课一般包括直接传授工

---

[1] 如果没有纸质手册,一定也会有电子版的手册。

作技能的课程与模拟各类实务工作的课程(比如:律师实务课或模拟法庭课)。学术实践课一般指的是传授学术技能的课程与各类论文写作任务(比如:论文写作课或毕业论文)。创业实践课指的是围绕鼓励大学生进行创业活动所展开的一系列教育实践课程的统称。

此外,关于课程的性质,还有一组概念需要大家熟悉,那就是“选修课”“必修课”与“限制性选修课”。前两组概念大家一定都不陌生,分别指的是大家可以自主选择是否修读的课程与大家没有选择必须修读的课程。而“限制性选修课”一般指的是,只有部分满足要求的同学才能修读,这类课程往往需要大家确定好了具体的专业方向后才能进行选择,当然,在不同的《培养手册》中,三类课程的名称也可能会有不同。

一般来说,基础类或通识类课程、基础专业课与学术实践课在任何法学院校都是必修课;方向专业课一般就是典型的限制性选修课;而大部分通识课、实务实践课与创业实践课,在大多数法学院校,都是选修课。

常见课程分类表

<table>
<tr><th></th><th>基础类/通识类</th><th>专业类</th><th>实践类</th></tr>
<tr><td rowspan="2">必修课</td><td>思政理论课</td><td rowspan="2">基础专业课</td><td rowspan="2">学术实践课</td></tr>
<tr><td>文化基础课</td></tr>
<tr><td rowspan="2">选修课</td><td rowspan="2">通识课</td><td rowspan="2"></td><td>实务实践课</td></tr>
<tr><td>创业实践课</td></tr>
<tr><td>限制性选修课</td><td></td><td>方向专业课</td><td></td></tr>
</table>

接下来,我将挑选两份《培养手册》,它们分别来自一所政法院校与一所综合性大学。其中来自政法院校的《培养手册》,课程编排较为一目了然。而来自综合性大学的《培养手册》,或许受到大学统一安排的制约,其课程编排,“阅读起来需要一些时间”。在此,按照前后顺序,我分别将这两本手册称为《手册甲》与《手册乙》。我将两本手册中最核心的部分进行了截取,并为大家进行说明。

✍ 范例一:政法院校(民商法方向)[1]

● “业务培养目标”“业务培养要求”与“毕业生应获得以下几方面的知识和能力”三部分,属于任何《培养手册》都会“配备”的开篇部分,主要是从根本上向同学们介绍在本校接受法学本科教育的目标。

● “主干学科”指的是同学们修读的专业。这里需要注意的是,无论你当初填志愿时填报的是哪个细分方向,一般统一显示为“法学”这个学科大类名称,所以不要看到“法学”两个字,就以为自己填错了专业。

● “主要实践性教学环节”将该校法学专业同学本科需要完成的“实践类”课程悉数列明,并在必要处注明了时间要求。可见该校对这部分课程,还是比较重视的。同学们在此时面对这类内容,就要开始建立最基础的“规划意识”——并提前在相应学期或假期针对相应实践活动,留出相应时间予以完成。

● “基本修业年限”“授予学位”和“法学专业民商法方向业务培养特长”说明了这份培养计划的实施对象,是选择“民商法方向”的四年制法学专业本科生。

接下来,我们来看这所政法院校选择了“民商法”方向的本科生,在大学四年期间,需要修读完成哪些课程。

[1] 见下面表格一。

华东政法大学全日制本科法学专业培养方案

业务培养目标:本专业培养系统掌握法学知识,熟悉我国法律和党的相关政策,能在国家机关、企事业单位和社会团体、特别是能在立法机关、行政机关、检察机关、审判机关、仲裁机构和法律服务机构从事法律工作的高级专门人才。

业务培养要求:本专业学生主要学习法学的基本理论和基本知识,受到法学思维和法律实务的基本训练,具有运用法学理论和方法分析问题和运用法律管理事务与解决问题的基本能力。

毕业生应获得以下几方面的知识和能力:

1. 掌握法学各学科的基本理论与基本知识;
2. 掌握法学的基本分析方法和技术;
3. 了解法学的理论前沿和法制建设的趋势;
4. 熟悉我国法律和党的相关政策;
5. 具有运用法学知识去认识问题和处理问题的能力;
6. 掌握文献检索、资料查询的基本方法,具有一定的科学研究和实际工作的能力。

主干学科:法学

主要实践性教学环节:包括模拟审判、疑案辩论、专题辩论、法律咨询等课程实践,社会调查 2 周,专业见习 1 次 3 周,毕业实习 14 周,以及学年论文、毕业论文撰写。

基本修业年限:四年

授予学位:法学学士

法学专业民商法方向业务培养特长:

熟练掌握民商事法律、法规和政策,具有比较突出的民商事法律实务工作能力。

法学专业刑事法律方向业务培养特长:

系统掌握刑事法律和政策,熟悉经济刑法,具有比较突出的刑事法律实务工作能力

法学专业经济法方向业务培养特长:

熟悉经济法律、法规和政策,具有比较突出的经济法律实务工作能力。

法学专业国际经济法方向业务培养特长:

熟悉涉外经济方面的法律、法规和政策,以及国际公约、国际条约和国际惯例,具有比较突出的涉外经济法律实务工作能力。

表格一
法学专业民商法方向指导性教学计划总表（含必修课）

类别		序号	课程名称	课程代码	学时数			学分	各学期学分(学时)分布								课时百分比
					合计	讲授	实践		一	二	三	四	五	六	七	八	
普通教育课	思想政治理论课	1	马克思主义基本原理	1011333	54	49	5	3			3						288/10.8%
		2	毛泽东思想、邓小平理论与“三个代表”重要思想概论（政治文化篇）	1011343	54	49	5	3	3								
		3	毛泽东思想、邓小平理论与“三个代表”重要思想概论（经济篇）	1011353	54	49	5	3		3							
		4	中国近现代史纲要	1011362	36	36	0	2				2					
		5	思想道德修养与职业规划	1011373	54	54	5	3		3							
		6	军事理论	1000012	36	36	0	2	2								
	文化基础课	1	汉语与写作 I II	101(007-008)2	72	72	6	4	2	2							630/23.6%
		2	大学英语 I II III IV	108（001-004)2 108（101-104）2	288	288	0	16	4	4	4	4					
		3	逻辑	1010093	54	50	4	3		3							
		4	体育 I II III IV	101(010-022) 1101（056-070)1	144	144	0	4	1/2	1/2	1/2	1/2					
		5	计算机应用基础	1090014	72	37	35	4	4								
专业课	专业基础课与专业主干课	1	法学基础	1020033	54	51	3	3	3								1134/42.6%
		2	中国法制史	1020043	54	54	0	3	3								
		3	外国法制史	1020063	54	54	0	3		3							
		4	宪法学	1020073	54	51	3	3	3								
		5	行政法学(含行政诉讼法)	1020104	72	66	4	4					4				
		6	民法学总论(含民事责任、人身权法)	1020133	54	51	3	3		3							
		7	物权法学	1020142	36	34	2	2			2						
		8	债权法学(含合同法)	1020152	36	34	2	2				2					
		9	婚姻家庭与继承法学	1020162	36	34	2	2					2				
		10	知识产权法学	1020182	36	32	4	2						2			
		11	商法学总论	1030082	36	32	4	2			2						
		12	经济法学	1030014	72	66	6	4					4				
		13	刑法学总论	1020194	72	68	4	4		4							
		14	刑法学分论	1020204	72	68	4	4			4						
		15	民事诉讼法学	1020214	72	66	6	4					4				
		16	刑事诉讼法学	1020234	72	64	8	4				4					
		17	国际公法	1040013	54	48	6	3				3					
		18	国际私法	1040033	54	48	6	3						3			
		19	国际经济法概论	1040044	72	66	6	4						4			
		20	司法文书	1020252	36	32	4	2					2				
		21	社会学概论	1070032	36	32	4	2			2						
必修课					2052	1904	146	110	25/26	26/27	18/19	16/17	16	9			2052/77.0%
选修课(含限选课和任选课)					612			23+11			4	7	8	9	6/16		612/23.0%
实践课程								16									
总计					2664			160	25/26	26/27	22/23	23/24	24	18	6/16		2664/100%

表格二
法学专业民商法方向指导性教学计划（选修课部分）

类别		课程名称	课程代码	学分	二	三	四	五	六	七	八	应完成学分
限制性选修课	专业方向类	公司法学	2030122	2				√				12 学分
		证券期货法学	2020332	2				√				
		票据法学	2030132	2					√			
		保险法学	2030142	2				√				
		海商法	2040142	2								
		房地产法学	2020322	2					√			
		法理学	2020292	2			√					
		立法学	2020302	2				√				
		证据学	2020312	2				√				
	通识类	人文科学（类）				√	√	√	√			11 学分（至少修读三类）
		社会科学（类）				√	√	√	√			
		艺术科学（类）				√	√	√	√			
		自然科学与计算机科学（类）				√	√	√	√			
		实践与实务（类）				√	√	√	√			
任意选修课		（全校公选课）		2、3		√	√	√	√			11 学分
建议完成学分						4	7	8	9	6		34 学分

表格三
法学专业民商法方向指导性教学计划（实践课部分）

课程名称	学分	各学期（含寒、暑假）学分分布														
		一	寒假	二	暑假	三	寒假	四	暑假	五	寒假	六	暑假	七	寒假	八
军训	0.5	√														
社会调查	1				√											
学年论文	2						√									
专业见习	1.5								√							
毕业实习	7													√		
毕业论文	4															√
总计	16															

● [表格一]第一行是表格各列内容介绍，其中几个重要的概念

分别是“课程名称”“课程代码”“学时数”“学分”与“各学期学分(学时)分布”。其中“学时数”又分为三列,分别为“合计”“讲授”与“实践”。一般来说,一个学时,等于该校一堂课的时长,正常情况下为 45 分钟。有多少学时,就证明该门课程需要上多少节课。而“实践”则说明,该门课程会有将理论运用于实践的授课环节(一般为论文、课堂辩论或相关活动)。学时数越长,一般该门课程学分也越多。而课程名称中出现的罗马数字,则表明该门课程将会在不同学期重复授课,比如“大学英语”,按照该表格的说明,将会在第一至第四学期授课(即:大一与大二),且会被拆分为 4 个 4 学分的课程。

● 接下来,我们看到的是“普通教育课”,这就是先前提及的“基础类/通识类”课程,在这份手册中,它分为两个具体类别,分别是“思想政治理论课”和“文化基础课”。如前所述,这类课程,基本上是任何法学院的同学们在本科阶段都需要修读的。前者占本科生总课时时长的 10.8%,后者占 23.6%。合计 34.4%。

● 而这份表格中“专业课”部分,实际上对应的是之前提及的“基础专业课”,该方向该类课程共计 21 门,占本科生总课时时长的 42.6%。

● 而本手册中的“普通教育课”与“专业课”,组成了所有的“必修课”,它们总共占本科生总课时时长的 77%。剩下的课程被称之为“选修课(含限选课和任选课)”,以及“实践课程”。需要注意的是,后者总计 16 个学分,但并未归入“课时”课程中。

● 而在[表格二]这张表格中,具体列明了上表中占本科生总课时时长 23%的“选修课(含限选课和任选课)”的具体内容。具体而言,它又分为三部分,分别是“专业方向类”、“通识类”与“任意选修课(全校公选课)”。由于该表将全校同学都可以共同选修的“通识课”内容——即“通识类”与“任意选修课”——放在了“方向专业课”部分。所以同学们在阅读这张表格时,应当有一个基本的区分,即“专业方向类”中的课程,是与你所在的“民商法方向”直接相关的,而其他两部分内容,实际上与你所修读的方向并无直接关系。

● 最后的[表格三]就是“实践课部分”,即我们先前所提的“实践类课程”,该表中“专业见习”和“毕业实习”一般可以被认为是“实务实践课”;而“学年论文”与“毕业论文”显然属于“学术实践课”;“军训”与“社会调查”属于带有“实践性质”的课程。阅读本表时,同学们需要特别注意各项课程的学分与完成时间。

✍ 范例二：综合大学法学专业（民商法方向）

接下来，我们来看一所综合性大学法学院的《培养手册》。与《手册甲》相同部分，不再赘述。

宁波大学法学专业培养方案及教学计划

一、培养目标

本专业培养具有扎实的马克思主义法学基本理论基础，知识面宽，素质高，能力强，能适应社会主义市场经济条件下法治建设的需要，在国家立法机关、公安机关、检察机关、审判机关、政府司法行政部门、行政执法部门、财税部门、法律服务机构、涉外商事机构以及其他企事业单位从事法律实际工作以及法学研究、法学教学工作的专门人才，培养主要目标是法官、检察官、公务员、仲裁员、律师和企事业法务人员。

二、培养基本规格要求

本专业学生应掌握马克思主义法学基本理论和基础知识；熟悉我国主要法律、法规、司法实际和有关方针政策；能运用马克思主义立场、观点和方法进行社会调查和法学分析，研究和解决法律实际问题；能正确处理民商事、行政和刑事案件，撰写法律文书，具有较好的文字与口头表达能力、一定的实际工作能力和初步的研究能力；比较熟练的掌握一门外国语和计算机操作技能。

三、核心课程

1. 学位课程：本专业的学位课程为法理学、刑法学、民法学 1。所有学位课程达到 75 分是获取学士学位的必备条件之一。

2. 主要课程：法学导论、法理学、政治学与宪法学、中国法制史、民法学、商法学、刑法学、民事诉讼法、刑事诉讼法、行政法与行政诉讼法、知识产权概论、经济法、国际法、国际私法、国际经济法等。

四、学制与毕业要求

1. 学制 4 年，最长学习年限为 6 年。

2. 毕业最低学分：164 学分。

五、授予学位及要求

符合宁波大学普通本科学士学位授予有关规定者，授予法学学士学位。

六、各类课程设置及学分分配要求

1. 各类课程结构的设置说明

本专业课程由通识教育课程、学科大类教育平台、专业教育平台、专业方向模块和创新创业训练项目等构成。本专业设民商法学、经济法学、国际经济法学和刑事法学等 4 个专业方向模块。创新创业学分以相应的创新创业训练项目衡量，相关学分计算依照《宁波大学大学生创新创业训练计划实施方案》。

2. 学分分配汇总表

课程分类	必修课					选修课							合计
	通识教育平台	学科大类教育平台	专业教育平台	专业方向模块	小计	通识教育平台	学科大类教育平台	专业教育平台	专业方向模块	任意选修课程	创新创业训练计划	小计	
学分数	32	27	37	20	116	10	6	10	10	8	4	48	164
占总学分%	19	16	23	12	71	6	4	6	6	5	3	29	100

3. 实践性教学学分分配一览

课程分类	通识教育平台	学科大类教育平台	专业教育平台	专业方向模块	创新创业训练计划	小计
学分数	8	1	6	16	4	35
占总学分%	4.9	0.6	3.6	9.8	2.4	21.3

七、法学专业课程设置总表

<table>
<tr><td colspan="2" rowspan="2">课程类别</td><td rowspan="2">课程编号</td><td rowspan="2">课程名称（中、英文）</td><td rowspan="2">学分数</td><td rowspan="2">总学时</td><td colspan="6">学时分配</td><td rowspan="2">建议修读学期</td><td rowspan="2">修读说明</td></tr>
<tr><td>讲课</td><td>自主学习</td><td>实验</td><td>上机</td><td>实习</td><td>实训</td></tr>
<tr><td rowspan="7">通识教育课程</td><td>必修</td><td colspan="12">必修 32 学分。其中：大学英语 8 学分，“两课” 16 学分，大学体育 4 学分，军事理论与军事技能训练 2 学分，计算机一级 2 学分。</td></tr>
<tr><td rowspan="5">选修</td><td colspan="12">人文科学板块 2 学分</td></tr>
<tr><td colspan="12">社会科学板块 2 学分</td></tr>
<tr><td colspan="12">自然科学板块 2 学分</td></tr>
<tr><td colspan="12">工程技术板块 2 学分</td></tr>
<tr><td colspan="12">综合板块 2 学分</td></tr>
<tr><td colspan="13">小计：必修 32 学分，选修 10 学分，共 42 学分。</td></tr>
<tr><td rowspan="14">学科大类教育平台</td><td rowspan="12">本学科大类必修课程</td><td>021001A</td><td>法学导论
Legal Science Introduction</td><td>1.5</td><td>26</td><td>26</td><td></td><td></td><td></td><td></td><td></td><td>1</td><td></td></tr>
<tr><td>021004A</td><td>政治学与宪法学 Political Science and Constitutional Law</td><td>3</td><td>51</td><td>51</td><td></td><td></td><td></td><td></td><td></td><td>1</td><td></td></tr>
<tr><td>021F01A</td><td>知识产权概论
Summary of Intellectual Property</td><td>2</td><td>34</td><td>34</td><td></td><td></td><td></td><td></td><td></td><td>2</td><td></td></tr>
<tr><td>021019A</td><td>国家公务员制度 National Public Servant System</td><td>2</td><td>34</td><td>34</td><td></td><td></td><td></td><td></td><td></td><td>2</td><td></td></tr>
<tr><td>051S01A</td><td>文学通论 general literature</td><td>3</td><td>51</td><td>51</td><td></td><td></td><td></td><td></td><td></td><td>1</td><td></td></tr>
<tr><td>051S02A</td><td>汉语通论 General Chinese Language</td><td>2</td><td>34</td><td>34</td><td></td><td></td><td></td><td></td><td></td><td>1</td><td></td></tr>
<tr><td>051S03A</td><td>中外文明史 Chinese and Foreign civilization</td><td>3</td><td>51</td><td>51</td><td></td><td></td><td></td><td></td><td></td><td>2</td><td></td></tr>
<tr><td>071B02A</td><td>大众传播学 Mass Communication Theory</td><td>2</td><td>34</td><td>34</td><td></td><td></td><td></td><td></td><td></td><td>1</td><td></td></tr>
<tr><td>071B01A</td><td>公共关系学 Public Relations</td><td>2</td><td>34</td><td>34</td><td></td><td></td><td></td><td></td><td></td><td>2</td><td></td></tr>
<tr><td>021020A</td><td>法政文史各学科导论 Introduction of Every Subjects of Humanities and Social Science</td><td>0.5</td><td>9</td><td>9</td><td></td><td></td><td></td><td></td><td></td><td>1</td><td></td></tr>
<tr><td>080J09H</td><td>大学文科数学 Mathematics of Humanities Science of University</td><td>3</td><td>51</td><td>51</td><td></td><td></td><td></td><td></td><td></td><td>1</td><td></td></tr>
<tr><td>100J03A</td><td>高级语言程序设计(VFP)
Visual Foxpro</td><td>3</td><td>68</td><td>34</td><td></td><td></td><td>34</td><td></td><td></td><td>2</td><td></td></tr>
<tr><td colspan="13">跨学科大类选修课程，共 6 学分</td></tr>
<tr><td colspan="3">小计：必修 27 学分，选修 6 学分，共 33 学分。</td><td>27</td><td>465</td><td>448</td><td></td><td></td><td>34</td><td></td><td></td><td>17</td><td></td></tr>
</table>

七、法学专业课程设置总表（续表一）

课程类别		课程编号	课程名称（中、英文）	学分数	总学时	学时分配						建议修读学期	修读说明
						讲课	自主学习	实验	上机	实习	实训		
专业教育平台	必修	021003E	行政法与行政诉讼法 Administrative Law and Administrative Procedure Law	3	51	51						4	
		023A07A	★刑法学 Criminal Law	4	68	68						3	
		022F24A	★民法学 1 Civil Law (1)	3	51	51						3	
		022F09C	刑事诉讼法 Criminal Procedure Law	2.5	43	43						4	
		022F10C	民事诉讼法 Civil Procedure Law	2.5	43	43						5	
		022F12E	经济法 Economic Law	3	51	34	17					4	
		022F15B	商法学 Commercial Law	3	51	34	17					4	
		022F13B	中国法制史 Legal History of China	3	51	34	17					4	
		022F17C	国际法 International Law	3	51	34	17					3	
		022F18C	◆国际私法 Private International Law	3	51	34	17					5	
		022F16F	国际经济法 International Economic Law	3	51	34	17					4	
		022F19D	★法理学 Jurisprudence	3	51	34	17					5	
		028F04B	法学基础知识测试 Test on Legal Foundation Knowledge	1	1周						1周	短3	
	选修	022F23A	外国法制史 Legal History of Foreign	2	34	34						3	
		027F22A	法律职业道德 Legal Professional Ethics	2	34	34						3	
		027F13A	中国传统法文化 Chinese Traditional Legal Culture	2	34	34						5	
		027F14A	西方法律思想史 Western Legal Intellectual History	2	34	34						4	
		027F26A	法学经典著作选读 Classical Work Selecting	2	34	34						4	
		027F12B	证据学 Evidence Law	2	34	34						4	
		027F06B	法律文书 Legal Document	2	34	34						5	
		027F27A	◆美国宪法 American Constitution law	2	34	34						5	
		027F23A	◆英国商事法 English Commercial Law	1	17	17						5	
		022F22A	模拟法庭演练 Imitate Court Drilling	2	68			68				5－6	必选课3选1
		027F21B	法律诊所实践 Legal Clinic Practice	2	68			68				5－6	
		027F20A	非诉讼法律行为演练 Non-litigation Legal Action Drilling	2	68			68				5－6	
		028F07A	教学实习 Practice Teaching	2	2周					2周		短2	必选课2选1
		028F08A	法律服务 Legal Service	2	2周					2周		短2	
		029F02A	调研报告 Research Report	1	1周						1周	短3	必选课2选1
		029F03A	学年论文 Academic year thesis	1	1周						1周	短3	
	小计：必修37学分，选修10/24学分，共47学分。												

七、法学专业课程设置总表（续表二）

课程类别		课程编号	课程名称（中、英文）	学分数	总学时	学时分配						建议修读学期	修读说明
						讲课	自主学习	实验	上机	实习	实训		
民商法模块	必修	022F27A	债法与合同法 Obligations and Contract Law	4	68	51	17					5	
		028F99B	毕业实习 Graduation Practice	8	8周					8周		7	
		029F99B	毕业论文 Graduation Thesis	8	20周						20周	7—8	
	选修	022F08A	亲属法 Family Law	2	34	34						6	必选课
		023F01D	企业法与公司法 Enterprise Law and Corporation law	3	51	34	17					6	必选课
		023A03C	建筑法与房地产法 Building and Real Estate Law	2	34	34						6	
		023F02C	◆海商法 Maritime Law	3	51	34	17					6	
		023A01A	证券法 Securities Law	1.5	26	26						6	
		023A06A	保险法 Insurance Law	1.5	26	26						6	
		023A04B	票据法 Bill Law	2	34	34						7	
		023A08A	破产法 Law of Bankruptcy	1	17	17						7	
		023F06B	外国民商法 Foreign Civil and Commercial Law	2	34	17	17					7	
		023F05C	罗马法 Roman Law	2	34	17	17					7	
	小计：必修20学分，选修10/20学分，共30学分。												
经济法模块	必修	022F25A	民法学2 Civil Law (2)	4	68	51	17					5	
		028F99B	毕业实习 Graduation Practice	8	8周					8周		7	
		029F99B	毕业论文 Graduation Thesis	8	20周						20周	7—8	
	选修	023F01D	企业法与公司法 Enterprise Law and Corporation law	3	51	34	17					6	必选课
		023B01B	市场管理法 Law of Market Management	2	34	34						6	
		023F04G	税法 Tax Law	2	34	34						6	
		023F03C	金融与信托法 Finance and Trust Law	2	34	17	17					6	
		023B02C	劳动与社会保障法 Law of Labor and Social Security	2.5	43	26	17					7	
		023B03D	环境资源法 Law of Environmental and Resource	2.5	43	26	17					7	
		023A03C	建筑法与房地产法 Building and Real Estate Law	2	34	34						7	
		023A01A	证券法 Securities Law	1.5	26	26						6	
		023A06A	保险法 Insurance Law	1.5	26	26						6	
		023A08A	破产法 Law of Bankruptcy	1	17	17						7	
	小计：必修20学分，选修10/20学分，共30学分。												

七、法学专业课程设置总表（续表三）

课程类别		课程编号	课程名称（中、英文）	学分数	总学时	学时分配						建议修读学期	修读说明
						讲课	自主学习	实验	上机	实习	实训		
国际经济法模块	必修	022F25A	民法学2 Civil Law (2)	4	68	51	17					5	
		028F99B	毕业实习 Graduation Practice	8	8周					8周		7	
		029F99B	毕业论文 Graduation Thesis	8	20周						20周	7—8	
	选修	023C01B	国际贸易法 International Trade Law	3	51	51						6	必选课
		023F08B	◆W T O法律制度 WTO Legal System	2	34	34						6	
		023C02B	国际投资法 International Investment Law	2	34	34						6	
		023F02C	◆海商法 Maritime Law	3	51	34	17					6	
		023F11A	国际税法 International Tax Law	2	34	17	17					6	
		023C03C	国际金融法 International Finance Law	2	34	17	17					7	
		023C04A	国际商法 International Commercial Law	2	34	17	17					7	
		023C05A	◆国际环境法 International Environmental Law	2	34	34						7	
		027F15B	仲裁法与仲裁模拟 Law and Imitation of Arbitration	2	51	17					34	7	
	小计：必修20学分，选修10/20学分，共30学分。												
刑事法模块	必修	022F25A	民法学2 Civil Law (2)	4	68	51	17					5	
		028F99B	毕业实习 Graduation Practice	8	8周					8周		7	
		029F99B	毕业论文 Graduation Thesis	8	20周						20周	7—8	
	选修	023D09A	刑法专题 Seminar on Criminal Law	3	51	34	17					6	
		023D01C	公安学 Public Security Study	2	34	34						6	
		023F10B	检察学 Procuratorial Study	2	34	17	17					6	
		023D02D	刑事侦查学 Criminal Investigation Study	3	60	43		17				6	
		143L09C	法医学 Medical Jurisprudence	3	68	34		34				7	
		023D06A	比较刑法学 Comparative Criminal Law	2	34	34						7	
		023D08A	外国刑事诉讼法 Foreign Criminal Procedure Law	2	34	17	17					7	
		023D04C	犯罪学 Criminology	3	51	34	17					7	
	小计：必修20学分，选修10/20学分，共30学分。												

七、法学专业课程设置总表（续表四）

课程类别		课程编号	课程名称（中、英文）	学分数	总学时	学时分配						建议修读学期	修读说明
						讲课	自主学习	实验	上机	实习	实训		
任意选修课程	选修	027F28A	法学论文写作 Thesis Writing of Law Science	2	34	17					34	4	
		027F09D	律师法与公证法 Attorney Law & Notarization Law	2	34	34						5	
		027F11B	教育法 Educational Law	2	34	34						4	
		027F07A	法学英语 1 Legal English 1	2.5	43	43						5	
		027F08A	法学英语 2 Legal English 2	2.5	43	43						6	
		027F25A	电子商务法 E-commerce Law	2	34	34						7	
		027F10D	港澳台法律制度 Legal System of HK, Macao and Taiwan	2	34	34						4	
			法学其他模块选修课										
	小计：任意选修课程 8 学分，其中在本表内选修 6 学分，其他任意选修 2 学分。												
创新创业训练计划			包含科研创新训练计划、创业训练计划、科技竞赛计划、人文素质提高计划和职业技能培训计划。至少选修 4 学分。	4								1—8	

注：1. 带“★”号课程为学位课程，共 3 门。
2. 带“◆”号课程为双语教学课程，共 6 门。
3. 必选课指必须选读但不要求一定取得学分的选修课程。

八、集中性实践教学环节课程设置一览

课程编号	课程名称	学分数	总学时	学期安排	
004C04A	军事技能训练	1	1 周	短 1	
028F07A	教学实习	2	2 周	短 2	必选课 2 选 1
028F08A	法律服务	2	2 周	短 2	
029F02A	调研报告	1	1 周	短 3	必选课 2 选 1
029F03A	学年论文	1	1 周	短 3	
028F04B	法学基础知识测试	1	1 周	短 3	
028F99B	毕业实习	8	8 周	7	
029F99B	毕业论文	8	20 周	7—8	
	创新创业训练计划	4		1—8	
合计学分		25	36 周		

九、辅修课程、辅修专业、双专业、双学位培养计划

辅修课程设置一览

课程编号	课程名称	学分数
023A07A	刑法学	4
022F24A	民法学 1	3
022F25A	民法学 2	4
合计学分：11		

辅修专业课程设置一览

课程编号	课程名称	学分数	课程编号	课程名称	学分数
023A07A	刑法学	4	022F10C	民事诉讼法	2.5
022F24A	民法学 1	3	022F12E	经济法	3
022F25A	民法学 2	4	022F15B	商法学	3
022F09C	刑事诉讼法	2.5	022F16F	国际经济法	3
合计学分：25					

双专业课程设置一览

课程编号	课程名称	学分数	课程编号	课程名称	学分数
023A07A	★刑法学	4	022F10C	民事诉讼法	2.5
022F24A	★民法学 1	3	022F12E	经济法	3
022F25A	民法学 2	4	022F15B	商法学	3
022F09C	刑事诉讼法	2.5	022F16F	国际经济法	3
021003E	行政法与行政诉讼法	3	022F18C	国际私法	3
022F13B	中国法制史	3	022F19D	★法理学	3
022F17C	国际法	3	028S04A	专业实习	4
合计学分：44					

注：1. 双学位课程设置：双专业课程+毕业论文，共 52 学分。
2. 带"★"号课程为学位课程，共 3 门。
3. 凡在原专业已经修读的同名专业课程并获得学分的，可以不再修读，但需要多选同等学分的法学专业教育平台课程或专业方向模块课程以替代。总学分不变。

● 本表第一页对于毕业要求做清晰说明，即"学位课程达到 75 分"、毕业最低学分达到 164 分，方可毕业。而在本表中"学位课程"与"主要课程"被称为"核心课程"，即前表定义中的"专业类"课程。

● 但同时，该手册还注明，其"专业课程"由"通识教育课程""学科大类教育平台""专业教育平台""专业方向模块"和"创新创业训练项

目”四大类构成,并给出了各课程的学分占比。坦诚地说,读到这里,连我都有些“云里雾里”,更别提刚刚高中毕业的同学们了(再次突出了本节内容存在的必要性),所以,我们不妨继续往下读。

● 在下表中,分别列出了“通识教育课程”与“学科大类教育平台”两类课程,而后者又分为“本学科大类必修课程”与“跨学科大类选修课程”。在这里,“通识教育课程”中的“必修”部分,指的其实是“常见课程分类表”中的“思政理论课”与“文化基础课”,而“选修”部分,指的实际上是“常见课程分类表”中的“通识课”。

● 同理,“学科大类教育平台”中的“本学科大类必修课程”,实际上指的是“常见课程分类表”中的“基础专业课”与“文化基础课”。而“跨学科大类选修课程”,实际上指的又是通识课。

● 而在下表“专业教育平台”课程中,“必修课”又属于“常见课程分类表”中基础专业课的范畴,而选修课,则囊括了“专业类”课程与“实践类”课程。

● 而在“民商法模块”课程中,“必修课”和“选修课”对应的都是方向专业课。

● 此外,还需要注意,这几张表中的第一行,“学时分配”栏目中,标明了“实习”与“实训”的时间要求。而在最后一行中,对于选修课需要达到毕业要求的最低选修学分,也做了具体说明,这些,都是同学们需要仔细注意的细节。

● 而在表(七)(续表四)中,“任意选修课程”则涵盖了“学术实践课”与“专业类”课程的内容。此外,在该表下方,还解释了之前出现在表格中的“星号”与“菱形”的具体意义,并解释了何为“必选课”。

● 而在表(八)中,基本上涵盖的,全部都是“实践类”课程的内容,并且对于部分课程,还给出了“必选课 2 选 1”的硬性要求。

✍ 其他毕业要求

除此之外,《培养手册》当中一般还会注明一些其他的毕业要求,比如通过“计算机资格类考试”与“英语四六级”考试。

前者指的是考查本科生计算机应用水平的考试,同学们必须通过才能毕业。举个例子,如果你在上海读大学,你就必须通过“上海市高等学校计算机等级考试”才能毕业。每年,在上海的各大高校,都有同学因为无法按时通过这门考试而无法准时毕业。至于同学们所就读的高校是否有相应要求，这个问题在你们的《培养手册》中，一定能够得到解答。

而后者指的是我们耳熟能详的“大学英语四级考试”与“大学英语六级”考试。该考试由教育部高教司主办，每年举行两次。关于本考试的介绍与主要备考策略，本书后文将会提及，仅就本章而言，大家在阅读《培养手册》或参加大学英语课时，一定要确认你所就读的法学院校对于该考试的毕业要求（比如，是否需要通过六级才能毕业）。

✍ 奖学金政策

除了《培养手册》外，开学报道期间或接收录取通知书时，还有一类资料，是很多同学尤其需要注意的，那就是有关奖学金、助学金与助学贷款的介绍资料。这一部分来自国家、学校与社会团体的资金支持，能够帮助符合要求的同学们缓解大学期间的资金压力。此外，同学们也可以关注“中国学生资助”微信公众号了解更加具体的信息。总之，如果你本人或你的同龄人担心因为经济原因而无法读大学，请一定记住，今时今日，党中央和政府绝对可以做到“不让一个学生因家庭经济困难而失学”。[1]

奖学金

奖学金一般分为“国家或政府奖学金”“励志奖学金”“专项奖学金”“学校奖学金”与“社会奖学金”五大类。接下来逐一进行简单介绍。

● 国家或政府奖学金是由政府或同学就读高校所在省市区政府出资设立的奖学金，一般奖励对象是符合要求的全日制本科生。申请要求一般包括品德素养要求（例如，热爱祖国、遵纪守法、诚实守信）与学业排名要求（例如，综合成绩排名位于全年级前 10%）。由于学业排名要求的存在，一般这类奖学金从同学们就读的第二年才能开始发放。此外，除了学业排名，如果同学们在某些方面（例如，在道德风尚、学术研究、学科竞赛、创新发明、社会实践、社会工作、体育竞赛、文艺比赛等方

---

〔1〕 见《我国十年来累计资助学生近 13 亿人次——不让一个学生因家庭经济困难而失学》，载中国政府网，http://www.moe.gov.cn/fbh/live/2022/54709/mtbd/202209/t20220901_657094.html。

面)有突出表现,评选这类奖学金时,相应评选条件也会放宽。

- 国家或政府励志奖学金是由政府出资设立的专门奖学金,一般奖励对象是品学兼优且家庭经济困难的本科生。申请条件同国家与政府奖学金类似,但在学业排名要求方面,一般较之国家与政府奖学金会稍微放宽一些,同时,申请这类奖学金的同学,一定要满足“家庭经济困难且生活简朴”的要求。由于学业排名要求的存在,一般这类奖学金从同学们就读的第二年才能开始发放。
- 专项奖学金由政府或学校专门设立,其奖励学生群体特定,比如:来自特定经济欠发达地区的同学、少数民族同学或港澳台同学。
- 单项奖学金由政府或学校专门设立,其奖励的一般是在某些方面有突出特长的学生群体,比如某些高校或法学院会设立“学术奖学金”“竞赛奖学金”“志愿者活动奖学金”等。
- 社会奖学金是由国内外企事业单位、社会团体或个人在学校中设立的奖学金,其评选标准多种多样,既有可能与国家奖学金一样以品德和成绩为主要参考指标,也有可能以家庭经济情况、突出特长为考评依据。

助学金

助学金的资助对象一般为家庭经济困难的本科全日制在校生,用于其日常生活开销。其申请标准一般包括品德素养要求(例如,热爱祖国、遵纪守法、诚实守信)与家庭经济状况要求。不仅政府与大学会提供助学金项目,国内外企事业单位、社会团体或个人有时也会在学校中设立与助学金性质类似的大学生资助项目。

✍ 国家助学贷款

国家助学贷款是由政府主导设立并与高校和银行合作向贫困家庭同学提供的金融贷款服务,同学不需提交担保或抵押,只要以个人信用承诺按照要求还款并承担相关法律责任即可申请。一般同学们能够申请的助学贷款有四类,分别是:国家助学贷款、生源地信用助学贷款、高校利用国家财政资金提供的无息借款与一般性商业助学贷款。其中,前两种资金项目是助学贷款的主要来源。

国家助学贷款的还款方式包括:(1)毕业前,一次或分期偿还完毕;(2)毕业后,分期还本付息;(3)毕业就业后在一定年限内由符合资质的单位从同学工资中逐月扣还等。而对于被学校开除学籍、勒令退学或自动退学的同学,应由学生或家长归还助学贷款。此外,学生在校期间的贷款利息由国家补贴,毕业后,由于部分同学不一定能够马上就业,同学们还可以申请还款宽限,在宽限期内,只需要支付利息,无须偿还本金,宽限期一般不超过3年。

生源地信用助学贷款是银行与生源地政府共同向家庭经济困难的大学新生和在读学生发放的助学贷款,一般可在入学前于户籍所在地办理。该助学贷款一样也是信用贷款,学生和家长作为共同借款人,共同承担还款责任。

此外,公立大学与民办高校有关助学贷款的政策也会有所不同。尤其对于入读后者的同学,一定要密切关注学校的相关政策说明,需要申请贷款的话,尽早申请。

最后,需要提醒同学们的是,如果你申请了助学贷款,一定要按照约定按时还款。如果造成逾期,尤其是恶意或故意逾期,这一定会导致你留下不良个人信用记录,这对于你今后的生活,会产生方方面面的不利影响,绝非儿戏。

绿色通道

此外,同学们在收到录取通知书后,如果你或你的朋友暂时筹措不到前去学校报到的资金,也不要慌张,现在至少绝大部分公立大学都会为准备报到的新生开辟“绿色通道”或按照个人申请发放一次性的新生报到助学金,以让需要的同学在没有得到任何资金支持、没有筹措到学费生活费的情况下,先报到,再按部就班申请各类资助解决资金问题。

以河北省为例,自2018年秋季学期开始,当年在河北省参加高考并被全日制普通高等院校录取、具有河北省户籍的家庭经济特困生,政府均提供一次性补助,标准为每人2000-3000元不等,以解决他们报到需要的路费和国家助学资金发放前的生活费需求。而河北省本省高校,也全部开通了大学新生入学“绿色通道”,对入学时暂时筹集不齐学费和住宿费的新生,一律先办理入学手续,然后再根据核实后的情况分别予以学费“缓、减、免”等资金资助。

结语

本节的写作目的,就是提醒各位同学,在收到录取通知书或开学报道时,一定要认真阅读你所收到的文件材料,并开始着手准备相应的申请,这是一切学业与就业规划的开端。

高校学生资助政策体系

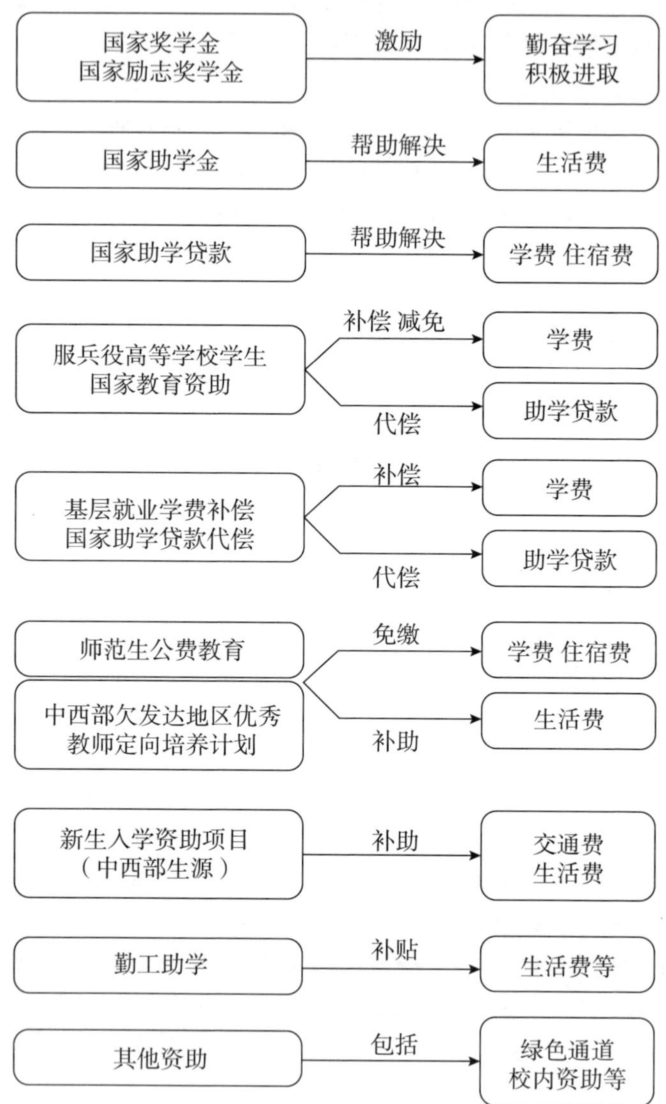

1.3 国家统一法律职业资格考试

作为法学院的学生，有一个考试，大概是永远绕不过的话题，那就是“国家统一法律职业资格考试”（以下简称“法考”）。在很多人眼中，似乎只有通过这个考试,法学院的学业才算是“修成正果”,因为一个不争的事实是,许多大家耳熟能详的“法律职业”——比如法官、检察官和律师——都要求从业者必须通过这一考试。而截至本书写就之时,由于中国法学院结束大三学业即将升至大四的同学们依然可以在大四开学后参加这一考试,故我们依旧将其作为同学们将要在未来面对的“校内考试”置于本章进行介绍。不过在正式了解这一考试之前,我们不妨先来聊聊这个“法学第一考”的“前世今生”。

✍ 法律从业资格考试的历史

法考的历史:“律考”时代(1986年—2000年)

如今的法考,最早源于我国的律师资格考试。而最早明确我国的律师需要通过考核才能取得执业资格的法律规定,来源于1980年8月26日由全国人大常委会颁布的《中华人民共和国律师暂行条例》。其第九条规定:“取得律师资格,须经省、自治区、直辖市司法厅(局)考核批准,发给律师证书,并报中华人民共和国司法部备案。”然而这一条例并未对相关制度的具体落实细则进行规定,不同地区对于具体考核方式以及各项流程等问题,也都设置有不同的程序,当时社会上越来越多声音开始呼吁应当在国家层面建立统一的律师资格考试,以满足国家经济高速发展对于法律人才专业化的迫切需求。

于是,在1986年4月12日,司法部正式发布了《关于全国律师资格统一考试的通知》,该通知在实际上废止了原先全国各地法律专业人员取得律师资格所需通过的“考核制度”,正式确立了全国统一的律师执业资格“考试制度”。可以说,法考最早的原型,随着该通知的发布,正式得以确立。而在当时,对该考试最流行的称呼其实是“律考(即律师资格考试)”。

根据《关于全国律师资格统一考试的通知》的规定,律考最初计划每两年举行一次,拥有大专及以上学历者即可报名参考。考试内容涉及各类法律法规,以1993年出版的《1993年全国律师资格考试复习指导全书》目录为例,同学们可以一窥三十年前的法考所考查的内容。

目　　录

第一部分　法学综合知识和律师基础知识

法学基础理论

宪法

国际公法

国际私法、国际贸易法

律师制度

律师业务

第二部分　诉讼法

民事诉讼法

刑事诉讼法

行政诉讼法

仲裁法律制度

第三部分　实体法(一)

刑法

治安管理处罚法

民法通则·著作权法

婚姻法·收养法

继承法

第四部分　实体法(二)

经济法基础知识

企业法律制度

经济合同法律制度

工业产权法律制度

金融、税收、土地管理法律制度

1986年9月27日，首届律考正式开考，考试为期两天，在全国共设131个考区、453个考场。首次律考报名人数接近3万人，其中近一半当时已经拥有了本地区司法部门认可的“律师资格”。这次考试，共有

1134 人考试合格。1988 年,第二届律考举办时,由于放宽了报名资格限制,当年报名参考人数接近 8 万人。1986 年至 1992 年,律考共计举办 4 次(每 2 年一次),共计 2 万余人获得了律师执业资格。自 1993 年开始,律考改为每年举办一次。1994 年,港澳台地区符合要求的居民也获得了参考资格。值得一提的是,在短暂的 1997 年至 1999 年的三届律考中,还加入了共计 10 分的英语水平考题。[1]

1996 年 5 月 15 日全国人民代表大会常务委员会颁布的《中华人民共和国律师法》第 6 条规定:"国家实行律师资格全国统一考试制度。具有高等院校法学专科以上学历或者同等专业水平,以及高等院校其他专业本科以上学历的人员,经律师资格考试合格的,由国务院司法行政部门授予律师资格。"自此,全国统一律师资格考试制度的权威性与合法性有了明确的法律依据,且报名参考的学历资格条件也得到了法律确认。

随着律考制度的不断完善、法学院教育对律考重视程度的提高与相应律考教育培训机构的涌现,律考的社会关注度与公众参与度不断提高。1999 年第十一届律考举办时,全国报名人数已逾 18 万人。

法考的历史:"司考"时代(2001 年—2017 年)

2001 年 6 月 30 日,第九届全国人民代表大会常务委员会第二十二次会议通过了对《中华人民共和国法官法》(以下简称"法官法")和《中华人民共和国检察官法》(以下简称"检察官法")的修改。根据修改后《法官法》第十二条的规定:"初任法官采用严格考核的办法,按照德才兼备的标准,从通过国家统一司法考试取得资格,并且具备法官条件的人员中择优提出人选。"根据 2001 年修改后《检察官法》第十三条的规定:"初任检察官采用严格考核的办法,按照德才兼备的标准,从通过国家统一司法考试取得资格,并且具备检察官条件的人员中择优提出人选。"

这两条规定意味着,在此之前,自 1995 年《法官法》和《检察官法》颁布后施行的法官和检察官于任职单位内部通过考试并获得从业资格

---

〔1〕 根据胡雪梅老师的回忆,1993 年其参加完律考后,查询个人成绩并不像今天直接登录网站如此方便快捷。当时,在指定成绩公布之日,胡雪梅老师过于紧张,于是其丈夫带着她的个人证件前往江西省司法厅查询她的考试成绩并领取成绩单。在办公大厅,负责查询成绩的工作人员告诉胡老师的丈夫,她的分数为 221.5 分(当时的通过线为 180 分),排名全江西当年考生"前七名";她的一位同时参考的同事的分数实际为 179.5 分,但"四舍五入"后也通过了考试。

的所谓“初任法官资格考试”与“初任检察官资格考试”制度被正式废除,这两项考试与先前的律考被正式合并统一为“国家统一司法考试”,即我们所称的“司考”。换言之,自2001年开始,只有首先通过司考,相应从业者才有资格从事法官、检察官与律师职业。

2002年3月,第一届司考举行,此次考试共有36万人参加,最终通过人数约2万名,由于参考人数众多、考试难度较高而通过率较低,从这次考试开始,司考逐渐成为社会公认的“最难”考试之一。第二届司考提高了报考门槛,原则上只有持有本科及以上学历的人员才可以参加,这使考试报名人员迅速回落至约20万人。此外,从2003年开始,国家司法考试中心开始在官方网站公开参考答案与评分细则并允许网友进行留言评议。对于有争议的题目,国家司法考试中心还会结合专家、学者、实务工作者与考生的意见,对相关内容进行调整并为后续考题的拟定提供参考。

从2002年第一届司考开始,至2017年最后一届司考结束,我国共计举办司考16次,2017年的司考,报名人数约64万。16年间,全国共计600余万人报名参加了司考,实际参考人数也突破了500万人,总计通过人数约96万,总体通过率以报名人数计算,约为15.5%,以实际参考人数计算,约为19.1%。

可以说,从“律考”到“司考”的变化,在最直观的层面,标志着我国法律职业资格体系的完善,中国法律人的专业化与职业化水平因此有了更坚实的制度依托与更明确的资质选拔标准。而从更宏观的角度来看,司法机关的公职人员与法律实务领域的专业人士以同一套考试题目决定是否具有从业资格,其实也是社会公平的直接体现,这背后折射的,当然是整个中国社会法治文明的持续进步。

法考的历史:“法考”时代(2018年至今)

党的十八大以来,党中央高度重视法治工作,尤其是社会主义法治工作队伍的建设。党在十八届四中全会中作出的《中共中央关于推进全面依法治国若干重大问题的决定》就指出,以“推进法治专门队伍正规化、专业化、职业化,提高职业素养和专业水平”为目标,“完善法律职业准入制度,健全国家统一法律职业资格考试制度,建立法律职业人员统一职前培训制度”。这是“国家统一法律职业资格考试”一词,首次进入社会公众视野。

2015年6月,中央全面深化改革领导小组第十三次会议通过了《关于完善国家统一法律职业资格制度的意见》（以下简称“意见”）并于当年9月由中共中央办公厅与国务院办公厅共同印发。《意见》正式宣布将司考制度调整为国家统一法律职业资格考试制度（即法考）。2017年9月，十二届全国人大常委会第二十九次会议审议通过《关于修改〈中华人民共和国法官法〉等八部法律的决定》，正式确立了需要通过法考以获得相应从业资格的专业人员范围。他们分别是：（1）初任法官〔1〕（2）初任检察官〔2〕（3）特定职权的公务员〔3〕（4）律师〔4〕（5）公证员〔5〕以及（6）仲裁员〔6〕。这次改革，明确并扩大了必须通过法考以获得从业资格的人员范围，进一步提高了考试的报名门槛，并同时决定于2018年开始实施新法考制度。自此，2018年，正式成为新法考元年。

从“律考”到“司考”再到“法考”，我国的法律行业从业资格考试，已经走过了近四十年的时光，通过这一考试的专业人士，也持续为我国社会主义建设，贡献着自己的专业知识与力量。一路走来，这一考试的发展与变迁，可谓从一个角度，投射与见证了我国法律制度的完善、法治队伍的壮大与法治社会的健全。在此，衷心预祝每一位看到这里的同学，未来能够通过法考，不管是“低分飘过”还是“高分通过”，都行。

---

〔1〕《中华人民共和国法官法》第十二条第一款：“初任法官采用考试、考核的办法，按照德才兼备的标准，从通过国家统一法律职业资格考试取得法律职业资格并且具备法官条件的人员中择优提出人选。”

〔2〕《中华人民共和国检察官法》第十三条第一款：“初任检察官采用考试、考核的办法，按照德才兼备的标准，从通过国家统一法律职业资格考试取得法律职业资格并且具备检察官条件的人员中择优提出人选。”

〔3〕《中华人民共和国公务员法》第二十三条第二款：“国家对行政机关中初次从事行政处罚决定审核、行政复议、行政裁决、法律顾问的公务员实行统一法律职业资格考试制度，由国务院司法行政部门商有关部门组织实施。”以及《中华人民共和国行政复议法》第三条第二款：“行政机关中初次从事行政复议的人员，应当通过国家统一法律职业资格考试取得法律职业资格。”以及《中华人民共和国行政处罚法》第三十八条第三款：“在行政机关负责人作出决定之前，应当由从事行政处罚决定审核的人员进行审核。行政机关中初次从事行政处罚决定审核的人员，应当通过国家统一法律职业资格考试取得法律职业资格。”

〔4〕《中华人民共和国律师法》第五条第一款：“申请律师执业，应当具备下列条件：……（二）通过国家统一法律职业资格考试取得法律职业资格”。

〔5〕《中华人民共和国公证法》第十八条：“担任公证员，应当具备下列条件：……（四）通过国家统一法律职业资格考试取得法律职业资格”。

〔6〕《中华人民共和国仲裁法》第十三条第二款：“仲裁员应当符合下列条件之一：……（一）通过国家统一法律职业资格考试取得法律职业资格，从事仲裁工作满八年的。”

✍ 法考报名须知

大致了解了关于法考的发展历程后,对于即将入读法学院的同学们来说,关于这个考试,有哪些信息是现在的你必须提前了解的呢?以2022年6月1日司法部发布的《2022年国家统一法律职业资格考试公告》(以下简称“考试公告”)中的具体要求为基础,同学们需要提前知悉的关键信息如下:

考试报名资格

根据《考试公告》的要求,对于2018年4月28日之后入读大学本科的同学,想要参加法考,必须要满足:(1)已经或正在就读的是本科院校;(2)本科为全日制院校以及(3)所就读专业为“法学专业”这三个要求。

而在2018年4月28日之前入读本科的同学,只要满足拥有本科学历这一最基本的要求,就可以参加法考,即使你的本科专业的学科代码前4位并非“0301”,即使你取得的是非全日制本科学位,即使你的本科学位是通过自考、成人教育或专升本模式获得,均不影响你参加法考的资格。并且如前所述,2022年秋季举办的法考,依然允许学历符合要求的法学院本科在校生在大四上学期参加考试。

对于拥有法学类第二学士学位,即我们通常所说的“第二专业(二专)”为法学的同学,根据现有政策,即使你是在2018年4月28日之后入读大学本科且本科专业非法学,一样可以报考法考。但需要注意,根据2018年4月28日公布实施的《国家统一法律职业资格考试实施办法》的规定,此处的“法学类第二学士学位”的定义有两种:一种是取得全日制普通高校非法学专业本科学位后,再取得法学类专业第二学士学历学位,且该学位可以在“教育部全国高等教育学生信息咨询与就业指导中心网站(即学信网)”进行学历认证,这种情况下,该“法学类第二学士学位”拥有者可以直接报名法考。而如果该“法学类第二学士学位”实际上仅为“辅修”,无法在学信网完成学历认证,则不符合直接报名法考的要求。对于这一问题,同学们进入大学后,如果考虑修读法学专业作为第二专业,一定要与负责相关项目的教务老师确认,你所就读的学校开设的法学第二专业是否符合报名法考的条件,这是非常重要的。

此外,拥有非法学本科学位的法律硕士、拥有非法学本科学位的法学硕士、法学博士或者从事法律工作满三年的同学,即使在2018年4月

28 日之后入读大学本科且本科专业非法学，根据现有政策，一样也可以报考法考。

我国的法考，还有一项“政策放宽制度”，该制度是为了扶持特定地区与民族地区的法治工作与法律专业人才队伍建设工作而实施的，同学们也可以形象地理解为这是一种“法考优惠政策”。根据该政策，户口所在地位于特定地区的同学，无论何时入读本科（即使是在 2018 年 4 月 28 日之后），只要拥有本科学位，无论该学位是否为全日制，无论是否拥有三年法律工作经验，都可以报名法考。

但需要注意的是，上述政策具有时效性，现行政策的有效期为 2021 年至 2025 年，期限届满后相关政策完全有可能调整和变化。所以如果同学们大学就读期间的户口位于相关地区，如果你所就读的专业并非法学但你依然想报考法考，建议你尽早咨询当地司法局的相关工作人员与学校老师以确认你是否符合政策放宽地区的报名条件。

通过考试与资格证书

通过法考后，同学们就可以获得“法律职业资格证书”，也就有了从事前述特定法律职业的资格。但在这里，还有一个可能不是那么常见的概念需要和同学们进行科普，那就是“A 证”“B 证”与“C 证”。简而言之，正常情况下（即并未通过享受政策放宽制度参加法考）通过法考并取得的法律职业资格证书就是我们所称的“A 证”。

而“B 证”的定义稍微有一些复杂，人群较为特定，如果你是在 2018 年 4 月 28 日之后入学，你的户口所在地属于政策放宽地区，若你的专业是非法学本科专业或自考本科专业（任何专业的自考本科学历均可）且你也通过了正常拿到 A 证的同学所通过的法考分数线，那么你所取得的法律职业资格证书就是“B 证”。持有 B 证的同学，如果日后获得了法律硕士或法学硕士学位，可以直接将 B 证换为 A 证。〔1〕

而“C 证”指的就是在政策放宽地区，以政策放宽考生身份参与法考（即如果不享受相应政策就无法参考法考的同学），且通过了政策放宽地区的分数线（该分数线比获取 A 证和 B 证的同学需要通过的分数线低）所取得的法律职业资格证书。持有 C 证的同学，可以在日后继续报考法考，如果分数高于正常情况下获得 A 证的分数线，就可以将 C 证换

---

〔1〕 B 证相关政策较为复杂，同学们在报名当年法考前，如果可能获得 B 证，请一定要提前核实最新政策。

为 A 证。

2022 年 5 月 23 日,司法部公布当年获得法律职业资格证的考生清单(不含以大四在校生身份参考并通过的同学)。这一年,全国共计有近 15 万人获得法律职业资格证,其中获得 A 证的考生超过了 13 万人,是毫无疑问的绝大多数,获得 C 证的考生有 1 万多人,而获得 B 证的考生,只有个位数。

之所以要介绍这三种证书,是因为 A 证持有者可在全国从事相关法律工作,而 B 证与 C 证持有者原则上只能在特定放宽地区使用该法律职业资格证。对于在政策放宽地区从事律师职业的同学来说,这个区别也许不会特别明显,但大部分位于大城市的律所都要求求职者持有的是 A 证。并且对于许多计划考取公务员的同学们来说,在绝大部分非政策放宽地区,大部分要求报考者通过法考的岗位只接受 A 证持有者报名。所以,在本书接下来的内容中,任何涉及法考与相关学业和职业规划的内容,我们都会默认,同学们获得的是 A 证。

其他报名事宜

最后,关于法考的报名事宜,还有许多特殊学生群体的相关政策需要特别关注,比如来自香港、澳门与台湾地区的同学;毕业于海外高校的同学;就读或毕业于军事类院校的同学以及通过非全日制本科方式取得法学本科学位的同学。这些同学如果有志于报名法考,请尽早在入学后咨询本校老师、就读高校所在地司法局或户籍所在地司法局,并及时关注当年司法部发布的最新政策信息。

✍ 法考考试安排

组织形式

每年的法考会分为两次举行,一次为客观题考试,题型全部为选择题,共计两卷,每卷满分 150 分,总分 300 分,通过分数为 180 分。通过客观题考试后,考生才有资格参加主观题考试,主观题考试题型均为论述题,满分 180 分,通过分数为 108 分。客观题与主观题同时通过,即成功通过法考。若考生当年通过了客观题考试,但并未通过主观题考试,则可以直接保留当年的客观题考试分数并获得第二年直接参加主观题考试的资格。若第二年主观题考试还未通过,则两年考试的分数清零,考生次年必须重新参加客观题考试。

这是法考在考试安排组织方面与司考和律考最大的不同,后两者并不存在这样一种“先客观题后主观题”的模式,而是要求考生在连续两天时间内完成主观题和客观题试卷(共计四份四卷)并通过计算总分判定考生是否通过。比如司考时代,四份试卷满分各为 150 分,其中三份试卷为客观题,一份试卷为主观题,总分为 600 分,最后得分不低于 360 分即告通过。

客观题考试的举办时间一般为每年 9 月份,主观题考试时间一般为客观题结束后一个月左右举行。2020 年后,受疫情影响,考试的时间每年都有所改变,具体时间,需要以同学们参考当年上半年司法部发布的相关公告为准。以 2022 年秋天举办的法考为例,这次考试的相应时间节点如下:

客观题报名截止时间:2022 年 6 月 30 日晚 18 点

客观题准考证打印时间:2022 年 9 月 7 日至 16 日

客观题考试时间:2022 年 9 月 17 日或 18 日

主观题报名时间:2022 年 9 月 24 日至 28 日

主观题准考证打印时间:2022 年 10 月 11 日至 15 日

主观题考试时间:2022 年 10 月 16 日

如上所述,法考客观题的具体考试时间一般为双休日,所有考生将随机分为两组,一组在周六参考,一组在周日参考,两组考生使用的试卷内容并不相同。虽然没有官方数据支持我的结论,但我个人认为,周六还是周日参考,应该对考生的通过率,没有直接影响。客观题共有两卷,每卷考试时间为 3 小时,上午下午各考一卷,闭卷考试。主观题只有一卷,上午开考,考试时间为 4 小时。

值得一提的是,法考改革后首次引入了计算机考试这一形式,该考试形式要求考生使用计算机显示屏阅读考题并通过键盘和鼠标在专门的考试系统界面完成答题。而在主观题考试中,考生也需要在考试系统界面直接通过调取电子版法律法规合集进行法条查阅来完成答题。计算机考试这一制度在 2018 年开始试点,现在已全面实现了普及。司法部官方网站和许多法考培训机构也都提供了计算机模拟答题软件,供同学们在正式考试前熟悉操作界面与操作流程。

✍ 通过率

法考的通过率,一直都是关注这一考试的所有同学们津津乐道的话题。由于法考改革后第一年通过客观题但未通过主观题的考生可以继续参加第二年的主观题,且在第二年参考主观题通过的情况下会被计入第二年通过考生的名单中,所以理论上来说,现在的法考,已经不可能和当年律考和司考年代那样直接计算"当次考试通过率"了。所以,我们仅仅只能通过公开的官方数据,对法考的通过率进行一个"推论"。

根据司法部公开的数据,2018 年首届法考全国客观题报名人数为 60.4 万人,客观题通过人数为 18 万人,以报名人数计算,客观题通过率约为 30%,而这 18 万人中通过当年主观题考试的人数约为 11 万人,故 2018 年首届法考的总体通过率以报名人数计算,约为 18%。

2019 年法考,报名人数为 60.7 万人,客观题考试通过率依旧为 18 万,而 2019 年法考的主观题考试中,除了当年通过客观题的 18 万人外,另有 2018 年通过客观题未通过主观题的 7 万余人参考,最终这 25 万人中,总计约 13 万人通过了 2019 年的主观题考试。如果我们将 2019 年总体参考人数计为 67.7 万人,则 2019 年法考的总体通过率以报名人数计算约为 19%。依此计算,2021 年法考的最终通过率,为 18.4%。

当然,如前所述,以上通过率,只是一个"推论",而在本书写就之时,2021 年法考的总体数据还未公布,故这三年的数据,是我们用以推导法考通过率最直观的参考依据。而通过计算,我们不难发现这三年的总体通过率,基本上维持在 18%左右——也就是每 5 位参考人当中,会有 1 位通过。

此外,还有一个现象值得一提,那就是从各知名法学院统计的数据与部分法考培训机构推算的数据来看,以大四在校生身份参加法考的同学的通过率,是要高于总体通过率的,并且在部分政法院校,在校生的通过率甚至可以达到 30%—40%。

所以,对于本书的目标读者来说,如果你准备在大四上学期参加法考,我给你的建议是,你可以默认,所有与你一同报名参考的同学中,每 3 到 4 人中,有 1 人会通过。如果你已经毕业,那么你可以默认,与你共同参加这次法考的考生当中,每 5 到 6 个人当中,有 1 个人可以通过。

最后的话

作为我国法律人从事法律职业的重要资质凭证,虽然如我们在下文介绍的那样,并不是所有与法律行业相关的工作都需要同学们通过法考,但能够通过法考,一定会给你未来的学业和职业发展,带来不少的便利。所以我个人建议,同学们还是要合理规划,在本科就读期间或者在毕业后尽快通过法考。

此外,本节关于法考的介绍,是基于对过往政策数据的汇总分析与整理,并不代表未来法考相关政策的走向。所以等到同学们将要参加法考的那年,我还是要反复提醒大家,一定要以司法部的正式通告和当地司法局的具体通知为准,如果同学们对自己的报名资格有疑问,也一定要尽早咨询有关部门。

最后,对于法考的备考规划及相关复习事宜,将在后续章节再进行具体介绍。

1.4 涉外法律人成长预备:英语能力测试

进入法学院后,除了各类专业考试与法考之外,今时今日,另一种考试也在同学们的大学生活与日后的就业中起着越来越重要的作用,它就是与各类外语能力相关的考试,并且,这类考试对于未来有志于从事涉外法律业务或成为涉外法律人的同学们来说,也尤为重要。而在校园和职场中,熟练掌握一门外语的标志往往并不是同学们在大学英语课的期末考试中取得了多高的分数,而是你在某一种外语标准化考试中取得了高分。对于同学们来说,外语有很多种,在本节,我们便以英语为例,详细介绍与之相关的标准化考试的具体信息。

✍ 什么是标准化考试?

标准化考试(Standardized Test)指的是定期(且往往在世界许多国家和地区同时)举办的根据统一标准和流程(无论举办考试的地点在哪个国家和地区)进行命题、应试与评分的考试。这一考试最显著的特点是无论举办考试的时间和地点如何,无论考试的具体考题内容为何,所有考生获得的分数均是依据“统一标准”计算获得。当然,这并不意味着所有考试使用的都是同一份试卷,一般来说,这类考试的组织方会根据统一的难度标准和要求,设计“成千上万道”考题,然后在每次考试时,随机挑选其中的若干道,组合成当次的考试试卷。

所以,只要你参加了标准化考试,无论你来自哪里,你的教育背景如何,你的分数都可以非常直接的与其他所有曾经参加过近几年来任何一次考试的考生进行比较。这也是为何同学们在未来的升学和求职时,考察你的学校和用人单位除了比较同学们的在校成绩外,还喜欢比较同学们这类考试成绩的最主要原因。而外语和英语标准化考试,自然指的就是测试内容为相关语言的这样一类考试。

根据考试的内容与应试目的的不同,本节,我们将主要介绍四类英语标准化考试,它们分别是:(1)全国大学英语四、六级考试(以下简称"四六级考试"),该考试的英文全称为"College English Test",缩写为"CET";(2)对非英语国家留学生的英语考试(以下简称"托福考试"),该考试的英文全称为"Test of English as a Foreign Language",缩写为"TOEFL(其简称正是源于该缩写的谐音)";(3)国际英语测试系统(以下简称"雅思考试"),该考试的英文全称为"International English Language Testing System",缩写为"IELTS(其简称正是源于该缩写的谐音)";(4)剑桥商务英语证书考试(以下简称"商务英语考试"),该考试的英文全称为"Business English Certificate",缩写为"BEC"。

之所以要将这四类考试并作一处介绍,主要基于以下这几点原因:首先,这几类考试都是英语能力测试,一起介绍当然较为方便;其次,这几类考试中的一种或几种是同学们入读法学院后"不出意外"必须要通过的,所以集中介绍,也有其必要性;最后,这几类考试分数的高低对于同学们本科期间的学业规划与就业规划都会起到比较重要的影响。比如同学们的计划是毕业后求职,那么四六级考试的分数一般是用人单位一定会考虑的指标,而商务英语考试的成绩则是比较重要的"加分项";如果同学们毕业后计划出国留学,那么托福和雅思考试的成绩更是必须提交的非常重要的申请材料;而且近年来,也有不少中国大陆以外地区的法学院校,开始接受四六级考试的成绩作为评价申请人英语能力的参考依据。

✍ 四六级考试

四六级考试是由教育部高等教育司主持的全国性英语标准化考试,这几乎可以被认为是所有法学院在读生的"必考英语考试"。其中,四级考试一般称为"CET-4",而六级考试则被称为"CET-6"。通常情况下,考试在每年的6月份和12月份的第三个星期六举行。6月举行的考试报名时间一般为3月初到4月初;而12月份举行的考试报名时间一般为9月初到10月初。

四六级考试结束后2个月左右会公布成绩并颁发成绩单。和大多数标准化考试不同,四级考试满分710分,其没有"及格线"这一概念,但四级考试有一个"报名线",即:只有四级考试的成绩不低于这个分数线,同学才有资格继续报考六级考试。所以大家便约定俗成把这个分数线称为四级考试的“通过线”,多年来其一直为 425 分(含 425 分)。六级考试满分也是 710 分,同学们只要分数超过 220 分,就能够获得六级考试的成绩单,如果参加六级考试,主要比较的就是最终得分。值得一提的是,很多大学会要求同学们在毕业之前一定要“通过”四级考试。此外,除了英语外,日语、俄语、德语和法语等外国语也都会举办相应的四六级考试。

英语四六级考试的官方网址为:https://cet.neea.edu.cn/。

四级考试基本信息		
写作	分值占比:15%	时间:30 分钟
	考核形式:以题给出的场景、图片、大纲或图表信息为参照,进行写作,字数要求为 120 个英文单词。	
听力	分值占比:35%	时间:25 分钟
	总计 25 道单选题,其中短篇新闻播报 3 篇,共 7 题;长对话 2 篇,共 8 题;长篇听力文章 3 篇,共 10 题。	
阅读	分值占比:35%	时间:与翻译总计 70 分钟
	阅读共计 4 篇文章,其中 1 篇考核英语词汇的理解;1 篇为长文章阅读理解;2 篇为短篇阅读理解。	
翻译	分值占比:15%	时间:与阅读总计 70 分钟
	考生根据题给中文进行英文翻译,中文材料主要与中国文化、历史与社会现象相关。	

六级考试基本信息		
写作	分值占比:15%	时间:30 分钟
	考核形式:以题给出的场景、图片、大纲或图表信息为参照,进行写作,字数要求为 120 个英文单词。	
听力	分值占比:35%	时间:30 分钟
	总计 25 道单选题,其中长篇对话 2 篇,共 8 题;文章播报 2 篇,共 7 题;讲座报道等内容 3 篇,共 10 题。	
阅读	分值占比:35%	时间:与翻译总计 70 分钟

(续表)

	阅读共计 4 篇文章,其中 1 篇考核英语词汇的理解;1 篇为长文章阅读理解;2 篇为短篇阅读理解。	
翻译	分值占比:15%	时间:与阅读总计 70 分钟
	考生根据题给中文进行英文翻译,中文材料主要与中国文化、历史与社会现象相关。	

✍ 托福考试

托福考试是由“美国教育考试服务处(Educational Testing Service,简称:ETS)”组织的英语能力标准化考试。托福考试自 1964 年开考至今,经历过多次改革,整个托福考试体系也形成了考评目标和要求截然不同的“托福考试家族体系(The TOEFL Family of Assessments)”,对于这一部分内容,同学们可以自行进行信息搜集。

就学业规划而言,本节仅介绍同学们在本科阶段可以报考并主要用于申请海外法学院研究生项目的“网考托福(即:TOEFL Internet-Based Test 或 TOFEL iBT)”,又称“新托福”考试。其于 2005 年开始举办,考生需要使用计算机答题,在此之前中国举办的托福考试均采用传统的纸笔形式作答。出于叙述的方便,本书论述中所提及的“托福考试”,均指“网考托福”。托福考试的单次报名费用截至本书写就之时,为 2100 元。托福考试成绩在考试日期后的 2 年内有效。

通常情况下,托福考试全年接受报名,中国内地几乎每个星期都会在国内的主要城市(比如省会城市)开考。每年 12 月份左右,托福考试官网会公布下一年度的考次与考点安排,并公布相应报名起止时间。至于托福考试的报名流程、费用与成绩查询等程序性事项,均在托福官网进行操作,相关流程同学们可以自行进行信息搜集。托福考试官网为:https://www.toefl.cn。

托福考试分为四个部分对考生的英语能力进行考查,它们分别是听力、阅读、口语和写作。这四个部分满分均为 30 分,换言之,托福考试的总分为 120 分。现依序对这四个部分的具体考核形式进行介绍:

听力:托福考试的听力题型以同学们未来在海外大学课堂所可能面对的真实场景为基础进行模拟,从而对同学们的英语听力能力进行评估。具体来说,托福听力材料一般为 2 到 3 段对话材料与 3 到 4 段讲座材料,每段对话结束后需要回答5个问题,每段讲座结束后,需要回答6个问题。考试时长根据听力材料长度不同各异,一般在41分钟到57分钟之间。根据托福官网考查要点的介绍:

托福考试的“听力材料包括讲座,课堂讨论以及对话,主要测试考生在学术环境中理解口语的能力。在整个测试过程中,考生可以对回答问题时可能用到的内容做笔记”。此外,“考试所选的讲座材料均真实反映了课堂上的听说情景。在一些讲座中,教授作为主要发言者,偶尔有学生提问或提出意见;在另外一些讲座中,教授可能会通过提问题鼓励学生参与讨论。听力对话场景可能是学生与教授或助教在办公室的交谈,或者是学生和大学工作人员之间有关服务方面的对话”。

听力部分包含四种题型:

(1)单项选择题:4个选项,只有1个正确答案;

(2)多项选择题:多个选项,正确答案不止1个;

(3)排序题:排列时间的先后顺序,或排列某个过程的步骤;

(4)搭配题:将一些对象或文本与图表中的分类进行搭配,或在单元格里打钩。

阅读:托福阅读的题型与考核模式和同学们常规认知中的英语阅读近似,均为先阅读材料再回答问题,根据托福官网的介绍:“阅读文章节选自大学程度的教科书,涉及某个学科或主题。阅读部分主要测试考生阅读并理解教科书和其他用英语写成的学术资料的能力。”考试时长根据阅读材料长度不同各异,一般在54分钟到72分钟之间。

托福阅读考试的文章依据行文逻辑一般可分为三大类,它们分别是:解释说明文(Exposition)、议论文(Argumentation)与历史题材文(Historical);其实这三类文章,也就是同学们选择留学后,可能在海外院校进行写作的三种常见体裁。此外,根据托福官网的说明:“一篇文章会对关于主题的信息从不同的角度或观点进行阐述。”并且“在回答阅读部分的问题时,考生不需要知道任何特殊的背景知识,但文章会对比较难的单词或短语给出解释”。

阅读部分包含4种题型:

(1)传统的单项选择,即题目带有4个选项,只有1个正确答案;

(2)多项选择题,即题目有多个选项,正确答案也不只一个;

(3)题目带有4个选项,只有一个正确答案,要求考生在文章中最合适的位置“插入一句话”;

(4)深入理解类题目,即题目有4个以上的选项,而且有不止1个正确答案。

口语:根据托福官网的介绍,托福口语考试主要考查"考生在学术环境和校园生活中有效交谈的能力"。口语考试共有四道考题,考试时长为17分钟。

根据托福官网的介绍:"第1道题是独立口语任务,题目内容涉及考生熟悉的话题。这道题要求考生依据自己的想法、观点和个人经历作答,也可利用任何与题目有关的想法、观点或经历来回答。另外3道题是综合口语任务。回答这类题时,考生必须综合利用多种语言技能。要求考生首先读,听,然后用口语作答。考生可以记笔记,并利用这些笔记回答问题。"

此外,根据托福官网的介绍,与接下来介绍的雅思考试不同,托福口语考试"通过计算机作答。考生利用带有麦克风的头戴式耳机回答所有口语题目。考生对麦克风讲话的内容将被录音"。回答经数码技术处理后由经认证的评分员统一评分,以"杜绝由于面对面和单一评分员所导致的评分偏见"。

写作:托福写作考试和绝大部分英语写作测试一样,考查的就是同学们的英语写作——尤其是英语学术写作——能力。托福考试的写作题共有2道,一道称为综合写作,另一道称为独立写作。考试时长为50分钟。

根据托福官网的介绍,综合写作要求考生"用课上学到的知识写论文和作文"。并使"讲座内容与阅读教材和其他材料相结合"。而独立写作则要求考生"必须会写表达并支持自己观点的论文"。且"在这种写作题型中,考生需要依据自身的知识和经历表达并支持一种观点"。

✍ 雅思考试

雅思考试是由英国文化协会(British Council)、澳大利亚教育国际开发署(IDP:IELTS Australia)和剑桥大学考试委员会(Cambridge English)共同举办的英语能力标准化考试。其自1998年开考至今,也经历过多次改革,整个雅思考试也形成了考评目标和要求截然不同的"雅思考试体系",对于这一部分内容,同学们可以自行进行信息搜集。

就学业规划而言,本节仅介绍同学们在本科阶段可以报考并主要用于申请海外法学院研究生项目的"学术类雅思考试"与"学术类用于英国签证及移民的雅思考试(俗称'IELTS UKVI')",这两类考试在考试题型与应试流程方面几乎没有任何区别，主要区别在于后者的成绩可以用来申请赴英国的留学签证，而前者的成绩并不具有这一特定功能，且后者报名费用略高一些。就申请海外法学院来说，也没有任何院校会区别对待这两种不同类型的雅思成绩，为何要如此区分，大概是源于英国人独有的智慧。出于叙述的方便，本书论述中提及的“雅思考试”，均泛指这两种雅思考试。雅思考试的单次报名费用截至本书写就之时，约为2200 元。雅思考试成绩在考试日期后的 2 年内有效。

通常情况下，雅思考试全年接受报名，中国内地几乎每个星期都会在国内的主要城市（比如省会城市）开考，同学们也可以随时在雅思官网查询未来考点与考次信息。关于雅思考试的报名、费用与成绩查询等程序性事项，均在雅思官网进行操作，相关流程同学们可以自行进行信息搜集。雅思考试官网为：https://www.chinaielts.org。

雅思考试也分为听力、阅读、口语和写作四个部分对考生的英语能力进行考查，这四个部分满分均为 9 分，且每 0.5 分代表一个分数水平（例如，在 6 分与 7 分之间只存在 6.5 分这一个分数）。与托福核算四个部分总分的记分方式不同，雅思单次考试的“总分”计算的是这四个部分的平均分。现依序对这四个部分的具体考核形式进行介绍：

听力：雅思听力考试一般来说有 4 道大题，共计 40 道小题，题型一般为单选题和填空题，但在少数情况下也会有看图填空题和多选题。雅思听力考试的内容可能是个人独白也可能是多人对话。一般来说，其中有两段听力考题的内容与海外国家的社会生活和人际交往事宜相关，另外两段听力考题的内容则一般侧重于学术或教育方面的内容。雅思听力考试材料播报时间为 30 分钟，另有 10 分钟用于誊写答案。

阅读：雅思阅读共计 3 篇文章，每篇文章一般在 1000 词左右，3 篇文章共计 40 道小题。雅思阅读题的题型较为多样，一般包括单选题、多选题、判断题、段落大意匹配题和标题选配题。雅思阅读文章的题材涉及较广，从人文社科、物理化学再到社会时事文章，均可能成为阅读考题。文章内容一般直接从书籍、期刊或报纸上摘选，但考试答题并不以具备相应专业知识为前提。此外，文章还可能搭配图片与表格同时进行考查。考生需要在 60 分钟内完成全部阅读题并将答案誊写完毕。

口语：雅思的口语考试在疫情前依然以考生直接与考官对话的形式进行，且口语考试独立于其他三个部分的考试进行，具体时间为其他三个部分考试结束后一周内的随机时间段。雅思的口语考试较为“随性”,考生进入考场后会和考官相视而坐,之后由考官现场随机选择谈话主题与考生进行交谈互动,谈话可能涉及的主题与雅思阅读文章所可能涉及的内容一样多样化(但一定会要求考生进行一段英文的自我介绍)。整个口语考试通常会持续10到15分钟。

写作:雅思的写作考试由两篇命题作文组成,一般考生将之称为“小作文”和“大作文”。小作文的题干主要由表格、图片或图解构成,甚至可能是流程图或说明图。考生需要通过阅读图片内容进行信息的分析和整理,提取重点或核心信息,并按照题干要求进行英文作文的撰写,小作文的总字数不得少于150个单词。大作文则是较为典型的命题式议论文,往往需要考生以较为“学术性”的方式对题给议题进行辩证分析甚至对相关问题的解决给出意见或建议。大作文的字数不得少于250个单词。两篇作文需要考生在总计60分钟内完成撰写。

雅思考试除了口语依然采用与考官一对一进行考核的模式外,其他三部分内容考生可以自由选择是采用传统的纸笔考试进行答题还是使用计算机进行答题,两种模式的选择并不会对考生试卷的评分标准产生影响。

总结:托福与雅思

如果同学们计划在本科毕业后选择出国求学,那么托福考试与雅思考试几乎是同学们绕不过的“必考项目”。因为在同学们申请海外法学院的研究生项目时,海外法学院考查同学们英语能力的最重要的参考依据,就是这两个考试的成绩。此外,这两项考试的认可度在全球范围内来看,几乎是“不分伯仲”的,换言之,无论你用的是托福成绩还是雅思成绩,几乎所有主流海外法学院校都接受你用它进行申请,比如美国、英国、加拿大、澳大利亚、新加坡以及中国香港地区的法学院,均如此。

另外值得一提的是,近几年来,不少法学院也开始接受其他英语标准化考试的成绩作为考查申请人英语能力的主要依据,比如一些英国法学院就接受“培生英语考试(Person Test of English Academic)”的成绩。但不可否认的事实是,托福考试与雅思考试,依然是目前世界范围内认可度最高与认可范围最广的英语标准化测试。

✍ 商务英语考试

商务英语考试由教育部与英国剑桥大学考试委员会合作组织,于1993年开始举办。严格来说,该考试的受众并不是在校生,因为考试成立的初衷是对非英语母语国家跨国企业员工的英语能力进行评定,进而用以判断相应员工是否可以胜任相应工作岗位。但随着该考试认可度与知名度的提高,不少在校生也会在本科或研究生就读期间通过该考试,以提高其毕业后的就业竞争力。

商务英语考试共分为不同三个等级,每个等级对应难度不同的考试,通过考试后获得的证书也各不相同。考试难度从低到高分别为:(1)BEC 初级(BEC Preliminary Level);(2)BEC 中级(BEC Vantage Level);(3)BEC 高级(BEC Higher Level)。三个考试的组织安排相似,均分为笔试与口试两部分。笔试包括听力、阅读和写作测试。

其实商务英语考试只是同学们在进入本科阶段后可以参加的众多求职外语能力标准化考试中比较有代表性的一种。虽然它与同学们的升学没有直接联系,但在该类考试中取得一个好的成绩能够对同学们的求职起到实质性帮助。与这一考试类似的英语能力考试还有全国翻译证书考试与上海口译证书考试等。

✍ 法学院入学测试(LSAT)

近年来,越来越多包括中国本科生在内的非普通法系国家的同学开始关注以美国法学院三年制职业法律博士项目(以下简称“美国 J. D. 项目”)为代表的海外法学院 J. D. 项目。而名称带有“J. D. ”二字的项目,近几年来,确实也如“雨后春笋”般在越来越多普通法系国家——甚至大陆法系国家——的法学院出现。即使如此,同学们如果对这类项目感兴趣,肯定会在日后搜集信息时听到类似这样的说法,即“美国三年制 J. D. 项目,是最‘正统’的 J. D. 项目”。这一论断在十几年前我刚刚接触美国 J. D. 项目时就已存在,后来,我在美国读 J. D. 时,我的两位来自亚洲的同学同样也在他们的国家听到过一模一样的说法。这一观点是否正确似乎是一个没有标准答案的问题,这一叙事的形成原因在我看来也并无必要深究。

但该叙事形成的诸多可能原因中“最常被提及的”一点当无争议:那就是今时今日,绝大部分美国法学院的 J. D. 项目要求申请者提交“美国法学院入学测试(Law School Admission Test,简称 LSAT)”的成绩。如前所述,LSAT 考试是由美国法学院入学委员会(Law School Admission Council,以下简称“LSAC”)代表其 200 多所会员法学院组织的法学院入学资格考试,这些法学院涵盖了绝大部分美国的全国性与地方性法学院与部分加拿大和澳大利亚法学院。

换言之,主流美国法学院都要求申请人参加 LSAT 考试并在申请三年制 J. D. 项目时提交相应成绩,该成绩是美国法学院评估申请者的非常重要——甚至可能是最重要的——参考指标。并且,不少人也认为该考试是使用英语的各类标准化考试中难度最高的之一,自然,对于来自非英语母语国家的同学们来说,这个考试的难度就更大了,所以其挑战性也是不言而喻的,这自然也增加了其关注度。[1]

LSAT 的内容

根据中国教育考试网中有关 LSAT 的官方基本信息介绍:"LSAT 考查四方面的能力:准确阅读并理解复杂文章的能力;组织有关信息并得出合理结论的能力;批判性地推理能力;对他人的推理进行分析和评价的能力。"与之相对应,LSAT 考试共分为三类选择题与写作题,共计四个部分(即考生通常说的 4 个"Section"),每个部分考试时间为 35 分钟。

但在正式考试阶段,考生们需要完成四个部分的选择题(约 100 道),其中一个部分是不计分的,这一部分的题目用于测试新的题型,该部分可以是三类不同选择题中的任何一类,在正式考试时,同学们不会被告知哪一部分不会被计入总分。此外,考生还要完成一篇英语命题议论文的写作,写作时间也为 35 分钟。该部分也不会被计分,但考生的作文副本会随同考生的 LSAT 成绩报告一同发送给考生申请的法学院供后者审阅。现依次按照题型种类进行介绍:

逻辑推理题(Logical Reasoning)考生一般称其为"LR",为叙述方便,下文也采用此称呼。其每部分约 25-26 题,非常少的情况是 24 题。每题 5 个选项,考生需选择与提问"最符合"的选项。LR 是非常典型的通过题干给出的信息要求考生推导相关结论的单选题,其题干内容涉及范围极广——"天文地理、人文社科"无所不包。但实际上,内容的广泛只是其表象,考生选出正确答案也并不需要以熟悉相关内容为前提,因

---

〔1〕 与之相关的一个问题是,可以使用其他标准化考试成绩申请美国法学院的 J. D. 项目吗? 现阶段:部分美国和加拿大法学院接受考生使用"留学研究生入学考试(Graduate Record Examination,简称'GRE')"成绩来申请入读法学院的 J. D. 项目。但无论是从真正使用该考试申请且实际入读的考生人数还是从各大知名法学院公布的相关数据和政策来看,这一考试还远不可能作为代替或与 LSAT 比肩的选项。按照 LSAC 的观点,虽然法学院有权决定使用其他考试的成绩作为评估依据,LSAT 仍然是目前唯一专门为美国法学院招生录取而定制的标准化考试。

为 LR 考核的是考生抽离相关具体信息而进行逻辑推理的能力。

阅读理解题(Reading Comprehension)俗称“RC”,共计 4 篇文章,每篇一般不超过 600 个单词,每篇一般有 5 至 8 个问题,RC 共计约有 27 道选择题,每题 5 个选项,考生需选择与提问“最符合”的选项。RC 既考查同学们的阅读速度与文本理解能力,也考查同学们的逻辑推理能力,与 LR 一样,其题干内容也是无所不包的。但其内容的广泛也只是表象,考生选出正确答案也并不需要以熟悉相关内容为前提。

分析推理题(Analytical Reasoning)俗称“Logic Game-LG”,共计 4 道大题,每道大题包含约 6 个选择题,LG 共计约有 23 道选择题,每题 5 个选项,考生需选择唯一正确的选项。LG 考题与同学们小学时代做过的“奥数题”有几分相似,其通过在题干给出一系列限定条件,要求考生推理相关结果或者对相关要素进行分类与排序,其主要考查的依然是同学们的逻辑推理能力。

写作题(Writing)考查的是考生进行“说服性写作(Persuasive Writing)”的能力,说服性写作在美国法学院的视野中,指的是考生组织论据为某个特定立场据理力争并反驳对立立场的能力,实际上,其考查的就是在诸多法律行业都非常重要的逻辑组织与写作表达能力。根据 LSAC 官网的说明:“虽然考生的作文并不会被计分,但法学院的招生委员会在审核申请人的申请时对其进行考量。每所法学院按照其自己的方式考核考生的作文。”在我参加 LSAT 考试的年代,写作部分需要和以上几个部分在考试当天一同完成,但是现在,在正式考试开始前 8 天,考生就可以单独参加写作题考试并提交作文。

行文至此,同学们不难发现,LSAT 考试的核心,集中于对考生逻辑能力的考查,当然,这种“逻辑”的含义是较为宽泛的,它不仅包括同学们日后将会在逻辑课上学习到的严格的逻辑推理,也包括其他各种同学们日后从事法律工作所可能频繁使用的推理和论证方式。据说,不少国内的标准化考试,在设计考题时,也借鉴过 LSAT 的命题考核思路甚至化用过 LSAT 真题。总之,LSAT 可以被认为是一项以考查应试者思维能力为主要目标的考试。[1]

---

〔1〕 关于 LSAT 考试题型的更多介绍,同学们可以在 LSAC 官网的该页面进行浏览:https://www.lsac.org/lsat/about/types-lsat-questions。

LSAT 的分数

自 1991 年至今,LSAT 考试的满分一直为 180 分,起评分为 120 分,换言之,同学们即使在 LSAT 考试中“交白卷”,都能够得到 120 分的分数。一般在考试结束后 3 到 4 周,考生可以通过电子邮件和登录 LSAC 官网,查询自己的成绩和相应成绩单报告。

疫情期间,LSAC 对 LSAT 的考试形式正式进行了改革,原先 LSAT 考试每次有四个计分 Section,约 100 道计分选择题,而改革后,LSAT 考试每次只有三个计分 Section,每个类型的选择题各一个 Section,约 75 道计分选择题。但本书写就之时,部分 LSAT 考试已经恢复为传统的四个计分 Section 的形式,故为了说明的方便,本节我们依然以改革前约 100 道选择题的“老 LSAT”考试形式为例,对 LSAT 考试的计分方式进行说明。

LSAT 的计分规则基于考生回答正确的选择题数目,比如 100 道选择题中,如果考生答对了 90 道,那么“90”这个数值,就是考生在此次考试中获得的“原始分数(Raw Score)”,而不同的原始分数会在每次考试中对应不同的 LSAT 分值,这一分值被称为“区间分数(Scaled Score)”,而该分值的区间就在 120 分至 180 分之间,我们通常说的 LSAT 分数,指的就是这个分值。下图就是这一评分机制在“老 LSAT”时代的一个示例(其并不代表现在或将来真实 LSAT 考试中的区间分值对应图):

Raw Score	Scaled Score	Percentile Rank
0-15	120	0%
37	140	13.0%
45	145	25.8%
55	151	48.3%
60	154	60.0%
70	160	81.0%
80	166	93.4%
90	173	99.0%

除了以上的区间分数外,LSAT 考试的成绩还有一个比较重要的参考指标,就是在同学们收到的成绩报告单中,还会以百分比方式显示同学们在此次 LSAT 考试中分数超过了百分之多少的其他考生,这就是上图最右“百分比排名(Percentile Rank)”的含义。

总结

虽然根据美国法学院 J. D. 项目的入学要求,其接受任何国家任何专业的大学本科生在毕业前一年进行申请,但在我申请 J. D. 的年代,由于信息的相对闭塞,几乎没有多少中国应届法学本科生会选择在本科就读期间就准备 LSAT 考试并在毕业后立刻赴美就读,我们中的大部分人都是在海外就读 LL. M. 的过程中逐渐了解然后才开始备考 LSAT。并且那时国内可以获得的 LSAT 备考材料与经验分享,也少得可怜。今天,中文资讯媒介中关于 LSAT 的备考信息则丰富得多,同学们也更容易直接检索各类英文材料进行复习,所以在本节,我们仅就 LSAT 的基本信息进行介绍,更多内容,就留给同学们进入法学院后自行探索了。

第二章

成为研究生

绝大多数同学们在踏入法学院的第一天大概就会开始畅想自己本科毕业后的未来，十五年前我刚入读法学院时，虽然在具体就业岗位方面大家的想法各有不同，但在大方向上却又比较一致，那就是“毕业能找到好工作就没必要读研”。如果我的记忆没有出现偏差，那时我身边大部分本科就业的同学都能在上海比较轻松地找到一份自己满意的工作，提供这些工作的用人单位包括但不限于：法院、检察院、民企、外企、各大银行、律师事务所与税务部门等。

即使是在十年前，我刚刚进入“校外法学教育领域”，开始回答亲朋好友高考法学专业志愿填报的问题时，他们中的大多数人地都把“孩子（本科）毕业后好不好找工作”放在了优先考虑的位置。除非对自己的高考结果不满意，填志愿时就憋着一股劲要在本科毕业后继续冲击名校，否则大部分同学和家长至少在填志愿时都不会太多关注“读研”这件事。

然而这五年来，情况显然发生了巨大的变化。至少会主动联系我进行咨询的同学和家长——无论孩子高考分数如何、能去哪所法学院校——无疑都把毕业后“读研”置于十分关键的位置。能去“好”法学院的同学，更加关注其所就读的法学院校是否能够提供更多的保研机会；而没能去“好”法学院校的同学，往往在高考志愿填报阶段，就开始向我询问本科毕业后的升学规划。我总会问这些同学和家长一个问题，为什么你们这么确定自己本科毕业的出路一定是“继续读书（考研）”呢？出乎我的意料，我得到的回答几乎是千篇一律的反问，那就是：“‘学法’不考研找得到工作吗？”

最后这个问题的答案非常庞杂，我在本书后续若干章节都会对其进行侧重点不同的分析。而我之所以要在此处提及这么一段“大众法学教育观的演进与变迁史”，其实和我们在本节将要介绍的内容息息相关——既然今时今日对于法学院感兴趣的同学和家长们都把“读研”置于如此重要的位置，那么尽早开始对其进行详细介绍，便有了十足的必要性。

什么是"读研"?显然,这是对"攻读并取得研究生学位"的简称。那研究生学位指的是哪类学位呢?在我国的高等教育学位体系中,共设有三级学位,它们分别为学士、硕士与博士。简而言之,"研究生学位"指的是后两者,即硕士学位与博士学位。当然,这是技术上的严谨说法,在大部分同学和家长的眼中,"读研"实际上特指的是攻读硕士学位。而"考研",当然特指的就是"备考全国统一的研究生入学考试"。

与之相关的许多问题便因此得以逐渐浮出水面,比如:法学院的硕士项目有哪些具体的种类?通过考试读研和保送研究生有什么联系和区别?除了国内读研,海外读研又有哪些选择?如果想要读博,又应该提前了解哪些信息?我希望在读完本节之后,你的所有疑惑,都能得到一个初步的解答。

2.1 法学硕士与法律硕士

在本节,我们将对最为常见的法学院硕士项目的基本历史、入学模式、培养方式、备考方式与相关信息搜集方法进行介绍。换言之,本节的重点将完全围绕"考研"展开。何为考研?其特指的是每年年底[1]由国家教育部门与相关招生机构共同组织与举办的"全国硕士研究生统一招生考试(Unified National Graduate Entrance Examination)",该考试又被简称为"研究生考试"。

✍ 研究生考试简史

新中国成立后,众人皆知的高考制度与研究生考试制度几乎同时被建立。1951 年,当时的中央人民政府政务院[2]颁布《政务院关于改革学制的决定》,其中在"高等教育"部分就规定"大学和专门学院得设研究部,修业年限为二年以上,招收大学及专门学院毕业生或具有同等学力者,与中国科学院及其他研究机构配合,培养高等学校的师资和科学研究人才"。这份文件,从制度层面正式确立了我国的研究生招考制度。

---

〔1〕 对于本科应届生来说,"考研"的具体时间为大四下学期,一般为相应自然年的最后一个双休日。

〔2〕 中央人民政府政务院是于 1949 年至 1954 年存在的我国最高政务执行机关,对中央人民政府委员会负责并报告工作,在中央人民政府委员会休会期间,对中央人民政府的主席负责并报告工作。在职能上近似于今天的国务院。

而关于我国研究生考试更加具体的历史简介,由我国教育部主编、北京师范大学出版社出版的《共和国教育 50 年》一书中,有非常精炼与全面的总结:

“新中国成立后,政府十分重视研究生教育,1950 年即招收研究生,共招收 874 人,学习年限 1 至 3 年不等。1951 年,采取包括保送、审查批准等办法,共招收研究生 1273 人。1953 年 11 月 27 日,高等教育部发出《高等学校培养研究生暂行办法(草案)》,明确招收研究生的目的是培养高等学校师资和科学研究人才,……1961 年 9 月,中共中央印发的《中华人民共和国教育部直属高等学校暂行工作条例(草案)》对研究生培养目标、招生对象、录取方式、学习年限和培养方法等都作了具体规定,表明新中国的研究生教育开始走向规范化、制度化的轨道。”

1962 至 1965 年,我国研究生教育得到了较大的发展。1962 年,我国开始正规培养 3 年制研究生。1963 年 1 月,教育部召开了新中国成立后第一次全国性研究生教育工作会议,讨论通过了《高等学校培养研究生工作暂行条例(草案)》以及 5 个附件。……(相关文件)对招生工作、培养工作、领导与管理、待遇与分配工作以及建立中国科学院大学等问题都作了明确规定。……这一时期,全国共招收研究生 4764 人。从 1950 至 1965 年,全国共招收研究生 22700 多人。研究生教育为高等学校培养了一批师资和科学研究人员,为新中国高等教育事业和科学研究事业的起步和发展作出了重要贡献。

……

“从 1966 年开始,我国的研究生教育中断了 12 年之久。[1] 1978 年,党的十一届三中全会确立了邓小平同志为我党第二代领导集体核心的地位。……正是在邓小平同志的亲自倡导、关怀和支持下,沿着党的十一届三中全会确定的改革开放的路线,我国恢复了研究生教育制度,逐步建立并完善了有中国特色的学位制度。1978 年,我国恢复招收研究生,当年全国报考研究生的人数达 6.3 万人,经过严格考试,录取 1 万人。到 1980 年,全国在学研究生已达 2.1 万人。1980 年,全国人大常委会审议通过了《中华人民共和国学位条例》。1981 年,国务院批准了《中华人民共和国学位条例暂行实施办法》。至此,我国正式建立了自己的

---

〔1〕 受“文革”的冲击,1966 年至 1978 年我国的高等教育与相关招生系统几乎处于“全面停摆”的状态。

学位制度,我国学位与研究生教育进入了规范有序发展阶段。"[1]同学们今天所熟知的"研究生考试"与人才培养模式,自此发展至今。

从以上介绍不难看出,早年间,我国以硕士生为主体的研究生教育制度,至少从其录取人数上来看,是极为"小众化"的,在不少人眼中,这种"小众"当然也就被视为"精英化"的象征。然而,进入21世纪后,伴随着国家研究生总体招生规模的扩大与报名人数的不断增加,研究生考试人数似乎已经出现了一种"高考化"的倾向。近五年来,全国研究生考试的总报名人数不断刷新记录:"从2017至2022年,研究生报考人数分别为201万人、238万人、290万人、341万人、377万人、457万人。"[2]至少从总人数的演变趋势来看,这或许解释了为何不少本科就读于非顶级名校的同学和家长开始把研究生考试称为人生中的"第二次高考"。

✍ 法学专业硕士项目的分类

现阶段,我国绝大部分高校招收的硕士生分为两种,即"学术型硕士(一般被称为'学硕')"与"专业型硕士(一般被称为'专硕')"。法学院校的硕士项目自然也继承了这一区分模式,具体来说,同学们未来在准备研究生考试时,一般需要在三种具体的硕士项目之间进行区分,这三种项目分别是:

法学硕士(以下简称"学硕"):法学硕士项目及其提供的研究生教育和制定的培养计划以培养高等院校与科研单位的教学和科研人才为主,学硕完成学业后获得的学位类型是学术型硕士学位。在实践中,虽然学硕的报考者主要为法学本科专业毕业生,但实际上,大部分招考学硕的院校并无"只限法本报考"的要求,现实中——尤其是近年来——各大法学院校也开始出现"非法本学硕"这一学生群体。

法律硕士(以下简称"法硕",又可称为"专硕"):是各大法学院在硕士研究生阶段提供的最为常见的专业学位,其目的是培养具有扎实理论基础并能适应特定行业需要的应用型法律人才。实际上,从1996年法律硕士项目在我国法学院落地之时,其最初参考与借鉴的法学教育模

---

[1] 《我国学位与研究生教育制度的创立与发展》,载中国科学院大学网,https://www.ucas.ac.cn/site/226? u=60069。

[2] 《全国考研报名人数5年增加1倍多,背后有哪些原因?》,载第一财经网,https://www.yicai.com/news/101269673.html。

式,就是我们在下文介绍的美国法学院职业法律博士(J. D.)项目。而从具体分类来看,法律硕士又分为"法本法律硕士(一般也被称为'法本法硕')"与"非法本法律硕士(一般也被称为'非法本法硕')"。对于想要攻读法律硕士的同学们来说,前者只允许拥有法学本科学位的同学报考,而此处的"法学本科学位",特指"高校本科专业目录中属于'法学类'(代码为 0301 开头)的专业";而除了 0301 开头之外的其他所有专业的本科毕业生,都只能报考非法本法硕。[1]

除了以上分类外,如今不少法学院都会推出名称各异的特色硕士项目,比如联合培养项目、复合专业项目甚至是学制更长的双学位项目。那如何透过这些项目的名称看清它们的学位本质呢?答案不复杂,同学们只需要咨询相关院校的招生老师"这个项目毕业时获得的学位证书[2]标明的是什么学位?"之所以要强调这一点,是因为在现实中,部分法学院对于硕士项目的宣传很容易让同学们产生误解。[3]

虽然从理论上说,学硕主要培养的是未来高校的教师与研究机构的研究人员;而专硕主要培养的是法律实务人员。但至少基于我入读法学院至今的观察,这一区分在几乎所有法律行业的就业市场中均日趋模糊(唯一的例外或许就是高校教职这一求职市场,其依然对学硕背景求职者具有一定程度的青睐)。比如:相较于专硕,学硕毕业生在公务员招录与律所或法务岗位的求职中,并不具有任何特别的劣势。

那既然两者在就业市场的"待遇"差距不大,是否在其他方面也"差不多"呢?答案显然是否定的。首先,在培养模式方面,学硕和专硕的课

---

[1] 一名所学专业代码前四位为 0301 的本科生,只能报考法本法硕,不能报考非法本法硕;除此之外任何专业代码的毕业生,都只能报考非法本法硕,而不能报考法本法硕。

[2] 必须是"学位证书",而不是法学院颁发的其他证明学历或求学经历的证书。

[3] 比如,"某大学国际法学院(独立于该大学本部法学院的分部研究生院)"开设了"法硕/J. D. 项目",并宣传该项目培养模式为"J. D."。但明确以教育部盖章签发的中文学位证书(而非教学单位出具的"英文证明")为依据,至少在本书写就之时,该项目所提供之学位仅为我国法学教育体系下的"硕士"学位。当然,该项目培养模式的创新是值得肯定的且该项目的生源质量也是相对优秀的。之所以要写这段话,是因为近年来向我们咨询该项目的本科生与家长很多,但大部分同学及家长所接收的信息是,该项目提供的是"法律博士"学位。随后,根据咨询同学提供的线索,我们发现该项目的一些校友在其于工作单位网站所展示的个人教育信息均明确注明其学习期间,接受的是"法律博士"或"博士"教育,还有甚者直接注明其所获得的是"博士学位"或"法学博士学位"。且部分教育辅导机构,也以此为噱头,进行与之相关的商业宣传。对于类似项目与宣传方式,同学们必须多加注意。

程要求和毕业要求还是各有侧重点的;前者更聚焦于特定部门法与基本的学术成果,后者更聚焦于实务类课程。尤其是非法本法硕,在硕士第一年期间,还要专门学习法本同学在本科阶段需要修读的各科基本部门法。其次,在学制方面,非法本法硕学制一般为三年,法本法硕为两年;学硕不同学校要求不同:正常情况下,学硕学制为三年(无论就读者本科专业是否为法学);但有的法学院就规定,法本学硕也可以两年毕业。再次,学费方面,法学硕士的学费一般每年不到一万元,且在读期间获得的奖学金几本都可以覆盖学费开支;但法律硕士项目每年的学费近年来持续“水涨船高”,部分院校学费早已迈入万元梯队,且几乎无实质性奖学金补贴。最后,在一些招录细节上,如我们随后在法学博士相关部分介绍的那样,法学硕士在读期间,一般有机会获得硕博连读资格,而法律硕士一般无此机会。

✍ 法学硕士与法律硕士招考模式

与高考不同,“考研”需要在考前就确定考生拟报考的院校。所以研究生择校的逻辑与高考志愿填报的方法,是有诸多不同之处的,对此,我们会在本书的最后一部分,专门进行介绍和分析。总之,在报名成功后,考生才算正式获得了参加硕士研究生考试的资格。而研究生考试的报名流程,相较于高考也更加复杂,以 2020 年研究生考试为例,其详细报名流程见下页图:[1]

具体到考试的安排,全国硕士研究生统一招考,分初试和复试两个阶段。初试考试安排全国统一,复试各校自主组织与命题。考生分数需高于“初试分数线”才能进入复试。初试科目共计四科,前两科统一为思想政治理论和外国语,满分分别为 100 分;后两科则为各硕士专业相关内容考核,满分分别为 150 分。故研究生考试的总分为 500 分。外国语考试可以选考的语种除了英语外,还有俄语、德语和日语。不过绝大多数考生都会选择英语进行复习和备考。

在命题权限的分配上,前两科由教育部考试中心统一命题,分省、区、市统一评卷;后两科则由各招生单位自主命题和评卷。初试分数线

---

〔1〕 图片来源参见:https://bkimg.cdn.bcebos.com/pic/810a19d8bc3eb13533faca65eb54bfd3fd1f4034ee91?x-bce-process=image/watermark,image_d2F0ZXIvYmFpa2UxMTY=,g_7,xp_5,yp_5。

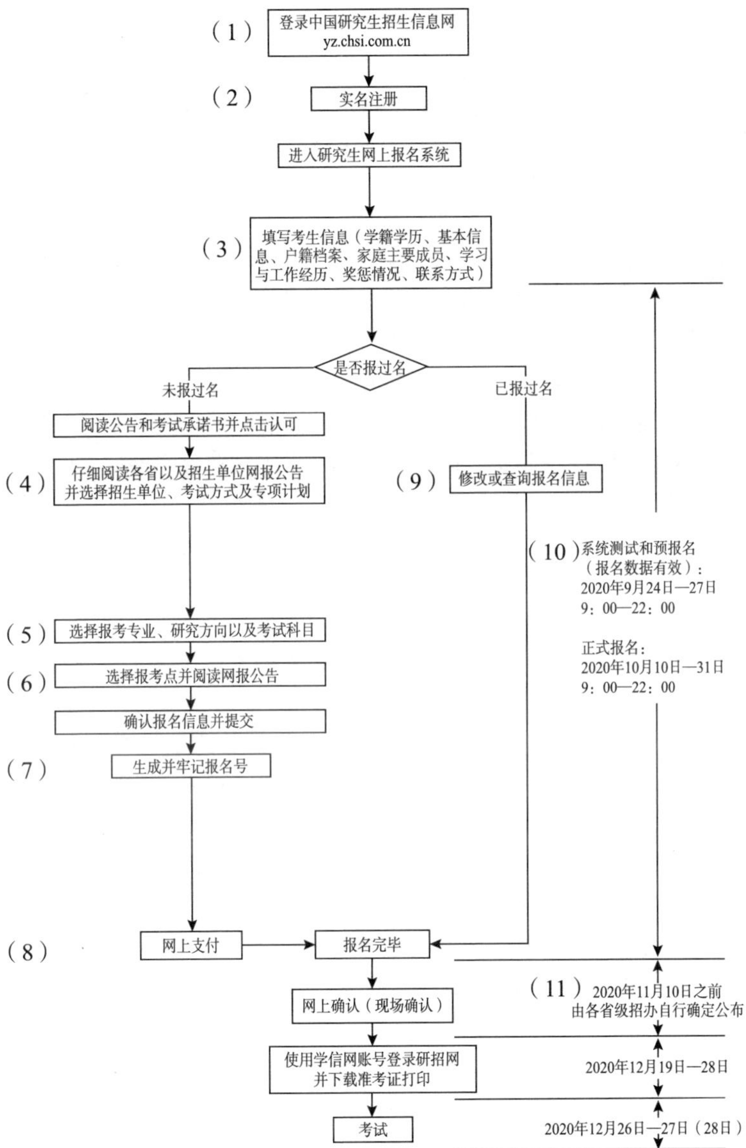

的划定，除授权 34 所重点高校自主决定外，实行全国统一划线，故初试分数线也被称为“国家线”。具体来说，国家线具体包括三条最低分数线：前两科满分为 100 分的科目划定一条分数线；后两科满分为 150 分的科目划定一条分数线；四科总分再划定一条分数线。这便是法学硕士

与法律硕士考试共通的基本模式。

而具体针对法学硕士来说，其初试考查科目当然也分为两大类，即分值各为100分的“公共课（思想政治理论和外国语）”考试与分值各为150分的两门“专业课”考试。专业课考试内容与同学们报考的具体部门法方向直接相关，比如报考刑法法学硕士的同学，专业课科目就可能是“刑法总则”与“刑法分则”。并且，专业课内容，是由法学硕士招考院校自主命题的，所以相应招考院校一般都会提前发布“参考书目”供报考法学硕士的同学们提前备考复习。

相比之下，法律硕士初试考核的内容则存在较大差异。具体来说，法本法硕与非法本法硕初试所使用的思想政治理论和外国语两门公共课的试卷是相同的；但专业课考核则由教育部考试中心命制内容不同的试卷，再分别考核。其中，非法本法硕的两门专业课名称分别为“法硕联考专业基础（非法学）”与“法硕联考综合（非法学）”；法本法硕的两门专业课名称分别为“法硕联考专业基础（法学）”与“法硕联考综合（法学）”，这里的专业基础课包括民法学、刑法学；专业综合课包括中国宪法学、法理学、中国法制史；在分值安排上，两个项目不存在差异。[1]

通过了初试，便是复试环节。在“大方向”上，学硕与法硕复试考核设置的模块基本是相同的，即“笔试”与“综合面试”环节。笔试将进一步考查专业课内容，部分院校也会设置专门的英语笔试考核环节。对于综合面试，不同院校、不同专业考查的方式差异较大，需要针对性的根据同学们所报考的法学院校专门准备。此外，在考程安排上，初试以笔试为主且历时两天，第一天科目为两门公共课、第二天科目为两门专业课。复试的笔试一般会在一天内完成，综合面试会在另一天完成。而复试结束后，招考院校便会根据初试与复试成绩进行“总分换算”，以此确定最终的总排名并按照先前确定的招生总人数依序进行录取。

---

〔1〕《王健：法律硕士入学考试制度到了不得不改变的时候了》，此外，在本文中，王健老师还解释了为何法律硕士的专业课没有以招考法学院自主命题的方式进行：这两个单元的考试科目，之所以没有实行招生单位自主命题和评卷，而是采用全国联考，完全是一个自然演进的结果。起初，法硕入学考试的命题和评卷，由各招生单位自行决定，体现了自命题考试“自主”的概念。1998年全国法硕教指委成立并在当年开展招收在职法硕工作时，第一次出现了“全国联考”这个说法。当时全国法硕点只有28个，招生工作的统筹协调，相对简便易行。2000年教育部出台政策，把之前的全国统招、高校单独招生以及在职攻读招考三种考试方式合为入学联考这一种以后，法硕入学考试的自命题概念，才让位于“全国联考”，直到现在。

✍ 法学硕士与法律硕士培养模式

说完了学硕与法硕的招考流程，接下来，我们将简要介绍这两种硕士项目的基本培养模式。

法学硕士的培养模式在形式上仍为传统“导师制”，入学后根据同学意向与导师名额，每位学硕将会被分配一位学术导师，在毕业前，导师将对硕士生进行一对一的学术指导。且在读生一般只需修读与其学术研究方向相关的课程。

虽然如今学硕毕业从事实务工作也很正常，但在不少法学院校，学硕的培养模式仍然强调对于学术能力的锻炼与提升。比如，部分学硕项目要求在读生在第三学期或第四学期进行“中期考核”，考核内容为在读生提交的研究报告或学术论文，只有通过中期考核，在读生才能进入开题报告[1]环节。还有项目要求在读生在毕业前参与若干学术活动（例如学术报告会或读书会）并折抵为相应学分，未达到相应学分，则不予毕业。还有项目要求毕业生的毕业论文必须进行公开发表，甚至对发表期刊的档次也作出了明确规定。

相较之下，法律硕士的培养模式差异性就比较大。比如部分法律硕士项目采用双导师制，“校内导师”负责对同学的课业进展进行监督，“校外（实务）导师”负责对法律实务技能进行指导。[2] 部分项目会在第一年对所有法律硕士生进行统一培养，然后在第二年根据同学们的具体课业方向再进行导师分配。还有一些项目在法律硕士的培养方面，甚至会向法学硕士看齐。

而非法本法律硕士的培养，除了前述基本内容外，还需要单独对其需要修读的课程进行说明，因为攻读此类硕士项目的同学本科专业均为“非法本”。根据教育部发布的“关于转发《法律硕士专业学位研究生指导性培养方案》的通知（非法本法律硕士）”这一文件中的规定，所有非法本法律硕士项目在读学生在校期间，均需修读下列课程并完成相应课业任务。具体来说：

---

〔1〕 只有通过了开题报告环节，在读生才能正式开始撰写毕业论文。

〔2〕 但必须指出的是，现实中，大量“校外导师”并不会对法律硕士生进行真正的指导；而部分法学院也把此类导师称号当作一种实质上的“荣誉头衔”进行“分发”。比如，不少顶着“某校法学院硕士生导师”光环的实务领域从业者往往每个学期只会在开学宴请新生的场合与自己的“硕士学生”见一次面。

非法本法律硕士在校期间总修读学分不得低于73学分,且必修课与选修课的总学分不得低于53学分,其中必修课不得低于32学分,推荐选修课不得低于13学分,特色方向选修课不得低于8学分。此外,非法本法律硕士项目也包含实践教学与训练课程,总学分不得低于15分。当然,非法本法律硕士也要完成"学位论文(即:毕业论文)",论文学分为5学分。相关具体安排如下:

必修课	(1)中国特色社会主义理论与实践研究(2学分)(2)外语(3学分)(3)法律职业伦理(2学分)(4)法理学(2学分)(5)中国法制史(2学分)(6)宪法学(2学分)(7)民法学(4学分)(8)刑法学(4学分)(9)民事诉讼法学(2学分)(10)刑事诉讼法学(2学分)(11)行政法与行政诉讼法学(2学分)(12)经济法学(3学分)(13)国际法学(2学分)
推荐选修课	(1)外国法制史(2学分)(2)商法学(2学分)(3)国际经济法学(2学分)(4)国际私法学(2学分)(5)知识产权法学(2学分)(6)环境资源法学(2学分)(7)劳动与社会保障法学(2学分)(8)法律方法(2学分)(9)证据法学(2学分)
特色选修课	由法学院系根据培养目标自行设置
实践教学与训练	(1)法律写作(2学分)(2)法律检索(2学分)(3)模拟法庭、模拟仲裁、模拟调解等(3学分)(4)法律谈判(2学分)(5)专业实习(6学分)
学位论文	字数不少于2万字(5学分)

✍ 备考术语科普

介绍完了与法学硕士和法律硕士招考相关的最为核心的信息,接下来,我们将逐一介绍若干重要概念,这些概念不仅会在下文反复出现,而且未来在同学们备考法学硕士与法律硕士考试时,大量"经验分享帖"也会直接使用这些考研领域约定俗成的"行话"。所以提前掌握这些概念,对于同学们接下来的阅读与日后独立进行信息搜集与备考,都是十分重要的。具体来说:

● "全日制研究生"和"非全日制研究生"。"全日制"指的是攻读硕士学位的同学全职进行学习的模式。"非全日制"则以业余时间授课为主,利用周末、节假日上课或集中授课的方式进行,学制因此将会适当延长。比如全日制非法本法硕修读时间为3年,而非全日制非法本法硕的修读时间一般为4年甚至更长。在大多数情况下,同学们考研,报考的项目都为全日制研究生项目。

● “非定向研究生”和“定向研究生”。“非定向研究生”是指在录取时不确定未来的工作单位,在校期间可享受国家规定的奖学金的在读生身份。考生入读法学院系时,可将档案、户口一并转入院系,毕业后面向就业市场进行就业。而“定向研究生”是指由国家计划并资助,在入读前考生的工作单位、录取学校与考生本人会签署三方定向培养协议,考生的档案、户口都将留在原单位。定向研究生毕业后需要返回原单位继续工作。大部分同学考研,被录取后身份都是非定向研究生。

● “34所自划线院校”是指国内34所可以自主划定考研录取分数线的院校。备考此类院校,国家线的参考意义较低。[1] 除了以上34所自主划线院校,国内其他的学校都属于非自主划线学校,非自主划线学校的复试分数线必须等于或者高于国家线。但需要注意的是,部分院校即使是非自主划线的院校,其复试分数线也可能远远高于国家线。

● 国家线、院校线、单科线和录取线。国家线就是最传统的初试分数线;院校线是指34所自主划线院校划定的分数线;单科线是指政治理论、外国语和专业课的最低分数线,如果总分高于国家线或者院校线,但单科分数低于院校线,也不能获得进入复试的资格;录取线是指该校该专业拟录取考生中最后一名的分数(一般会在考研复试后公布)。

● “调剂”:是对初试或复试结束后,考生使用“全国硕士研究生招生考试网上调剂系统”更改拟报考院校这一活动的简称。[2] 那考生为何要在“出分”后更改报考院校呢,原因有二:第一,考生初试的分数无法被其考前所报考的院校录取,但有可能被“调剂”到其他仍有指标

---

〔1〕 34所自主划线的院校分别为:北京地区:清华大学、北京大学、中国人民大学、北京航空航天大学、北京理工大学、中国农业大学、北京师范大学。天津地区:南开大学、天津大学。辽宁地区:大连理工大学、东北大学。吉林地区:吉林大学。黑龙江地区:哈尔滨工业大学。上海地区:复旦大学、同济大学、上海交通大学。江苏地区:南京大学、东南大学。浙江地区:浙江大学。安徽地区:中国科学技术大学。福建地区:厦门大学。山东地区:山东大学。湖北地区:武汉大学、华中科技大学。湖南地区:湖南大学、中南大学。广东地区:中山大学、华南理工大学。四川地区:四川大学、电子科技大学。重庆地区:重庆大学。陕西地区:西安交通大学、西北工业大学。甘肃地区:兰州大学。

〔2〕 近年来,也有部分院校开始使用其他系统统计调剂志愿与信息,同学们需要在未来多加关注此类资讯。

的法学院并被录取;第二,考生进入了报考院校的复试环节,但在复试与录取结果揭晓前,考虑到复试可能的不利结果,考生主动选择调剂到仍有指标的法学院校以寻求被录取。考研调剂是一件非常讲究技巧的事情,同学们若在初试结束后认为自己有可能需要调剂,可提前开始搜集相关信息,以备不时之需。

● A区和B区。国家线会根据地区不同划分两类分数线,A区[1]实行的是A类线;B区[2]实行的是B类线,不同地区的非自主划线高校的研究生录取,均需参照本区国家线。一般A类线高于B类线且在调剂时A区的考生可能有机会调剂到B区,但反之则难度极大(即:几乎不可能)。

● “旱区”和“水区”。旱区和水区[3]主要是针对公共课的分数而言,因为考研公共课试卷是由所报考院校所在的省、市或自治区招生办统一批阅的。旱区是指主观题阅卷给分较为严格的省、市或自治区,水区是指阅卷给分较为宽松的省、市或自治区。一般而言,越是经济发达的省份,因考生数量较多,竞争压力大,相对改卷严格,被视为旱区的可能性就更大。

✍ 研究生考试信息搜集

和我的本科时代许多同学在大三下学期才决定考研并全力备考不同,从近几年的趋势来看,越来越多的法学院本科生从大三上学期甚至大二就开始准备研究生考试。但从我个人的观察来看,这其中不少同学其实处于“盲人骑瞎马,夜半临深池”的状态。换言之,他们并没有制定周密的备考方案和计划就开始“埋头赶路”,并且在备考的过程中也不

---

〔1〕 A区对应的具体省市:黑龙江省、辽宁省、吉林省、河北省、河南省、湖北省、湖南省、山东省、山西省、陕西省、安徽省、浙江省、江苏省、福建省、广东省、四川省、江西省、北京市、上海市、天津市、重庆市。

〔2〕 B区对应的具体省与自治区:内蒙古自治区、广西自治区、海南省、贵州省、云南省、西藏自治区、甘肃省、青海省、宁夏自治区、新疆自治区。

〔3〕 旱区可以分为“极旱区”与“普旱区”,前者包括上海市、湖北省、江苏省、山东省与北京市;后者包括广东省、浙江省、天津市、陕西省、福建省、四川省、重庆市、甘肃省与湖南省;水区包括:云南省、广西壮族自治区、河北省、安徽省、山西省、海南省、内蒙古自治区、江西省、黑龙江省、吉林省、辽宁省、青海省与新疆维吾尔自治区。必须注意到,旱区与水区是常年来由一代又一代考生总结的一组非官方概念,换言之,不同备考者对其具体的定义也是不同的,所以我们给出的分类建议仅供同学们参考。

懂得“抬头看路(即关注最新的考研政策与信息动态)”,这当然就像盲人骑着瞎马,不仅费时费力,而且最终发现南辕北辙。

所以,我们一直认为,在同学们下定决心考研后,如果能首先掌握比较充分的信息并建立“信息定期更新”的习惯,不仅能在备考过程中越来越明确方向,更能有效借鉴前人的经验和教训。所以,备考研究生的过程,不仅是一场旷日持久的“复习脑力战”,实际上,也是一场颇具技巧与策略的“信息搜集战”,甚至不少成功“上岸”[1]的前辈们还可能会告诉你,“得(考研)信息者,得天下”。

当然,肯定有人会说“如果知道的信息多分数就越高,那干脆天天搜集信息好了”。这种观点其实把对信息的“搜集”简单理解为了一种对信息的浏览和整理。而在我们看来,真正有效的“搜集”,实际上是一种对考研信息的“梳理、归纳和掌握”。具体来说,其有两层含义:一方面,我们要将零散的信息搜集在一起;而另一方面,我们要对获得的信息结合自身的情况进行全面分析。在备考研究生的过程中,若能如此搜集信息,同学们上岸的可能性必将得到有效提升。

在此,我们就选择一个此时此刻阅读至此的同学们都最关心的问题来举例如何进行信息搜集,**这个问题便是——如何考取研究生(“一战上岸”)**[2]? 那,什么样的信息才可以回答这个问题呢?

根据同学们的高考经验不难推知,相关信息无外乎与两大主题相关——首先,是考试本身的内容,相应的,我们自然就要搜集公共课和专业课的考试大纲、题型、命题范围以及往年真题等信息;如果同学们在大二就搜集完了相应信息,并认真复习了一年,对自己可能获得的分数有了初步的估计。那么与之相关的下一个问题就是,以个人“估分”为基础,以一战上岸为目标,我应该填报哪所法学院?

现在,我们就以第二个问题为例,继续深入介绍信息搜集的方法。要回答这个问题,通过一些基本的搜索引擎,同学们应该很快就会发现,其与相关院校研究生项目的“招生简章”“往年分数线”和“报录比”相关。这些词汇,就是回答这个问题的“关键词”。具体来说:

招生简章和专业目录:顾名思义,招生简章就是招生院校颁布的介

---

〔1〕“上岸”:原指舍舟靠海,后与“下海”的引申义相对应,指的是成功完成某件困难的事,常用于“研究生考试”“公务员考试”等场景。

〔2〕即第一次参加研究生考试就考取自己在考前选择的法学院校。

绍性文件,主要功能是向考生介绍学校概况、报考条件、报考日期、联系方式、学制、费用等事项,一般在每年8月底9月初,各大院校均会在本校研究生招生网或微信公众号等官方平台发布相应信息。而专业目录则是招生院校按院系专业具体发布的招生计划与每个专业的考试科目。通过这两份文件,同学们可以初步且直观地对相应院校的报考难度进行判断,具体来说,我们建议同学们重点关注下述信息:

计划录取人数:指的是相关项目招生的总人数与下设专业数量,同学们搜集此类信息时,尤其要注意每个招生单位的专业目录列出的分专业招生计划数。将计划录取人数与往年数据相比较,可得出院校是否扩招、扩招名额多少、录取比率等关键信息。

报考条件:即判断考生是否有资格报考相应院校的研究生项目。对于应届生而言,该类限制较少,但也不排除部分研究生项目拥有明确限制,例如:非法本法硕只能由本科非法学专业的同学报考。但对非全日制的毕业生来说,报考条件的"条条框框"就可能多很多,报考者是否持有学位证、是否为自考生或成考生、是否可被视为具有同等学力身份都可能直接决定其是否能够报考相应法学院。

考试科目/参考书目/考试大纲:在专业目录中往往会列出每个专业的初试考试科目。因为政策不允许在专业目录里出现"指定教材"字样,所以一般招考院校会以"参考书目"四字代替,暗示相关书目为核心复习用书。对于备考法学硕士项目的同学们来说,这一点尤其重要,因为学硕考试并非国家统考,而是相关法学院自主命题。不过近年来,有些法学院校不再指定参考书目,而是给出考试大纲,由大纲列出所有要考查的知识点。在这种情况下,如果往届报考该校的前辈们普遍反映某本或某几本教材中包含所有相应知识点,那么相应书目很有可能就是同学们需要的"指定教材"。

招生院校信息:这些信息自然指向的就是招生院校的"基本情况",相关内容包括,但不限于:院校档次、办学规模、科研实力、师资力量等等。之所以强调这些内容是因为这些信息不仅关乎同学研究生毕业后的就业与生活情况,更可以帮助同学提前对考取该校研究生的"价值"进行评估。对于相关信息的十分深入的介绍与分析,大家可参考《推开法学之门:法学专业高考志愿填报指南》一书的内容。

统招人数:统招人数(又称“统招考生人数”)[1]是指通过研究生考试获得入学资格的招生指标数量,其区别于“保研人数”[2],且大部分院校只会在当年招录工作结束后公布相关数据。但同学们可以通过某些公开渠道信息“推算”出当年招考前的统招人数,相应结论就可能成为同学们决策时极为重要的参考依据。相关公式如下:

统招考生数量=计划招生人数[3]-保研人数[4]

推免率=推免人数÷录取人数[5]

报录比=报考人数÷录取人数

复试比=进入复试人数÷录取人数

针对上述公式,基本的结论是:保研人数越多、统招人数越少;推免率越高、报录比越高,则对于统招考生来说,相应研究生项目的竞争就越激烈。复试比越低,自然通过初试进入复试的难度就越大。且不可忽视的趋势是,知名法学院校为了提高生源质量,在招生计划上也持续对保研人数做出倾斜。

举例来说,北京某顶尖法学院全专业研究生项目的推免率就由2018届的50%提到2021届的56%;上海不止一所顶尖法学院的全专业研究生项目推免率近四年来也稳定在30%以上。从这个角度来看,有这种政策倾斜的院校,统考生上岸的难度会成倍加大。例如,若某专业招生计划为20人,其中保研人数超过50%,那么留给统招生的名额只有不到10人。此外,报录比也是研究生择校需要重点关注的问题。报录比往往可以直接体现该院校法学专业的竞争激烈程度。

---

〔1〕 又称统考人数,即通过研究生考试录取的研究生数量。相应的,这类考生也被称为“统考生”。

〔2〕 有关保研的具体内容介绍,见下节内容。

〔3〕 计划招生人数是指《招生简章》公布的拟计划招收的学生人数,大部分高校只会以学院为单位进行公布,比如“法学院的招生指标”。只有少部分高校会具体公布法学院不同专业方向的招生人数。

〔4〕 如前所述:保研人数=推免人数+夏令营录取人数。

〔5〕 需要注意的是,此处的“推免人数”和“录取人数”默认为全校人数,因为一般大部分高校会公布相关不区分专业的总数据。当然,少部分法学院会公布相关具体数据,这种情况,自然按照法学院数据计算。

招考细节信息

此外,对于学硕来说,专业课的具体题型和考试范围[1]、往年复试录取分数线、[2]复试考试内容、复试成绩占总成绩的占比等其他信息也很重要的。举例来说,部分院校的初试和复试分值在最终计算“录取总分”时占比并不一致,比如有的法学院初试分数只占30%而复试分数占70%;有的法学院最终的总分是按照特殊规则进行计算。不同院校的相关政策,都会影响同学们的关键抉择。

中国研究生招生信息网站

中国研究生招生信息网(又称“研招网”)[3],不仅是教育部指定的全国研究生唯一报名平台,也是教育部发布考研政策与信息最权威的平台。同学们只要足够有心,通过持续跟踪浏览该网站动态,就能得到很多重要的考研信息。

例如:通过“国家政策”板块,可以了解有关研究生招考政策的大方向(例如,相关院校是否扩招或特殊地区是否投放额外指标);通过“院校政策”可以了解目标院校的具体招录规则与流程;通过“招生简章”可以直接对比多所不同法学院校的报名时间、招生计划与报名条件;通过“信息公开”,可以查询各类招生政策、招生工作管理规定与各省级教育招生考试管理机构网站具体地址;通过“信息库”板块,可以直接跳转相关院校官网,等等。

✍ 其他信息来源

介绍完了最为重要的“关键词”,接下来,我们将依次介绍各类与这些关键词相关的信息来源并评价其“可靠程度(即信息的质量)”。因为在这个“考研信息大爆炸”的年代,发布信息者背后的动机确实错综复杂,[4]所以做到对各类“信息源”的质量心中有数,是非常非常重要的。

---

〔1〕 因为公共考试的题型与考试范围通常是全国统一的,所以了解专业课考试的题型和内容更为重要。

〔2〕 一般来说,过往3到4年的相关信息较为具有参考价值。

〔3〕 具体网址:https://yz.chsi.com.cn。

〔4〕 江湖“谣传”,部分考生会伪装为师兄师姐,在各类信息平台发表真假难辨的消息,以期混淆视听,劝退其他同考生,提高自己上岸的机会;或故意释放复习状态较好的信息,以期加剧其他考生的紧张气氛、扰乱其复习节奏。

具体来说：

● 院校研究生院官网和目标专业的学院官网：报考院校的研究生院网站是该校发布招生信息的最权威官方网站。其次便是学院网站与微信公众平台，也会发布招生的信息，如简章、大纲、招生目录、奖学金政策、学院联系方式、历年真题等。

● 辅导机构：辅导机构一般会分为两类，一种是专业且老牌的考研培训机构；另一种是上岸的前辈们成立的“学生辅导团队”。目前来看，至少有几家较为权威的法学硕士与法律硕士考研培训机构发布的各类与考研和保送相关的资料是比较专业且准确的。但由于相关培训市场实在过于鱼龙混杂，我们无法对其他机构发布的相关信息作出进一步的统一评价。

● 各类考研论坛：在相关论坛可以搜集到比较有用的经验贴与往年数据信息，例如某法学院往年的专业目录、参考书目、专业课真题或获取相关辅导资料的具体途径。此外，论坛还充斥着大量“私人资料”，这些资料包括但不限于：个人复习笔记、导师背景介绍、上岸前辈联系方式等。考虑到考研论坛的发帖门槛较低，对于“私人资料”，除非同学们得到本院系上岸学长学姐的直接推荐，否则请务必谨慎使用。

● 上岸前辈：近几年报考相应专业并成功上岸的前辈往往是最好的备考信息获取渠道，但考虑到一直存在社会人员或落榜生冒充往届前辈骗取咨询费或资料费的情况，所以同学们若需要付费向相关前辈进行咨询，请务必在付费前甄别其真实学生身份。

● 微信公众号：虽然微信是社交平台，但因其和浏览器公司达成的战略合作，所以现在同学可以直接在微信的“搜一搜”搜索待查询资料，比如：若同学们想查找“某校法硕报录比”，在微信“搜一搜”页面输入相应关键词即可显示有关结果。这些结果直接来自公众号中发布的考研信息汇总、考研经验贴与考研资源汇总。此外，同学们也可以直接在微信小程序中搜索有关考研信息的小程序、考研刷题小程序等。

● 社交平台（超话/博主）：一方面，同学们可以通过搜索所报考院校的“微博超级话题”直接联系已经上岸的前辈与专门的考验经验贴；另一方面，微博上也有专门进行考研培训与信息发布的博主。例如，不少博主常年收集特定法学院校的考研录取名单与人数并进行统计，关注这类博主显然极大程度节约了我们搜集信息并进行整理和分析的时间。

● 视频网站：最近几年，大量上岸的前辈与考研名师作为 UP 主[1]会在各大视频网站或信息分享网站发布考研指导视频。例如，有些 UP 主每年都会根据考研老师以及个人经验总结整理出专业课的背诵口诀及思维导图，这些视频资料对备考的帮助也是极大的。

● 二手交易平台：考研季在每年的 3 月底至 4 月初结束，之后，在二手物品交易平台就会有许多上岸的前辈贩卖个人考研笔记与资料。如果同学们运气好，便可直接以相对低廉的价格购置一整套针对所报考法学院校的笔记。但同时也要提醒同学，二手交易平台上的卖家作为个人，素质难免良莠不齐，因此在进行交易时，还是要“三思而后买”。

✍ 信息搜集的其他技巧

当所有人都可从上述渠道搜集海量信息时，如何更高效处理这些信息就成了关键。对此，我们有三点原则建议：

第一，要会“删”，这指的是对搜集的信息进行删减。虽然丰富的信息资源可以带来一定程度的安定感，但如果想做出符合实际的自我评估和相对正确的考研安排，先要在信息上做减法而不是加法，只有清晰且准确的信息才能有效帮助备考。那么怎么删呢？先明确自身需求和目标，随后删除一切不必要的文字内容（例如：修饰语、抒情内容或主观评价）。此外，某同学若报考法硕，其选择的是法学院 A 的硕士专业 B，那么法学院 C 的硕士专业 B 的经验贴参考性就很弱。又比如，某经验贴的撰写时间是五年前，即使它写得再好，但是因为五年间考试科目和内容已经有了较大改变，所以该经验贴的可参考性也不强。

第二，要会“融”，这指的是对筛选好的信息进行“打散重组”。“打散”信息，实际上是对考研信息进行整理，将可采纳的内容整合后进行二次提炼。“重组”则要求我们将不同内容分门别类归纳。举例来说：对考试内容而言，可以将其分为“公共课”和“专业课”的经验帖，并依次对经验帖中的学习计划、学习问题、学习程度进行整合和归纳。虽然有些经验帖的撰写年代久远，但是其经验帖的方法论仍然适用当下的复习，那么该部分内容自然需要被提炼和归纳。

第三，要会“萃”，这指的是用自己的话将所有整理好的信息进一步“提炼萃取”。面对十几页甚至几十页整理好的信息，我们显然可以在

---

[1] 视频网站——尤其是哔哩哔哩网站——的视频发布者又被称之为“UP 主”。

较短的时间内反复对其进行阅读总结，随后将“内化于心”的信息转化为更加凝练的属于个人的“考研规划信息汇总”，还需要注意的一点是，同学们切不要有投机心理，试图通过完全照搬照抄他人的考研规划“走捷径”。制定最终的考研复习规划，一定要以“自我”为中心，明确属于自己的学习方法和计划。[1]

2.2 硕士保送制度概述

进入法学院后，大家很快就会了解，想在毕业后成为硕士研究生，除了“考研”这条路外，另一条路就是“保研（又被称为‘保送’或‘保送研究生’）”。如前所述，在今天中国的各大法学院系，保研的途径已日趋多元，除了传统的“推免模式”外，近年来，“夏令营考查模式”也成为越来越多本科生佼佼者们的“逐鹿之地”。而推免模式在制度构建上也日趋科学与完善，从流程上来看，其可以被细分为“预推免”“九月推免（即：‘九推’）”与“本校保研”三种主要情况。接下来，我们将按照不同模式启动时间的先后顺序分别对其进行介绍。

✍ 保送的方式

夏令营

夏令营模式在国内最早发源于几所最为著名的大学，且创立之初，其考查对象也并不仅限于计划攻读硕士学位的本科生。这一模式近年来开始广泛流行于各大高校的保研招录之中，而在本书视野下，其主要指代的是针对法学院硕士生的保送模式。坦诚地说，夏令营这一考查模式的设置初衷就是提前招揽每届法学院本科生中最拔尖的那一小部分同学。所以，想要通过夏令营入读知名法学院，需要同学们在本科期间学业表现和综合能力都非常优秀，绝非易事。

具体来说，一般从大三下学期开学后不久，计划举办夏令营的法学院就会陆续在其官方网站与微信公众平台发布与当年度夏季将要举办的夏令营相关的通知。换言之，从当年的 3 月至 6 月，都会有法学院发

---

〔1〕 写到这里，可能还有不少同学觉得我们介绍的方法“太啰嗦”，期待更简洁直接的指引。坦诚地说，基于过去数年辅导的经验，我们团队确实开发了一套成本不超过一千元的“傻瓜式”自助考研复习方案。但由于这一方案涉及大量收费商业软件与考研培训辅导机构开发的产品，如果同学们确实想要得到相关信息，可以关注我们公众号。

布相关信息。符合夏令营基本入营标准的同学即可根据相关要求开始准备“入营申请材料”[1],若成功通过申请,同学即可获得“入营资格”,顺利成为该法学院夏令营的营员。

正常情况下,夏令营均在暑假举办,为期5天左右。在夏令营期间,营员将在法学院教师、行政人员与学长、学姐的带领下参观校园与学院,参加各类讲座,参与由法学院教授组织的小组讨论,进行个人演讲或成果展示,以及参加具有重要“比较作用”的面试与笔试。总之,夏令营所安排的丰富多彩的活动的核心目的只有一个,就是通过观察同学们在这些活动中的表现,评估其是否达到了夏令营组织方的标准。如果同学符合标准,一般会在夏令营结束时获得“优秀营员”称号,并正式获得相应法学院的“拟录取资格”。

各大法学院组织的夏令营的入营总人数一般均维持在100至200人之间,且不少夏令营对于营员的本科院校与学业表现都设置了“或明或暗”的门槛,从近几年的观察来看,能够参加夏令营的同学,大部分还是来自国内知名法学院校。

还要提及,那就是不少法学院会将夏令营的举办时间放在同一个时段且准备不同夏令营的入营材料也需要耗费大量的时间和精力,这也意味着,通常情况下,同学们最多只能参加一到两所法学院组织的夏令营活动。

预推免

各大法学院举办的夏令营一般会在当年的7月或8月结束,紧随其后的,便是法学院校组织的“预推免”申请与选拔程序。预推免的“预”指的是在每年九月底“全国推荐免试攻读研究生信息公开暨管理服务系统(即:‘推免系统’)”开放前,由各大法学院系提前组织的研究生推免录取活动。需要注意的是,只有部分法学院校会组织预推免活动,一般这些法学院校会在当年的7月到9月在前述官方渠道发布相应信息。

预推免录取在形式上较夏令营简单很多,同学们只需根据官方发布的通知准备好与夏令营入营申请相似的材料并按照要求进行提交。随

---

〔1〕 这些材料包括但不限于:个人申请表、成绩单、英语标准化考试成绩(大学英语四六级、雅思、托福)、个人成果(个人荣誉、学术成果、实习经历等)证明文件、两封推荐信、自荐信或个人陈述与个人证件照等。一般来说,除了细节上的差异外,大部分夏令营对于申请材料的要求是大同小异的。

后相应法学院校会对申请材料进行审核与评估,并向通过评估的同学发出面试邀请,若通过面试,则同学们一样可以获得相应法学院的“拟录取资格”。

如果说夏令营的考查与选拔模式意图抢占先机“掐尖”录取每一届全国法学院应届生中学业与综合表现最优的那一批同学,那么预推免程序起到的作用就是“查漏补缺”。举例而言,因为种种原因,如果某所法学院校在夏令营开始前计划录取100名本科生,而最终只成功招录了80名,〔1〕那么这“空余”的20个名额,就可能会放在预推免环节进行招录。

九月推免

一般在九月底,上文提及的国家推免系统将会正式开放。该系统是“全国统一的推免工作信息备案公开平台和推免生网上报考录取系统”,所有获得拟录取资格的同学均需通过该系统“填写报考志愿、接收并确认招生单位的复试及待录取通知。”这一流程,就被俗称为“九月推免(即九推)”。九推需要提交的材料较之夏令营与预推免更为简单,且在申请材料提交之后一天内,申请者就能获知其是否通过材料审核并获得进一步的面试或笔试资格。

该推免系统与高考志愿填报系统有相似之处,同学们一般可以填报三所平行志愿院校。理论上,即使三所法学院同时审核通过了某同学的申请,只要随后三所法学院的面试时间不冲突,该同学可以先后参加三所志愿法学院的面试,但任何申请者最终只能选择接受一所法学院的待录取通知。正常情况下,已经通过夏令营或预推免获得拟录取资格的同学,在登录该系统后,只能在志愿栏填报相应法学院并等待正式录取。

相较于夏令营与推免,真正通过九推保研的名额是很少的,如果预推免是查漏补缺,那么九推的名额对于同学们来说就更像是“捡漏”。〔2〕并且九推的流程也是极短的,同学提交申请后“一天出结果”,且获得拟录取的结果后,一般同学们也只有24个小时考虑是否接受,如

〔1〕导致这种情况的原因很多,比如获得拟录取资格的同学改变了其学业规划或者其同时参加了两所法学院举办的夏令营均被录取并决定前往其中一所法学院就读。

〔2〕依然使用上文的例子,如果某所法学院校在夏令营开始前计划录取100名本科生,而最终只成功招录了80名;那么这“空余”的20个名额,就可能会放在预推免环节进行招录;而如果预录取环节依然只录取了15名符合标准的同学,那么剩下的5个名额,就将会放在九推环节进行招录。

果不接受,则视为自动放弃。

本校保研

本校保研有两层含义,第一层含义,是法学院校本校同学,通过以上三种形式,获得本校保研资格的情况。而另一种情况,才是我在此处想要特别说明的,那就是在以上几种保研程序结束后,法学院系内部由于种种原因“突然出现新的保研指标”,而后对内展开选拔的程序。从我读本科的年代直到最近,至少据我所知,这种“不太正式”的保送模式都是一直存在的。甚至在大四下学期毕业前,都可能有指标“突然蹦出来”。同学们如果在大四上学期的“保研大战”中铩羽而归,不妨在随后继续留心这一类比较罕见的保研机会。当然,在现实中,这样的指标是否会“公开拿出来”,也是不一定的。

✍ 重要事项

保研资格

与以上所有保研录取程序相关的一个极为关键的资格为“保研资格”,该资格是大四开学后由同学们所就读的高校确认的。同学们只有获得了符合本校与本学院统一标准的保研资格,才有机会真正“兑现”先前获得的拟录取资格。换言之,技术上说,同学们只有获得了这个资格,才能“登陆”推免系统最终确认自己的保研资格。

一般对于能在“保研赛道”脱颖而出的同学来说,这不会是一个问题。因为法学院校通过夏令营或预推免预录取本科生时,其依据的标准在绝大多数情况下都会高于大部分高校或法学院的“基本保研资格标准”。但肯定也存在例外情况,以我曾辅导过的一位学员为例,其在本科阶段一直以出国留学为目标,绩点比较出色,而外语成绩极为出色(托福分数超过了115分)。大三升大四的暑假,其获得了某法学院的夏令营入营资格并成功获得“优秀营员”荣誉。但大四开学后,由于其所在法学院评定保研资格时主要依据的是绩点排名,该同学错失了保研资格,其在夏令营获得的拟录取资格也因此作废。

保研评比依据

那么同学们一般需要通过评比哪些指标来获得本校或者外校的保研资格与拟录取资格呢?答案不复杂,核心指标永远是同学们的在校成绩与排名。其次,同学们的外语水平(尤其是英语标准化考试的成绩)

往往是仅次于在校成绩的第二重要的评比指标。[1] 除了这两项“硬指标”外，法学院会考虑的其他指标则种类繁多，同学们如果有心保研，在入学后就应当第一时间关注相关政策。

保研时间线

一般在大三下学期，通过比较自己的个人成绩和综合实力与上一届或上几届保研成功的学长学姐之间的差距，同学们可以比较准确的对保研模式与目标院校进行抉择。随后，可以以下表为参考，进行准备：[2]

大三开学之时	开始留意各大法学院的夏令营项目通知
当年 3 月到 8 月	开始有针对性的准备特定法学院校夏令营与预推免程序涉及的笔试题、面试题与各类考核或个人能力展示项目
当年 5 月到 6 月	根据法学院校发布的夏令营通知开始正式准备入营申请材料并进行投递
当年 6 月到 7 月	各大法学院陆续举办夏令营
当年 7 月到 8 月	夏令营结果公布
当年 9 月初	部分法学院校发布预推免通知
当年 9 月中下旬	部分法学院校启动预推免程序并公布结果
当年 9 月底至 10 月	九推程序正式启动
当年 10 月至 11 月	各大法学院校公布最终的“拟录取总名单”
11 月至毕业前	“本校或本院”随时可能公布新的保研指标

保研率

介绍了这么多关于保研的基本信息，我想，很多同学此时此刻最关

[1] 根据本书写就之时各大法学院在夏令营与预推免相关文件中发布的信息，四级考试 600 分以上、六级考试 550 分以上，雅思总分不低于 7.0 分或托福总分不低于 100 分，一般可以满足绝大部分国内法学院夏令营对入营者英语水平的要求。而四级考试 550 分以上、六级考试 426 分以上，雅思总分不低于 6.5 分或托福总分不低于 90 分，一般可以满足绝大部分国内法学院预推免程序对入营者英语水平的要求。

[2] 以下信息，以 2019 年至 2022 年各大法学院举办的夏令营和预推免活动以及九推项目的起始时间为基础进行总结，同学们在进入大三后，应当密切留意当年各大法学院校的最新政策与相应时间安排。

心的,应该是"保研的机会"。换言之,只有提前知悉一所法学院一届同学当中有多少人可以保研(即保研率),励志保研的同学才能在进入法学院的第一天就为自己确定一个大致清晰的学业目标。[1]

而保研的指标,来自教育主管部门的统一分配。形象地说,"大学越'好',保研指标越多"。这里的"好",并不是指法学专业好,而是大学综合实力"强"。明确了这一点,同学们便可以有针对性地对相关信息进行搜索与比较。

放弃保研的后果

最后一个技术性问题,那就是同学们如果在获得保研资格后,能否放弃相应资格?或者同时获得两所法学院的保研资格后,如果放弃其中一所,会有什么后果?关于这个问题,我可以分三点来谈:

理论上,同学们当然可以放弃保研或拟录取资格,毕竟脚长在你腿上,没谁能绑着你去一所法学院的研究生院报道。换言之,就算拿到了保研资格,如果在毕业之前,同学决定前往海外留学或直接就业,很有可能你所就读的法学院或大学"也拿你没有什么办法"。但同时,同学们如果决定在获得相应资格后放弃,也要有心理准备面对下述两种可能的严重后果:

第一,你所就读的法学院会因为你的"放鸽子"行为而被提前录取你的法学院校拉入"黑名单"。在这种情况下,在未来至少两三年的时间里,你的学弟学妹将可能无法得到相应法学院的夏令营入营机会或通过预推免程序获得保送机会。

第二,部分法学院为了防止本院同学在获得了宝贵的保研机会后又放弃,往往会在保研政策中提前对相关情况进行"威慑性"规定。比如,我就曾亲眼见证一位同学在大四上学期获得本校保研资格,随后又在竞争极为激烈的公务员考试中获得了某行政机关的录取。在毕业前,其所就读的法学院就援引相关政策明确表示,如果该同学放弃保研资格,则法学院不会配合录取其的行政机关"走流程"。换言之,当时摆在这位同学面前的只有两条路:放弃公务员岗位并选择保研或者"竹篮打水一场空"。很显然,这位同学最终只能选择保研。

所以,即使同学们在技术上可以放弃保研资格,在大多数情况下,我都认为,那不是一个应该考虑的选项。何况你所获得的资格,是成百上

---

[1] 我们将通过所有保研渠道顺利保送研究生的同学均纳入了成功保研人数之中。

千位同学拼尽全力都没有得到的。你如果在各项保研程序结束后才表示放弃,这个资格很可能就白白浪费了。这显然是一件非常“败人品”的事情,不是吗?

总结

行文至此,我想我大致对与保研相关的最核心的内容进行了介绍。当然,其实我们可以谈的还有很多,比如保研的择校与定位、如何以保研为目标进行规划、如何提前与目标院校的老师沟通、如何准备保研申请材料以及如何“备考”保研中的笔试与面试。但最终,我们还是选择删去了这些早就写好的内容,如此为之,除了“字数所限”之外,还有如下原因:

首先,在我看来,“市面上”质量最高的是由学生撰写的“经验帖”和“攻略”就是与保研相关的内容。这其实也很容易理解,因为法学专业能够保研的同学,无论是逻辑思维能力还是文字表达水平,都是比较优秀的,将自己的保研心得有详有略且条理清晰的总结为文字,自然也不在话下。同学们完全可以按照本书介绍的各类信息搜集方式对相应信息进行搜集,你们肯定会发现很多高质量、高匹配度[1]的“干货”。

其次,不少此处“忽略”的内容,其实完全可以借鉴本书其他部分的相关内容。比如关于保研的规划,本书第七章就有现成的“案例”可供参考;比如关于择校定位的内容,本书硕士择校部分也都提供了大量参考价值极高的信息。所以我也没有重复撰写的必要。

最后,再说一个现实的原因,相较于“出国读研”,整个保研过程是在国内法学院的教育环境与中文语境下进行的,技术上的难度还是“不高的”。所以,如果同学们在本科期间以保研为目标对自己进行规划,如果你自己都没信心“搞定”我们没写的内容,那你定下的目标或许还是有些好高骛远的。

2.3　法学博士入学制度概述

如前所述,在我国的高等教育学位体系中,共设有三级学位,即所谓的“三级学位制度”,这三个基本的学位分别为学士、硕士与博士。换言之,博士是我国学位体系中的“最高学位”。这里同学们肯定会有疑问,

---

〔1〕 例如,如果你本科就读于 A 法学院,你的目标是保研 B 法学院。你甚至可以搜集到与你教育背景和保研目标一模一样且成功保研的高质量经验帖。

那就是"博士后"不是"高于"博士吗?实际上,这是一个误解,其实"博士后"是一种"职务",这一职务只能由满足要求的获得博士学位的科研人员担任。

而高校是否有资格授予这三级学位,均需获得我国政府的审批;而现实中,也并不是所有法学院都有资格培养博士并授予博士学位。截至2022年,我国有权授予博士学位的法学院仅有60所。而通常来说,这里的"博士",一般指的是全日制博士生,其区别于仍然保留原单位工作而只是通过"工作外的时间"攻读博士学位的"在职博士生"。此外,除了合作办学或面向留学生招生的特殊博士项目外,我国高校法学院授予的法学博士学位,其英文指称一般为"Doctorate of Philosophy(Ph. D.)"或"Ph. D. in Law"。

而本节的内容,将主要围绕我国法学院法学博士的入学制度展开,不会过多涉及与法学博士相关的学业就业规划内容。如此为之,原因有三:

首先,最重要的一点,是因为这本书面向的读者主要是本科生,这本书提供的学业就业规划信息,也主要围绕法学院的本科教育展开。在这一背景下,与法学博士相关的学业规划内容自然显得有些"画蛇添足"。毕竟,在众多法学院的本科生中,最后真正会攻读法学博士的同学可谓"凤毛麟角",限于本书的篇幅,相关内容我们只会点到为止。

其次,在第四章有关"教职"的部分,我们介绍的大部分信息其实都与获得法学博士学位的同学们毕业后的就业规划相关。换言之,在如今的"高校法律就业市场",绝大部分未来寻求成为高校教师的同学们,都必须首先获得法学博士学位。所以相应内容,基本可以等同于"法学博士的学业就业规划",因而本节也没有重复介绍的必要。

最后,从个人辅导与观察的经验来看,对于那些真正有志于攻读法学博士的同学们来说,其通常也会在研究生阶段,通过导师的指导与自主搜集相关信息较为明确的完成相应规划。这部分同学规划的自主性往往是极强的,其硕士导师给予其的指导也更有针对性与专业性,我们属实也没有必要"班门弄斧"。

基于上述原因,本节的重点才会落在"法学博士的入学方式",因为这是本书有关"法学博士"内容的"最后一块拼图"。此外,在本节末尾,我们还会简要介绍一个在本书写就之时还未正式招生,但确定无疑将会陆续在知名法学院落地的新博士学位项目,即:"法律博士"与相关制度。

✍ 招考制

招考制即最为传统且历史最为悠久的法学博士入学方式,顾名思义,其具体模式就是"统一考试"。不过此处的"统考"并不是全国统一的,而是由具有博士招生与培养资质的高校和法学院相关部门与老师共同组织与命题的。换言之,使用招考制招收博士生的法学院是具有"自主命题权"的。

那要满足哪些基本条件才能报名参加"博士入学考试"呢?以某知名政法院校为例,其近两年的报考基本条件如下:〔1〕

1. 拥护中国共产党的领导,具有正确的政治方向,热爱祖国,愿意为社会主义现代化建设服务,遵纪守法,品行端正。

2. 硕士研究生毕业或已获硕士学位的人员;应届硕士毕业生(最迟须在入学前毕业或取得硕士学位);获得学士学位六年以上(含六年,自获得学士学位之日至博士生入学之日)并达到与硕士毕业生同等学力的人员。

3. 以同等学力身份报考的人员,必须同时具备下列条件之一:三年内在国内外核心期刊上,以第一作者发表与报考学科相关的论文;在所报学科领域已有专著出版;三年内曾主持省部级以上的科研项目或获省部级以上科研奖项。

4. 只能取得硕士学位证书而无毕业证书的考生,报名时须已获得硕士学位证书。

5. 持境外获得学位证书报考的,须通过教育部留学服务中心认证并提交认证书。

6. 身体健康状况符合规定的体检要求。

7. 须有至少两名所报考学科专业领域内的教授(或相当专业技术职务的专家)的书面推荐意见。

8. 现役军人报考,按中国人民解放军总政治部的规定办理。〔2〕

---

〔1〕 采用招考制的法学院在入学流程与要求方面基本上是"大同小异"的,所以该政法院校的相关要求与信息足以作为典型参考。

〔2〕《华东政法大学 2023 年招收攻读博士学位研究生简章》,载华东政法大学官网,https://mp.weixin.qq.com/s/3Dbw2uJQaI0qWSu7yZN8Sw。

与之相关的另一问题便是考试的具体内容。还是以该政法院校为例,其博士入学考试共计四门,分为外国语、政治理论和业务课两门。每门科目考试时间为三小时,各科满分均为100分。已获得硕士学位者和应届硕士毕业生可以免试政治理论考试。而其中的外国语考试既可以选考英语,也可以选考相关法学院所认可的其他语种。而"业务课"自然指的就是报考者所希望研究的具体方向所涉及的相应部门法考试。一般来说,外国语考试与政治理论考试是高校博士招考统一命题的,而业务课则由相应部门法教研室甚至是博士生导师直接命题。

那通过招考院校组织的"博士统考"就万事大吉了吗?答案显然是否定的,一般来说,"统考"只是"初试",通过了初试,随之而来的便是"复试"。而在复试之前,通过初试的同学需要通过资格审查,[1]该审查主要围绕其学历真实性展开。复试内容相对而言较为单一,一般分为面试、专业课笔试[2]与更进一步的外语能力测试(比如:法律英语能力测试)。

通过复试之后,便是"决定命运"的录取环节,在该环节,考生在初试与复试中的综合表现和所获得的相应分数将会按照在招考前已经确定好的规则进行计算,得出一个"总评分"。随后,按照总评分的高低顺序,招考院校将完成最终的择优录取,被录取的同学们自然也就顺利"上岸"法学博士。[3]

✍ "申请-考核"制

申请制全称实际上是"申请-考核(以下简称'申请制')"制,这也与以美国和英国为代表的高校申请入学制形成了区分。虽然类似制度早在十几年前就已在中国高校出现,但其真正在博士入学领域推广,实际上是最近几年的事情。[4]

---

〔1〕 该政法院校的资格审查置于初试之后,而部分院校的资格审查可能置于初试之前;但总体上看,资格审查只是流程性环节,并不涉及考生的专业能力考查。

〔2〕 有一些法学院校在复试环节不再设置笔试考试。

〔3〕 依然以该政法院校为例,其招考博士的录取评分标准如下:"(一)按照'德智体全面衡量、择优录取、保证质量、宁缺毋滥'的原则,根据国家下达的招生规模,确定拟录取名单。(二)普通招考考生按照考试总成绩(含初试和复试),申请考核考生依据综合考核总成绩,并结合其思想政治素养、业务素质、各学科定向生限额等因素择优确定拟录取名单。"

〔4〕 《多所高校发文,博士招生全面'申请考核制'已成大势所趋,想统考读博还有哪些选择?》,载搜狐网,https://www.sohu.com/a/421230078_120865534。

从其名称不难推知,这一博士入学制度,实际上分为两个核心步骤,第一个步骤是“申请”、第二个步骤是“考核”。申请非常容易理解,其代替了招考制中的“初试”环节。在细节操作上与海外高校的申请入学方式具有相似性,即通过投递一揽子申请材料以获得进入“考核(即:复试)”的资格。

以某综合性大学为例,同学们想要申请该校法学院的法学博士项目,除了满足该校对于所有拟入学博士新生所规定的“基本条件和学位学历要求”[1]外,还需要满足法学院的若干特别要求:[2]

第一,英语水平要求(需满足下述条件之一):

1. 全国大学英语六级成绩≥425 分或新 TOEFL≥90 分或 IELTS≥6.0 分(无有效期限制),或曾参加“本校博士生英语水平考试”且成绩≥50 分;

2. 曾参加全英文授课学位项目并获得学位(无有效期限制);

3. 曾就读英语专业、获英语专业本科或硕士学位(无有效期限制);

4. 如无上述证明文件,需要报名参加“上海交通大学博士生英语水平考试”。

第二,申请者符合下述条件之一者会被考虑优先录取:[3]

1. 入选教育部“一流大学”建设高校的法学硕士和法律硕士,以及非法学专业硕士生(要求本科或研究生阶段至少有一个法学学位);

2.“法学”学科入选教育部“双一流”建设学科名单以及其他获批法学一级学科博士学位授权点高校的法学硕士和法律硕士;

3. 世界大学排名前 200 或法学院排名前 100 的大学硕士学位的学生;

4. 在硕士阶段以第一作者(如第二作者,需第一作者为导师)在 CSSCI 法学来源期刊上发表学术论文的学生;

5. 其他具有突出创新能力和学术专长的考生。

第三,申请者应为已获硕士学位的人员,或应届硕士毕业生(须在博

---

[1] 一般相应高校都会发布一般性的《博士研究生招生简章》对所有博士新生的入学要求进行基本规定,这一规定是“兜底”性质的,换言之,学院的要求可以高于这一规定,但不能低于这一规定。

[2] 采用申请-审核制的法学院在入学流程与要求方面基本上是“大同小异”的,所以该综合性大学的相关要求与信息足以作为典型参考。

[3] 请见《推开法学之门:法学专业高考志愿填报指南》。

士生入学前取得硕士学位)。持境外大学硕士学位证书者,须通过教育部留学服务中心认证,提交认证报告。境外在读尚未获得硕士学位的考生须提供就读学校出具的学籍证明,若被录取,报到时须提供硕士学位证书和教育部留学服务中心认证报告,否则不予报到注册。[1]

若申请者满足上述要求,则需要按照接下来的要求提交申请材料,以期获得进入"考核(复试)"的资格:

第一,《博士学位研究生报考登记表》一份;

第二,最高学位、学历证书复印件;应届硕士毕业生提供学生证和学籍认证报告。持国(境)外学位证书者,需提交由教育部留学服务中心出具的认证报告。

第三,外语水平证明材料复印件。

第四,硕士毕业院校正式成绩单复印件;

第五,硕士学位论文(应届毕业硕士生可提供论文摘要和目录等);

第六,若申请人有已公开发表的学术性论文或专著复印件(封面、版权页、目录页、论文全文,已接受但尚未正式发表的论文须提供录用函复印件);

第七,拟攻读博士学位的科学研究计划书(无模板,内容包括申请人拟从事研究的主题、申请人对该主题已经进行的研究、申请人拟在攻读博士期间从事的研究,以及研究可能实现的创新等内容);

第八,有至少两名所报考学科专业领域内的副教授以上职称(或相当专业技术职称的专家)的推荐意见,其中一封必须是硕士导师,推荐专家通过系统提交。

在申请材料提交完毕后,将由谁对这些申请材料进行审核,以及审核的具体标准是什么呢?对此,该综合性大学法学院的规定如下:

由法学院博士招生工作小组组织院内遴选专家组,根据申请人所提交的申请材料进行审查,重点考查申请人分析解决问题能力、创新能力和人品素养,综合外语水平、硕士期间成绩、发表学术成果、获奖等各种条件筛选出优秀考生,并在充分讨论的基础上进行匿名投票表决,产生进入学科综合考核阶段的名单,并于学院网站公布。

在审核完成后,法学院即会公布通过初试的申请者名单,随后,这些

---

〔1〕《凯原法学院 2023 年博士研究生招生办法》,载凯原法学院官网,https://law.sjtu.edu.cn/yjszs/20221013/6921.html。

同学就将进入后续的“考核”环节,具体来说:

第一,专业测试,考核内容包括:所报考二级学科专业知识(含所报考二级学科相关法学基础知识),总分100分。

第二,综合面试:由各学科招生专家组组织专业综合能力面试。招生专家组由本学科副教授(含)以上或具有博士生导师资格的专家组成,人数不少于5人,主要考查考生的学习动机、科研工作背景和学术研究经历,以及考核考生的外语听力、口语能力和专业外文阅读水平等,综合评价考生的科学素养、个人品性、创新能力和培养潜力等。面试成绩由面试小组成员分别给分后取平均值,总分100分。

第三,导师组评价:对考生《攻读博士学位研究计划》评价为40分;对考生科研潜质、专业知识考查等综合评价60分,总分100分。

考核完毕后,即进入“录取”环节,该综合性大学法学院的录取标准如下:

综合考核成绩总分300分,按照成绩排名先后录取。录取考生总分不得低于180分,且单科成绩均不低于60分。审查无误后,由法学院博士招生工作小组确定拟录取人选,上报研究生院审核批准后,在学院网站公示10个工作日。

近年来,一个比较明显的趋势是,越来越多知名法学院开始在博士入学环节引入申请-考核制度,同学们如果在硕士就读期间对攻读法学博士有兴趣,不妨提前了解相关法学院的入学政策,对其实施的是招考制还是申请考核制一定要重点关注,因为显然,这两种制度的具体要求差异还是很大的。

✍ 保送制

除了以上两种主流的法学博士入学方式外,法学院从本校在读硕士生——甚至是本科生——中直接选拔法学博士新生,也开始成为一种越来越引人注目的法学博士入学方式,这种方式,我们统称为博士入学的“保送制”。

对于想要攻读博士学位的同学们来说,保送制的优势在于其可以“绕过”各类专门的博士入学考核环节,直接依据候选人在研究生期间或本科期间的综合表现获得法学博士录取资格。当然,这并不代表通过保送制获得法学博士入学资格是一件容易的事情,恰恰相反,在不少法学院,往往只有学业表现优异的在读生,才能获此“殊荣”。具体来说,

保送制包括两种制度,即“硕博连读”与“本科直博”,现依序介绍之:

对于“硕博连读”项目的具体要求,继续以上文提及的某知名政法大学为例,该校规定:面向符合条件的本校二年级全日制学术型硕士研究生选拔博士生(不含专业学位学生)。且候选人还需满足如下要求:

第一,思想品德良好,遵纪守法,身体健康,具有团队合作精神。

第二,所学学科专业与申请攻读的博士学位授权学科专业一致。

第三,硕士阶段第一学年的课程学习无不合格记录,无重修记录;第一学年学位课、必修课成绩名列本专业前25%。

第四,在攻读硕士学位期间表现出较强的科研创新能力,公开发表学术论文一篇以上(含一篇),在核心期刊上发表学术论文的优先。

第五,国家大学英语六级考试的成绩在450分(托福成绩90分或雅思成绩6.5分)以上,其他语种学生外语水平参照该标准。

此外,该校还会针对硕博连读候选人组织资格考试,其具体规定如下:

获得硕博连读推荐资格的学生参加专业导师组组织的硕博连读资格考试,时间与普通招考同步。资格考试内容包括外语、专业基础、专业综合及面试等四项,每项满分100分;考试方式由各学科专业硕博连读资格考试小组决定。在录取标准方面,也同样参考招考制博士生的录取原则。

对于“本科直博”项目的具体要求,继续某综合性大学为例,该校规定:“拟通过推荐免试方法接收2023年优秀应届本科毕业生攻读我院博士研究生”[1]且还需要满足如下要求:

第一,拥护中国共产党的领导,热爱祖国,品德优良,遵纪守法,身心健康。

第二,诚实守信,学风端正,无任何考试作弊、剽窃他人学术成果以及其他违法违纪受处分记录。

第三,双一流高校或者传统优势政法院校成绩优秀、有学术兴趣与学术潜力的法学专业本科三年级学生,并在目前就读本科院校可获得教育部推荐免试资格。同等条件下参考学术成果和科研能力等综合素质。

此外,该校法学院还建议申请者根据自己的学术志向提前联系博士

---

[1] 《上海交通大学凯原法学院2023年直博生招生简章》,载上海交通大学官网,https://law.sjtu.edu.cn/xw-tzgg/20220620/6801.html。

生导师。

并且，该校的本科直博招录模式采用的是“申请+夏令营”模式，具体来说，申请直博的同学需要首先提交如下资料：

1. 根据所在学校管理流程，由学校或学院教务部门盖章的前三年的在校成绩单（含总评成绩排名）；

2. 各类英语考试成绩单复印件；

3. 已发表论文证明材料（封面、目录页及正文）；

4. 其他相关证明材料（各类获奖证书复印件等）；

5.《拟攻读博士阶段科研计划书》，研究计划包含拟研究的方向、基本思路、研究方法、相关科研成果等，无字数和格式规定，如进入复试可提供更新版。

在提交了符合上述要求的材料后，该法学院还要求申请者于特定时间登陆研究生院夏令营网上报名入口完成网上申请，确定选择“直博生”报名。在夏令营结束后，根据申请者申请资料信息与夏令营表现，经学院博士招生小组审核后，择优确定复试名单组织复试，随后确定最终直博人选。

总之，博士保送制的申请与选拔标准，不同法学院校在具体流程与细节流程方面的规定及差异还是比较大的，以我所举例的这所政法院校来说，其明确规定只招录“学术型硕士研究生”。而本节提及的该综合性大学，其直博生的选拔，又是面向全国各大高校法学院的同学的。所以如果同学们对通过保送制攻读法学博士学位感兴趣，在确保自己品学兼优的同时，尽早关注相关法学院校的具体政策也是非常重要的。

✍ 其他注意事项

除了以上要求外，还有一些事项需要提醒同学们注意：

首先，博士生导师不一定每年都有“指标”，所以同学们在本科或研究生期间进行相应规划时，一定要考虑到这一点。而导师是否有资格招收博士，最终结果一般以当年读相关法学院校发布的《博士学位研究生专业目录》为准。同学们若有志读博，一定要尽早联系导师。

其次，读博士需要学费吗？理论上来说，同学们在就读全日制博士期间，需要向所就读的法学院校缴纳一笔“培养费”，该笔费用在本书写就之时，一般为每年一万元。常规情况下，培养博士生的导师需缴纳该笔费用；而在部分高校，会要求博士生在入学时缴纳该笔款项，但在入学后,会以奖学金的形式“返还”给博士生。不过近年来,也出现了一些个案,那就是博士生导师要求博士生“代替支付”该笔费用的情况。

最后,简单聊一聊博士入学流程的时间线。一般来说,无论是招考制还是申请-考核制,对于次年秋季入学的博士生,相应录取流程都会在当年秋季开始,在次年春季结束。不同院校在具体实践上会有所不同,但总的安排几乎是一致的。

此处便引申出了一个技术性问题,那就是一位同学可以同时准备多所法学院校不同形式的博士入学流程吗?对此,我们初步的答案是:理论上,只要相应法学院校没有要求申请者只能申请一所法学院且只要在各项时间流程节点上不冲突,申请者当然可以同时参与两所甚至更多法学院的博士录取流程并择优入学。不过在现实中,这种情况是极少发生的,具体原因,就与我接下来即将介绍的“师门文化”有关。

✍ 师门文化

何谓“师门”,在我们看来,其特指以导师为中心、以导师“带过”的学生为主要构成人员所建立起的基于特定教育关系的人际网络。此处,“带过”的定义可以很正式,比如很多师门的“入门门槛”一般以学生曾为相应导师的硕士生、博士生或博士后为标准,之所以排除本科生是因为在本科阶段,导师一般不会和同学建立起一对一的密切指导关系。不过,不少“师门”的门槛也很友好,除了刚刚提及的几类学生外,长期请教过导师的本科生或者来自外校但在实质上与导师有过“师生之谊”的学生,也都可能被相应导师“纳入师门”。

总之,师门就是一个围绕着导师紧密建立的小团体,硕士生与博士生在读期间,除了“帮导师干活”,往往也要贡献出不少时间来完成师门其他师兄师姐交代的任务。不过,在日后这些师弟师妹需要帮助时,师门中的其他前辈一般也被认为具有“道德上的帮助义务”,必要时“念及同门之情”给予帮助也很自然。而这一层师门关系,在博士生导师与博士师门之间体现得尤为明显。所以当同学咨询我如何选择博士生导师时,我的第一句话通常便是“读博士选导师最重要,选导师师门(风气)最重要”。我之所以这么说,原因如下:

一方面,“好”的师门能够形成一种良性循环,师门弟子得以共同进步:以导师的言传身教为基础,师门中的前辈不断取得成绩,师门中的后辈则以此为榜样和激励,不断努力。并且在后辈需要帮助或陷入迷茫时，从导师到前辈，都会倾囊相授，师门之间因此形成相互帮助并相互激励的正反馈机制。能够进入这样的师门，学术之路往往在起点阶段就已先人一步。

另一方面，“坏”的师门轻则误人子弟、重则贻祸终身，这并不是危言耸听，以我个人所见所闻举例：有的师门内部，导师与弟子，前辈与后辈之间完全是“主仆”关系。后辈必须无条件为前辈“打工”，前辈不仅要帮助导师完成学术任务，还要为导师鞍前马后打理各种与学术研究无关的“私活（甚至包括‘遛狗’和‘洗车’）”。有的师门内部，“贬低文化盛行”，导师以贬低学生为乐，弟子之间相互贬低。还有的师门核心目标就是“搞钱”，导师在外捞金风生水起，师门内部的弟子则是其不用缴纳五险一金、甚至连工资都不用支付的“廉价劳动力”。当然，还有更极端的案例，如果同学们时常关注时事新闻，可能也会有印象。[1]

那同学们可能会问，师门只有“好坏”之分吗？答案当然是否定的，以上两种情况，只是比较极端的例子。在现实中，“不好不坏”的师门其实才是常态：有的师门内部呈现出一种“放养状态”，导师没事不打扰弟子，弟子一般也不打扰导师，弟子之间更是“不相往来”；有的师门内部也分“亲疏远近”，一些弟子受宠，一些弟子被冷落；我见过最“奇葩”的师门，是导师终年“神隐”，连最基本的师门组织都没有。其学生在读期间不得不向其他导师及弟子请教，以至于毕业后竟然“改换门庭”出现在了其他师门的微信群。

用一句话来概括，师门的风格，其实体现的就是导师的品格。对此，我感受极深，也极为庆幸，在此，我要向我的博士导师，再次致以最诚挚的谢意与敬意。

那同学们在选择导师时，该如何判断导师的品德与师门的风格呢？这个问题往深了说，我也可以说很多，因为学生与导师之间，在我看来是一种“双向选择”的关系，不少情况下，“好”与“坏”是相对的。如果你很享受被贬低的快感并能以此为动力好好学习，那“彼之砒霜、汝之蜜糖”。如果你是一个喜欢“闭门造车”的博士生，也许“放养”风格的师门才是你最好的归宿。这里就不多展开了，一个最基本的建议是，在作出选择前，好好与已经进入师门的学长学姐沟通交流，得到第一手的信息，

---

〔1〕 其中最具代表性的新闻报道便是《寒门博士之死》，载中青在线网，https://www.cnr.cn/sxpd/ws/20180117/t20180117_524102965.shtml。

然后再三思而行。

也正是基于师门如此特殊的人情世故,我才在先前提及,即使同学们在申请法学博士时有可能“多线操作”,我也不建议如此为之,让我用一个基于真实故事改编的例子来解释我的观点:

小明就读于某知名高校法学院,为法学硕士,师从硕导A,硕导A博士阶段的导师为博导A,博导A在硕导A攻读博士期间对其关爱有加,可谓对硕导A有知遇之恩。小明在研一时就决定攻读法学博士并在毕业后谋求一份教职,因此其主动向硕导A提出,希望将其引荐至博导A处,硕导A欣然应允。博导A对硕导A推荐的学生格外重视,全面考察后表示满意并推荐其报考自己的博士。然而小明却想“多一份保障”,于是在提交了博导A的申请后,又联系了本科阶段便已相熟的另一位导师B,希望导师B向其导师博导B引荐自己,导师B也同意了这一要求。小明或许过于优秀,在结果揭晓之时,博导A和博导B都录取了小明。而此时,小明无论做出什么选择,都要“得罪人”:如果小明选择跟随博导B,那么其不仅得罪了博导A和硕导A,而且也堵死了至少未来几年硕导A向博导A推荐其他弟子的路——因为很有可能出现的情况是,博导A因为录取了小明而“推掉”了其他学生的申请,而小明的放弃,甚至可能导致博导A的指标被白白浪费;而这个指标,很可能是不少人每年排队等着入读的。总之,小明这一步棋,无论怎么走,都可能得罪一个师门。学术圈子本来就小,两位博导必然又属同一部门法领域,大家认为,小明这么做值得吗?

并且,也正是基于师门如此特殊的人情世故与法学博士录取的特殊机制,我才再次要对那些有志于攻读法学博士的同学们说,如果你决定跟随一位博导开启自己的学术之路,请尽早与这位导师沟通。只要你拿定了主意,那么沟通的越早越好。如果大家对于师门里的故事还有兴趣,我推荐大家读一篇论文,其名为《师门对研究生发展的影响——基于非正式组织理论的质性研究》,作者为北京师范大学的林杰老师与晁亚群老师。

✍ 法律博士

根据近两年的消息,已经可以确定,未来我国的一些法学院将会招收“法律博士”。与法学博士不同,也与我们先前提及的“职业法律博士(J. D.)”不同,我国法学院未来培养的法律博士显然具有其基于中国法治实践的独特性。根据王健老师《从法学博士到法律博士》发言稿中的说法，这一学位主要面向的人群将会是已经具有一定法律工作经验的资深法律行业工作者，其培养的是“高层次应用型法治人才”。对于本节对于这一博士学位，我们便不做更多介绍，因为对于即将进入法学院的同学们来说，它与你们之间的“距离”，显然比“法学博士”与你们之间的距离远得多。

从逻辑上说，我们先前并没有介绍的“定向博士生”与“在职博士生”其实在性质上与此处提及的法律博士有相似之处，因为只有具有一定——甚至特定[1]——法律工作经验的资深法律行业从业者，才有可能入读。所以基于和法律博士相同的理由，在本节，我们也对这些博士学位一笔带过。

总结

自此，我们在本节对于与法学博士相关的入学制度与基本信息进行了详略得当的介绍。希望我们的介绍能为即将进入法学院的同学们“打开一扇门”或“划去一个错误选项”。并且，我想再次提醒同学们，如果你有志于从事学术道路，本节内容，请务必与本书有关“教职”的部分共同阅读，才能最大化的起到“信息科普”的效果。

2.4　涉外法律人成长入门：海外研究生项目概述

以成为涉外法律人或者从事涉外法律业务为目标，最直接的本科学业规划方案自然是在毕业后前往海外法学院学习，这便是本节的重点内容。如果在本科阶段，同学们对留学感兴趣，你应当如何进行准备并完成相应的学业规划？一切的起点，当然是首先了解本科毕业后可以申请修读的海外法学院研究生项目。本节我将以“硕士”和“博士”两个项目大类作为基本区分方式进行介绍，并在同时以国家或地区作为细分依据，进一步具体介绍相关项目的情况。

✍ 留学学位项目科普

为了叙述方便，接下来我先将下文所涉及的几种最常见的海外法学学位简介进行了整理。需要注意的是，考虑到大部分同学本科毕业后选

[1] 比如部分高校法学院对于在职法律博士的录取核心要求是必须具备实质性的“体制内”法律工作经验。

择留学的目的地国家都是将英语作为母语的美国、英国、一些英联邦国家以及主要适用英国“普通法”司法体系的中国香港地区。所以接下来的学位概念介绍,将集中于上述国家与地区的法学院所提供的相关高等法学学位名称。

此外,还需要声明一点的是,在现实中,由于海外各国不存在统一学位标准且很多学校拥有自主决定权,海外法学院的各类学位名称及缩写可谓“五花八门”,相同的缩写,在不同国家的不同法学院,甚至有可能指代的都是不同性质的学位。对此,就需要同学们以本节介绍的核心定义作为区分标准,以特定法学院官网介绍的权威信息为对象,进行分析并做出决策。这一点也非常重要,尤其是对于计划自主完成留学申请的同学们来说。

学位缩写	简介
LL. B.	该学位全称“Bachelor of Laws”,基本上可以认为对应的就是我国法学教育体系下的“法学本科”概念,获得该学位者,就是我们一般说的“法学学士”。由于现行美国法学教育体系中不存在直接面向高中毕业生的“法学本科”项目,所以该学位缩写,在本书语境下,一般指的就是英国及英联邦国家法学院及中国香港地区面向高中毕业生所提供的法学本科教育项目。在这些国家,该类项目的学制普遍为3到4年。由于本书面向的读者是在中国内地就读法学本科的同学,故对于该学位项目,将不作具体介绍。
LL. M.	全称“Master of Laws”。该学位基本上可以认为对应的就是我国法学教育体系下的“法学硕士”概念。当然,“LL. M.”是这类硕士项目的一个代表性称呼,实际上,各海外法学院开设的硕士类项目的英文缩写可谓五花八门,课程甚至与培养目标也各有侧重,比如有的缩写为“M. A. (Master of Arts)”,有的缩写为“MLS(Master of Legal Studies)”。对于LL. M. 与所有这类项目,将会在下文“海外法学硕士”部分统一具体介绍。

（续表）

学位缩写	简介
J. D.	该学位全称“Juris Doctor”,这一学位的概念有一点复杂。以国家来区分,美国法学院提供的三年制 J. D. 项目,在我国留学归国人员的学历认证中,现被认证为“职业法律博士”,本书采用此翻译称谓指代美国法学院所提供的 J. D. 项目。而其他国家或地区的法学院所提供的 J. D. 项目,在我国留学归国人员的学历认证中,有的被认证为“法学硕士”,有的被认证为“法学本科”,下文统一称为“其他 J. D. 项目”。此外,我国本土,也有法学院提供名为“J. D.”的学位项目,但由于该内容不属于“留学”范畴,故在本节不做介绍。对于 J. D. 项目的具体分类与相应课程体系内容,将会在下文“海外 J. D. 项目”部分做具体介绍。
Ph. D. S. J. D/J. S. D	全称“Doctor of Philosophy”,基本上可以认为对应的就是我国法学教育体系下的研究型“法学博士”概念,即以“看书、做研究、发论文”为首要学习目标。在大多数海外国家和地区的法学院,法学博士被称为 Ph. D.,在包括我国在内的大陆法系国家,一般也用此英文缩写指代法学博士。而在美国,相应的研究型法学博士则被称为 S. J. D/J. S. D(Doctor of Juridical Science)。虽然在一些项目设置细节方面,美国的研究型法学博士与前述 Ph. D. 仍有不同,但在核心培养方式上,这两类项目都可被视为海外法学院的“学术型博士”项目。故在下文将一并介绍之。
Taught Program/ Research Program	Taught Program 一般指称的是“授课型”学位项目,即同学们入读该类项目后,需要和本科时代一样,通过修读课程、通过考试再完成毕业论文以获得学分并取得学位。而 Research Program 与之相对,指的就是“研究型”学位项目,这类项目虽然也可能需要同学们修读一些授课型课程,但项目主体以“研究”为主,即同学们需要阅读大量文献,并定期参与“研讨会(Seminar / Workshop)”或读书会,并提交相关学术小论文(一般称为“Essay”)和毕业论文,才能获得相应学位。一般来说,只有英国、英联邦国家与中国香港地区法学院提供的 LL. M. 项目会有此区分,美国法学院提供的 LL. M. 项目基本上可以被认为都是授课型项目。当然,这一区分也不是绝对的,比如,不少英国法学院提供的授课型 LL. M. 项目也会允许同学们修读以研讨会形式展开的课程以达到毕业要求。一般来说,大部分同学如果申请的都是授课型 LL. M. 项目,法学院官网对不同性质的项目也会进行标记区分,同学们在申请时,也一定要注意。

(续表)

学位缩写	简介
Full-time Part-time	顾名思义,Full-time 指的就是同学们必须以“全职学生”的身份入读该项目,而与之相对,Part-time 指的是该项目允许学生拥有本职工作,在“工作之余”修读学分,完成相应课程并取得学位。对于同学们来说,本科毕业后以留学生身份申请相关项目,肯定都是全职身份,这几乎是没有争议的。之所以要在此做一个说明,纯粹是技术性的原因,那就是每年都有不少同学在自行申请海外留学项目时(尤其是浏览英国法学院的网站时),对于许多项目介绍和汇总表格中时常出现的“FT/PT”字符不知所以。在这里,FT 是 Full-time 的缩写,而“PT”则是“Part-time”的缩写。

✍ 美英法学院法学硕士项目概述

同学们决定在法学院本科毕业后出国留学,大部分情况下,选择修读的,都是海外法学院开设的学制为一年左右的硕士项目。如前所述,这类项目一般被统称为“LL. M. ”,在法律行业中,尤其是很多经验分享攻略中,大家也喜欢戏称这一项目为“老流氓”。

美国

美国 LL. M. 项目绝大部分为授课制,且无毕业论文要求。申请者一般需要拥有法学本科学位,如果没有,部分项目要求申请者拥有法律行业的相关工作经历。当然,同学们若拥有我国的法学硕士或法律硕士学位,一样也满足美国 LL. M. 项目的申请要求。

美国的一年制 LL. M. 项目,秋季学期开学时间一般为每年的 8 月到 9 月,毕业时间为次年的 5 月,期间会有一个月左右的寒假。所以美国的 LL. M. 项目的授课时间,一般为 8 个月左右。部分美国法学院还会开设春季开学的 LL. M. 项目,项目起止时间同上类推。不少同学会在 5 月份毕业后,准备美国纽约州或加州的律师执业资格考试,该考试一般在每年的 7 月底或 2 月底举行。

近年来,不断有美国法学院开设两年制的 LL. M. 项目,通常这类项目可以理解为“一年法律英语预科课程”+“一年常规 LL. M. 项目”,一般毕业后,就读该类项目的同学至少也能获得一个海外法学院的硕士项目学位。此类项目的录取门槛较相同法学院一年制 LL. M. 项目而言,通常较低。但同时,该类项目的就读成本较美国常规 LL. M. 项目而言,也会翻倍。

此外,部分美国法学院还会开设以学术研究和学术论文撰写为主要培养方式的硕士项目,这类项目依据研究内容与授课模式的不同在不同法学院有不同的称谓。比如,有些法学院开设的此类项目可能涉及跨学科法学研究,一般便会称此类项目为“J. S. M(Master of the Science of Law)”。有些法学院开设的此类项目会与其他学科的硕士项目联合培养,所授予的学位则可能是法学硕士学位与其他学科的硕士学位。这类项目的时长一般在 1 到 2 年之间,且一般需要提交毕业论文或若干学术成果才能够满足毕业要求。对于这类项目有兴趣的同学,一定要认真研究相应法学院官方网站的具体介绍。

最后,近年来,还有一些美国法学院陆续开设了名为“MLS(Master of Legal Studies)”的项目,该项目凸显了海外法学院项目命名的“多样化”。比如,在某所美国法学院,该类项目的受众可能主要是其他学科领域已颇有建树且希望从事法学跨学科研究的学者或已经从事法律工作多年但希望“重回校园”的专业人士;而在某些美国法学院,该项目则可能类似于兼具学术研究与常规 LL. M. 项目课程性质的“两年制硕士项目”。对于这类项目的具体内容,再次强调,同学们应以特定法学院官方网站的介绍为准。

美国 LL. M. 项目的必要费用开支,由学费、必要生活费及包括往返机票、医疗保险费用、书本费等在内的杂费三部分构成。以 2021 年各大法学院的收费为参照,美国 LL. M. 项目的学费普遍在 6 万至 7 万美元之间,生活费不同地区差异较大,一般一年开销在 2 万美元至 3 万美元之间(大部分美国法学院官网给出的生活费用数据为 9 个月的在校开销)。各类杂费一般为数千美元。故一年制美国 LL. M. 项目的总体必要开支大约在 8 万美元至 10 万美元之间,即人民币 50 万至 70 万之间。一般美国的 LL. M. 项目提供的奖学金较为有限,且并不会发放给所有录取学生。常见的奖学金金额为几千美元不等,上万美元或能够实质性覆盖部分学费的高额奖学金名额极少且往往也需要申请者单独申请。对于相关信息,同学们应以特定法学院官方网站的介绍为准。

美国 LL. M. 项目的学生构成主要以海外留学生为主,来自中国的申请者是美国 LL. M. 项目在读生中的主力军。而中国留学生群体一般由本科或硕士应届毕业生、国内硕士或博士在读生与具有全职工作经历的法律行业专业人士组成。2020 年前,不同美国法学院的 LL. M. 项目招收的中国留学生实际就读人数悬殊较大,从一届十几人到上百人不等。

英国

相较于美国法学硕士项目名称的“五花八门”,英国法学院提供的法学硕士项目,主要名称就是“LL. M.”。在英国 LL. M. 项目主要为授课制,且有毕业论文要求。申请者一般需要拥有法学本科学位,如果没有,部分项目要求申请者拥有法律行业的相关工作经历。当然,同学们若拥有我国的法学硕士或法律硕士学位,一般也满足英国 LL. M. 项目的申请要求。

英国的 LL. M. 项目,秋季学期开学时间一般为每年的 9 月中下旬,授课会在次年 6 月结束,之后的暑假,留给同学们在老师的指导下完成毕业论文,此外,英国 LL. M. 项目的毕业时间为次年的年底。一般同学们以中国法学院应届本科生的身份赴英就读 LL. M. 项目毕业,是没有资格参加英国的律师执业资格考试的。

此外,也有英国法学院开设学制为 2 年的“M. A. (Master of Arts)”法学硕士项目,该类项目与美国的两年制 LL. M. 项目有所不同,其第一年的课程与英国传统法学院本科生所学习的基础专业课相似,第二年则允许学生修读包括英国一年制 LL. M. 项目课程在内的法学院硕士阶段课程。当然,该类项目的就读成本较英国常规 LL. M. 项目而言,也会翻倍。另外,也有英国法学院开设了“J. D. 项目”,但从其官网介绍来看,其实质上仍是类似于前述 M. A. 项目的进阶型硕士项目。

英国 LL. M. 项目的必要费用开支,由学费、必要生活费及包括往返机票、书本费等在内的杂费三部分构成。以 2021 年各大法学院的收费为参照,英国 LL. M. 项目的学费一般在 2 万英镑至 2.5 万英镑之间,生活费不同地区差异较大,一般一年开销在 1.2 万英镑至 2.5 万英镑之间。各类杂费一般为数千英镑。故一年制英国 LL. M. 项目的总体必要开支大约在 3.5 万英镑至 5 万英镑之间,即人民币约 30 万至 50 万之间。一般英国的 LL. M. 项目提供的奖学金较为有限,且并不会发放给所有录取学生。常见的奖学金金额为几千英镑不等,上万英镑或能够实质性覆盖部分学费的高额奖学金名额极少且往往也需要申请者单独申请。对于相关信息,同学们应以特定法学院官方网站的介绍为准。

英国 LL. M. 项目的学生构成主要以海外留学生为主,来自中国与英联邦国家的学生是英国 LL. M. 项目的主力军。而中国留学生群体一般由本科或硕士应届毕业生、国内硕士或博士在读生与具有全职工作经历的法律行业专业人士组成。2020年前，不同英国法学院的LL. M. 项目招收的中国留学生实际就读人数悬殊较大，从一届十几人到上百人不等。

细分方向

美国与英国的LL. M. 项目一般都会提供聚焦于特定法律领域的细分方向供同学们进行选择，同学们必须修读相应方向特别要求的培养计划课程，才能在毕业时，获得相关方向的学历或学位证明。在美国，专业方向LL. M. 项目被称为"Certificate Program/Track"；而在英国，专业方向LL. M. 项目一般被称为"Specialized Program"。例如，如果同学们对商法（Business Law）感兴趣，那么在美国，就可以申请修读"LL. M. -Business Law Certificate Program（法学硕士：商法方向）"，英国同理。

如果同学们不想申请特定专业方向，那么在美国与英国，都有不区分方向，选课也相对自由的"General Program"或"General LL. M. "供大家申请。一般而言，美英法学院都会建议应届毕业生申请修读不区分方向的LL. M. 项目，但一些比较热门的专业方向，例如"商法""公司法""知识产权法"等，一般也接受应届生的申请。当然，海外法学院的相关政策一般也比较灵活，不少法学院也接受同学们在入读之后，根据自己的喜好修改专业方向，关于这方面的政策，同学们不仅需要查询法学院的官方网站，在入读之后，也可以和法学院的相关办公室保持联系，随时咨询确定最新的政策。

✍ 美国法学院J. D. 项目概述

今时今日，随着教育信息的普及，越来越多有志于留学的同学们出于种种原因，开始将目光投向学制相较LL. M. 项目更长、培养模式更有针对性、就读成本更高且"称谓（Title）"更"高大上"的海外法学院J. D. 项目。这一趋势无论是从我们团队成员的主观感知还是从我任职教育咨询机构期间所统计的数据来看，都是较为明显的。

但与此同时，名为"J. D. "的海外研究生项目，如今却有"泛滥化"的趋势，换言之，越来越多海外法学院开始开设学制长短不一的J. D. 项目，故有必要对此，进行一个简单的甄别与介绍。在本节，我们将主要介绍美国法学院的J. D. 项目。

从最"狭义"的角度定义，传统意义上的J. D. 项目，指的就是美国法学院自20世纪70年代开始开设的J.D.项目,实际上"J.D."一词,也就是从那时开始正式进入美国和西方法学教育的体制之中的。这一项目旨在取代美国先前法学教育体系中的传统"法学本科(LL.B.)"项目,为美国法学教育引入"研究生级的入门职业法律教育学位(Graduate-Level Entry Professional Degree)",为何会有这一变革,在此不做展开。

但从定义中,我们不难发现美国J.D.项目所具有的几个特征:首先,因为其为"职业教育学位",所以其被要求以培养实务型法律工作者为目标构建课程培养体系;其次,因为其为"研究生级别"的学位,所以入读美国3年制的J.D.项目,需要申请者首先至少拥有一个本科学位;最后,因为其为"入门"级别的学位,所以在美国,想要成为"科班出身"的法学院学生,J.D.项目就是首先必须修读的"法学第一学位"。

此外,美国法学院提供的3年制J.D.项目,还有一大特征,那就是入读该类项目,同学们必须参加"美国法学院入学测试(Law School Admission Test,LSAT)"并以考试分数进行申请。由于该考试对于应试者的英语水平与逻辑能力要求较高,所以其一直被视为法学留学生——尤其是非英语母语留学生——入读J.D.项目最大的挑战。[1]

美国的三年制J.D.项目的课程设置分为两大部分,其中J.D.项目第一年(1L)的课程,在美国各大法学院是基本统一的,即包括宪法、合同法、侵权法、刑法、民事诉讼法、法律写作在内的核心专业课。而J.D.项目第二年(2L)与第三年(3L)的课程规划,对于学生来说则较为自由,同学们可以修读大量学术课程与实务类课程并通过参与实习或模拟法庭等活动完成毕业所要求的学分。这一部分的课程,很多法学院也同时向LL.M.项目学生开放。此外,美国的三年制J.D.项目不存在"毕业论文"这一概念,即不需要通过提交一篇学分较高的学术型论文才能满足毕业的基本要求。

美国三年制J.D.项目也允许学生修读不同专业方向,并获得相应证书(即Certificate)。以我所就读的美国南加州大学为例,J.D.项目在读生在1L结束后,可自主在教学系统提交专业方向申请,随后按照专业方向的具体要求修读不同的课程组合,若专业方向课程学分修满,则在毕业时,学生除了毕业学位证书之外,还能够获得专业方向证书。不少

---

〔1〕 我们在第一章第四节对"法学院入学测试(LSAT)"做了进一步的介绍,仅供同学们参考。

同学在学有余力的情况下，甚至会修读两个专业方向。

美国的 J. D. 项目，秋季学期开学时间一般为每年的 8 月中下旬，授课会在次年 4 月底至 5 月初结束。第一年暑假，将会举办一次非常重要的“校园招聘会（On-Campus Interview, OCI）”，应届生能否在毕业后直接进入美国的“大律所（Big Law）”，这次招聘会将起到至关重要的作用，这一安排与我国法学院传统上临近毕业才举办招聘会极为不同，针对这一安排进行学业与就业规划，对于 J. D. 项目的留学生来说也是至关重要的。

美国 J. D. 项目的必要费用开支，对于留学生或国际生来说，其实数额和美国 LL. M. 项目相差不大，均在每年人民币 50 万至 70 万之间，以此计算，三年总必要开销，一般在人民币 150 万至 200 万之间，我想，对于世界上任何一个国家和地区的普通家庭来说，这都是一笔不菲的教育开支，所以美国法学院的 J. D. 项目录取时奖学金的发放情况，就成了重要的择校依据。一般来说，美国法学院的 J. D. 项目对于拟录取新生，都会给予程度不一的奖学金补助。〔1〕

美国 J. D. 项目的学生构成主要以美国本土学生为主，大部分法学院 J. D. 项目留学生占比一般在 10%至 20%之间，而其中来自中国持有中国护照的留学生基本上均维持在每年个位数的水平。在美国，大部分法学院的 J. D. 项目学生在毕业后，只要满足基本要求，均可直接参加其所就读法学院所在州的律师执业资格考试或美国纽约州的律师执业资格考试。

美国三年制的 J. D. 项目还有“转学制度”，那就是结束第一年学习的在读生，可以依据其 1L 的成绩与其他申请材料，向其他法学院（一般是排名更高的）申请转学。如果相应法学院录取了该学生，则其可以在第二年作为 2L 学生，直接就读该法学院。一般转学生的录取，不会提供奖学金，而且同学们前往转学法学院就读，也要放弃先前已经获得的奖学金（但一般不需要退还 1L 第一年已经获得的奖学金）。此外，在部分

---

〔1〕 如果对于某法学院来说，某位申请者的综合素质特别优秀，那么自然，奖学金的发放就会非常慷慨。反之，如果某位同学只是刚刚达到了某所法学院的录取要求，那么，法学院奖学金的发放，可能就会很吝啬。以本书第一作者李中衡为例，我所就读的美国南加州大学法学院，当年向我提供了十分慷慨的奖学金，且没有任何附加条件。而当时另一所排名靠前的法学院，虽然录取了我，但没有提供任何奖学金。而另一所法学院提供了额度相似的奖学金，但却给出了一些附加条件。

法学院内部,也有“LL. M. 转 J. D. 制度”,即接受本法学院或其他法学院的 LL. M. 项目在读生在一年制 LL. M. 项目结束后,以 J. D. 项目 2L 学生的身份继续修读该法学院的三年制 J. D. 项目。

此外,在很多美国法学院,还会开设双学位性质的 J. D. 与其他研究生学位联合培养项目,比较典型的有 J. D. 与工商管理硕士(MBA)联合培养项目,学生一般要在三到四年的时间内修读完成这两个项目的学分并分别获得相应学位证书。对于转学制度或联合培养项目感兴趣的同学,可以在前往美国留学后,多关注相应法学院官网信息并与法学院的相关办公室保持联系,随时咨询确认最新的政策。

最后,在部分美国法学院,近年来也开始开设两年制的 J. D. 项目,这类项目一般面向已经在海外国家取得法学本科学位,并取得律师执业资格或具有法律行业的实质性工作经验的申请者,或者已经获得了美国 LL. M. 学位的申请者。课程设计方面与三年制 J. D. 项目的第一年和第二年类似,但该类项目一般不需要提交 LSAT 成绩,申请要求方面其实与美国的 LL. M. 项目类似,主要面向的群体也以海外留学生为主。

J. D. 到底是不是“博士”?

对 J. D. 项目感兴趣的同学和家长往往非常在意一件事情,那就是 J. D. 项目的中文称谓,换言之,大家都有一个普遍性的疑惑,那就是“在美国读了 J. D. ,究竟算不算读了博士?”这一问题在教育部留学归国认证中心发布两则通告后,[1]更是引起了不小的社会关注。对于这一问题,我的答案是“算也不算”。

---

〔1〕 2019 年 7 月教育部留学服务中心发布的《关于就国外 Juris Doctor 证书认证办法进一步征求意见的通知》表示:

《关于对国外 Juris Doctor 证书认证办法进行调整的公告》(简称《公告》)发布后,引起了社会有关人士的广泛关注和热烈讨论。为回应社会关切,确保此类国外证书认证结果客观公正,我中心将于近期就 Juris Doctor 证书的认证办法进一步征求专家学者和社会各界的意见和建议。在此之前,国外 Juris Doctor 证书的认证书表述仍按照《公告》发布之前的认证办法执行。此前,当年 6 月在《关于对国外 Juris Doctor 证书认证办法进行调整的公告》中,教育部留学服务中心表示:Juris Doctor(以下简称 JD)是广泛存在于美国、加拿大、澳大利亚等国的一种法律职业类文凭证书。为避免因该证书名称中含有博士(Doctor)字样给用人单位和社会公众带来的混淆,中心决定对 JD 证书的认证办法进行如下调整:(1)将上述国别 JD 证书的中文名称统一调整为“职业法律文凭”;(2)JD 认证书中除了对学生入学条件、学业年限和升学途径等情况进行写实性表述外,将美国和澳大利亚 JD 证书的学历层次明确表述为硕士层次,将加拿大 JD 证书的学历层次明确表述为学士层次。

之所以说“算”，是因为截止到本书写就之时，教育部留学认证中心依然将完成美国法学院3年制J.D.项目所获得的学位认证为“职业法律博士”。所以，从这个角度上说，在美国读了J.D.，获得的是“职业法律博士”学位，这一说法，当无任何争议。

而之所以说“不算”，是因为现在有不少完成美国三年制J.D.项目的毕业生在进行教育科普与自我营销时，总会标榜自己是“法学博士”，毕竟J.D.的缩写中，带着“Doctor（博士）”一词。无论这一标榜出于何种动机，我认为，美国法学院所提供的三年制J.D.项目，一定不等同于我们传统认知上的以法学研究为目标且必须完成博士论文才能够毕业的“法学博士”项目。

首先，根据《中华人民共和国学位条例》第六条的规定，“高等学校和科学研究机构的研究生，或具有研究生毕业同等学力的人员，通过博士学位的课程考试和论文答辩，成绩合格……授予博士学位……”以此观之，在我国的学位体系下，获得“（学术型）博士”学位，以完成博士毕业论文、通过博士资格考试并通过论文答辩为必要条件，且这一过程，是贯穿整个博士培养的始终的，耗时至少也在4年左右。而美国法学院所提供的三年制J.D.项目，没有任何相匹配的学术培养机制，且无可争议的以授课为主；所以，这一项目与学位，肯定不满足我国教育体系对于“（学术）博士”的最基本定义。

其次，在美国法学教育体系中，如上所述，一个几乎众所周知的事实是，“J.D.项目”是美国法学教育中的“第一学位”，其所教授的课程也与世界其他国家法学本科阶段教授的课程并无显著差异，即使其入读门槛较高，但这并不意味着因为其名称带有“博士”字样，就能在实质上等同于“法学博士”项目，须知，后者在我国，一般都要完成法学本科与法学硕士学位，才有资格入读，绝非法学“第一学位”。

最后，也是最简单的理由。如果同学们日后有机会前往美国法学院学习，不妨问一问美国法学院的教授、教务系统的老师或在美国执业的律师，他们是否同意读完J.D.，获得的学位可以等同于我们常说的学术博士（即：Ph.D.）呢？我相信，大多数答案，都会指向一个明确的结论。

所以，我的结论是，修读完成美国法学院的三年制J.D.项目，同学们获得的肯定不是“法学博士”学位，而是“职业法律博士”学位。

我之所以想要强调这个问题，有如下几点用意：

首先，基于我过往的咨询辅导经验，由于J.D.项目备考、就读的时间成本与经济成本极高,而很多同学与家长又对于该项目是否能够在同学们学成归国后被认可为“博士”又极为关心,因为这与他们日后就业相关。而不少中介机构与知识网红对于 J. D. 项目的“博士光环”又推崇有加,所以,如果不对这一问题进行负责任的说理,我认为,与本书的宗旨不符,有误人子弟之虞。

其次,明确了美国法学院三年制 J. D. 项目的定位,才能为对此项目感兴趣的同学提供负责任的学业与职业规划辅导。因为现实中,如果你既想攻读 J. D. 项目,你的就业目标又不局限于法律行业,那你一定要三思。因为跳出法律行业,在你回国入职时,大部分公司会要求你提交留学归国人员学历证明,如果你的简历上写的是“法学博士”而官方文件上写的是“职业法律博士”,几字之差,可能会对你的职业生涯产生一些影响——比如,在评定机关单位或企业内部职称职级时,“J. D. 学位”就可能因为不符合“博士”的定义而被认定为“硕士研究生学历”,这是真实发生过的事情。

当然,如果你的就业目标或者短期内的职业规划是律师或者法律实务领域,该学位如何被认证,都不会减损其应有的含金量。因为众所周知的事实是,在法律行业内部,尤其是律师行业中,对于美国 J. D. 项目的学历认可度,还是普遍比较高的。毕竟,三年美国法的学习和训练所提供的能力提升是否有价值,对于法律行业的雇主来说,也是一个基本的常识判断问题。

✍ 海外法学院学术博士项目概述

除了毕业后就业方向以实务工作为主的海外法学院硕士项目与职业法律博士项目外,学术型博士项目也是不少法学院同学们关注的热门留学选择,这类项目的教学模式即为“学生自主研究+导师指导”。这类项目在海外各大法学院都有开设,在跨学科研究与多元法学研究模式日益普及的今天,各类海外法学院学术博士项目在培养模式与毕业要求方面也逐渐趋同。现以欧洲(以西欧国家为主)法学院 Ph. D. 项目与美国法学院 S. J. D. 项目分别介绍之。此外,还要再次提醒同学们,学术博士项目的相关信息,不同院校在细节方面差异还是非常大的,同学们如果对相关项目感兴趣,一定要以官方网站的最新政策和信息为准。

西欧法学院 Ph. D. 项目综述

西欧各国的 Ph. D. 项目申请者一般需要拥有法学本科学位与法学

硕士学位,核心毕业要求为提交一篇高质量的博士毕业论文(Doctoral Dissertation)并通过"老师提问-学生问答"形式的博士论文答辩(Oral Examination: Defend Doctoral Dissertation)。

西欧各国 Ph. D. 项目的开始时间一般较为灵活,不少法学院不仅接受秋季学期开始整个项目,也接受春季学期开始。秋季学期开学时间一般为每年的 8 月到 9 月,春季学期开学时间一般为每年年初。Ph. D. 项目的时长一般为 3 到 4 年,当然,在实践中,超过这个时限毕业的留学生也并不少见。西欧各国 Ph. D. 项目的修读流程大致包括如下环节:

在入读前,一般就会确认博士论文指导老师。而在入读的第一年,法学院一般都会要求在读生参加专门的法律研究与法律写作课程或学术训练项目,这类活动为必修科目,旨在对就读生进行全方位的学术训练。此外,在不少法学院,在第一年,还会要求在读生修读一些可能与其未来研究方向相关的本科或研究生课程或定期参与各类学术研讨会。

在顺利完成第一年的课程与学术任务后,一般各法学院会要求在读生提交一份更加详细的研究计划,甚至是一份写作样本(Writing Sample)。对于后一份文件,不同法学院的要求相差较大,有些法学院对此不做要求,有些法学院则要求这份写作样本需要包含与在读生所欲撰写的博士论文内容拥有高度重合部分的学术文章。随后,在研究计划与写作样本获得导师或导师组的认可与通过后,此时,Ph. D. 项目在读生才能被正式称为"博士学位候选人(Ph. D. Candidate)"。在部分西欧国家,从在读生变为"博士学位候选人"一般需要 1 到 2 年甚至更长的时间。

从成为博士学位候选人开始,一般在读生就需要在导师的指导下,将大部分精力投入于学术研究与博士毕业论文的撰写之中。具体而言,在读生需要在导师的指导下,定期完成阅读任务与写作任务,并定期与导师进行沟通,获得反馈与指导。在部分法学院,对于在读生与导师的面对面沟通频率,有较为严格的最低次数要求。但在大多数情况下,学术研究的展开与学术任务的完成还是要靠博士学位候选人的高度自律、自觉与自我驱动。甚至在部分法学院,导师如何指导学生完成博士学业,完全以两者之间的协商合意为准。

此外,在大部分海外法学院,一旦在读生获得了博士学位候选人的身份,则其也拥有了"准法学院员工待遇"。比如,进行田野调查或参加学术活动时,在读生一般都能够获得科研经费与差旅补贴,并且也能够以法学院员工名义申请学术项目。当然,不少海外法学院也会要求博士学位候选人承担一定的教学任务,比如指导本科生进行学术研究或担任本科与研究生课程的助教,法学院也会向在读生支付相应教学活动的劳动报酬。

一般在第三年或第四年,在读生需要提交正式的博士毕业论文初稿供导师与专家组进行审阅并依据反馈进行修改。随后,在毕业前,正式进行博士论文答辩。若通过答辩,则获得博士学位,没有通过,则需要继续修改论文,并再次申请答辩。在大部分法学院,对于重新申请答辩,有明确的次数限制,一旦在规定次数内博士论文依旧未通过答辩,则在读生将无法获得法学博士学位。

此外,在一些海外法学院,还接受以"学术项目博士生"名义入读的学生,具体来说,这类博士学位候选人的科研目标一般是某个大型跨学科或国际学术项目下辖的子课题。博士学位候选人所进行的研究,需围绕该学术项目的目标与要求进行,博士毕业论文一般也要作为相关学术项目的科研成果予以披露或发表。这类在读生的博士导师一般由负责学术项目的导师担任。

总体来说,西欧国家 Ph. D. 项目的必要费用开支偏低,以英国为例,虽然名义上每年 Ph. D. 项目的学费、生活费与杂费支出基本上与本校 LL. M. 项目相同,但大部分申请 Ph. D. 项目的同学,只会在法学院提供了奖学金或免除学费的情况下入读,并且在成为博士候选人后,在读生还能够通过承担教学任务获得劳动报酬。而在德国、法国,法学院开设的 Ph. D. 项目均不会收取学费,必要费用开支更低。一般来说,西欧 Ph. D. 项目的年均必要开销不会超过人民币 10 万元。并且在部分法学院,如果在读生先前已经在该校就读了本科或硕士学位,一般还能享受额外的学费优惠或奖学金。此外,西欧国家的 Ph. D. 项目,是可以向中国留学基金委员会申请博士研究生奖学金的,最高予以资助四年的学费和生活费用。

西欧国家的 Ph. D. 项目学生构成,不同院校具体比例或有不同,但总体上看,来自法学院所在国家与欧盟国家的学生占多数,来自其他国家和地区的海外留学生次之。另外不同学院招生数量也存在差异,从每年十几人至几十人不等。学术博士毕业后的就业方向主要以学术研究、高校教职、政府或公共组织法律政策顾问与法律实务工作为主。

美国法学院 S. J. D 项目概述

美国法学院提供的最高学位就是“Doctor of the Juridical Science (S. J. D.)”或“Doctor of the Science of Law(J. S. D.)”,与 J. D. 项目不同,S. J. D. 项目注重学术教育,毕业与否需以学生的科研成果决定。S. J. D. 项目的历史很有趣也很曲折,早在 19 世纪,美国法学院就设立了这一项目,致力于培养科研和教学人才。最初,该项目是为本国法学本科生(LL. B.)准备的。

二战后,随着 S. J. D. 项目的专属课程(立法学、行政法等)被并入 LL. B. 项目与 J. D. 项目的课程安排中、法学院对教师具有实务背景的重视以及其他社科院系加入法学交叉学科的研究中,S. J. D. 项目逐渐受到冷落,不少美国法学院甚至取消了这一项目。20 世纪 60 年代后,伴随着美国国际地位的提升、“法律和发展(Law and Development)”运动的兴起,S. J. D. 项目逐渐受外国学生,尤其是来自发展中国家、对美国法律制度感兴趣、致力于建设本国法律体系的学生的欢迎。所以,美国本土学生就读 S. J. D. 项目者也少之又少。

美国法学院对 S. J. D. 项目毕业期限的要求相对宽松,一般和欧洲 Ph. D. 项目类似,也为四年左右,但不同学校的要求不尽相同。比如,有些法学院要求学生四年内毕业,而有些法学院要求五年内甚至六年内毕业。不过,虽然法学院对毕业期限有所要求,但在攻读 S. J. D. 项目期间,因为种种原因,〔1〕不少同学会申请延期毕业。各大法学院也建立了相应机制,经学生申请、导师同意、项目主任同意,可以延长在读生的学习期限。

此外,美国法学院对在校时间也有最低要求。绝大多数法学院要求学生在就读的前几年不得离校。比如,有的法学院可能会要求学生至少在校一年,在导师的指导下完成一篇学习计划(study plan),并在期满时通过导师委员会组织的口头答辩(oral examination)。有的法学院则要求学生至少在校二年并完成项目要求的课程,包括法律理论、实证研究方法等;并要求学生定期参与研讨会,对同学博士论文的内容与研究计划进行讨论。除此之外,学生可自行规划研究进度,在满足在校要求后,

---

〔1〕 例如,在博士读到第三、第四年的时候,因为需要探讨的法律修订已经完成、相关研究的成熟、导师不同意等原因,博士生不得不调整、修改、甚至改变自己的研究课题,也有学生兼职攻读或者在读期间成家生子,导致无法按时毕业。

也可以回国继续完成论文,甚至同时在律所或国际组织兼职、去其他国家或地区访学或开展田野调查。总而言之,S. J. D. 项目的时间安排相对宽裕灵活。

S. J. D. 项目的必要开支相对欧洲 Ph. D. 项目来说较高,且由于奖学金的发放名额较少,仍属于“价格不菲”的教育项目。一般而言,S. J. D. 项目第一年的学费与美国 LL. M. 相同,后续几年的学费则大幅度减少,甚至仅象征性收取注册费用。所以总体必要开支,一般在人民币 100 万上下。此外,美国的 S. J. D. 项目,是可以向中国留学基金委员会申请博士研究生奖学金的,最高予以资助四年的学费和生活费用。

美国 S. J. D. 项目的学生构成,基本以海外留学生为主,招生数量较少,毕业后的就业方向主要以学术研究、高校教职、政府或公共组织法律政策顾问与法律实务工作为主。

✍ 其他国家及地区的法学留学项目

介绍完了中国留学生最常考虑的几种法学研究生阶段的留学项目,接下来,我们将以国别或地区为分类,简要介绍中国留学生前往该国家或地区通常会考虑就读的主流研究生留学项目。

中国香港

来自中国大陆的法学本科生一般前往中国香港地区就读的法学院研究生项目主要有 LL. M. 项目、J. D. 项目与 Ph. D. 项目,以上所有项目均为英文授课。此外,中国香港地区法学院的学期时间安排与英国法学院类似。

中国香港地区的 LL. M. 项目也分为研究型与授课型两种,学制一般来说均为一年,大部分来自中国大陆地区的法学院应届本科生申请入读的都是授课型 LL. M. 项目,且与其他海外法学院开设的 LL. M. 项目相同,香港各大法学院均开设有不区分专业方向(“General LL. M.”)与区分专业方向的 LL. M. 项目。一般情况下,同学们只要获得了大陆地区的法学本科学位即可申请中国香港地区的 LL. M. 项目。

中国香港地区 LL. M. 项目的招生规模各校不一,但一般都在百人左右,且来自中国大陆地区的同学占据了很大比例。根据 2021 年公开的数据,该类项目的必要教育支出一般为每年 20 万至 30 万人民币,其中学费支出约占一半。

此外,香港部分法学院还会开设“法学专业资格证书项目(Postgraduate Certificate in Laws, PCLL)”,该一年制法律课程项目并不符合严格意义上的“学位项目”,因其主要是为想在香港执业的拥有普通法系国家法律本科学位或 J. D. 学位的专业人士开设的职业教育项目。

中国香港地区的 J. D. 项目一般为两年制,第一年以普通法系的核心专业课为基础(可参考上文提及的美国法学院 J. D. 项目 1L 的课程安排),第二年的课程安排则相对自由。值得提及的是,不少大陆地区赴港攻读 J. D. 项目的同学会在毕业后选择修读 PCLL 项目,从而获得在香港地区以本地律师身份执业的资格。此外,中国香港地区的 J. D. 项目学历在本书写就之时,仍然被教育部认证为“硕士学位”。

中国香港地区 J. D. 项目的招生规模各校不一,少则几十人左右,多则数百人。根据 2021 年公开的数据,该类项目的必要教育支出一般为一年 20 万至 30 万人民币,故两年的整体必要支出约 50 万人民币。若选择修读 PCLL 项目,一年的必要支出总计约为 20 万至 25 万人民币。

中国香港地区的 Ph. D. 项目一般需要申请者获得本科与硕士学位,对于大陆地区申请者来说,无论是在大陆地区获得本科与硕士学位还是在大陆地区获得本科学位并在海外或中国香港地区法学院获得一年制的 LL. M. 项目学位,均有资格进行申请。其他相关信息,同学们可比照本节对于西欧法学院 Ph. D. 项目的介绍并前往香港各大法学院官网进行查询。

法国

法国公立大学硕士项目一般学制为两年,主要包含 Master-1(即:M1)与 Master-2(即:M2)两个阶段,硕士项目第一年(M1)为公共专业课,课程内容较多,课业压力较大。第二年(M2)同学可根据个人兴趣,选择不同的学习方向与课程。就具体课程安排来说,以留学生惯常修读的欧盟法硕士专业为例,主要核心课程有:法国公司法、法国商法、法国债法、法国合同法、法国经济法、法国诉讼法、欧盟法、人权法、国际法、欧盟贸易法、欧盟竞争法等。学期考核主要是以笔试和口试的方式进行,成绩以学分制进行计算,每门学科均为 20 学分,10 分为及格分,如有不及格科目,不会安排补考,教务办公室将会根据情况从其他及格的科目进行填补,只要毕业时达到总学分的及格分数,才可顺利毕业。

法国博士项目一般为三年学制,但实际上攻读法学博士至少需要四至五年的时间。博士入学无须参加考试,均采用申请制,需要具备国内法学硕士或者法国硕士学位以及博士生导师的邀请函,博士生课程主要以全校性讨论课为主，针对法学的一般问题或者是跨专业的学术问题，面向全校法学博士生进行开设，博士第二年会进行一次毕业论文中期答辩。因此，法国法学博士生的主要任务就是大量阅读法学书籍、有条不紊地按计划完成博士毕业论文。

在语言要求方面，法国公立大学对于中国留学生的语言要求均在法语“B2”或“C1”以上，课程以法语进行授课，毕业论文要求用法语进行撰写，可想而知，用法语读博是一项很有挑战性的工作，法语写作上对于措辞和格式的要求也极为严苛。因此，对于有志于攻读法国硕士和博士的同学而言，良好的法语基础对于学术研究起着至关重要的作用。

法国是欧洲社会福利保障体系最完善的国家之一，而中国留学生在大学正式报道注册后，亦可享受到法国政府的住房、就餐、交通、医疗等补助。法国政府的住房补贴，约占学生住房开支的30%-60%。留学生在大学内就餐，可以享受政府30%左右的补贴。此外，留学生还享有免费医疗、学生公交卡、铁路青年卡等交通补助。总体而言，法国留学的成本较之美英而言低得多。

日本

日本的硕士项目分为由英语授课的LL. M. 项目与由日语授课的法学硕士项目，而后者又分为大学院课程硕士项目与法学研究科硕士项目两类。英语授课为主的LL. M. 项目在日本只有不到10所法学院开设，学制与入学流程效仿英美法学院的一年制LL. M. 项目，但完成该学位，一般仍需要一定的日语基础。而大学院课程硕士项目以培养在日本从事具体法律实务工作的专业人士为主要目标，一般鲜有中国留学生修读此类课程。所以，大部分中国留学生赴日修读硕士学位，选择的均是主要围绕法学研究展开课程设置的法学研究科硕士项目。

法学研究科硕士项目的正式入学流程一般包括资格与申请材料审查、日语水平笔试、法学专业课笔试与面试几个环节。一般来说，有意赴日本留学的中国法学院同学可选择在本科毕业后通过申请语言学校或预科学校留学签证的方式先行赴日进行备考复习，而后再着手备考特定法学院在当年或次年举办的法学研究科硕士项目；或者直接在考前赴日本参加相应考试。所以，虽然理论上法学研究科硕士项目只需2年便可修读完成，但加上备考的时间，一般完成整个项目，需要至少3年。相较美英等国，日本的硕士项目开销偏低，以在物价较高的日本一线城市就读的留学生为例，2020年前，平均每年的留学必要总开支在15到20万人民币之间。

日本法学硕士项目毕业后,同学们可以选择申请修读日本各大法学院的法学博士项目。由于日本是典型的大陆法系国家,且拥有深厚的大陆法系法学研究传承与积淀,对于有志于学术且拥有日语特长的同学来说,赴日留学并进行法学研究,肯定是可以考虑与规划的学业方向。

而对于硕士项目毕业后希望在日本从事法律实务工作的同学们来说,日本的法律就业市场总体上对留学生持开放态度,一般而言,在满足一系列特定条件的情况下,外国人可以注册成为日本执业律师,但其所处理的法律业务必须严格限制在与其国籍国法律事务相关的范围之内。而受限于考试极低的通过率与极高的日语要求,通过参加日本本国的律师执业资格考试直接成为日本律师的中国留学生则少之又少。

其他英联邦国家

中国大陆法学院毕业的本科生均可直接申请澳大利亚、加拿大与新加坡法学院的 LL. M. 项目与 J. D. 项目。在这几个国家,LL. M. 项目学制一般也为 1 年,J. D. 项目的学制在 2 至 3 年左右。一般获得 LL. M. 项目学位的留学生,无法在这几个国家获得本地的律师执业资格,而获得 J. D. 项目学位的毕业生则有此机会。这三个国家中,加拿大与新加坡法学院开设的 LL. M. 项目与 J. D. 项目的必要费用支出一般和中国香港地区近似,而澳大利亚法学院开设的 LL. M. 项目与 J. D. 项目的必要费用支出与美国近似。还需要注意的是,攻读澳大利亚与新加坡法学院 J. D. 项目所获学位在本书写就之时,仍然被教育部认证为“硕士学位”;而加拿大法学院 J. D. 项目所获学位则被认定为“学士学位”。此外,这几个国家的法学院也都开设有 Ph. D. 项目,具体入学要求和培养模式均可参照上文对于西欧国家法学院 Ph. D. 项目的介绍。

项目风格

总结完了一些主要国家和地区所提供的法学留学教育项目,在这里,我想对一个经常会面对的话题进行一个简要的分析。那就是一直以来,我在不少信息分享“攻略”和中介机构的“扫盲贴”中总会看到类似这样的评论,比如:“某某国家的 LL. M. 项目学术性突出,领域细分,课程内容强调某一领域的理论分析;这是其他国家的 LL. M. 项目所不具备的优势”云云。

作为有过英美两国留学经验的过来人,这种话术对我并没有任何说服力,但是据我观察,它对于很多“不谙世事”的本科在读生来说,往往有着特别的吸引力。一方面,这种话术的分享者往往并不具有海外多国的留学经历,本能的认为自己所就读的项目或许是“世界上最完善的”;另一方面,这些话其实也是很多中介机构推销的话术。

在我看来,以中国法学院本科生留学时最常选择的海外法学院LL. M. 项目为例,在越来越多海外国家的法学院开设此类项目、不断健全完善专业细分方向和培养模式并与其他国家法学院的LL. M. 项目“争夺生源”的今天。所谓不同国家的LL. M. 项目存在“教育模式”“培养方式”或“授课理念”的差异这种论断,很难符合现实中的实际情况。因为在大多数海外法学院,课程与项目的类型设置都是越来越齐备的——你家有什么,我家就有什么——尤其是海外知名法学院,更是如此。所以无论是传授实务经验的课程还是注重理论分析的课程,同学们都可以在入读海外法学院前后,通过仔细研究课程指南,选择自己中意的课程。

✍ 资助留学

从我个人观察来看,很多法学院的同学们都希望能以学生的身份出去看看,但很多时候,阻止他们实现这个愿望唯一的理由并不是学业因素,而是经济原因。对于这一部分同学,我的建议是在本科期间,密切关注各类资助留学——尤其是公派留学——的机会,实际上,这也是最传统的出国留学方式了。

国家留学基金委(CSC)

提到公派留学,就不得不提“国家留学基金管理委员会(China Scholarship Council , CSC)”(简称“留基委”)管理的各类留学资助项目,这些项目是我国规模最大且最稳定的留学资助项目。

留基委是直属于教育部的非营利性事业法人单位,其核心任务就是根据国家法律、法规和有关方针政策管理、使用国家留学基金;用法制和经济手段管理出国留学和来华留学事务。留基委基金主要来源于国家财政拨款,也接受并积极争取国内外捐助。其官方网址为 www. csc. edu. cn。

留基委常年向法学院校的同学提供赞助其出国攻读海外法学院硕士与博士项目的机会。具体来说,同学们如果希望获得留基委资助,应当尽早关注其定期发布的《公派留学简章》，[1]了解选派类别、选派目的地国、选派人数、留学期限、主要项目、申请条件以及申请程序，确定拟申请留学项目以及派出渠道（所在单位或个人渠道）。这些内容非常重要，比如我所辅导的学员曾经通过"国家建设高水平大学公派研究生项目"出国，该项目就要求同学在申请前提前与所在高校或者留学目的地国使领馆取得联系并获得推荐资格。

此外，确定了申请项目与申请资格，下一步就是准备申请材料，主要包含国外导师推荐信、邀请信、研究计划（中外文）、个人简历、外语水平证明、其他证明材料等。其中最重要的就是国外导师的推荐信、邀请信以及研究计划。个人建议，在申请项目之前，最好提前与国外导师联系，如果导师愿意接收你，并为你提供推荐信和邀请函，成功申请的可能性就增大了很多。

准备好所有资料后，同学们需要在申请截止前登录系统填报信息。填写内容主要包含个人基本信息、申请留学情况、主要学术成果、[2]研修计划、国外导师信息等内容，其中最为重要的就是学术成果和研修计划，这也是留基委评审专家评审的重点。学术成果主要体现个人能力和优势，而研修计划的意义在于让评审专家全面评价你的研究计划是否存在研究价值，是否与国家发展有一定的相关性，是否有资助的必要性。因此，填写研修计划时要注重逻辑性，分标题介绍，尽量避免不常见的专有名词，多强调研究的实际意义，让评审专家能够轻松愉悦地阅读你的研修计划。

其他留学资助项目

此外，不少国家、地区和国家组织还会通过各种渠道发布留学资助项目，定期资助符合条件的中国学生前往相关国家和地区进行留学。这些项目大致可以分为如下几类：首先，由各国政府或国外大学直接资助中国留学生的项目，例如英国政府设立的"志奋领奖学金"项目[3]与法

---

〔1〕 本书写就之时，最新的简章全称为《2022 年国家留学基金资助出国留学人员选派简章》。

〔2〕 主要研究成果包括发表著作/论文、专利、承担或参与科研项目、获得奖励情况四个方面内容。

〔3〕 志奋领奖学金（Chevening Scholarship）是英国政府最具代表性的奖学金项目，由英国外交与联邦事务部及其合作伙伴共同出资。自 1983 年创立至今，在过去的三十年中，志奋领奖学金资助了共计 43000 名志奋领学者。

国驻华使馆与巴黎第二大学合作设立的中法欧洲法公派项目,[1]这些项目一般都会与留基委进行合作,同学们需要通过留基委递交相关申请。其次,由基金会或各类社会组织发起的项目,比如著名的罗德奖学金(Rhodes Scholarship)项目。[2] 最后,私人资助的留学项目。这类项目一般由各大高校的校友设立,兼具留学资助与奖学金性质,符合要求的同学可以获得金额不等的留学资金支持,在一些国内知名高校,类似的资助机会其实不少,同学们在进入法学院后,可通过学校官方渠道及时了解相关信息。

交流交换访学项目

同学们在法学院就读期间,也有机会申请交流、交换与访学项目。不管这些项目的名称具体为何,其在本质上都类似于"短期留学活动"——同学前往海外大学进行为期一学期左右的学习,参加相关考试,获得的学分一般可以直接换算为本校认可的学分。这类项目能否获得资助,完全视项目本身的情况而定。个人建议,同学们在本科期间,在学有余力且不影响更加重要的学业目标(比如考研或出国)的情况下,可以积极申请并参加这类项目,提前体验海外留学生活。

2.5 涉外法律人成长入门:留学信息规划

今天同学们生活在一个"信息大爆炸"的时代,和十几年前我的本科时代相比,如果同学们希望独立完成整个留学的准备工作,难度其实是不高的,也有很多非常优质的"一站式""保姆级"攻略能够对同学们进行指导。但"信息大爆炸"同时也带来了"甜蜜的烦恼",那就是"乱花渐欲迷人眼"——面对茫茫信息,如何分析抉择又成为一个难题。对于这个问题,大家不用担心,因为如果你认真读完了本节信息,自然就会知道如何权衡取舍纷繁复杂的信息。

---

〔1〕 国家留学基金管理委员会、法国驻华使馆与巴黎第二大学三方签署的"欧洲法"项目合作协议,中法双方每年将从我国高校选拔优秀硕士学生,经选拔考试合格后赴法进行欧洲法硕士第二年课程(Master2)学习,毕业后可获得法方硕士文凭。

〔2〕 罗德奖学金(Rhodes Scholarship)创立于1903年,是世界上历史悠久、极负盛名的国际奖学金项目。罗德奖学金每年从全球选拔100余位罗德学者(Rhodes Scholars),全额资助他们前往英国牛津大学深造。

✍ 为什么要独立搜集信息

俗话说“兵马未动、粮草先行”,如果说正式投入到留学的准备中是“行军打仗”的开始,那么搜集足够多的信息进行留学学业规划与抉择,则是这场“战争”中必不可少的“后勤保障”。只有对留学相关信息建立起了全面清晰的认识,才能步步为营,针对自己的情况做出最合理的决定。就像我在本书反复提及的那样,“学业规划、信息先行”,信息从何而来,当然要靠自己的细心搜集。这时一定有同学会问,听说留学主要靠“中介”来完成,那为什么还要自己搜集信息呢?对于这个问题,我认为,原因有如下几点:

首先,很多同学只能或更希望由自己来完成留学的所有准备工作,这是完全可行的,坦率地说,这也是本书想要到达的目的之一,所以,对于这一部分同学来说,我们必须要介绍,如何自行收集分析相关信息。

其次,“中介”不可能包办所有留学相关事宜,充其量,绝大多数情况下,它们只能帮助同学们完成最为关键的“申请投递”环节,申请结束后,还有大量工作,需要同学们自己完成,在那时,同学们一样要开始学习如何靠自己收集整理分析所有与留学相关的信息。

最后,就像我接下来会详细分析的那样,“中介”的服务良莠不齐,并且我也可以负责任地告诉同学们,并不是收费越高的中介,提供的服务就越好。所以在这种情况下,哪怕同学们预算充足,准备聘请中介完成留学事宜,我依然还是建议同学们自行收集整理一些基本的或是最重要的留学信息,只有这样,你才能在与中介的沟通中,获得主动,才能知道“自己有没有被坑”。须知,对于很多中介来说,同学们只是“流水的过客”,而对于同学们来说,准备出国留学这件事情,也许一生也只有一两次机会而已,不容有失。

此外,除了以上几点直接原因外,我极力推荐大家学会自行收集整理留学相关信息,还有两点原因:

一方面,出国留学对于绝大部分同学来说,就是被“扔到”一个完全陌生的环境,自己开始面对柴米油盐、衣食住行,并且学会规划学习与生活的各种细节。在异国他乡,完成这些事情,都是需要付出时间“学习”的,而且如果功课没有做好,“学习的成本”还会很高。举个最简单的例子,2013 年,我第一次去英国留学,英国本地的手机运营商和手机卡种类非常多,套餐收费也有很多花样,为了选择一张“性价比”高的手机卡,我足足研究了一个周末,这自然就耽误了我的学习时间。而如果我能在大四毕业的那个暑假,就先做好相关“攻略”,其实就能为我之后的留学生活做好铺垫。2016 年,我去美国留学时,就充分吸取了这个教训,我甚至在飞往洛杉矶之前,就已经在国内,预先买好了在美国使用的手机卡并且提前收集打印了不少在美国需要使用的生活攻略。这自然为我快速投入强度极高的美国法律博士第一年的学习,起到了不小的帮助。

另一方面,信息都是有时效性的。虽然在本书中,我们希望竭尽全力为同学们提供最全面的信息,但我们无法保证,这本书中的信息都是最新的,即使我们希望能够定期更新再版这本书的内容,留学信息政策的变化,依然是难以预测的,尤其在后疫情时代,更是如此。所以,如果同学们完全以本书内容作为参考进行留学规划,我们也怕这可能会“耽误”同学们的学业。所以,从“不背锅”的角度,我们也有充分的必要将信息的搜集与分析方式传授给同学们。并且在同时提醒大家,无论这本书写了什么,我们都希望同学们在正式准备出国时,以自己搜集掌握的第一手信息为依据,进行抉择与规划。

所以,对于绝大部分想要出国留学的同学们来说,如何自行收集分析信息,其实,也是一门“必修课”。

✍ 信息的来源

首先,留学信息来源最重要最权威的渠道是每一所海外法学院的官方网站。再次重申一遍,海外法学院的官方网站,是留学信息来源最重要的渠道。此外,相关留学考试组织机构与海外政府管理留学与前者事宜的官方网站,也同样是最重要最权威的信息来源。很多同学登录相关海外法学院的网站后,总是会有一些畏难情绪,看着满屏幕的外语不知“从何下手”。但我希望同学们记住,出国留学的过程,就是学会应对“满屏幕外语”的过程,如果连一个人人皆可登录的海外法学院官方网站都无法“阅读”,你又如何确保自己能够胜任海外法学院的课业呢?所以,如果你对留学感兴趣,从大一甚至是高三毕业的暑假开始,尝试登陆一所你感兴趣的国外法学院官网,逐个栏目打开网页,研究每个页面的内容,查询你看不懂的单词,将会对你建立起“留学信息体系”,起到非常非常大的帮助。对于这类信息,后文当我们具体介绍分析不同国家的留学项目与申请流程时,会给出一些常见网站,供大家浏览参考。

其次,各类知识分享平台、论坛与自媒体博主的“攻略”“教程”等,也是非常直接的信息来源。十几年前,当我开始萌生出国留学的想法时,知识分享软件与自媒体平台还不算发达,我寻找留学信息最喜欢去的地方,是各类“论坛”“群组”和“贴吧”。今时今日,时代变迁,越来越多 App 与其中的博主们开始取代前者,成为教育信息的“集散地”。此外,不少留学中介机构,也都开设了自己的自媒体账号,并整理了大量相关信息。如果对留学感兴趣,尽早关注肯定是有好处的。对于这类信息,同学们可以关注我们的公众号,我们也会定期整理相关信息,供大家浏览参考。

再次,同学们入读法学院后,院系组织的留学相关讲座,也是非常好的获取相关信息的渠道。尤其值得关注的是,这类讲座,很多时候邀请的都是本校毕业的校友,他们的视角、经历与决策过程,对于同学们来说,往往是最有参考价值的。所以想要留学的同学们,入读法学院后,一定要多参与这类活动。

最后,来自学长学姐们的建议与信息,往往是最直接也最“新鲜”的,因为他们给你建议的时候,很可能就在海外的法学院就读,自己刚刚总结的经验与教训,也能够第一时间传递给你。至于怎么认识学长学姐,那就要靠同学们进入法学院后,自己探索了。但是,我还是要提一个建议,在同学们向前辈咨询时,请务必做足功课,请务必询问具体的问题,而不是一句“如何准备留学”。否则,在一无所知的情况下询问对方,不仅会浪费对方的时间,其实也是一种对他人的不尊重,令人反感的“伸手党”,指的就是这类同学。

✍ 信息的整理与分析

在我们明确了信息来源后,下一步,就是对信息进行记录、整理与分析。在介绍这个步骤之前,我想向大家介绍一个教育规划信息的分类方式,这个分类标准是我自己的发明,也许不够“精确”,但在过往进行辅导与教育研究时,这个标准是比较有用的,所以我也推荐给大家用这种方式去区分各类留学信息。它们分别是“技术信息”“数据信息”与“策略信息”。

“技术信息”指的是与留学相关的流程性事项,比如如何开设申请海外法学院的账户、如何参加各类外语考试、如何申请留学签证。“数据信息”指的是与是否能被海外法学院录取相关的各类成绩指标,比如本科四年一般需要怎样的成绩水平与外语考试成绩才能被某某法学院录取。“策略信息”则是以信息分享者的视角出发，描述其如何依据个人自身情况与学业就业目标，做出决策的整个分析流程。不难发现，前两种信息是比较客观的，而后一种信息，则是非常主观的。

对于“技术信息”，我所建议的处理原则如下：以官方网站介绍的流程、标准与官方对问询的回复为首要参考；对于仍存模糊之处，再以各类“攻略”“指南”作为参照。一般这类事项涉及的问题并不复杂，同学们只需搜集几篇信息分享文章，就能建立起正确的认知与信息获取渠道。所以对于这类信息，我给同学们的建议是，提前一年左右开始搜集足矣。

而“数据信息”的处理，则稍显复杂，因为留学数据确实每年都在变化，尤其是放在以“五年”或“十年”为单位的行业周期下进行审视，更是如此。但如果以“今年”与“前年”作为参照，这种变化并不明显，指导意义也更强。所以，对于这类数据，我给同学们的建议是，提前一至两年开始搜集整理即可，尤其需要关注的，是你所就读的法学院校学长学姐们的数据与他们的留学申请结果。

最难处理的数据，就是“策略信息”，因为其中包含了非常多的主观因素，而这些因素，个体之间的差异有时又很明显。对于这类信息如何进行分析，其实本书的诸多章节均有重点介绍，故在此，我再重申几点核心原则，以作强调：

首先，对于这类信息，同学们切忌“好高骛远”。比如，很多同学喜欢参照各种“攻略”中现成的方案规划个人的留学申请计划，这自然是一个捷径，但同学们参照的攻略作者，从毕业院校、学业水平与升学目标几个方面来看，应该要和你处于“大致相同的起跑线”。否则，这类信息不仅参考意义有限，甚至可能会有适得其反的效果。

其次，对于这类信息，同学们牢记“兼听则明”，切忌一时冲动，看到一篇“雄文”便“一拍即合”开始执行，尝试了几个月，发现效果不佳，又重新去搜集信息、制订计划、购买教材，这往往会导致事倍功半，还会打击个人的积极性与自信心。对于留学申请各个环节的信息搜集工作，我个人建议，每个环节拿出一两天来好好研究，比较“各家之所长”，整理共同点，思考不同点，再进行个人规划，这绝对不是浪费时间。

最后，对于这类信息，同学们还要杜绝盲从心理，尤其是对于一些经历“尚浅”的“网红”博主较为片面的“安利”和中介教育机构带有“软广告”色彩的信息分享（所谓“软文”），更要保持清醒。举个例子，大概从五六年前开始,赴美攻读职业法律博士(J. D.)项目渐成热潮,这背后的原因是多方面的,但一批网红博主的推广加之不少中介的推波助澜一定是原因之一。那几年,我印象非常深刻,当我询问同学们为什么一定要去美国读 J. D. 然后一定要去美国的“大律所”时,3 位同学中至少有 2 位都会提及某几位网红博主的观点。但事实是,这些博主可能既缺乏对于美国法律行业的真实了解(比如他们给出建议时并没有真实的美国律所工作经验),对于个人的职业规划也没有清晰的认识(比如他们也许在美国 J. D. 毕业后并没有选择去“大律所”工作),但他们的建议在那几年,确实让不少人放弃了更合适的 LL. M. 项目转而冲击更难的 J. D. 项目,其中当然有成功者,但坦诚地说,我看到更多的是冲击失败,黯然离场者。那几年,不少中介的创始人或“导师”也开始分享相关经验,对于其中的“策略信息”,虽然很多导师说的“头头是道”,但仔细一看他们的个人教育背景,和美国 J. D. 没有任何交集,甚至其中,还不乏从未出国留学者。所以,对于所有这类“策略信息”,我的建议是“重点放在其中与技术信息和数据信息相关的部分,纯粹的个人建议,看看就好”,在学有余力的情况下,还是参照前两点原则,直接搜集第一手资料。

至于如何具体整理,其实没有固定的标准,同学们完全可以按照自己的阅读习惯编排。以我个人分析整理的习惯为例,我从 2011 年开始搜集各类法学留学相关信息,基本上按照如下方式进行编排。当然,这是一个非常简单的框架图,需要同学们去丰富具体的细节。我在过去十几年间,就是从这种最简单的架构开始,不断丰富更新其中的数据信息,从而建立起自己的“留学信息体系”并为后来者提供学业规划方案。

此外,我还想提一点,那就是在搜集各类信息时,同学们总是非常容易产生一种“焦虑”的情绪。这种情绪来源于同学们对于未来的不确定、目标达成所需时间之漫长以及自身对于能否达成目标的不自信。如何克服这种情绪,我觉得方式很简单也很直接,那就是尽早开始搜集信息、制订计划、并付诸实施。关于如何科学制订计划并实施以克服焦虑,将会是本书“下部:如何规划”部分讨论介绍的重点。

✍ 要不要“找中介”?

既然在前文我们不止一次提到“中介”这个词,那么我就再多说几句,毕竟一个无法否认的事实是,留学中介机构及它们发布的各类信息,确实是绝大部分准备留学的法学院同学们绕不过也没有必要绕开的

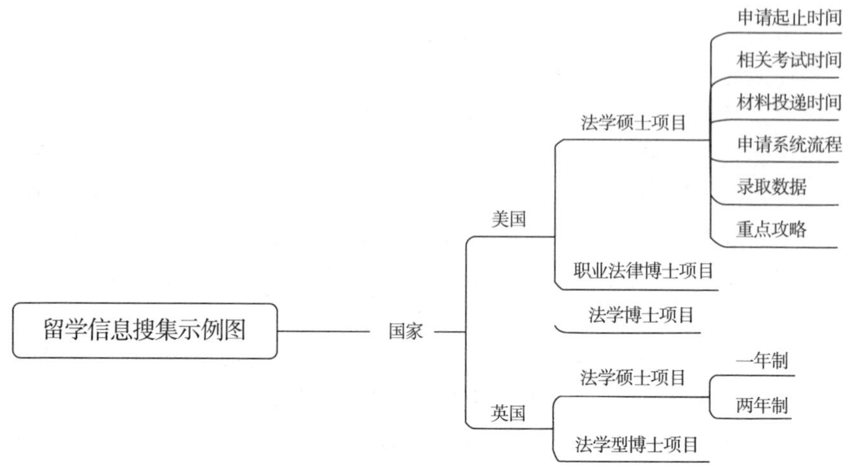

话题。

先说一个结论，我既不赞同很多自主完成留学申请工作的“意见领袖们”时常声称的所谓“中介无用论”，毕竟这类博主，不少从小就生长在一个教育信息十分丰沛的学习与生活环境中。当然，我也不赞同一些同学们持有的“中介包办论”——找了中介，万事大吉，自己就不需要操心了。这两种观点，虽然都有一定的市场，但在我看来，都有些极端。

我认为，何时找中介，要看情况。当然，中介也分很多种，接下来我所称的“中介”，特指国内以法学留学生为班底组建的比较“靠谱”的中介机构。如何定义“靠谱”？作为一名曾经的资深从业者，我还可以说很多，但这些话，离这本书的主旨，就相去甚远了，同学们感兴趣，不妨关注我们的公众号，在此，我仅仅提供一些原则性的建议：

一方面，聘请中介肯定是有其合理性的，否则，这个行业不会存在这么久，也不会在那么多其他市场中存在，因为中介最重要的作用，一句话概括，就是“消费者支付费用，以节约交易时间并获得更好的交易效果”。当然，在留学领域，这里的“交易”其实指的就是完成留学申请的整个过程。尤其对于很多同学来说，也许在大三下学期才真正下定决心出国，随之而来，就要开始准备留学相关的外语考试，当年暑假同学们还可能要应付法考，课业还不能拉下。“靠谱的”中介，确实可以减轻同学们“多线作战”的压力，这是聘请中介的优点。

另一方面，留学中介总是“毁誉参半”，也确实有些咎由自取。且不说很多“不靠谱”的中介往往会耽误同学们的留学申请,即使很多“靠谱”的中介,往往也会在提供服务时,做不少“小动作”,以“留学生”而非职业招生官的视角给出的建议其实并无独到之处,换句话说,他们也只不过是帮你们做好了信息搜集工作而已。而且不少中介机构也习惯于通过持续贩卖焦虑并以此为借口兜售各种“高附加值的额外服务”。这是无法避免的,因为中介归根到底就是一个商业机构,它们存在的本质目标,还是尽可能的营利。选择中介,就一直需要对此进行提防并保持好心态,否则整个留学申请过程,一样会很“闹心”。这,是聘请中介的缺点。

那何时需要聘请中介呢?我的建议是,在留学预算允许的范围内,以本科毕业后直接就读海外院校的留学项目为目标,如果同学们在大三下学期开始之时(即:当年的 3 月份),才开始准备留学申请,且没有取得想要的外语考试成绩(甚至从来没有参加过相应考试),那么,选择一家价格合适的留学中介帮助你完成留学申请,还是值得认真考虑的。

申请机制与申请材料撰写〔1〕

「略」

总结

自此,我们完成了对法学院本科升学路径的全面介绍。如果同学们决定在本科毕业后继续在法学领域深造,本章汇总与梳理的信息,应该囊括了几乎所有你可能面对的选择。不过在你们进入法学院后,也许不少具体的升学流程与规则会有变化,同学们一定要记得及时搜集与更新相关信息。祝你们好运。

---

〔1〕 律路团队申明:本部分定稿字数约 2 万字,由于本书第一作者李中衡受竞业限制协议之约束,在 2025 年前,不得在任何公开场合与媒体就与普通法系国家法学院研究生项目与美国法学院三年制 J. D. 项目之申请相关的技术信息进行观点表达,故在本书此版中,不得不将相关内容删除。感谢理解。

第三章

学习方法进阶

本章,我们将对同学们未来进入法学院将使用的各类学习方法进行有详有略的介绍。不过,本章的介绍更像是一种“启发式的建议”,因为我们并不希望同学们直接“照抄”我们给出的方法,而是希望你们能够以最核心的建议与思路为基础,摸索最适合自己的各类学习方法。

3.1 法考基本备考策略

在本节,我们将对法考的基本备考策略进行介绍。我们所分享的信息主要围绕与法考相关的最重要的概念与基本备考方法展开。是否采纳和使用这些方法,同学们完全可以按照自己的学习习惯“自由组合”。毕竟从我个人的辅导经验来看,法考的复习方式确实还是比较多样化的,甚至可以说“条条大路通罗马”。我们介绍的,只是其中几条路而已。

✍ 考试内容与科目

法考需要系统性地对同学们所掌握的法律知识进行考查,自然,考题所涉及的内容将和同学们日后在工作中所可能运用的法律法规密切相关。以 2022 年秋季举行的法考为例,根据《2022 年国家统一法律职业资格考试公告》的规定,考试将以《2022 年国家统一法律职业资格考试大纲》作为命题依据。

客观题考试共两卷,分为试卷一、试卷二。每卷 100 道试题,分值为 150 分,其中单项选择题 50 题、每题 1 分,多项选择题和不定项选择题共 50 题、每题 2 分,两卷总分为 300 分。两卷具体考查科目为:

试卷一:习近平法治思想、法理学、宪法、中国法律史、国际法、司法制度和法律职业道德、刑法、刑事诉讼法、行政法与行政诉讼法。

试卷二:民法、知识产权法、商法、经济法、环境资源法、劳动与社会保障法、国际私法、国际经济法、民事诉讼法(含仲裁制度)。

主观题考试为一卷,包括案例分析题、法律文书题、论述题等题型,分值为180分。主观题考试设置选作题,一般为“二选一”,同学们只需要选择其中一道作答,同时回答两道题,也只会计入其中第一题的分数。

主观题具体考查科目为:习近平法治思想、法理学、宪法、刑法、刑事诉讼法、民法、商法、民事诉讼法(含仲裁制度)、行政法与行政诉讼法、司法制度和法律职业道德。

这里需要说明的是,主观题一般有5道,每一道题的内容都与特定部门法相关,换言之,主观题考试并不会出现“超级论述题”,即一道论述题同时考查多个部门法且部门法内容“跨度较大”的情况,例如,同时考查宪法、民法与刑法内容。以2018年法考主观题的内容为例,其考核内容与分值分布如下:

第一题:理论题38分

第二题:刑法题30分

第三题:刑诉法题30分

第四题:民事法律综合题54分

第五题:选做题28分

　题一:行政法题

　题二:商法题

其中第一题理论题的内容与习近平法治思想和法理学相关;而第四题民事法律综合题则涉及民法、商法、民事诉讼法和仲裁制度,可以被视为是对考生民事法律体系掌握程度的综合考查,其分值也是所有题中最高的;第五题为选做题,考生只需要选择其中一道作答即可。

从2018年首届法考举办至今的情况来看,一般而言,主观题第一题肯定会考查与习近平法治思想和法理学相关的内容;第二题到第四题中肯定会有一道刑法题和一道民事法律综合题。余下的考查内容,则会随机分配至剩下的一道必做题与两道选做题之中。

✍ 备考术语

无论同学们准备使用怎样的方法进行备考,围绕着法考,已经形成了一套约定俗成的“备考术语”,这些术语大部分起源于律考与司考时代,考生、教师和培训机构共同参与了这些术语的“创作”,同学们阅读任何过来人撰写的备考攻略,基本上都要首先面对这些术语,所以我们首先要对它们进行介绍:

(1)官方教材:顾名思义,官方教材就是由司法部组织的专家编写的法考复习备考资料，最常被提及的“官方教材”一般有两套。一套名为《国家统一法律职业资格考试辅导用书》，该套书按照部门法内容分为多册。另一套由三本构成，它们分别是《国家统一法律职业资格考试大纲》和《国家统一法律职业资格考试案例分析指导用书》，前者只有一册，后者分为上下两册。

这两套书每年上半年都会更新再版，对当年秋天将要举行的法考所涉及的内容提供权威的“官方指导”。一般来说，同学们选择前一套使用即可，因为其内容足够全面，基本上可以覆盖后一套教材所涉及的知识点。当然，如果同学们的复习时间足够充分，同时使用两套教材进行复习当然是可行的。

官方教材的优点和不足都比较明显：优点就是官方教材内容翔实、知识体系和内容设计都十分周全，在我看来，今时今日的官方教材，在质量上足可媲美不少法学院使用的课程讲义。所以使用官方教材来学习备考，你的知识来源是“最扎实的”。但同时，它的不足也源于此，由于官方教材内容繁多，对于许多只希望用几个月时间来复习的同学来说，其体量实在是有些“无法承受”。所以是否使用官方教材进行复习，是一个“战略”选择，如何取舍，我会在备考思路部分，继续进行分析。

(2)机构教材：“机构”指的就是同学们未来一定会了解的各类法考培训机构，这些机构和他们聘请的老师每年也会针对性的按照部门法编撰公开出版的复习教材。这一类教材，我便将之称为“机构教材”。这些教材的质量也是有保证的，因为撰写教材的老师，绝大部分都在各大法学院任教，本身就有比较扎实的学术素养和教学经验。

此外，同学们在购买这类教材时，一般也都会被附赠教材撰写老师的授课视频或音频，同学们可以结合这些课程视听资料更加“立体”地对这些教材进行学习。

总体上看，相较于官方教材，机构教材的优势胜在更加直接，章节设计一般都会围绕法考的考点展开，同时其内容编排也会更符合法考应试者的思维习惯。但同时，其不足也较为明显，那就是对于不少计划只用几个月复习法考的同学来说，这些教材的内容和体量虽然不及官方教材那样庞大，但依然是偏多的。所以是否使用机构教材进行复习，其实也是一个“战略”选择。

(3)真题和模拟题：法考归根到底是一个考试，既然是考试，反复练习考试题肯定是必不可少的复习步骤。2018 年法考改革之前，司法部每年都会公布司考真题与参考答案。2018年法考改革之后,司法部虽然不再公布相应信息,但每年考生和法考培训机构都会在考试结束后第一时间回忆整理当年的考题并编辑成册。所有以上这些题目,就是我们通常所说的法考“真题”。此外,不少法考培训机构的授课老师还会仿造真题的出题思路编写法考模拟题,这类题目在一些法考培训机构被称为“金题”。

一般来说,同学们既可以直接购买按照考试年份单独编撰的法考真题合集,也可在购买机构教材的同时购买与之配套的真题合集。有时,后者也会包括授课老师编写的模拟题,即所谓“真题金题合集”。

总体上看,想要在比较短的时间内高效复习通过法考,真题是一定要尽可能反复练习的。而模拟题则不尽然,我个人只推荐同学们在学有余力的情况下进行练习。

(4)内部讲义:如果说官方教材是长篇小说,机构教材是中篇小说,那么各家法考培训机构用于授课的内部讲义无疑就是短小精悍的短篇小说。这类讲义一般也由撰写机构教材的老师操刀,它直接删除了机构讲义中所有和法考真题没有直接关系的背景知识,留下的都是与法考可能考查的考点直接相关的内容,即“纯干货”。

内部讲义的优点很明显,其内容简洁明了、往往文字与图表并重,这非常方便阅读与记忆。但同时,由于缺乏翔实的文字说理,对于基础较为薄弱的同学来说,直接使用内部讲义进行复习,往往事倍功半。所以对于基础较好的同学们来说,使用内部讲义进行复习才是比较可靠的选择。

同学们一般可以通过报名法考培训机构获得相应讲义,部分培训机构也会直接出售这类讲义。当然,向已经通过法考的学长学姐借阅相关讲义进行复习并同时补充最新修改的考点也是一个可行的方式。

(5)法条书:和同学们在法学院经常面对的需要讨论学术和理论概念的课程考试不同,法考真题主要围绕法律法规的原文展开,所以对法考主要涉及的法条做到足够熟悉也是十分必要的,这时就要用到我称之为“法条书”的参考资料。这类书籍会整理汇编法考所涉及的主要法律法规,在复习时随时查阅复习资料和真题所涉及的法律法规原文是一个非常有效地提高复习效率的方式,也是最容易被许多同学忽略的备考好习惯。

此外,大家在复习法考主观题时,也要多使用主观题模拟软件中的电子法条书,适应并熟练掌握如何快速查阅电子版法律条文,对于同学们在主观题考试中取得更高的分数也非常重要。

✍ 信息搜集与分析

如果同学们打算自主规划法考备考方案,那么最重要的一个步骤就是做好前期的信息搜集工作,除了本书外,一般来说,同学们还可以通过下述渠道获取相关信息,它们分别是:(1)法学院举办的各类与法考相关的信息分享活动;(2)通过法考的前辈分享的相关备考信息和复习方法;(3)各大培训机构的官方平台定期分享的相关信息;(4)社交媒体和知识分享平台中的相关信息。

通过信息的不断搜集,同学们肯定很快会面对一个问题,那就是"各种各样的备考方案,到底哪一种才适合我呢?"对此,我的建议非常直接,那就是当同学们已经搜集整理了不少于三种法考备考方案时,请你尽快选取一科部门法进行"试点",而不是继续把精力花在搜集备考方案和"思考比较"哪种复习计划更好这些事情上。

通过逐一"实验"你所搜集的几种备考方案,你一定可以通过比较得出适合你的方式,这种方式也许直接来源于其中一种方案,也许源于对两种方案的"个性化组合"。总之,尽快"真刀真枪"地对各种方案进行尝试才是效率最高的复习起步方式。

此外,与之相关的另一个问题是,相同的科目,市面上往往会有多名不同法考培训机构的老师撰写的教材,这又应该如何取舍呢?对此,我的建议是,同学们应该以某位老师撰写的核心教材作为"主力",然后再以"取长补短"为原则,兼顾其他老师撰写的辅导资料。具体来说,同学们完全可以去书店或者通过借阅学长学姐的二手书,来判断哪位老师撰写的教材或内部讲义"更符合自己的胃口",然后以这本材料的内容为核心,在合适时辅之以其他老师整理的记忆表格和考点信息。

最后,还有一个问题,那就是法考复习,是否需要报名培训班。对于这个问题,我认为完全因人而异,从我们团队中几位具有资深法考辅导培训经验的作者分享的经验来看。对于以大四在校生身份参加法考的同学来说,是否报名培训机构,更多是取决于个人的时间安排,因为大三升大四的暑假,如我接下来会在学业规划部分提及的那样,同学们往往可能要面对"多线作战"的巨大压力。你不光要复习法考,可能还要准备考研、留学或实习。在这种情况下,按照自己的时间安排规划好复习计划进行复习，往往比报名培训班更为可靠，因为后者通常需要同学们连续几个月拿出固定的时间进行复习备考。

而如果同学们已经毕业，对于法考的备考状态是“心无旁骛、背水一战”，那么和志同道合的小伙伴一起参加培训班，往往会更加有效果，且各类备考信息和情报的沟通与传递也会更加及时和充分。总之，是否报名法考培训机构，以及报名何种授课模式的班级，取决于多种因素，同学们完全可以在进入法学院后通过自己的信息搜集与前辈们的经验分享再做决定。

✍ 基本备考思路

由于法考只要通过就能获得职业资格证书，所以在复习时间有限的情况下，同学们一定要设定好自己的备考目标，那就是确保一次性通过考试。而法考的通过线也非常明确——得到60%的分数。而另一个或许有争议但我们认为无误的事实是，无论法考的考题如何变化，三到五年内至少会被考查两到三次甚至更多的考点的总分数一定会占到当年法考总分的60%以上，这些考点，我们称之为“重点考点”。所以，确保通过法考的思路已经呼之欲出了，那就是将近五年甚至近十年的真题和相关重点考点做到滚瓜烂熟。我们所介绍的备考思路，将以此为前提。

在此思路下，对于教材的选择，如果你的复习时间非常充裕（比如能够做到提前一年进行复习），或者你的目标是取得一个高分，那么官方教材与机构教材是非常好的选择，这能够让你的基础打得非常扎实。如果你只有半年甚至更短的时间进行复习，使用内部讲义会是效率更高的方式。

基本的复习方法万变不离其宗，那就是“读教材、做真题、看法条、记笔记”。具体来说，如果你使用的是官方教材，推荐你先按照部门法认真阅读教材并整理笔记以供日后直接查阅。如果你使用的是机构教材或内部讲义，那惯常的学习方式就是配合课程视频或录音的同时学习相关内容并进行笔记整理。随后，以每一科部门法为节点，结束官方教材、机构教材或讲义学习的你应该立刻拿出真题进行练习，遇到不确定的选择题选项或错题，建议你立刻查阅法条并整理归纳相关知识点。最终实现的效果就是，将教材中的知识点转化成为笔记中知识点，再转化成脑海中的知识点。

但是对于基础比较薄弱的同学而言，如果这一转化过程实在过于困难,也可以采用“先背诵——后理解”的方式,随着知识点的不断累积,你将更容易理解先前背诵的内容,而不至于一直停留在早期的知识点“止步不前”。

此外,还需要提醒同学们的是,不同部门法的复习方式还是有所不同的,这一点,各大法考机构的“名师”与通过法考的前辈们给出的经验会比我们提供的信息更加丰富、权威且翔实。但即使如此,我们还是在此对每个部门法的基本特点和备考方式进行一些简单的总结和介绍:

● 刑法是法考中分值最高的科目之一,甚至有一种说法“得刑法者得法考”,可见刑法知识对于通过法考的重要性。关于刑法总则的知识点,建议同学们一定要在充分理解法条和背后原理的基础上再进行易错题和难点的背诵。分则的考点较为集中,确保重点考点不要丢分,然后再进行易错题和难点的背诵即可。

● 民法在客观题部分考核的分值较少,在主观题部分考核分值较高。与传统法学院教育中民法和刑法的分量不相上下甚至“民重刑轻”不同,在法考中,民法的总体分数并不算非常高。民法的复习思路,在客观题部分,以理解为主,因为很多民法考点如果不理解,记忆的效率并不高,而一旦理解了,完全可以通过“朴素的法感情”选出正确答案。而在主观题部分,配合理解记忆与快速查找电子法条,只需要把“道理”讲清楚,民法主观题都能够拿到不低的分数。

● 刑事诉讼法与民事诉讼法:虽然两门诉讼法涉及的实体法内容差异巨大,但这两门科目在法考之中的核心备考思路却差异不大——重点考点反复通过真题练习、其他知识点学有余力的情况下背诵记忆。之所以这么说,是因为诉讼法中的诸多法律规定和条文“并无道理可循”;许多诉讼制度性规定(比如关于期间时效的规定),除了“死记硬背”并无其他更好的学习方式。而除此之外的诉讼法考点,大部分又都属于“重点考点”的范围,并且在主观题答题阶段可以通过快速查阅电子法条获得准确信息。所以从总体上看,两门诉讼法的备考思路大同小异。

● 习近平法治思想、法理学、宪法、中国法律史、司法制度和法律职业道德:这些科目有一个共同点,那就是知识点和考点偏理论化。换言之,如果同学们有足够的时间进行复习,那么深入研究相关教材中的内容,是可以做到“以理解代替记忆”的。但如果同学们复习的时间有限,那么对于相关内容,我推荐直接背诵各类内部讲义已经整理好的信息和表格会更有效率。尤其在同学们复习时间非常紧张的情况下,对于中国法律史、司法制度和法律职业道德这几门每年只考几道题的科目,更可以有策略性的“抓大放小”。

● 其他:除了以上科目之外,法考的其他科目总体来看遵循“读教材、做真题、看法条、记笔记”的方式都是没有问题的。当然,不同教材与授课老师传授的具体方法也会有不同,对此,同学们只要按照我先前提供的思路合理进行挑选和组合即可。

✍ 复习的轮次

在本节的最后,关于法考的复习,还有一个技术性的概念需要与同学们介绍,那就是我们常说的“复习轮次”。何谓“轮次”,通俗地说,它就是同学们在复习任何考试时人为的将复习计划划分为不同阶段。为什么需要强调轮次这个概念呢?我以一个例子来说明其中的道理。

假设我们即将在三个月后参加一次模拟法考,这场模拟考试只考查刑法、民法和行政法三门科目。在规划备考方案时,我们既可以每个月规划只复习一个科目,也可以每个月都以不同形式复习三门科目,然后三个月复习“三轮”。无论是从我们普遍的记忆规律还是从十几年来无数前辈总结的备考经验和教训来看,后一种备考方式是效率更高的。由于法考的科目至少涉及十几种不同的法律法规和法学理论,显然,使用轮次的概念规划复习对于大部分同学来说,是更科学的。

那怎样规划轮次更好呢?显然,这就是需要同学们搜集信息并结合个人情况进行分析和判断了,在此,我们仅给出一个复习轮次模版,供大家参考,大家完全可以按照自己的复习习惯和节奏以及复习时长,合理规划适合自己的复习轮次。

<table>
<tr><th colspan="2">法考客观题复习计划(三轮次)</th></tr>
<tr><td colspan="2">【注:本计划预计复习时长约 4 个月,预计每日复习时间为 10 小时左右。】</td></tr>
<tr><td>第一轮
约 6 到 8 周</td><td>在这个阶段,建议同学们按照每科适合自己的复习方法逐一完成教材或讲义的学习与笔记的整理,对于分值较高的部门法,至少分配一周左右的时间进行复习(比如:刑法、民法、诉讼法等)。对于背诵有困难的知识点,开始搜集整理专门的表格以供在碎片化的时间反复背诵记忆。</td></tr>
<tr><td>第二轮
约 4 周</td><td>在这个阶段,同学们应该都已经针对不同的部门法整理好了自己熟悉的笔记,所以我们现在要做的事情,就是开始“刷真题”。同学们既可以按照教材的配套练习以科目为分类模式进行练习,也可以直接使用按照年份汇编成册的法考真题依据真实的考试时间进行模拟。总之,最重要的一点就是,面对真题,千万不要害怕“一开始错的很多”,你现在反复练习的真题,其实就是你未来在考场会遇到的考题,所以越早开始练习你的胜算就越大。
在刷题的同时,一定要同时做好两件事情:一件事情就是总结整理做错的考点,编纂一本属于自己的“错题本”;另一件事情就是对任何不确定的知识点,随时养成查阅核对法条的习惯,在这个过程中,尤其要对法条的条目编号(比如“《民法典》第几条第几款”)进行重点记忆,这是很多同学会忽视的一个细节。因为养成了这个习惯,在主观题答题阶段,你就可以按照条目编号直接查找定位法条原文作答,这将会是非常高效且可靠的答题方式。
此外,现在许多法考培训机构也开发了可以在手机和电脑上使用的答题软件,同学们在各大应用商店搜索“法考”都能看到这些 App,这些软件非常适合同学们在碎片化的时间进行练习。</td></tr>
<tr><td>第三轮
约 4 周</td><td>在这一轮开始之前,正常情况下,同学们应该已经对自己在第一轮整理好的知识点笔记和第二轮整理的错题本中的内容做到了“心中有数”,那么这一轮同学们要做的事情非常“单纯”,就是按照考试的时间安排反复练习近五年甚至更多的真题。并在同时反复加强对易错考点重点考点的记忆。</td></tr>
</table>

<table>
<tr><td colspan="2">法考主观题复习计划(一轮次)</td></tr>
<tr><td colspan="2">【注:本计划预计复习时长约 1 个月,预计每日复习时间为 10 小时左右。】</td></tr>
<tr><td>第一轮
约 4 周</td><td>在该阶段,同学们需要完成答题思维模式的转变。在客观题阶段,同学们只需要“选出”正确的答案即可得分,而在这个阶段,同学们需要“写出”正确的答案才能得分,所以该阶段对知识点的掌握,在“量”上,不及客观题阶段;但在“质”上,远胜于客观题阶段。故同学们要做好两件事情:

第一件事情,就是以最快的速度开始练习主观题的真题,并且这种练习不能偷懒,一定要“真刀真枪”的按照主观题的要求“一字一句”写答案,然后对照标准答案进行总结和归纳,做错或者遗忘的考点,也一定要记得拿出法条书进行核对。第二件事情,就是同学们需要继续端着主观题复习阶段整理好的“错题本”继续巩固易错考点,尤其是易错考点中的那些重点考点。第三件事情,熟悉通过电子法条书定位与查询法条,你要重点关注哪些法条在电子法条书的位置呢?首先,是最频繁考查的那些法条;其次,是你通过做真题经常错的法条;最后,是最近几年刚刚通过的“新法”,尤其是那些热度比较高,法考名师们提及的比较多的新法条,一定要多留心。

最后,主观题的第一道理论论述题也值得特别说明,因为这道题分值很高,但核心思想和主旨却有非常明确的方向。针对这一道论述题,同学们可以从主观题复习的第一天开始,就搜集整理好适合自己的复习材料,然后开始每天背诵记忆。</td></tr>
</table>

总之,对于法考的备考,无论同学们采取何种方式进行复习,万变不离其宗的两点就是“真题”和“法条”。

3.2 涉外法律人成长进阶:英语能力提升与法律英语入门

本节,我们将对本科期间如何通过自学提升英语能力进行介绍。不过,必须强调的是,我们介绍的方法,显然只是众多方法当中的一种,虽然经过反复验证,这种方法适用面很广,并且尤其适合来自英语教育欠发达地区、预算有限,且想在本科阶段通过自学提高英语水平的同学。但这种方法不可能是万能的,如果你在尝试过这种方法后感到效果不佳,你应该尽快找到适合自己的方法或者报名参加相关培训课程。

为何我们要在本科时代提升自己的英语能力?这当然是为了学业

和就业。对于前者来说,好的英语成绩是大多数研究生项目的敲门砖;而对于后者来说,大部分法律岗位也更加青睐拥有出众英语能力的求职者,尤其是那些涉外法律岗位(即使求职者没有留学背景)。

大学的英语学习,可以分为两个阶段,第一个阶段为“英语基础巩固阶段”,即我们如何在平日的“(专业)课后”利用碎片化时间巩固基础英语能力;第二个阶段为“专项考试突破阶段”,即以特定标准化考试为目标,在相对较短的时间内进行高强度备考,从而在短时间内达成个人英语能力的突破。

✍ 如何巩固英语基础

如何在本科期间给我们日后的英语学习打基础?在我看来,同学们应当从两个最基本的层面进行积累,这两个层面也较为符合同学们在大学之前所接受的应试教育的思维模式,即:积累“词(英语词汇量)”并提高“读(英语阅读能力)”。

英语词汇量的扩充

关于词,其核心即为对英语词汇的掌握与扩充,通俗地说,就是“背单词”。那应该如何扩充词汇量呢?我的方法和传统的应试背单词方法区别很大,但在我看来,它反而最适应同学们惯常学习与掌握一门外语的本能。[1]

我认为扩充词汇量,首先要“背动词”。换言之,当我拿起一本单词书的时候,我会按照顺序首先把里面的动词全部标记出来。为什么动词最重要?因为任何一句话,如果没有动词的参与,我们都无法知晓其想要表达的核心内容。[2] 所以我建议大家从动词开始扩充你的英语词汇,并以此作为提高你英语阅读能力的起点。背完了动词,你可以按照名词、形容词、副词的顺序继续背诵,或者直接按照单词书的编排背诵。

与之相关的另一个问题就是,作为刚刚进入大学的本科生,我应该选择哪一本“单词书”开始背诵呢?市面上各类单词书琳琅满目,从《四

---

〔1〕 本节作者王维康同学不仅熟练掌握中文与英语,也能熟练使用俄语。

〔2〕 比如:“胖胖的小明抱起瘦瘦的小红”这句话。如果我们遮住“小明”或“小红”,这个句子其实我们是能读懂意思的,只不过不知道具体是谁抱了谁。如果我们遮住“胖胖的”或“瘦瘦的”,更不影响我们对句子的理解。但是如果我们把动词遮住,那这句话是什么意思?我们根本就不知道了。

六级词汇手册》到《雅思/托福红宝书》不一而足。但很多同学们在背这些单词书是总是会向我反映一个问题,那就是“背完就背完了”,根本不清楚自己“记住没记住”。为什么会出现这种情况呢?其实根本原因在于,我们没有选择一本“接地气的单词书”作为“大学第一本单词书”。

什么是“接地气的单词书”?在我看来,这本单词书中列举的单词,是和我们日常生活最近的。换言之,背完这些单词后,我日常经历的与“衣食住行”相关的活动,都能与我背过的英文单词直接对应,我背诵的单词因此有了现实的适用场景,我自然就能更快记住它们。这一思路,对于英语基础差的同学来说,尤其奏效。

那存在这样的单词书吗?答案显然是肯定的。那就是“朗文3000常用交际词汇(Longman Communication 3000)”,这些单词是朗文词典编辑组从浩如烟海的英语词汇中选出的人们日常生活中最为常用的3000个单词。[1] 背完这3000个单词(别忘了,从动词开始背),我认为你就打好了本科通过自学提升个人英语能力的基础。

至于具体“怎么背”?你可以使用高中时代的方法,或者尝试各种你能找到的单词背诵方式,直到你找到了适合自己的节奏。不过不管你使用哪种具体方式,我都建议你始终要给自己留足“复习”的时间。换言之,假设你给自己定下的目标是一周6天每天用2个小时背单词,我建议你用其中的3天背新单词,用另外3天复习之前背过的单词。

理想情况下,我建议大家在大一开学前背完这3000个单词。背完后,如果你觉得背诵的过程很愉快或意犹未尽,我推荐你继续背诵“朗文9000常用交际词汇(Longman Communication 9000)”。[2] 背诵这张单词表所用的时间一般来说将远高于前者,所以,如果你能在大二开学前,熟练做到“听说读写”[3]这9000个词汇,那么你的英语水平,将足够应付你将要备考的任何英语标准化考试。

---

〔1〕 同学们找到这份单词表后,会发现每个单词的后面都跟着“S”与“W”的字样,并且还跟着数字“1、2或3”。S代表该单词是“口语(Spoken)常用词汇”,W代表该单词是“写作(Written)常用词汇”。1代表该单词使用的频率是最高的,2、3则表示相对较低。

〔2〕 大家如果想要直接通过网络渠道获得这两张单词表,可以直接输入该链接:http://e4thai.com/e4e/images/pdf2/9000longman.pdf。或通过“bing.com”搜索引擎输入“Longman Communication 9000”,并选择“国际版”的搜索结果。

〔3〕 看到英文单词,能立刻明白其意思并正确朗读;听到英文单词,能直接写出;并且在英文写作时能够经常使用这些词汇。

英语阅读能力的提升

说完了背单词,我接着聊聊阅读的技巧,此处,我假设你已经至少熟练掌握了朗文3000词的内容,毕竟阅读的基础是词汇量,没有词汇量的阅读技巧是纯粹的空谈。英语阅读的技巧是什么?在我看来,其实很简单,那就是"快速完成英语文章的浏览并能够总结每段大意的能力"。[1]

这种能力很重要,你在本科阶段将要准备的几乎所有英语标准化考试的阅读题其实考查的都是这种能力。那我们应该如何通过自学训练来提高这种能力呢?这是一个循序渐进的过程,结合同学们未来在大学将要参与的英语标准化考试,我推荐大家这样进行提高:

第一步,准备一本大学英语四级真题书,翻到阅读题部分。接着,请在尽可能短的时间内"只用你的眼睛看完一篇文章"。是的,没错,你不需要动手、动笔,只用眼睛看即可。看完后,请立刻合上书,拿出笔或打开手机的录音软件——现在,请你用文字或口述形式,尽可能完整的复述原文的大意。你可以用中文复述,也可以"中英混杂",当然,在你足够熟练后,你也可以使用纯英文进行复述。复述完成后,请立刻对比原文,找出你的错误,并在此时划出文章的"重点词"与"核心句"。[2] 然后,请再一次合上书,进行复述。如此往复,直到你能够八九不离十地把整篇文章的大意复述完成,你的练习才告一段落。

我知道,这个过程在一开始会非常痛苦,但只要坚持一个星期左右,你就会发现自己复述的能力(甚至是记忆力)有了很大提升。坚持一个月甚至一个学期之后,你就会找到自己阅读的"节奏",即所谓的"读感"。当你能够顺利地读完一篇四级阅读文章并完整复述后,你会发现那些阅读题对你而言只是小菜一碟。征服了四级真题后,你完全可以使用相同的方式练习六级阅读真题。

第二步,如果你能在大一下学期结束前完成四六级阅读真题的训

---

[1] 举个例子:甲乙两位同学词汇量相同,但甲同学熟练掌握阅读技巧,乙同学则没有。同样阅读一篇1000词左右的英语文章,甲同学显然可以在更短的时间内对该文章每一段的大意进行总结,如果读完文章后还要做阅读题,显然甲同学就有了优势,因为他有更多时间对问题进行思考。

[2] 很多老师介绍的阅读方法总是教你在阅读时去定位"重点词""核心句",但具体定位的方式却总是语焉不详。实际上,最简单的方式就是强迫自己进行复述并比对原文,通过这个过程,你自然就能找到文章的重点词与核心句,因为本能会驱使你记住这些词句,这样你才能"最省力"地复述一整篇文章。

练,那么在大一暑假,你就可以结合自己的学业规划开始制定下一步的阅读提升计划。比如,如果你的目标是考研,那你就用相同的方式练习硕士考试的英语阅读真题。如果你的目标是留学,那么我建议你先使用雅思阅读的真题练习,然后再使用托福阅读的真题。[1]

第三步,如果你在大二或大三通过持续的训练已经掌握了足以应对硕士考试或雅思托福考试的阅读技巧。如果你还想进一步提高自己的阅读水平与词汇量,你可以开始阅读各类专业文章。比如英文期刊或你感兴趣的部门法英文论文。当然,在这个阶段,你不需要再进行复述了,因为经历了前两个阶段的锻炼,此时的你已经完全掌握了英文阅读的基本方法,阅读这些英文文献主要是进一步提升你的阅读速度与词汇量。

不过,我还要多说一句,那就是这里我所介绍的阅读方法纯粹是为了"打基础"。真正为了应试做准备,一些管用的阅读技巧该用还是得用:比如先看阅读题并标记出重点然后再带着问题开始阅读原文;比如阅读题或文章中反复出现的词语或概念一定要做重点标记与定位;比如对于表达逻辑关系的词语和句子(例如:转折句、总结句)也要重点标记。当然,一般这些方法,相关应试教材都会有介绍,在此我便不再赘述。

✍ 如何进行专项考试突破

细心的同学们应该发现了,刚才我的介绍只提及了词汇和阅读,但大部分英语标准化考试考查的都是"听读写"[2]三项技能。我之所以如此安排,是因为"词汇"和"阅读能力"是英语学习中最为核心的基础能力,只有这两种能力夯实了,同学们才能真正提升其他英语能力:如果没有词汇量,你不仅听不懂听力对话,你也无法用英文进行口语和写作表达;如果没有好的阅读能力,你也无法积累各类词语的日常用法并进行句式乃至段落的写作模仿。所以,对于英语基础一般又希望通过自学在本科阶段持续提升英语能力的同学来说,先把"词汇"与"阅读"的基础弄扎实,是一条不可能绕过的必经之路。

---

[1] 我之所以如此建议是因为托福阅读真题的内容更加学术,雅思阅读题的题材相比之下更加生活化,更加适合起步阶段进行练习。

[2] 硕士生英语考试考查的是"听、读、写",雅思与托福考试考查的是"听、说、读、写"此处以参考人数更多的硕士生考试为例,但在文末我一样还是会介绍有关如何提高英语口语(即"说"的能力)的方法。

英语写作能力的提升

假设你顺利完成了这些“基础工作”，那么接下来我建议你开始训练英语的写作能力。英语的写作能力分为两大内容，即：“写作的语法”与“内容的构思”，现分别进行介绍：

在你掌握了大量单词后，你必然想要练习英语写作，但是我们练习的目标是什么呢？成为英语小说家或者诗人？当然不是，我们训练的目标，是要在特定的英语标准化考试中获得好的分数。所以，本科阶段的写作训练，应该也必然是要以应试为导向的。那英语标准化考试那么多，所有考试的写作应试方法都是相同的吗？对此，我的回答是，大方向是相同的，小的技巧是不同的。但我们应该先从共通的大方向开始训练。

首先当然是语法，毕竟我们要确保自己首先能“写得对”。对于语法的训练，我觉得大家并不需要掌握多么高深的内容，选择一本适用于高中或高三阶段的英语语法书即可。选好了语法书，其实更重要的是如何阅读与使用它。对此，我的建议是：你首先应当对这本书中有关“句法”的内容滚瓜烂熟，并勤加训练，只有句法精通了，句子才能写得对且才有可能写得好。句法的内容很多，我建议大家着重掌握下述内容：

首先，掌握与“从句”相关的语法，诸如：谓语从句、定语从句、状语从句、宾语从句等等，一个都不能放过，这是句法的重中之重。看完从句后，再一个就是“非谓语”或“非谓语从句”。随后再是“倒装句”，其中尤其要注意如何写“虚拟语气的倒装”，因为应试阅读与写作中，这种句法会经常看到、用到。最后就是“独立主格”，虽然它并不是传统上的“独立的句子”，但是它可以起到相同的表达效果，并且会写独立主格，在应试写作中也是讨巧的，尤其是类似“非谓语倒装独立主格”这样的表达技巧，能让你的表达看上去更加“高级”与“地道”。

在学习这些句法的同时，我们也需要勤加练习，当然，部分语法书会给出练习题，但那些题目的量是远远不够的。我们要给自己“加练”，具体的方式有两种：第一种，在我们进行阅读时，我们要有意识地把文章中的长句、难句摘抄出来，专门进行句法的分析与模仿；第二种，直接购买专门应付各类标准化考试的“长难句分析书”[1],一边学习一边模仿背诵这些长难句的写作技法。

把这个基础打好了,你再具体的准备特定标准化考试的写作就会容易很多,比如雅思或托福的写作考试,在你掌握了扎实的语法与句法基础后,你只要挑选一两本公认比较好的考试写作技巧书,按照其推荐的方法进行突击写作练习即可。

在时间安排方面,我建议关于语法与句法的学习,同学们着重拿出一到两个月来进行集中训练,比如:大一升大二的那个暑假,就是一个不错的时间节点。

搞定了写作的句法和语法,接下来,我就将介绍如何提升自己的英语写作构思能力。此处我介绍的方法依然是完全应试的,这意味着它只适用于英语标准化考试所惯常考查的作文题型。如果你想用我的方法写出一篇出色的英语记叙文或散文,那是绝对不可能的。

大家要明白一点,那就是你在本科阶段所参加的大部分主流英语标准化考试的写作题主要考查的是一种非常具体的写作能力,那就是“思辨式写作能力”,即所谓的“Critically Writing”。这种文体其实就是议论文中的一种,它要求同学们在分析每一个主题时,都能从“正面与反面”“宏观与微观”“抽象与具体”等多个对立的维度进行分析并给出结论。明白了这一点,我们就可以对症下药,提升自己的内容构思能力。对此,我推荐给大家两种常见的构思思路:

第一,当写作题目要求我们针对某个话题给出观点或看法时,你可以用这种结构来应对:文章的第一部分,先把作文题的背景引入,介绍一下“这个题目是怎么来的?”或“相关话题是如何产生的?”顺着背景介绍,你便可以直接破题——给出自己对于题目的基本观点。第二部分,就是你辩证分析的部分,你既要分析你的观点的“优劣”,也要分析与你对立的观点的“利弊”;既谈宏观,也谈个体,以此类推。第三部分,你要给出一个标准,即:既然我的观点和反对我的观点都“有利有弊”,为什么我的观点依然更胜一筹呢?因为,从“某个角度来看”,我的观点显然“更能解决问题”。角度的选取非常重要,这考验的就是同学们的综合

---

[1] 购买这类教材,不必拘泥于你所准备的特定考试。比如,即使你备考的英语六级考试,你一样可以购买《考研英语长难句》《GRE 长难句分析》或《LSAT 长难句分析》这样的句法书进行学习,而且往往效果还会更好。

能力了。但只要你们的阅读量足够多,这根本不会是一个问题。最后,你必须再回到第一部分给出的观点,甚至给你的观点来一次“价值升华”,[1]上升到“社会”“文明”或“人性”的角度,一篇几百字的英文作文便可顺利完成。

第二,当写作题目要求我们对某种观点亮明态度时,你可以用这种结构来应对:文章的第一部分,和之前一样,你依然要分析这个题目是怎么来的。而第二部分,如果你赞同题目的观点,你应该主动分析反对观点的具体内容、出现原因与合理性;如果你不赞同题目的观点,你则要分析题目观点的出现原因与合理性。第三部分,你当然要进一步阐述自己的观点,并承认你的观点有利有弊;此时,你依然要给出一个标准,通过这个标准,你才能得出自己的观点更胜一筹的结论。最后,在你力所能及的情况下,你依然可以来一小段“价值升华”。

当然,我在这里介绍的两种思路,只是最基本与最“万金油”的。熟稔这两种思路并确保你的作文没有语法错误,至少以我个人的经验来看,你的英语写作就算“合格”。当然,如果同学们想要继续提高,市面上也有大量的教材与公开课可供大家学习。此外,一个笨办法也永远是有效果的,那就是背诵高分范文,并仔细揣摩他们的谋篇布局与用词用句。

英语听力能力的提升

练好了词汇、阅读与写作,其实英语听力能力的提升就是一件相对简单且水到渠成的事情。以应试为目标,我给出的建议非常简单直接,就是“练真题”,反复练,不停练。我知道同学们在大学时代会听到不少其他说法,比如通过“看美剧、听英语新闻、听公开课”来锻炼自己的听力,当然,如果你的英语基础不错并且也没有备考标准化考试的压力,这些听力提升方式肯定是“更加素质教育的”。但在本科阶段,我们的学习任务很多,英语只是其中之一,听力只是其中之一的其中之一,我认为,真的没有必要投入过多时间。所以,性价比最高的方式,就是练真题。

---

〔1〕 比如典型的价值升华结尾可以是这样的:“应该对闯红绿灯的行人进行罚款不仅体现的是对交通规则的尊重,更体现的是对社会秩序的维护与对他人生命价值的珍视——当我遵守交通规则的时候,我也会相信,自己的父母走在另一条马路时,他们不会因为他人违反交通规则而受到致命的伤害。”

当然,练真题也是有技巧的,在我看来,听力的技巧,有两个层次:第一个层次,是最基本的层次,那就是选择几本你所准备的英语考试的听力真题合集跟着上面的方法进行练习。如果按照这个思路你就能取得自己想要的分数,那我们当然可以到此为止。如果你的分数并没有达到预期或者你渴望"变得更强",那我们就进入第二个层次的英语听力训练,即"听写真题"或"精听"。什么是"精听",它指的是听完听力题目的提干后立刻用文字或口述的形式对其大意进行概括或对其内容进行复述,在原理上,其实和我们先前介绍的阅读材料的复述是一致的,那就是通过记忆提高对听力材料的敏感度与反应速度。精听一开始也会很痛苦,但你能做的,也只有坚持,以我个人的辅导经验来说,每天只要精听30分钟,坚持一个学期,你的听力水平一定会有质的飞跃。

英语口语能力的提升

相较于上述几个方面,英语口语能力的提升我个人认为自己的发言权有限,因为我只备考过一种考查英语口语能力的英语标准化考试。[1]故在此,我给出的建议并不一定适用于备考其他标准化考试或用于提高同学们的"日常口语对话能力",如果大家认为我的方法不适用,你完全可以尝试其他方法。

我的策略用一句话概括,那就是"打造专属于你个人的模板"。很多同学在备考雅思与托福口语考试时,都是一个典型的"拿来主义者"——考前从各种渠道搜集几套现成的模板,然后依葫芦画瓢在考场现学现背。这种方式在绝大多数情况下都很难拿到一个理想的口语分数,因为以我多年辅导的经验来看,大部分考生挑选的模板在内容上区别并不大,考官是非常容易分辨你的"侃侃而谈"是在现场发挥还是在背诵模版。[2]

那我们如何获得专属于自己的模板呢?首先,在考前(至少)两个月,你应该搜集整理好近几年来口语考试最常出现的题目,这类资料很多,搜集的难度很低。随后,你应该把搜集的所有题目按照你个人的习惯,分类整理为不同题材的"口语题库"。比如当时我就整理了8个题库,其中一个题库的内容全部围绕"教育"展开,即:我个人的教育经历,

---

〔1〕 我参加过的考查口语的英语标准化考试是雅思考试,第一次考试我的口语单科分数为7.5分。

〔2〕 特别是几套经典的雅思托福口语备考教材,其提供的模板内容已人尽皆知。

我对中外大学教育的看法，我大学学习的专业介绍，我想要出国留学的原因，我最熟悉的老师等等。随后，我会把所有这些内容“串”成一篇“漂亮”[1]的记叙文，并找英语能力比我强的前辈帮我修改和打磨。我就是在考前老老实实花了半个月，攒了8篇这样的口语模版，然后把它们背得滚瓜烂熟。[2] 功夫不负有心人，口语考试当天，考官的问题果然被我押中，我对自己后来得到的分数也毫不意外。

另外，再谈一谈“口音”问题。一方面，你的口语发音带有个人特点(即“有口音”)并不会阻碍你获得一个满意的口语分数，所以大家并不需要为了口语考试而去特意模仿所谓“地道的伦敦腔”，你只要按你觉得自然的方式说英语即可；但另一方面，你的吐字一定要清晰、发音一定要正确，这就需要你按照音标多加练习了。这两者是两回事，不可混为一谈。

模拟考

最后，我还想提醒同学们，在以应试为目标进行备考时，应当尽可能早的按照考试的“时间要求”开始进行模考。这里的时间有两层含义：第一，按照考试的时间安排进行模考，比如真实的考试上午10点到12点考阅读，你也尽量在相同的时间安排阅读模考；第二，按照考试的时间要求进行模考，比如真实的考试要求在1小时内完成所有阅读题，那你也要掐着表在1小时内完成所有阅读题。

很多同学在备考之前对于进行这样的“模考”总是有各种畏难情绪，我希望你想明白一个道理，你在考前模考的时间越少，你再考一次、再复习几个月的可能性就越高。早点考完，早点“解放”，不是更好吗？

✍ 法律英语进阶书单

接下来，我将为同学们介绍几本与法律英语能力的提升相关的书籍，如果同学们在本科期间已经具备了一定的英语基础，完全可以通过阅读学习下述书籍，提高自己的法律英语能力。

- 《元照英美法词典》(缩印版)，北京大学出版社。

---

[1] 如何做到“漂亮”，同学们之前在练习写作时，应该已经整理和分析了大量长句、难句以及表达出彩的佳句，这时候，这些句子就派上了用场。

[2] 当时我对这些模版熟悉到什么程度呢？即使在看电视剧的时候，剧中人物突然问了一个问题，我都会马上思考，我应该如何用我的口语模板进行回答。

■ 点评:想要提高法律英语能力,这是一本必备工具书。

● 《法律英语:中英双语法律文书中的语义歧义》,[美]陶博著,复旦大学出版社。

● 《法律英语:中英双语法律文书制作》,[美]陶博著,复旦大学出版社。

● 《法律英语:双语法律文书的解释》,[美]陶博著,复旦大学出版社。

■ 点评:这套书是我个人认为迄今为止最为专业与“学院派”的由中文撰写的法律英语丛书,如果你具有一定的英语基础(例如,通过英语六级、雅思6.5分及以上,托福95分及以上),这几本书可以非常好的提升你的法律英语能力。但这几本书比较难购买,大家可以尝试去图书馆借阅或购买二手书。

● *Legal Writing in Plain English: A Text with Exercises*, Second Edition by Bryan A. Garner, University of Chicago Press.

■ 点评:经典程度与陶博老师的书不相上下。

● 《学术写作指南》,[美]斯蒂芬·贝利著,唐奇译,中国人民大学出版社。

■ 点评:不要被这本书的书名迷惑,其实这是一本关于如何用英文进行论文写作的书,对于想要提升个人英文写作能力的同学们来说,是一本很好的入门读物。

● 《鏖战英文合同:英文合同的翻译与起草》(第三版),王相国著,中国法制出版社。

■ 点评:适合在实习或工作期间有明确业务需求的同学们阅读。

● 《涉外法律文书写作》,李萍著,中国法制出版社。

■ 点评:同上。

总结

英语学习其实在本科阶段是一件非常重要的事情,并且在法律这个“靠语言能力吃饭”的行业里,英语能力的强弱比专业课绩点的高低更容易拉开同学之间的就业竞争力差距。而一个不可否认的现实是,现阶段,在我国,中学阶段的英语教育水平还是存在着比较明显的地区差距。所以在此,我想提醒同学们,尤其是那些来自英语教育并不发达省份的同学们,一旦你选择了法律这个行业,无论你的学业和就业目标具体是什么,只要你想“出人头地”,你最好从拿到录取通知书的那一天开始,就制订好计划去提高你的英语能力。而对于高中阶段就立志成为涉外法律人的同学们来说,更是如此。

3.3　涉外法律人成长进阶:普通法学习入门

介绍完了本科阶段同学们在法学院可能会使用的学习技巧与方法,在本节,我们将对与美国和英国为代表的普通法系海外法学院研究生授课制项目相关的基本学习思路进行介绍。本节内容更像是"海外法学院行前学习技巧科普",其目的是帮助大家建立起最基本的与普通法系法学院学习相关的概念。而这些概念对于同学们本科阶段的学业就业规则,其实也能起到一定的帮助。并且,如同学们所见,本节内容涉及的范围也非常限定,之所以如此安排,是基于以下几点原因:

首先,以"美国和英国为代表的普通法系海外法学院"意味着本节介绍的相关学习方法,可能并不适用于将要前往大陆法系海外国家的法学院进行学习的同学们。之所以如此为之,是基于一个现实,那就是今时今日法学研究生留学生群体中,选择前往美英等普通法系国家和地区进行深造的同学,在数量上相对较多;并且,选择就读德国、法国、意大利等国法学院研究生项目的同学,大部分也都有比较明确的"学术追求",他们在留学期间的学习目标往往不再是通过几门考试,而是取得学术研究成果,这自然也不在本节介绍的以应试为目标的学习思路所涉及的范围之内。

其次,"授课制项目"意味着本节不会介绍与普通法系国家和地区的法学院提供的研究型研究生项目相关的学习技能。

此外,"基本学习思路"意味着本节对于相关学习技巧和方法的介绍,着重于"大方向"的策略建议,而不是具体的、细节的方法解析。之所以如此为之,是因为海外法学院开设的 LL. M. 项目与 J. D. 项目,一般也都会在开学后,以各种形式向新生提供与法学院学习方法相关的专门性课程和讲座。

✍ 课程大纲(Syllabus)

在海外法学院学习时,每个学期的第一周,每门课开课前,授课老师一般都会在教学系统分发课程大纲(Syllabus),对课程内容、成绩构成、期末考核方式等一一进行解释。这份文件十分重要,因为它能够为你科学安排学习计划指明方向。

此外,不少老师会在课程大纲中公布之前使用过的期末考试试卷与参考答案,对此,建议同学们在课程开始后,尽快熟悉这些试卷的内容,并不断对照笔记进行练习。不要有畏难情绪,也不要觉得自己一定要拿100分。练习的目的是让你熟悉授课老师的考核方式与出题思维,在条件允许的情况下,同学们甚至可以把自己写好的答案拿给老师进行讨论,这对你掌握老师的“套路”并“拿下”考试会起到非常大的帮助。

最后,不少课程大纲都会提示同学课堂发言不会“决定”但“可能影响”期末分数,总的来看,至少在绝大部分美国法学院,老师课堂点名答题(call on)时同学的表现,不会对最终的期末成绩产生影响。所以是否需要特意留出时间准备课堂发言,完全取决于同学们学有余力的情况,相比之下,好好预习以确保上课被点名时不会“哑口无言”可能会更重要一些。

✍ 如何进行阅读(Reading)

很多准备留学的同学们应该早有耳闻,海外法学院的第一关就是“阅读关(Reading)”,在课前一周甚至更长的时间,授课老师就会将“阅读清单(Reading List)”发送给同学,要求同学们在课前完成相应教材、论文与案例等材料的阅读。如果严格按照清单上的要求进行阅读,一门课程往往需要同学们在一周阅读上百页甚至几百页的材料,考虑到同学们每学期肯定不止修读一门需要提前完成阅读清单的课,大家一定会有一个疑问:“我,读得完这么多书么?”曾经,我们也有一模一样的困惑,但现在,我觉得问题的答案取决于你读书的方法。

如果你依然和大一一样认认真真“一字一句”阅读这些材料,至少以我个人的观察来看,我不认为有谁可以在一周的时间同时完成多门课程的“阅读清单”。道理很简单,换算成一道数学题:成百上千页的内容,除去吃饭睡觉、上课以及应付家长里短的时间,假设我们每周有60个小时用来阅读,在这60个小时中,我们每小时都必须阅读十几页的材料。注意,这仅仅是阅读,还不包括整理笔记的时间和复习的时间。显然,要完成这个任务,是非常不现实的。

那怎样才能应付这“浩瀚”的阅读材料呢?这就需要一定的方法了。

其实攻克英语文献阅读的核心思路,就是“思维导图”。只要稍稍将我们本科时代整理笔记的思维导图方法进行一些改进,就能将之变成高效阅读外文法律文献并进行笔记整理的方法。

具体来说,同学们在面对英语法律文献,尤其是教材时,首先要带着“大局观”去阅读。除了对文献的成书背景、目录和各章各节的标题进行熟悉这种常规操作之外,同学们一定要结合授课老师在“阅读清单”中划定的内容侧重点和提出的问题,有针对性地去寻找相应内容进行重点阅读,而不是逐字逐句“一页一页地翻书”。

以我个人经历为例,如果下一堂课之前,授课老师希望大家阅读教材中一整章的内容以及若干学术论文,并对几个下一堂课将重点讲解的问题进行预习和思考,我通常会用一整天的时间完成这样几件事:

首先,我并不会直接翻开书,而是会先在互联网对相关知识点进行简单的检索和查阅(甚至先看看时长较短的介绍视频或公开课视频),用几十分钟的时间,我大致就能够明白,下一堂课的内容大概要讲什么。

接着,我才会将教材相关内容和所有论文先以一级标题和二级标题的形式整理好思维导图大纲。此时,对于阅读清单中的问题答案可能出现的位置,我已经有了一个基本的判断。

随后,我会正式按照文献的编排顺序开始阅读,但我的阅读完全是以阅读清单中的问题为导向的。我在浏览与阅读清单中的问题没有什么关系的内容时,会优先定位“总结段”或“总结句”的位置,如果我能够没有障碍的理解这些总结性陈述的内容,我就会直接跳过其他内容,并将总结内容“放进”思维导图的第三级甚至第四级标题中。

一旦我来到了与清单问题有关的部分,我才会开始比较细致地进行逐句阅读(连脚注都不放过),并认真将问题的回答提前整理好。随着这个思路,就能够“有详有略”地快速完成阅读。

用这种思维导图方式进行阅读,在“预习”阶段,我们其实就已经完成了许多课程内容的总结,而在课堂上,我们只需要查漏补缺并将授课老师重点提及的内容充实完整即可。

✍ 其他技巧

此外,一旦在课堂中遇到了弄不明白的问题,尽快在当堂课后或“Office Hour(老师专门用来在办公室接待同学答疑的时间)”通过请教老师解决也是非常重要的,这对于我们牢牢记住这些“搞不懂的难点”帮助很大。不少同学对于向老师请教不太习惯,尤其是初来乍到进入海外法学院的中国同学,总觉得如果自己能解决的问题,不需要麻烦老师。

但我想提醒大家,一个最基本的事实是,无论他人怎么解释这些难点,期末考试最终还是授课老师命题,所以他对于难点的解释,对于考试来说,是最权威的,所谓“两点(即:你的思维和教授的思维)之间,直线最短”就是这个道理。

在课后,建议同学们尽快开始着手整理老师刚刚讲授的内容,并形成自己的思维导图笔记。如果你的计划比较繁忙,希望同学们至少确保以每周为单位整理完这一周的笔记,绝不要拖到下一周,因为那时候,往往我们对于这些内容的记忆就比较模糊了,需要额外耗费时间“唤醒曾经的记忆”,如此,我们学习的效率自然就大打折扣。

在期末考试(Final)到来前,一般法学院都会给同学们短则一周长则半个月的时间专门进行复习,在这个时间段,如果同学们认真按照你所熟悉的方法整理好了课程的思维导图与笔记,那么每天只需要“抱着它们复习”就好了。对于不同题型的具体复习方式,其实和本科时期也大同小异。

如果一切顺利,随着一个学期的高强度学习与法律基础的提升,在考前最后的这一两个星期,同学们也许就能突然体会到一种对整个课程内容“融会贯通”的感觉——你闭上眼睛,一个个案例与判决的核心内容都能在你脑海中不断浮现——那一刻,你,就大功告成了。

此外,对于准备前往美国法学院就读的同学们来说,还有一点值得注意,那就是大部分美国法学院课程的期末考试都采用的是开卷形式。在这种情况下,整理好以思维导图为核心的笔记,就更有其必要性,因为思维导图“可视化”的特点使得同学们在遇到相关考点后,可以很快“定位”它们在笔记中的具体位置,非常方便同学们在开卷考试时进行答题。

✍ 如何学习案例(Case)

一直以来,关于如何学习普通法案例,在各类中文知识分享平台中,不少年轻的“学习意见领袖”和留学中介的“资深导师”们都特别推崇“IRAC 学习法”。什么是 IRAC 呢,简而言之,它是四个英文单词——Issue / Rule / Analysis / Conclusion 连在一起的缩写。在中文语境下,不少人将之等同为学习普通法案例的“金科玉律”。那事实确实如此吗?可能我们要给出不一样的答案,那不妨先从这四个词的具体含义说起。

Issue 指的是“问题(我更喜欢称之为‘争议点’)”、Rule 指的是“法律规定”、Analysis 指的是“法律分析”、而 Conclusion 指的是“案件结论”。IRAC 指的就是将案例“拆解”为这四个部分并进行进一步分析与学习的方法。

通俗理解或不那么专业地说，在我们阅读一个案例时，我们首先需要识别出这个案例所欲解决的法律问题以及为了解决这个法律问题，法庭需要同时解决的其他相关问题，这就是案件的“Issue”。接着，我们需要总结法庭在解决这些问题时所援引与讨论的法律法规和其他案件的判决，这就是案件的“Rule”。随后，一个案件注定会涉及不同甚至繁多的 Rule，这些 Rule 还可能支持截然不同的立场，法庭在面对这些 Rule 时如何权衡取舍，进而辨明哪些 Rule 应该适用于眼前的案件，哪些 Rule 不能，哪些 Rule 在特定条件下能或者不能，就是“Analysis”的过程；最终，法庭以 Analysis 得出的结论为基础，正式对案件涉及的 Issue 逐一进行回答并做出判决，这个判决就是“Conclusion”。并且，在未来新案件出现后，这个 Conclusion，就有可能变成新的案件进行 Analysis 时所使用的 Rule。

总结到这里，我们不难发现，学习案例的精髓，其实主要在于 Analysis 的过程。换言之，Issue、Rule 与 Conclusion，其实在我们阅读案例的过程中都是不难确定的事项，而如何在案件中有选择性、有逻辑且有区别的将 Rule 适用于 Issue 进而得出 Conclusion 的过程，才是最能体现普通法案例思辨过程与迷人之处的地方。[1] 说的再通俗一点，普通法系法学院的案例分析题中，绝大部分考点，都会与 Analysis 这一部分相关。

说到这，大家应该能够理解，为什么我们认为 IRAC 并不是一种案例学习方法，更恰当地说，它应该只是一种“案例归纳模式”，类似的模式还有很多，比如“TREACC”模式[2]与“CREAC”模式[3]等等，在这些记录归纳案例的模式中，IRAC 模式应该是“字母最少”且“传播最广”的一种而已。

我之所以要在案例学习部分强调对 IRAC 模式的“去魅”，是因为在我过往的辅导中，我见过太多同学在入读 LL. M. 项目后，按照各种攻略的“安利”，在学习案例时直接在网上复制粘贴他人整理好的 IRAC 笔记，以为这样就完成了案例的学习。实际上，这充其量只触及了案例的

〔1〕 当然，我的这一观点仅限于同学们在普通法系法学院以学习和备考为目的学习案例的情况，在实务中，确定案件的 Issue，查找适用的 Rule，撰写逻辑通畅的 Conclusion，都是非常考验法律行业从业者能力的事项。

〔2〕 即“Topic，Rule，Explanation，Analysis，Counterarguments，Conclusion”的首字母缩写。

〔3〕 即“Conclusion，Rule，Elaboration，Application，Conclusion”的首字母缩写。

“皮毛”,也失去了学习案例 Analysis 部分以体会普通法系思维模式的机会。

那对于案例和 Analysis 部分,我们应该如何学习呢,在大方向上,其实前述思维导图模式依然是可以适用的。比如,我们可以将法庭支持在案件中使用的所有 Rule 逐一进行整理,并将法官的分析和推理过程归纳记录;然后,我们可以将相反的意见也整理好,以供未来考试时进行更加全面的“正反论证”;而对于那些“附条件适用或不适用的 Rule”,几乎就是案例题中的必考考点,同学们一定要好好理解记忆。最后,同学们也不要忘了把案情和关键事实整理好,这对于我们未来判断案例判决是否可以适用其他案例,具有直接的比较和参照意义。

行文自此,想必同学们对于普通法系法学院课程中所可能阅读和学习的案例的具体形式非常好奇,其实在绝大多数情况下,这些案例就是以法院判决的形式呈现的,而在相关判决中,也自然会一并介绍案件的具体案情、案件背景与相关当事人。

本文写就之时,正值轰动全美的 *Dobbs v. Jackson Women's Health Organization* 案判决公布不久,该案之所以如此引人关注,是因为其正式推翻了对美国妇女堕胎权予以较高程度保护的 *Roe v. Wade* 案。包括国内媒体在内的绝大多数媒体将关注重点放在此案判决所产生的实际效果——即:美国许多州将不再认可美国妇女的堕胎权这一事宜上。而作为法律人,如果同学们对如何学习普通法案例更兴趣,我推荐你们可以找一个空闲的下午或晚上,好好阅读一下这一案件的判决,读完后,你一定会发现,整个案件的 Analysis——无论你是否认同——所涉及的法律问题,远比许多媒体报道和同学们的想象复杂得多。

学习小组

来到海外法学院后,同学们也许很快会发现,不少身边的外国同学喜欢以学习小组(study group)这种方式进行学习。是否参与这样的小组,取决于同学们个人的喜好。这种集体学习的模式优点很明显:大家可以“群策群力”,互相督促,甚至合理分配各种学习任务,在一定程度上,节省所有参与者学习的时间。对于学习不太自觉的同学来说,参加学习小组,肯定是可以尝试的学习方式。

但同时,这种学习模式的弊端也比较突出,比如:大家坐在一起很容易聊天分心;并且小组成员的见解很多时候并没有“实际意义”,就像之前提到的,“两点之间、直线最短”,你的组员的思路并不一定和授课老师的想法一致,当你遇到问题,你优先请教的人一定是老师。所以是否参加学习小组,是一个可以尝试,但不一定非要尝试的选项,如果加入学习小组后你觉得学习效率没有提高,果断退出并不是什么他人无法理解的事,你只需向小伙伴们如实以告即可。

✍ 留学预备书单

● 《法律之门》(第8版中文校订本),[美]博西格诺著,华夏出版社。

■ 点评:这本书很厚,但如果你读完了,就能对所谓“西方”法律文化,建立起一个基本的坐标系。

● 《到法学院学什么:美国法入门》,[美]特蕾西·E. 乔治、苏珊娜·雪莉著,屠振宇、何帆译,北京大学出版社。

■ 点评:适合前往美国法学院留学的同学们在行前阅读。

● 《英国侵权法》,胡雪梅著,中国政法大学出版社。

■ 点评:不要被这本书的书名所迷惑;实际上,这不仅是一本学术作品,也完全是用中文撰写的“普通法侵权法教材”。所以,对于即将前往任何普通法系国家留学的同学们来说,这本书都非常值得同学们在行前阅读。

● *Getting To Maybe-How to Excel on Law School Exams* by Richard Michael Fischl / Jeremy Paul, Carolina Academic Press.

■ 点评:一本我在英国法学院和美国法学院都得到了老师推荐的普通法法学院学习技巧入门读物。

● *Law* 101-*Everything You Need to Know About the American Legal System* by Jay M. Feinman, Oxford University Press, USA.

■ 点评:同上。

总结

自此,我们从几个比较基本的角度完成了美英法学院基本学习方法的介绍。当然,我们的方法肯定不是万能的,同学们日后若前往相关普通法系国家的法学院进行学习,还是要多结合自身的情况,探索最符合个人习惯的学习方式。

3.4 学术写作与研究:入门与书单

除了学习专业课之外,法学院的本科阶段,我们还要投入非常多的时间进行一项教育实践活动,那就是法学学术研究。换言之,想要圆满地完成本科阶段的学业,同学们必然也需要初步地了解与掌握一系列学术方法,而这些方法能够适用的最直接的场景,自然就是各类论文的写作。换言之,这类技能,也可以被称为"学术写作"技能。

不少同学在法学院本科求学时,一定对于是否需要耗费大量时间学习这类技能感到困惑,尤其是那些本科毕业后并不打算从事学术研究的同学:一方面,他们认为,除了撰写毕业论文或课业论文之外,这些能力在进入实务领域后似乎"用处不多";另一方面,他们也不无偏见的认为,学术论文"曲高和寡","看都看不懂,更没兴趣写"。那在本科时代,我们有必要专门的拿出一些时间提升我们的学术写作能力吗?我的回答是:"有。"但是,我给出这个回答的原因,却会和许多法学院的老师们不一样,这,就要从我对"学术写作"的定义说起。

✍ 何为学术写作?

在我看来,学术写作并不只是"写论文",这只是学术写作的一种形式而已。真正的"学术写作",应该是按照一定的"方法和模式(在学术论文中,这通常被称为'范式')"对法律问题进行研究与分析,并将相关思考转化为文字的一种过程。以此观之,无论是在课堂中还是在校园外,"学术写作"都大有用处。那"学术写作"到底有哪些具体的表现形式呢?

首先,自然是大家熟知的"论文"。比如所有法学院同学都必须提交的"学位论文";比如不少课程要求撰写并计入期末总分的"课程论文";比如有志于从事学术研究的同学们在未来需要发表的"投稿论文";比如当你参加完一个学术项目后,项目负责人要求你撰写的"项目报告"。这些文章,自然是"论文"最典型的表现形式。其中的佼佼者往往主题突出、条理清晰、善用法言法语对特定问题进行逻辑周密的讨论。但同时,这类文章的受众一般都是学术圈的"同行",而不是普通读者。

其次,是"学术性文章",它在谋篇布局、格式编排、遣词造句方面也许并不像优秀的论文那般"学院派",但其核心写作技法,依然是"学术论文式"的。换言之,优秀的"学术性文章"创作者,必然熟知"学术论文"的撰写套路,只是出于不同的目的和原因,这些创作者选择以其他形式表达自己的学术观点和看法,并且在篇幅上,这类文章一般也都比较"短小精悍"。类似的文章有:学术评论、学术演讲报告、研究计划等。

这类文章的读者,在大多数情况下,依然是"圈内人士",但很多实务工作者也会浏览这些文章,以快速了解与其工作相关的学术背景知识。

最后,是具有"强烈学术写作风格的法律类文章",这类文章,伴随着自媒体的普及和发展,其实也是日后最有可能频繁出现在大家视野中的"学术文章"。它们长短不一,受众极广,可能发表在某位教授的公众号,也可能定期刊登在某家律所的网站中,甚至日后大家在实习期间,你的带教老师还可能让你就某个特定法律问题"写一点学术的东西"。它有时图文并茂,有时像是"视频论文",甚至具备大众传播的潜力。但万变不离其宗的一点是,它的核心行文逻辑依然遵从"学术写作的范式"。

至此,同学们不难发现,就算告别了校园,我们在很多场合,可能仍然需要使用与学术写作相关的技能。换言之,如果同学们能够在学有余力的情况下尽可能地锻炼相关能力,就算你未来从事的不是教职而是实务类的工作,你也不需要担心你的特长毫无用武之地——甚至它还可能在未来的某个时刻,成为你脱颖而出的"撒手锏"。

毕竟,突出的学术写作能力所反映的法学素养和逻辑分析能力,在任何具体的法律工作中都是不可多得的。甚至不少资深律师在招聘助理时,都会对拥有丰富学术写作经验的应聘者青睐有加。而我们作者团队中的蔡同学,虽然主业是律师,他也同时在自己运营的公众号"三山说"中,持续发表了多篇颇有"学术范"的法律类时评和文章,这也是他作为律师时常让客户印象深刻的地方。

此外,另一个问题也值得多聊几句,那就是学术写作与学术研究之间的关系。先说结论,在我看来,对于本书的主要目标读者(法学本科生)而言,学术写作能力体现的就是学术研究能力,但反之并不亦然。换言之,学术写作能力突出的人,学术研究能力是必然优秀的。但学术研究能力突出的人,未必具备突出的学术写作能力。

之所以要强调这一点,是因为在本节的书单中,我们的首要目标是向同学们介绍培养和锻炼个人学术写作能力的书籍,这其中,自然就包括了对于学术研究能力的介绍。

✍ 入门书单

- 《研究是一门艺术》,[美]韦恩·布斯等著,陈美霞等译,新华出版社——法学学术研究必读书。
- 《法学引注手册》,手册编写组著,北京大学出版社——学术论文写作必读书。

● 《街头的研究者——法律与社会科学笔记》,贺新著,北京大学出版社——很好的法学研究方法论随笔集。

● 《论法学研究方法》,陈瑞华著,北京大学出版社——顾名思义,书名就是我推荐的理由。

● 《论证是一门学问》(第五版),[美]安东尼·韦斯顿著,姜昊骞译,天地出版社——一本关于写作与逻辑的必读小书。

● 《法学论文写作:方法与技巧十讲》,焦洪昌主编,中国法制出版社——开卷有益,但预算有限的情况下如果图书馆能借阅就没有必要购买。

● 《法意文心:法学写作思维六讲》,阎天主编,中国民主法制出版社——开卷有益,但预算有限的情况下如果图书馆能借阅就没有必要购买。

● 《法律人思维与写作》,赵宏著,中国法制出版社——开卷有益,但预算有限的情况下如果图书馆能借阅就没有必要购买。

● 《论文写作指南:从观点初现到研究完成》,熊浩著,复旦大学出版社——适合法学院新生阅读的学术写作入门读物。

● 《民法基本原则解释》,徐国栋著,中国政法大学出版社——说"人话"也可以把深奥的问题讲透。

● 《怎样做文献综述:六步走向成功》,[美]劳伦斯·马奇等著,陈静等译,上海教育出版社——这本书会教你如何写文献综述,当然,直接使用信息检索的方式,也有很多文章和攻略可供参考,这本书是可替代的。

● 《西方法学史纲》(第四版):何勤华著,商务印书馆——系统梳理"西方的"法学理论和思想大家。

● 《法律实证研究:入门读本》:程金华、张永健选编,法律出版社——一本书入门时下流行的法律实证研究。

● 《美国法律文献检索(第12版)》,[美]莫里斯·L科恩、[美]肯特·C. 奥尔森著,夏登峻、缪庆庆译,北京大学出版社——同学们如果有大量查询外文文献的需要,这本入门小书应该优先阅读。

PART Ⅰ 中部

从专业到职业

第四章

就业的方向

结束了第一部分关于法学院“校内”生活的介绍,这一章,我们就要带领同学们进入“校外世界”——更确切地说——这是同学们走出校园后所将要一直面对的世界,一个或许只属于法律人的“职场”。我们一直认为,无论“读书”是不是为了就业,同学们“读完书”后,一定是要就业的。所以,毕业之后,拿着“法学院的文凭”,你可以在什么样的岗位开始你的职业生涯,便是本章内容的重点。

4.1 法律职业共同体

不过,在正式进行分门别类的介绍之前,我想先聊聊一个词,那就是“法律职业共同体”,之所以要引入这一概念,是因为本章内容,将主要围绕法律职业共同体所涵盖的岗位展开。法律职业共同体是一个“舶来”概念,20 世纪 90 年代末传入我国后,国内不少理论与实务界的研究者们对其也多有论述,虽然对其精确定义专家们至今观点各异,但通说认为,它指的是以职业法律人为核心所形成的社会专业人士群体。这一群体具有特定的职业准入门槛(比如,需要通过法考)、拥有可以彼此“无缝交流”的不同于其他行业的话语体系与思维方式(比如,法律思维);最重要的是,这一群体遵循共同的职业伦理、追求共同的职业理想(比如,公正及法治)。

听完了我的描述,首先进入同学们脑海的会是哪些职业呢?我想,法官、律师、法学院老师肯定是三个“必选”答案。而它们,实际上代表了法律职业共同体中的三大类岗位,即:法律公职人员、法律服务业者与法学教育研究者。而我们接下来的介绍,也将依循这一基本分类方式。不过在进入具体内容之前,我还是有必要分析一下这三大类岗位所涵盖的具体职位。

首先,什么是“法律公职人员”?同学们的第一反应肯定是,法律公职人员不就是“公务员”吗?其实并不尽然,因为后者的概念包含前者但却比前者广得多。说得具体一点,同学们在本科或研究生阶段,可以通过报名参加公务员考试或选调生项目成为"法律公职人员";但是同时,同学们也可以报名其他岗位,这些岗位对法学专业的同学开放——甚至不少岗位还十分欢迎法学专业的同学们报考——但这些岗位的具体工作与法律事务并没有什么关系。换言之,"法律公职人员"是公务员当中一个特定的岗位集合,相关岗位,一般来说,只向拥有法学学位——甚至是通过了法考——的同学们开放。但同时,法学院的同学们一样也可以和其他专业的同学们一起报考"法律职业共同体"之外的公务员岗位或事业单位,[1]这些岗位,其实就是同学们日后会经常听到的"体制内"工作。而本章的重点,将主要集中于"体制内"与法律工作相关的部分。

其次,什么是"法律服务业者"?其实,这多少算是一个我自创的概念,在本书中,它指的是两类群体,即:在律师事务所工作的专职律师与在各类企业公司提供法律服务的专业人士——即俗称的"公司法律人"。之所以将这两类职业群体归于一处,出于如下几点原因:首先,他们服务的对象是基本一致的,那就是各类"市场主体";其次,他们之间的角色转换也是十分常见且普遍的,即不少律师会在工作一段时间后选择成为"公司法律人",反之亦然;最后,这两类岗位一般来说,也需要同学们拥有法学学位且通过法考。不过,对于"公司法律人"来说,有时特定岗位(比如,初级法务岗)往往只要求求职者拥有法学学位,而并不强求求职者必须通过法考。这时我想同学们肯定又有问题,那就是,法学院的毕业生,进入公司后只能从事与法律相关的工作吗?答案显然也是否定的,就像下文将会介绍的那样,法学院的毕业生也可以通过"管理培训生计划"或常规的校园招聘进入企业内部,在日后转型为形形色色的企业管理、行政甚至销售人员。但这些岗位并不会对求职者的专业进行过多限制,显然不属于"法律职业共同体"的范畴,故在本章中,我们对其的介绍也只会一笔带过。

最后,什么是"法学院老师"?这其中的"门道",可能会比同学们想象的复杂一些:一方面,从法律职业共同体的角度来看,高校中这两类岗

---

〔1〕 事业单位,是指国家为了社会公益目的,由国家机关举办或者其他组织利用国有资产举办的,从事教育、科技、文化、卫生等活动的社会服务组织。由于事业单位正式员工身份与编制具有"准公务员"属性,故在本书中,除特别说明外,"体制内"工作同时包括公务机关与事业单位的各类岗位。

位的从业者往往只向“科班出身”的法学院毕业生开放,它们分别是:法学院教师与专职科研人员(即科研岗)。法学院教师的主要工作就是“教学”与“科研”,他们不仅包括同学们熟知的教授、副教授与讲师,在一些法学院校,现在也出现了“师资博士后”这样一个岗位——他们通常要以“讲师”的身份完成“教学任务”,但同时也要以博士后的身份完成“科研指标”。而专职科研人员的工作则较为纯粹,他们主要的工作就是完成法学院规定的科研任务,传统的博士后就属于此类岗位。同样,肯定也有同学们会问,除了这两类岗位外,高校当中还有其他岗位向法学院的毕业生开放吗?答案当然也是肯定的,比如同学们可以通过公开招聘或较为特殊的“留校”方式成为高校行政岗位的工作人员,比如高校教师也有可能在职业生涯发展到一定阶段后成为院系乃至高校的“领导”,从事行政工作。但这类情况,便不在本书的介绍范围之中了。

写到这,同学们可能还会有一个疑惑,那就是通常来说,一个法学院的班级中,会有多少同学从事上述各类不同岗位的工作呢?这里,我们不妨挑选两所比较有代表性的法学院官方发布的数据来一窥究竟。

以某知名政法院校 2021 年发布的 2020 届毕业生就业质量年度报告为例,其 2020 届本科毕业生排名前三的就业去向分别为:企业(59.95%)、律所(21.83%)与“体制内”(8.56%);其 2020 届硕士毕业生排名前三的就业去向分别为:律所(39.23%)、企业(33.38%)与“体制内”(19.88%);其 2020 届博士毕业生排名前二的就业去向分别为:高校(59.38%)与“体制内”(15.63%)。

而根据某知名 985 传统综合性大学法学院发布的 2020 年就业质量报告,其本科毕业选择直接就业的 58 名学生中,除去选择自由职业的 18 名同学外,余下 40 名同学中,排名前三的就业去向分别为:企业(19 人)、“体制内”(11 人)与律所(10 人);其硕士毕业选择直接就业的 184 名学生中,排名前三的就业去向分别为:“体制内”(93 人)、企业(56 人)与律所(51 人)。

从以上两所学校的毕业生就业数据我们也不难看出,无论是从“理论梳理”还是从“就业实践”来看,对于法学院的本科生与硕士生来说,“体制内”、律所与企业,无疑是主流就业去向。而对于法学院的博士生来说,高校教职则是绝大部分毕业生的选择。至此,我们便可水到渠成地将同学们毕业后所可能从事的法律岗位整理如下。

	体制内岗位	法律服务提供者	教育机构
法律职业 共同体	**法律公职人员**	**律师 公司法律人**	**法学院老师 (含:师资博士后)**
	其他公职岗位 事业单位员工	其他公司岗位	行政或领导岗位

此外,还要提及一点,那就是本章与下一章内容之间的联系。本章内容,主要聚焦于不同就业方向的“背景知识”介绍,即特定岗位的发展历史、基本职责、入职方式与职业生涯初期发展路径和求职市场现状。而下一章的内容,则聚焦于不同的“业务领域”。如此为之,是因为不同法律岗位所面对的“业务领域”是互有交叉但却侧重不同的,以这样一种方式介绍,至少在我们看来,在逻辑上,是更为清晰的。

打个形象的比方,如果把不同法律岗位比喻为烹饪领域的不同流派,那么本章介绍的就是川菜、粤菜、湘菜、浙菜、徽菜等不同菜系的前世今生与代表佳肴;而下一章介绍的则是烹饪领域的各项基本技法(比如:煎、炒、烹、炸)以及不同菜系在使用这些技法时的侧重点。不知我的这个比喻,同学们是否理解了呢?如果没理解也没关系,当你耐心看完这两章后,我相信你自然会对我的这个比喻心领神会。

那么,就让我们开始吧。

4.2 公务员之法律公职人员

从本节开始,我们将正式进入岗位详述的环节,首先介绍的,是与“法律公职人员”相关的几大岗位。之所以将它们放在“第一位”,主要是出于这样几点原因:首先,一个不容争辩的事实是,近几年来,“进入体制内”成为大学毕业生最热门的就业选择之一,在法学院也不例外;其次,就我个人观察的情况来看,伴随着这一趋势,越来越多法学院中的“尖子生”开始选择进入“体制内”,那么提前了解相关信息,就有了必要性;最后,在提供咨询答疑的过程中,我也发现,这几年来,越来越多的同学和家长在高考填报志愿的阶段,把“更容易考公”作为选择法学专业的核心理由之一,显然,这一“卖点”也必然要求本书作出相呼应的介绍与科普。

不过,这一点对于刚刚结束高考的同学们来说或许有一些“反直党”，毕竟律师这个职业应该是同学们脑海中与法学院联系最为紧密的岗位，也是你们所关注的大银幕和各类社交平台中出现的“法律网红”所最常拥有的身份。但从此刻开始，也许你们应该有一个意识，那就是，在我国，大部分法学院的同学毕业后，并不会从事律师这个职业；而从事律师职业的同学，也未必是学生时代最“优秀”的那群人。

不过，在正式开始介绍之前，我们还是有必要对一些非常重要的基本常识进行科普，比如，“司法体制”、“政法机关”和“公务员体系”。只有理解了这些概念，同学们才能真正做到独立自主高效搜集相关信息，明确个人的就业方向与求职计划。

✍ 我国的司法体制与政法机关

司法体制又称司法系统，它指的是国家在配置司法权的过程中形成的“以司法机关为核心的各有关机关之间职能划分、组织体系及相互关系，这种有机联系的整体，就是我们通常所称的司法体制，它是国家政治体制的重要组成部分”。[1]

而在我国，通常来说，司法体制内有五大“司法机构”，它们分别是“公检法司安”，即公安机关、检察机关（人民检察院）、审判机关（人民法院）、司法行政机关与国家安全机关，而这五大机关，一般可被认为是我国最核心的政法工作部门。其中人民法院和人民检察院是专门行使审判权和检察权的司法机关，在相应机构从事相关工作的公务员，自然就是最典型的“法律公职人员”。而公安机关、国家安全机关和司法行政机关则更偏向于传统意义上的“行政机关”。

还必须要提及的是，在我国，中国共产党的领导，是政法系统得以良好运行的根本前提与保障。所以在我国的政治体制中，在司法体系之上，还存在一个“位阶”更高、更加强有力的领导、监督与支持机关，那就是中国共产党。而中国共产党对政法系统的领导，则主要通过“中央政法委员会与各级党委政法委（以下简称‘政法委’）”来完成。与之相关的，还有我党的纪律检查机关与国家监察机关，在介绍完“公检法司安”五大机构后，我们也会对政法委与这两个机关进行介绍。它们之间的大致关系如下：

---

〔1〕 见《我国的司法体制》，载中国人民政府网，http://www.gov.cn/guoqing/2017-11/08/content_5238058.htm。

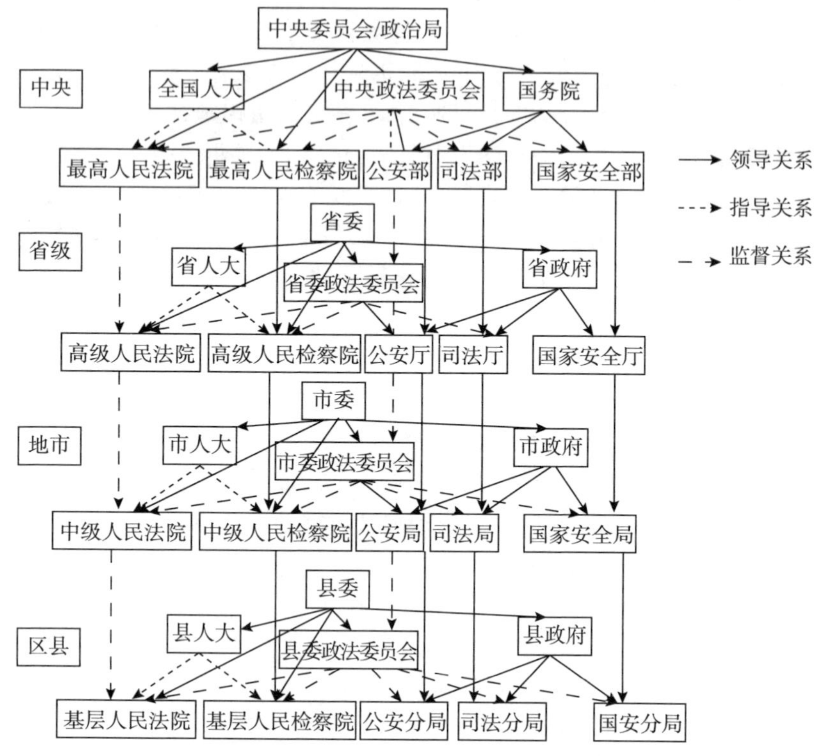

图片来源:景跃进等,《当代中国政府与政治》,2016〔1〕

人民法院

人民法院是我国唯一的审判机关,独立行使司法审判权。其核心任务是审判民事案件、刑事案件与行政案件,并通过审判活动,解决纠纷,惩治犯罪分子,威慑不法之徒,进而保护公民合法权益,维护社会主义法治及社会秩序和经济秩序。

根据我国宪法、法院组织法及相关法律的规定,我国法院体系由最高人民法院、地方各级人民法院和专门人民法院组成。最高人民法院由全国人民代表大会产生,对全国人民代表大会及其常委会负责并受其监督。地方各级人民法院由同级人民代表大会产生,对同级人民代表大会

〔1〕 需要注意的是,本图中,高级人民检察院的正确名称应为"省级人民检察院";中级人民检察院的正确名称应为"地市级人民检察院"。特此说明。

及其常委会负责并受其监督。并且最高人民法院还有权对在审判过程中如何具体应用法律的问题进行解释并发布具有“准法律性质”的解释性文件,即俗称的“司法解释”。

地方各级人民法院具体包括:(1)基层人民法院,一般设于县、不设区的市与市辖区;(2)中级人民法院,一般设于省和自治区的各地区、省和自治区所辖市、自治州以及直辖市;(3)高级人民法院,设于省、自治区和直辖市。专门人民法院包括军事法院、海事法院、互联网法院等。

对于各级法院之间的关系,最高人民法院监督地方各级人民法院和专门人民法院的审判工作,上级人民法院监督下级人民法院的审判工作。人民法院内部一般设刑事审判庭、民事审判庭、行政审判庭等,中级以上人民法院还可以根据需要设其他审判庭。各级人民法院设有执行机构,负责需要由人民法院执行的民事和经济案件判决和裁定的执行。此外,各级人民法院还设立审判委员会总结审判经验,讨论重大疑难案件和其他有关审判工作的问题。

人民检察院

人民检察院是国家的法律监督机关。人民检察院通过行使检察权,追诉犯罪,维护国家安全和社会秩序,维护个人和组织的合法权益,维护国家利益和社会公共利益。进入新时代以来,我国人民检察院的具体职能可以“四大检察、十大业务”来进行概括,具体来说:

“四大检察”指的是刑事检察、民事检察、行政检察与公益诉讼检察。

刑事检察主要围绕六大业务展开,即:(1)对于公安机关提请逮捕人犯的案件进行审查,决定是否批准逮捕;〔1〕(2)对于公安机关侦查终

〔1〕 举例而言,公安机关将抓获的犯罪嫌疑人刑事拘留,在拘留期限届满前将案件提请检察机关批准逮捕。检察机关通过审查案卷、讯问犯罪嫌疑人、听取辩护人意见等方式对案件进行全面审查,作出是否批准逮捕的决定。经检察机关批准逮捕后,公安机关才可对犯罪嫌疑人执行逮捕。如果检察机关认为证据不足、不构成犯罪或者犯罪情节较轻无逮捕必要的,也可作出不批准逮捕的决定。

结后移送起诉或免予起诉的案件进行审查,决定是否提起公诉或免予起诉;[1](3)对于公安机关侦查活动的合法性进行监督;(4)对于向人民法院提起公诉的案件,出席法庭,支持公诉;(5)对于人民法院刑事审判活动的合法性进行监督;(6)对于人民法院发生法律效力的判决、裁定,认为确有错误时,按照审判监督程序提出抗诉。

民事检察是指人民检察院通过抗诉、检察建议等方式,对民事诉讼活动实行法律监督。包括对民事诉讼生效判决、裁定、调解书的监督、对民事审判程序中审判人员违法行为的监督、对民事诉讼执行活动的监督。

行政检察是指人民检察院通过抗诉、检察建议等方式,对行政诉讼实行法律监督。包括对行政诉讼生效判决、裁定、调解书的监督、对行政诉讼审判程序中审判人员违法行为的监督与对执行活动的监督。

公益诉讼检察是指人民检察院通过依法独立行使检察权,督促行政机关依法履行监督管理职责,支持适格主体依法行使公益诉权,维护国家利益和社会公共利益,维护社会公平正义,维护宪法和法律权威,促进国家治理体系和治理能力现代化。人民检察院通过提出检察建议、提起诉讼和支持起诉等方式履行公益诉讼检察职责。

“十大业务”指的是普通刑事犯罪检察业务、重大刑事犯罪检察业务、职务犯罪检察业务、经济金融犯罪检察业务、刑事执行和司法人员职务犯罪检察业务、民事检察业务、行政检察业务、公益诉讼检察业务、未成年人检察业务、控告申诉检察业务。不同业务涉及的具体法律法规有所不同。

一般检察院内部的机构设立方式,也会遵循四大检察、十大业务的基本模式。

根据我国宪法、检察院组织法及相关法律规定,最高人民检察院由全国人民代表大会产生,对全国人民代表大会及其常委会负责并受其监督。地方各级人民检察院由同级人民代表大会产生,对同级人民代表大

---

〔1〕 举例而言,对于侦查机关移送审查起诉的案件,检察机关有权决定是否提起公诉。经审查认为犯罪事实清楚、证据确实充分的案件,依法提起公诉并派员出席法庭支持公诉。对自愿认罪认罚,如实供述自己罪行,承认指控的犯罪事实,愿意接受处罚的犯罪嫌疑人,检察机关依法对其从宽处理。对于案件事实不清、证据不足或者没有犯罪事实的,检察机关依法作出不起诉的决定;对于犯罪情节轻微,依法不需要判处刑罚或者免除刑罚的案件,检察机关可以作出不起诉的决定。

会及其常委会负责并受其监督。同时,我国还设有军事检察院等专门人民检察院。最高人民检察院领导地方各级人民检察院和专门人民检察院的工作,上级人民检察院领导下级人民检察院的工作,下级人民检察院要对上级人民检察院负责。

地方各级人民检察院分为:(1)省、自治区、直辖市人民检察院;(2)省、自治区、直辖市人民检察院分院,自治州和省辖市人民检察院;(3)县、市、自治县和市辖区人民检察院。省一级人民检察院和县一级人民检察院,根据工作需要,提请本级人大常委会批准,可以在工矿区、农垦区、林区等区域设置人民检察院,作为其派出机构。

最高人民检察院根据需要,设立若干检察厅和其他业务机构。地方各级人民检察院可以分别设立相应的检察处、科和其他业务机构。不过在司法实践中,最高人民检察院对相应业务部门的编号并不与其他地方检察院一一对应。[1]

公安机关

公安机关的任务是管理国家治安,维护社会治安秩序,保护公民的人身安全、人身自由和合法财产,预防、制止和惩治违法犯罪活动。具体来说,公安机关履行的职责包括但不限于:预防、制止和侦查违法犯罪活动;维护社会治安秩序,制止危害社会治安秩序的行为;管理交通、消防、危险物品和特种行业;管理户政、国籍、入境出境事务和外国人在中国境内居留、旅行的有关事务;维护国(边)境地区的治安秩序;对被判处管制、拘役、剥夺政治权利的罪犯和监外执行的罪犯执行刑罚,对宣告缓刑、假释的罪犯实行监督、考察;监督管理计算机信息系统的安全保护工作等。

从以上介绍不难看出,公安机关的权责具有双重属性:一方面,它是公安行政管理机关,属于国家行政机关的组成部分;另一方面,在处理与违法犯罪相关的事务时,它是侦查机关,具有部分司法职能。

就机构设置来说,国务院设公安部,领导全国人民警察,组织和管理全国的公安工作。各省、自治区、直辖市设公安厅(局),省辖市和自治区辖市、地区、自治州、盟设公安局(处),县、市、旗设公安局,市辖区设公安分局。城市街道和县属区、乡、镇设公安派出所,作为县(区)公安机关的派出机构,由公安机关直接领导和管理。

---

〔1〕 因为地方检察院可根据具体情况调整设定内部不同部门管辖的具体检察业务。

国家安全机关

国家安全机关是维护国家安全、捍卫国家利益从事反间谍工作的主管机关，是重要的国家情报工作机构，同时承担维护政治安全、海外安全保卫等职能，严格依照相关法律法规行使权力、履行职责。

具体而言，国家安全机关具有国家公安机关的性质，依照法律规定，办理危害国家安全（如：阴谋颠覆政府、分裂国家、推翻社会主义制度；参加间谍组织或者接受间谍组织及其代理人的任务；窃取、刺探、收买、非法提供国家秘密；策动、勾引、收买国家工作人员叛变等）的刑事案件。

20世纪80年代初，党中央深刻分析改革开放后我国面临的国家安全形势，决定将原中共中央调查部与公安部负责反间谍及相关工作的机构合并，组建统一的、强有力的国家安全部门。正是在此背景下，1983年7月1日，国家安全部正式由国务院设立，其为我国最重要的国家安全机关。

司法行政机关

司法行政机关，是政府对司法工作进行行政管理的专门机关。司法行政机关是各级政府的组成部分，就机构设置来说，司法部是我国的核心司法行政机关，其隶属国务院，是主管全国司法行政工作的国务院组成部门。而地方各省、自治区、直辖市设司法厅（局），省辖市和自治区辖市、地区、自治州、盟设司法局（处），县、市、市辖区、旗设司法局。城市街道和县属区、乡、镇设司法助理员。

以市属司法局为例，其承担的任务和职责一般包括，但不限于：制定法治宣传教育和普及法律常识规划并组织实施；管理法治报刊；监督和指导律师工作和法律顾问工作，管理社会法律服务机构；监督和指导公证机构和公证业务活动；指导人民调解和司法助理员工作；开展政府间的法律交流与合作；负责国际司法协助协定执行的有关事宜；监督和指导监狱执行刑罚改造罪犯；监督和指导劳动教养工作；管理指导国家司法考试工作；管理司法鉴定工作。

这样的介绍或许有些抽象和“生硬”，因为我所列举的各项司法局职能，只是“最基本”的。而在实践中，伴随着党和国家机构改革的持续推进、全面依法治国工作的全面落实与社会经济发展水平不断提升的现实需要，司法局承担的工作其实已经涉及“法治生活”的方方面面。

以上海市司法局发布的具有年度工作报告性质的《上海市司法局

2021 年法治政府建设情况报告》为例，我们可以非常具体直观地看到该司法局在 2021 年所完成的各项工作，其包括，但不限于：(1)深入学习贯彻习近平法治思想，组织各类学习活动；(2)切实履行推进法治政府建设职责；(3)为国家战略和全市中心工作提供法治保障；[1] (4)深化行政审批制度改革；(5)深入推进公共法律服务；[2] (6)加强行政立法和规范性文件管理；[3] (7)推进行政决策科学化、民主化、法治化；[4] (8)提升严格规范公正文明执法水平；[5] (9)规范行政复议应诉工作；

---

〔1〕 相关工作包括：(1)服务保障浦东新区高水平改革开放。深入贯彻中央、市委、市政府关于支持浦东高水平改革开放的决策部署，积极争取浦东新区法规立法授权，推动市政府出台《关于加强浦东新区高水平改革开放法治保障的决定》，配合制定"一业一证"改革、市场主体退出等 6 件浦东新区法规，并在城市更新条例、数据条例等 2 部法规中增设浦东专章，研究制定仲裁、商事调解、司法鉴定等浦东新区综合性改革试点举措，着力推进建立完善与支持浦东大胆试、大胆闯、自主改相适应的法治保障体系。(2)服务保障临港新片区建设。推动出台临港新片区条例；(3)持续深化长三角一体化法治协作。推进落实沪苏浙皖司法厅(局)2020—2021 轮值年度区域合作重点项目，共同建立长三角区域长江大保护司法行政协作机制，签订长江三角三省一市司法厅(局)区域协同立法合作框架协议；(4)优化提升中国国际进口博览会法律服务保障；(5)持续加强法治化营商环境建设。深入贯彻落实本市优化营商环境 4.0 版方案，深化"放管服"改革，全面推行证明事项告知承诺制，年内应落地实施的证明事项 61 项(其中含司法行政领域 1 项)已全部完成，全市共 11.1 万件行政事项采用证明事项告知承诺方式办理，减少市民和企业往返逾 22 万次等。

〔2〕 相关工作包括：(1)加强公共法律服务供给。2021 年，"12348 上海法网"服务近 105 万人次。其中，提供在线咨询 13.4 万余次，留言咨询 8370 次，网络咨询整体满意率 98.78%，热线咨询 80.9 万余次，实体窗口共接待咨询办事群众 9.8 万人次。(2)持续深化律师制度改革。在本市 38 家民营企业开展第二批公司律师试点。推进修订《关于国内律师事务所聘请外籍律师担任外国法律顾问试点的实施办法(试行)》。(3)加强公证行业管理与发展。开展 200 个公证事项的"最多跑一次"服务，涉及 120 个公证事项"一次都不跑"试点工作，"减证"便民利民成效明显。(4)加强司法鉴定管理。(5)深入推进仲裁行业改革发展。(6)提高法律援助服务水平。研究完善本市法律援助办案补助标准及刑事法律援助工作机制。(7)深化法律服务行业治理。

〔3〕 相关工作包括：(1)统筹推进地方立法各项工作。加强一网通办、城市数字化转型、生态环境保护等重点领域立法供给，推动《上海市实施〈中华人民共和国反恐怖主义法〉办法》《上海市红色资源传承弘扬和保护利用条例》等 46 件地方性法规、政府规章的立法调研、法制审核、专项清理、打包修改等工作。(2)加强我局制度性文件的制定和管理工作。

〔4〕 相关工作包括：(1)规范重大行政决策程序。严格落实《上海市重大行政决策程序规定》及相关配套文件，制发《市司法局系统重大行政决策程序具体规定》，进一步规范我局重大行政决策行为，加强法制审核，推进依法科学决策。(2)加强外聘法律顾问工作。

〔5〕 相关工作包括：(1)加强本市行政执法协调监督工作。(2)加强本市司法行政系统的执法监督工作。

(10)全面推进政务公开;[1](11)贯彻落实《上海市促进多元化解矛盾纠纷条例》;(12)加强普法宣传工作。[2]

最后,该市司法局的日常工作采取双线领导模式,即,作为行政部门的司法局其对口领导部门为市政府;而与全面推进依法治国、依法治市工作相关的司法局内部部门和小组的上级领导单位则为该市中国共产党市委委员会,具体而言,为市委下设依法治市委员会。通俗理解,以司法局为代表的司法行政机构有两个上级,一个归于"行政口",一个归于"党政口"。

党委政法委

党委政法委是党委领导和管理政法工作的职能部门,是实现党对政法工作领导的重要组织形式。在部门内部设置上,其也构建了类似于"初级法院、中级法院与高级法院"的等级体系。其中居于该体系顶层的,是"中国共产党中央委员会政法委员会",简称"中共中央政法委员会"或"中央政法委"。其为中共中央直属机构之一,是中国共产党委领导和管理政法工作的核心职能部门。

根据《中国共产党政法工作条例》的规定,中央政法委在党中央领导下履行职责、开展工作,对党中央负责,受党中央监督,向党中央和总书记请示报告工作。政法委具有如下十项核心职能,它们分别是:

(1)贯彻习近平新时代中国特色社会主义思想,坚持党对政法工作的绝对领导,坚决执行党的路线方针政策和党中央重大决策部署,推动完善和落实政治轮训和政治督察制度。(2)贯彻党中央以及上级党组织决定,研究协调政法单位之间、政法单位和有关部门、地方之间有关重大事项,统一政法单位思想和行动。(3)加强对政法领域重大实践和理论问题调查研究,提出重大决策部署和改革措施的意见和建议,协助党委决策和统筹推进政法改革等各项工作。(4)了解掌握和分析研判社会稳定形势、政法工作情况动态,创新完善多部门参与的平安建设工作协调机制,协调推动预防、化解影响稳定的社会矛盾和风险,协调应对和

[1] 相关工作包括:(1)深化政府信息公开工作制度建设;(2)优化政府信息整合与查询工作;(3)统筹政府信息主动公开工作;(4)严格做好依申请公开工作。

[2] 实际上,在本书的写作过程中,正是司法局工作的多样化,让我们再次强烈感受到了"校内校外"对于法律实践的认知"鸿沟"与其对同学们就业信息普及的影响。比如上海市司法局所从事的大量工作,其实关涉许多法律的理论与实践问题,是一个完全对口法学院毕业生的工作单位,但不少法学院的老师,其实并不确切了解相关信息。

妥善处置重大突发事件,协调指导政法单位和相关部门做好反邪教、反暴恐工作。(5)加强对政法工作的督查,统筹协调社会治安综合治理、维护社会稳定、反邪教、反暴恐等有关国家法律法规和政策的实施工作。(6)支持和监督政法单位依法行使职权,检查政法单位执行党的路线方针政策、党中央重大决策部署和国家法律法规的情况,指导和协调政法单位密切配合,完善与纪检监察机关工作衔接和协作配合机制,推进严格执法、公正司法。(7)指导和推动政法单位党的建设和政法队伍建设,协助党委及其组织部门加强政法单位领导班子和干部队伍建设,协助党委和纪检监察机关做好监督检查、审查调查工作,派员列席同级政法单位党组(党委)民主生活会。(8)落实中央和地方各级国家安全领导机构、全面依法治国领导机构的决策部署,支持配合其办事机构工作;指导政法单位加强国家政治安全战略研究、法治中国建设重大问题研究,提出建议和工作意见,指导和协调政法单位维护政治安全工作和执法司法相关工作。(9)掌握分析政法舆情动态,指导和协调政法单位和有关部门做好依法办理、宣传报道和舆论引导等相关工作。(10)完成党委和上级党委政法委员会交办的其他任务。

本书写就之时,中共中央政法委员会有书记一名,由中央书记处书记担任;副书记两名,分别由公安部部长与公安部党委书记担任;委员七名,分别由最高人民法院院长、最高人民检察院检察长、中央政法委秘书长、国家安全部部长、司法部部长、中央军委政法委书记与武警部队司令员担任。

虽然根据《政法工作条例》的规定,中央和地方各级政法委"指导、支持并督促"对应级别"公检法司安"在宪法及法律规定的职责范围内开展工作,实际上,无论是从中央政法委的人员构成还是从现实社会的司法实践来看,政法委起到的是更接近"压舱石"的作用。换言之,在政法系统的日常运转中,前述各政法单位显然是政法工作实施与开展的主体,但是在面对与之相关的关键问题与重大决策时,政法委的"指导、支持与督促"往往才能起到"一锤定音"的效果并时刻协调其他相关机构有效履行其职能。

此外,就各级政法委的设置而言,《政法工作条例》规定,党委政法委分四级设置,分别是中央政法委、省(自治区、直辖市)委政法委、市委政法委与县政法委,而乡镇(街道)党组织不设政法委,但配备政法委员。

就工作关系而言,中央政法委指导地方各级政法委工作,上级政法委指导下级政法委工作。并且对于党中央以及上级党组织决定、决策部署、指示等,各有关地方党委、党委政法委、政法单位党组(党委)必须坚决贯彻执行。中央政法委书记行政级别为副国级、省(自治区、直辖市)委政法委、市委政法委、县委政法委分别为当地党委常委、常委班子成员,行政级别分别为副省级、副厅级、副县级。

纪委与监察委

纪委系统

中国共产党中央纪律检查委员会,简称"中央纪委"或"中纪委",是我党的纪律检查监督机关,担负维护党的章程和其他党内法规,检查党的路线、方针、政策和决议的执行情况,协助党的委员会加强党风建设和组织协调反腐败工作,实行书记负责制。中纪委由中国共产党全国代表大会选举产生,是中国共产党最高纪律检查机关,其任期与党的中央委员会相同,每一届为五年。而在中纪委之下,还设有党的地方各级纪律检查委员会和基层纪律检查委员会,即各级"纪委"。中纪委在党的中央委员会领导下进行工作。党的地方各级纪委和基层纪委在同级党的委员会和上级纪委双重领导下进行工作。上级纪委有权检查下级纪委的工作,并且有权批准和改变下级纪委对于执纪案件所作的决定。

当然,这里自然涉及一个问题,那就是违反了"党的纪律"就一定违反了"法律或法纪"吗?在现实中,违反国家法律法规的行为,通常都会违反"党纪",[1]因为一名合格的党员,一定需要遵纪守法。但违反了党纪,并不一定违反法律,因为党纪对于党员的要求,是高于法律对于普通人的要求的,在这种情况下,违反党纪但并未违法的党员,会受到来自党内的"纪律处分",例如:警告、严重警告、撤销党内职务、留党察看和开除党籍等,这些处分就是纪委有权作出决定的事项。

监察机关

中华人民共和国国家监察委员会,简称"国家监委",是我国的最高监察机关,依法对所有行使公权力的公职人员进行监察。国家监委由全国人民代表大会产生,负责全国监察工作;对全国人民代表大会及其常

---

〔1〕 当然,这只是一个通俗的说法,准确的说,非常轻微的违法行为,如骑电动自行车闯红灯或违章停靠机动车,明显违反了交通法规,但一般不认为,这属于典型的违反党纪的行为。

务委员会负责,并接受监督。国家监委下设地方各级监察委员会,即“地方监委”,国家监委依法领导地方监委的工作。

根据法律规定,监察委员会履行的职责包括但不限于:(1)对公职人员开展廉政教育,对其依法履职及道德操守情况进行监督检查;(2)对涉嫌贪污贿赂、滥用职权、玩忽职守、权力寻租、利益输送、徇私舞弊以及浪费国家资财等职务违法和职务犯罪进行调查;(3)对违法的公职人员依法作出政务处分决定;对履行职责不力、失职失责的领导人员进行问责;对涉嫌职务犯罪的,将调查结果移送人民检察院依法审查、提起公诉。换言之,监察委员会的主要职责就是预防和打击公职人员的职务犯罪——尤其是贪腐——行为。

这里又涉及一个问题,那就是纪委和监委的“管辖范围”问题,一句话概括,纪委和监委的管辖范围“既有重合又有不同”:“重合”在于,既具有中国共产党党员身份,又具有国家公职人员身份的个人,其职务行为,显然同时受到纪委与监委的管辖,在实践中,这类人群——尤其是当中具有领导干部身份的人群——也确实是纪委与监委重点“监督”的对象;而“不同”在于,不具有公职人员身份的党员的行为,依然受纪委的监督;而不具有党员身份的公职人员的行为,则受监委的监督。

合署办公

之所以要将纪委和监委放在一起介绍,是因为在现实中,它们是“合署办公”的。何为“合署办公”,它指的是一个机构对外在不同场合根据职责划分与工作需要,分别以不同名义开展工作。对于纪委与监委来说,这意味着它们在日常工作中实际上是“一套人马,两块牌子,既是执纪机关,又是执法机关”。之所以如此安排,也是出于进一步高效反腐的顶层设计需要。

而在司法实践中,这套机制是如何运转的呢?在此,我可以简单对其进行一个“原理性”的描述,以助大家的理解。比如,一位党员公职人员涉嫌职务犯罪,其行为显然涉嫌同时违反“党纪”与“国法”,这时,具有管辖权的“纪检监察机构”会立即介入,对其行为展开依据党纪和《监察法》的“调查”。根据调查情况,纪检监察机构会以纪委名义对其做出党纪处理;而调查结束后,纪检监察机构会以监委名义将案件移送检察机关进行审查,若检察机关认为符合职务犯罪的起诉条件,则会依法向相应具有管辖权的法院提起公诉。当然,在我国的法治实践中,具体的办案流程,肯定会比我所描述的复杂得多、精密得多也规范得多。

总结

至此，我对我国的各法制工作部门进行了有详有略的概述性介绍。那在我们的日常生活中，它们之间的运行关系又是如何的呢？以“某市”为例，我大致描述一下这些机构的“运行日常”：

对于发生在该市的普通民事纠纷——也就是大家最常见到的各类法律纠纷——当事人自然可以选择通过“对簿公堂（即提请法院审理）”来解决。而对于“刑事案件”，即我们常说的“犯罪行为”，大部分情况下，这类案件将首先由公安机关进行刑事侦查，侦查完毕后，案件将移送检察院，由检察院决定是否提起公诉，如果提起公诉，则案件将由法院进行审理。当然，如前所述，在特殊情况下，比如案件涉及国家安全，则案件将由国家安全机关负责侦查工作，随后再移交检察机关；若案件涉及党员或公职人员可能的职务犯罪行为，则将先由纪委或监委进行调查。而司法行政机关则在与上述过程相关的环节进行必要的支持或监督工作。最后，在前述所有机构运行的过程中，该市政法委作为整个政法机构的“上层建筑”，需要统揽全局，并在必要时，就重大问题作出相应决策与指导监督，为该市政法系统的平稳健康有效运转保驾护航。

综上所述，在我国法治体系的运转过程中，这些机构分工明确、各司其职，共同构建与夯实了我国的司法体制与政法机制。同学们日后无论从事的是怎样的法律工作，只要你还身处于“法律职业共同体”之中，你的职业生涯就不可能绕开这些机构。当然，在本书的视野中，在未来选择公务员作为求职方向时，这些机构自然也提供了最多的“只向法学科班出身”的同学们开放的“法律公职人员岗位”。所以对它们建立起具体的了解，自然也就有了法学学业与就业规划的必要性。

✍ 公务员体系

介绍完了我国的司法体制与法制工作部门，这一节，我们需要对“公务员体系”进行有侧重点的介绍，毕竟同学们日后只要成为体制内的“公务员”，无论你从事的是否是与法律相关的工作，这些信息与“知识点”，对于你了解公务员这个“职业”都是基本且必要的。

不过此处我们的介绍，可能并不足够专业，如果同学们在此时此刻确实对进入体制内成为公务员十分感兴趣，我们强烈推荐大家尽快阅读一本书，那就是舒放老师、王克良老师编写的《国家公务员制度（第四版）》，虽然这本书是一本公共管理类专业的教材，但对于法学院的同学们来说,阅读理解不会有任何难度。我们在本部分介绍的内容若与这本教材不符,同学们应当以这本教材为准。

何为公务员?

开宗明义,我们的第一个问题就是,“何为公务员?”根据《公务员法》第二条的规定:“本法所称公务员,是指依法履行公职、纳入国家行政编制、由国家财政负担工资福利的工作人员。”换言之,公务员的核心标志就是“履行公职”“有编制”且“由国家财政负担工资福利”。

但实际上,在同学们日后求职的过程中,你们很快就会发现,这一法律规定和实际情况还是有不少出入的;最大不同之处在于,在老百姓——尤其是不少家长——的眼中,符合“公务员”定义的岗位实际上远多于《公务员法》的规定。或者说,在普通人看来,不少“体制内”的岗位,由于具有“国家财政负担工资”这一“铁饭碗”属性,也都被大家视为广义上的“公务员”。所以,依照这一“民间标准”,并结合其他相关规定,我统一对相关“体制内”不同种类的岗位进行介绍:

行政编制岗位:这一类岗位,就是《公务员法》视野下的“公务员”,提供这类岗位的单位一般就是各个不同级别的国家机关,当然,部分民主党派的机关与社会团体当中的工作人员,也具有“行政编制”。通俗理解,行政编制单位所有开销由国家负担,所有具有行政编制的公务人员的工资、补贴和各类福利待遇也完全是由国家支付。所以在大多数家长眼中,行政编制公务员因其“稳定”而最为受到追捧。就像接下来我将介绍的那样,成为具有行政编制的公务员,通常都需要通过公务员考试,法律公职人员作为典型的具有行政编制的公务员,自然也不例外。

参公事业编:“参公”的意思指的是“参照《公务员法》进行管理”,而“事业编”指的是“事业单位的编制”,后者的定义我马上就会介绍。总之,“参公事业编”岗位,通俗理解,就是虽然提供岗位的机关“名义上”不是公务员供职的政府机关,但实际上,其职员所负有的职责和享有的物质待遇,基本等同于《公务员法》规定的“行政编制”人员。最典型的这类单位当属全国妇联及其下属办公机关了。而这一类单位的岗位招聘,一般也会通过公务员考试一同进行。

行员编制:这种编制,特指隶属于中国人民银行总行的员工所具有的编制,在行政谱系中,其有一个特别的称呼,即“行员编制”。对于这一编制种类,我们不多介绍,因为其人数极少,但在性质上,同学们可以直接将其等同于行政编制。行员编制岗位一般通过单独的考试进行招聘,一些岗位也向具有法学学位或工作经验的求职者开放。

以上三类岗位,可以说都属于“铁饭碗”工作,而接下来的岗位,虽然也被视为“体制内工作”或由体制内的单位提供,但按照时下的观点,其逐渐被认为或在事实上不再具有“绝对的公务员”属性,它们是:

事业编制:事业编制是对“公共事业单位编制”的简称,而公共事业单位,从传统观点来看,就是向我们的社会提供各类公共服务的单位。最早,所有这些单位都由政府财政拨款维持其日常的管理和运营,那时这些单位的员工,基本上也拥有同时期公务员们的待遇。但如今,情况有所不同,从相关单位所获得的“财政扶持力度”来划分,事业单位可被分为“全额拨款单位”“差额拨款单位”与“自收自支单位”三种。

第一种事业单位,其日常开支依然由“国家报销”;而第二类只有部分日常开支由国家财政负担;最后一类事业单位,要和普通公司一样“自负盈亏”。所以同样是获得了“事业编”的职工,依据单位的不同,其个人待遇与职场发展可能就会有天壤之别。当然了,好的事业单位,岗位竞争还是非常激烈的。事业单位的招聘方式在具体形式和举办时间方面也各不相同,几乎每个地区的事业单位在每年的任何时间,都可能面向社会进行招聘。最典型的事业单位就是各类公立学校和公立医院。

合同编:在本书的定义下,“合同编”是对“以签订有期限的劳动合同为方式确立劳动关系的岗位”的统称,在现实中,其指代的以上几类单位通过劳动合同形式聘用的“雇员”。换言之,无论是在“行政编制单位”还是在“事业单位”,国家财政直接供养的工作人员的数量都是有严格限制的,在这种情况下,对于比较繁忙、需要处理事务比较多的单位,就会再以劳动合同的形式,定期雇佣一批员工,与本单位“正式员工”一道工作。对于“合同编”员工来说,单位一般会在签订合同时对合同结束后其个人“去向”提前进行约定,通常的去向有两种:第一种,合同到期后,如果合同编工作人员考评合格,其可以“转编”,成为拥有正式“行政编制”或“事业编制”的体制内人员。第二种,则是合同编岗位自始就不提供转编机会,合同到期后,双方自由协商是否继续签订新的劳动合同。有三类岗位就是比较典型的“合同编”岗位:一类是司法机关聘用的“合同制书记员”;一类就是各大法学院校聘用的“青年教师”;还有一类是接下来本节简要提及的“三支一扶岗位”和“大学生村官岗位”。

劳务派遣:另一种与合同编工作人员用工性质具有相似性的雇员身份被称为“劳务派遣”,其特指被派驻到机关和单位进行工作,但是劳动关系“并不在相应单位”的员工。换言之，这些员工首先需要与第三方公司、企业或组织签订劳动合同，然后再以“派遣员工”名义，前往有关机关或单位工作。与“合同编”相比，其用工关系“距离”机关或单位“更远”，并且一般来说，对于劳务派遣员工，也不存在任何特殊的“转编”机制或渠道，合同期限届满，要么续签，要么离职。现阶段，公务机关中的劳务派遣人员多集中于行政岗或具有辅助职能的岗位。以法院为例，速录员、法警、司机和部分行政人员，往往就采用的是劳务派遣的形式；甚至在这几年，法官助理、检察官助理、书记员等传统“编制内岗位”，也开始出现劳务派遣制职工。

自此，我们对公务员的定义与相关概念，进行了介绍，而在本节与法律公职人员相关的部分，我们介绍的岗位在无特别说明的情况下，均为拥有“行政岗编制”的公务员。

与之相关的首要问题即为，我们先前提及的司法机关和政法部门的“在编（即：拥有编制）”法律公职人员全部属于公务员吗？答案也是肯定的，因为根据《公务员范围规定》第四条的规定：“下列机关中除工勤人员以外的工作人员列入公务员范围：（一）中国共产党各级机关；（二）各级人民代表大会及其常务委员会机关；（三）各级行政机关；（四）中国人民政治协商会议各级委员会机关；（五）各级监察机关；（六）各级审判机关；（七）各级检察机关；（八）各民主党派和工商联的各级机关。”同学们不妨思考一下，之前我们提及的各类司法机关与政法机关，分别属于其中的哪一类呢？

✍ 公务员的“等级”

介绍完了公务员的定义，接下来，我们介绍的就是公务员的“职级”，公务员也处在一个“职场”，有职场就有职级，这是就业市场的基本规则，就像班级中班长的“级别”高于“学习委员”、年级中“大队长”高于“小队长”一样。级别的存在并不是“可有可无”的，无论是出于管理的需要还是效率的考量，等级清晰的职级系统，是公务员队伍专业化的必由之路。

在我国，现阶段，依据《公务员法》《公务员职务与职级并行规定》和相关法律法规，有两套体系对公务员的“级别”进行评价，这两套体系分别被称为“领导职务体系”与“职级体系”，“领导职务与职级并行”指的就是这两套体系共同存在这一现实情况。

领导职务体系定性的是各类具体领导岗位的“高低”,根据《公务员法》第十八条的规定:“公务员领导职务根据宪法、有关法律和机构规格设置。领导职务层次分为:国家级正职、国家级副职、省部级正职、省部级副职、厅局级正职、厅局级副职、县处级正职、县处级副职、乡科级正职、乡科级副职。”所以,同学们最耳熟能详的“厅局级”“县处级”与“科级”干部,就是领导职务体系对各种不同名称与职能的具体领导岗位的评定。

之所以要设定这样一套模式,原因很多,我举一个比较直观也比较“浅显”的来说:不同的地区与机关单位中,存在着各类不同的领导岗位,只有建立全国统一的标准,才能在必要时分清这些岗位的级别(通俗说法:分清“谁官大谁官小”)。比如两位来自不同城市的“市司法局办公室主任”共同参加一场会议,来自直辖市的“主任”和来自普通省会城市的“主任”就可能因为职务级别的高低而有不同的安排和就座位置。

为了方便同学们的理解,我在此处简要列举部分领导职务层次所对应的具体领导干部岗位:

领导职务层次	具体领导岗位
国家级正职(正国级)	中共中央总书记,国家主席,中央军委主席,全国人大常委会委员长,国务院总理,全国政协主席,中共中央政治局常委。
国家级副职(副国级)	包括但不限于:国家副主席,中央军委副主席,全国人大常委会副委员长,全国政协副主席,最高人民法院院长,最高人民检察院检察长。
省部级正职	包括但不限于:省级行政区的省委书记、省长。
省部级副职	包括但不限于:各个省级行政区的省委副书记、副省长以及国家各部副部长等,还有省委政法委、省纪委等正职领导。
厅局(地)正职	包括但不限于:地级市(各自治州)市委书记、市长等。此外,还包括副省级城市党委(副书记,常委)与政府的副职领导人等。

而“职级”则是另一套体系,其评定依据主要取决于公务员的资历、能力与政治素质,不同的职级往往直接决定了公务员的相应工资标准与所在地区(部门)所提供的住房、医疗、交通补贴和社会保险等福利待遇。具体而言:

根据《公务员法》第十九条的规定:“公务员职级在厅局级以下设

置。综合管理类公务员[1]职级序列分为：一级巡视员、二级巡视员、一级调研员、二级调研员、三级调研员、四级调研员、一级主任科员、二级主任科员、三级主任科员、四级主任科员、一级科员、二级科员。”

而与职级相关的还有一个附属体系，那就是“级别”，具体来说，一档“职级”会对应若干“级别”，而级别直接与非常具体的工资、福利和待遇挂钩，这意味着，即使在职级不变的情况下，公务员也可以通过晋升级别来实现个人待遇的提升。现阶段，我国职级体系共对应 27 个级别，级别越高（数字越小）相对而言福利待遇也越好。厅局级以下领导职务对应的最低职级与级别如图所示：

领导职务	职级	级别
厅局级正职	一级巡视员	13 级至 8 级
厅局级副职	二级巡视员	15 级至 10 级
县处级正职	二级调研员	18 级至 12 级
县处级副职	四级调研员	20 级至 14 级
乡科级正职	二级主任科员	22 级至 16 级
乡科级副职	四级主任科员	24 级至 18 级

还需要注意一点，那就是在“体制内”，职务级别对标的就是“领导职务”，过去职务级别同时对标领导职务与非领导职务的体系已经被废除，现在的“非领导职务公务员”可以被认为就是普通的以职级评定的公务员。它们二者之间的关系是：担任领导职务的公务员履行领导职责，不担任领导职务的职级公务员依据隶属关系接受领导指挥，履行职责。

✍ 职级的晋升

如前所述，既然存在两套体系，自然每一套体系都有着自己的晋升机制，但在此，我们将直接跳过对“领导职务体系”晋升的介绍，如此为

---

[1] “综合管理类”指机关中除行政执法类职位、专业技术类职位以外的履行综合管理以及机关内部管理等职责的职位。这类职位数量最多，是公务员考试岗位的主要来源。综合管理类职位具体从事规划、咨询、决策、组织、指挥、协调、监督及机关内部管理工作。

之，原因有三：首先，领导职务的晋升需要依据《党政领导干部选拔任用工作条例》的详细规定，并且需要经过"组织"与单位的各项流程；其次，不同机关单位当中领导职务的晋升机制存在诸多的不同，本书无法一一介绍或概括，同学们进入相应单位后，自然有机会"细细领悟"；最后，一个非常现实的理由是，同学们如果真的在走出校园后就成为公务员，在你职业生涯的起步阶段，领导职务的晋升机制其实和你也不会有很大的关系，毕竟这个阶段，你的主要工作不是"领导"，而是"干活"。

所以在此，我们只介绍职级的晋升机制。概括来说，公务员晋升职级应当根据工作需要、德才表现、职责轻重、工作实绩和资历等因素综合考虑，不是达到最低任职年限就必须晋升，也不能简单论资排辈。具体来说：公务员晋升职级要求任职年限的年度考核结果均为"称职"以上等次，其间每有1个年度考核结果为"优秀"等次的，任职年限缩短半年；每有1个年度考核结果为"基本称职"等次或者"不定"等次的，该年度不计算为晋升职级的任职年限。[1] 如图所示：

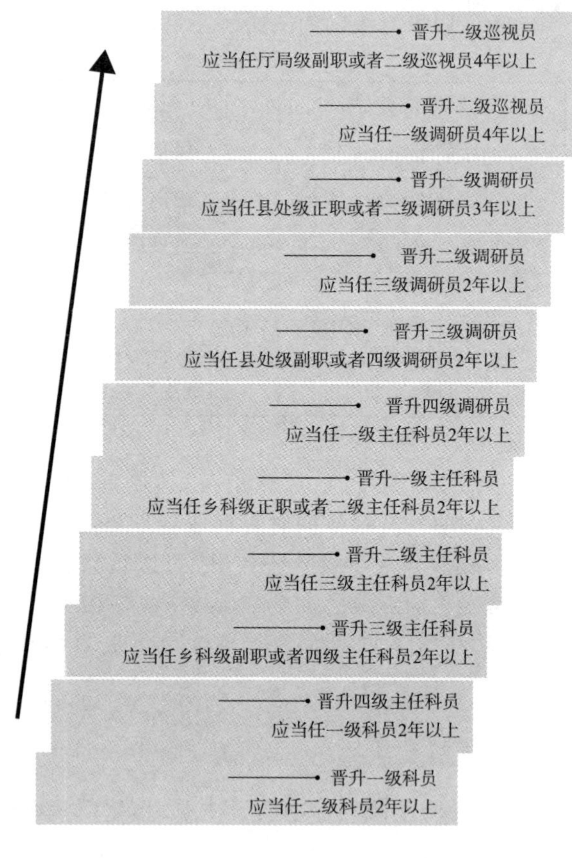

---

〔1〕 不同单位的具体考核方式仍然会有不同，此处展示的，只是"基本原理"。

法院与检察院的“等级制度”

介绍了普通公务员的职务与职级体系，接下来，我们需要单独就法院的审判人员和检察院中的检察人员，即大家通俗理解中的“法官”与“检察官”的“职级”体系做一个介绍。但是在这里，同学们需要注意一个非常重要的差别，那就是在我国，“法官”和“检察官”的职务评价体系被称为“等级制度”，这一套制度虽然可以非常直观的与前文提及的“领导职务体系”与“职级体系”进行对标和类比，但其是完全独立的。之所以要强调这一点，有一个非常重要的原因，那就是，“法官”和“检察官”群体的职务评价体系，从法理上来说，不能与代表行政机关职务高低的体系统一，因为“行政”与“司法”是要保持绝对界限的，前者不能干预后者是司法公正的应有之义。自然，前者的“职级”体系，在法理上，也不能用来对标后者。

但是，当然也有例外，比如专门用来评定工资待遇的“级别”制度，是可以用来直接和法官与检察官的“等级”对标的，毕竟，这个制度只是一个衡量物质待遇的指标。此外，当法院或检察院的公务员调动到“法检”以外的其他公务机关时（法检之间的职位调动，理论上，如下所述，是可以做到“等级互认”的），也会有一套“等级”与“职务”的“换算”方式，但相应的“换算公式”涉及因素较多，不同地区标准差异很大，且在现实中也并非常见情况，故也不在本书的介绍范围之内。

另外，同学们应该也注意到，我在前一段描述“法官”与“检察官”时，都加注了“双引号”，之所以如此为之，是因为在法官和检察官的等级体系中，不同“等级”的法官和检察官，拥有不同的职务称谓，但他们在广义上来说，都是法律职业共同体视野下行使司法审判权与检察权的法律公职人员。

根据《法官法》第二十六条的规定：“法官实行单独职务序列管理。法官等级分为十二级，依次为首席大法官、一级大法官、二级大法官、一级高级法官、二级高级法官、三级高级法官、四级高级法官、一级法官、二级法官、三级法官、四级法官、五级法官。”第二十七条规定：“最高人民法院院长为首席大法官。”而在不同级别的法院中，一般特定审判职务也会要求具有特定等级的法官担任，且不同级别的法官，自然也会有相应的物质和福利待遇。

同理，在检察机关内部，也遵循着几乎与法院相同的的等级和配套制度。具体而言，根据《检察官法》第二十七条的规定：“检察官实行单独职务序列管理。检察官等级分为十二级,依次为首席大检察官、一级大检察官、二级大检察官、一级高级检察官、二级高级检察官、三级高级检察官、四级高级检察官、一级检察官、二级检察官、三级检察官、四级检察官、五级检察官。”第二十八条规定:“最高人民检察院检察长为首席大检察官。”而在不同级别的检察院中,一般特定职务也会要求具有特定等级的检察官担任,且不同的检察官等级也会对应不同的待遇级别。总体来看,在形式上,相关制度与前述法官等级制度基本相仿,故在此便不再赘述。

法官与检察官的晋升

介绍完了法院与检察院系统内部的等级机制,接下来,我将简要介绍在相应等级机制中,法官和检察官们是如何晋升的。当然,这里的介绍,更像是对“原则性规定”的概述,它与现实中真正的晋升机制相比,简单得多。但就像之前解释为何在本书中我们不会介绍领导职务晋升机制的原因一样,这一部分内容,同学们在进入法检机关后,自然有大量的机会去学习体悟,并且,在同学们作为法检人的职业生涯初期,相关机制与你的实际工作也不会有很大的关联。

简单来说,法官与检察官的晋升为“按期晋升”与“择优晋升”相结合的模式。前者指的是法官与检察官在特定等级范围内(一般是较为初级的等级)满足一定条件后,可以定期得到晋升的模式。而后者指的是特定等级的法官或检察官岗位——比如高级人民法院的一级高级法官或二级高级法官,一般就需要从符合条件的法官候选人当中“择优录取”。

✍ 员额制

介绍完了公务员的基本制度和法院与检察院内部的等级体系,接下来,还有一项必须要向同学们科普的有关“法官”与“检察官”的重要人事制度,那就是“员额制”。什么是“员额制”?具体而言,在法院中,除了以法官为核心办案人员的“审判庭”外,其实还有不少其他部门,这些部门有的为法院或法官的工作提供技术支持(比如研究室),有的提供后勤保障(比如司法行政装备管理局)。所以,通俗理解,在法院与检察院内部存在一个基本的人员分类模式,那就是“办案人员”与“非办案人员”。而“员额制”指的是为确保法院与检察院内部“办案人员”必须保持在一个科学合理的比例而建立的专属于法院和检察院的司法人事制度。

换言之,在法院中,审判人员(即法官)的数量,一定要维持在一个固定的"额度",这些享有"额度"的法官,就被称为"员额法官",同学们通过入额考试、经人大任命为员额法官的过程,就被称为"入额"。同理,在检察院中,检察官的数量也要维持在一个固定的额度,入额的检察官自然就是"员额检察官"。

2021年最高人民法院工作报告显示,全国法院受理诉讼案件数量在2016年、2019年接连突破2000万件和3000万件关口,特别是民事诉讼案件以年均10%的速度持续增长15年。而在此情况下,虽然广义上的"司法队伍(通俗理解:法院中的公务员人数)"在增加,但"办案人员难以得到有效补充、案件总量激增与直接办案人员偏少、案件类型日趋复杂与办案人员能力有限等多重矛盾长期存在"。[1] 正是在这一背景下,员额制度应运而生。

2018年10月新修订的《法院组织法》首次明文规定了将实行法官员额制。2019年,修订后的《法官法》对法官的权利义务、遴选、职业保障等作出了更加具体的规定,为不同级别不同地区法院确定内部法官的"额度"明确了标准,即:不同法院的法官员额根据该地区案件数量、经济社会发展情况、人口数量和人民法院审级等因素确定,且在额度设置方面,优先考虑基层人民法院和案件数量多的人民法院办案的需要。

随后,中央政法委以省为单位,以政法专项编制[2]为基数,将员额额度的"基准"定为"39%",且基层法院可以根据实际情况适当扩大员额比例。比如,根据公开资料显示,上海法院中的法官占比为33%,审判辅助人员占比为52%,而司法行政人员占比为15%。海南省高院与中院

---

〔1〕 见《"人民法院司法改革亮点纷呈"系列报道三|法官员额制:让法官走向职业化专业化》,载《民主与法制》2022年第32期。

〔2〕 根据1982年发布的《关于公安、检察、法院、司法行政系统编制和经费若干问题的联合通知》的规定,"将全国各级公安、检察、法院、司法行政系统编制单列,实行统一领导,中央和省、市、自治区分级管理"。至此,公安、检察、法院、司法行政系统的编制从党政群机关中分离出来,作为专项编制单独管理。其中,司法行政系统中包含劳改(后改为监狱)、劳动教养系统。此后,国家安全职能从公安系统分出,单独成立国家安全机构,其编制列入政法专项编制,单独管理。在机构编制管理的实践中,通常把检察、审判机关,以及国家行政机关中的司法(含监狱、劳动教养管理局)、国家安全以及公安等机关,及其所属直接履行政法职能的单位,统称为政法系统。这些系统使用的编制统称为政法专项编制。党委政法委使用的编制不是政法专项编制。

的员额法官比例为38%,基层法院员额法官比例为40%。

而贵州省以第一批4家试点法院近三年办理不同类型共22000余件案件的法官工作量为基础,以法官阅卷、开庭、合议等所需时间为参照,再扣除法定节假日、探亲休假、学习培训等天数,最终得出一名法官的"饱和办案量"。随后,再根据不同法院辖区经济发展情况、常住人口数量等经济指标,推导出该辖区法院员额法官所占比例,根据该公式,贵州全省法官员额比例占中央政法专项编制的26.75%。

入额需要多久,肯定是大家首先想到的问题,从我们获得的第一手数据来看,以法院为例,从刚刚入职的新人公务员到成为员额制法官,一般需要8到10年左右的时间,业务能力特别突出者,根据学历高低,可能还会更快。[1] 员额检察官的入额时间,大致相当。并且在这期间,有志于入额的年轻法律公职人员基本上也都要保持强度比较高的工作状态。通俗地说,你并不会比毕业后就进入律所或企业工作的同学轻松,甚至还可能更忙。

并且对于员额制,还有几点需要强调:首先,成为员额制法官,无论是从法院内部的晋升还是相对而言的物质待遇来看,都是比较有优势的,这自然也是员额制本身的制度激励机制所应当达到的目标。其次,按照司法改革的精神与大部分地区的实践,"入额必须在基层",以法院为例,无论未来同学们报考的是哪一级的法院,如果你想要成为员额制法官,你都必须被"下放"到基层法院从事司法审判工作,并在基层法院完成入额。换言之,就算你在公务员考试期间报考的是"中级人民法院",你也必须在基层法院入额,入额完成后,你的编制也属于基层法院。最后,员额法官与员额检察官作为案件的主要承办人,不仅拥有决定案件当事人命运的关键权力,同时,其也要对案件的结果"终身担责"。换言之,无论多少年过去,员额法官或员额检察官办理的案件,一旦日后"出现了问题",都要进行倒查,所谓"能力越大、责任越大、压力越大",在此,体现无遗。

至于"入额"的具体方式,从这几年的实践来看,一般采取的是选拔、考试与考核相结合的方式。比如,根据公开资料显示,上海市法院系

---

〔1〕 例如,以本书写就之时我们了解到的情况,毕业学历为本科的法官助理,较快的入额时间为7年;毕业学历为硕士的法官助理,较快的入额时间为6年;毕业学历为博士的法官助理,较快的入额时间为5年。

统内部需要通过初选、业绩考核、廉政考核、统一笔试以及面试等程序，选出符合要求的法官入额。上海首批遴选的531名入额法官，全部为本科以上学历；硕博士学位275人，占51.8%；平均年龄43.9岁，平均司法工作经历18年。而海南省则实行量化考核在前、考试在后的方式。考核与考试采取计分制，总分100分。考核计60分，主要由院领导测评分、工作实绩考核分以及任职资历量化分构成。考试为笔试，成绩为40分。

当然，一定有人会问，通过"入额"的方式是成为法官或检察官的唯一渠道吗？答案是否定的，因为无论是法院还是检察院，都可以通过"公开招录"的方式，直接从律师与法学专家中招聘法官与检察官。比如，2018年，伴随着最高人民法院知识产权法庭的成立，最高人民法院就公开面向"专家学者、律师、专利代理人等专利等知识产权领域相关专业人员"公开选拔两名"优秀人才担任知识产权法庭高级法官。"[1]当然，以这种方式成为法官或检察官的机会坦诚地说是非常少有的，并且这类法官岗位对应聘者的要求通常也是非常高的，对于刚刚走出法学院的同学们来说，不具有实际的就业规划参考价值。

最后，还有一个问题，那就是同学们日后进入法院或检察院的目标一定是"入额"吗？答案当然是否定的。等到同学们真正开始准备公务员考试的时候，你会发现，即使是在法院内部，除了日后能够晋升为员额法官与员额检察官的法官助理和检察官助理外，还有大量岗位欢迎"科班出身"的法学院同学们报考，这些岗位对于司法机关的平稳有效运行同样起到了重要作用，当然也具有晋升空间。但与之相关的抉择与规划，已经超出了本书的范围，同学们大可以在进入法院或检察院后，再好好思考与探索。

✍ 法官助理与检察官助理

终于，在做完所有铺垫后，同学们应该已经对法院和检察院的制度体系有了基本的认识与了解。接下来，我们总算可以进入正题，那就是对于法学院在读的同学们来说，到底怎样才能成为"法官"或"检察官"呢？答案很简单，同学们需要从"法官助理"和"检察官助理"开始你的

---

[1] 《最高人民法院面向全社会公开选拔知识产权法庭高级法官公告》，载中华人民共和国最高人民法院官网，https://www.court.gov.cn/zixun-xiangqing-136421.html。

职业生涯。

何为法官助理与检察官助理?首先,他们的身份肯定是法律公职人员,但同时,在法院与检察院内部,他们也被视为未来的法官与检察官。换言之,在绝大多数情况下,同学们只有首先成为法官助理和检察官助理,才能在未来成为员额法官与员额检察官。那法官助理与检察官助理的工作职责有哪些呢?那让我们从官方文件列出的“责任清单”与“职权清单”开始说起。

在《最高人民法院关于在部分地方人民法院开展法官助理试点工作的意见》中,对法官助理的职责进行了12项分类,它们分别是:“(1)审查诉讼材料,提出诉讼争执要点,归纳、摘录证据;(2)庭前组织交换证据;(3)代表法官主持庭前调解,达成调解协议的,须经法官审核确认;(4)办理承担法律援助义务的律师担任辩护人或者指定法定代理人代为诉讼的有关事宜;(5)接待案件当事人、代理人、辩护人的来访和查阅案卷材料;(6)依法调查、收集、核对有关证据;(7)办理委托鉴定、评估、审计等事宜;(8)协助法官采取诉讼保全措施;(9)准备与案件审理相关的参考性资料;(10)办理案件管理的有关事务;(11)根据法官的授意草拟法律文书;(12)完成法官交办的其他与审判业务相关的辅助性工作。”[1]这十二条规定,囊括了法官助理在职业生涯初期所可能从事的所有工作。

而检察官助理的职权清单在本文写就之时暂时并没有全国统一的文件,在此,以《江苏省人民检察院关于检察辅助人员工作职责的规定》中的相关规定进行介绍,根据该规定第四条:“检察官助理由本院检察长任命,对检察官负责。除高检院和省院有关规定明确必须由检察官亲自承担的司法办案事项外,检察官助理在检察官的指导下履行以下职责:(1)审阅案卷,讯问犯罪嫌疑人、被告人,询问证人和其他诉讼参与人;(2)接待律师及案件相关人员;(3)现场勘验、检查,实施搜查,实施查封、扣押物证、书证;(4)收集、调取、核实证据;(5)草拟案件审查报告,草拟法律文书;(6)协助检察官出席法庭;(7)协助检察官主持刑事和解;(8)接收公民举报、控告、申诉和犯罪嫌疑人自首,并进行初步审查;(9)接收群众信访,协助检察官做好息诉调解等工作;(10)开展调查工

---

〔1〕《最高人民法院关于在部分地方人民法院开展法官助理试点工作的意见》,载最高人民法院官网,https://www.court.gov.cn/jianshe-xiangqing-327.html。

作，办理委托鉴定、评估等工作及召开听证会；（11）开展业务统计、分析、监管和调研等工作；（12）宣传法治，预防犯罪；（13）指导书记员依法开展工作；（14）完成检察官交办的其他办案事项。"[1]

从以上规定中不难看出，作为刚刚开始职业生涯的"小白"，显然，法官助理和检察官助理不可能像真正的法官或检察官一样独立办理案件并独立承担相应责任，这意味着，无论是法官助理还是检察官助理，他们的日常工作——至少在职业生涯的最初几年——一定是以各类辅助工作为主的。当然，在具体的工作中，受分配的部门与"指导老师"[2]个人风格的影响，不同地区与级别法院和检察院的"助理们"真正从事的日常工作肯定会有所不同。

以我曾辅导的几位学员的亲身经历为例，他们在毕业后成为法官助理与检察官助理。在第一个服务期[3]内，他们首先都参与了或长或短的各类内部学习与培训活动，熟悉法院与检察院的运行机制与各部门分工职能。通过培训考核后，根据个人意愿与组织安排，他们中有的人进入特定部门从事司法审判辅助工作（例如，进入立案庭从事立案信访工作、进入执行局协助生效判决的执行、外派至基层法庭锻炼）或直接成为某位检察官的助理，有的人被派往行政岗或综合部门锻炼能力（例如，从事与课题研究、法制宣传和组织人事相关的工作）。一般在他们工作的第二年结束前，法院与检察院会再次对他们的岗位进行调整，综合个人意愿与前两年的考评表现。他们中有志于入额者就可能会被分配至具体的业务部门深入学习各类业务；而想要专心从事行政工作无心入额者，也当然可以申请继续在行政部门工作。对前者来说，五年服务期满，如果他们决定继续从事相关工作，则一般而言，他们就要正式开始为入额选拔考核做准备。

当然，以上介绍，只是一个比较笼统的概括性描述，在实践中，不同地区的法院和检察院内部的培训、定岗与晋升机制当然会各有不同。比

---

[1] 《江苏省人民检察院关于检察辅助人员工作职责的规定》，载江苏检察网，http://jsjc.gov.cn/jianwugongkai/falvfguizhang/201708/t20170811_162048.shtml。

[2] 即指导法官助理与检察官助理工作的法官与检察官。

[3] 同学们考取公务员并正式报道入职后，按照相关人事政策，必须首先服务满5年，这5年，被称为"第一个服务期"。近年来的趋势是，如果同学们在考取公务员后、第一个服务期届满前未经单位批准离职，往往会受到一定的"惩罚"（比如，几年内不得再次报考公务员并向单位缴纳违约金）。

如某沿海发达一线城市的法院与检察院内部,几乎所有入职不满两年的"助理",都要从事书记员的工作,即对案件的各类信息进行记录、整理与归档。比如,在部分地区,所有刚入职的"助理"都要被分配至"条件比较苦"的基层或偏远地区法院进行锻炼。比如部分法官助理会选择一直以"助理"身份留在中院或高院,并在时机合适时通过个人级别的晋升来完成职业发展的进步。所有这些具体制度人事安排,都需要同学们在公务员考试正式报名前,通过各种渠道搜集相关信息,再进行分析与抉择。

✍ 招录要求

行文至此,同学们想必已经对以法院和检察院为代表的法律公职人员工作体系建立起了初步的了解,那么,剩下的最后一个问题自然就是,成为"法官助理"和"检察官助理"的要求高不高呢?一般来说,你首先要符合成为普通法律公职人员的基本要求,那就是:[1](1)通过法考取得 A 证(通过即可,对分数没有要求);(2)普通高等学校法学专业本科毕业,并符合具体岗位所规定的特别的专业、学历等条件和要求;(3)年龄为 18 周岁以上、35 周岁以下。满足了这几个条件的情况下,同学们就有资格报考"法官助理"与"检察官助理"这两个岗位。那同学们在什么考试中才能报考这些岗位呢?答案显然呼之欲出——这个考试,叫作"公务员考试",我们也会在本书的后续章节进行介绍。

不过除了这些基础指标之外,还有其他的门槛吗?坦诚地说,确实也是有的。但针对不同级别、不同地区的用人单位,标准也不尽相同。以法院为例,地处直辖市与省会城市的中高级法院在招录助理时,大都以硕士生——甚至博士生——为主。[2] 大城市的基层法院与小城市的法院,基本上也还是以硕士生和本科生为主。[3] 并且对于求职者的毕业院校,依然还是青睐传统政法院校与拥有全国或地区性影响力的综合性大学。检察院基本上也是类似的情况。

✍ 禁止不正当交往与规范离任人员制度

最后,我们要重点谈谈一个与法律人的职业道德密切相关的问题。

---

〔1〕 不同地区不同具体法院检察院岗位要求会有不同,以发布的公告为准。

〔2〕 是否为应届硕士生或博士生往往不作特别要求。

〔3〕 是否为应届硕士生或博士生往往不作特别要求。

由于法律职业共同体当中的绝大部分从业人员都来自法学院，自然，许多学生时代的法学院同窗肯定会在日后走向不同的法律岗位。甚至对于招生规模较大的传统政法院校来说，业内也一直流传着类似的笑谈：开庭才发现，审理案件的法官、原告的律师与被告的律师都是某某政法大学的校友。这个例子颇为形象的引申出了一个话题，那就是如果在法律职业共同体内，扮演不同角色的法律人若以各种途径形成了“利益联盟”，这将很有可能对司法公正与公平正义造成巨大的侵蚀与破坏。

以该例证作为介绍的起点，同学们应当就不难理解为何走进新时代后，中央对于法官、检察官与律师之间的“关系”格外关注。2021 年 11 月，“经全国政法队伍教育整顿领导小组审议通过，最高人民法院、最高人民检察院、司法部联合印发了《关于建立健全禁止法官、检察官与律师不正当接触交往制度机制的意见》(以下简称《禁止不正当交往意见》)及《关于进一步规范法院、检察院离任人员从事律师职业的意见》(以下简称《规范离任人员从业意见》)。两个《意见》的出台是深入贯彻习近平法治思想、推进全面依法治国、落实全面从严管党治警的客观要求，是全国政法队伍教育整顿的重要制度成果，对于全面加强法官、检察官与律师队伍建设，构建法官、检察官与律师‘亲’‘清’关系，共同维护司法廉洁和司法公正，更好地肩负起推进全面依法治国的职责使命，具有重要意义”。〔1〕

总结来说，这两份文件对于法官、检察官与律师三大法律职业之间的基本关系，给出了具有“兜底条款”意味的禁止性规定。换言之，未来，无论同学们从事的是这三个职业当中的哪一个，这两份文件和相关规定，都是你必须牢记的。具体来说：

“《禁止不正当交往意见》结合近年来法官、检察官与律师不正当接触交往新的表现形式，在防止干预司法‘三个规定’基础上，以负面清单形式详细列举了 7 种不正当接触交往行为，包括禁止私下接触、禁止插手案件、禁止介绍案源、禁止利益输送、禁止不当交往、禁止利益勾连等。”〔2〕

“《规范离任人员从业意见》依据《法官法》《检察官法》《律师法》

---

〔1〕《两高一部：禁止法官、检察官与律师不正当交往》，载澎湃新闻网，https://m.thepaper.cn/baijiahao_15251920。

〔2〕同上注。

《公务员法》和中组部关于规范党政领导干部在企业兼职(任职)、公务员辞去公职后从业等相关规范性文件,对法院、检察院离任人员到律师事务所从业作出进一步规范。一是完善离任人员从业限制制度。在重申法院、检察院各类离任人员从事律师职业的一般性限制规定基础上,对法院、检察院被开除公职人员、辞去公职人员和退休人员到律师事务所从业限制作出具体规定。法院、检察院被开除公职人员不得在律师事务所从事任何工作。

"此外,与此相关的另一重要事项是,同一时期,最高人民法院和最高人民检察院分别印发了《人民法院工作人员近亲属禁业清单》与《检察人员配偶、子女及其配偶禁业清单》。其中分别就法院和检察院当中的领导干部、法官及检察官的配偶、父母与子女是否可以从事律师职业进行了规定。

"《人民法院工作人员近亲属禁业清单》第二条第一款与第二款分别规定:'人民法院工作人员近亲属经商办企业执行以下共同禁业范围:(一)法院领导干部和审判执行人员的配偶、父母、子女不得担任其所任职法院辖区内律师事务所的合伙人或者设立人;(二)法院领导干部和审判执行人员的配偶、父母、子女不得在其任职法院辖区内以律师身份担任诉讼代理人、辩护人,或为诉讼案件当事人提供其他有偿法律服务。'

"《检察人员配偶、子女及其配偶禁业清单》第三条规定:'各级人民检察院领导干部和检察官的配偶、父母、子女不得担任其所任职检察院辖区内律师事务所的合伙人或设立人,不得在其任职检察院辖区内以律师身份担任诉讼代理人、辩护人,或为诉讼案件当事人提供其他有偿法律服务。'"

至此,根据这一部分提及的四份文件,我国建立了较为清晰且完善的司法利益回避与执业禁止制度。最早让我想到要向同学们介绍这些内容,是源于一件真实的事:我的一位学员与其恋人大学时代便青梅竹马,后来一位进入了检察院成为检察官助理,一位在当地成为律师,生活和事业都规划的有声有色。而就在这几份文件陆续出台后,他们联系了我,询问我的建议,因为他们不得不面对"二选一"的抉择。最后,进入检察院的那位选择放弃检察官助理岗位,主动申请转调至了检察院内部的行政岗。所以,这一部分内容应该也是本书唯一一处将就业规划与情感规划相结合的内容了,同学们请一定要好好研读。

总结

自此,我们对法律公职人员这一就业方向进行了有侧重点的信息汇总、归纳与介绍。如果大家还对法律公职人员的日常感兴趣,在本书写就之时,一部反映他们日常生活的电视剧也正在播出并收获了很好的评价,这部电视剧名为《底线》。该剧是首部由最高人民法院全程指导、全景展现我国司法改革最新成果的现实主义法治题材电视剧,非常适合感兴趣的同学们作为入门作品观看。

最后,细心的同学们应该会发现,我们似乎忽略了一个大部分找工作的同学们都会关心的问题,那就是法律公职人员的薪资与物质待遇。这个问题,虽然我也可以展开说很多,但在本书中,我认为我还是用一句话概括比较好——初入职场的法官助理与检察官助理的工资水平与福利待遇,基本上可以和本地区比较好的公立大学刚入职的青年教师看齐,至于后者的"具体薪资",我们接下来自然会进行介绍,同学们请拭目以待吧。

4.3　律师

终于,我想,我们来到了大部分即将踏入法学院的同学们"翘首以盼"的部分,那就是关于"律师"这一职业的介绍。何为"律师"？我想大部分想要攻读法学院的同学们,应该在心中早已对这一群体有了"画像"。其实在本书的导论部分,通过简要介绍"祖师爷"邓析的生平,我们已经对"律师"这一职业的"前世"有了一定的了解,那就是,他们是一群熟稔当世当代的法律法规,并以这一"特长"为被代理人利益据理力争,并以此作为一种谋生手段的人。

而进入近现代,随着"法律职业共同体"的产生与不同法律职业分工的逐渐完善与清晰,律师这一群体在"今生"的职业定义也越来越精确与专业。具体而言,我认为,在包括我国在内的经济总量名列世界前茅的国家与地区之中,"律师"这一职业群体,基本上均符合下述这些普遍特征:

第一,具备法学知识或具有法学学位。律师必须具备专业的法律知识,并且在理想情况下,律师应该在执业前首先在法学院接受专业的学术与实务训练,拥有本科及以上的法学学位。

第二,通过执业资格考试。获得法学学位通常只是成为律师的充分条件,换言之,在满足条件的情况下,即使没有法学学位,也可以成为律师。在我国,基于一定历史原因(例如,专业法律教育起步时间稍晚且普及程度不平均),如果没有法学学位,但拥有满足一定时长的法律工作经验,也能够参加法考。但在通过相关考试后,同学们是否立刻成为律师了呢?答案也是否定的。通过相应考试意味着你有了“成为律师的资格”,但是否真的要成为律师,则完全取决于个人的选择,比如,你可以在通过相关考试后,从事完全与法律无关的工作,但正常情况下,你并不会因此失去“成为律师的资格”。

第三,完成培训、实习与注册程序。通过相关职业资格考试后,同学们如果想要成为律师,就要以获得律师执业证书为目标完成一系列的专门针对律师这一职业的培训,并且完成一段规定时间的实习以对律师行业建立必要的了解(不同国家实习期长短不一)。最后,满足这些条件后,同学们才能在律师管理单位(既包括政府机关也包括律师行业协会)的审核与批准下,正式注册成为律师,并可能需要每年或每隔一定时间重新注册以确保将执业资格处于活跃状态。

第四,遵守特定的职业道德。成为律师还意味着,同学们不仅肩负着“法律职业共同体”中的所有人都共同拥有的“法律人使命”,还必须遵守专属于律师的职业道德,例如不得同时成为双方当事人的代理律师。对于这些使命与道德的违背,甚至会让“以身试法者”失去继续成为律师的资格。

第五,以律师身份提供“法律服务”。律师最重要的特征,就是与“祖师爷”一样,提供与法律相关的口头或书面服务,要么通过在谈判桌或法庭上依据法律法规为客户据理力争,要么通过为客户提供书面法律分析意见帮助客户规避风险、合规运营,来完成个人价值的实现与劳动报酬的获取。之所以要强调这一点,是因为现实中,有许多人没有取得律师资格,但一样可以提供法律建议(比如下文介绍的公司法务),他们并不属于“律师”。当然,在现实社会中,也有一些律师,似乎从不依靠提供具体的法律服务获利,他们也许是成功的销售、优雅的网红或精明的掮客,他们是律师吗?这个问题,就留给同学们在走出校园后好好思考了,这其实是一个很值得思考的问题。

✍ 律师执业资格的取得

上述归纳,是一个有些抽象的总结,因为不同国家和地区对于律师这一身份的取得和管理,肯定是有所不同的。那么具体到我国,律师的精确定义又是什么呢？根据《中华人民共和国律师法》第二条的规定："本法所称律师，是指依法取得律师执业证书，接受委托或者指定，为当事人提供法律服务的执业人员。律师应当维护当事人合法权益，维护法律正确实施，维护社会公平和正义。"所以，在我国，律师身份的获取以取得"律师执业证书"为前提；当然，在我国，律师职业道德的核心，是"维护当事人合法权益、维护法律正确实施、维护社会公平正义"。

此外，《律师法》第四条还规定："司法行政部门依照本法对律师、律师事务所和律师协会进行监督、指导。"而在现实中，这里的司法行政部门，一般指的就是司法部及其下辖的各行政区划内的司法行政单位，比如：上海市的律师与律师事务所，就由上海市司法局进行统一监督和指导。

我想，同学们刚才在阅读《律师法》第二条时应该会有一个疑问，那就是"律师执业证书（俗称：律师证）"是什么？它与法考之间，又有什么联系？简单来说，只有通过法考，并同时满足一系列其他条件，同学们才能向本地区的司法行政部门申领这一证书，而只有取得了该证书，才标志着同学们真正成为中华人民共和国的一名执业律师。

那我们要如何取得这本证书呢？根据《律师法》的规定：

第五条："申请律师执业，应当具备下列条件：（一）拥护中华人民共和国宪法；（二）通过国家统一法律职业资格考试取得法律职业资格；（三）在律师事务所实习满一年；（四）品行良好。实行国家统一法律职业资格考试前取得的国家统一司法考试合格证书、律师资格凭证，与国家统一法律职业资格证书具有同等效力。"

第六条："申请律师执业，应当向设区的市级或者直辖市的区人民政府司法行政部门提出申请，并提交下列材料：（一）国家统一法律职业资格证书；（二）律师协会出具的申请人实习考核合格的材料；（三）申请人的身份证明；（四）律师事务所出具的同意接收申请人的证明。申请兼职律师执业的，还应当提交所在单位同意申请人兼职从事律师职业的证明。受理申请的部门应当自受理之日起二十日内予以审查，并将审查意见和全部申请材料报送省、自治区、直辖市人民政府司法行政部门。省、自治区、直辖市人民政府司法行政部门应当自收到报送材料之日起十日内予以审核，作出是否准予执业的决定。准予执业的，向申请人颁发律师执业证书；不准予执业的，向申请人书面说明理由。"

以上两条法律规定，可能在同学们看来有些"抽象"，因为作为"原

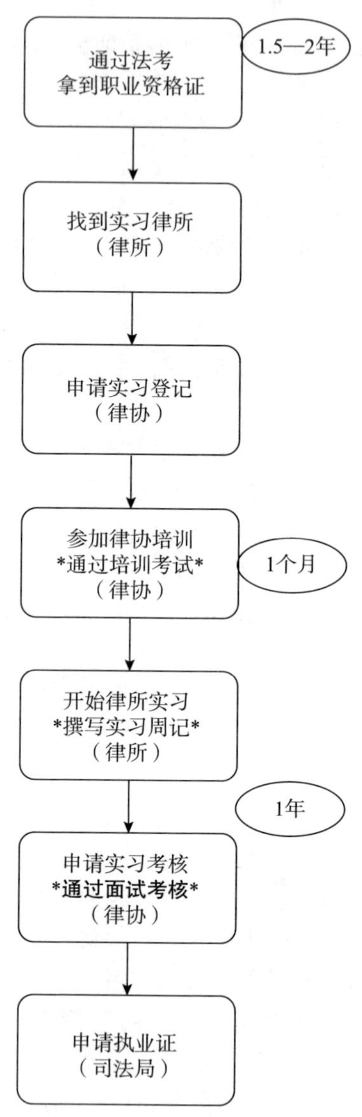

（注：* 为需要重点准备的环节，其中最具有挑战的是申请实习考核后的面试环节）

则性”规定，它们只是为各省市律师证的颁发，厘定了“基本流程”。而在实践中，不同地区的司法行政部门对于本地区律师执照的申领，都做了较为细致的规定。在本节，我们以我国某直辖市律师执照的申领为例,详细为大家介绍各个环节的步骤与流程。此处,我们将以一位大三升大四暑假通过法考,刚刚走出校园的法学院应届毕业生为视角,进行介绍。

第一步:通过法考,取得法律职业资格证书。

第二步:入职本地律师事务所,签订劳动合同,成为"实习律师",并确定你的"实习带教律师",一般后者需要满足一定的执业年限(国内为五年),他的任务就是在接下来对你进行业务指导。同学们一定要注意,这里的"实习律师",并不是同学们以在校生身份在律所实习时所自称的"实习律师",而是一个成为正式执业律师前的特指。它指的是进入就业市场的毕业生,以领取律师证为目的,在律所工作期间所拥有的身份。

第三步:成为实习律师后,同学们需要带着与律所签订的"劳动协议"、"实习申请表"与法律职业资格证书等文件前往当地律协登记并领取《申请执业人员实习证》。在现实中,这里有一个比较关键的问题,那就是律所配合你申领《申请执业人员实习证》的时间节点。根据你所具体签订的"劳动协议"的不同,一些律所可能会允许在入职后立刻去律所申领相关文件;而另一些律所会要求你通过"试用期"的考核,"转正"成为律所正式员工后,才会配合你进行申领工作。

第四步:以实习律师身份在接下来一年左右的时间内完成下述任务:

● 每周完成一篇实习周记,字数一般在一千字左右,并在律协指定的相应网站提交。整个实习期,要完成 52 篇周记。周记并不能敷衍了事,而是对一周内的法律工作的总结,建议同学们尽量客观、真实,撰写自己在协助律师办理案件期间的真切感受,以便在一年期间内呈现出逐步成长的变化,且在后续提到的"面试"环节,面试官可能会就周记内容进行针对性提问。

● 以半年为单位,你的带教老师需要在相应网站对你的实习情况填写相应意见,有时还需要在实习周记上进行书面评价。

● 申请律协举办的为期一个月的执业技能集中培训,在培训结束后,通过相应测试,获得培训结业证书。此处建议同学们时刻关注律协官网,在培训通知下发后尽早"抢"到培训名额,因为同期申请培训的实习律师人数众多,时常会发生僧多粥少的情况。如果未能报名成功,也不用过于担心,律协会在一年中举办多次培训活动,并对上一次未能报名的同学优先分配名额。培训结束后的测试往往以笔试形式开展，主要内容为律师执业规则和职业道德，为了通过测试，需要特别注重相关法律规定及历年考试真题。

第五步：在为期一年的实习期结束，同时完成上述事项后，你就需要通过律所向律协提出申请，提交一揽子相关材料，〔1〕申请进行最终的实习考核，考核形式为面试。具体来说：

面试一般分为三个阶段，首先，应试者需进行自我介绍，这一阶段，一般需着重介绍实习期间的工作情况；随后，面试官将随机抽取三道面试考题要求应试者逐个作答；最后，面试官将围绕同学的问题回答情况、工作情况和个人情况进行针对性的提问。需要提醒的是，同学们在面试期间，一定要注意个人职业形象。

律协一般会在 3 日内公示考核结果，面试考核合格的，将在 15 日内书面通知同学与所在律所；随后，同学们可申请向当地司法行政部门领取律师证，并提交相应一揽子材料。司法部门经过审核，认定准予执业的，便会在规定时间内向申请人颁发律师证。考核结果若为不合格，同学们还需要继续重新实习 6 个月，随后再次申请面试考核。

从同学们告别法学院，找到实习律所，签订劳动合同，到最终完成这五个步骤，领取律师证，正式成为名副其实的律师，在我所举例的这个城市，一般需要多久的时间呢？以我的学员近几年的个人经历和我个人的职场观察来看，至少需要 15 个月左右。而如果同学们必须等到试用期结束转正后才能申领《申请执业人员实习证》，未能及时成功预约面试考核，甚至未能及时办理居住证或者因为各种原因无法得到实习期所在律所的“配合”，这一时间还可能延长。当然，我所举例的这个城市，总体来看，是一个“拿证”时间比较长的城市，放眼全国，该地区的律师执照申领流程，相对来说，也是步骤较多的，这自然也体现了当地司法行政机关对律师队伍的高标准与严要求。而在其他一些城市，一般不多不少，一年左右就能拿到这本证书。但在有些城市，时间也可能会更长，更有必要做好时间规划，将所需材料提早准备妥当。

最后，获得律师证并不意味着这本证明是永久有效的。成为律师

〔1〕 包括：申请律师执业人员实习证、律师实习鉴定表、与律所签订的有效劳动合同、已在该律所连续缴纳满一年社会保险的证明、本市户籍证明或居住证、律协规定的其他材料；以上材料部分需要原件，部分需要复印件。

后，同学们还要按照当地司法行政机关的要求，完成作为律师的“年度考核”，即所谓的“年检”，以保持个人律师身份的有效性。但这一部分内容，就等到同学们拿到律师证之后，再自行探索吧。

✍ 律师的分类

介绍完了律师的定义以及在我国成为律师的方式，接下来，我们要简要对律师的“种类”进行介绍，之所以如此为之，是因为在本节随后的部分，同学们会看见“各种各样”的律师，这些不同种类的律师在不同的话语背景下，具有特定的含义，如果不对它们进行统一的说明，恐怕会影响大家的阅读体验。

根据律师的工作性质来区分，律师可以分为全职律师与兼职律师。前者自然指的就是将全部或绝大部分工作精力投入于律师工作之中的律师，并且通常来说，全职律师的“人事关系”也必须放在律所。本书若无特别说明，对于律师职业以及相应学业就业规划的介绍，均以这类律师的视角展开。而兼职律师自然指的是拥有“主业”，“人事关系”放在非律所单位，在“闲暇之余”作为律师提供法律服务的群体。同学们在进入法学院后最常碰到的兼职律师，可能就是给你们上课的法学院老师，甚至一些老师律师业务还做得很成功。只不过他们中很少有人会投入时间向学生传授与实务相关的知识。

根据雇主性质来划分，律师可分为社会律师、公司律师与公职律师；社会律师一般来说指的就是受雇于律师事务所，服务对象不特定的律师；公司律师指的是受雇于公司，只服务该特定公司的律师；而公职律师自然指的就是具有律师身份的公职人员，他们一般承担着处理与本机关单位相关的法律工作的职责。从数量上来说，在我国，社会律师的人数肯定远胜于后两者。而在本书中，除有特别说明外，我们提及的律师，均指社会律师。

社会律师还有几种专门的分类方式：

以办案身份为依据，律师可以分为“主办律师（主要办理案件的律师)”“协办律师(协助办理案件的律师)”与“助理律师”[1]。以从事律师工作的时长和资深程度为依据,一般会把社会律师分为实习律师、初级律师、中高年级律师(包括资深顾问)与合伙人。实习律师自然指的就是前述已经走出校园,以领取律师证为目的在律所工作的同学。初级律师一般指的是已经有2到3年全职工作经历的非合伙人律师、中高年级律师一般指的是已经有3到7年全职工作经历的非合伙人律师,至于合伙人的定义,我们随后会在律所体制与律师职级部分再具体介绍。此外,针对以在校生身份在律所进行实习的同学,在下文中,我们统一将之称为“律所实习生”,以与“实习律师”身份进行区别。

以律师处理的具体案件所主要依据的部门法为标准,社会律师还能分为诉讼律师与非诉律师;民商事案件律师、刑事案件律师、仲裁律师与合规律师等等。对于这一围绕律师具体业务领域展开的分类方式,我们会在下一章进行非常详细的介绍。以本章阅读为目的,同学们只需要记住,当我们称某律师为“xx律师(xx一般为部门法的名称)”时,这意味着其在律师工作期间,所处理的主要业务,一般均围绕这一部门法中的法律法规、甚至是相关行业规章展开。

接下来,我们就要对律师这个行业进行较为全面的介绍,我们的介绍将从律所的性质、律师的职级与晋升、中国律所的现状、就业市场的基本情况与律师的“日常”这五个大的维度展开。此外,在最后,我们还会对涉外法律就业相关信息进行介绍。

✍ 律所的性质

首先我们要解决的第一个问题就是,到底什么是“律所(即:律师事务所)”?根据我国《律师法》第14条的规定:“律师事务所是律师的执业机构。”所以,一言以蔽之,律所就是律师工作的地方,并且在我国,律师必须在律所工作,“关系”必须放在律所。换言之,即使同学们拥有律师证,可以自称为“律师”,但如果没有律师事务所雇佣你,严格来说,你是不能以“律师”名义与客户签订法律服务协议或代理协议的。所以在

---

[1] 助理律师与“律师助理(即律助)”:是一组需要区分的概念,在部分律所,这两个概念具有相同的意义;但是在很多律所,助理律师特指已经通过法考的初级律师;但律助指的是没有通过法考甚至不具有法学本科学位但未来可能考虑从事律师职业的行政人员或辅助文职人员。

现实中,任何合格的律师,都一定会隶属于一家律所。如果这位律师犯了错,也一定找得到一家律所承担相应的责任。

在我国,律所有两种基本形态,它们分别是"合伙律师事务所"与"个人律师事务所"。根据《律师法》第十五条的规定:"设立合伙律师事务所,除应当符合本法第十四条[1]规定的条件外,还应当有三名以上合伙人,设立人应当是具有三年以上执业经历的律师。合伙律师事务所可以采用普通合伙或者特殊普通合伙形式设立。合伙律师事务所的合伙人按照合伙形式对该律师事务所的债务依法承担责任。"而根据《律师法》第十六条的规定:"设立个人律师事务所,除应当符合本法第十四条规定的条件外,设立人还应当是具有五年以上执业经历的律师。设立人对律师事务所的债务承担无限责任。"

我们首先简要介绍一下"个人律师事务所",顾名思义,这种律所就是较为资深的律师用来"单打独斗"的地方,通常以单独唯一的合伙人为核心辅以少数支持性人员(秘书、律师助理等),职业范围也极为单一、专业,通常仅限于合伙人个人所擅长的个别法律领域。而在现实中,坦诚地说,这样的律所较之合伙律师事务所,数量是非常少的。毕竟"一个好汉三个帮""独木不成林",仅凭个人的力量,在大部分情况下,是无法适应市场的激烈竞争的;换言之,这一类律所,能够给律师就业市场提供的就业岗位,更是少之又少。所以我们对律所的介绍,接下来,将完全围绕"合伙律师事务所"展开,因为这些律所,才是同学们未来求职时,绝大部分律师岗位的提供方。

要理解什么是"合伙律师事务所",那自然先要明白什么是"合伙制"。实际上,关于这一问题,同学们进入法学院后,会在民法课上进行比较深入的学习,相关考题也会是你们期末考试的常客。所以在此,我仅用一种不太专业,但比较形象的方式,提前对"合伙制"的概念进行一个简单的介绍。

"合伙"从字面意思理解,自然就是大家"合起伙来"干事情。因此,以"合伙"方式建立的企业、组织与团体,对于所有"入伙"的"合伙人",

---

[1] 《律师法》第十四条:"律师事务所是律师的执业机构。设立律师事务所应当具备下列条件:(一)有自己的名称、住所和章程;(二)有符合本法规定的律师;(三)设立人应当是具有一定的执业经历,且三年内未受过停止执业处罚的律师;(四)有符合国务院司法行政部门规定数额的资产。"

都有着非常特定的要求,那就是“有福同享、有难同当”。那如何在法律上以制度化的方式实现这一目标与机制呢?对于合伙制律所来说,所有合伙人都应当依据“合伙协议”的规定“共享收益、共担风险”。

形象地说,律所的合伙人如果赚了钱,除去合伙协议规定的那一部分完全属于自己的收益外,其余资金,需要和其他合伙人一道,上交至律所的“资金池”中。每隔一段固定的时间,律所会按照大家约定好的方式分配池子里的资金。大部分资金自然会成为合伙人们的“分红”(这就是所谓“有福同享”),小部分的资金会用来支付其他员工的薪水、购置办公设备、支付办公场地租金——甚至,如果某位律师代理客户时“捅了篓子”,无法足额赔偿给客户造成的损失,律所还要从这个池子里拿出相应的款项为其善后(这就是所谓“有难同当”)。

当然,在现实层面,合伙制度肯定比我的形容复杂得多得多,因为从《律师法》的规定就能发现,我国的合伙制律所,还有“普通合伙”与“特殊合伙”之分;并且不同律所创立时签订的合伙协议对于“风险”与“收益”的分配机制,肯定也比我所形容的复杂与精密得多。但仅以本书的阅读为目的,同学们记住并理解我刚才的描述即可:那就是律师事务所是以合伙人为核心建立起来的以合伙机制运行的专业法律服务机构。

说到这里,我想同学们一定会有一个问题,那就是,所有在律所工作的人,都要和合伙人一起“有福同享、有难同当”吗?答案自然也是否定的,一家律所之中,绝大部分“员工”的收入,都不会包括前文提及的来自“资金池”的分红。换言之,在律所这个体制中,合伙人们更像是“老板”,而律所中的其余员工,就是领着工资和奖金的“打工人”了。但这并不意味着“打工人”没有“翻身”的那一天,因为对于大部分合伙制律所来说,除了“创始合伙人”之外,所有其他合伙人,都是从“打工人”干起的。那从“打工人”到“合伙人”总共分几步呢?这就是我接下来将要介绍的话题——律所的职级与晋升机制。

✍ 律师的职级

在正式介绍职级之前,我们首先要对律所内部的所有人员进行一个简单的分类。一般来说,律所内部有两大类员工,他们分别是包括合伙人在内的“律师团队”与提供支持的“行政团队”。形象地说,律师团队负责的是“赚钱”,而行政团队负责的是“后勤”。此处“后勤”的概念非常广泛,从财务人员到人事团队到IT技术人员甚至到司机接待人员,全部囊括其中。通俗理解，律所自负盈亏，当然养不起“闲人”。所以，对于律所来说，除了“赚钱的人（即律师）”之外剩下的所有人，一般都会负责某一块具体的行政与支持工作。而我们在此处介绍的职级，仅限于“律师团队”，而不涉及“行政团队”。

刚才我已经提到过，以“从事律师工作的时长和资深程度（即所谓的‘年资’）〔1〕”为依据，一般会把社会律师分为实习律师、初级律师、中高年级律师与合伙人。在律所内部，不同年资的律师，其职级自然是不同的，这种不同体现在律所对其的“称呼”与支付给其的薪水与分红的多少。那我们对于律师职级的介绍，也就从这里开始。不过由于实习律师还没有正式获得律师资格，我们首先需要把这个群体剔除，换言之，他们在律所属于“预备役”人员，还没有正式进入“现役”。

一般来说，对于工作年限只有 1 到 3 年的初级律师，大部分律所对其的职级称呼均为非常简单明了的“律师”二字，而不会像接下来我所介绍的其他职级那样“花样繁多”。对于这些初出茅庐的“律师”来说，他们的工作一般也较为单纯，那就是完成其他年资更高的律师交给他们的较为基础的工作。这些工作包括但不限于：法律检索、法律研究、较为基础的法律文书写作与处理各类流程性事项（比如，去法院送材料或进行基本的尽职调查工作）。

而对于工作年限在 3 年至 7 年左右的律师，一般来说，律所对其有大致三种较为常见的称呼，它们分别是简单直接的“律师”与有所差别的“高级律师”或“资深律师”。对于这一年资梯队的律师来说，他们具备了一定的工作经验，也有了独当一面的能力，这时，他们的日常工作通常包括但不限于：基于初级律师的工作成果进行更加复杂的法律检索与法律研究；根据合伙人的要求起草各类“交易文件（比如，合同、协议与报告）”或根据客户要求出具相关法律意见文书或整理申报材料；以及在力所能及的范围内独立处理一些案件。并且，在一些业务团队，这个年资的律师，也可能要承担一定的团队管理职责，团队构成一般以年资较低的律师为主。

---

〔1〕 在招聘时，一些律所与猎头会将“年资”的英文翻译对应为“Post-Qualified Experience(PQE)”。一般来说，这指的是求职者“获得律师执业资格并从事相关法律工作的年限”，而非纯粹的“工龄”。举例而言，某人法学院毕业后从事了法律工作 5 年，但获得律师执业资格并从事律师工作的时间为 3 年，在这种情况下，其相应年资可能被认定为 3 年而非 5 年。

对于工作超过7年的律师来说,他们职业生涯下一步的发展一般有三种可能,那就是升为“顾问”、升为“合伙人”,或者“其他(比如去其他律所或成为公司法务)”。我先来介绍前两种情况。

形象地说,律所中的“顾问”这一群体,是一个介于中高年级律师与合伙人之间的职级。相比于前者,顾问年资更长,如果不用其他称呼加以区别,往往无法体现出顾问们的资深与专业;相比于后者,顾问的工作则单纯不少,大体来看,他们的日常其实和“高年级律师”并无本质区别,相对而言,可能在一些律所中,顾问能够独立处理的案件会更多一些,且拥有自己独立的往往规模不大的律师团队。当然,不同的律所,对于顾问的称呼也会有所细分,比如“高级顾问”“资深顾问”与主要负责涉外业务的“国际法律顾问”等。

相较而言,合伙人的职级体系就复杂得多,在律所内部,根据合伙协议与管理制度,合伙人往往会有多种不同的称谓。比如根据“管理权限”的不同,合伙人可以被称为普通合伙人与管理合伙人。何谓管理权限?简单说,它指的是合伙人对律所内部各类事务的决策权与话语权。

比如普通合伙人一般可能就没有太多管理权限,对于他们来说,日常工作总结为一句话,那就是“完成创收指标”。换言之,一名律师想要成为普通合伙人并一直拥有这一身份,在大多数律所,这都意味着该律师及其团队每年都要为该律所贡献金额不菲的“真金白银”,而为了达成这一目标,普通合伙人的工作主要包括但不限于:管理包括顾问、中高年级律师与初级律师在内的团队,带领团队处理客户委托的各类法律事务以及开拓案源并维系与现有客户的良好合作关系等。

而管理合伙人除了完成创收指标之外,还要承担一定的管理工作。比如监督律所内部律师的工作完成情况、处理客户与员工的投诉、协调行政团队与律师团队之间的合作、决定合伙人之间的分红比例与确定律师晋升合伙人的具体规则。而一般在一家律所之中,还会有一位在名义上“统领”所有合伙人的“大老板”,这位人物就是律所的“主任”。换言之,“主任”不仅是律所的管理合伙人,而且还可能是管理所有合伙人的律所最高管理人。有时同学们还会看到,一些律所除了主任之外,还会有“名誉主任”,这一职务可能由已经荣休的“前律所主任”或律所中德高望重的非全职律师担任(比如,知名法学院教授),名誉主任更接近一个荣誉头衔,据我所知,大部分拥有这类头衔的律师其实很少参与律所的具体管理工作。

理解了普通合伙人和管理合伙人的区别，我们便很好理解以“高级合伙人”为代表的“合伙人中间阶层”的定义。和普通合伙人相比，高级合伙人一般会承担一定的管理职能，比如分管某一特定律所内部管理事务；但和管理合伙人相比，显然，高级合伙人承担的管理工作肯定是较少的，其主要责任一般来说依然是和普通合伙人一样“好好赚钱”。

除了按照管理权限区分合伙人之外，依据收入分配规则，合伙人还可以分为“非权益合伙人”和“权益合伙人”。形象理解，前者指的是那些虽然名为“合伙人”，但其收入依然主要来源于薪水与奖金，而非“资金池”分红的律师；而后者指的是传统的有权利获得分红的律师。所以前者也被称为“授薪合伙人”。

依据身份的特殊性，合伙人还可以被称为创始合伙人、荣誉合伙人与国际合伙人等。创始合伙人很容易理解，他们肯定是律所的创始人。荣誉合伙人一般指的是为律所作出了突出贡献的合伙人。国际合伙人可能是专门处理涉外业务的合伙人，也可能是常驻于律所海外办公室的合伙人。

在正式结束对律师职级的介绍之前，我还是需要补充几个重要的“小点”。首先，上文提及的“3 年”与“7 年”这样的用于区分律师年资的时间节点只是一个比较普遍的数值，不同律所内部，肯定会有不一样的具体时间界限。其次，不同律所对于职级的称呼当然会有所不同，甚至会颇有特色，同学们切勿机械的以我的介绍来审视所有律所的职级梯队。比如某些律所可能只有合伙人与管理合伙人两种基本的合伙人职级，而有些律所从授薪合伙人起步，直至荣誉合伙人，不同称谓的合伙人多达五至六种。最后，我对于不同职级律师的日常工作介绍，肯定也是比较“笼统”的，在现实中，不同律所、不同业务部门甚至不同团队，相同职级称谓的律师所具体负责的工作都可能有所不同。我想，以上所有这些实务领域的差异性，同学们在进入律所之后，自然都会有机会和时间好好体会和探索。

✍ 律师的晋升

介绍完了职级，接下来，我们要介绍的，是律所中的律师晋升职级的方式。如果说上一节有关公务员的晋升由于涉及太多不同机关部门而无法给出统一的原则性介绍；而下一节有关公司法务的晋升由于涉及太多不同公司内部的管理规范与商业现实也很难准确概括的话；相比之下，关于律师的晋升，在原理上，就单纯与明确的多。毕竟“律所不养闲人”，律师的晋升，本质上反映的就是律所与律师之间就风险与收益进行分配的机制，这一机制非常容易理解，因为其十分“市场经济”。

对于初级律师与中高级律师来说，律所内的晋升其实就是一件按部就班的事情。换言之，只要你在工作中“不出大问题”“不犯大错误”，在律所中，至少在最开始的 5 年，你是可以非常稳定的提升职级、积累年资，并获得与之相匹配的不断上涨的薪水与奖金。不同于体制内或企业中需要通过晋升获得更高职级，律师的职级通常会每年调整（“一年级”之后的职级为“二年级”），而工资和年终奖金会随着职级每一年增长调整到与新职级对应的水平。

律师晋升真正的转折点，一般出现在其成为高级律师的最后几年，因为这时，律师与律所将面对一个双向选择的博弈。且让我以设身处地地视角，为刚刚告别高中校园的同学们娓娓道来，这场博弈，道出了律师晋升机制的精髓，也可以让同学们提前体会到一些“职场法则”与“社会规律”。

假设，对于一个已经在某律所工作了 7 年，即将迈入第 8 个年头的律师来说。前 7 年，他的收入（包括工资与奖金）一直在稳定的上涨，在业务能力方面，他也完全可以带领一个团队独当一面。这时，对于自己接下来的晋升，他会有两种期望：

期望一：如果他觉得自己并没有能力为律所寻找新的客户、带来新的案源与收入增长点，他至少希望律所不要让他“原地踏步”，至少让他在职级上能够与后辈们“有所区分”，否则，如果接下来的几年，他在职级上依然还是高级律师，那些他曾经的“下属律师”将很快在职级上与他平起平坐。虽然这不是什么“伤天害理”的事，但在职场中，这多少还是让人忌讳，因为这会让人觉得他有些“无能”或“没有上进心”。所以，他可能向律所提出，希望在自己结束第 8 年的工作后，继续参考之前的幅度上调薪资（例如 15%），并要求律所管理层给他一个“高级顾问”的“头衔（即所谓 Title）”。当然，他也主动提出，他会多承担一些“支持工作”，比如每周定期为低年级律师进行专门的业务技能培训与辅导。

期望二：在过往的工作中，他已经积攒了一些人脉与资源，当年与他一同毕业的同学和朋友，现在也在不同的公司、企业甚至是政府机关中站稳了脚跟，有了聘请律师处理相关问题的需求，这些同学和朋友也很愿意与他合作，但前提是，他能有一个“合伙人”的“Title”，这样才“好看”“好批(获得上级的批准)”。他认真算了算,如果自己依托律所的招牌,能够以合伙人的身份拿下这些业务,聘请几名律师协助处理,并且能够按照合伙人的标准获得分红,自己的收入不仅能够实现质的飞跃,而且也能给律所带来新的收入增长。这时,他就会向律所发出一份“对赌协议”,那就是,他承诺在未来三年时间,每年都为律所带来一定数额的业绩,而前提是,律所首先晋升他为合伙人。如果第一年他的业绩没有达标,他愿意主动放弃这一头衔,甚至离开律所。

对于律所管理层来说,它又如何权衡与回应这两种不同的期望呢?

对于期望一,律所可能会作出如下的考量:面对这位律师提出的获得“高级顾问”的职级,并按照15%的幅度提升薪水的要求,管理合伙人们与律所的财务团队算了一笔账:撇开“高级顾问”的“虚名”不谈,一个基本的事实是,如果同意其涨薪要求,那么这位律师的薪水将可能超过两名初级律师——甚至一名初级律师与一名年资5年的中级律师——的薪水之和。这时,管理合伙人们或许会作出如下抉择:

如果这位律师的业务能力并不是“不可替代”的(可以较为轻易地通过培养年轻律师来接手其工作),管理合伙人们其实更倾向于培养初级律师或直接招聘一名年资稍逊一筹但能力不相上下的“中级律师”,因为相对而言,这些律师未来薪资的涨幅,是远小于这位律师的;而这些律师未来的成长空间与“劳动效率”,肯定不亚于——甚至高于——这位律师。这时,律所或许会拒绝这位律师的要求,或者提出,将其升为“高级顾问”,但不再增加——只是保持——其薪资。又或者,考虑到其“没有功劳也有苦劳”,为了“照顾面子”,律所提出给其“合伙人”的Title,但其获得的只是一个授薪合伙人的身份,当然,这一“敏感信息”不会显示在律所官网中。

反之,如果这位律师的业务能力确实是“不可替代”的,或者管理合伙人认为重新培养一名这样的资深律师“代价远高于其所提出的薪资涨幅”,那很简单,律所当然会同意他的要求,甚至会在续约时承诺用未来可以预期的持续涨幅,换取其白纸黑字的一直为该律所效力的“承诺”。

对于预期二,面对这位律师提出的升为合伙人并冲击业绩指标的提议,在大多数情况下,没有律所会拒绝这个“双赢”的方案。但在本书写作的过程中,我也从几位律所管理合伙人和人事部门负责人的口中,听到了几个真实的拒绝理由,比如,如果这位律师在成为合伙人之后所主营的业务将对律所既有合伙人之间的业务分配格局产生比较大的冲击——例如:他所主营的业务与该律所某管理合伙人的主营业务有较大重合——本着“一山不容二虎”的原则,律所可能会拒绝这位律师的提议,甚至建议他另谋高就。又如,如果这位律师在律所内的口碑“不好”,管理合伙人还不时收到针对他的投诉,律所也可能以此为理由,拒绝他的提议。再如,如果这家律所采取的是管理合伙人集体投票,并以少数服从多数的方式决定是否批准晋升合伙人的请求,一个很简单的拒绝这位律师的理由便会是——他没有获得足够多的票数。

自此,我们对律师在律所的晋升机制进行了一个较为详细的介绍,总结一下,在律师职业生涯的前半段——初级与中高级阶段,律师的晋升是一件水到渠成的事情。而在律师职业生涯的后半段,是否能够完成晋升——甚至提前成为合伙人——则完全取决于律师本人的个人能力与律所的需求之间的匹配程度。

当然,此处我所举的例子,其实是一种对比较复杂的律所晋升机制的概括性描述,这种晋升机制,一般只适用于我将在下文介绍的规模较大、职级体系层级较多的“头部”律所之中。而在更多的情况下,同学们未来可能就职的中小型律所之中,是不会有这么多复杂的“勾心斗角”的。自然,在这些律所中,从律师晋升为合伙人,往往也不需要 7 年这么久。

比如,在一些中小型律所,律师只要达到一个相对而言不那么高的业绩指标,就能拥有在大型律所往往需要更多年资才能拥有的头衔;比如,对于一些刚刚成立的律所,他们对于合伙人头衔的授予,往往也比较“慷慨”;比如,有些律所的合伙人名额甚至是固定的,只有“老合伙人”隐退,才能有新人“出头”。凡此种种,其背后自然也有着相对应的收益分配机制的设计。但万变不离其宗的一点是,从律师成为合伙人,不仅看个人能力,也看律所的需求。理解了我之前介绍的较为复杂的晋升博弈机制,基本上你就能看透今后所遭遇的各类律所内部各不相同的晋升游戏规则。

✍ 律所的工作组织形式

接下来我将要介绍的是律所的“工作组织形式”,这里同学们可能会有一个疑惑,那就是这个词汇的定义,毕竟我们刚才提及了不少律师的“日常(即工作形式)”,那到底什么是“工作组织形式”呢?具体而言,它指的是律所中不同职级的律师具体“分工合作”的方式。换言之,拥有不同“工作组织形式”的律所在处理相同业务时,内部律师之间的“互动”形式将可能是截然不同的——即使两家律所最终给出的是质量不相上下的工作成果。

俗话说“千人千面”,对于律所来说,具体的工作组织形式在现实中也可能有几十种,毕竟一家律所在不同城市的分所,都可能有彼此完全不同的“组织风格”。那么我该如何入手向同学们进行介绍呢?我首先将概括性的介绍两种最“极端”的工作组织形式。这两种形式,就像是“光谱”的左右两端,然后,我还会介绍一种位于中间地带的组织形式。以此为参照,其余的组织形式,一般都位于这一光谱之中,只不过有些律所“偏左”,有些律所“偏右”,有些律所“居中”。甚至在一些律所中,某些业务团队的形式“偏左”,而另外一些业务团队的形式“偏右”。

首先介绍的是“最右边”的工作组织形式,这也是律师行业最古老的组织形式,那就是最为传统的“合伙制”。在这一组织制度下,律所中的合伙人们除了共同分担律所运营的各类成本开销外(例如工作场地的租金、行政团队的薪水),在经济收益分配机制方面,每个合伙人及其带领的业务团队基本上要做到“自负盈亏”。比如,这种类型的律所会规定,每个合伙人每年只需要拿出团队收入的20%上缴至律所的资金池中,剩余部分由合伙人自行分配。而如果某个合伙人某年业绩不达标,他也依然要承担一定比例的律所运营费用。在这种体制下,合伙人及其团队往往各自为政,独立寻找案源、独立招聘团队的办案律师,甚至在必要时,独立招聘只服务于自己的行政支持人员。为了保证团队营收,降低分案费用,这类律所的合伙人会尽可能在各领域配齐“自己的”律师,合伙人在接手了自己无法胜任的业务或案件时,就可将其转介给同事。此外,在这类律所中,不仅合伙人是经济独立的,甚至不少律师也是独立的,他们每年会向律所缴纳一笔“管理费”或“座位费”,以获得律所办公场地的使用权和基本的行政团队支持与律所品牌背书,此外,独立律师还会依据律所的分成条件将创收的一定比例交给律所,而剩余部分,在扣除相应税费后便成为独立律师的“提成收入”,所以独立律师也常被称为“提成律师”。

接下来介绍的,则是近年来越来越引起传统律师行业关注的“公司制”律所,其位于前述光谱的“最左边”。这类律所实行的是模块化管理,和传统律所各个合伙人团队处理案件的形式不同,这类律所的工作组织形式是将每个单独的案件“切割为不同的标准化模块”,然后由负责不同模块的部门处理相关事宜。举例而言,这一类律所中,通常营销部门(又称“市场部门”)负责招揽客户(主要是通过互联网或电话营销);当客户前来律所咨询时,律所专门的“谈案部门”负责客户签约前的基本法律咨询和答疑工作(该部门的员工不一定是律师);一旦客户决定和该律所签约,此时律所的“办案部门”将接手案件(该部门的员工一般来说都是律师)直至案件处理完毕。除了以上三个部门之外,这类律所也会有相应的行政部门,这一点和传统律所一致。此外,在管理上,所有部门统一服从“管理团队”的指挥,管理团队当中既有律师,甚至还可能有专门的企业管理人员,且所有人员的招聘一般来说也都是由律所的管理层统一负责。

在这类律所中,很少存在以合伙人为核心利益分配单位的分红模式。每一个案件的收益,除了上缴一部分给管理团队用于支付管理团队的薪酬和律所的运营成本外,均会按照一定的比例在前述几个部门之间分配。换言之,在这类律所中,律所更像是“公司”,大部分人的身份更像“员工”,他们的工资,都与律所的业绩直接挂钩;且职级的概念也让位于部门的概念。在这样的律所中,晋升更看重的是个人的“赚钱效率”而非年资,毕竟所有项目,大家都是一起赚钱的人,谁效率高(例如,单位时间内谈下的案子多或办理的案子多),谁就更有可能脱颖而出。

在这类律所中,除了管理层的几位律师拥有“合伙人”的身份外,其他律师都以部门分类,比如负责谈案的律师就是“谈案律师”,而负责办案的律师就是“办案律师”。由于这类律所的兴起只是近几年的事情,并且它们的发展壮大在时间线上完全与互联网公司推出的各类或是合法或是灰色的线上广告业务相同步,所以这类律所在一些老一辈的传统律师眼中还有一个或褒或贬的外号——“网络推广律所(即网推所)”。

介绍完了“右边”和“左边”,接下来介绍的就是处于两者之间的组织形式,我称这种形式为“中间制”。它既保留了传统合伙制律所的职级体系与分红逻辑,在管理方面,又结合了公司制律所管理层统领业务部门并分工合作的模式。采用这种组织形式的律所,在管理结构上,由“合伙人会议与管理委员会(即‘管委会’,类似于公司制律所的‘管理层’)”“(若干)业务管理委员会(分别管理不同业务领域的律师)”与(若干)具体行政部门构成。合伙人会议与管理委员会负责决定律所内部的各种重要制度并监督各业务管理委员会的运行,这一点上,它们和公司制律师的管理层很像,都是整个律所的“大脑”;各业务管理委员会负责协调与监督其内部具体律师对于案件的处理。而行政部门则在上述过程中提供各类必要的支持。

在实际"工作"中,"中间制"律所的管理体制可能更为复杂:首先,此类律所仍可能存在不同的合伙人团队,理想状态下,各团队之间的关系更像是一块块"拼图",相互支持、协作而非竞争;其次,合伙人团队中的律师身兼多重身份,可以在前述不同的业务管理委员会中担任一定的职责,以便在服务客户的同时提升专业积累,同时也拥有了更多对外的"头衔"(如专委会主任等);最后,此类律所在涉及境内或者境外分所时还会区分境内和境外管理团队,境内各地分所又会设置不同分所的管理团队,至于管理团队的任命和更换则又体现了总所与分所之间的关系紧密程度和管控力。

在具体办案的过程中,这类律所还会采用"高低搭配"的形式,以尽可能提高人员利用效率,即:将处理案件的律师按照年资分为一"高"一"低"两个团队。年资较高的律师团队一般由合伙人、顾问与高级律师组成,这类团队人员相对来说非常固定,人数较少,不同团队往往处理特定业务领域的案件。而年资较低的团队则全部由中低年级律师组成,他们并不隶属于任何高年资团队,而是统一集中于一个几十甚至上百人的"律师池"中,高年资团队接手案件后,根据案件的工作量,从律师池中"征召"低年资律师加入其团队,参与案件的办理。甚至在必要时,如果案件"很大",高年资团队也"缺人",他们还可以从其他高年资团队当中"借调"顾问律师或中高年级律师进行支援。

而在其他方面,这类律所的机制依然还是比较传统的,比如这类律所的分红模式依然是以合伙人为主导的高年资团队"拿大头"、在业务团队内部合伙人永远是主导整个案件进度的灵魂人物、晋升仍然需要同时考量年资和个人能力、不同业务领域开拓案源的任务主要还是由合伙人把控。

事实上,位于"中间"的律所也不常是处于正中间的,要么会偏向于"公司制"的左边,要么偏向于"合伙制"的右边,各个律所都会根据其独特的发展历程和人员组成进行潜移默化的选择,甚至发展到一定阶段也会产生变化、"左右横跳"。

至此,我们对国内律师事务所的工作组织形式进行了一个比较基本和概括的介绍。在实践中,一般中小型律所会采用非常传统的"合伙制"形式,这类律所是否适合作为同学们职业生涯的起点,取决于你进入律所后“带你”的那个合伙人是谁;而大型律所一般则会采用“中间制”,这类律所是否适合作为同学们职业生涯的起点,往往更在于律所本身的“招牌效应”。而“公司制”律所作为近年来异军突起的“新物种”,可以说引起了越来越多人的注意,但至少在本书写就之时,这类律所还尚未发展至在规模上可与传统大型律所媲美的体量,不过这并不代表它们的商业模式不成功。实际上,据我所知,不少这类律所的创始人年纪较轻、学历背景也并不“顶级”,但是他们通过“变换玩法”,其实在比较短的时间内完成了个人收入与影响力的“逆袭”。所以这类律所的未来将会如何,我们可以拭目以待,同学们如果有好的机会,也不妨去这类律所好好体会一下“时代的变化”。

最后,还要说明一点,在不少律师早年撰写的有关国内律所体制的文章中,一般会把“中间制”律所称为“公司制”律所,因为在他们所处的年代与认知中,法律服务市场还尚未出现本节所介绍的那种最为“纯粹”的“公司制网推所”,这一点,同学们日后在阅读各类材料时,还是要注意留意与区分的。

✍ 律所的“档次”与分类

介绍完了律所的工作组织形式,接下来我们要介绍的就是律所的“档次”了。何谓“档次”,它指的就是按照不同分类模式,对律所进行的“梯队评定”。那“档次”的概念有何意义呢?很简单,如果你对法律行业不了解(就像大部分人那样),当你遇到了棘手的法律问题,需要律所的律师为你解决时,最方便的决策方案就是结合你的预算与对律所服务的期望,按照律所的“档次”从上到下进行选择。而如果你是刚刚走出校园的法学院毕业生,结合你个人的兴趣爱好、教育背景、性格特长、拟就业地区与薪资期望等等因素,你当然也可以按照律所的不同“档次”筛选出值得你投递简历的律所并展开你的求职计划。

很显然,本书对于律所“档次”的介绍,肯定是基于后一种视角;毕竟在同学们工作后很快就会发现,法律服务市场充斥着为客户准备好的将律所区分为“三六九等”的“商业榜单”,也自然会有同行告诉你,如何审视这些榜单中的“门道”。而我们对于律所档次的介绍,将从三个更为独特的视角切入,它们分别是“律所的国别”“律所的规模”与“求职的门槛”。

不过在正式开始介绍之前,我想强调一句,那就是虽然我们对于这些律所的介绍遵循某些行业内公认的“档次高低”顺序，但在我看来——同时也符合职场观察——的规律是，所谓“律所档次的高低”并不可能定义一个律师的“全部”。换言之，从“高档次”的律所起步，不一定能确保你一定能拥有辉煌的职业生涯；从“低档次”的律所出发，也不代表在律师行业你永远无法崭露头角。

✍ 律所的国别

根据律所的“国别背景”，一般可以将在我国内地设立办公室的律所分为两类，即“外资所”（又称“外所”）与“内资所”（又称“内所”）。技术上说，我国并不存在真正的“外国律所”，今后大家在国内职场提及的“外资所”实际上都是“外国律师事务所”派驻在我国的“驻华代表机构”（俗称“办公室”）。而根据我国律师行业的管理规章，外国律师事务所指的是“在我国境外合法设立、由外国执业律师组成、从事中国法律事务以外的法律服务活动，并对外独立由其全部成员或部分成员承担民事责任的律师执业机构”。[1]

此外，在过去，也有不少律师笼统的将我国港澳台地区的律所设于内地的各类办事机构和代表处也称为“外所”，这肯定是一个不严谨的说法，但为了本书表达之便，此处，我们还是会遵循这一传统，将这几个地区——尤其是香港地区——的律所与本节的“外所”一同进行介绍。而在下文中，我们便将香港律所驻内地代表机构称为“香港所”，针对这类机构，我国也有专门的律所规章对其进行管理与规范。[2] 由于本书的大部分内容都将主要围绕内所展开，所以在此处，我们简要对我国“外所”的前世今生与“档次梯队”进行一个简单的介绍。

原则上说，我国内地真正出现“外所”，是在 1992 年司法部和当时的国家工商行政管理总局共同发布《关于外国律师事务所在中国境内设立办事处的暂行规定》（以下简称《暂行规定》）之后，因为这份文件正式从法律层面建立了外国律所在华设立办事处并进行本地化管理的机制。同年 12 月 29 日，司法部正式批准了包括多家“香港所”在内的 12 家“外所”在北京、上海与广州设立办事处，按照当时的规定，一家外所最多只

---

〔1〕《司法部关于执行〈外国律师事务所驻华代表机构管理条例〉的规定》第二条。

〔2〕《香港、澳门特别行政区律师事务所驻内地代表机构管理办法》。

能在内地的一座城市设立办事处。[1]

但外国律师真正进入新中国的法律服务市场,也是从 1992 年开始吗?答案显然是否定的,随着 1978 年改革开放政策的实施,那时就已经有外国律师以"外国公司法律顾问"的身份随着来华投资的外资企业进入中国并为相关投资项目提供法律服务,甚至一度,还有一些知名外国律所通过在内地开办主要提供法律信息咨询服务的"咨询公司"的方式"间接营业"。

自 1992 年始,在随后近十年的时间内,陆续有近百家外所与二十余家香港所在中国内地设立办事处,其中美国和英国律所在外所中占据近半数量。随着 2001 年 12 月 11 日中国正式加入世界贸易组织,我国也兑现了入世前作出的对外国律所进一步放开中国本土法律服务市场的承诺,当年 12 月 22 日,国务院颁布了《外国律师事务所驻华代表机构管理条例》(以下简称《管理条例》),次年 7 月 4 日,司法部又颁布了《司法部关于执行〈外国律师事务所驻华代表机构管理条例〉的规定》(以下简称《执行规定》),这两份文件,代替了先前的《暂行规定》,构建起了如今我国内地外所管理的基本制度框架。

根据《管理条例》的规定,外所在国内的代表处可以在国内提供如下服务:(1)提供该外所律师已获准从事律师执业业务的国家相关的法律咨询服务,以及有关国际条约、国际惯例的咨询服务;(2)接受当事人或者内所的委托,办理在该外所律师已获准从事律师执业业务的国家的法律事务;(3)代表外国当事人,委托内所办理中国法律事务;(4)通过订立合同与内所保持长期的委托关系办理法律事务;(5)提供有关中国法律环境影响的信息。

此外,《管理条例》还规定,外所及其代表在国内不可以从事与"中国法律事务"相关的活动。而《暂行条例》对"中国法律事务"给出了较为明确的定义,即:(1)以律师身份在中国境内参与诉讼活动;(2)就合同、协议、章程或其他书面文件中适用中国法律的具体问题提供意见或证明;(3)就适用中国法律的行为或事件提供意见和证明;(4)在仲裁活动中,以代理人身份对中国法律的适用发表代理意见;(5)代表委托人

[1] 《暂行规定》对于可以设立办事处的城市也有规定,当时,只有以下 19 个城市可以设立外所的办事处,它们分别是:北京、上海、广州、深圳、海口、大连、青岛、宁波、烟台、天津、苏州、厦门、珠海、杭州、福州、武汉、成都、沈阳和昆明。

向中国政府机关或其他法律法规授权的具有行政管理职能的组织办理登记、变更、申请、备案手续以及其他手续。此外,还需要提醒同学的是,如果你已经通过国内的法考,你是无法通过在“外所”实习或工作获得中国律师证的,并且处于执业状态的中国律师如果就职于国际律师事务所的中国办公室,也须(暂时)放弃中国律师执业资格,在日后如果受雇于中国律师事务所才能申请恢复。

至此不难发现,外所在内地的业务,其实是有着非常明确的“有所为、有所不为”的界限的。在法律实务领域,外所在我国内地提供的法律服务,主要围绕各类与资本市场,尤其是海外上市、并购、投融资相关的“非诉业务”和各类合规业务展开,对于这些业务的具体介绍,同学们可以在下一章进行深入的阅读和了解。

而由于外所的外国客户也同样有着强烈的获得与“中国法律事务”相关之服务的需求,而这些外国客户通常又“天然地”信任外所,所以在实践中,不少外所都有着较为固定的中国国内律所(即:“内所”)“搭档”,一旦外所的客户需要中国律师处理相关问题,这些外所往往就会直接将相关案件与项目转介给常年与其搭档的内所,在这些内所中,对接这类案件的律师往往也拥有一定的外所工作经验。

不过在 2014 年,对于外所在国内的“营业范围”,上海市司法局开全国之先河,率先允许符合条件的外所通过“联营”的方式与内所在上海自贸区共同设立“中外联营律所”。[1] 这标志着在满足条件的情况下,外所与内所可以直接进行合作经营,过去“暗中进行”的“外内所业务转介”模式,终于在中国有了一个可以“正大光明”开门迎客的地方。在联营律所模式下,拥有国外律师资格和中国律师资格的法律人才可以发挥双重作用,为对跨境法律服务有需求的企业提供了可以只雇佣单一律所作为顾问的便利条件。目前,联营模式仍然处于试点阶段,能否及何时在全国范围内推广仍未有定论。

至此,我们对外所在国内发展的大致脉络进行了介绍,那么在最后,针对国内律所法律服务市场中外所的“梯队”与“档次”,同学们还应当了解这样两个概念,即“Big Law(俗称美国大所)”与“Magic Circle(俗称魔圈律所)”。前者指的是美国律所中起薪最高的数十家律所(这些律

---

[1] 详见:《中国(上海)自由贸易试验区中外律师事务所互派律师担任法律顾问的实施办法》和《中国(上海)自由贸易试验区中外律师事务所联营的实施办法》。

所提供给工作第一年的初级律师的年薪已经超过税前一百万人民币);后者泛指英国最负盛名的五家律所。除了这两个梯队中的部分律所及几家香港所之外,国内其他的外所,在下文中,我便将其统称为“国外中小所”。根据公开资料披露,在我国规模最大的外所,其在国内办公室雇佣的律师总人数也不超过百人,大部分国外中小所在国内雇佣的律师人数更是从寥寥数十人至数人不等。[1]

✍ 律所的规模

接下来,让我们回到国内律所。以律所的规模对律所进行梯队划定,其实是最直接也最没有争议的档次评定方式。此处,“规模”的定义应从律所雇佣的律师总人数与律所在国内与海外设立的办公室的数量为两个基本依据进行综合判定。虽然看上去这个指标是“两个维度”,但同学们应该也很容易理解,在现实中,一般律师人数越多的律所,其在全国——甚至是世界——各地开设的办公室自然也是越多的。此处,我们提及的“律师”不仅包括拥有我国“律师证”的中国律师,也包括被这些律所雇佣但拥有外国律师执业资格的法律顾问与外籍律师。

根据本书写就之时某第三方机构发布的颇具认可度的以受雇律师人数为排名依据的2021年中国律所规模排行榜,[2]截至该榜单发布之时(即2021年11月),中国律师规模排名前30的律所中,律师人数最多的律所,拥有律师11390名,其中拥有合伙人头衔的律师为1366名,合伙人占比约为12%;中位排名第15的律所拥有律师1619名,其中拥有合伙人头衔的律师为393名,合伙人占比约为24%;而律师人数最少的律所,拥有律师922名,其中拥有合伙人头衔的律师为85名,合伙人占比约为9%。

进一步分析律所雇佣的律师人数不难发现,除了排名第一的律所律师总人数超过1万人,排名第二与第三的律所律师总人数超过5000人,排名第三、第四与第五的律所律师总人数超过3000人外,余下绝大部分律所雇佣的律师总人数都维持在1000人至3000人之间。而在合伙人的比例方面,律所之间的差异则比较大,合伙人占比最高的律所比例高达约37%——不到三位律师中就有一位拥有合伙人的头衔,而比例最低

---

〔1〕 参见 https://zhuanlan.zhihu.com/p/437095095。

〔2〕 同上注。

的律所只有约 6%，其他律所的合伙人比例，则较为“均匀”的分布于这两个“极值”之间。

进一步根据榜单中的律所查询其官网不难发现，排名“前半部分”的律所开设的分所与办公室，几乎覆盖了我国东南西北各主要省会城市，甚至其中几家律所还实现了在绝大部分直辖市、省会城市与中国香港地区开设分所的庞大布局。而排名越靠后的律所，在“网点”分布上就越有针对性——例如，这些律所普遍都会在北京、上海、深圳、广州、杭州、成都等公认的一线、准一些城市开设分所，但对于其他城市的选择，则各有侧重，比如客户集中于长三角地区的律所，除了在北上开设分所外，可能就只会在长三角的主要城市开设其他的分所。

自此，介绍完了我国律所的总体规模情况，我们就可以比较直接的以人数规模和地区布局为指标，给出一个较为客观的档次梯队，即“全国所”“地区大所”“地方大所”与“地方中小所”。全国所当然指的就是在以北上广深为主的全国直辖市与一线城市均开设有分所的律所，从榜单排名来看，这样的律所，如今在我国，至少有几十所。地区大所指的是在公认的几个一线大城市与若干在地域选择上具有一定地区一致性的城市开设分所的律所。

相较之下，我将地方大所定义为在某个或某几个相邻省份的省会城市开设分所的律所，以我的故乡南昌为例，其为江西省省会，江西省毗邻湖南省、广东省与福建省，在南昌开设的具有一定影响力的律所完成了本省的业务拓展后，往往就会选择在这几个省份的省会城市开设分所。地方中小所指的自然就是余下的只在某省或某市主营其业务的律所。

✍ 招聘门槛

接下来，我们的介绍和同学们的就业规划关系是最为密切的，那就是我们将非常直接的以律所的招聘门槛为依据为律所划定几个档次：显而易见，越靠前的律所，自然就越“难进”；并且在很多法律专业人士的眼中，毕业后进入这些“靠前的”律所，也证明了求职者本人的优秀。并且，梯队排名越靠前的律所，起薪往往也是越高的。

这里的梯队划分，可能比较烦琐，我就直接以“第一梯队”“第二梯队”与“第三梯队”的形式进行区分。在进行每个梯队的具体介绍时，我都会从“基本条件”和“优先条件”两方面入手。不达到基本条件，意味着求职者连相应律所最基本的“简历关”[1]都无法通过;而满足“优先条件”则意味着求职者不仅满足了基本条件,而且从历年该律所招聘的结果来看,求职者只要在随后的笔试和面试中“发挥正常”,那么律所“只要还有名额,大概率就会将其录取”。

此外,在进行这部分的梯队介绍时,我们还会涉及与法学院校排名相关的术语,这些术语在《推开法学之门:法学专业高考志愿填报指南》中将会详细介绍。

最后,我们所列举的条件,针对的都是即将走出校园的应届生;这些条件所对标的招聘岗位,自然都是初级律师。当然,现实中,不同律所对“初级律师”的确切称呼还是大不相同的,比如,有些律所称其为“初级律师”,有些称其为“律师助理”或“助理律师”,有些则简单直接的称其为“一年级律师”。

第一梯队

一般位于这一梯队的律所要求应届生求职者达到的基本条件是:(1)本科毕业于国内“著名”法学院:此处著名的定义一般包括“五院四校”及若干双一流高校的法学院,不同律所会有不同的“院校清单(Target School List)”,但总体上看,名单上的法学院一般不会超过30所;(2)具有硕士学位,且硕士毕业于“国内外”知名法学院:此处国内知名法学院,一般指的就是刚刚提及的“著名法学院”,而国外知名法学院,在第一梯队的视野下,在美国,一般不会超过十几所;在英国,一般不会超过8所;在香港地区,一般不超过2所;(3)通过法考;(4)扎实的法学专业功底:一般这意味着你要在你所就读的法学院年级排名中比较靠前,虽然此处“靠前”并没有精确的定义,从本书创作期间我们与几位资深律所人事部门负责人的沟通来看,将其定义为“前30%”应该是没有什么问题的,部分律所的要求只会更严格,不会更宽松;(5)优秀的英语能力:这是一个比较容易量化的指标,比如大学英语六级考试达到或超过600分,托福考试达到或超过100分,雅思考试达到或超过7分;而如果求职者已经有了海外知名法学院的硕士学位,那么一般都被视为能够直接达到这个要求。

---

[1] 负责招聘的人员浏览求职者简历后,若认为其不符合基本条件,可以直接作出不予录用的决定,而不需要经过后续考核、面试等环节进一步判断是否录用。这种情况,就被称为求职者没有过“简历关”。

在符合以上基本条件的情况下，一般位于这一梯队的律所欢迎应届生求职者达到的优先条件包括但不限于：(1)拥有美国知名法学院的职业法律博士学位：此处知名法学院，在美国，一般不会超过20所；(2)拥有香港地区知名法学院的职业法律博士学位：此处知名法学院，在香港地区，一般只有1所；(3)拥有美国纽约州或加州的律师执业资格或至少通过美国纽约州或加州律考；(4)高分通过国内法考：一般来说，这意味着法考总分至少在330分左右；(5)优异的在校成绩：一般来说，需要达到所在年级的前15%甚至更高；(6)优异的英语水平：托福考试达到或超过110分，雅思考试达到或超过7.5分，获得商务英语初级或中级证书，英语口译类证书等。

以上我所列举的指标基于的是我对内所招聘要求的总结，但实际上，国内外律所的招聘标准，也基本可以参照第一梯队的"基本条件"和"优先条件"。具体来说，美国大所国内办公室的"门槛"，基本上等同甚至可能在某些方面还要超过第一梯队的优先条件，并且对于求职者毕业院校的要求也挑剔得多，但由于这部分律所提供的岗位数量实在是少之又少，在此便不赘述；[1]而海外中小所的招聘门槛基本上可以完全参考第一梯队的要求；魔圈所的招聘要求，至少据我本人的观察，则颇为微妙的居于美国大所和海外中小所之间。

第二梯队

如果同学们仔细研究了第一梯队的各项指标，其实第二梯队的标准就比较容易理解，在具体要求的种类上，第二梯队与第一梯队是相似的，即第二梯队律所要求应届生求职者满足的基本条件也包括：(1)本科毕业于国内"著名"法学院；(2)具有硕士学位，且硕士毕业于"国内外"知名法学院；(3)通过法考；(4)扎实的法学专业功底；与(5)优秀的英语能力。只不过相比于第一梯队的具体范围，第二梯队的律所会"适当放宽"一些。比如，针对条件(1)与条件(2)，第二梯队的律所不仅接受认可度相对"靠后"的法学院，并且还能接受也许全国认可度没有那么高，

---

〔1〕 例如：以本书几位作者曾经实习与工作过的两家美国大所中国上海办公室与中国北京办公室往年录取的应届生一年级律师为例，上海办公室的一年级律师本科均毕业于上海唯二的两所最为知名的综合性大学，且年级排名都在前15%甚至更高；北京办公室的一年级律师本科均毕业于北京的四所高校，且年级排名都在前15%甚至更高；且大部分一年级律师拥有美国最为知名的几所法学院的法学硕士学位或美国知名法学院职业法律博士学位并通过了美国纽约州或加州的律师执业资格考试。

但是“本地认可度”高的法学院。

所以这里的“尺度”,其实是一个非常难以界定的指标,如果我给出一些比较客观的数据,不少人也一定拿得出反例,因为这个范围内的律所能够提供的岗位数量已经比较多了,而在这时,能够影响求职的因素,就会变得更加多样而复杂,一概而论,既不现实,可能也起不到应有的指导性作用。所以在此,我给同学们的解决方案是,结合我接下来给出的第三梯队律所所给出的“优先条件”,同学们大致可以这样认为:“夹在”第一梯队的基本条件与第三梯队的优先条件之间的那个范围,就是“第二梯队”的律所对于应届生求职者的基本期望了。

那第二梯队律所的优先条件包括哪些呢?这点很容易说清楚,大家只需要参照第一梯队律所给出的基本条件即可。换言之,从我对应届生——特别是我所辅导的数十位学员——的求职历程观察来看,大凡满足了第一梯队基本要求的应届生,基本都可以获得第二梯队律所的录用,当然,前提依然是他们在律所的笔试考核与面试中表现不能“太差”。

第三梯队

一般位于这一梯队的律所要求应届生求职者达到的基本条件是:(1)拥有法学本科学位;(2)通过法考;(3)通过大学英语四级考试。是的,你没有看错,只有这三个条件。换言之,如果你想成为律师,只要你能满足这三个条件,我可以“拍着胸脯向你保证”一定能有律所向你提供工作岗位。当然,可能薪水你不满意,可能案件不是你喜欢的类型,可能你除了干正事还要“打杂”,但未来如果同学们接触的律师足够多,我的这个结论也应该会得到你们的认同,那就是不少“出身”于“默默无闻”的法学院但在若干年后事业有成的律师,就是从这样的岗位开始自己的职业生涯的。

在符合以上基本条件的情况下,一般位于这一梯队的律所欢迎应届生求职者达到的优先条件包括但不限于:(1)毕业于本市或本省的知名法学院(理工科本科或者语言专业本科在特定业务领域亦可作为优先条件);(2)拥有法学硕士或法律硕士学位;(3)在本科或硕士就读期间成绩优秀,此处,优秀的定义可以理解为排名年级前30%或更高;(4)优秀的英语水平:比如通过英语六级考试。

其他招聘要求

除了以上提及的要求,同学们未来在求职的过程中,还会看到非常多“模式化”的招聘要求,这些要求与律所的档次或梯队没有任何关系;换言之,绝大部分律所,在招聘应届毕业生时,都希望他们未来的新员工,拥有这样一些特质,它们包括但不限于:(1)工作态度积极;(2)抗压能力强;(3)责任心强;(4)善于沟通;(5)有团队合作精神;(6)学习能力强;(7)具备出色的逻辑分析能力;(8)不迟到早退。坦诚地说,同学们只要告别了校园,进入社会,这些能力,其实是绝大部分工作岗位对应聘者的基本期望。

此外,还有一些条件,出现在招聘启事当中的频率不是那么高,但却“挺有意思”,它们包括但不限于:(1)能接受经常加班;(2)能接受高强度的工作状态(比如,不定时在深夜或凌晨接受来电“轰炸”);(3)能接受长期出差;(4)能接受商务接待与应酬等。对于这些条件,我的建议是:如果做出这类要求的岗位对你的吸引力大于接受这些条件给你个人带来的“不悦”,你当然可以坦然接受。而如果,其中任何一条都让你认为会影响你的身心健康甚至抵消工作给你带来的成就感,你就不应该接受开出这种条件的律师岗位。如果你在入职后才发现岗位确实并不适合你,在不违反法律法规和律师职业道德的情况下尽快离开,是我给你的唯一的建议。当然,如果哪天你看到曾经能够接受这些条件的“前同事”比你“更成功”,我也希望你坦然接受。而且,我也不希望你因为这些条件的存在而对律师这个行业失望,因为在各行各业,都有“老板”想要雇佣并重用这样的员工,律师行业更是如此。

除此之外,还有一些条件,可能是你仅仅依靠个人努力或在短时间内无法改变的,这些条件包括但不限于:(1)拥有某地区的户口;(2)拥有驾照;(3)“体端貌正”等。对于这些条件,如果你不符合或你认为你不符合,忽略给出这些条件的岗位即可,不要有任何的遗憾,也不要再为这种岗位多浪费哪怕一秒钟宝贵的求职时间,你是否拥有某个城市的户口或你是否“体端貌正”和你是否能成为成功的律师,没有任何关系。当然,如果你认为自己并非“体端貌正”,你也不能以此为借口在求职与工作时“不修边幅”或“衣衫不整”,这是两码事。

至此,我们以梯队为依据,对律所的招聘门槛进行了一个档次划分,我想同学们此时自然会将这几个梯队和先前我们介绍的不同规模的律所进行联系。但我想提醒你,先不要急,在“对号入座”之前,我认为同学们还应当了解这样三种律所的定义方式,即:“红圈所”“综合大所”与“精品所”。至于原因,大家看完便知。

✍ 红圈所 综合大所 精品所

同学们如果有志于进入律师行业，肯定从踏入法学院的伊始就会有一个问题，那就是“中国最好的律所”有哪些呢？坦诚地说，这个问题的答案，肯定有不小的争议，毕竟如何定义“最好”，大概属于这个世界上“最难”回答的问题之一。但如果在本书中，非要我挑选一个现成的概念来回应同学们的关切，我想，我能找到的并能够得到“最多”〔1〕法律行业从业者接受的概念，应该就是以“红圈所”为代表的中国律所。

“红圈所”三个字来源于早年国外某知名媒体的一篇有关中国本土“顶级律所”的新闻报道，该报道的标题为《红圈中的律师事务所》，在概念塑造上，似乎借鉴的就是定义英国最佳律所的“魔圈所”概念。总之，今时今日，法律从业者们提及的红圈所，一般都符合如下这样几个无可争议的概念：

首先，在某几个特定的业务领域，这些律所中的一个或多个团队在细分市场中有着无可辩驳的“战绩”与口碑。此处的“战绩”，指的就是这些律所代理的客户与处理的案件（Case）在细分市场中是“最顶级”的。比如，当我国的某个刚刚成为世界五百强的企业准备赴海外上市，这个 Case 与相应的客户，就足够的“顶级”；而往往在国内的法律服务市场，这样顶级的客户的管理层，在考虑委托哪家国内律所负责其海外上市法律业务的国内工作时，纳入其考虑范围的律所，不出意外都是红圈所，且数量一只手都数得过来。

其次，从招聘门槛——尤其是对于初级律师的招聘要求——来看，放眼求职季，红圈所对于“学历”的要求，毫无疑问是最高的。此处的“学历”有两层含义，第一层含义指的是红圈所对于求职者的“毕业院校”有着十分具体的要求；另一层含义是红圈所对于求职者的“最高学历”也有着十分明确的要求，那就是“（除了极个别的优秀本科生外）必须硕士起步”。而且，根据我的观察，红圈所对新员工的门槛要求也在逐年提高。写到这，同学们应该就能明白为何我“煞费苦心”的将红圈所

---

〔1〕 当然，此处的“最多”只是一个相对的概念，它并不意味着绝对比例上的“绝大多数”，而只代表着相比于其他“最好”的标准，认可“红圈所”这个标准的律师，我认为是最多的。但在绝对数量上，认可这一概念的律师，也许只占中国总律师人数的40%或60%，毕竟，定义“最好”的方式，实在是太多了。

的概念“藏”在了这里进行介绍,因为上文提及的“第一梯队”的招聘要求,就是基于我对所有红圈所这几年的招聘信息所进行的汇总、整理与概括。

最后,在不少其他与同学们职业生涯的初期发展密切相关的领域,红圈所也是当之无愧的领先者。比如:红圈所相对于中国的其他律所而言,内部对于新人的培训机制是较为完备的。再比如:红圈所的整体起薪,相较于其他国内律所,也是最高的。考虑到律师职业生涯的起步阶段,无论在哪个梯队的律所,大家肯定都“忙于提升自己的执业能力”,那么红圈所的培训制度和高薪资显然就有了最高的“性价比”和“吸引力”。

说完了红圈所,我们再来聊一聊“综合大所”,相对而言,这是一个比较容易定义的律所群体。顾名思义,这类律所是比较典型的“笑迎八方客”“什么业务都做、什么案子都接”的律所。换言之,这类律所由于雇佣的律师人数多、分所及开设的办公室地域范围广、在业务领域没有明显短板,所以相比于一般只在国内一线城市与国际知名城市设立分所与办公室的红圈所而言,其优势或特点就在于“哪都有办公室”且“你有什么法律问题我都能解决”,以匹配其个性化和本地化法律服务能力。

当然,相较于红圈所,由于其对于律师的“需求量”更大(以便满足人数和创收的规模要求),其招聘的门槛自然也没有那么高,因此,给新人的起薪也没有那么高,并且,需要提及的一点是,大部分综合大所由于在律所的工作组织形式上存在着“混合制”——有一些团队参照“中间制”律所进行内部管理,而有一些团队完全以传统合伙人制进行管理,所以综合大所内部不同业务团队给出的起薪可能“差异巨大”:高者就是红圈所的待遇,低者可能直接成为你在当年的求职季所能见到的律所能开出的最低“起薪”,当然,这种情况下,给出这种薪水的合伙人一般都会告诉你,进入他/她的团队,“你可以学到很多”。

最后我们再来谈谈“精品所”,什么是“精品所”?也许没有公认的定义,但在我看来,参考标准包括:(1)在某几个特定的业务领域,在以某地区为“圆点”的法律服务市场,做到工作成果可与本地“红圈所”的业务团队“一较高下”;(2)在招聘门槛上,对于负责几个核心业务的团队律师,尽可能向“红圈所”看齐;(3)对于律所规模,保持“小而精”的体量,尤其是负责核心业务的团队;(4)不少老牌精品所由于在特定领域颇为权威,其内部相应的培训机制也是比较完善的,甚至在专业程度上不输红圈所。

自此,我想同学们应该也能够总结出我眼中的精品所所具有的特征:首先,这类律所通常规模不大,基本上都是不折不扣的“小所”,且这类律所一般也不会开设过多的分所或办公室,规模最大的精品所,也只会在几个城市开设分所;其次,这类律所在发展策略上通常思路非常明确,那就是集中力量主攻一到两个核心业务方向;再次,在招聘门槛上,公开自称为“精品所”的律所在条件设定上都会不同程度地向红圈所看齐(至于最后录取的应届生能否全部达到红圈所水准则是另外一回事);最后,精品所的起薪有高有低,有的精品所给初级律师的薪水完全不亚于红圈所,有的精品所则会效仿一些综合大所提供“可以学到很多”的工资。

自此,我总算有详有略地对在我国提供法律服务的所有律所的类别进行了介绍,现总结如下:在我国,以律所的国别进行区分,在内地法律服务市场提供各类法律服务的律所可以分为“内所”、“外所”与“港澳台律所”。就内所而言,以雇佣律师的人数与开设分所或办公室的规模进行区分,国内律所可以分为“全国所”“地区大所”“地方大所”与“地方中小所”;以律所的性质来说,可以分为“红圈所”“综合大所”“精品所”与“其他律所”;以招聘应届生的条件来说,可以分为“第一梯队律所”、“第二梯队律所”与“第三梯队律所”。

✍ 就业环境

介绍完了以上所有内容后,我们终于来到了律师的“就业环境”部分,这一部分之所以要放在此处,是因为同学们先前阅读与学习的所有概念,将在这一小节被完整地串联起来。毕竟“读书是为了就业”,我在之前说了这么多,就是为了让同学们尽量清楚地理解,你如果选择了律师这条路,未来面对的,将是怎样的就业环境。

那到底什么是就业环境?在我看来,这一概念包括如下几个要素:(1)岗位竞争的激烈程度;(2)个人工作的强度;(3)个人的收入。那如何分析与比较这三个标准并做出最有利于个人背景的学业和就业规划呢?这就要从我接下来将要介绍的几方面数据入手了。

律师的人数

首先我们要看的,自然是“律师的人数”,毕竟这直接决定了不同城市和地区律师就业市场的竞争激烈程度,并间接决定了律师的收入。在本书写就之时，根据公开资料，我国律师人数已超过60万人，律所约3.7万家。[1] 相比于其他国家，尤其是世界经济总量名列前茅的发达国家，我国的律师人数是多还是少呢？以我国有14亿人口计，则每万人中律师人数为4.3名。[2] 与同属东亚儒家文化圈的韩国和日本相比较，我国的这个数值，略高于日本（每万人4名律师），低于韩国（每万人6名律师）。而与发达的西方国家相比，“4.3”的数值则低得多，比如美国每万人中的律师人数约为40人，而德国约为20人。如此来看，是不是在不远的未来，我国社会对于律师应该还有巨大的需求呢？在我看来，答案可能是“不太明确的”。

一方面，与美国德国这样的“老牌资本主义国家”相比，在我国社会，律师扮演的作用是较为“纯粹的”——我国的律师其核心使命就是提供法律服务。而在美国与德国——尤其是美国——成为律师，往往是许多其他重要职业的“必经之路”，比如：美国大量的公务人员、司法机构工作人员与包括总统在内的政客，都曾有过执业律师的经历。所以从这个角度上说，以这样的发达国家的数据作为我国律师行业的“参考目标”，是绝对有其不符合我国国情之处的。

而另一方面，不少资深律师又持有这样一种观点：在我国，如果以城市为单位进行统计，实际上以北上为代表的一线城市中的律师人数，已大有“超德望美”之势。以上海为例，根据上海市司法局2021年6月发布的《上海司法行政“十四五”律师行业发展规划》中的目标，至“十四五”结束时（即：2025年），上海律师人数需达到约4.5万人。以上海市总体将常住人口控制在2500万人来计算的话，届时，上海市每万人中将会有律师18人，这将基本上和德国现阶段的数据持平。

为什么会出现大城市律师人数“畸多”的情况，在我看来，主要原因有二：一方面，许多法律服务——尤其是涉及非诉领域的业务——往往只有一线城市及其周边城市[3]的客户才有稳定而庞大的需求。换言之，这些需求，在其他二三四线城市，是非常少的，甚至不少有这类需求的企业，宁愿“跑到大城市去找律师”，也不愿寻求本地律师的服务。自

---

〔1〕《司法部部长：截至2022年6月，全国共有律师60.5万人》，载中国新闻网，https://www.chinanews.com.cn/gn/2022/07-28/9814481.shtml。

〔2〕司法部：《全国公共法律服务体系建设规划（2021-2025）》（2022年1月24日发布），该规划提出：到2025年，全国执业律师将达到75万名的规模，每万人拥有律师数5.3人。

〔3〕形象地理解，就是位于经济发达地区的一二线城市。

然,常年提供相关法律服务的律师和律所,都会聚集于北上广深这样的经济发达地区;或者说,许多业务领域的律师岗位,只有北上广深的律所才有"动力和能力"提供。

另一方面,一个不争的事实是,相较于"小城市",大城市的居民整体而言法律意识更强,更能接受在必要时用法律武器捍卫自身的权益。一些在我们的故乡"从来没有人会想到打官司的事",在北京与上海,隔三岔五就会有人跑来咨询"如何对簿公堂"。以小见大,便不难想见,北上广深的老百姓们相较于其他城市的居民,自然也有着更为旺盛的法律服务需求与律师需求。

所以,在我国,我希望同学们记住的有关律师就业环境的第一个结论是:以北上广深为代表的位于经济发达地区的一线与二线城市(在下文,我将之称为"头部城市"),是我国律师群体的"核心聚集地";而其他省会城市与二三四线城市(在下文,我将之称为"其他城市")的律师群体,无论是从能够处理的业务领域还是总体人数上看,较之前者,都少得多。

✍ 律师的收入

接下来,我们就来聊一聊律师的收入。从最宏观的角度来说,2021年,我国律师行业的总业务收入(营收)约为2000亿元人民币。以彼时全国共有60万律师来计算,当年我国律师的人均营收约为33万元。当然,这里的营收并非纯收入,而是律师收取的"法律服务费",这一笔费用根据不同律所的工作组织形式与收入分配方式,最终会以不同的形式分配到职级不同的律师手中,所以不能简单地将营收等同为收入。

那这里一定有同学会问,营收中有多少钱能变为律师最终的收入呢,我个人有一个肯定不太精确但大致不会有太大偏差的比率换算方式,那就是,律所年度总营收的二分之一,一般就是所有律师最终的个人税后收入之和。换言之,同学们大致可以认为,2021年,我国律师的人均税后纯收入为15万元人民币左右。

而从城市的角度看,仍然以头部城市中的上海为例,2019年,上海律师人均营收达到100万人民币(即:人均纯收入为40万-50万元)上下[1],为全国之最,这一数据在疫情后略有下降,但波动不大。而大致

〔1〕 由于收入越高,缴税越多,将税后收入调整为40万-50万元,基于此考虑。

同一时期,上海市2021年度全市就业人员平均工资为税前13.6万元,税后大致为13万元左右。因此,上海市律师的纯收入为本市均值的3至4倍,这一群体被称为"高收入群体",至少从这个角度看,当无争议。但事实果真如此么?我们不妨从不同梯队律所中不同职级律师的收入这一更加"真实"的角度来看一看这个问题。

我们先来看看红圈所合伙人的平均收入,以本书写就之时创作团队多方了解的第一手数据来看,近两年来,至少三家红圈所的"非授薪合伙人(以分红模式获得收入的合伙人)"的平均税后收入稳定在300万元左右(较疫情前有所下降),其中"顶级"的合伙人年收入依然可以超过千万,而最"寒酸"的合伙人年收入也可以达到税后约200万元。

说完了"最顶层"的律师收入,我们再来看看"初级律师"的收入情况。以红圈所为代表,初级律师不计年终奖的固定薪水在这两年已小幅超过税前30万元人民币的水平,减去个税再加上年终奖,[1]红圈所初级律师工作第一年的税后收入,一般会在25万至30万人民币之间。除去部分外所给出的更高起薪外,对于内所而言,这几乎是"新人"可以拿到的顶薪。而在上海,一家律所给出的"底薪"会有多低呢?至少据我所知,这一数值应该在税后年收入5万元上下(不计年终奖)。而其他大部分律所给出的薪资,就在这样两个极值之间自由浮动。

而如果我们再算得精细一些,一名"比较勤奋"的律师如果每年的"工作小时数(Billable Hour)"[2]为2000小时,如果他硕士毕业后第一年就在红圈所上班,那么他每小时的收入大约为125元到150元;如果他在一家"可以学到很多"的律所上班,则他每小时的收入为25元。

所以律师行业的收入基本上符合"帕累托法则"的描述,即:20%的从业者获得了80%的行业收入。当然,此处的"20%"与"80%"只是一个形象的说法,我想表达的是,在律师这个行业,大部分收入,是被合伙人

---

[1] 年终奖一般指的是企业或律所在每个财年的最后一个月,根据当年度的总体营收情况,一次性发放给律师或员工的"额外工资"。换言之,对于非合伙人的律师来说,其工资是"确定的",但年终奖由于和律所或团队的总体业绩挂钩,一般来说,是"不确定的",可高可低,甚至"可有可无"。

[2] 注意,这里的工作小时是你完全投入工作的时间,即所谓的"可以用来向客户收费的小时数(Billable Hour)",而非所有"你耗费的与工作相关的时间";形象地说,你坐在电脑前处理文件、撰写材料的时间属于"工作小时数",但你工作之余办公室小憩的时间、前往法庭或出差耗费的通勤时间,则不在此列,或折减计算。

拿走的；而余下的大部分律师，要分享剩下的小部分收入。请同学们记住这第二个结论。

此外，对于即将走出法学院的同学们来说，想要获得“待遇中上游”的律所工作机会，往往竞争是相当激烈的，这几年更是如此。但如果你在毕业前已经通过了法考，想要找到一家“可以学到很多”的律所，难度是不大的。这时，肯定有同学要问，我想成为律师，但我能找到的第一份律师工作的工资不高怎么办？怎么办？问得好，如果毕业时你已经错过了升学的机会，你已经通过了法考，你又真的想做律师，你觉得应该怎么办呢？

我想不少同学看了我刚才对收入的描述，心中的另外一个疑惑就是，从新手律师到合伙人的这条“加薪”之路，到底有多漫长呢？这里的情况，就比较复杂了，因为现实中，除了小部分律所在律师成为合伙人中之前能够做到对薪资的涨幅“明码标价”之外，其他大部分律所对于薪资的态度都是“非常灵活”的。换言之，律师行业在大多数情况下并不是一个“按部就班”的行业，你的收入在“黎明到来”之前，也许都是不能差强人意的，因此而选择转行，其实也是十分正常的。具体来说：

红圈所和外所一般来说对于律师的职级与相对应的薪资，有着十分明确具体的内部制度规范。换言之，同学们在进入律所工作后（甚至在签订劳动合同时），就能够知悉未来 5 到 7 年，自己每年的薪资上涨幅度和具体收入，在不发生重大变化的情况下，无论律所在未来 5 到 7 年的实际营收情况如何变化，这一部分收入都不会被影响（如果律所的收入在未来某年不及预期，受到较大影响的，将可能是年终奖金）。以某起薪为税前约 36 万的律所为例，如果律师按部就班在该律所一直工作，在第七年时，其预计可以在当年获得的税前薪资，一般为每年 70 万人民币左右。而 36 万至 70 万之间的部分，就是其过往的薪资总涨幅。〔1〕

除了以上模式外，我国的其他律所在薪资涨幅方面，都是非常灵活的，这个道理，其实同学们是非常容易想通的。比如在合伙制律所或以合伙制管理的团队中，由于律师的工资直接与团队的收入——而非律所的总体收入——直接相关，且合伙人对于营收的分配拥有绝对的话语

---

〔1〕 按照披露给我们这一数据的该律所资深人事部门负责人的说法，截至 2020 年，一名律师在该红圈所工作如果满 7 年，其预计获得的税前总薪水，一般在 300 万至 350 万元左右，如果加上团队的奖金，可以达到 400 万元甚至更多。

权,所以律师收入的"涨落"不仅可能是难以预料的,还有可能是"大起大落"的。而在完全公司制的律所,这一趋势就更为明显了,因为大家的收入都直接取决于"公司的整体业绩"。

总结一下,在我国的律师就业市场,除了以红圈所为代表的"中间制"律所会对律师执业生涯的前期收入"明码标价"外,大部分律师收入的增长相较于职级的晋升,是更加不确定的。这意味着,在大部分律所,律师的薪资如果以五年或七年的总和来计算,既可能低于红圈所的均值,也可能高于这一均值。所以工资高低这件事,在我看来,不仅要靠个人的努力,不少情况下,也取决于个人的业务领域与团队的抉择。

成为合伙人的难度

俗话说,不想当将军的士兵不是好士兵,那么显然,很多律师也肯定赞同这么一句话,那就是"不想当合伙人的律师不是好律师"。所以,一个"横亘"在同学们面前的问题就是,"成为合伙人到底有多难?"在我过往的咨询辅导中我发现,这个问题的答案对与同学们抉择毕业后是否从事律师这一职业所起到的作用似乎远远超过我个人的想象。那在此,我只能"斗胆"尝试回答一下这个问题:

不过,我还是要对我的回答提前做一个说明,那就是我的答案是极为"主观的"。换言之,观察法律行业越久,我就越认为,想要"合理"回答这个问题,其实是很难或很天真的,当然,我之所以"敢"说这话,显然也是基于我比较扎实且长期的职场观察的。大家不妨听我一一道来。

成为合伙人肯定不是一件难事,只要你对律所没有档次要求。这一点大家应该不难理解,毕竟对于许多律所而言,"合伙人"只是一个"虚名",想要取得这个头衔,也并不需要满足什么创收要求。律师只要向律所缴纳并不高昂的"管理费"并达到成为合伙人的最低法律要求(比如取得律师执业资格证后从事律师工作满 3 年),便能成为相应律所的合伙人。甚至一些律所在创立伊始,为了迅速提升知名度与规模,还会以各种优惠条件招揽律师,其中比较具有吸引力的条件就是"直接给予合伙人头衔,并在律师加盟该律所的前几年免缴管理费"。甚至有些律师为了尽快成为"创始合伙人",还会特意成立"只属于自己的"律所。但如果同学们的问题是从律师成为"最好律所"的合伙人要多久,我想从三个方面来回答:

第一,2012 年,我的同学们本科毕业,一小部分同学选择成为律师,[1]而到今年为止,其中还没有转行的那一部分律师,年资陆续已经来到了第 7 年或第 8 年,至少据我所知,"交际颇广"的我应该还没有哪位朋友在这个时间节点成为——比如说:红圈所的——非授薪合伙人。

第二,不少知名律所的合伙人踏入法律行业的第一份工作也并不是律师,他们可能从事的是法院或检察院的司法工作、可能是政府机关的公务员、也有可能是企业的法务,但当他们在积累数年"资源"后离开原先的工作单位进入律所后,不少人成为合伙人的时间可谓"光速"。

第三,从我熟识的在年龄上距离我"最近"的"成功合伙人"来看,无论他们的工作方式与私德如何被他人评价,至少在我看来,他们都在某几个与律师行业的成功直接相关的能力或背景方面拥有显著超过其他同事[2]的水平。这些能力背景包括但不限于:人际交往能力、沟通与表达能力、身体素质、自律、接受并乐于加班的能力、教育背景、团队管理能力、可望世俗成功的驱动力与"为律所带来资源的能力"。

所以,回到最初的那个问题——"要多久才能成为合伙人",我想说,这是一个没有标准答案的问题。而学生时代的同学们最标准的思维特征之一就是——"没有标准答案的题目我做不来"。那么,如果你的目标是成为一名"知名律所的合伙人",这是你一定要去改变的思维方式。因为成为那样的合伙人不是考试,努力未必能考第一。既然是这样的不确定,我给你最后的建议是,千万不要把这个有点天真的问题当作你判断是否应当在毕业后成为律师的标准。你的判断标准应当包括但不限于:在你读完这本书后,在你了解了法律行业不同就业方向的不同可能性后,你是否依然对律师行业怀有热情?如果有,那律师行业肯定值得你一试,就算几年后你后悔了,只要你没有在工作岗位上"荒废时光",法律行业总体来看是一个"容错率"非常高的行业,你随时可以切换"赛道"且不必担心过往的经历"没有用处"。

---

〔1〕 当然,他们真正成为拥有律师证的律师,至少都是 2 到 3 年之后的事情了,比如本科毕业后直接参加工作的同学至少也需要花费一到两年的时间获得律师证;而选择在国内或海外攻读硕士学位再进入律师行业的同学真正成为执业律师的时间至少距 2012 年,也过去了 3 年。

〔2〕 我想要提醒大家,他们的同事在律师行业也绝非"泛泛之辈"。

✍ 律师辛苦吗?

最后,我们谈一个有些沉重的话题,[1]那就是律师行业普遍存在的加班文化和与之相关的一个问题:律师这一行辛苦吗? 在回答这个问题之前,我想再次强调一下律师行业的“属性”。和“体制内”的工作(比如先前介绍的法律公职人员与随后介绍的公立高校教师)与接下来即将介绍的“法务”相比,律师这个行业,从本质上而言是一个“自己养活自己”的行业。换言之,体制内的工作,薪水来自国家和政府,虽然在不少人眼里“也许没那么高”,但其胜在稳定;而法务则服务于公司企业,这一工作群体也没有直接的“营收压力”,换言之,他们只要做好自己的事情就能获得薪水,赚钱的工作是其他同事的任务。

而律师行业呢? 从“获客(找寻客户)”开始,到圆满处理案件并获得相应的劳动报酬为止,律所与律师的收入,完全取决于最后的结果。如果你所在的团队找不到足够的客户,如果你处理的案件并没有带给客户胜利,作为律师,你的收入都会因此而大受影响——甚至“颗粒无收”。所以同学们进入律师行业后,最常听到的一句话应该就是,“律师的老板就是自己”。那么在这样一个行业,提升收入的方式有哪些呢? 答案肯定不止一种,但答案肯定包括——勤奋、勤奋、再勤奋。

所以,在这样一个大背景下,勤奋最直接的表现形式——加班——成为律师行业的常态,显然就是一件再正常不过的事情。尤其在头部城市,提供相同法律服务的律所和律师成百上千,让客户支付相同的费用但却能够比同行更早拿出质量相似的工作成果,就注定成为“没有大平台”“没有背景”“没有资源”的律师们在市场中竞争并脱颖而出最“诚实”的方式。这一逻辑在任何梯队的律所都是适用的,为了争夺同一单“生意”,不同红圈所团队“厮杀”到最后的“撒手锏”,无外乎也就是在收费和对方相同的情况下,用更短的时间完成工作。[2]

所以,除非同学们从踏入这个行业的第一天开始就拥有“给律所带来客户”的超能力,或者你的老板“心若菩提”,否则,作为律师,至少在你工作的前几年,加班一定是你工作的一种常态,并且大概率会对你的

---

〔1〕 之所以说沉重,是因为就在我撰写本章之时,在最近这段时间,媒体已经接连报道了几位律师因不堪工作与职场的高强度节奏和压力离开这个世界的消息。

〔2〕 此处,我们姑且假设“损人不利己”的极端价格竞争在律师行业是不存在的。

个人生活产生或多或少的影响。如果你无法接受这一点,坦诚地说,律师这个行业,肯定不适合你。

当然,凡事也需要有一个底线,加班也是如此,但这个底线并不是一概而论的,它是因人而异的。比如,本书的一位合作作者一直在美国大所的本土办公室工作,虽然他拿着全世界最高的一年级律师工资,但其所负责的业务却也是公认最忙的领域——按他的话说,每周他都要随时做好连续几天只能睡几个小时的准备。但他和他的同事们对此安之若素,他本人是个健身狂,精力更是格外旺盛,对他来说,这样的生活并不会对他造成任何损害,甚至让他感到充实,那么,加班——甚至长时间的加班——对他而言,至少在他年轻时,就不是问题。

但同学们也不要被我所举的这个比较"极端"的例子吓倒,毕竟,这种情况实在是有些罕见。换言之,在律师职业生涯的起步阶段,虽然加班是司空见惯的,但刚才例子中的情况,确实是少之又少的。你可能遇到的加班节奏要么是"大小周"、[1]要么是"995/996"[2]、要么是"淡季旺季"[3],一年365天高强度的工作,很难成为大部分律师的工作常态。并且,随着年资的积累,在工作三五年后,你大概率将会有"手下"可以承接一部分你的工作;而在你变得比较资深并在业务领域具有了一定的不可替代性之后,做到工作和生活平衡,也不会太难。当然,如果你的心态是"今年一定要比去年进步(赚得更多)",那不管在哪个行业,你都可以永远"为自己加班"。

但如果长时间的加班让你的身体开始透支,让你的精神负担越来越重,甚至侵占了太多本该属于你的"私人时光"并因此让你感到沮丧,我认为,你应该在不违反律师职业道德的情况下尽快离开这份工作——甚至是这个行业。并且,你应该屏蔽任何试图因为你无法接受加班而否定你的话语,你的生活是自己的,否定你的人无法代替你生活,他的愤怒是可笑与自私的,因为他似乎认为所有人都应该和他一样,但每个人,都有不一样的权利,这,是我关于律师这个行业送给同学们的最后一个结论。而更多关于律师工作的"日常"与业务领域的介绍,我将之留在了下一

〔1〕 例如:逢单数周周六周日"双休",逢双数周只休息一天,即"单休"。

〔2〕 995指的是每天早九点上班,晚九点下班,一周工作5天;996依此类推。

〔3〕 部分律师处理的业务有着并较明显的"淡季"与"旺季"的周期规律,一般在旺季,律师的工作状态可能是996;而进入了淡季,则是朝九晚五,一周双休。

章,同学们届时再好好探索吧。

4.4 法务

介绍完了律师,接下来将要介绍的就业方向有一个简称,即“法务”。当然,首先要澄清的,是“法务”和“法律顾问”这两个概念之间的区别和联系,因为在过往的咨询答疑中,我发现不少刚刚走出高中校园的同学和不了解法律行业的家长一直认为,所谓“法务”就是“法律顾问”的简称。但至少在法律职业共同体的话语体系下,这两个概念,有着天壤之别。

✍ 法务的定义

法律顾问是以法律专业人士自居并通过向他人提供法律意见或解决法律问题以获得劳动报酬的人。从最通俗的角度理解,法官可以是案件当事人的法律顾问、律师可以是客户的法律顾问、没有通过法考但拥有法学学位的公民可以是其他公民的法律顾问、甚至不少法学院在读学生也能通过参加法律援助活动成为求助者的法律顾问。换言之,“法律顾问”在法律职业共同体的话语体系下并不是一个被类型化、特定化与职业化的专门概念,取决于场合、时机与特定案情,任何“法律人”都能在某时某刻成为他人的“法律顾问”。

而我们在本节介绍的“法务”所对应的专业人群,不仅同法律公职人员和律师一样拥有专门的职级体系与从业规范,而且在范围上更为限定,那就是所有市场主体中为该市场主体从事法律工作、处理法律事务并提供法律意见的专业人士,即:为特定市场主体排他提供法律服务的“顾问”。而考虑到就业市场的现实——同时也为了叙述的方便——我进一步将这一群体的任职范围主要限定在了“企业”。对此,依然有几点是需要着重说明的:

首先,法务不只存在于各类企业之中,实际上,越来越多的政府机关、事业单位(例如教育机构)和社会组织也开始聘用专门从事法律工作的人士,比如政府部门中的公职律师与各类事业单位“法律办公室”中的“法务”。他们都会为本单位在运行过程中所面临的法律问题提供意见与建议,并在必要时亲自处理相关事宜。只不过在向就业市场提供岗位的绝对数量上,企业的法务岗无疑占据了绝大多数;且其职业化体系最为清晰,所以在本节,我们才主要以“企业法务”为视角进行介绍。

其次，法务一定是律师吗？答案是否定的：一方面，在现实中，拥有律师执业资格的求职者可以成为律师事务所的律师，获得律师证，也可以成为受雇于企业的“专职律师”，并申请获得专门的“律师工作证”。[1] 后者较之前者，在执业中最大的区别就在于其不可面向社会承揽业务，只得向其雇主提供法律服务。另一方面，一个简单的现实是，许多企业法务并不拥有律师执业资格，甚至可能都没有通过司法考试，但这并不妨碍他们尽心尽责处理好企业每天所面对的法律事务。对于企业法务岗来说，其基本从业门槛一般只需要求职者拥有法学学位即可。

最后，在企业中任职的法务是不是只处理法律事务呢？这要视情况而定。一个普遍的规律是，规模越小（往往也更在意人力成本与运营开销）的企业，其所聘用的法务需要处理的“非法事务（‘非法律事务’的简称，下同）”往往也越多——比如与企业运营中面临的法律问题相关的行政、运营与管理工作。而规模越大的企业，法务从事专门性工作的可能性就越高，比如不少大型国企和大型民营科技企业，其法务人员可能只被要求处理非常具体的与某个部门法相关的法律事务。

至此，我们对法务这一就业方向，进行了一个间接的“概念限定”；那么接下来，我自然要给出一个直接的定义，即“何为法务”？在我看来，他们是在企业内部主要从事法律工作的员工，这些法律工作与企业在运营过程中所需要处理的各类事务直接相关，这些事务包括但不限于：企业运营过程中所普遍涉及的事务（例如与企业产品的研发、生产、销售、采购等各类交易和内部管理相关的合同、法律文件等的起草与审核工作）、企业运营过程中所可能需要专门处理的法律事务（比如各类法律争议、投诉维权和纠纷解决）以及只有企业发展到特定阶段才需要处理的法律事务（比如企业上市和企业并购）。[2]

✍ 企业法务部门

明确了法务人员的定义，另一个概念便呼之欲出，那就是“企业法务部门”或同学们日后将会时常听到的“法务部”。简而言之，法务部就是由企业法务人员组成的部门，部门负责人“向下”需要管理其他法务人

[1] 适用于公职律师、企业律师与法律援助律师的律师证就是“律师工作证”。

[2] 对于这些具体业务的内容，我们会在下一章逐一进行解释。

员的工作、"向上"需要向企业的管理层和"所有人(例如:股东)"负责,同时协调与其他"平行"部门(业务与平台部门)之间的对接和合作。

那么作为一个整体,法务部门在企业内部所起到的作用是什么呢?虽然不同企业的内部情况千差万别,比如有的法务部门在老板眼中只是"合同审核部",而有的法务部门则要在企业管理层的指挥下和其他部门的同事一道全程跟进"项目"或"交易"的各个环节,但总体而言,如果一个企业拥有法务部门,那么其一定需要起到的作用就是"风险保障与业务支持"。

换言之,法务部门需要确保企业的任何行为不能违反法律法规和行业规范的强制性规定,同时也要在企业运营期间就企业所实施或涉及的任何行为进行"法律风险防范"并在必要时解决企业所面临的法律难题。当然,在少数情况下,如果法务部门的人员足够"得力",他们还能在企业运营过程中同时从法律和商业的视角为企业提供跳出"法律"这一技术领域之外的"战略建议",提供最符合企业利益的解决方案。总之,对于企业来说,法务部门虽然很少直接创造利润(但可能通过诉讼维权、IP 许可等业务"间接"创造大量利润),它们的工作更多是为其他所有帮助企业赚钱的业务保驾护航。

法务这一行业在我国的历史说长不长,说短也不短,如果我们将导论所提及的"师爷"视为清朝政府机关的"法务",显然这一行业的历史在我国也能算得上"源远流长"。而如果我们将视野拉回"企业内部",同学们应该不难想象,新中国最早的企业法务部(或"法律办公室"),显然是改革开放后诞生的新事物。随着市场经济的发展,越来越多企业的涌现自然会呼唤越来越专业化与规模化的法务部门。[1]

✍ 企业的种类

在进一步介绍企业法务的工作之前,显然,我们需要对企业法务部门与法务工作所依托与围绕的"主体"——企业进行简单的分类介绍,此处,我所选取的分类视角依据的是企业的所有权属性与规模。我之所以如此为之,是因为在现实中,不同规模与所有权属性的企业,法务部门与法务人员的职级体系和工作风格,在总体上,确实会呈现出殊为不同

〔1〕 根据王宗正老师的考证,我国最早的企业"法务部"于 1979 年设立于一家国企之中,参见王宗正主编:《企业法务:从入门到精通》,法律出版社 2020 年版。

的特点,所以只有先明确好企业的几种关键种类,才能为我们接下来对法务工作的介绍铺平道路。

国有企业

国有企业,简称"国企",是指国务院和地方人民政府分别代表国家履行出资人职责的国有独资企业、国有独资公司以及国有资本控股公司,包括中央和地方国有资产监督管理机构和其他部门所监管的企业本级及其逐级投资形成的企业。[1] 从所有权属性上看,国有企业的所有资产及利润均属于国家,党中央和政府代表国家决定国有企业的经营方针。"国有企业是国民经济发展的中坚力量,是中国特色社会主义的支柱。"[2]这一根本特征决定了国企在运营的过程中始终要将国有资产"保值增值"与国企利润"服务社会"的目标放在首位。具体而言:

与传统企业只追求利益最大化不同,我国的国有企业除了拥有传统企业逐利的"本性"外,也要为国家的社会主义目标与使命服务。换言之,正常企业在逐利的同时肯定也面临着亏损甚至破产的风险,但国有企业却要在"赚钱"的同时尽力确保其所拥有的资产——国有资产——不能贬值与流失,因为从"法理上"看,这些资产属于国家与全社会。

此外,国有企业获得的资本与利润也要在不影响企业正常经营发展的情况下"用之于民",比如,2021 年,国务院就发布了《国务院关于印发划转部分国有资本充实社保基金实施方案的通知》,该通知要求国有企业将部分资本直接"划转"为服务全社会的社保基金。而根据公开报道的数据,截至 2020 年末,符合条件的国企共划转国有资本总额 1.68 万亿元。[3]

以上两点意味着,理论上来说,相较于接下来介绍的其他种类的企业,国有企业在面对收益和风险之间的权衡时会更加审慎与保守,风险偏好更低,这是我国国企比较鲜明的经营思路。

而按照国有企业的管理权进行细分,国企可以分为由中央政府直接管理的中央企业(即央企)与地方政府监督管理的地方国企(即普通国

---

〔1〕《国有企业境外投资财务管理办法》第二条。

〔2〕习近平:《国有企业是国民经济发展的中坚力量》,载尖广网,http://news.cnr.cn/native/gd/20150717/t20150717_519243684.shtml。

〔3〕《1.68 万亿 中央层面国资划转社保收官》,载人民网,http://finance.people.com.cn/n1/2021/0113/c1004-31997821.html。

企)。此处,我们选取央企进行介绍,因其最能体现我国国企制度的特点。具体而言:

央企拥有对应的行政级别、领导班子成员需由党中央和国务院相关部门任命并且其管理岗位与“体制内”领导岗位之间在组织安排上完全可以做到“互相转换”。〔1〕这从根本上决定了以央企为代表的国企在内部管理上具有比较强的“行政色彩”。

按照行政级别来划分,有三家央企具有最高的“正部级”级别,〔2〕其余百余家央企分别为副部级与厅局级。而依据央企所属行业来区分,根据国有资产监督管理委员会(以下简称“国资委”)2021 年公布的信息,实业类央企共计 98 家、金融类央企 23 家、文化类央企与行政类央企各 3 家。〔3〕同学们如果感兴趣,不妨逐一检索浏览这一百多家企业,你会发现,许多央企经营的领域与市场其实与老百姓的日常生活息息相关,为社会提供相关公共产品与服务。

根据 2021 年财政部公布的数据,全年国企营收达到 75. 55 万亿元,实现利润 4. 5 万亿元;而根据国资委同年公布的数据,央企实现营收 36. 3 万亿元(占国企全部营收近半),实现利润总额 2. 4 万亿元(占国企全部利润逾半)。所以,无论是从人数规模、盈利能力还是从业务布局来看,以央企为代表的国企几乎都是各行各业的“头部企业”甚至是领导者。

此外,国企从所有权性质上来看,也被称为“公有制企业”,而我国现阶段有两大类公有制企业,一种是国企,另一种是“集体所有制企业”。不过无论是从企业的实际运行方式还是经济影响力来看,后者在管理和运营方面其实更接近接下来将要介绍的“民企”,所以在此,我们便不作特别介绍。

民企

民企,即我们大家所熟知的“私营企业(又称‘私企’)”,从所有权或管理权的角度来定义,我国的民企指的是所有“非公有制企业”,所以民

---

〔1〕换言之,在国企当中,“一把手”与管理层职业生涯的终点可能并不是企业的“老板”这么简单,他们在对企业进行成功的管理与经营后,往往还能升迁至更高的领导岗位,而这些岗位则完全可能在行政部门之中。

〔2〕这三家央企分别为中国国家铁路集团、中国投资有限公司以及中国中信集团。

〔3〕《我国正部级央企只有 3 家,分别是谁? 那副部级央企又有多少?》,载搜狐网,https://www.sohu.com/a/682857210_121705180

企又有一个更加专业的称呼，即“非公企业”。换言之，在我国，由于并不存在一个法定的“民企”概念，一般将没有国有资本参与的企业统称为“民企”“私企”或“非公企业”。不过在不少行业（应该也包括律师业），这类企业还有一个更加约定俗成的称呼，即“私人老板（的企业）”。这类企业无论从企业本身的数量还是从其所提供的就业岗位数量来看，无疑也是我国国民经济与劳动市场中极为重要的组成部分。

如果说国企提供的产品和服务确保的是我们生活的最基本的需求。那么民企提供的产品和服务对于老百姓起到的作用则更像是从一个个具体的维度将我们的生活多样化、丰富化与具体化：

每天将我们叫醒的手机和我们穿着的服装大都由民企制造；购买早点时我们使用的支付软件与上班通勤时我们浏览的视频网站大都由私有互联网公司提供；结束了一天的工作，回到家，我们想要点一份外卖，无论是独门独户的小店还是全国连锁的餐饮品牌，提供这些食品的商家，绝大部分也都属于“私人老板”。类似的例子还有很多，而这，就是民企在我们生活中的存在。此外，民企当然也在许多其他行业领跑，甚至早就凭借着核心竞争力走出国门，走向了世界。

从规模上来看，我国民企可以较为简单地分为“大型民企”与“中小型民企”。大型民企无论从企业管理方式还是经营理念来看，都是比较先进与“正规”的；换言之，在这些企业内部，员工的权责划分较为清晰、职级与晋升体系较为明确、创始人与老板个人的行事风格更受公司治理架构与章程的制约。

那这样的企业在我国有哪些呢？答案肯定有很多，在此，我给同学们推荐一个榜单供大家参考，那就是“中国民营企业 500 强”排行榜，这个榜单是由全国工商联以调研为基础，而后按照民营企业的年营业收入总额降序排列产生的。根据 2022 年 9 月最新发布的榜单数据，500 强入围门槛为 263.67 亿元（即排名第 500 位的民企年营收总额为 263.67 亿元）。而全国 500 强民企的营业收入总额达到 38.32 万亿元；税后净利润为 1.73 万亿元。仔细浏览这份榜单，同学们肯定可以发现不少自己并不熟悉的企业，但实际上，这些企业在各自所处的行业均有不容小觑的全国或国际影响力。此外，不少省份和行业协会一般也会发布本省与本行业的民营企业榜单，同学们在就业时，也可以通过查询这些榜单，大致对提供岗位的企业是否属于“大型民企”进行一些基本的调查与核实工作。

而除了“大型民企”之外剩余的所有的民企,均可被认为是“中小型民企”,这些企业的特征也很鲜明,比如:企业内部创始人、创始家族或老板对于各项业务的开展与员工的升迁享有较大的话语权;企业只在特定的行业或地域范围内才具有影响力;企业的运营和发展时常经历“过山车式”的起伏,运气好的时候,企业也许可以在几年内实现快速增长(自然员工的物质待遇与职级也能够快速提升),但运气不好的时候,企业“说散就散”,甚至连员工最后一个月的工资都发不出来。但在数量上,这些企业才是我国企业的绝大多数。

外企

我们介绍以上企业时,都把视角局限在了“国内”,这是因为从所有权的归属来看,在我国还有一类企业提供了大量的包括法务岗在内的劳动岗位,那就是“外国企业”,即“外企”。但实际上,我们这里说的“外企”,更像是一个通俗的说法,因为在商业现实中,外企的所有权归属,是一个很复杂的问题,外企因此有着更加不同的区分方式。

从所有权的性质来看,最容易理解的外企自然是“外商独资企业(Wholly Foreign Owned Enterprise,简称 WFOE)”,这也是外企一词最早的定义来源。顾名思义,这类企业的老板全部都是“外商”,这里的外商可以是外国企业、外国公民、甚至是外国政府或社会组织,最典型也是大家最耳熟能详的这类企业,首当其冲的便是电子设备——尤其是手机——的制造商苹果公司。在现实中,老板来自中国香港、澳门与台湾地区的企业,也被视为外商独资企业。

而企业的所有权或控制权根据不同的出资或协议安排由“中方老板”与“外方老板”共同享有的企业,在广义上,也被视为一种外企,这类企业被称为“中外合资企业(Sino-Foreign Equity Joint Ventures,简称JV)”。改革开放初期,由于国内亟须外商投资,但同时又希望能够对外商的投资活动进行适当管控,这种合资模式便应运而生。那时,一般是中方出人、出地、给优惠,而外方出钱、出技术、出管理培训体系,双方各取所需,共同开发国内市场;而今时今日,“中外老板”合作的具体形式和原因早已多种多样。我国合资企业生产的最为知名的产品,对于我这一代人来说,大概莫过于“桑塔纳”小轿车,该车曾经一度遍布中国的大江南北。其由上汽大众汽车有限公司生产,而该公司就是由我国的上汽集团和德国的大众汽车集团合资成立并共同经营的。

当然,以上这种区分方式更多是为了同学们在进行就业抉择时理解之便,因为在商业现实中,2020 年,我国已经通过官方文件的形式明确取消了在法律框架内以上述方式对外企进行区分的路径。所以在实践中,以上两种区分方式以及我没有提及的“中外合作企业”其实更像是一种行业“术语”。[1] 而根据商务部在取消这类区分之前统计的数据,截至 2018 年末,我国累计设立的外商独资以及合资企业总计近 100 万家,实际利用外资金额达到 21492.8 亿美元。

而除了按照所有权性质对外企进行划分外,实际上,根据外企的规模、分布与管理运营方式,外企还可以有多种区分方式。比如在中国境内经营的其他国家的国企,即:外国国企;比如在世界各地均广泛设立分公司与经营代表机构的大型跨国企业;比如规模和体量都比较小,产品种类也比较单一,甚至在国内只有一个代表处或一间办公室的中小型外企。但无论如何分类,这些外企,均有可能在未来向同学们提供与法务相关的岗位。

总体而言,外企在国内相对而言都比较“守规矩”,外企负责人这方面的意识也比较强,遇到任何问题都可能会第一时间咨询公司内部的法务人员,因此此类企业的法务人员需求相较于国内民营企业更为旺盛。

介绍完了以上三种企业的分类方式,还有几点关于企业性质的话题,我希望同学们能够在就业之前有所了解,具体而言:

首先,以央企为代表的国企普遍规模庞大,并时常以“企业集团”形式运营,这意味着,央企或国企往往拥有数个下属公司,这些公司未必在“气质”上都拥有央企的特质,实际上,它们在运营和管理方面可能与大型民企更为相似,这自然会对同学们的就业选择产生影响,也肯定需要在求职时视具体情况具体分析。[2]

其次,同学们日后在求职(或浏览理财公司销售的产品)时,经常会看到某些企业如此介绍自己:本公司拥有“国资背景”或“外资背景”,那如何判断这些公司的真实属性呢?在此,我只以求职与就业的角度给一些建议,那就是无论这类企业如何进行宣传,同学们都需要根据自己搜

---

〔1〕《国务院:外商投资企业不再按中外合资、中外合作等分类》,载观察者网,https://www.guancha.cn/international/2020_12_11_574266.shtml。

〔2〕以我曾打交道的某部级央企下属子公司的法务部门负责人的原话为例:“我们这个(子)公司虽然直属央企,但大领导对我们的要求是‘市场化运营’,所以我们无论是在管理还是在运营方面,完全是向顶尖民企看齐的。所以你和你的客户不需要按照‘国企那一套’来假设我们的工作模式。”

集到的信息对相关企业做一个基本的判断,即:这是否是一个“靠谱”的企业?当然,如何定义靠谱又是一个近乎无解的问题,对此,同学们就需要多听取前辈们的建议了。

最后,我还想提醒同学们,对于企业的真实性质,现实永远比书本精彩,比如有些企业以“民企”自居,但其真正的“老板”却可能是地方政府或地方国企;比如有些企业虽然自称“民族企业”,但如果仔细查看其持股结构,这家企业可能早就是一个不折不扣的“外企”;比如有些企业虽然拥有一个规模庞大的法务部,但大部分“法务”的工作可能只是打电话催收债务。

话题扯得有点远了,其实,对于这一部分内容来说,同学们只需记住几种企业的大致区分方式以及不同企业的基本组织结构特点即可。

✍ 企业的内部组织形式

介绍完了企业的不同分类方式,接下来,我们就要进入企业的“内部”,对企业所共通的内部组织形式进行介绍,因为这些知识和信息,是同学们未来作为法务在实习与工作开始的第一天就必须知悉的,但这其中的很多内容,却又是法学院的课堂很难生动直观的传授给同学们的。

何为企业的“内部组织形式”?在我看来,它指的无非就是我之前提到的企业内部的机构设置方式、职员的权责分配形式以及包括职级和晋升机制在内的企业管理体系等内部运行模式。纵然企业有很多种不同的类型,但关于企业内部组织形式的一系列核心概念,在几乎所有提供法务岗位的企业中都存在对应的机制,故在此,我们对其一并进行介绍。

母公司/子公司 总公司/分公司 集团公司/下属公司

首先希望大家熟悉的一组概念与公司之间的“隶属”关系相关。这一组概念分别涵盖三种不同的公司关系,它们分别是:母公司与子公司、总公司与分公司以及集团公司和下属公司。现依序介绍之:

母公司和子公司一般指的是两家在法律上相互独立,但实际上仍然具有控制与被控制关系的公司。在法律上独立意味着两家公司可以在不同的城市注册,登记各自的公司章程、组建各自的管理团队,拥有各自的公司财产并对外独立承担各自的债务(当然,在现实中,母公司往往会是子公司的股东)。实际上仍然具有控制与被控制的关系则意味着母公司可以通过自己的股东身份或通过子公司章程的授权,对子公司的重大事项作出决策，甚至在必要时，直接任命子公司的管理人员。

总公司和分公司一般指的是两家公司在法律上并不相互独立，前者直接对后者进行控制，后者只在特定范围内代表前者从事特定商业行为。并不相互独立意味着分公司并不是独立注册的公司，而只是母公司根据相关程序（流程比公司设立程序简单得多）设立的“分支办公机构”。相应的，分公司的资产视为总公司所有，分公司的负债也被视为总公司的负债。同学们应该也不难想见，分公司往往并没有独立的管理团队，其日常运营需直接听命于总公司管理人员的指挥。

有一个比喻说得很好：“母子公司就像母亲和孩子。虽血脉相连，但却彼此独立，孩子可以自己决定如何生活。而总分公司则像大树和枝杈。虽有分支，但终究是一个整体，枝干所有的一切都由主干支配和提供。”〔1〕

相比之下，集团公司和下属公司的概念就简单也“模糊”得多。简单在于这一组概念实际上可以被认为是对上述两种概念在特定情况下的概括，即：当某个超大型企业既有众多子公司又有众多分公司时，这些子公司和分公司均可以被视为这一企业集团的“下属企业”；说其模糊则在于，在现实中，有众多企业出于种种原因，总是会在各种场合声称自己是某某公司的“下属企业”（比如该企业的众多股东之一是某某公司），而该企业从法律上看既不属于某某公司的子公司也不属于某某公司的分公司。换言之，因为不存在明确法定意义上的“集团公司与下属公司”的概念，集团公司与下属公司往往又是一个“取之即用”的词汇。

对于法务工作者来说，不同公司之间的关系对于工作的影响可以说是“无处不在”的，而同学们作为法务工作的越久、职级越高，企业之间的“这层关系”对于权衡工作中的各种风险与解决方案时所起到的影响就越不可忽视。比如当某个法律问题的解决方案无法兼顾母公司与子公司的利益时，作为子公司的法务，应当如何取舍呢？比如当分公司的法务认为总公司的行为可能有重大风险时，是否应该袖手旁观呢？比如当集团公司的某位素未谋面的“法务总监”突然打电话要求下属公司的法务直接将某些文件“发给他”时，这位法务又是否应该服从这个“越权命令”，还是应该第一时间向自己的“老大”汇报呢？所有这些问题的答

〔1〕《母公司、子公司、总公司、分公司的区别，4张图，说明白！》，载腾讯网，https://new.qq.com/rain/a/20211207A0D2YU00。

案,既与法律工作相关,也与企业内部的运作组织形式和用人管理模式相关。

当然,对于初出茅庐的职场法务小白来说,你们倒不需要太担心这些"纷纷扰扰"会对你最初几年的工作产生影响,因为你的第一份法务工作几乎不可能直接成为某个"子公司"或"分公司"的法务负责人,所以你的一切工作与行事准则,完全可以在入职后再"有样学样"。但你一定要了解这些概念,否则你无法快速积累与之相关的经验、教训和方法。

三会:股东会 董事会 监事会

公司的成功运营与发展离不开两类人:一类人是出资创办企业的人,这类人占有公司的股份,公司的业绩越好,市值越高,其所占有的股份就越值钱;而另一类人则负责经营公司,作出决策,尽力促使公司越来越好、股东的股份越来越值钱、员工的福利待遇越来越高,这样自己的工资和奖金自然也水涨船高。前一类人,是公司的股东;后一类人,便是公司的员工。

一般公司的创始人们往往同时拥有这两种身份:在创业阶段,他们既要出钱成立公司,为公司添置各类资产;又要亲力亲为,确保公司的运营步入正轨。但随着公司的规模越来越大,管理越来越规范,这类人的数量比例一定会逐渐减少,取而代之的,是专门的股东与专门的员工。前者只负责"出钱"和获取"分红",但基本不干预公司的运营管理;后者只负责"出力",然后领取劳动报酬与奖金。那么,为了确保公司能够在这些人的共同努力下越来越好,自然就要有一套机制确保他们可以相互沟通、相互支持,甚至相互制约。这一套公司治理制度,以三种参与人士特定的会议为基础而构建,因此便统称为"三会"。

股东会/股东大会:首先要介绍的会议便是"股东会",毕竟这些为公司出钱的人才是公司真正意义上的"老板"。股东会是公司的"最高权力机构",决定着公司所有最重要的事项(比如:公司高级管理人员的组成)。按照召开的频率,股东会分为年度会与临时会两种类型。前者定期召开,所有股东在会上审核公司管理团队提交的年度工作报告、审查公司股东的分红方案,并且在必要时投票表决是否对公司章程进行修改。后者通常指的是公司面对突发的关涉股东利益的重大情况而又无法等到股东大会召开而临时发起的股东会议。此外,上市公司召开的股东会,有一个特定的称呼,即"股东大会"。不过在性质和功能上,其与其他公司召开的股东会没有本质区别。

董事会:股东无法一年 365 天照看公司,自然要有能人替他们完成这个任务,在规模较大的公司,股东们通常会在股东大会上集体选举并任命一个由若干高级管理人员组成的董事会,代表股东大会对内管理公司的各项日常事务,对外代表公司与其他市场主体和消费者进行交易。一般来说,大型公司的董事会会设董事长一人,副董事长若干。董事长在任期内不得无故被解除职务,且可连选连任。总之,以董事长为代表的董事会成员在公司日常的运行中就是所有员工的"老大",现实中,董事长也往往是由公司股东中最有"实力"的那一位担任或任命的。而公司的其他重要管理人员是否会在董事会拥有"一席之地",一般则视公司章程的规定而确定。此外,规模较小的公司不设董事会,但是会有"执行董事"这一岗位。

监事会:当然,股东会将公司的日常管理权交给董事会和其领导的管理团队,不代表股东会就彻底对公司的日常管理和运营"撒手不管"。所以,为了监督和确保董事会的成员与公司的高级管理人员"尽忠职守",公司内部还会设有监事会。监事会的成员一般由股东会选举产生,此外,公司的所有员工也可以选举代表成为监事会的成员。他们的日常任务就是对公司的运营情况进行监督并定期报告给各位股东与员工。此外,规模较小的公司不设监事会,但是会有"监事"这一岗位。

以上就是三会的大致产生方式、人员构成与运作目标,当然,需要重点提醒同学们的是,依据企业的性质和规模的不同,这三种会议及其所代表的"权力"会在不同的企业拥有不同的表现形式、规范方式与特定名称。对于公司法务来说,"三会"及其衍生出的各类会议将会是法务日常工作中非常重要的一部分,对此,我们会在接下来法务的具体职责中继续进行介绍。

高级管理人员

对于企业,尤其是员工数万人、资产成百上千亿的大型企业来说,只靠董事会的几位"大老板"肯定无法时时掌控企业运营发展的最新动向,自然,在"大老板"之下,还需要更加专业而资深的管理人员,去具体负责公司方方面面的业务和工作。"高级管理人员"即日后同学们在从事法务工作时经常会听到的"高管"与其管理的"中层管理人员"群体便因此产生。那高管具体指的是那些人呢?

根据《公司法》第二百一十七条第一项的规定,公司高级管理人员是指公司的经理、副经理、财务负责人,上市公司董事会秘书和公司章程规定的其他人员。换言之,我们可以首先确定,“法定”的公司高管包括经理、副经理、财务负责人与上市公司的董事会秘书。而除此之外的其他高管,就需要通过公司章程的规定来获得相应身份。一般来说,公司章程会特别规定的高管包括,但不限于:

● CEO(Chief Executive Officer,首席执行官):CEO 是一个比较“洋气”的称呼,传统上,这个职位也被称为“总经理”。总之,CEO 就是一个受董事会委托,负责管理公司的“首席负责人”。换言之,公司日常事务的决定权一般都归于 CEO,如果一件事情连 CEO 都“搞不定”,这些事往往就要惊动董事甚至是大股东了。

● COO(Chief Operating Officer,首席运营官):如果说 CEO 负责确定各项工作的指导方针,那么 COO 负责的,就是这些工作的具体落地执行;或者说,COO 是 CEO 的“首席助理”。当然,这个职位并不是必需的,因为在许多公司中,CEO 或“副总经理”的职责完全涵盖了 COO 的工作。

● CFO(Chief Financial Officer,首席财务官):CFO 就是先前《公司法》提及的“财务负责人”,其可被认为是公司高管人员中除了 CEO 之外最重要的高管职务,因为 CFO 是“管钱的”人。尤其对于上市公司而言,CFO 必须由一位同时精通企业管理经营和专业财务金融知识的专业人士担任。不少高管在成为 CEO 或企业“一把手”之前,往往担任的就是 CFO 职位。

● CTO(Chief Technology Officer,首席技术官):对于靠技术安身立命的科技企业、制造企业或研发企业来说,CTO 也是一个必不可少的高管岗位;而其实 CTO 有一个更加传统的称呼,即“总工(总工程师)”。换言之,CTO 即为这类企业内技术领域的总负责人,负责把握企业提供的商品与服务的技术方向,把控技术策略的实现。

● CHO(Chief Human Resources Officer,首席人力官):主管公司人事工作的一把手,即“人事总经理”,主管公司的人力事务。

除了以上这几类高管职务外,在此,我还要特别介绍一个专门面向法律人的“高管”职位,即“首席合规官(Chief Compliance Officer,CCO)”。就在本书写就之时,2022 年 10 月 1 日,国务院国资委发布的《中央企业合规管理办法》明确规定:“中央企业应当结合实际设立首席合规官,不新增领导岗位和职数,由总法律顾问兼任,对企业主要负责人负责,领导合规管理部门组织开展相关工作,指导所属单位加强合规管理。”此外,“重大决策事项的合规审查意见应当由首席合规官签字,对决策事项的合规性提出明确意见”。

同学们肯定有一个疑问,那就是首席合规官负责的是什么?换言之,何为“合规”工作?对于这个问题,我们会在下一章专门进行介绍,在此,为阅读之便,同学们可以暂时这样理解,“合规”就是确保公司的所有行为既符合法律和监管机构的“规定”,又符合各行各业的“行规”。首席合规官要做的,其实就是这么一件事。

对于有志于成为法务的同学来说,这一新规肯定是一个好消息。因为在此之前,企业内部负责法务工作的专业人士,很少能够成为“法律工作高管”;换言之,大部分法务如果不在企业内部进行转岗(比如,寻求向董事长秘书这一职位发展),其“干到头”也就是一个企业的“中层”或“总法律顾问”,这不仅意味着其必须服管理层的“指挥”,同时也意味着,对于企业的发展方向战略以及关键抉择,法务并没有发言权与决策参与权。[1]

而新规定则意味着通过在央企内部设立首席合规官并直接向企业主要负责人汇报工作,我国政府直接以红头文件的形式确认了央企内部这一职务的“高管”地位。可以预想的是,越来越多的企业肯定也会在随后设立相应岗位。其他原因不说,仅仅从最基本的商业礼仪的角度出发,如果赫赫有名的央企派出了“首席合规官”前来洽谈,其他企业哪怕出于尊重,至少也应该派出一位“级别相同”的法务负责人与之对接。所以,对于法务工作者而言,这份文件肯定是一个好消息,哪怕其带来的不是“质变”,至少也是一个好的“改变”。

介绍完了公司高管的具体职位,同学们应该就不难理解另一个概念,那就是公司的“管理层”,它指的就是主要由公司高管组成的团队,这一团队在日常工作中就是一家公司或企业的大脑与中枢,负责指挥、协调与掌握企业在市场中的一言一行,管理企业的经营、规划企业的发展。其所直接管理的对象,就是企业的“中层管理人员(即中层)”,而中层管理的,就是职级不一的各类“(基层)员工”。当然,“中层”其实也是一个相对的概念,比如子公司的高管,也许在整个企业集团当中,只是一

〔1〕 实际上,如下文我会提到的,这一点是不少资深法务在公司工作多年后依然选择离开的一个颇为常见的原因。

个普通的中层。但这些职场上的区别和与之相关的“人情世故”，还是留给同学们未来自己去探索吧。

总之，为了好好管理企业，管理层自然也要经常开会，这类会议，就是“管理层会议”或“高管会”。对于法务来说，“三会”虽然听上去高大上，但其实每年能够召开的机会在正常情况下是屈指可数的，法务人员经常能够参加的比较重要的会议，往往就是“管理层会议”会议。

✍ “业务”与“商务”

在正式进入法务工作的详细介绍前，还剩最后一组概念需要同学们了解，那就是“业务”与“商务”，至今我都非常清楚地记得我的一位学员在某知名互联网公司实习的第一天，下班后就问了我一个哭笑不得的问题，那就是带教老师给她分配的第一个实习工作就是审核一份合同，并且在布置工作时，还语重心长地和她说了这么一段话“看合同的时候，一定要多想想业务和商务落地过程中的需求，如果对具体的业务和商务模式不懂，可以直接问一问业务和商务的意见”。

学员一字一句记下了这段“绕口令”，但其实她始终搞不明白，“业务”和“商务”这两个高频词汇，究竟是什么意思。仿佛在同事口中，它们有时指的是具体的事，有时指的又好像是特定的人。所以她很迷惑，怕露怯又不好意思问自己的带教老师，只好在下班后第一时间来问我。

其实她的理解都对，在公司内部跨部门沟通与法务部门内部的交流中，“业务”与“商务”这两个词，确实拥有不同的含义。一方面，“业务”指的就是公司所要开展的具体业务种类，以这位学员实习的互联网公司为例，其核心业务就可能包括线上社交平台运营与手机游戏开发。同理，“商务”指的就是该公司为了业务的顺利运行所需要进行的各类商务合作，比如，商业推广与商家合作。在业务与商务活动开展的过程中，自然会产生很多法律问题，法务在处理这些问题时，当然要考虑业务经营与商务合作的需要，这便是这两个词的第一层含义。

另一方面，在公司内部的沟通过程中，也经常用这两个词直接代指与法务部门对接的负责相关业务与商务事宜的同事。比如，某个业务项目需要法务部门全程跟进，这时，负责的法务团队在内部沟通时，就会直接将业务部门的团队成员简称为“业务（比如，这个合同条款这样改行不行？你去问问业务的意见。）”；同理，“商务”的另一层含义自然也就是负责“商务部门”或“商务项目”的同事。

最后，在公司内部，类似这样的指代还有很多，比如"营销"可能既指的是营销项目，也指的是营销部门的同事；"运营"可能既指负责项目持续运营，也指的是运营部门的同事，"财务"可能既指的是财务事项，也指的是财务部门的人员。且不说在其他部门的同事口中，"法务"在绝大多数情况下，不仅指的是与他们工作的开展相关的"法律事务"，同时也指的是"负责法律工作的同事"。

✍ 法务部门的定位

介绍完了与企业的组织形式相关的所有基本信息，现在，我们终于可以进入"正题"，开始围绕法务工作进行具体的介绍。不过在详细分析法务这个职业之前，我认为同学们首先需要了解的是法务部门在企业当中的"定位"。何为"定位"？其有两层含义，从企业内部组织架构的角度来看，定位指的是法务部门及法务人员所处的"位置（即职级）"；而从每个内部部门所起到的作用来看，定位指的自然就是法务部门相对于其他部门所具有的独特性；换言之，法务部门能为企业提供什么独特的服务或价值，是定位在此的应有之义。

针对"定位"的前一种含义，细心的同学们其实应该能从刚才我对央企"首席合规官"的介绍中发现些许端倪——没错，那就是在如今的国内市场中，大多数企业的法务部门是一个比较典型的"重要非核心"部门。"重要"指的是任何其他部门都很明白，自己的所作所为一定要"合法合规"，所以只要可能出现法律风险，"和法务确认"是每个其他部门的员工们肯定需要具备的意识。"非核心"则意味着，法务部门给出的意见能够起到的作用，往往并不是"决定性"的。换言之，在企业管理层权衡利弊时，"法律风险"的权重往往要让位于许多其他的"考虑"。有些问题无法细说，我不妨用一段话来概括法务部门的这一定位给法务工作者所带来的切身感受，这段话来自一位前资深法务工作者：

"在成为法务部门的负责人几年后，我已经非常明确的理解管理层对我们给出的意见所持有的态度：即使这个项目存在大的法律风险，修改合同条款也无法解决的风险，在可能的商业回报面前，'老板'[1]大都认为，（法律风险）值得冒。如果（法律风险）触发了，到时再让我们善后。比起法律风险，他们更在乎的是政策、商业、财务与舆情风险。只有

---

〔1〕 此处的老板指的是企业中的管理层（即高管团队）。

法律风险与这些风险有可能联动，我们的意见才有可能改变老板的决定。”

除此之外，我们还能从法务部门负责人在公司当中的“地位”，一窥法务部在整个公司组织架构中的“定位”。如前所述，在大部分情况下，法务部门的负责人并非典型的企业高管；或者说，法务部门的意见在决策中的重要性，完全与法务部门负责人在企业当中的“地位”成正比。而在大部分情况下，这个部门及其负责人的意见，只是企业管理层作出决策时需要考虑的诸多中层管理者所提意见当中的“一种”。所以，这才再次凸显了确立央企“首席合规官”的官方文件所具有的意义。

针对“定位”的后一种含义，就像我刚才提到过的，“如果一个企业拥有法务部门，那么其一定需要起到的作用就是保障与支持”。从我的这一论述引申出去，法务部门在功能方面所起到的“独特”作用，自然就是为企业运营当中所涉及的方方面面的问题提供法律上的保障与支持，而本节的剩余内容，主要将围绕着这一主题展开。

✍ 法务的职级与晋升

不过在正式展开之前，我还要介绍最后一小块与法务这一职业相关的信息，那就是法务的“职级”与“晋升”，这是每个就业方向我都要重点提及的内容，法务方向自然也不例外。

法务的职级

得益于企业规模、文化与管理风格的多样化，以及中西方文化在企业内部机构与职级设置方面产生的“碰撞”与“火花”，企业内部对于法务部门人员的职级命名方式绝对可以用“五花八门”来形容。故在此，我按照级别的高低，为大家整理了一些比较常见的公司法务人员的职级，以供大家了解：

如果一家企业根据公司章程或内部管理规范设有高管级别的法务人员，那么其职级或职位的名称一般包括但不限于：首席合规官、首席法务官、总法律顾问、法务副总裁、主管副总裁、法务总监等。如果一家企业对法务部门负责人的定位是“中层”管理人员，那么其职级或职位的名称一般包括但不限于：法务总监、总法律顾问、高级总监、总监、法务组组长、法务经理等。对于法务部门的基层员工，根据其工作年限与资历的不同，其职级或职位的名称一般包括，但不限于：法务经理、法务专员、法务、法务助理等。

细心的同学们应该能发现,在我所介绍的不同梯队的职级中,出现了一些重合。这显然是由企业内部管理模式与管理文化的不同所造成的。当然,在现实中,这也会闹出一些笑话,比如两家规模体量相似的企业就法律争议进行磋商,双方派出的都是“法务经理”,结果一边的经理是作为“中层”的法务部门负责人,而另一边的经理只是一位管理法务部门内某个小组(比如:诉讼组)的“小组长”。两边甫一接触,便极有可能不欢而散。所以在现实中,无论企业采用怎样的职级体系,在不同企业的法务们进行沟通时,如果需要两边的负责人进行沟通,一般都会使用诸如“负责人”“老大”或“领导”这种在任何企业文化中都共通的“职级”进行对接与沟通,以免出现不必要的尴尬。

法务的晋升

关于法务的晋升,同学们也许会有些失望,因为我能写的“不多”,这倒不是因为有关法务晋升的内容很少,而是因为法务人员作为公司职员,其晋升和公司内部其他职员的晋升一样,是一件很难像律师行业那样说清楚的事。书店里汗牛充栋的有关职场打工人如何晋升的鸡汤书籍都没能把这件事说明白,这本主要以就业教育为主的科普读物又怎么能做到呢?但为了方便同学们理解,我先说几个例子,让同学们感受一下,为何包括法务人员在内的公司职员的晋升“只可意会、不可言传”,这些例子均基于发生在我身边的真实职场事件而改编。

例一,某大型国企集团下属企业内部,法务部门的几位领导都已年近半百,父母甚至爷爷奶奶那一辈就在企业里工作,奉献了一辈子的青春。虽然他们无论是从个人能力、知识结构还是工作态度来看,对于21世纪的法务工作都有些“力不从心”,但他们毕竟是“老人”,要“开掉”他们,在“老国企”是一件“无法想象”的事情。那么在这样一个法务部,就会出现这么一种情况,几位领导的“助理”,是实际上的负责人,协调管理整个法务部的工作。而这几位助理也非常明白,这几位领导不退休,他们永远也不可能“上位”,所以这导致的情况就是,这个法务部门,除了领导和几位“没什么追求”的法务专员外,其他所有法务岗位都保持着“几年换一批人”的新陈代谢速率。原因?很简单,在这个法务部,至少在未来十几年的时间里,你再怎么努力也不可能“当领导”,只能“打工”。

例二,某民营企业,卖的医疗保健产品不温不火,公司内部也只有一位“法务专员”负责日常的法律工作,同时还分管部分人事工作。因为本科毕业于某“不知名法学院”且学生时代成绩一般，自认为“没什么追求”的他大学一毕业就“随遇而安”加入了这家刚刚成立的“小作坊”，虽然不是高管，但他被所有创始人视为“忠心耿耿”的“元老”。几年前，这一企业的产品面向的市场突然爆发，企业迎来史无前例的快速增长，这位法务专员“摇身一变”，成为“法务部总管”，其管理的法务工作者有曾经的法律公职人员、曾经的红圈所律师与曾经的同业公司法务主管。本书写就之时，他告诉我公司正在准备上市，拿着不菲“原始股权”的他似乎就要迎来自己“财富自由”的那一刻。他的晋升轨迹完美诠释了一句话，这句话是他对自己职业生涯的总结——“富贵在天。”

例三，某互联网初创企业，发展势头良好，法务部门不断壮大，且建立了比较规范的打分考评晋升机制。法务部门现有法务总监一名，副总监一名；副总监无论是从年资还是从履历来看，显然都没有总监资深。总监与副总监之下，设置若干“法务小组”，不同组的组长分别接受总监或副总监的直接领导。然天有不测风云，这家互联网企业的几位创始人某日突然宣布，他们接受了某互联网巨头的收购请求，整个公司即将并入该巨头企业所管理的某子公司，且企业内部也将进行相应改组。法务部门的改组方案是，原先的总监与副总监及所有法务工作人员，直接并入子公司法务部，总监与副总监的职级全部调整为该子公司法务部的“副经理”，统一接受该子公司法务部经理的管理。曾经的总监无法接受这一安排，认为这是对其职业生涯的“侮辱”，于是愤而决定辞职。此时，如果你作为这位总监最为赏识的“法务小组长”，不得不面临这样一个抉择：跟着“总监”离开，但此时总监自己也没有找好“下家”，你不得不与曾经的总监一起“随波逐流”；或者，留在新的子公司，作为“前总监”的“心腹”，你可能会待的“不太愉快”；并且新的子公司拥有一套完全不同的绩效考评晋升机制，你过去的工作成果，可能无法在新的子公司得到认可。这时，你该如何抉择呢？怎么抉择，你都会失去本不该失去的东西。但“办公室政治”往往就是这么身不由己。

例四，某县高考状元本科与硕士均就读于国内知名法学院，毕业后即通过校招进入了一家“国内顶级民企”的法务部工作。工作四年，兢兢业业，工作能力与个人素质深受部门领导认可。但世事难料，这家企业随后经历了一连串重大挫折,从国际制裁到核心业务剥离[1],元气大伤。这位高考状元所对接的业务部门,也受到重创。某天,领导与他谈话,告诉他"上面"准备将他的岗位"优化":要么他"降级"去其他法务小组,要么拿着补偿离职。就在他正要为自己"打抱不平"之时,领导苦笑着告诉他,我自己也要被"优化"。他随后加入了一家在美国上市的"教育科技"线上培训公司,很快干到了"组长",也拿到了与他付出的努力相匹配的薪水与股权。又一次,世事难料,其所处的行业遭遇强力监管,一夜之间,集体失业,他的股票变得一文不值,甚至最后几个月的工资都没了着落。现在,他是一名就职于某精品所的"独立律师",每月给律所交管理费,然后自负盈亏"作业务"。每当谈到职业生涯,他总是喜欢化用一位伟人的名言感叹:法务的晋升,当然要靠个人的奋斗,但也要考虑历史的进程。

自此,我对法务的晋升,作了一个什么都说了,但似乎又什么都没说的分析与介绍。不过我认为,我的例子应该算是点到为止、恰到好处,并且也提前让同学们体会到了一些"职场法则"。这些法则,其实跳出公司这个"道场",也是放之四海而皆准的,只不过在其他法律就业方向的"道场"中,这些"法则"会受到较为清晰而职业化的晋升机制的制衡而已。

不过同学们也千万不要因为我举的例子而妖魔化法务的晋升机制,毕竟越来越多的企业已经意识到建立科学严谨、"赏罚分明"的内部晋升机制对于企业的发展壮大是至关重要的,同时各类企业也愈发重视法务的价值。对于大企业而言更是如此。所以你不需要过分担心自己的努力永远不被看见。并且,对于初入职场的同学来说,无论作为法务你所就职的企业是否拥有完善的晋升机制,无论世事如何"变化无常",在工作最开始的那几年,你永远应该将主要精力放在学习如何成为一名"称职"的法务这一件事情上。"兵来将挡、水来土掩",无论职场如何风云变幻,专心修炼"内功"才能获得比晋升还重要的"职场安全感"。

✍ 法务的日常工作

做了这么多铺垫,我们接下来将要介绍的,就是有关法务将要处理

---

[1] 该公司重要的核心业务与负责该核心业务的子公司从公司集团中"独立",成为完全自主管理、自负盈亏的新公司,该新公司甚至可以同原公司直接在市场上进行竞争。

的法律工作，即“法务的日常”。如果说律师在职业生涯的初期往往要早早选好几个比较具体深入的法律方向进行钻研和提升，那么对于法务来说——尤其在职业生涯的最初几年——其将要处理的法律事务反而可能是更加多样的。原因其实不难理解，因为公司作为市场中的“人”，其所要面对的事务本就是多种多样的，与之相关的法律事务肯定也是五花八门的。自然，在众多中小企业之中，法务小白一开始就要学习成为一个“多面手”，尝试处理种种法律事务。

不过在正式开始介绍前，我要做两点说明：首先，我对法务工作的介绍将从两个方面切入，它们分别是“常规法务工作”与“非常规法务工作”，这两个角度是基于这些具体的法律事项在法务的日常工作中出现的频率与重要性而划分的，这两类工作在不同的企业可能会各有侧重，对此，我会在下文更加详细地进行介绍。

其次，这一部分的内容如果和下一章的内容搭配阅读，从理解的角度来看，效率将会是最高的。因为下一章将从具体的工作内容的维度，统一分类整理介绍日常法律事务工作的方方面面，实际上，相关内容，就是对接下来诸多我所提及的法务“日常”的具体化与细节化。因此，在我介绍法务的日常工作时，不少具体工作的详细概念，我都会留到下一章进行深入的介绍和分析，所以也请同学们在阅读本章与下一章时着重注意这个问题。说了这么多，就让我们开始吧。

常规法务工作

首先介绍的，自然是法务工作者都应熟练掌握的“基本功”，这些法律工作，无论是几十个人的小公司，还是上万人的大企业，都是法务员工们日常需要处理的。它们分别是：

咨询答疑

法务人员日常最频繁的工作，其实非常容易描述，就是随时随地回答其他部门的同事就他们正在处理的业务和推进的项目所提出的法律问题。这里的同事不仅包括“业务”、“商务”、“营销”与“财务”，也包括技术部门、人事部门甚至是公关部门的员工，他们在日常工作中碰到的任何问题，一般都会由固定的法务部门员工进行解答。

“合同工”

这里的“合同工”，指的并不是人力管理领域的“以签订合同形式确认劳动关系的工人”，而是我对公司法务工作当中最基本的另一类工作——“与合同相关的法律工作”的“简称”。当然，这个称呼，可能是我的首创，希望它不会给同学们带来太多记忆上的困扰。它具体包括：

合同起草：这应该是大家最容易想到的工作，毕竟公司在日常经营的过程中，与产品的研发、采购、生产、营销和销售等市场活动相关的行为，最终全部都需要落实为合同与协议。比如与原材料企业签订的采购合同，与软件公司签署的技术合作协议，与工厂签订的生产合同、与广告公司签订的推广协议，甚至是消费者购买商品后阅读的使用说明，高科技产品涉及的用户协议和隐私条款等，都是具有法律效力的文件，都需要法务工作者进行起草。

合同审核：只要有合同，肯定就涉及不止一个“缔约人”，那么在很多情况下，未必对方会接受我方已经起草好的合同，相反，对方很可能“有备而来”。那么此时，我方法务人员需要做的事情，就是逐字逐句审核相关合同，识别其中的“陷阱”和“风险”，提出修改意见，供参与缔约的其他部门同事与公司管理层分析与参考。

合同谈判：在合同双方对协议条款存在争议时，法务还需要参与条款磋商过程，在充分了解企业内部对条款的倾向性意见和底线后，和签约方进行书面和口头的多轮磋商，最终达成一致，协助促成协议签订。

合同管理：公司每天都在经营，随时都可能签订协议，久而久之，一家不大的公司在一年的时间里缔结的协议都能够轻而易举达到几百份。协议规定的内容各式各样，但核心必然是我方或对方在某某时间必须于某某地点完成某某行为，如果没有人仔细汇总、整理并统计这些最重要的“履约信息”，并及时提醒相关部门及时履行协议，那公司很可能在不知不觉之间，就成为“违约责任人”。实际上，以我个人的经验来看，不少小公司的“小老板们”第一次明白自己的公司需要“找法务”，就是因为他们发现，随着公司越做越大，自己往往都记不清楚何年何月签订了怎样的合同，有时，直到收到法院传票的那一刻，才想起那“遗失的约定”。与此同时，合同管理的另一个方面在于，提醒业务对他人的履约行为进行监督，避免他人违约。所以，合同管理要做的，就是以特定的方法分门别类的整理好企业签署的合同和企业未签署但与企业相关的协议，并在必要时，提醒企业内部与外部的相关责任人履行协议。

基本合规

由于我在之前已经解释过合规工作的基本定义，并且在下一章，我还将着重介绍合规工作的具体内容，故在此处，我只会大致对合规工作进行介绍,更多具体内容,还请同学们随后参阅下一章节。

世界上有多少个行业呢?在科技日新月异的今天,我想这个问题的答案早就超过了“360行”这么简单。而在每个行业之中,肯定都有成千上万的同行企业(即所谓的“同业”)。不同行业的企业不仅要受到通用的法律法规的管理,也要受到各自“行规”的约束,所谓“行业规范”,便是这个道理。如果说法律规范的只是企业行为的“底线”,那么行规规范的,就是更加具体的本行业内企业的行为准则(当然,行规也要受法律监管,不能与法律冲突,且需经过特定的程序制定和颁发)。并且一般来说,这些行规都会由行业协会组织制定,大部分企业也都会加入相关协会。在这一背景下,一旦有企业违反了行规,相关企业的行为不仅可能违法,还可能招致“行业内”的惩罚,后者一样可能给企业带来重大的损失。

自然,不同行业企业中的法务,除了确保企业的行为合法,也要确保企业的行为符合行规。比如就企业生产销售产品所具有的资质、将要开展的业务、与其他企业的合作、企业内的合规体系等事项“展开是否符合相关规范的审核”。这一类工作,就是企业法务所要从事的“基本合规”业务。

此外,除了根据不同行业的特定企业法务人员需要进行合规工作外,依据企业的所有权性质、产品特性与市场特点,法务人员还需要处理与此相关的合规事务。比如在我国,央企和国企除了法律和行规之外,还要遵守专门针对国有企业的管理规章制度。比如在不同地区上市的企业,还要遵守专门针对上市公司的一系列规范要求。比如针对产品的性质和用途,还有不同的产业规章需要遵守。

内部法律事务

如果说以上法律工作都与公司的“对外交往”密切相关,那么公司法务的另一项重要工作,就是确保公司内部“三会”与所有员工之间、管理层和其他职员之间以及部门与部门之间的所有行为“合法合规”。这一类“对内的法律工作”,我将之称为内部法律事务,它们也是法务工作者几乎每天都要处理的。这些工作包括,但不限于:

根据公司章程的规定,协调“三会”与高管会的召开,并做好相应的辅助工作。尤其值得注意的是,对于上市公司而言,“三会”往往有比较严格的会议召集程序与规范,对于相关法律法规和监管规章的违反,甚至可能招致非常严重的后果并对企业产生巨大影响,特别是上市企业。

在这些会议召开的“前、中、后”期,法务人员都要确保相关行为合法合规。

对于管理层的管理经营行为、部门之间的互动以及员工与员工之间的行为进行必要的管理和监督,确保相应行为没有违反法律法规与企业内部的相应规章。此外,对于与企业的存续、产品的生产销售以及各类服务相关的资质、证照,法务部门也要做好管理和更新工作,确保企业的所有行为都是“持证上岗”,不存在“无证经营”的情况。

最后,公司内部法律事务当中,还有一块比较特定的领域,往往需要专门的法务工作人员配合公司人事部门共通协调管理,那就是与企业的“用工劳动”制度相关的法律事务。在现实中,这类法律事务往往也是不少企业法务部门工作的重点,比如法务部门需要确保企业与所有员工订立的劳动合同合法合规(当然,人事部门对于劳动合同的内容往往具有最终的决定权)、内部劳动手册已经过合法备案;在企业与员工发生劳动争议甚至对簿公堂时为企业的利益据理力争;并且在特殊情况下(比如科技企业往往需要通过协议的形式确保员工在离职后也要保守企业的技术秘密或承担竞业限制义务)维护企业的正当利益。

其他

除了上述工作外,大部分企业的法务人员日常还需要处理的工作包括,但不限于:组织企业内部学习有关法律法规提升法律意识、进行行业规范与企业规章制度的员工培训、进行违反公司红线行为的宣传教育、管理向企业提供法律服务的外部律师与服务供应商(比如:提供法律检索服务的公司,或提供监测侵犯企业知识产权行为服务的公司);定期保持与政府监管部门、司法部门和行业协会的沟通;在必要时协助企业完成子公司、母公司或下属企业的设立、变更、注销与登记等流程性事项。

✍ 非常规法务工作

接下来我们将要介绍的,是只有在一些特定的情况或场合下才会被“触发”或“激活”的法务工作,这些法务工作并不是所有法务人员都可能接触的。甚至在不少情况下,如我在下一章所介绍的那样,其中的一些工作,法务人员往往还需要外部专业律师的配合才能比较顺利的完成。

争议解决

企业在运营的过程中难免会遇到各类纠纷,纠纷包括主动发起的和被动承担的,对于主动发起的“主诉”案件,法务需要主动出击进行有效维权,给侵权人或违约方以警告,要求其承担法律责任,对于被动承担的“客诉”案件,有时纠纷无法通过业务、商务乃至高管参与的谈判解决时,就可能走到“对簿公堂”的那一步,法务人员此时就必须介入其中,为维护企业利益、减少损害赔偿而“战”。在一些规模较大(日常需要应付较多法律纠纷)的企业或者对涉诉信息较为敏感的企业中,法务部门内部往往会设有专门的“诉讼组”处理相关问题,诉讼组内的工作人员既是法务又是律师(他们就是可以申请工作证的公司律师),他们的日常工作就是专职处理各类涉及企业的法律争议。而如果公司的规模较小、日常涉诉争议不多时,企业可能不专门聘用诉讼法务。更复杂的情况是,如果纠纷特别复杂,即使内部的诉讼法务也“搞不定”时,企业往往就会要求法务部门的负责人聘请外部律师来共同解决相关问题。诉讼法务有时还需要承接案件管理、复盘和提出管理改进建议的职责,从诉讼侧“倒逼”企业内部进行必要的改革。

特殊合规

除了基本的合规业务之外,当企业发展到一些极为特殊的阶段(比如:企业可能具有市场垄断地位或用户数量达到百万甚至千万级别时,企业可能面向消费者收集用户数据时,企业需要进行技术进出口时)时,企业便需要遵守大部分企业不需要遵守的特别的法律法规,这些法律法规包括,但不限于《反垄断法》《数据安全法》《网络安全法》以及一系列与特定货物、技术、服务进出口管制相关的法律。在这种情况下,企业要么会聘请专门的合规人员负责相关法律事务,要么会与外部律师合作,仔细审核企业所实施的任何可能违反这类特定法律法规的行为。

此外,当企业的员工所从事的行为有可能损害企业的利益,或者同时违反法律法规,甚至可能承担刑事责任的情况下,企业也会对员工的行为展开内部调查、搜集证据,进行处罚,并在必要时配合有关部门的工作。这些事务往往都需要法务部门来处理,甚至在必要时,聘请专业外部律师一同完成。

投融资与收并购

当企业发展到一定阶段,其往往需要新的股东为其继续进行投资,投资的形式可以是多种多样的,比如:在其他股东同意的情况下,投资方直接给企业一笔资金(即注资)成为企业新的股东;比如:投资方首先成立一家公司，然后通过复杂精密的协议与合同，以各种形式完成对企业的投资甚至是“控制”；比如，企业通过在证券交易所发行股票，让社会中的广大股民直接申购以完成其面向社会的“融资”（即所谓的“上市”）。凡此种种，都被称为企业的“投融资交易”，这些交易由于涉及复杂的企业结构变动、众多股东的协议安排调整以及众多法律监管申报要求，企业，尤其是大企业在进行这类交易时，相关企业的法务部门往往必须和外部律师一道，共同确保协议能够达成一致、交易能够顺利完成。与之相似，在企业进行“收并购”[1]交易时，法务部门与外部律师也要相互协助，以确保交易的成功。

知识产权

当企业积累了一定的实物资产，需要对品牌进行升级、软件进行保护、申请更多的科创奖励时，就需要知识产权法务支持处理企业的知识产权工作。一方面，知识产权法务需要为企业申请获得知识产权权利作为无形资产，例如商标、专利、集成电路布图设计等；另一方面，知识产权法务还需要对企业经营过程中涉及的 IP 交易、维权、保护等事宜进行通盘考虑，制定规章制度，参与具体交易，进行投诉维权。知识产权部门是法务部门中为数不多可以成为利润中心的部门，因为可以通过知识产权，特别是专利的交叉许可，为公司省去一大笔专利费用，还可以通过知识产权维权起诉，获得高额的赔偿。

✍ 法务部门的内部分工

介绍完了法务人员的职级、晋升与日常工作，现在需要介绍的，就是法务部门内部的组织形式（即内部架构）与相应工作流程。之所以要将这一内容放在最后进行介绍，是因为对这些知识的学习，完全需要建立在对前述信息的理解之上。在此，我从简单到复杂，介绍三种常见的法务部门内部架构设置方式与相应的工作运行模式。

首先，最简单的法务部门架构，普遍出现在中小企业之中。这样的法务部门一般只会有几位成员构成，在内部，往往不会设置其他分支机构（比如“小组”）。部门成员一般由法务负责人和其管理的法务员工构成，成员分工合作完成日常工作。企业召开三会与管理层会议时，法务部门的负责人一般会被要求参加相关会议。在这样的法务部工作，法务

---

[1] 下一章会对“收并购”交易及相关业务进行进一步的介绍。

人员往往很快就会培养为一位“多面手”。换言之，由于公司“人手有限”，所以法务人员必须“什么都会一点”，但同时，由于公司“规模有限”，大部分这类公司的法务对于各项法律工作，往往都处于一种“懂得上手、难于精通”的处境之中。

其次，如果企业已经“上了规模”，但生产、销售的产品或提供的服务总体来看还是比较“单一的”（比如，只销售某种类型的产品、只在特定地区销售或只提供某种类型的服务）。那么其法务部门内部的结构，较之最简单的结构，会复杂一些，但也不会复杂太多。比如，相应企业的法务部可能设有如下几个小组：法律组、知识产权组、合规组与诉讼组。

法律组负责处理业务、商务与人事等部门的日常咨询与各类法律文件的起草与审核工作；知识产权组则负责处理与企业产品研发、销售相关的知识产权保护和纠纷，并在必要时与诉讼组一同处理相关的法律诉讼。合规组负责处理先前提及的基本合规工作。而诉讼组，则负责处理包括知识产权纠纷在内的各类与企业相关的法律诉讼，如各类合同纠纷、劳动争议、商标行政诉讼等。

在法务部门日常运行的过程中，负责人（例如，法务总监）负责统筹协调所有小组的工作，在法务总监之下，可能设有两个副总监，分别负责管理不同小组的日常运行，比如：一位副总监管理法律组与合规组的工作；另一位副总监管理知识产权组与诉讼组的工作。企业召开三会与管理层会议时，法务部门的三位“总监级别法务”一般都会被要求参加相关会议。

最后，对于“巨头企业”来说（比如，各类榜单中的500强企业、大型跨国公司、大型科技企业与大型互联网公司），法务部门的内部机构设置往往就会复杂很多。此处，我们以一家科技企业与一家互联网企业法务部门的内部机构设置为基础，进行适当整合与简化后为大家进行介绍。

如图所示，由于这家企业是一家“立足中国、布局世界”的企业，在世界多个国家和地区设有分公司，甚至是“地区性总部”，所以其法务部门最基础的架构设置，必然要区分“国内”与“海外”两个分部。对于海外法务部来说，其内部还可能根据法系、国家和地区的不同进一步分为欧洲法务部、北美法务部或普通法系部、伊斯兰法系部等。不过由于该公司刚刚“出海”，海外业务规模并不大，故其海外法务部门的内部机构设置在总体上更趋近于中小企业。

由于该企业的“核心团队”与“主要市场”均在国内，相对而言其国

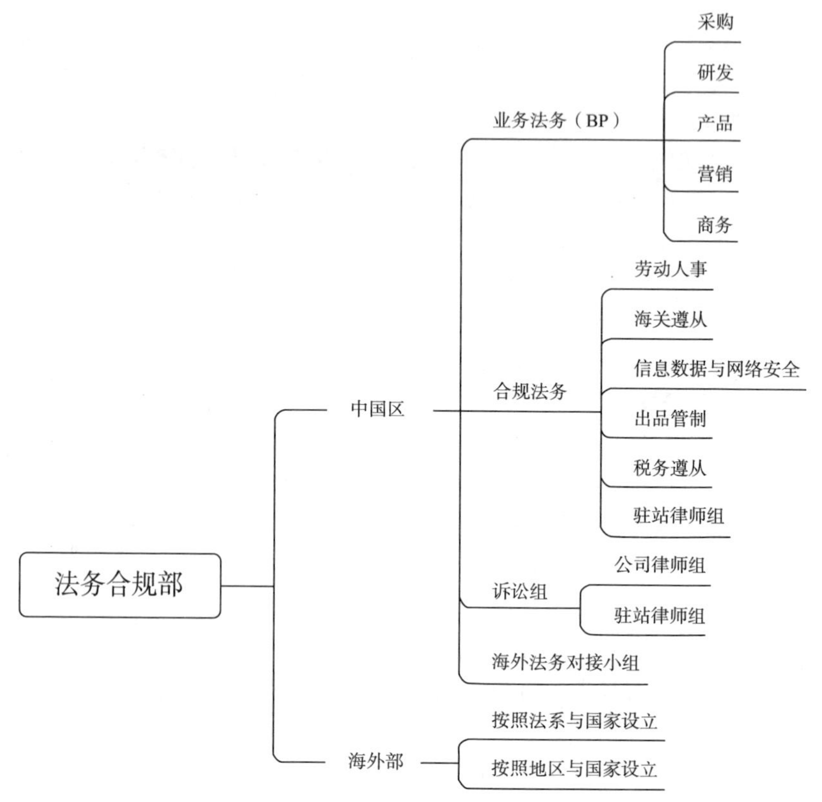

内法务部门的设置才是我们介绍的重点,也才代表了"较为复杂"的法务部门内部机构设置形态。具体来说:

如图所示,依据法律问题的性质与工作特点,在中国区法务部之下,共设有四个"分部",它们依次是业务法务部(BP)、合规法务部、诉讼组与海外法务对接小组。在这样的超大型企业中,由于企业提供的产品与服务横跨多个不同的产品市场,拥有数以千计的供应商、合作商与经销商,其业务部门与商务部门也是十分庞大的,每天有上百个各种各样的业务与商务项目[1]正在推进,在这种情况下,为了确保任何与这些项目相关的法律问题都能第一时间解决以免延误项目的进度,对于业务与商务项目的负责人,法务部门都会配备一名对接的"业务伙伴法务",英文

〔1〕 在此处,为了叙述的方便,统一将图中"业务法务"所管理的各类事项统称为"业务"与"商务"。

名称为“Business Partner(即大型企业业务和商务人员经常说的‘BP’)”。对于BP法务来说,其首要任务就是随时回答业务与商务部门在工作中提出的相关法律问题,并在必要时,协助他们对接法务部门的其他成员,解决更加复杂疑难的法律问题。一个有趣的现象是,在这样的公司中,大部分业务和商务人员从入职到离职,可能都一直认为,公司中只有一种法务——即BP。在实践中,对于业务和商务来说,BP往往是“唯一”的,但一位BP往往要同时跟进数十个、甚至上百个项目,解答相关法律问题,审核相关法律文件。一般来说,根据对接的具体部门的不同,BP法务也会分为若干小组,每个小组设组长、副组长若干,领导把关本小组的工作。在组长之上,设总监一名、副总监若干,统筹协调整个部门与其他业务部门的工作。

合规法务部负责的工作,就是我先前介绍的基本合规工作与特殊合规工作,对于这家企业巨头来说,无论是从年营业额、用户人群还是产品和服务的影响力来看,其需要遵守的国家法律、行业规章与监管要求可谓五花八门。自然,其法务部门当中,也需要有专门的法务人员,开展合规,依据合规工作的具体内容,其合规法务部下设若干小组,每个小组设组长与副组长若干,统筹协调相关工作。在组长之上,设总监一名、副总监若干,统筹协调整个部门与其他业务部门的工作。此外,还要提醒同学们注意,在这个公司的合规法务部中,还有一个专门的“驻站律师组”,如前所述,这是因为不少合规业务必须在专业律师的协作下才能完成,与该公司相关法律业务的数量又极为庞大,故为该公司提供法律服务的律所往往会直接派驻若干律师,“常驻”该企业,与法务部门的员工一同工作。

诉讼组的工作和之前介绍的相同,故在此不再赘述;同时同学们也应当注意,出于和合规部门一样的原因,在诉讼组之中,也会有外部律所派驻的“驻站律师组”。最后,在中国区法务部中,还会有一个精通中国法与外国法的小组专门负责中国国内法务部门与海外法务部门工作的对接与协调。

在这四个法务部门之上,就是中国区法务部门的管理层,其设有法务高级总监一名、副高级法务总监若干与行政人员若干,统领整个中国区的法务工作。在中国区与外海法务部门之上的领导——即整个公司法务部门的“一把手”,就是分管法务与合规工作的“副总裁”,作为公司高管,其直接向总裁与董事会汇报具体工作。

在这一类公司工作的法务，相较于“小公司法务”，在知识结构与能力方面，往往更加具有“针对性”。换言之，由于公司的各项业务“枝繁叶茂”“叠床架屋”，除了“战斗在一线”的法务BP之外，大部分其他法务往往只需要负责某一块非常具体的法律业务领域，成为某一方面法律问题的专家即可。

此外，同学们还需要注意，图中有一个重要的法务团队并没有展示，那就是只有在特定情况下才会出现的与企业投融资和收购并购相关的法务组，往往也会被称之为“金融投资法务组”。

✍ 法务的薪资待遇

最后，我们将要介绍的便是法务的薪资与待遇，不过这一块内容，确实也没有太多好说的，因为就业市场中的企业成千上万，它们给应届生开出的薪资与待遇更是高低悬殊，想要说清楚，肯定是不可能的。但为了让同学们有一个基本的概念，我还是尽量从“上限”和“下限”这两个最基本的维度，为同学们大致厘定一个应届毕业生进入法务岗位所能够获得的薪资待遇。

法务人员薪资待遇的下限，其实同学们应该也猜得到，那自然就是“能学到很多”的金额。而其上限，以一名本科与硕士均毕业于国内知名法学院的应届毕业生来说，其在工作前几年的平均薪资，不会低于相同年资的红圈所律师的收入，而往往其工作强度，一般不会超过红圈所的律师们。

并且，还要指出的是，“档次”越高的企业，其法务的工资不仅越高，而且福利待遇相对而言也好得多。毕竟许多大型国企、民企与外企都建立了十分完善的福利保障体制，员工除了看得见的工资外，还能获得许多看不见的福利。但对于律师来说，绝大部分情况下，律师的收入就是纯粹的“工资与奖金”；律所提供的福利保障，往往只能维持“基本水平（即法律规定的最低要求）”。

随着职业生涯的发展，两者之间的收入差异更难预测（毕竟我在之前已经举了几个法务职业生涯“大起大落”的例子）。不过，如果在工作五到七年后，法务工作者能够成为中大型企业中具有“中层身份”的法务人员，其收入基本上不可能低于在红圈律所中刚刚晋升为顾问的同行。而如果其能够获得公司的股票奖励，其未来的收入增长空间，也不会亚于——甚至可能远远高于——顶级律所的合伙人。毕竟在中国，最顶尖的律师,年收入一般也只能在千万这个级别徘徊,而且也很难保证每年都达到这个数额。而持有公司股票的资深法务,其股票的市值——在公司如日中天的时候——可以轻而易举地达到几亿、甚至是几十亿人民币的数额。当然了,我这里所列举的情况,是“上限中的上限”,是法务工作者中的佼佼者与幸运儿才能取得的薪资收入。

总结

至此,我们对法务工作的“一二三四”进行了有详有略的介绍。总体来看,法务行业相较于法律公职人员和律师行业来说,是一个比较容易兼顾“工作”与“生活”的法律就业方向。并且在物质待遇方面,在一个相对稳定的公司工作的法务,无论处于职业生涯的哪个阶段,收入一般来说也都会比较稳定。并且,法务行业与律师行业之间的切换,也是非常普遍、正常且简单的。所以法务工作——尤其是中大型企业的法务岗,对于刚刚走出校园且无意往体制内发展的法律人来说,肯定是一个相对理想的选择。

不过法务工作的“不足”其实也是比较明显的,首先,法务工作者职业生涯的发展,往往与行业、公司乃至法务部本身的起伏息息相关,但这些事情,是“区区一个法务”完全无法改变与主导的。其次,很多企业内部对于法律工作的重视程度,坦诚地说,依然是不够的,努力得不到足够的认可,成就感偏低,专业积累不够,是很多法务在职业生涯的不同阶段都普遍体会过的感受,毕竟在传统观念中,企业中“赚钱养家的人”不是法务,而是“业务”“商务”“产品”与“服务”,不过大中型企业的法务,往往采用“精英化”策略,其地位、平均薪资和职业晋升速度一般也会好于其他普通员工。

最后,由于大部分公司中法务部门负责人的职级往往很难突破中层岗位,且法务部门负责人的任命所考量的要素往往也复杂很多,无法具体化为诸如“法官审理过的案件数量”或“律师给律所带来的创收”这样明确具体的数据。所以法务工作者的职业生涯天花板往往也非常明显,甚至从入职第一天就已经清晰无比,对于不少“胸有抱负”又“急于证明自己”的法律从业者来说,这也是法务工作一个比较大的缺陷。

当然,任何就业方向都是有利有弊的,我之所以在此强调法务工作的利弊,是因为在咨询答疑的过程中,我很明显的发现,相较于法律公职人员与律师这两个就业方向,大部分同学和家长对于法务工作的了解贫瘠的“可怕”。但在现实中,一个法学院的班级中毕业后成为法务的同学在数量上,往往完全不会逊于成为律师的同学,在企业对法务人员专业要求与日递增的背景下,法务的专业性和行业属性也得到了更多的凸显,相比于律师将更贴近于行业和业务本身。所以对于即将走入法学院的你来说,别忘了在本科学习期间好好考虑这个职业发展方向。

4.5 教职

介绍完了所有“校外职业”,这一节,让我们回到“校内”,聊一聊离同学未来的法学院生活“最近”的法律职业——高校教师(又称“教职”)。在此,请允许我用一个近年来比较流行的称呼——“青教(即青年教师,俗称‘青椒’)”来指代这一群体中的青年人,毕竟这个称呼颇为诙谐风趣,不仅识别度比较高,而且和高校教师这个颇为“正经严肃”的职业形象形成了比较鲜明的对比。

不过在正式开始介绍前,我们还是要照例对“青教”的概念进行一个较为精确的界定。什么是“青教”?在本书的视野下,它指的是“在我国普通高等学校中的法学院系从事以教学和科研工作为主的正处于第一个聘期的青年教师”。这个概念,颇为冗长,且容我再做一个详细的说明。

✍ 基本概念介绍

什么是“我国普通高等学校”?按照官方定义,在我国,普通高等学校是指由相应国家部委、省级人民政府与省(含市、区两级政府)教育行政部门主管或联合主管的实行普通高等学历教育的学校。这个定义可能让同学们“云里雾里”,那我不妨换一种不太官方但是却非常直白的方式来进行介绍,通俗理解,“普通高等学校”一般来说,指的就是所有同学们可以通过全国高考报考的“大学”。

首先,这里的大学不仅包括“一本”和“二本”,当然也包括职业学院、职业技术学院、独立学院与专科院校。虽然在现实中,所有这些学校都可能向法学院毕业的同学们提供工作岗位,但为了本书介绍之便,下文中,我们对于青教招聘要求、职级晋升与工作日常的介绍,将主要以“一本院校”法学院系为主。当然,这并不是因为我们有意忽视“一本以外的学校”,而是因为在“高校”这个职场中,一本院校对于青教的招聘要求与晋升机制相对而言是最为“职业化”的,同时相较于其他院校,其要求也是“最高的”。换言之,同学们如果未来有意成为青教,只要对本节的信息有所了解,你就基本上摸清了成为任何国内高校青教的“基本门路”。

其次,将提供教学岗位的学校范围限定在“大学”,也是为了和同样提供教学岗位的小学与中学进行区分。因为在现实中,一些法学院的同学确实会在本科就读期间考取相应的教师资格证书,随即在毕业后应聘这些学校提供的教师岗位,虽然这并不是一个法学院毕业生的主流就业方向,但这一就业选择确实一直存在,只不过在本章,我们对此不作介绍而已。

再次,为什么要将提供岗位的部门限定在“法学院系”? 这是因为在现实中,除了同学们熟知的“法学院”或“法学系”之外,包括高校下辖部门在内的一些机构也常年面向法学院的毕业生提供负有教学或科研职责的岗位,其中最典型的代表便是各类高校或企业下属的科研院所或研究中心。本节中,这些机构提供的岗位将不是我们介绍的重点,不过在必要时,我们也会提及。

最后,何为“第一个聘期”? 由于对大部分在高校任职的青教来说,从他们成为教师的第一天起,就注定从事的是一份“一辈子的事业”,如果真的要对“青年教师”的职业生涯进行详解,恐怕所涉及的时间跨度至少有十年。[1] 所以对于本节来说,将焦点集中于青年教师们的“第一份劳动合同”——他们走出校园后所入职的第一份教学与科研岗位——便具有了其独特的合理性。因为在我国,由于“非升即走”[2]教职晋升体制的存在,青教职业生涯最重要的第一步就是在“第一份劳动合同履行期间”——第一个聘期——完成合同规定的教学与科研任务,否则,其所面对的很有可能就是“另谋高就”的处境。所以了解与教职“万里长征”第一步相关的重要信息,才是本节的首要目的。

此外,相较于前几个求职方向的“长篇累牍”,这一节的内容相对来说比较简短,如此当然是刻意为之,因为相较于前述职业的就业教育,同学们应该不会意外的是,法学院对于教职的就业教育相对来说还是比较健全的:

---

〔1〕 毕竟在如今人均寿命已朝 80 岁迈进的中国社会,对于“青年”年龄范围的界定,已经越来越宽容,如果我们说“40 岁以下的人都是青年”,那么一名青年教师的职业生涯从其 30 岁左右博士毕业开始计算,至少也有 10 年。

〔2〕 下文会具体介绍“非升即走”的含义。

一方面，这种健全当然源于就读法学院的十年间[1]同学们从法学院老师处获得的言传身教；另一方面，在同学们就读法学博士期间，不仅有大量机会以“教学助理”或“科研助理”的身份开始提前体会青教的日常；而且只要同学们“运气不差”，你的“博导”也肯定会就如何规划教职对你进行非常明确的指导和帮助；并且现阶段，在我国，法学博士就读期间同学们为了毕业所要满足的核心要求，在性质上，其实和青教在第一个聘期需要达到的要求几乎是一致的。所以考虑到真正有志于成为青教的同学几乎都会攻读博士学位，过多在本书进行详细介绍，其实有些多此一举，那么现在，就让我们正式开始本节的内容吧。

✍ 岗位的性质

同学们日后应聘高校岗位，首先要对其性质进行区分，因为不同的岗位性质对应着不同的职责；换言之，进入高校，虽然大家都会被同学们尊称为“老师”，但不同的老师之间负责的具体工作，还是相差较大的。一般来说，高校中的工作岗位，可以分为“教学岗”“科研岗”与“行政岗”，现依序介绍之：

首先，教学岗非常容易理解，其日常职责自然就是负责教学工作，教学活动的对象(即授课对象)主要以本科生和研究生为主。一般来说，教学岗是青教岗位的首选，因为这类岗位就是最为传统的“教职岗位”，从教学岗起步成为教授，也是高校职场中最为常见的教师职称晋升模式。并且从编制数量来说，这类岗位留给青教的指标也相对较多且相对固定。

其次，近几年来，伴随着越来越多与法学学术研究相关的专门性与跨学科“研究中心”和“研究院”的出现，科研岗也引起了越来越多即将走出校园、立志成为青教的同学们的注意。顾名思义，任职“科研岗”的青教从事的主要工作就是“科学研究工作”，此处“科学研究”的对象，自然就是作为社会科学分支的法学。那学术研究的具体表现形式是什么呢？一般来说分为两类，即“期刊发表成果”与“学术项目成果”，这两类成果，我们会在下文相应部分详细进行介绍。

---

〔1〕 如下文所述，由于国内一本院校法学院对于青年教师的招聘几乎都以拥有博士学位为基本要求，所以同学在成为青教之前，在中外法学院学习十年甚至更长的时间，是一件非常正常的事情。

最后，行政岗又称“管理岗”或“管理行政岗”，其主要负责的就是大学与学院当中的各类行政与管理事务。以某大学法学院为例，相关岗位一般集中于统筹学院管理活动的“党政办公室”、统筹教学与科研活动的“教务办公室”以及负责学生思政教育及管理活动的“学生办公室”。同学们所熟知的“辅导员”，一般也都属于行政岗。公立大学的行政岗位招聘方式参照事业单位进行，相关岗位的招聘要求不仅与教学岗和科研岗差异巨大，而且也并无法学“科班出身”的专门规定。换言之，虽然法学院的行政工作人员中肯定不乏法学院的毕业生，但是相关岗位显然早已超出了“法律职业共同体”的范畴，虽然包括“辅导员”在内的高校行政岗位和上文我们提及的“中小学教师”一样每年也都会成为一些法学院毕业生的就业选择，但以本书的写作目的出发，我们在本节将不对这一“校内就业方向”进行具体介绍，感兴趣的同学们不妨自行探索。[1]

与之相关的另一个问题是，不同岗位仅仅负责与本岗位相关的事务吗？答案当然是否定的，因为岗位的性质仅代表其“主要职责”，而非其全部日常工作的性质。教学岗青教虽然承担着不少教学任务，但为了满足晋升要求（“评职称”），在其任职期间一样要承担大量的科研工作。而科研岗青教虽然主要以学术研究工作为主，但至少在大学或法学院下属的科研机构中，这类“研究型青教”也会在力所能及的范围内承担“一两门课”的教学任务。而行政岗的老师，如果是从事“非领导职务”的“普通工作人员”，几乎不会承担教学或科研工作。但此处有一个比较重要的差别需要注意，那就是学院的领导岗位（比如，法学院院长、副院长、法学院书记），一般来说，承担了重要的行政管理职能，但不同领导岗位的晋升路径却可能并不相同。比如，院长和副院长一般都可能由出身教学岗的老师担任；而书记一职，则完全可能由出身行政岗乃至辅导员的行政序列人员担任。

---

〔1〕　在此，我简单对“辅导员”的职业发展轨迹做一个介绍，以便与下文相关内容相呼应。一般来说，公立大学的辅导员如果主要以教授思政课程为主，则其可以按照“思政讲师”“思政副教授”与“思政教授”的职级进行晋升。而如果其主要从事管理类工作（比如，学生工作），则其可比照体制内的职级进行晋升。比如，根据其职位变化其可从“科员”晋升为“副主任科员”与“主任科员”；比如高校当中的学生工作部门（如学工处）与人事部门（如人事处）的办事人员和负责人，就可能是从负责管理工作的辅导员当中进行选拔并晋升的。

✍ 职称

不想当将军的士兵不是好士兵，我想，对于青教来说，“不想评教授的青教可能也不是好青教”。同学们进入法学院后，很快就会发现，对于大部分青年教师来说，教职阶段性“修成正果”的标志性事件便是正式成为“大学教授”，而与之相关的一整套教职职级晋升机制，一般便被称为“职称评定机制”，即所谓的“评职称”。

根据岗位性质的不同，青教可能晋升的职级也有所不同，从最基本的制度来看，对于“教学岗”而言，职级从低到高依次为：助理讲师、讲师、副教授与教授；对于“科研岗”而言，职级从低到高依次为：实习研究员、助理研究员、副研究员与研究员。在相互之间的关系上，一般可以认为，副教授职级对应副研究员职级，教授职级对应研究员职级；比如副研究员一般就享受“副教授待遇”。并且在绝大多数高校，教学岗序列和科研岗序列的职称是能够“互换”的。以研究员这一职称为例，已经成为研究员的教师可以通过申请转聘并完成基本教学任务将职称转为“教授”，反之亦然（虽然实践中几乎没有教授会如此为之）。

此外，还有一个小问题需要注意，那就是青教的“身份称呼”不一定等同于其“具体职称”。举例而言，某高校引进的青教在官网显示其学术身份为“研究员”，在正常情况下，这并不意味着其直接拥有了与“教授”职称平级的“研究员”职称，而只是代表其主要身份是“研究人员”，现实中，其真实的职称可能依然是“讲师”。

在实践中，不少高校除了单列教学岗和科研岗职称序列外，还会在职称评定中单列“教学科研岗”；换言之，如果说教学岗的职称晋升主要考查的是教学任务完成情况，并同时兼顾学术科研成果；而科研岗的职称晋升主要考查的就是学术科研成果的话；教学科研岗则寻求的是“二者兼顾”，上一段提及的“名为研究员、职称为讲师”的岗位，往往就是这种情况。我以某高校的教授职称评定基本要求为依据，进行了简单改编和汇总如下：

	近 3 年每学年独立承担课堂教学学时数	近 3 年科研研究成果
教学岗-副教授（教学为主）	每年教学学时大于 256 学时，其中本科生或研究生课程学时不低于 192 学时	完成院系要求的评选副教授的科研成果要求[1]
教学科研岗-副教授（教学科研兼顾）	每年教学学时大于 96 学时，其中本科生或研究生课程学时不低于 32 学时	完成院系要求的评选副教授的科研成果要求
科研岗-副研究员（科研为主）	每年教学学时大于 32 学时，其中本科生课程学时不低于 32 学时	完成院系要求的评选副研究员的科研成果要求

还有一些职称评定事项值得同学们注意，具体来说：

首先，虽然根据官方文件的规定，不同职级之间会用"级别"进行进一步的区分，例如，教授职级内部就可能分为一级教授、二级教授等，以此来构建相对完善且多层次的职称级别梯队和配套的福利待遇体系。但是在现实中，这种"传统模式"正逐渐被不同高校内部的职称与级别梯队所取代。比如，在绝大部分高校，助理讲师和实习研究员这两个职级都已"名存实亡"，青教的起步职级一般都是"讲师"或"助理研究员"。比如，不少高校会以特定称呼区别不同级别的教授，例如：人文社科讲席教授、长聘教授、特聘教授与（普通）教授。换言之，不同高校内部的具体职称和级别并不相同——甚至有时，差异巨大。再比如，近年来的趋势是，高校之间对于彼此授予教师和科研人员的职称，无法直接做到"相互认可"；换言之，某高校的教授如果想"跳槽"至另一所高校，原则上，另一所高校可以对其过往的学术和科研经历进行"综合评定"以决定是否继续以"教授"职称对其进行聘用。[2]

其次，近年来，与职称和级别相关的另一个评定体系也在青教的晋

---

〔1〕 下文会进一步解释这些具体要求。

〔2〕 当然，在现实中，这个非常——甚至是最重要——的问题，一般都会在该教授"跳槽"之前就与对方法学院敲定好。但在一些高校，由于教授的评定权限并不归学院而归高校，确实会存在一种情况——将要跳槽的某校教授并不完全确定"转会"至另一所高校后，是否还能保留"教授"职称，因为流程上，这位教授必须先成为该高校的教职工，才能在高校层面进行统一的职称评定。

升中扮演着越来越重要的作用,我将之称为“荣誉称号体系”。换言之,在很多高校,除了以讲师或助理研究员来“评定”青教外,对于取得了一定学术和科研成果的青教,还会授予诸如“大聪明学者”或“大明白学者”〔1〕这样的特别称号,并匹配相应待遇,进而“拉开”不同青教之间的资历和待遇差距。通过这种形式,很多高校建立起了比较完善也比较具有本校人文特色〔2〕的职称晋升体制。不过此处的“校内荣誉称号”需要和其他面向所有学者的具有普遍认可度的“学者称号”区分开来,后者一般由教育部或各级政府部门主管。在法学领域,比较有代表性的学者称号包括“长江学者(含青年长江学者)”和“曙光学者”,前者由教育部主管评定工作,后者由上海市教委主管评定工作。换言之,不同高校内部的学者称号,在教师离开该校后,往往是“带不走”的(因为其他高校并不存在相应学者称号);而类似长江学者或曙光学者这样的称号,在任何高校,都是能够被认可的。

最后,近年来的一个——至少在“法学院职场”中较为明显的——大趋势是,“博士后”这一主要从事科研工作的学术身份也在实际上被纳入了青教的职级体系之中。传统视野下,博士后一直被视为一种从博士到教职的“过渡阶段”,它不是一种学位,而是博士生在毕业后进入“博士后科研流动站”〔3〕进行科研工作的一种全职工作身份。然而,在如今竞争越来越激烈的“法学院职场中”,不少法学院系开始向有志于成为青教的应届博士生提供类似这样的选项,即该法学院以博士后名义引进该博士生,该博士生在“进站”后除了完成学术成果以满足“出站”〔4〕要求外,还要额外完成一定的教学和科研任务,如果其顺利完成,则在出站后,该法学院会向其提供教学岗或科研岗工作。当然,该博士后也完全可以在出站后另谋高就。从这一安排不难看出,博士后实际上已经成为“讲师”或“助理研究员”之前的一个“职级”。一些法学院为了区分具有这一职级属性的博士后身份,还会特别将这类博士后称为“师资博士后”,即具有教师职责或身份的博士后,以此和普通的“出站”

〔1〕 这是我杜撰的称呼,如有雷同,纯属巧合。

〔2〕 因为很多荣誉学者头衔会以和该校人文历史有密切关系的概念命名。

〔3〕 除了高校之外,不少其他机构也可以设立“博士后科研流动站”,比如各研究院所、企业内部的研究院,甚至是一些校外的独立学术机构。

〔4〕 博士生进入“博士后科研流动站”开始科研工作一般被称为“进站”,在完成相应科研工作后便可被认为顺利完成了博士后期间的科研任务,此时博士后便可被准予“出站”。

后还必须继续寻找教职的“普通博士后”进行区分。

总之,虽然在大框架上教学岗和科研岗的职级有着非常明确具体的级别和梯队,但在实践中,高校和法学院系内部的安排,可谓“五花八门”。同学们如果未来有志于成为青教,对于心仪的求职高校,一定要尽早通过各种方式了解其内部的职称体系与相应晋升机制,切不可机械的套用某某高校的模式。这一点是非常重要的,因为一个友好的职称体系往往能够对青教职业生涯早期的发展起到不小的帮助,反之亦然。

✍ “非升即走”

介绍完了职称评定的“大框架”,现在,就让我们聚焦于青教职业生涯的第一个聘期与该聘期内最重要的一项制度——“非升即走”。实际上,非升即走只是一个约定俗成的说法,在本书的背景下,它特指以“合同制”或“聘期制”获得第一份教学岗或科研岗聘用合同的青教,在合同履行期届满之时,只能从两种人事待遇中二选一的情况。

那此处的两种人事待遇分别是哪两种呢?一种是该青教顺利完成了合同规定的教学与科研任务,那么根据合同的规定,其至少可以“讲师”身份获得“续聘”,如果其科研成果突出,甚至还可能获聘“副教授”,这就是“非升即走”中的“升”所指代的人事待遇;而另一种情况就是其没有完成合同规定的任务,那么此时其将不再被“续聘”[1],“非升即走”中的“走”指的就是这种情况。当然,对于“走”这种情况,我还要做几点说明:

首先,这里的“走”并不是“被开除”“被解雇”或“解聘”,严格来说,“走”指的是先前签订劳动合同的青教将无法以“更高的职称”与相应法学院续签教职合同。换言之,在实践中,“走”其实意味着两种可能:要么,现法学院不再与青教签订新的劳动合同,其必须另谋高就;要么,青教继续以先前的职级与法学院续签另一份劳动合同。

其次,从近年趋势来看,青教在签订第一份非升即走的劳动合同时所获得的职称主要是博士后与讲师,少部分比较优秀的博士生或出站博士后可以副研究员或副教授职级签订第一份教职合同;相应的,在完成合同规定的教学与科研任务后,青教便会获得一次职称的晋升。比如,

---

〔1〕 请注意,在合同结束后,青教只是无法获得下一份“职称”更高的劳动合同,而并非“被开除”或“被解雇”。

以讲师职称签订合同的青教,在满足合同要求后,便可参评副教授职称。

与之相关的一个很重要的问题是,比如,在我所举例的情况中,满足了合同要求的讲师是否一定可以在第一个聘期结束后晋升为副教授呢?很遗憾,这里的答案也是否定的。因为一个基本的事实是,公立高校中,副教授和教授一般都有固定名额限制,自然,法学院能聘用几位教授、几位副教授一般来说也都是有明确"上限"的。所以如果某位青教完成了第一份聘用合同中的教学和科研任务,但在晋升时出现"僧多粥少"的情况,其依然要面对"走还是不走"的难题——要么带着现有的科研成果另谋高就(并尝试以副教授的职称与其他法学院签订下一份劳动合同),要么继续以讲师身份和现在的法学院续聘,并等待下一轮副教授的评定。

最后,再补充一些细节信息:如果青教以博士后身份签约,合同期限一般为2年左右;如果青教以讲师及以上职称签约,合同期限一般为6年;并且在第一个聘期中,一般都会安排一次"中期考核",对青教科研与学术任务的完成情况进行一次阶段性考查;此外,在一些高校,还会以"人才引进"名义与青教签约并约定在"人才项目"到期后进行职称的评定,但本质上,这种模式和非升即走并无二致。

总之,从现在的大趋势来看,越来越多高校的法学院系在聘请青年教师时开始采取非升即走的聘用模式;换言之,至少据我观察,绝大部分一本法学院校这几年均如此为之。在过去,考虑到我国公立大学的事业单位属性,如果一位博士生毕业后能够进入公立高校任教,其相当于直接获得了一份体制内工作,无论其是否在后来的教师生涯中获得了职称的晋升,只要其"正常上班",都不影响其获得这份"终身教职"。而非升即走制度的引入实际上使得青教在"上岸"前必须经历一段漫长的考查期,因为现在越来越多高校只给予副教授或副研究员以上职称的教职工以"终身教职"待遇。而在大方向上,也许未来只有获评教授,青教才能真正端上高校教职的"铁饭碗"。

不可否认,近年来,对于"非升即走"模式的争论越来越多,毕竟一个不争的事实是,想要顺利完成很多高校在第一个聘期内开出的学术与科研指标绝非易事;在现实中,据我观察,在第一个聘期"铩羽而归"的青教在数量上确实"逐年递增",甚至两个聘期后依然"原地踏步"的青教也并不罕见。不过本书无意在此讨论非升即走模式的利弊,我只希望同学们明白,如果你有志于成为青教,至少在看得见的未来,这一制度将会是你必须面对和适应的，你必须为此做好充分的准备。

✍ 学术成果考核指标

那么与之相关的一个问题是，到底在第一个聘期，青教们将要如何被考核呢？那么接下来，我们就将要对具体的考核指标逐一进行介绍，它们分别是："发表成果""科研项目成果""教学成果"与"其他"。

发表成果

对于青教来说，证明个人学术成果最重要的指标就是在国内外的学术期刊上发表论文，我想，这应该也符合大部分同学对于青教"日常"的想象，那就是——教学生、写论文。当然，期刊自然也分"三六九等"，想要在"顶级的"期刊（即俗称的"顶刊"）发表论文，对于青教来说绝非易事；而不少普通期刊的发表难度，则显然处于另一极端。[1] 自然，在评定职称时，能够帮助青教从讲师变成副教授、从副教授变成教授的期刊，也会有一个明确的范围。那么现在，我就以法学领域期刊的权威程度为依据依序对相关"期刊梯队"进行介绍：

"三大刊"；这一词汇是对法学学术研究领域最为权威的三本学术期刊的统称，这三本期刊分别是《中国法学》《法学研究》与《中外法学》。《中国法学》由司法部主管、中国法学会主办。《法学研究》由中国社会科学院主管、中国社会科学院法学研究所主办。《中外法学》由教育部主管，北京大学出版社定期出版。这三本刊物，可以被视为我国法学界"顶刊中的顶刊"，一般只刊登学界"大佬"的论文，留给青教的版面，可谓凤毛麟角。毫不夸张地说，如果青教能够在第一个聘期在这三本杂志上发表一篇论文，基本上就能满足国内绝大部分法学院在第一个聘期对其提出的主要学术成果要求。

"法核"期刊："法核"是学术圈对"中国法学核心科研评价来源期刊（China Legal Science Citation Index，简称 CLSCI）"的学术称呼，其由中国法学会进行统计和收录。能被收录在这一体系当中的法学类期刊，一般都被认为具有"法学顶刊"地位。现阶段，法核期刊会定期进行动态调整，根据综合指标更新其中的具体期刊。在本书写就之时，共计有 22 本

---

〔1〕 甚至还有法学院专门列出了一份"黑名单"，名单中的期刊据称"只要支付了足够的版面费就能发表论文"。

法学期刊被法核期刊收录。[1]

法学“C 刊”(又称“法 C”):“C 刊”是学术圈对“中文社会科学引文索引(Chinese Social Sciences Citation Index-CSSCI)”这一期刊体系的学术称呼。能够收录于这一体系的中文社会学科类期刊,被认为在国内社会科学学术圈具有最高权威性。换言之,C 刊也可以被认为是我国社会科学领域的“顶刊”。现阶段,法学 C 刊也会定期进行动态调整,根据综合指标更新其中的具体期刊。在本书写就之时,共计有 27 本法学期刊被 C 刊体系收录。[2] 此外,与法学 C 刊相关的一个概念叫作“正 C”,它一般泛指所有 C 刊,不分具体学科。

需要注意的是,本书写就之时,法核与法 C 收录的法学期刊共有重合期刊 19 本,[3]这 19 本刊物至少在此时此刻,当被毫无争议地视为我国法学领域最权威的学术期刊。

法学“C 刊”扩展版(又称“C 扩”):形象地说,C 扩就是 C 刊的“预备队”,C 刊每年动态评估调整时,那些还不够资格被收录 C 刊体系,但是被认为具有潜力的期刊,就会被列入“扩展版”之中。现阶段,法学 C 扩也会定期进行动态调整,根据综合指标更新其中的具体期刊。在本书写就之时,共计有 18 本法学期刊被收录为 C 扩。[4] 在权威性上,C 扩被认为低于法核和法 C,但高于其他法学刊物。

“北大核心期刊”(又称“北核”):其全称为“北京大学中文核心期

---

〔1〕 它们分别是:《中国社会科学》《中国法学》《法学研究》《中外法学》《法学家》《法商研究》《法学》《法律科学》《法学评论》《政法论坛》《法制与社会发展》《现代法学》《比较法研究》《环球法律评论》《清华法学》《政治与法律》《当代法学》《法学论坛》《法学杂志》《华东政法大学学报》《中国刑事法杂志》《东方法学》。

〔2〕 它们分别是:《中国法学》《法学研究》《中外法学》《法学家》《法商研究》《法学》《法律科学》《法学评论》《政法论坛》《现代法学》《比较法研究》《环球法律评论》《政治与法律》《当代法学》《法学论坛》《华东政法大学学报》《中国刑事法杂志》《东方法学》《行政法学研究》《国家检察官学院学报》《中国法律评论》《政法论丛》《中研院法学期刊》《月旦法学》《政大法学评论》《中国法律评论》。

〔3〕 它们分别是:《中国法学》《法学研究》《中外法学》《法学家》《法商研究》《法学》《法律科学》《法学评论》《政法论坛》《现代法学》《比较法研究》《环球法律评论》《政治与法律》《当代法学》《法学论坛》《华东政法大学学报》《中国刑事法杂志》《东方法学》。

〔4〕 它们分别是:《北方法学》《财经法学》《地方立法研究》《法律适用》《法学杂志》《法治研究》《甘肃政法大学学报》《国际法研究》《河北法学》《河南财经政法大学学报》《交大法学》《科技与法律》《南大法学》《苏州大学学报(法学版)》《知识产权》《中国海商法研究》《中国应用法学》《中国政法大学学报》。

刊目录”,是由北京大学图书馆联合专家定期挑选与收录的与国内各个学科专业核心期刊相关的出版物。自然,其中也包括法学类的核心期刊,这部分期刊,在法学学术研究领域,就被称为“北核”。本书写就之时,法学类北核期刊共有28本,在具体刊物上,与前述几个期刊梯队存在一定的重合。[1] 而并不与前述梯队重合的刊物,一般认为,其权威性低于前述刊物。

“普刊”:指的是法学类期刊中除了以上期刊外的刊物,即所谓的“普通期刊”,现阶段,我国与法学相关的普通期刊有近百本。

还需要说明的是,不少期刊——尤其是法核、法C与C扩——还会不定期发布“辑刊”“增刊”“特刊”或“英文版”等,这一类刊物在权威性上,一般无法默认等同于“正刊(即常规定期出版的刊物)”。换言之,在这类非正刊上发表的论文,除非法学院在职称评定时注明将其等同于正刊,否则可默认其不具有正刊发表的效力。

除了以上法学类刊物外,法学院的老师与同学们当然还可以在其他学科的期刊上发表论文,常见的会刊登法学或法学跨学科论文的期刊所涉及的学科包括,但不限于:财经类期刊、经贸类期刊、人文社科类期刊等。当然,这些学科的期刊也会有相应的梯队划分(比如,财经类C刊),至于法学院青教在评定职称时所在学院如何评定在这些“非法”期刊上发表论文的“权重”,则完全取决于不同学院内部的具体规则和政策。

最后,还有一类比较特殊的期刊就是“报刊”,而如果能在其中一些具有全国甚至是国际影响的佼佼者上发表与法学相关的文章,一般也被多数高校和法学院系视为“顶刊发表”成果,这类报刊的代表非《人民日报》莫属。当然,具体哪些报刊被视为具有“顶刊”的权威性,依然要视不同法学院的内部政策而定。

说完了国内的期刊梯队体系,现在我简要介绍一下以英文为写作语言的国际期刊(又称“外文期刊”)体系。简而言之,国内公认的权威外文期刊体系为“社会科学引文索引(Social Sciences Citation Index,简称

---

〔1〕 它们包括:《中国法学》《法学研究》《中外法学》《法学》《法律科学》《法学家》《清华法学》《法商研究》《当代法学》《政治与法律》《现代法学》《法学评论》《政法论坛》《比较法研究》《法制与社会发展》《环球法律评论》《华东政法大学学报》《法学论坛》《国家检察官学院学报》《法学杂志》《东方法学》《行政法学研究》《法律适用》(改名为:《法律适用·理论应用》)《中国刑事法杂志》《政法论丛》《河北法学》《知识产权》《北方法学》。

SSCI)”体系,其由美国科学信息研究所定期根据综合指标收录被引用量名列前茅的各类外文社会学科期刊,其中,自然包括法学类期刊。

具体来说,SSCI 期刊体系按照被引用量分为四个梯队,即“一区”“二区”“三区”和“四区”,[1]期刊位于排名越靠前的区,证明其综合被引用量越高。现阶段,在国内职称评选的过程中,只有“一区”和“二区”发表的论文才被视为具有较强的权威性。与之相关的问题是,在“一区”期刊发表的法学论文就一定比在“二区”发表的更权威吗?在实践中,这个问题完全需要视情况而定。比如“一区”的某些期刊可能是综合类期刊,其不光刊载法学论文,也刊载其他学科的论文,这类期刊发表的文章的总引用量可能很高;相比之下,“二区”的期刊,也许总引用量不高,但是其内容非常具体(比如,只刊载和特定部门法相关的论文),那么具体到单篇法学论文的引用量上,在这类期刊上发表的论文,含金量未必低于前者。

所以总结来说,外文期刊体系下,SSCI 期刊中的“一区”和“二区”是相对而言最有权威性的,其中也有一些刊物是公认的具有“国内顶刊”水准的。而除此之外的其他外文期刊是否具有权威性——尤其在青教评定职称时——则完全取决于法学院内部的政策。并且需要提醒同学们的是,现阶段,国内大部分法学院在评定职称时会对外文论文的发表成果进行一些具体要求。

论文的作者

论文在发表时,往往不止一个作者,与之相关的概念包括“一作”“二作”“合作作者”与“通讯作者”等。“一作”最容易理解,指的就是文章的“第一作者”,文章发表时,其署名排序第一,如果“一作”同时也是文章的唯一作者,一般也称其为“独作”。如果文章不止一位作者,署名第二位的作者即为“二作”。如果文章有不止两位作者,署名排在二作之后的作者,一般可统称为“合作作者”或直接按照顺序称呼为“三作”“四作”等。而“通讯作者”指的是在文章有多位作者,并且文章内容较为复杂(比如篇幅较长或涉及跨学科研究时),起到统筹规划所有作者

---

[1] 此处的分区标准只是外文期刊权威性划分标准的一种。实践中,相关分区方式实际上颇为复杂,比如国内不少法学院会参照中科院给出的标准或 JCR 标准进行划分。且分区不仅有综合分区,也有法学(专业类)分区。相关具体信息,就等同学们入读研究生之后再慢慢探索吧。

写作工作的那一位作者。

与之相关的一个问题是，在职称评定时，相同一篇文章，不同作者的“待遇”会是相同的吗？答案显然也是否定的。举例而言，某论文发表于某C刊，有包括一作、二作、其他作者和通讯作者在内的五位合作作者；一般来说，“一作”和“通讯作者”会被视为享有论文的“完全申报权”，即在评定职称时，这两种类型的作者可以在申报学术成果时同时主张“已于某C刊发表论文一篇”。而对于其他作者来说，待遇则视法学院内部的政策而定，比如有些法学院会将二作发表的身份视为“半篇”，即：以二作身份在C刊发表两篇论文在职称评定时才能拥有和一作身份发表一篇论文相同的权重。而大部分法学院一般不会认可三作、四作的“作者身份”，换言之，这类作者在评定职称时不会被视为发表了相应论文。

那写到这，同学们一定非常好奇，作为青教，如果想要在以法核和C刊为代表的顶刊投稿，成功率能有几何呢？且不论刚刚提及的“三大刊”，仅以C刊为例，根据公开资料显示，2021年，法学C刊共刊载论文1884篇，而以我本人研究的部门法经济法为例，2021年，这1884篇论文中，仅有经济法论文108篇。考虑到其中相当多的论文都是学界耆宿、教授与副教授所撰写，同学们可想而知，每年留给大学中的讲师和师资博士后的“版面”还有多少。而每年中国上百所高校法学院中的青教，大都要为此“厮杀”，可想而知，这其中的竞争会有多激烈呢？

科研项目（课题）

介绍完了与论文发表相关的信息，接下来我们介绍的就是另一类科研成果的重要表现形式——科研项目，在法学科研领域，一般也将之称为“课题”。什么是科研项目？通俗理解，它有两种表现形式：第一种形式是一方遇到了问题，希望有研究者对这个问题进行研究并给出结论或解决方案，此时，符合条件的科研工作者与科研团队就可以进行“投标”，如果被选中，则其可获得科研经费对相应课题进行研究（即“立项”），这类科研项目，我将之称为“招标课题”。而另一种更主流的形式则是一方不对课题的具体研究内容进行限定，只做“大方向”要求，而后符合条件的科研工作者与科研团队可以带着自己想要研究的课题进行“申报”，如果被选中，则其可获得科研经费对相应课题进行研究，这类科研项目，我将之称为“申报课题”。与之相关的几点注意事项同学们可先行了解：

首先,任何主体都可以拿出一笔经费公开向社会招标,邀请研究者或研究团队对特定课题进行研究,在现实中,除了政府管理与运营的各类学术项目组织方外,企业公司、社会组织甚至个人都可以成为科研项目的“组织方”或“赞助方”,法学研究者也都可以从它们那里获得科研经费对课题进行研究。但是从职称评定的角度出发,只有特定组织方的课题才能“用来评职称”,此处介绍的,主要是这一类科研项目。

其次,科研项目只是概括性的统称,在具体落实的过程中,科研项目的“成果”往往有多种表现形式,它们包括但不限于:各类已发表或未发表的与课题相关的论文、各类已出版的与课题研究相关的专著以及各类已公开或未公开的研究报告;当然,每个项目也会有专门的项目成果陈述文件需要专门提交并接受考评。

最后,再介绍几点细节信息:首先,科研项目的持续时间长短不一,从持续数月到数年均有可能;其次,科研项目在进行过程中往往会被划分为若干阶段,每个阶段科研项目负责人都需要提交相应的阶段性成果以接受考评;最后,科研项目的参与者一般分为两类,一类是项目主持人,他们在前期负责项目的投标与申报,后期负责项目的整体工作;另一类是项目参与人,他们与项目主持人一道对课题进行研究并提交相应学术成果。仅从职称评定的角度来说,一般只有项目主持人才有资格主张相关科研项目为其个人“学术成果”。介绍完了上述基本背景信息,接下来,我们就可以简要对科研项目的“梯队”进行介绍。

国家社科基金项目

国家社科基金全称为“国家社会科学基金(The National Social Science Fund of China)”,国家社科基金是我国国家层面支持社会科学研究的最具权威性和影响力的基金项目,其由全国哲学社会科学工作办公室负责管理日常工作。其常年定期向全国符合相关条件的高等院校和科研机构中的研究人员与团队提供资助,支持其进行学术研究,其所资助的科研项目中自然也包括法学类项目,且主要以“申报课题”为主。

走过几十年发展历程,如今国家社科基金已经建立了较为完善的立项资助体系。其中对于法学研究者来说,其可以依据不同的部门法方向申报不同的项目,这些项目包括但不限于:“重点项目”“一般项目”“青年项目”与“西部项目”。不同的项目在项目资助方式、持续时间与科研成果要求方面所有不同。

以本书写就之时 2022 年度全国哲学社会科学工作办公室公布的法

史方向课题为例,我们可以一窥社科基金的申报课题具体情况。2022年国家社科基金共有法史相关课题59项,其中重点项目7项,一般项目30项,青年项目18项,西部项目4项,涉及法学、历史学和党史党建等多个子学科。

省部级项目

如果我们将国家社科基金视为"国家级"项目,那么以此为梯队的顶点,同学们应该不会惊讶接下来我所介绍的项目被称为"省部级项目"或"省部级课题"。一般来说,省部级课题,是指省部级行政部门运营管理或同级别社会组织赞助的研究课题,这些课题项目从"部级"角度来说包括但不限于:国家教育部人文社会科学研究规划项目、国家司法部科研项目、国家文化部科研项目、国家商务部科研项目等等。

而从"省级"角度来说,则包括各省与直辖市社会科学科研主管部门组织申报的科研项目,例如:省社会科学界联合会课题、省哲学社会科学规划年度课题和直辖市相关部门管理运营的课题项目等。此外,一些学术组织也会组织申报等同于省部级的课题项目,其中最为典型的就是中国法学会部级课题项目。[1]

其他项目课题

如前所述,任何企业、组织和个人都可以资助科研项目(当然,这一现状在现实中也会造成一些问题),所以除了前述两类最具有权威性的科研项目外,同学们未来如果有志于成为青教,能够申报的科研项目还有很多很多,比如:某市政府及其下属部门公开招标的与法学和法律实施相关的科研项目、某市仲裁委员会公开招标的与仲裁法律研究相关的学术课题以及某互联网企业公开招标的与数据安全法律规范相关的科研项目等。

自此,我们对科研项目的基本情况进行了介绍,在评定职称时,一般

---

〔1〕 中国法学会是中国共产党领导的人民团体,是法学界、法律界的全国性群众团体、学术团体和政法战线的重要组成部分。1949年6月,新法学研究会成立。1951年11月底,新法学研究会与新政治学研究会合并成立中国政治法律学会。1953年4月,中国政法学会正式成立。1981年1月,成立中国法律学会筹备委员会,后更名为中国法学会筹备委员会。1982年7月,中国法学会正式恢复。根据2018年11月学会官网信息显示,中国法学会下属共有2780个地方法学会,其中,省级法学会32个。中国法学会成立的学科、专业、专门研究会有55个。

来说,国家社科基金项目的权重高于省部级项目,而这两类项目的权重,肯定会高于其他项目。不过在此,我还是要提醒同学们,考评职称时法学院会如何认定科研项目的权威性,在实践中完全取决于学院内部政策的规定。

那么与此相关的另一问题是,这些项目的申报难度如何呢?以国家社科基金为例,除传统知名政法院校外(由于这类院校教师人数众多,基数大,故能够申报成功的绝对人数也较多),我国最知名的几所综合性大学的法学院,以学院为单位,每年能够成功申报的国家社科基金项目一般在10项左右,其中青教作为项目负责人的项目,均为个位数。

教学成果

青教是人民教师,人民教师的天职自然是教书育人,所以教学任务的完成情况,当然需要纳入职称考评之中。一般来说,青教负责的教学工作主要分为两类,即"授课"与"指导研究生"。具体来说:

授课当然指的是在教室里给学生上课,青教需要根据不同的教学任务和学生特点,制订教学计划和教学内容,通过多种教学方式和手段,激发学生的学习兴趣和积极性,使学生掌握扎实的法律理论和实务知识。此外,青教还需要对学生的学习情况进行及时的跟踪和评价,不断完善和改进教学方法和教学内容,提高教学质量和教学效果。此外,还要注意,青教作为新人,若开设的课程并非必修课,则很可能出现选课学生不足甚至无法开课的情况,所以开设何种课程,也是一门需要好好考虑的技术活。此外,青教还可能需要带领学生参与学科竞赛或模拟法庭、指导学生完成课程设计,甚至参与教学改革等。

对于能力比较突出的青教,入校之后很可能马上就有机会"带硕士",成为"硕导"。[1] 此时的青教不仅需要培养硕士生的学术研究能力,还要为其提供充足的资源和指导,以帮助他们在学术领域获得更多的成就。例如,青教需要指导硕士生撰写投稿论文、带领他们参加研究项目,以及组织学术讲座和讨论会等活动,以便硕士生能够更深入地了解和探索他们感兴趣的领域。此外,青教还应该与硕士生建立良好的关系,建立信任和尊重,以便学生更愿意向他们寻求帮助和建议,以及分享他们的想法和成果。

---

〔1〕 能否在成为青教后同时成为"硕士生导师"甚至"博导",完全取决于青教所入职高校与法学院的具体政策。

不过现阶段,由于不存在全国统一的高校教师“教学成果”评判指标,在职称评定时,一般对于这一指标,不同法学院的评比标准相当多样化。

其他考评依据

坦诚地说,除了论文与科研项目外,现阶段,在我国青教职称晋升的过程中,其他教学或科研成果所占的比重相对而言是非常小的。这当然引发了一些争论,甚至本书的出现,也或多或少拜这一现状所赐。在此,我们便简要对其他可能与青教职称评选相关的“指标”进行一个统一的简单介绍:

领导批示:法学研究最重要的作用之一是为政策制定者与实施者提供意见与建议,在这种情况下,如果学者通过正规途径将自己的学术成果递交给领导干部或主要部门的一把手并得到相关批示。这类批示,往往就被认为是将科研成果成功转化为“建言献策”,具有等同于在顶级期刊发表论文的学术与职称评定价值。

智库报告:教师成为智库[1]成员并参与智库报告的编纂,已经成为各大高校的主流科研工作之一,此举可以为学科建设和学术交流作出贡献,并同时完成教师的科研指标。在智库报告撰写过程中,教师需要担任主要撰稿人或参与撰写,对法学领域的热点问题和发展趋势进行分析和研究,提出有价值的学术观点和建议,为学科的发展和创新提供有益的思路和方向。智库报告往往篇幅较短,但在较短的篇幅内抓住问题要点并获得智库对口行业管理单位或领导的批示也绝非易事,更多需要展现文字魅力和对于实事热点的敏锐捕捉。

专著成果:我们形容一位学者取得了令人钦佩的学术成就时经常使用的一个成语是“著作等身”,自然,除了发表论文外,学术研究成果另一种最为常见的“转化形式”自然就是将其变成“专著”。不过现阶段,至少在青教第一次面对职称评定时,个人专著起到的作用十分有限——甚至毫无作用。究其背后的原因,至少在我看来,可能源于“顶刊投稿市场”激烈的竞争在现有机制下被认为更能代表一位青教的“水平”。所以看到此时,希望同学们可以想一想我本人,我花了几年时间才最终为大家带来了这样一本书,但如果日后我成为青教,这本书对我“职业生涯”的帮助几乎可以忽略不计。你们心疼我吗?

---

〔1〕智库又称智囊机构或顾问机构,是指专门从事开发性研究的咨询研究机构。

参会成果:在同学们的眼中,高校教师的日常可能除了教书就是写论文,但在高校教师的眼中,除了这两项任务外,他们还有一项“伴随终生”的工作,那就是“开会”。当然,这里的会议并不是“行政会议”,而是各类学术会议。而在参与学术会议的过程中,会议组织方一般也会邀请参会法学研究者提交各类学术研究成果(例如,论文、报告或演讲 PPT)与大家分享,并将之结集成册或汇总为参会成果(比如,学术会议论文集)。现阶段,在法学院系,绝大部分这类参会成果无法作为职称考评的主要依据。

✍ 职称评定标准与入职标准

了解了以上所有概念,接下来,我们终于可以聊一聊本节最为核心的两个问题,(1)在青教签订的第一份劳动合同中,“可怜的”他们将要面对的是怎样的考核指标呢?(2)青教以应届博士生或出站博士后身份进入相应法学院,需要满足哪些具体要求呢?

在此,我大致以如下三个梯队进行区分,并直接给出本书写就之时,各个梯队的法学院校对青教学术科研成果的具体要求。不过需要说明的是,以下所有标准预设的前提均为青教以“讲师”身份入职并谋求在第一个聘期结束时竞聘副教授或副研究员职称之情况。青教以师资博士后入职的要求,可以参考下述要求,并适当放宽,毕竟相比于青教五到六年的聘期,博士后的“聘期”一般只有两年。

第一梯队

这一梯队的法学院需要同时满足两个标准,即:法学院所在的大学为国内最为知名的数十所综合性大学且法学院本身在国内具有较高知名度。同时符合这一要求的法学院,在国内,应该不超过 20 所。那么这近 20 所法学院对第一个聘期的讲师青教所开出的科研考评要求一般包括:(1)在法学院指定范围的法学期刊中发表两至三篇论文(不同法学院具体要求不同),此处的“范围”一定小于法核与法 C 所包含的刊物总和。比如,有的法学院会列出十余本刊物,而有的法学院甚至“只”要求青教在第一个聘期内于三大刊发表一篇论文即可;(2)在第一个聘期内至少成功立项一个国家社科基金课题,但课题的具体种类不作限制。此处,要求(1)与要求(2)需要同时被满足。

与之相关的是第一梯队法学院的青教入职要求,一般来说,应届博士生与出站博士后想要在这一梯队的法学院成为讲师,其必须在博士就读期间或博士与博士后就读期间,至少在正C期刊发表四篇论文,其中至少包含法核或法C论文一到两篇。

第二梯队

第二梯队的法学院一般可以认为包含这两类法学院:除了第一梯队法学院之外的211综合性大学中的知名法学院与传统知名政法大学。这一类法学院的数量,应该至少有约三十所左右。这些法学院对第一个聘期的讲师青教所开出的科研考评要求一般包括:(1)在第一个聘期发表正C论文四到五篇,其中在法核与法C期刊发表的论文不低于一至两篇。(2)在第一个聘期内至少成功立项一个国家社科基金课题或一到两个省部级课题。此处,要求(1)与要求(2)需要同时被满足。

与之相关的是第二梯队法学院的青教入职要求,一般来说,应届博士生与出站博士后想要在这一梯队的法学院成为讲师,其必须在博士就读期间或博士与博士后就读期间,至少在正C期刊发表两至三篇论文,如果其中包含法核或法C论文,则会有比较大的求职优势。

第三梯队

第三梯队的法学院一般可以认为包含除以上两个梯队的法学院外剩余的一本法学院。这一类法学院的数量,应该有几十所左右。这些法学院对第一个聘期的讲师青教所开出的科研考评要求一般包括:(1)在第一个聘期发表正C论文两到三篇。(2)在第一个聘期内至少成功立项一个省部级课题。此处,要求(1)与要求(2)需要同时被满足。

与之相关的是第三梯队法学院的青教入职要求,一般来说,应届博士生与出站博士后想要在这一梯队的法学院成为讲师,其必须在博士就读期间或博士与博士后就读期间,至少在正C期刊发表两篇以上的论文。

教学能力

除了学术成果外,应聘青教自然也要考查教学能力与教学经验,这类能力与经验包括,但不限于:在校期间担任助教等职务、参加学术会议并作报告,或在法律实践领域积累了一定的经验并可用于课堂教学。

具体来说,在校期间担任助教等职务的经验可以包括协助教授管理课堂、批改作业和试卷、解答学生疑问等。参加学术会议并作报告则可以增加知名度和学术能力,这些能力可以在教学中得到很好的体现。在法律实践领域积累了一定的经验并可用于课堂教学,则可以帮助学生更好地理解法律知识并应用于实际生活中。

一般在青教应聘期间，高校很可能会安排“试讲”环节，通过“真刀真枪”地让求职青教给同学们上几堂课并通过评分，给青教的教学能力进行评定。

其他背景要求

不少同学可能还会有一个疑惑，那就是青教的应聘，是否会和律师一样，十分看重“毕业院校”或“学历出身”呢？坦诚地说，这是一个很难说清楚的问题，不同的学校风格往往也不尽相同。大方向上，青教的应聘一定是“论文优先”，换言之，谁的论文成果突出，谁被聘用的可能性就更高，这是一个基本原则。

但是在此基本原则之上——尤其当几位求职者的学术水平“不分伯仲”时，其他方面的因素考量显然就会进入法学院的视野之中，比如：对于希望进一步提升国际化水平的法学院来说，其可能优先聘用具有海外教育背景的求职者；对于具有“名校情结”的法学院来说，其可能优先聘用本科法学院更加“知名”的求职者；甚至，对于具有“校友情怀”的法学院来说，其可能优先聘用本科毕业于本校的求职者；这些都是现实中真实出现过的情况。所以对于有志于成为青教的同学们来说，我给你的建议是，在读书期间专心“琢磨论文的事”即可，其他的事等到你满足了心仪法学院的应聘要求后再考虑也完全来得及。

✍ 求职入门

说完了青教的入职门槛和考评要求，这一部分，我们将对与青教求职相关的几个重要的“技术性”问题进行介绍，它们分别是“青教的求职方式”“青教的职业发展”与“青教的薪资待遇”。

求职方式

与法律公职人员（通过公务员考试获取职位）和律师、法务（通过社会招聘获取职位）不同，青教的求职方式较为简单，一般来说，应届博士生或即将出站的普通博士后可以通过三种种方式谋取人生中第一份教职，我将之分别称为“申请求职”“引荐求职”与“会议求职”，现依序介绍之：

申请求职就是通过自主申请的方式获取教职，一般来说，每年年底至来年的春天，各大法学院系都会在其官网公布招聘启事，面向即将在来年夏天毕业的博士与准备出站的博士后招聘教学岗与科研岗的青教。此外,科研院所(比如:中国社科院)也会在每年的春季和秋季公开发布研究岗位进行招聘。有求职意向的同学只需要按照要求投递个人资料即可,如果法学院或研究所对求职者感兴趣,一般会邀请其参加随后的招聘程序,这些程序包括但不限于:中英文面试、课程试讲与高校层面的青教统一面试等。

引荐求职非常容易理解,那就是通过学术圈前辈(一般是导师)的推荐获得教职。当然,这里的推荐并不代表求职者可以直接获得教职,它要和前一种模式一样按照要求向法学院投递个人资料。不过以我个人的观察来看,在几位求职者的个人实力都“差不多”的情况下,得到推荐的求职者能够应聘成功的概率肯定是更高的。这一看似“潜规则”的“规律”,其实也是放之四海(的教职求职市场)而皆准的。

近年来,不少法学院都会在招聘期间同步举办形式上类似研究生推免夏令营的“青年学者会议”,这类会议兼具学术功能与求职功能,并以后者为主,这种招聘方式就是“会议求职”。简而言之,法学院通过向有志于从事青教工作的求职者发出邀请(当然,求职者也可主动申请参加),并在会议举办的过程中充分给予求职者展示自我的机会(比如,就其向会议投稿的学术论文做主题演讲),并同时与求职者进行充分沟通(类似面试)。如果求职者的表现得到了会议组织方的认可,一般其随后获得该法学院教职的概率就将大大提高。

✍ 职业发展

对比法律公职人员、律师与法务,青教在职业发展方面又有哪些优势和不足呢?对此,我们认为,可能的优势如下:

首先,青教的工作胜在收入稳定,如接下来马上就会介绍的那样,青教的“基本工资”确实是不高的,但其与“经济大环境”的联系也并不强,并且高校提供的不少福利,也是律所与普通企业无法提供的。换言之,和律师、法务相比,青教的工作在物质待遇方面,显然更稳定,通俗说法,就是“旱涝保收”。

其次,青教的时间安排更加灵活。此处的灵活,有两层含义:第一,按许多大学老师的话说,“当老师”最大的职业优势就是“一辈子都有寒暑假、一年少上三个月的班”,这显然具有极大的吸引力。毕竟这三个月,不仅可以让青教全身心的投入科研与学术,也能非常好的兼顾工作与生活的平衡。第二，法学院教师的工作时间也相对灵活，除了每学期定时地点的授课与会议外，没有任何上下班的强制时间要求，这一点，和其他所有职业相比，凸显了一个“自由”，一样也兼顾了工作和生活。

再次，“有能力”“有精力”的青教，也不难做到学术和“赚钱”两不误。比如不少青教在获评副教授或教授后，往往会适当“放慢学术的脚步”，尝试兼职律师或者通过成立各类研究中心对接企业法律服务项目。每个法学院都能找到这样的老师，他们“左手学术右手实务、科研创收两不误”。如果不把教师的职业看的那么纯粹，这种平衡，其实也非常具有物质上的吸引力。

最后，最重要的一点，当然就是专属于教师这份职业的荣誉感与责任感了。毕竟教师能对学生的成长和发展产生深远的影响，甚至塑造他们的人格，这当然可以为教师带来很强的获得感。特别是法学院的教育，为社会和国家输送了大量法律公职人员与法律从业者，他们的工作，会实实在在影响社会中每一个人对公平正义的感受与人民群众的幸福感和获得感。“法学院老师”这五个字，以此观之，便更加具有一份沉甸甸的分量。

而青教这一职业的“短板”在我们看来有两点：

第一，非升即走与评职称的竞争压力是非常大的：从近年情况来看，绝大部分普通青教想要获得副教授甚至教授的职称，真的是要“拼了老命”甚至“白了少年头”。而且未来，可能连评上普通的教授都不算彻底“上岸”，在成为“终身教授”之前，“普通教授”也许都要面对“定期考核，不达标便降级”的考评。换言之，现在与将来，在各大法学院，同学们都将看到越来越多中青年讲师拿着并不优渥的薪资，还在为获评“副教授”加班加点的挑灯夜战“出成果”。

第二，青教这条职业道路的容错率，相对而言，还是比较低的。一旦同学们选择攻读法学博士学位，但中途又想要回到实务领域（特别是做律师），除非你转变角色的能力特别强，否则相应困难会远比同学们想象的大。比如，很多律所的合伙人在招聘团队成员时，从不认为博士生的竞争力会强于硕士生。博士生“年纪偏大实务经验却又不足”“拉不下脸又希望工资更高”是不少合伙人不愿意招聘他们的“难言之隐”。所以一旦选择了法学博士这条路，法律公职人员与青教，几乎是唯二合理的职业选择。

能否接受这两点风险，是同学们选择成为青教前一定要想清楚的事情。

薪资待遇

最后,我们来聊一聊青教的待遇,与前述几个大的就业方向相比,法学青教的整体薪资待遇毫无疑问是较低的。并且,青教的物质待遇从地域这个维度看,存在一个颇为有趣的现象,那就是:北京、上海与一些经济欠发达地区的高校相对而言待遇较低;而沿海经济发达省份的高校,青教待遇相对优渥。

以“北上”的青教为例,以本书写就之时我所知悉的“最新数据”为例,在第一个聘期的前几年,除少部分非常优秀的青教能够获得法学院或高校“特批”的一笔人才引进费、安家费或科研启动经费外,大部分青教的年平均收入可能不及当地城镇单位就业人员平均工资。甚至部分高校给青教开出的工资,能和律所开出的“学到很多东西”的金额旗鼓相当。而长三角地区非上海区域的一些高校法学院,青教个人年收入相较之下,却能勉强达到红圈所一年级律师税前起薪的一半至三分之二左右。但同学们要记住,红圈所一年级律师的年龄一般在 23 到 25 岁之间,而青教入职第一年的年龄,通常不低于 27 至 28 岁。所以如果不比“工龄”比年龄,青教与其他就业方向的物质待遇差距就更大了。

不过青教的物质待遇其实也是一个弹性非常大的议题;换言之,如果求职者相对于法学院而言“足够优秀”或具有某些法学院亟须的“特质”(比如某法学院想要提升国际化水平或某部门法的学术地位),则“议价权”就有可能掌握在求职者手中,适当“抬高”自己的身价,完全是可行且合理的。而如果求职者个人背景相较于法学院而言“平平无奇”,这位求职者甚至都没有机会获得一份可以“学到很多”的教职合同。

总结

对于有志于成为青教的同学们来说,你选择的注定是一份相较于其他法律职业来说有些清贫的工作,你需要有这个心理准备。但同时,成为教师教书育人的荣誉感与满足感,往往也是千金难买的,何况你还有寒暑假的福利。并且成为教授、院长乃至校领导后,知识分子能拥有的社会影响力也并不会小。所以,还是那句话,这个世界上没有完美的职业,同学们还是要合理根据自己的兴趣与目标作出最佳的职业选择。

4.6 其他方向

介绍完了最为主流的法学院就业方向，在本节，我将对其他更加“小众”的岗位进行简要介绍。不过此处的“小众”并不是说这些岗位所处的行业很小，而是说对于法学院的毕业生来说，每年只有很少一部分同学会在毕业后直接进入这些行业从事相关工作。换言之，这些就业方向所对应的职业绝大部分已经完全脱离了“法律职业共同体”的范畴，虽然在这些工作日常进行的过程中，从业者多多少少会因其法学教育背景而负责一些与之相关的事务，但从就业市场与招聘人员的职业分类习惯来看，下述行业与工作岗位，肯定不属于一般意义上的“法律职业”。

当然，这些职业一样很重要，其所处的行业从体量上来看也绝不逊于法律行业。甚至其中不少具体岗位在职业发展与物质待遇方面“上限”或许是更高的。只不过要进入这些行业，同学们往往要与其他专业的毕业生们同台竞技，并且相关岗位往往也并不要求同学们通过法考。但这并不代表这些岗位门槛很“低”，只是这些岗位对于求职者的能力特长与知识结构的要求与法律职业共同体中的岗位大相径庭而已。

✍ 销售

销售既指一种岗位，实际上也特指一种让客户购买特定产品或服务的能力。所以，任何专业的同学都能成为“销售”，因为销售类岗位并不需要“专业教育背景”；并且各行各业都需要销售，法律行业当然也是如此。最典型的例子便是许多律所的合伙人，他们在职业生涯的中后期主要从事的工作就是“销售法律服务”，并且在绝大多数情况下，他们往往才是一家律所得以安身立命的“造雨人（Rain-maker）”〔1〕。

在我看来，各行各业真正优秀的“销售”都会同时具备如下几种素质，那就是：“扎实的专业水平”“值得信任的人品”与“对人情世故的练达”。〔2〕 法学院显然只会提供有关“专业水平”的初步训练；而后两种素质，显然不是能够通过“读书”习得的。如何成为一个成功的销售，实际上考验的是如何“做人”。所以，我把这个“就业方向”放在了本节的

---

〔1〕 “造雨人”作为西方文化中的一个俗语，意为“使生意兴隆的人”。

〔2〕 当然，如果你拥有“独特的渠道或资源”，那么这一条就足够使你成为最成功的法律行业销售者。

第一位。

无论同学们未来是否从事法律行业，如果你希望成为“销售者”或者你认为自己有潜力成为“好销售”，你应该抽一些时间好好探索相关内容。[1] 这方面的免费资源可谓“浩如烟海”，大家完全可以自行学习，我点到为止。

✍ 金融行业

金融行业可谓是法学院的同学们在考虑转行时最为热门的选择，因为这个行业在近年来社会舆论与本行业风气的塑造下，确实已经具备了十分固定的标签与社会观感。坦诚地说，这个观感是否正确，确实是一个众说纷纭的话题，我也没有足够的知识储备对其进行展开分析。但如果同学们对金融行业感兴趣，有一本书，我认为是必读的，那就是由王大力老师撰写的《投行职业进阶指南》。我们团队能够完成这本同学手里的“指南”，这本书对我们的启发意义也是无可替代的。在此，向我们的引路人之一，王大力老师，致以崇高的敬意。

当然，王大力老师笔下的以“投行”为代表的金融行业，只是金融行业中最为“正统”的那一部分。实际上，我还有不少本科时代结识的法学院同学，后来进入了另外一个“金融行业”。在那个行业，他们的主要工作就是顶着各类“高级”的“Title（职位）”，向不特定的第三方销售各类金融产品，这些产品包括，但不限于：股票、基金与理财产品；或者在一些金融机构从事与“渠道”和销售相关的工作。

本书写就之时，我正好本科毕业十年，而行文至此处，我也系统梳理了一遍我的这些“金融朋友们”的近况，呈现在我眼前的结论是令人唏嘘的——他们中有人住上了豪宅自称“财富自由”，有人在经历大起大落后重新开始“备战法考”，还有人因为曾经销售的产品“暴雷”[2]早已音讯全无。如果同学们想要进入的是这个“金融行业”，这本书或王大力老师的书都不能向你提供任何必要的指引，能够指引你的，只有你自己。

---

〔1〕 比如，看几本有关“销售”的书或者免费的公开课，然后尝试向你的大学室友或同学出售一些最基本的生活必需品或零食。

〔2〕 “暴雷”一般指的是消费者购买的各类理财产品无法兑现收益，甚至连消费者支付的本金也无法被赎回的情况。

✍ 银行业

广义上说,银行业也是金融行业的一部分,但此处我们单独对其进行说明,主要是因为各大银行在每年的校园招聘中几乎成为“自成一派”的雇主群体,因为其提供了大量岗位且不少“大银行”已经建立了非常完备的招聘考核与培训晋升机制,在用人待遇方面也颇有“体制内风范”。在我读本科的时代,今天的同学们可能很难想象,那时最热门的岗位既不是公务员也不是法务或律师,而是成为“四大行”[1]的员工。

除了性质特殊的岗位对应届生应聘者有专业要求外(例如,银行出纳岗位肯定需要财会专业毕业生),银行提供的大部分岗位——尤其是我们接下来会介绍的管理培训生岗位——都会向法学院的同学们开放。银行一般会在同学们本科或研究生就读的最后一年举行针对应届生的招聘活动,在上学期举办的一般被称为“银行秋招”,在下学期举办的一般被称为“银行春招”。如果同学们对银行业求职感兴趣,检索相应关键词或“银行招聘攻略”“银行求职攻略”等词语,顺藤摸瓜,你肯定会发现自己需要的信息。

✍ 管理培训生

严格意义上来说,“管理培训生(又被称为‘管培生’或‘管培’)”并不是一种“岗位”,而是对企业内“接受特定培训机制的新晋员工群体”的统称。能够成为管培生意味着同学们被雇主视为未来企业管理层的后备力量,而这也使得管培生的培养模式具有了一定的独特性。一般来说,同学们以管培生身份入职后,一定会经历“内部岗位轮换(即轮岗)”,在一到两年的时间内,管培生将在企业内部所有主要部门进行一段时间的工作,熟悉相关业务流程与工作机制。轮岗结束后,根据管培生个人意愿、部门人员需求与轮岗期间的综合表现,用人单位才会正式为管培生确定具体工作岗位与待遇。

管培生制度最早由外企与跨国企业引入中国,这些企业进入中国市场,迫切需要完成本土转型并组建本地化的经营与管理团队,最早的“中

---

〔1〕“四大行”是对“中国四大银行”的简称,其特指由我国政府直接管控的四家大型国有银行,即:中国工商银行、中国农业银行、中国银行与中国建设银行。这四家银行均为上市银行并早已跻身世界500强企业。毫无疑问,四大行代表着中国最具实力的金融资本力量。

国管培生"就是在那时进入这些企业并完成培训的职员。然而今时今日,管培生制度早已在我国企业内部发扬光大,不少国内的大型国企[1]与顶级民企内部,也早已建立了行业领先的管培生制度。而上文提及的很多大型银行与金融机构内部,也一样拥有符合本行业需求的管培生制度。在各类校园招聘会上,应聘单位一般会在提供的岗位列表中特别注明"管培生项目"以区分于其他面向应届生的岗位。

但同时,管培生制度的普及显然也带来了一些问题,比如一些公司为了"招揽人才"——"要么不招聘,招聘招的就一定是管培生"。但这些"管培项目"往往徒有其表,新人入职后也无法得到正规且体系化的培训,"该干啥干啥"。如何识别这类管培生项目以及如何准备管培生求职等问题,就留给同学们未来自行探索了,这方面的资源一样也是汗牛充栋的。

✍ 教育工作

法学院的毕业生从事教育工作其实非常正常,比如我本人就曾长期在各类留学培训与升学规划机构兼职,法学院的博士生在毕业后通常也会前往各大高校谋求一份教职。而此处我所提及的"教育工作"却与前述岗位有所不同:一方面,这些岗位都是全职工作,需要从业者全心投入,而不仅仅只是"学生兼职";另一方面,这些岗位并不属于法律职业共同体的范畴,所以,这些老师教授的并不是高等教育阶段的"法学课程"。那这些教育工作究竟包括哪些岗位呢?在我看来,答案有二:第一,其指的是在各类"校外"培训机构内全职从事教育培训的老师;第二,其指的是各类中小学[2]的授课教师。

对于第一类教育工作,我确实算是"行业资深人士"了。但在国家大力整顿义务教育阶段的校外培训辅导机构后,我能说的,又非常有限。因为在这次整顿之后,本科生能去的校外培训机构,绝大部分都已销声匿迹。[3] 今天还能够向法学院毕业生们提供岗位的校外教育机构主要有四类,它们分别是:公务员考试培训机构、外语考试培训机构、升学(考

---

[1] 在不少国企内部,管培生又被称为"储备干部"。

[2] 幼儿园教师需要示范专业本科或专科毕业,所以法学专业本科生无法胜任。

[3] 《乱象屡禁不止,整顿难见长效,校外培训监管难题待解——要深挖病根,更要对症下药》,载人民网,http://cpc.people.com.cn/n1/2021/0322/c64387-32056745.html。

研、留学)辅导机构与所谓“求职培训机构”。对于是否应该前往这些机构就职,我的建议非常简单:兼职可以,全职慎重考虑,也千万别随便把你的个人照片授权给这些机构使用。说多了肯定会得罪不少曾经的同事,我还是只能点到为止了。

对于第二类教育工作,这当然是一个法学院的毕业生们可以考虑的选项,因为同学们只要在本科期间考取教师资格证即可,而该考试并不对应试者的本科专业进行限制,考试内容围绕教育学与心理学展开,也对普通话水平有明确要求。法学院的同学们通过这类考试,在技术上也是没有障碍的。那拿着法本文凭通过教师执业资格考试之后,同学们在小学或中学能教授什么科目呢?仅就我个人所知,语文、历史、政治与思想品德课都是可以的。但相较于科班出身的师范生,法学院的同学毕业后做老师,还是一个非常小众的选项。

✍ 国际组织

近年来,前往国际组织工作在许多顶级法学院内部成为一种“时尚”,不少法学院也把这类经历视为学院人才培养的重要成果。这当然是一种可喜的变化,因为中国法律人要在世界范围内建立起更大的影响力,在国际组织工作——特别是从事法律工作——显然是一种极为重要的方式。

但需要指出的是,这一类工作经历与本节所指的全职工作还是存在巨大差异的,因为本科生能够从事的国际组织法律工作,一般情况下,均为实习岗位。换言之,绝大部分具有世界影响力的国际组织向法学院毕业生提供的全职岗位,还是有着很高的学历门槛与综合素质要求的。〔1〕

此外,这类实习岗位的“工作成本”也是极高的,在本书写就之时,据我所知,除了极少数特别优秀的本科生能够获得国家、高校或学院资助外,绝大部分前往海外参与这类实习的同学都需要自理实习期间的“食宿开支”。而绝大部分这类岗位,也没有实习工资。以我的一位学员的亲身经历为例,其在总部位于美国纽约的一家国际组织实习了两个

〔1〕 以联合国组织的“青年专职人员招考(即所谓的‘国际公务员考试’)”为例,其一般每年或每两年举行一次,每年招录的中国籍专职人员只有几十人,且具有严格的专业配额限制。换言之,每年联合国及其直属机构招录的中国籍且具有法学专业背景的青年专职人员只有个位数,且往往具有丰富的“国际”工作经历。

月,总开销已经超过了其本科室友“法律硕士三年的总学费”。

如果同学们足够优秀,且在经济上没有压力,本科期间前往各类办公室位于国内或海外的国际组织进行实习绝对是值得尝试的。如果你所就读的法学院拥有固定的国际组织实习申请渠道,那么你完全可以在满足要求后通过学院进行申请;否则,你需要自行申请相应岗位。这样的“经验帖”近年来也出现了不少,同学们围绕“法学院”与“国际组织实习”这两个关键词进行搜索,肯定会找到自己想要的答案。

✍ 创业

对于法学院的同学来说,本科毕业就进行创业真的很难成功。在我读本科的时候,我认识两位同学做出了这样的选择:他们中的一位在学生宿舍旁开了一家提供“送货上寝”服务的水果店,一位回老家开了一家奶茶店。这两个项目均在一年内宣告破产,两位同学又回到了法律行业。

但如果同学们在本科就读期间对“创业”感兴趣,也有志于在职业生涯的特定阶段“拼一拼”,即使是在法学院校,本科生也有大量的机会提前体会一把“创业的感觉”。对于这类“创业实践活动”,大家在学有余力的情况下积极参加确实是不错的,这其中的代表活动如下:

首先是“国家级大学生创新创业训练项目(简称‘国创’)”,其分为三类,分别是“创新训练项目”〔1〕、“创业训练项目”〔2〕与“创业实践项目”〔3〕。根据项目成果的质量与可行性,这些项目能得到不同程度的

〔1〕 创新训练项目一般要求本科生个人或团队在导师指导下,自主完成创新性研究项目设计、研究条件准备和项目实施并完成研究报告的撰写与成果交流等工作。

〔2〕 创业训练项目一般要求本科生团队在导师指导下“体验创业早期阶段的整个过程”,具体来说,团队成员在项目实施过程中将扮演一个或多个具体角色,完成商业计划书编制、可行性研究、企业模拟运行、撰写创业报告等工作。

〔3〕 创业实践项目一般要求学生团队在学校导师和企业导师共同指导下,采用创新训练项目或创新性实验等成果,提出具有市场前景的创新性产品或服务,以此为基础开展“真刀真枪”的创业实践活动。

资金与政策支持。[1] 一般情况下，在本科就读期间，高校与学院均会定期发布相关信息，同学们若感兴趣，可密切关注相关通知或定期登陆国创官方网站。[2]

其次便是“中国‘互联网+’大学生创新创业大赛（简称‘互联网+’）”，该创业大赛分为三个赛道，分别是“高教主赛道”[3]、“青年红色逐梦之旅”[4]与“职教赛道”。法学院本科生能够参与的是前两个赛道的创业项目。同学们若感兴趣，可密切关注相关通知或定期登陆国创官方网站。[5]

创业是一条极为艰辛的路，对于法律行业的从业者来说，由于学习的知识并不能转化为直接推动生产力发展的关键技术，我们的创业之路，往往更是“九十九死一生”。仅就我所知的从法学院走出的成功创业者来说，他们要么在法律行业摸爬滚打已久，创业项目也与法律行业深度相关（比如：创立律所）；要么其具备复合专业背景，且具有丰富的创业（失败）经验，通过屡败屡战，最后成功找到法律服务与特定行业需求之间的“结合点”，一战成名。所以至少在本科阶段，我给大家的建议还是“创业可以体验，但不要入戏太深”。好好积累本专业的知识与人脉，踏踏实实工作几年再考虑创业的事吧。

---

〔1〕 依据《国家级大学生创新创业训练计划管理办法》要求，各地各高校要对“国创计划”项目加大经费支持力度，创新训练项目和创业训练项目平均支持经费不低于 2 万元/项，创业实践项目平均支持经费不低于 10 万元/项，重点支持领域项目平均支持经费原则上不低于同类型其他“国创计划”项目支持经费的 2 倍。高校可根据学科专业特点，确定项目资助额度标准。

〔2〕 参见网站：http://gjcxcy. bjtu. edu. cn/。

〔3〕 该赛道的创业项目涉及行业包括：(1) 现代农业，包括农林牧渔等；(2) 制造业，包括先进制造、智能硬件、工业自动化、生物医药、节能环保、新材料、军工等；(3) 信息技术服务，包括人工智能技术、物联网技术、网络空间安全技术、大数据、云计算、工具软件、社交网络、媒体门户、企业服务、下一代通信技术、区块链等；(4) 文化创意服务，包括广播影视、设计服务、文化艺术、旅游休闲、艺术品交易、广告会展、动漫娱乐、体育竞技等；(5) 社会服务，包括电子商务、消费生活、金融、财经法务、房产家居、高效物流、教育培训、医疗健康、交通、人力资源服务等。一般法学院的同学提交的创业项目方案主要与后三类行业相关。

〔4〕 该赛道涉及的项目分为两类，分别是：(1) 公益组项目，涉及在公益服务领域具有较好的创意、产品或服务模式的创业计划和实践项目；以及 (2) 创意组/创业组项目，涉及以商业手段解决农村和城乡社区发展的痛点问题、巩固脱贫攻坚成果，助力乡村振兴，实现经济价值和社会价值的融合。

〔5〕 更多具体内容，可登录“中国大学生创业服务网站”浏览，参见 cy. ncss. cn。

新媒体

与销售类似,任何专业的同学都可以从事新媒体工作。今时今日,〇〇后们获取信息的方式,也早已从纯文字平台转移到了自媒体平台。各行各业也都开始在新媒体赛道布局发力以期建立优势,法律行业自然也不例外(比如一些大型律所已经组建了新媒体运营和宣传团队)。

那什么是"新媒体行业"或"新媒体工作"呢?简单总结,其特指围绕图文平台与视频平台所建立与衍生的相关产业和工作。具体来看,新媒体岗位可以分为三类,即:"制作工作""运营工作"与"网红工作"。

对于制作工作来说,大部分岗位(主要包括:文案、拍摄、剪辑、动效与设计等)并不对本科专业做特别要求,但对与相应岗位所匹配的特定能力有硬性要求(比如:熟练使用特定软件)。应聘此类岗位需要提供自己的作品,对于应届生来说,作品在完成度上往往并不要求成熟,但却需要"有点东西(比如:让人眼前一亮的内容、创意或技术手法)"。

对于运营工作来说,相关岗位的职责其实用一个词概括即可,那就是"吸引流量(即:引流)",其具体表现形式也很直接,就是为特定自媒体账号增加粉丝或为自媒体发布的内容增加曝光度。应聘此类岗位需要一定的文字编辑能力,熟悉一到两个热门自媒体平台的用户群体习惯与"调性"。对于想切入自媒体行业,又暂时没有作品的同学来说,以运营岗位起步是比较常见的入行方式。随后,通过运营熟悉整个自媒体行业的"游戏规则",然后再适时转型个人喜爱的其他岗位。

自媒体行业的工作机会通常会及时更新在用人单位所运营的新媒体平台上,就算没有公开招聘,向用人单位所运营的新媒体账号发送私信联系并递交简历也是这个行业有效获得面试机会的一种方式。一般来说,用人单位通常更倾向选择熟悉其新媒体内容特点并针对性投递简历与作品的应届生。

除了这些"幕后工作"外,走在新媒体行业"前台"的,自然就是各类"网红"了。如今,法学院出身的网红不在少数,他们或抓住机会一夜成名,或在自媒体领域深耕已久,或直接与新媒体公司签约被"孵化"为网红。但坦诚地说,在专业水平方面,法律行业绝大部分最顶尖的从业者(无论是学术还是实务领域)其实都还未进入这个领域;或者说,大家现在看到的绝大部分"法律网红",并不能代表这个行业最高的专业水平。这一点,对于想要进入自媒体行业的法律人来说,既是机遇,也是挑战。

至于“如何成为网红”,这个话题,就不在本书的讨论范围之内了,因为在我们看来,自媒体行业的“工作”主要指的还是“默默无闻”的制作与运营。

另外需要提醒同学们的是,抛开网红工作不谈,绝大部分制作与运营人员在职业生涯的发展与物质待遇方面的“上限”还是比较低的,因为这两个岗位没有专业门槛要求,故每时每刻都有大量人才想要涌入,这就导致了供大于求,薪资议价权牢牢掌握在自媒体公司手中。想要突破这个“上限”,基本路径只有两条:要么转型为公司管理人员;要么成立自己的自媒体公司或网红工作室。

对于想要从事新媒体行业的同学来说,在本科就读期间,在学有余力的情况下,可适当制作一些小作品,并适当收集一些符合个人风格的素材(即:封面、标题、设计、内容等)并定期运营自己的平台账号,从观众的反馈中培养自己对网络内容的敏感度,形成所谓的“网感”,为日后求职做好铺垫。

总结

自此,我对法学院的毕业生们所可能从事的几种“非主流”岗位,均进行了简单的介绍。这其中的一些岗位,如果同学们决定进行尝试,一般在大二或大三就要着手进行规划,比如金融、银行、教育行业与管培生岗位。而另外一些方向,实际上与同学们从事法律行业的工作并进行相应学业规划也并不冲突,甚至还可以为你的学业和就业目标加分,同学们完全可以结合本书最后一部分的内容科学规划、量力而行。

第五章

工作的内容

说完了就业方向，在这一部分，我们需要对实务领域的工作内容进行详略得当的介绍。首先需要解决的问题，就是“实务领域”的定义。概而言之，本节内容会将“高校教职”与“法律公职人员”的日常工作排除在外，因为对于相关内容，在本书相应部分，已经做了较为具体的介绍。

其次，不同“圈子”里的法律行业从业者对于“工作内容”四个字的惯用称呼也会有所不同，比如，公务机关一般会使用“工作职责”介绍相关公职人员的工作内容；而律师事务所一般使用“业务领域”或“执业领域”描述律师的工作日常；而在其他行业的话语体系下，一般会将各类与法律工作相关的内容统称为“法律服务”。所以接下来同学们看到以上词汇时，都可以直接将它们理解为“工作内容”。

最后，我们需要聊一聊本章对“工作内容”的分类。坦诚地说，我认为我们对于工作内容的分类是“毫无逻辑”可言的，但如此分类，似乎又是“没有选择”的。为什么这么说呢？

我们依据工作模式的不同对四大最常见的法律业务板块“争议解决”“法务及合规”“公司业务”与“资本市场”依序进行了介绍；而后，根据业务主要围绕的市场客户的不同，我们又在“细分领域”部分逐一介绍了许多与具体行业相关的法律工作。最后，我们还介绍了“法律援助工作”及“涉外法律工作”。

但是在现实中，这些工作内容板块完全不是“泾渭分明”的，甚至在不少情况下，是“你中有我、我中有你”的。比如在“细分领域”我们会介绍与“竞争法”和“知识产权”相关的工作内容，通过阅读，同学们肯定会发现，这两类业务彼此之间的工作内容不仅有时“难分你我”；而且同时又与争议解决、合规、公司业务还有资本市场都有重要的交集。

那为什么说这样分类是“没有选择”的呢？

一方面，先说一个可能有些“务虚”的理由，那就是在法律行业中，以如此方式对业务领域进行分类，似乎已经是一种约定俗成的“规矩”，本书“按规矩来”也很正常。另一方面，说一个更加“实际”的理由，那就是在同学们初入职场时，你所面对的形形色色的用人单位很可能就是按照类似方式对相关岗位进行分类并要求你进行选择的，按照这种“逻辑”去了解法律行业的工作内容，也许能让你少走一点弯路。

举个真实的例子，曾经我辅导一位学员准备校园招聘时，他希望能在毕业后从事诉讼业务，最后他分别获得了来自 A 律所“能源与基建团队”和 B 律所“商事诉讼团队”的录用通知；A 律所在法律就业市场中的地位，是公认高于 B 律所“至少一个档次的”；通俗的话说，从就业规划的角度来看，进入 A 律所，肯定是一个“起点更高”的选择。但他告诉我，他想去 B 律所，因为 B 律所的机会才是他想要的。而从我随后获得的信息来看，虽然 A 律所在其官网的介绍中对“能源与基建团队”的描述与诉讼毫无关系，校园招聘时面试学员的律师也从未谈及相关业务，但实际上，该团队有一位资深律师常年负责各类与基建项目相关的诉讼和仲裁纠纷，做的是不折不扣的诉讼业务，而且人也不错，愿意和后辈分享经验和看法。[1] 如果能够跟着这位律师“干活”，显然是最理想的选择。于是我给出了具体的应对建议，后来这位同学在实习期满转正后也如愿成为 A 律所“能源与基建团队”内部的“诉讼律师”。

所以日后同学们初入职场求职时，千万不要被各色“琳琅满目”的业务介绍打乱阵脚，而是要“透过现象”看清不同团队业务的“本质”，然后再作出最符合自身职业发展的选择。

总而言之，我们对于实务工作内容的分类肯定是“有待商榷”的，特别是从“学术视角”来看。但我们基于职场“思维定式”的介绍，肯定是符合法律就业市场与大部分实务工作者的思考习惯的。所以即使这一分类介绍有再多“逻辑不周”之处，同学们至少还是应该正视并理解它的存在，即使你不认同，这有助于你找到心仪的工作，才是重点，不是吗？

---

〔1〕 此处说一个有趣的“八卦”，从本书第一作者李中衡当时打听的“情报”来看，A 律所与负责面试的律师之所以没有披露相关信息，是因为在 A 律所内部该“能源与基建团队”的“老大”与该律所另一位负责“民商事纠纷”业务的“老大”有一个“不成文”的约定，那就是前者不能主动宣传其团队有能力处理与基建相关的复杂民商事纠纷，律所相关业务的“宣传权”归于后者。但如果客户主动找到前者处理相关纠纷，其可以接手相关案件而不视为“侵犯”了后者的利益。

5.1　争议解决

我想,对于即将踏入法学院的同学们来说,对于法律行业工作内容最直观的想象,便是对各类法律纠纷的处理和应对,如导论所言,“律者,所以定分止争也”。而在实务领域,一般将相应工作内容统称为“争议解决”,它指的便是“解决各类法律争议”。而在本节,我们将争议解决领域的业务分为“诉讼业务”、“仲裁业务”与“替代性纠纷解决业务(Alternative-Dispute Resolution-ADR)”三个大类分别进行介绍。

✍ 诉讼业务

诉讼业务有一个更通俗的称呼,那就是“打官司”。对于争议解决这一领域来说,诉讼是“知名度”最高的业务板块。既然是“打官司”,那么必然涉及几个不可或缺的主体,他们中的代表便是司法人员、当事人与律师。司法人员既可以是民事案件中的法院法官,在刑事案件中,也可以是提起公诉的检察机关公诉人。当事人,不仅包括原告和被告,也包括与案件有关的“第三人”;它们可以是和你我一样的“自然人”,也可以是作为公司或团体的“法人”,甚至在特定情况下,还有可能是政府或行政机关。在民事案件中,原告和被告都可以聘请律师为自己提供法律服务并在符合条件的情况下代表当事人出庭应诉;而在刑事案件中,律师在符合条件的情况下可以针对检察官的指控在法庭上为犯罪嫌疑人进行辩护。

广义上来说,以上所有主体都是诉讼业务的参与者;而在实务中,“诉讼业务”有着一个更加特定的内涵,那就是“由律师提供的协助客户参与诉讼活动的法律服务”。举例来说:两个公司有了纠纷,公司的老板分别委托不同的律师将纠纷提交法院,律师可以帮助他们准备材料、搜集证据、对簿公堂、获得判决并申请执行;在整个过程中,律师所提供的各类法律服务,便统称为诉讼业务。

根据案件性质和依据的具体程序法与部门法的不同,诉讼业务也有非常多的细分方式,比如按照诉讼性质划分为民事诉讼、刑事诉讼与行政诉讼;比如按照诉讼是否具有“涉外性质”划分为国内诉讼和涉外诉讼,甚至是国际诉讼;比如按照案件涉及的法律关系的不同,将其分为商业诉讼、金融诉讼、家事诉讼、知识产权诉讼和贸易与投资诉讼等。

那处理诉讼业务的律师的日常又是怎样的呢?对于初入职场的“小

白”来说,诉讼业务最初一段时间主要磨炼的是个人的“基本功”:同学们可能需要通过“筹备会议”熟悉如何接待前来咨询、洽谈与签约的客户;需要通过“跑送材料”熟悉在公检法进行诉讼的各类流程;需要通过“打印装订”整理各类文书、证据与过往案卷“身临其境”地感受校园中无法学习的“实战”方法和“诉辩”技巧。

而有了一定的工作经验后,低年级诉讼律师会在资深律师的指导下“具体执行”各类进阶工作,比如,负责诉讼文书(包括起诉状、答辩状、代理意见等)的起草、向客户汇报庭审情况、提供相对“不复杂”的法律意见或带领一个小团队为出庭应诉做好充分的准备。而资深诉讼律师一般负责的更多是“战略决定”和“战术制定”工作,比如,为客户制定谈判方案与诉讼策略、审核把关下属律师提交的各类与诉讼相关的材料与文书、在庭审现场与对方律师“唇枪舌战”,甚至在必要时并维护必要的“人情世故”。

✍ 仲裁

诉讼的代价往往非常高昂,以民事纠纷为例,一旦原被告聘请了律师、正式进入司法程序,动辄耗时数月乃至数年,花费甚巨,对于诉讼中博弈的双方来说,最终的胜利者其实只是“损失更小的一方”。正是考虑到诉讼极高的金钱与时间成本,在社会的复杂关系中,尤其在讲求效率的“商界”,人们很早就开始在自愿的基础上达成协议,在纠纷出现后,第一时间将之提交具有公信力的“民间机构”进行裁判,由该机构“快速”作出对争议各方均有约束力的裁决。久而久之,这样一种纠纷解决模式得以建立、发展并在全世界传播,进而形成了今天我们称之为“仲裁”的争议解决模式与各类仲裁组织机构。

仲裁的优势不言而喻,较之诉讼程序,其具有极高的效率,在当事人提交纠纷后,仲裁机构往往可以在很短的时间内组织一个权威专业的仲裁庭审理相应纠纷;此外,许多商业纠纷会涉及当事人的商业秘密与不便公开的经营信息,而一旦进入诉讼程序,许多信息依据法律的规定将不可避免地在诉讼过程中被公开,在这种情况下,仲裁所具有的“闭门审理”〔1〕的保密性也是其广受欢迎的另一个重要原因。再次,在符合条件的情况下,仲裁案件的结果甚至会具有和法院判决一样的强制执行

〔1〕 除了仲裁庭与当事人外,没有任何人可以参加甚至旁听仲裁案件的审理。

力。最后，仲裁机制具有极高的灵活性，根据事先拟定的仲裁协议或仲裁条款，仲裁双方可以共同选定仲裁庭的组成人员与仲裁程序，而不必像诉讼一般受各类程序法强制性规定的约束。

当然，仲裁制度的短板也很明显，比如仲裁程序的启动需以双方当事人的合意为前提。在我国，法院行使的是国家赋予的审判权，法院审理不需要双方当事人在诉讼前达成协议，法律已事先规定了各种情形下的管辖规则，只要一方当事人向有审判管辖权的法院起诉，法院受理，那么另一方当事人就必须应诉，整个诉讼程序因此被完全“激活”。而仲裁并没有这样的强制力，一般来说，仲裁机构受理案件的管辖权必须来自双方事先的、明确约定的管辖条款。

此外，可仲裁事项较之于诉讼也少得多，根据我国《仲裁法》的规定：“平等主体的公民、法人和其他组织之间发生的合同纠纷和其他财产权益纠纷，可以仲裁。”此处，合同纠纷指的就是各类生活中常见的民商事合同，包括但不限于买卖合同、建设工程合同、运输合同、租赁合同、赠与合同、技术合同、知识产权相关合同与不动产相关合同等。

按照仲裁事项的性质，仲裁业务有两种基本分类方式。一种将仲裁分为“国内仲裁”“涉外仲裁”与“国际仲裁”，分类的依据自然是根据仲裁案件所涉及的当事人或标的是否具有“涉外”性质。另一种分类方式则完全按照仲裁案件所依据的核心部门法来进行划分，比如最常见的民商事仲裁、海事仲裁、贸易与投资争端仲裁和劳动仲裁等。不同的仲裁分类方式，往往代表着相应仲裁庭人员的组成和仲裁适用规则的不同。

在我国，最知名的仲裁机构包括中国国际经济贸易仲裁委员会、北京仲裁委员会、上海仲裁委员会与中国海事仲裁委员会等。而知名国际仲裁机构包括伦敦国际仲裁院、香港国际仲裁中心、新加坡国际仲裁中心、瑞典斯德哥尔摩商会仲裁院与解决投资争端国际中心等。不同国家的当事人对上述仲裁机构会有一定的偏好，不仅会基于地缘、语言的考虑，还会考虑仲裁规则、费用等各个方面。

对于从事仲裁业务的律师来说，其“日常”与诉讼律师别无二致，因为二者提供的服务都是帮助客户解决法律纠纷；且在现实中，许多诉讼律师同时也提供与仲裁相关的法律服务，所以在此，我们便不再对仲裁律师的日常工作进行单独介绍。

✍ 替代性纠纷解决机制

除了诉讼和仲裁之外,近年来,在不少国家和法域,其他解决纠纷的机制与技巧也得到了越来越广泛的运用,并开始引起法学院的重视,这类机制,被统称为"替代性纠纷解决机制",即"ADR"。按照最"传统"的定义,"法庭之外"的纠纷解决机制全都可以被称为 ADR,所以技术上说,仲裁也是 ADR 的一种。但考虑到时至今日,仲裁这一机制已经发展得较为独立完善,故在本部分中,ADR 包含的是"除了诉讼与仲裁"之外的解决法律纠纷的机制与方法。

在介绍各类 ADR 之前,我们还要明确一个概念,那就是 ADR 和诉讼与仲裁还是有本质差异的,因为在很多情况下,ADR 只是一种解决纠纷的"手段",在法律纠纷解决的过程中,当事人有时必须在诉讼和仲裁之间二选一,但是无论是在诉讼还是在仲裁的过程中,ADR 都可能有其用武之地。并且在实践中,一些 ADR(比如:调解)甚至还是纠纷解决的"必经前置程序"。

最常见的 ADR 便是调解,其有两种不同的模式,"民间调解"和"官方调解"。在我国,"民间调解"一般由一名调解员或一个小的调解团队在一个特定的场所主持举行。根据纠纷双方的态度,调解员既有可能将双方安排在不同的房间中"来回穿梭"进行沟通协调,也有可能让所有当事方"齐聚一堂"居中调停,以求达到一个双方都能接受的纠纷调解结果。比如胡雪梅教授就不止一次被客户聘请作为调解人协调离婚及相关的财产分割事宜,在这种情况下,她往往首先需要单独与离婚双方进行长时间的沟通,不断缩小两方的意见分歧;而后,在合适时,再邀请双方面对面沟通以求"一次性解决所有问题"并签订相关离婚协议。

而"官方调解"一般指的是在民事诉讼的初始阶段,在法官的斡旋下,纠纷双方以自愿为基本原则,以实现纠纷尽快化解为目标,在不经过法庭正式审理宣判的情况下解决纠纷的一种方式。虽然在法学院的教学中,"调解"是一种很少被提及的技巧和方法,但在司法现实中,其有着非常重要的地位。甚至在我国人民法院的民事审判工作中,很早就确立了一项重要的原则，即“能调则调，当判则判”。[1] 所以在实务中，一名善于“定纷止争”的人民法官，往往也是一名“调解大师”。

相较于诉讼与仲裁，调解的优点和缺点都非常明显。优点在于调解时间成本更低、规则更加灵活且私密性更强。它可以在法院进行（例如“官方调解”），也可以在律所的会议室和商业街的咖啡馆中完成（例如“民间调解”）。但同时，调解最大的不足在于其所达成的结果往往缺乏必要的约束力，换言之，即使纠纷双方签订了调解协议，他们也完全可以“出尔反尔”，并且在现实中，这样的情况也并不鲜见。

除了调解外，谈判和中立法律意见评估也被认为是较为常见的ADR，但相较于调解，这两种 ADR 更加接近于法律技巧而不是纠纷解决的模式。因为无论是在诉讼、仲裁还是调解的过程中，它们都是会被频繁运用的技巧。此外，在我国，主持 ADR 的法律专业人士的职业并不限定，如前所述，法官、律师甚至是法学院的教授都能够成为经验丰富的“兼职调解员”，因为 ADR 模式的整个过程，在技术上和诉讼、仲裁与调解并无本质不同。故在此，我们便不对“ADR 工作的日常”进行进一步的介绍。

总结

无论是诉讼、仲裁还是包括调解在内的不断发展完善的各类替代性纠纷解决机制，法律从业者提供与之相关服务的目标都是通过帮助纠纷参与人解决法律问题进而完成价值的创造。争议解决——尤其是诉讼——这一业务领域可以说是法律工作社会价值最重要的体现之一。而从职业发展的角度来看，初入争议解决业务领域的职场小白往往也都是以诉讼业务为起点和基础，不断磨炼提升个人的职业技能与法律素养，进而实现在诉讼、仲裁乃至调解业务领域的“多点开花”。

5.2　法务与合规

这一节，我们要来了解法律行业除了争议解决以外最为知名的业务领域——法务与合规业务。可能有同学此时马上就会有一个疑问，“法务”与“合规”不是两个不同的岗位吗？为什么要放在一起介绍呢？且

---

〔1〕“能调则调，当判则判”，就是通过人民法院做工作，当事人自愿作出让步，且符合法律规定的，应当及时调解结案；当事人不愿让步，或者调解损害国家、集体、第三人利益的，应当及时判决。

容我细细道来。

✍ 法务与合规的定义

一方面,如此为之最“本质”的原因,是因为在绝大多数情况下,“法务”与“合规”工作,都是围绕着企业内部的法律事务展开的,所以将之合并进行介绍,叙述的逻辑是更为清晰的。另一方面,从同学们日后就业的角度来说,在很多情况下“法务”与“合规”岗位的职责,其实有时是颇为“暧昧不清”的,在这种情况下,同时介绍以了解它们的异同之处,也就有了出于就业规划的必要性。

在实务领域,如前所述,“公司法律顾问”即“法务”指代的是一个特定的就业方向。但同时,“法务”这两个字,在工作内容领域,往往又特指公司法律顾问经常从事的那一部分具体工作。而当同学们日后踏入法律行业时,也会发现,在很多公司内部,还有一群提供法律服务的专业人士,他们的头衔可能不是法务,而是“合规”或“合规专员”。有些企业内部既有法务,又有合规;而有些企业内部,只有其中一种。那这一现象是如何产生的呢,这就涉及公司内部“法务”与“合规”那“说不清道不明”的业务领域划分问题。

接下来我的解释或许不甚精确,但这应该是我能够想到的最生动的帮助同学们理解“法务”与“合规”定义演变的方式。假设,在不算遥远的过去,在某个遥远的国家内部,其市场经济已经起步但还不算发达,与市场中各类经营主体相关的法律法规还不算特别健全。那时候,因为市场很“简单”,很多企业内部只设有“法务”这样一个岗位,他们的主要工作就是处理企业运营过程中与法律相关的工作,这些工作主要围绕着民商事法律展开,例如审核各类合同、办理各项证照、处理简单纠纷等。

然而,随着经济的发展及各类技术革新与产业革命的此起彼伏,这个国家内部的市场越来越“复杂”,企业——尤其是中大型企业和高科技企业——在对内管理与对外交往的过程中需要应对的法律法规和监管要求也越来越多,这时候,企业管理层发现一个棘手的问题,那就是不少与企业运营相关的法律事务,似乎通过聘请全职法务来解决是不太“现实”的。

以“数据安全”相关法律事务为例,今时今日,在很多企业运行的过程中,通过互联网与大数据技术,企业收集了大量以电子形式储存在服务器和电子设备当中的数据,一方面,这些数据及数据的分析结果,往往是企业的核心商业秘密,如果企业的竞争对手能够获得这些数据,将可能瞬间改变市场格局,所以企业都会尽全力从方方面面对其进行保护。[1] 另一方面,企业作为数据控制者,需要满足法律对于数据安全和个人信息隐私保护的多重要求,企业需要构建完善的内部规则,防止这些数据被不当收集、使用和泄露。这其中,自然就涉及许多和法律还有规章制度相关的问题。

比如:企业在与所有合作伙伴签订协议时,可能都要在协议中依据《数据保护法》加入相关条款,要求合作伙伴同样遵守数据保护义务与责任;企业内部也要建立健全甚至比法律规定还要严格的《企业员工数据使用条例》;此外,除了法律法规之外,市场监管机构还会定期发布《企业数据保护指南》,该文件虽然在理论上并不具有法律效力,但违反指南的相关行为很有可能使企业受到监管机构的严格调查,这将直接导致企业停工停产并蒙受巨大的经济损失,所以企业也需要时刻注意自身行为是否符合了指南规定。而眼下,监管机构已经向一家这样的企业发出通知,由于其产品用户最近刚刚突破了一百万人,企业收集的数据已经非常"敏感",所以要在下个月对企业的商业数据保护情况进行"突击检查"。

企业管理层为了尽快解决这一棘手的难题,首先想到的是要求企业内部的法务团队进行处理,但法务团队"老大"研究了半天后无奈而诚实地答复管理层:相较于日常处理的"传统"法律事务,数据问题新颖前沿且监管政策时常变化,短时间内他们可能"心有余而力不足"。这时企业管理层考虑的第二个选项自然就是招聘一名"数据法务",但在求职市场兜了一圈后,负责招聘的人力资源主管无奈告知管理层,市场上能够立刻入职的"数据法务"要么价格远超企业预算,要么不够资深(比如,没有和监管机构"打交道"的经验),合适的人选暂时没有。企业管理层得知消息,心急如焚。

就在这时,一家律所突然联系了这家公司的管理层(律所的一位合伙人是该企业法务团队"老大"的初恋情人,至今保持着良好的友谊)并

---

〔1〕 甚至,如果一个企业涉及的数据几乎和一个国家的每个人都有关系,那这些企业如果不好好保护相关数据,这威胁的不仅是这个企业的利益,甚至会对国家安全造成危害。本书写就之时,就有这样一个例子。——《滴滴被罚 80.26 亿元! 滴滴出行回应处罚:诚恳接受,坚决服从》,载腾讯网,https://new.qq.com/rain/a/20220721A05YHN00。

带来了一个近乎“完美”的方案——企业只要按照工作小时数购买律所提供的“数据合规”服务,律所专门负责数据法律事务的团队将派出一名“数据合规律师”,专门对接该企业与数据相关的全部法律事务。这位“数据合规律师”的工作模式是这样的:

首先,其会立刻进驻企业,赶在突击检查前,系统审核企业内部所有可能涉及数据保护的文件,帮助企业建立内部数据保护制度,对重点岗位员工进行法律培训,并协助企业应对迫在眉睫的检查。而后,当企业建立了相对完善的内部数据保护制度,这位“数据合规律师”每周只会花一个工作日的时间监督企业内部与数据保护相关的业务流程,确保整个体系运转顺畅。当企业内部出现数据泄漏问题或企业需要签署一系列涉及数据使用的协议时,这位“数据合规律师”甚至会被律所“派驻”到企业内部,对可能泄密的企业员工或供应商进行长时间的深入调查并配合法务团队完成一系列协议的审核工作;这段时间,这位“数据合规律师”将同法务一样,每天来到企业“打卡上班”,直到其任务圆满完成。

介绍完了服务模式后,律所告诉企业管理层,根据律所的估算并比照其他企业支付给律所的费用,这家企业每年支付给律所的服务费,应该不及雇佣一名全职资深“数据法务”成本的一半。企业管理层对这个方案非常满意,双方一拍即合,顺利签约,该企业便成了该律所“数据合规业务”的客户。

后来,企业对这名“数据合规律师”的工作非常满意,而企业业务规模的进一步扩张与对数据保护更高的要求使得企业管理层向这位律师抛出了橄榄枝,希望将其“收入麾下”。面对着优厚的物质待遇与稳定的工作环境(在律所工作时,这位“数据合规律师”每个月都要往返于全国各地多家购买了该律所数据合规服务的企业之间),该律师欣然应允。

在其加入企业后,还招聘了两名助手,并成立了专门的“数据合规团队”,该团队在企业内部的管理架构中依然要向法务团队的“老大”汇报。而企业管理层因为法务团队内部设置了合规团队,便颇有些“赶时髦”的将整个团队重新命名为“法务合规团队”。至此,同学们应该能够体会到“法务”与“合规”这两种职业和工作内容的相同与不同之处了。

相同之处在于,无论是作为就业方向的“法务与合规专业人士”还是指代业务领域的“法务与合规工作”。“法务与合规的日常”都可以概括为:法律专业人士为市场主体(以企业为主,也包括社会组织、行业协会甚至是政府机关)提供的以法律法规或各类规章为依据,对市场主体的各种行为进行审核，识别相应违法违规风险，并在必要时给出解决方案的法律服务。

而它们的不同之处在于，依据法律行业的业务划分“传统”，法务负责的“法务事务”一般是所有企业——无论规模大小——所共通的，比如，与民法、商法、公司法相关的法律事务。而合规负责的“合规事务”往往是比较“小而精”的，这些业务往往并不值得企业付出高额的成本聘请专业人员全职为其服务且业务内容又涉及十分专业的领域，这些领域知识信息与监管政策迭代迅速，往往只有专门的律师团队才能提供专业的服务。常见的这类业务领域包括但不限于：反腐败、反贿赂、反洗钱、反垄断、反不正当竞争、网络安全与数据保护、出口管制、环境责任等等。[1] 在法律就业市场中，现阶段，律师事务所仍然是提供这类服务的主力军。

此外，理论上说，法务与合规还有一个不同之处。那就是法务需要识别和处理的，一般是可能涉嫌“违法”的业务风险。而合规需要识别和处理的风险会更为宽泛，还可能包括各类违反“规章”的行为。这些规章如果是国家机关或监管机构颁布的，那么自然，违反规章也构成广义上的“违法”；但如果这些规章只是国际组织、行业协会或企业内部的规则，对于它们的违反并不构成违法，但一样会对公司的利益构成重大威胁。甚至有时，某些公司行为并不明显违反法律法规的强制性规定，但由此产生的不利后果将会使得企业损失惨重，这类情况也会纳入“合规”的业务范围。

但以上区别在实务工作领域其实在日趋弱化。因为随着市场经济的发展与科技的日新月异，在越来越多企业的内部，法务与合规的职责与权限正变得越来越模糊。比如：很多大企业的“法务部”中既有专门负责“传统法务工作”的“法务”，也有专门负责特定合规工作的“法务”。而在不少企业中，虽然既有法务部，又有合规部，但它们的业务划分，完全是依据企业的业务特性来确定的，比如：在一家主营线上食品销售的企业中，法务部除了负责传统法务事务外，还会专门负责数据合规业务；而合规部，主要负责的是与员工、经销商反腐败、反贿赂相关的合规事务。

行文至此，我想，我应该算是把“法务”与“合规”的工作性质说清楚

[1] 相关内容，下文将会具体进行介绍。

了,它们负责的都是市场主体内部的法律事务,并且在很多情况下,这两个就业方向的工作内容完全“因企业而异”。而提供相应服务的专业人士,可能是公司法务或合规,也可能是来自律所的律师,他们的称谓更是“模棱两可”——A 公司的法务也许做着 B 律所的合规律师负责的业务,而 A 公司的合规负责的业务,也许是 C 公司法务的工作。

总之,对于同学们来说,第一次准备就业时,一定不要被“合规”或“法务”的职务名称所迷惑,只有通过调查分析相关工作内容的实质,你才能确定,你所应聘的“法务”或“合规”岗位,究竟做的是不是“法务”或“合规”的工作。否则,一心想找一个“小而精”的合规工作,却被“骗进”了一个名为“合规团队”但实际上主要负责传统法务工作的“悲剧”,就有可能在你身上发生。

至此,同学们应该能够理解,为什么我将法务与合规这两大工作内容放在一起进行介绍,因为法务与合规的工作,在绝大多数情况下,就是这么“你中有我、我中有你”的。

✍ 工作基本要求

看到这,同学们可能会有疑问,那就是公司在运营的过程中,会涉及很多法务与合规问题吗?答案是肯定的,而且随着公司规模与业务的持续扩张,一个公司的法务合规团队将要处理的各类法律问题也将层出不穷。

举例而言,假设有一家初创科技制造企业,名为“西瓜公司”,公司的拳头产品是“呱呱智能驾驶眼镜”,该产品不仅在国内非常畅销,也常年出口海外,除了管理人员、技术人员与行政人员外,该公司还自建工厂,雇用了近百名工人进行生产。那西瓜公司的法务合规团队日常要处理哪些工作呢?

首先,西瓜公司与所有其他市场主体之间签订的各类协议,都是法务合规工作的重点。比如西瓜公司与产品原材料供应商签订的供货合同、与广告公司签订的营销推广协议、与个体户、线上平台和线下商场签订的销售合同。其次,与呱呱智能驾驶眼镜相关的各类知识产权的申报、管理、授权与使用,也都涉及大量法律文件和协议的起草与审核工作。此外,呱呱智能驾驶眼镜常年出口海外销售,但是海外市场的相关进出口贸易政策却总是不断变化,跨境电商的规则也具有极强的政策属性,西瓜公司的法务团队也要不停学习、跟进并处理相关事务。[1] 最后,一旦出现各类法律争议(比如西瓜公司起诉设计人员泄密、工人因劳资纠纷起诉西瓜公司或西瓜公司的货物被海外买方扣押需提起商事仲裁),西瓜公司的法务团队还可能需要与外部律师密切配合,共同处理相应纠纷。

在这一背景下,法务合规工作人员的日常职责又有哪些呢?在此,我们的介绍方式不再如诉讼业务一般以资深程度为视角,而是以工作的核心要求为切入点。因为如果同学们日后选择以公司内部的法务合规岗位作为职业生涯的起点,那这些要求,是你从工作第一天开始就必须尽力满足的。

首先,你最重要的职责与素养是识别风险、提示风险并在职责范围内给出化解风险的方案。对于法务合规来说,"风险"指的自然就是"可能违反法律法规或其他规定"的企业行为,这种行为的体现形式往往就是法务合规人员每天坐在办公室的屏幕前审核的一份又一份协议、合同与其他文字材料中的各类条款。与之相关的一个小点是,你要时刻清楚自己应该将风险汇报给谁,以及对风险的大小做初步的判断,因为在实务中,有一些相对明确的"风险点"你大可直接反馈给你及搭档的"商务"[2],让他们自己权衡评估;而有一些模棱两可的"风险点",你可能需要首先请示自己的"上级"乃至团队的"老大",而后才能给出确切地化解建议;这不仅事关风险的高效解决,也事关保持整个法务团队高效运作的"规矩",更会影响法务团队对业务团队的影响力。

其次,你必须尽快了解你所就职的公司所处的行业与公司的产品和主营业务。你还要了解其他部门的同事(尤其是"商务")与合作伙伴洽谈合同的"行事风格"以及相关市场的"商业玩法"与"游戏规则"。这些看似与法律无关的信息都会时时刻刻影响着你对于"风险"的具体识别与判断。

最后,你的工作需要服务于公司的商业目标,而不仅仅只是在处理"法律合规问题"。在实际工作中,这其实体现的是一种公司法律人工

---

〔1〕 如果西瓜公司出口的产品涉及敏感信息数据搜集技术,该业务领域也可能涉及"进出口管制业务",因为不少西瓜公司产品的出口国对于相关技术有着不同于西瓜公司所在国的规定。如前所述,这一业务板块,传统上来说也属于由律所提供的合规法律服务。

〔2〕 即企业内部负责推进各类商务合作的专业人员。

作的“局限性”,因为有时候,你给出的意见并不会被采纳,或者你无法主导“一个项目的走向”。公司决策层只会把法律与合规意见作为众多意见当中的一种,有时一些协议明明存在明显的法律或合规风险,但决策层依然“视而不见”,并不是因为他们“傻”,而是因为他们有着更贴近商业现实甚至社会现实的考量。在这种情况下,记录好自己给出的建议与收到的反馈,然后将风险点告知“对接的同事和老大”,随后便告诉自己一定要“放下”,往往是法务合规必须修炼的“内功”。

✍ 专职合规人士的职责

介绍完了法务与合规工作的“共通之处”,我想再介绍一下合规工作的“独特之处”,因为上文我所介绍的工作内容,可能在很多法律行业从业者看来,更像是传统法务而非专业合规的“日常”。所以,接下来,我便以“律所合规律师”的视角,具体介绍专职合规法律从业者的日常工作。

首先,合规律师需要协助企业建立一套完整的内部合规体系。之所以建立这套体系,是因为根据合规相关法律的要求,如果存在内部合规体系,则企业及高管在面临可能违法的合规问题时将能够被免责或减轻责任,因为企业已经努力通过合规体系规避合规风险。当然,这套体系应当以客户企业所处的具体行业的商业规则和监管要求为基础,结合具体领域的法律要求(刑事、反贿赂、知识产权等),以合规政策制定、合规制度落实、合规体系监管、内部调查和第三方审计等具体制度为内容,以合规律师积极协助客户企业开展相关工作为主导方式稳定运转。该体系的建立,能够有效帮助企业规避法律和监管相关风险并降低运营成本,提高企业运营效率。

其次,合规律师需要协助甚至领导有关团队展开企业内部调查,对于企业内部已经或可能出现的违反法律法规与规章制度的行为进行证据与材料的搜集和分析。如果相关行为涉嫌违法犯罪,合规律师在必要的情况下还要参与后续的刑事与民事诉讼活动以维护企业的利益,例如,在检察院阶段与检察官共同建立完善内部合规体系,以达到“合规不起诉”的目标。

最后,合规律师需要在必要时协助企业应对政府与监管机构的调查,即所谓的“政府执法应对”。甚至在“最坏的情况下”——比如:企业将要接受处罚的情况下——代表企业与执法机构进行沟通,为企业据理力争,以尽力减少企业的损失。与之相关的另一项职责是,合规律师还需要与各类监管机构保持持续的沟通合作,随时跟进学习最新的“监管动向”。

总结

通过以上介绍,同学们应该对法务与合规的日常工作内容与核心职责差异有了一个较为清晰的认识与了解。而从就业的角度来看,法务与合规岗位,往往也是法学院毕业生就业的主流选择之一。

5.3　公司业务

介绍完了争议解决业务,接下来我们将以业务所围绕的“主体”与所主要依据的部门法为分类依据,逐一介绍法律从业者将在实务工作领域面对与处理的各类业务。这一节,我们介绍的所有业务均与“公司”这个市场主体相关,当然,此处的“公司”是一个不太“职业的”称呼,因为这个概念不仅包括货真价实的公司与企业,也包括其他在社会中存续与经营的市场主体(比如,合伙企业、事业单位、社会组织或行业协会);甚至在某些情况下,也包括政府部门与执法机关。当然,为了叙述的方便,我们用“公司”指代所有这些能够承担法律责任的主体。

不过在介绍这两部分业务之前,我还是想要“多嘴”一句,那就是“广义”上说,“法务与合规”业务,实际上也被认为属于一种与“公司”相关的法律业务,毕竟,它们也主要围绕公司企业这类市场主体展开。同学们在日后规划职业发展、面对岗位抉择时,也不要忘了这一点,千万别以为“公司业务”只有本节介绍的这两种。

✍　并购与收购(MA)

并购(Merger)与收购(Acquisition)指的是公司之间“合二为一”的交易,而与之相关的法律服务自然就是MA业务,在包括我国在内的大部分发达经济体中,从事相关法律服务的法律行业从业者大部分是律师。

虽然在很多非正式场合,并购与收购这两个词经常被频繁替代使用,但实际上它们的意义大不相同。并购通常指的是两家或两家以上的公司合并为一家新的公司;而收购则指的是一家公司“买下”另一家公司,被收购的公司可能继续保持相对独立的运营,也可能直接融入收购公司之中。当然,在实践中,公司进行收购与并购的具体交易模式远比我总结的复杂得多,比如收购交易就可能分为协议收购、要约收购、杠杆收购等等。在本部分,我们将相关交易统称为法律行业中的 MA 交易。

之所以要强调“法律行业”这个限定词,是因为在金融行业中,同样存在 MA 业务,而这一金融业务的存在,同样也服务于公司企业之间“合二为一”的交易。只不过法律行业中的 MA 业务和金融行业中的 MA 业务各有侧重,前者更注重确保交易能够合法合规的完成,而后者则要确保交易各方的资金、财务与投资需求能够得到充分的满足。在很多大型 MA 交易中,法律和金融行业的从业者往往也确实需要通力配合,才能确保交易的最终实现。

在我国,MA 业务的产生或主要源于受改革开放政策的感召而进入中国的海外企业的本土化需求。20 世纪 90 年代,这些外商来到中国,为了尽快了解中国市场并站稳脚跟,以及满足国内对外商的特定要求,它们往往会直接以“合资”或“合作”名义在实质上通过收购与并购交易控制若干本土企业,从而完成业务的本土化。中国的第一代 MA 律师,也就是从那时成长起来的。时至今日,中国市场和众多世界发达经济体的市场一样,每天都会有成百上千的企业出于种种目的向另一家企业发出收购或并购的邀约。近年来,我国的很多大型国企与民企还发起了不少举世瞩目的跨境 MA 交易〔1〕。

自然,源源不断的 MA 交易也意味着市场中有着为数众多的律师事务所和律师团队提供相关专业化服务,甚至在不少发达的法律市场中,还有专门提供 MA 服务的律所与团队。一宗 MA 项目的完成,往往涉及多个行业的法律法规,并且涉及多种复杂的法律制度与流程。而且,与交易相关的所有主体——战略投资人、财务投资人、卖方、提供融资服务的金融机构——都可能聘请独立的 MA 律师为自己提供服务。所以,MA 业务——尤其是涉及大型商业交易的 MA 律师服务——往往被认为极为考验一个律师团队的技术水平与工作能力(甚至是“体力”),是公认的“高强度”法律业务。

MA 交易到底有多复杂呢?我以一宗由一家能源公司(以下简称“收购方”)发起的收购注册在第三国但实际控制公司位于国内的专利研发机构(以下简称“被收购方”)的交易为原型,为大家“简要”进行描

〔1〕 其中最具代表性的交易便是中国化工集团公司对先正达公司的收购,相关报道,可参见:《深度:先正达并购未了局》,http:https://www.jiemian.com/article/4617420.html。

述。同学们也可以通过我的描述，一窥 MA 律师的“日常”。

从项目流程角度来说：在交易正式启动前，我们作为向收购方提供 MA 法律服务的律师团队，首先需要对交易双方所涉及的具体行业与收购方向我们披露的与本次交易相关的商业信息和情报进行快速阅读、分析并进行整理和归档。而后，团队负责律师会向我们具体展示整个 MA 交易的具体方案：这次的交易，收购方首先要在国内某提供特殊扶持政策的经济特区设立一家外商投资企业，该企业的股东和管理人员构成也十分复杂，并且在公司设立的过程中，相应资金的安排还涉及一揽子与外汇管制相关的法律法规。随后，我们需要对被收购方进行“事无巨细”的尽职调查，用通俗的话说，就是我们需要审核与被收购方相关的每一份法律文件，逐一识别、排除与解决相关法律风险，即所谓的“排雷”。随后，我们需要和被收购方以及第三方法律团队合作，在国内、收购方所在国与被收购方注册地三个不同法域完成各种申报与变更工作，最终使得被收购方的股权、资产与雇员彻底归于收购方新设的企业。至此，该 MA 交易才算正式完成。

从项目具体实施角度来说，在整个 MA 交易进行的过程中，我们将要处理与多家公司相关的公司注册、股权变更、清算和注销事宜；对多家与该交易相关的公司进行尽职调查——审核海量的协议、资料与法律文书；设计多种不同的股权交割、投资退出与资产转让方案并起草相应协议，甚至在必要时参与艰难的商业谈判；对于研发机构所拥有的大量专利、商标等无形资产，我们还要邀请律所内专业的知产律师共同进行相关所有权安排，包括变更、许可与转让工作；而由于被收购方的雇员也要“并入”收购方的企业中，我们还要邀请律所内专业的人力资源律师就雇员劳动关系的变更提供相关法律服务；而且，在以上所有工作进行的过程中，我们还要时刻确保所有流程都符合三个不同法域法律法规的规定与监管机构的要求，并随时应交易相关方的要求提上公文包和旅行包，进行一场“说走就走”的出差。

总结一下，提供 MA 服务的律师与团队往往需要提供如下服务：(1)与其他专业服务机构（比如：金融机构、会计师事务所、咨询公司）一道，共同规划交易的具体流程与步骤（即：“设计交易结构”）；(2)就各类交易事项起草相关法律文书与协议；(3)应监管机构的要求出具法律意见书或其他文书；(4)就交易涉及监管机构审批的事项提供法律意见；(5)应收购方要求与交易需要对被收购公司展开尽职调查，或应目标公司要求回应收购方的尽职调查。[1]

至此,同学们不难想象,基于 MA 交易——尤其是大型 MA 交易的复杂程度,提供相关法律服务的律师团队与律所,往往也会收取非常高昂的律师费用。而在一些顶尖律所,MA 团队对于新手律师的能力要求,往往也很高;这些律所一般也都会向有志于从事 MA 业务的新人律师提供专门的业务指导与培训。

✍ 破产

如果将企业比作一个自然人,那么合规业务的目标,就是确保这个人可以健康的生存与成长;而收购与并购业务的目标,就像是媒婆撮合两个自然人开开心心、顺顺利利地"喜结连理",但"人固有一死",当企业无法避免地走向衰亡时,自然也要有人负责处理它的"后事",它的遗产应当有人继承,它的债务应当有人偿还,而且也要有人帮它办理"死亡证明",向社会公告其已"寿终正寝"。确保这一切在尽可能兼顾大家利益的情况下合法有序的完成,就是"破产"业务所要达成的目标。

法律上的"破产制度"指的是作为企业的债务人因资不抵债或几乎无可能偿还债务时,由企业"本人"或其他适格的利益相关方诉请法院要求宣告该企业破产并在法院监督下依法展开清算和债务偿还流程的一系列法律事件的统称。而"破产业务"指的自然就是与之相关的法律服务,在我国,相关业务一般也由律师提供。依据我国法律规定,企业有三种破产形式,分别是"破产重整""破产清算"与"破产和解",现依序介绍之:

通俗地说,破产重整指的是企业虽然无力偿债,但专业第三方经评估认为通过债务调整、企业重组与引入新的投资方,企业有起死回生的可能。在这种情况下,债权人往往会做出妥协——比如通过宽限债务或减免利息等方式——帮助企业和新投资方尽快完成重整以走出困境。

而破产清算指的是企业彻底"凉凉",债权人唯一要做的事情就是在法庭的监督下,在"破产律师"等专业人士的主持下,坐在一起好好协

[1] 法律尽职调查是指在公司并购、公司上市、证券发行等重大交易中,由律所律师负责地对目标公司或主体的资质、资产和负债、对外担保、重大合同、关联关系、纳税、环保、劳动关系等一系列法律问题的调查;在调查结束后,律师一般要按照客户或监管机构的要求将调查结果整理为相应的法律文书。

商如何分配企业剩余资产以最大化的挽回损失。因为显然,企业在这种情况下已经不可能足额偿还所有债务,所有债权人都必须承受一定的损失才能离场。

破产和解指的是指企业为避免破产清算而提出和解方案,经债权人表决并经法院认可后直接产生法律效力的破产模式。这种和解并不需要所有债权人一致同意,而是少数服从多数。与以上两种方案相比,破产和解成本更低且程序较为简单。如果说中大型企业的破产因债权人利益纠葛极为复杂往往不可避免地走向重整或清算,那么小企业的破产就更适合使用破产和解这一模式。

就具体服务来说,在一宗复杂的企业破产案件中,相关主体可能均会聘请"破产律师"提供法律服务,这些主体包括但不限于:破产企业股东、破产企业债权人、破产企业投资人、破产管理人、负责处理企业破产事务的债务委员会与代表政府提供资金扶持的纾困基金等。而不同主体的利益诉求往往差异巨大,比如投资人可能希望尽快收回投资而不再关心企业的"死活"、债权人只想收回自己的债务、纾困基金则希望企业能够继续存续下去,避免破产和大量员工陷入失业的困境。

所以服务于不同客户的"破产律师",提供的服务重点也会大相径庭。比如,对于希望"要债"的客户,"破产律师"往往需要提供与破产管理、财产调查追踪、公司控制权争夺和强制清算相关的法律服务。而对于希望企业"活下去"的客户,"破产律师"则需要提供与债务重组、特殊资产处置相关的服务,甚至在必要时协助纾困基金一同实施企业挽救计划。

当然,他们提供的服务也有共通之处,比如,破产重组的过程,往往就是多方博弈与"拉扯"的过程。所有破产律师在这一过程中都要协助自己的客户在谈判中实现利益最大化,并用具有法律效力的合同与协议将之"固定"。

总之,无论哪种破产模式,提供企业破产法律服务的律师在整个过程中都将起到十分重要的作用。"破产律师"不仅要对破产企业的经营情况了如指掌,还要带领团队梳理企业内部的各类资料进而厘清债券债务关系并且时刻与众多"虎视眈眈"的主体进行协调以求获得它们对破产方案的理解与接受。在本书写就之时,曾经在中国甚至世界商界显赫一时的"海南航空"集团刚刚完成了破产重整,大家如果对这一较为"小众"但专业性极强的公司法律服务感兴趣,不妨通过相关文章直观的了解一下一个超级企业的破产项目到底有多复杂以及国内顶尖“破产律师”工作的“日常”。[1]

总结

总体来看,公司法律服务涉及的范围极广,且同时涉及诉讼与非诉两大业务领域。对于合规业务来说,法律服务主要是由公司法务提供;而对于MA业务与破产业务来说,律师事务所与专业律师依然是法律市场中的主力军。

5.4 资本市场

在绝大多数情况下,市场中的企业时时刻刻都有着对资金的需求。与此同时,在市场与社会中,又有一部分企业和个人手握资金,它们不满足于将资金存进银行“吃利息”,而是希望用于投资有资金需求的企业,他们投资的形式可能仅仅是借钱给企业,然后收取一个比银行高的利息;也可能是直接用一笔资金入股,成为股东。总之,随着市场经济的发展壮大,市场中有资金需求的一方与市场中拥有资金的一方都希望有一个专业的服务群体能够为它们之间的“资金需求交易”保驾护航,久而久之,就出现了名为“资本市场”的专业化服务领域。

同学们这时肯定会问,刚才还不是一口一个“资金”么?怎么突然就变成了“资本”市场?因为资本的概念,不仅涵盖了资金,而且比资金的概念宽广得多。所以刚才的叙述中,“资金”二字,只是对“资本”这一概念的指代。并且,在真实的市场中,对资本有需求的主体远不止企业,甚至还可能包括各级政府、社会组织与个人;而能够提供资本的主体除了个人与企业外,还可能包括银行、保险公司、投资公司甚至是政府。

在真实的市场中,企业对资本的需求,从普遍性上来说,一般远胜于对资金的渴望;而企业实际使用资本的方式,也远比所谓“你借我还”的借款模式复杂得多:有些企业并不需要资金,而只是希望获得各类生产资料(比如可以建造厂房的土地或生产设备)的使用权;有些企业获得的资本并不是“现金”,而是其他企业的股票或“债券(通俗理解:借条)”;有些企业希望获得投资,但并不希望只有一个投资人,有时它们会通过谋求上市向社会中成千上万的股民募集资金。

---

〔1〕《海航集团破产重整实质性启动共涉320家子公司》,载财新网,https://finance.caixin.com/2021-03-15/101675702.html。

总之,用最简单的话来概括,对于法律从业者来说,资本市场就是一个寻找资本的主体与提供资本的主体进行交易的市场。从事资本市场业务的律师所提供的法律服务,就是与其他机构一道(比如:监管机构、金融机构、会计师事务所与咨询公司)确保这两类主体之间的交易能够合法合规的完成。

作为一名法律人,用一种非常“班门弄斧”的方式介绍完了何为资本市场后,接下来,我就将逐一对资本市场律师所可能提供的法律服务进行简要的分类介绍。当然,在我的介绍中,会穿插大量同学们可能感到非常陌生——甚至我本人也并不太了解的——专业“资本市场”词汇,限于本书篇幅,我们无法对这些词汇一一作出详细的解释,同学们如果对这些词汇感兴趣,大可自行探索了解。

✍ 公司上市与证券发行

公司上市又称“首次公开募股”,它指的是具备了一定市值和营业额的企业在满足监管机构要求的情况下通过交易所向公众出售股份的公开资金募集行为,它也是企业发行证券的一种方式。该行为还有一个更常见的称呼,即“Initial Public Offerings,IPO”。自然,向企业提供相关法律服务的律师从事的也是“IPO 业务”。

IPO 业务主要包括但不限于这样一些具体的服务:(1)协助企业在中国大陆、中国香港、美国和新加坡等国家和地区的交易所上市交易,并应监管机构的要求制作与公司上市相关的法律文书;(2)在公司上市后,协助企业开展股票配售、股票派送、股票增发与股票回购等行为;(3)协助企业处理与其 IPO 相关的法律纠纷,特别是诉讼纠纷;(4)在企业决定退市时,协助企业完成相关法律流程。

与 IPO 相关的另一项业务是“证券发行”业务,在性质上,其与 IPO 业务有许多相通之处,所以往往提供 IPO 服务的律师与团队也会同时提供这类服务。证券发行一般指的是公司以筹集资金为目的向特定投资者发行股票、债券或其他证券的活动。其与 IPO 业务不同之处在于 IPO 完成后,市场中的所有投资者都可以购买相应公司的股票,而证券发行后只能开放给特定投资者购买。此外,证券发行的价格一般在发行推进阶段就已经确定,而证券上市后的价格理论上完全受市场调节。

证券发行业务主要包括但不限于这样一些具体的服务:(1)协助企业出售股票,公司债券(包括国内债券和国际债券)以及其他证券并应监管机构要求制作与之相关的法律文书;(2)在证券发行后,处理与之相关的法律纠纷,特别是诉讼纠纷。

✍ 债券发行

债券,是企业、银行甚至是政府为筹措资金,依据法律法规和监管机构的要求按照特定程序向债权人发行的证券;购买债券的市场主体在约定期限到来之时不仅能够得到债券发行方偿还的本金,往往还能得到一笔高于银行存款利息的收入;并且,在持有债券期间,债权人还可以依法将其转让给他人。通俗地说,债券就是受法律保护的可以当作"资金"在市场主体之间流动的"借条"。

与债券发行相关的法律业务包括但不限于:协助市场主体在境内外不同市场发行以货币为标的的债券(如人民币债券、美元债券、欧元债券);协助市场主体在境内外市场发行金融债券(如金融债、次级债);协助企业发行非金融企业债务融资工具(如短期融资券、中期票据)等。法律服务的主要内容就是为上述发行工作提供法律意见并在必要时应监管机构要求制作相关法律文书。

✍ 私募股权及投资基金

在资本市场中,许多投资者手握资金,却苦于不知如何进行投资,或者其时间繁忙,希望有专业人士为其打理投资事宜。久而久之,自然就出现了专业的金融机构提供相关服务,其中的翘楚便是私募股权与投资基金。按照最基本的分类方式,私募股权与投资基金可以分为私募证券投资基金、私募股权投资基金与资产配置类私募基金三个大类。此外,按照投资偏好与投资管理模式的不同,相关基金还可分为:对冲基金、创业投资基金、不良资产基金、私募债券基金、房地产和基础设施建设基金等等。根据投资使用的币种,还可以分为人民币基金、美元基金、港币基金等。

对不同基金具体的投资管理方式进行介绍或多或少已经彻底超出了本书的知识范围,故在此,我便以概括性的方式对这些基金的投资行为做一个总结:总体上说,它们提供的服务就是以非公开的方式从符合条件的投资者手中募集资金,然后代替其进行投资。该投资行为以委托代理关系为基础,基金作为受托人为委托人之利益履行勤勉尽责义务并收取相应费用,委托人自担投资风险并获得相应收益。相关投资行为包括，但不限于：股票投资、股权投资、债券投资、期货投资、期权投资，甚至还可能包括投资其他基金。

与私募股权及投资基金业务相关的法律服务包括，但不限于：应投资方和监管机构的要求(1)为各类基金的架构设计、法律文件的起草与相关谈判提供法律服务；(2)就各类基金在境内外的投资行为提供包括尽职调查、交易设计、交易文件起草与监管机构申报在内的法律服务；(3)协助基金在日常运营过程中持续与监管机构进行合作，并在必要时应对监管的检查与问询，并同相关监管机构保持密切沟通与联系；〔1〕(4)为各类基金"退出投资(如出售资产)"、投资融资与基金清算等行为提供相关法律服务。

✍ 其他服务

除了以上几种最常见的法律服务外，伴随着资本市场各类金融服务与金融产品体系的不断发展，各类配套法律服务也"夫唱妇随"，纷至沓来。这也意味着，一个深耕资本市场法律服务的律师团队或律所，除了提供以上服务外，往往还会为以下资本市场业务提供法律服务，它们包括但不限于：

并购与收购业务(MA)，如"公司业务"部分所述，其指的是两家企业"合二为一"的商业交易，而该类交易在绝大多数情况下并不是简简单单的"现金支付"，其成功往往有赖于诸多由资本市场提供的融资服务，比如：收购方通过发行债券募集资金以完成收购或者通过向银行"借钱"完成融资(这一业务领域有时也被称为"银行融资业务")。而"资本市场"视野下的 MA 业务，自然指的就是与之相关的法律服务。

资产管理业务是指各类金融机构接受投资者委托，对受托的投资者财产进行管理的金融服务，此处的"管理"行为不仅包括各类证券与股权投资(就像基金从事的投资一般)，甚至还可以包括房地产交易、艺术品收藏与货物买卖等投资行为。该业务同样以委托代理关系为基础，管理服务提供方为委托人之利益履行勤勉尽责义务并收取相应费用，委托

---

〔1〕 由于私募股权与投资基金销售的投资产品往往涉及巨大的商业利益与千千万万普通投资者的利益，所以对于相应产业的监管在大多数国家都非常严格，涉及的监管机构也种类繁多，比如在我国，有权限监管私募股权与投资基金的国家机关和执法机构包括但不限于：国家发展和改革委员会、中华人民共和国商务部、中国证券监督管理委员会、中国银行保险监督管理委员会与中国证券投资基金业协会等。

人自担投资风险并获得收益。而“资本市场”视野下的资产管理业务,自然指的就是与之相关的法律服务。

期货业务是围绕期货交易展开的资本市场业务,“期货”一词是“期货合约”的简称,其是由期货交易所统一制定的约定交易双方在将来特定时间地点交割一定数量和质量标的物的标准化合约。期货并不是普通的“货物”,它既可以是棉花、大豆、石油这样的“大宗商品”,也可以是以股票、债券等为标的的标准化可交易合约。因此,这个标的物可以是某种商品,也可以是金融产品。而“资本市场”视野下的期货业务,自然指的就是与之相关的法律服务。

此外,资本市场涉及的业务还包括资产证券化和金融衍生工具业务、非上市公司融资业务与不良资产处置业务等等。

以上提及的这些业务所涉及的法律服务除了协助金融机构、监管机构与相关市场主体开展相应业务外,还包括:参与相关金融服务的申报工作并在必要时制作相关法律文书;对相关资产展开尽职调查;提供税务筹划法律服务等等。

总结

行文至此,同学们应该不难发现,资本市场业务,既有它的独特性——因为其中许多业务,都与监管机构、资本市场和金融机构密切相关,提供相关法律服务,确有其特殊门槛;但同时,其也有着“乱花渐欲迷人眼”的庞杂性,因为其中的许多业务,和我们先前提及的诉讼业务、公司业务乃至稍后提及的其他细分领域业务,有着十分明显的交叉与重合。所以“资本市场”业务,其实更像是一个意涵笼统的“泛称”,因为除了最传统的诸如 IPO 这样的业务外,许多与“资本市场”相关但同时也具有其他业务领域特性的法律服务,都可以被称为“资本市场业务”。

之所以要提及这一点,是因为长久以来,在中国的法学院本科生之中,一直都有一种不知源于何处的对于资本市场业务的“崇拜”,这种崇拜最直观的体现,大概就是从我本科时代便曾时常从学长学姐口中听及的诸如“资本市场业务是‘最高端的’”或“毕业能从事资本市场业务的学生都是‘最优秀的’”这样的话语。而在我从事学业规划咨询的过程中,也确实遇到过不少刚刚走进法学院就雄心勃勃的将职业目标定位为“顶尖律所资本市场律师”的少男少女,他们对这一律师群体的工作和生活,似乎满怀虔诚的憧憬。

然而,就像我在本书最后一章将会说的那样,是否应该选择将“资本市场业务”作为职业生涯的起点，绝对是一件因人而异的事情；而法律业务，无论是从优秀的个人或团队的“创收”来看，还是从职业生涯中长期的发展来看，也肯定不存在绝对“高端”的领域。与之相关的更多内容，且让我们继续留到最后一章，再进行更加深入与严肃地讨论吧。

5.5　细分领域

在这一节，我们将对法律行业其他一些常见的业务领域逐一进行介绍。我们首先介绍的四个业务领域主要围绕着特定法律法规展开，它们分别是“竞争法业务”“知识产权业务”“劳动法业务”与“网络与数据安全业务”；而随后介绍的业务，则与特定行业和市场相关，它们分别是：“娱乐产业”“基础设施与能源行业”“房地产与建筑工程行业”及“生物科技与医疗行业”。同样，从逻辑上说，这种细分方式依然是“毫无逻辑可循”的，因为顺着我们的介绍，同学们会很自然地发现，前面四个业务与后面四个业务之间的关系，依然是“你中有我、我中有你”的。但如此分类的理由，想必同学们现在应该是清楚的，我就不再重复了。

✍ 竞争法业务

有市场就有竞争，有市场就有法规，那么自然，一个拥有健全市场机制的国家，就会有与之匹配的“竞争法”。在我国，通常意义上被称为“竞争法”的法律有两部，它们分别是《反垄断法》与《反不正当竞争法》。在具体介绍相关法律服务之前，有必要对这两部法律所涉及的核心关键词“垄断”与“不正当竞争”进行介绍。在此，依旧用“西瓜公司”与“呱呱智能驾驶眼镜”举例：

假设西瓜公司生产的智能驾驶眼镜深受消费者的喜爱，多年来，市场中的其他竞争者都无法推出能够与之抗衡的产品，久而久之，西瓜公司在市场中获得了一家独大的地位（在反垄断法中，该地位被称为“市场支配地位”，通说认为，拥有这一地位本身并不是一件“违法”的事，因为这完全是西瓜公司出色的产品在市场中自然竞争的结果）。

但拥有了这一地位的西瓜公司却偷偷动起了“歪脑筋”：首先，市场中一旦出现了新的小公司开始研发生产智能驾驶眼镜，西瓜公司就立刻重金将其收购；其次，对于不愿被西瓜公司收购的小公司，西瓜公司告知各大经销商，如果它们决定销售这些小公司生产的智能驾驶眼镜，那么西瓜公司就会拒绝再与这些经销商进行合作，如果经销商“不听话”，西瓜公司将考虑在一段时间内以低于成本价销售智能驾驶眼镜,以大幅挤压小公司的市场机会;最后,西瓜公司决定不再单独售卖智能驾驶眼镜,所有想要购买该产品的消费者,都必须同时购买西瓜公司新近推出的“嘎嘎智能耳机”,由于市场中缺少竞争对手,众多消费者只能同时购买这两种产品。西瓜公司通过这些手段获取的丰厚利润使它变本加厉地持续实施上述行为。

在这种情况下,西瓜公司的行为就很有可能严重违反了《反垄断法》,因为其构成了“滥用市场支配地位”,即利用市场支配地位,阻碍“新对手”进入市场、持续打击市场中的“小对手”、以低于成本价倾销、要求经销商“选边站队(即二选一)”并强制向消费者捆绑出售产品。这些行为不仅消灭了市场中出现比西瓜公司的呱呱智能驾驶眼镜更优秀的产品的可能(即消灭了竞争);还严重扰乱了市场秩序、干扰了市场正常运转,损害广大消费者和经营者的合法利益。

行为至此,我们可以给“垄断”一个“不甚精确”的定义,那就是在市场经济条件下,当市场中只存在一个或少数几个主体,这些主体通过排除和限制市场中的竞争攫取丰厚甚至令人咋舌的“垄断利益”。在这一过程中,其他市场主体的合法权益被严重侵害,市场秩序与经济运行效率被严重干扰。当然,在实践中,垄断行为的实施主体不仅包括企业,也包括具有相关职能的行政机关和行业协会。

显然,随着市场经济的蓬勃发展,“垄断者”的出现几乎是一种必然,因为竞争的结果就是“优胜劣汰”,胜利者善于竞争,并会基于马太效应越来越强大,但往往在胜利后也厌恶竞争。而《反垄断法》的目的,就是合理管控“胜利者”的行为,一方面使它们滥用优势地位的行为受到法律的明确约束;另一方面,也要使其健康有序发展,从而持续为社会创造价值。因此,反垄断法在市场经济发达的国家,都被视为与市场经济关系最为密切的法律之一。

介绍完了与“垄断”相关的概念,现在我们还是用之前的例子来理解什么是“不正当竞争”。假设在智能驾驶眼镜市场,长期以来五六家企业一直处于“群雄割据”的状态,始终也没有哪家企业可以取得绝对的市场支配地位;这时,西瓜公司又动起了“歪脑筋”:

首先,其雇佣一家“网络技术公司”注册大量“马甲账号”,在各大网络电商平台下单购买“呱呱智能驾驶眼镜”,西瓜公司对这些订单的性质心知肚明,其不会发货,而是直接与“技术公司”串通,在后台完成交易,并杜撰用户好评,从而虚构了产品的销售额与消费者评价,使其在各大电商平台的智能眼镜销售排行榜中长期处于领先地位;[1]其次,西瓜公司还与一家“营销公司”进行合作,长期在各大媒体以“调查记者”名义发布暗示其竞争对手产品质量堪忧的“软文”;最后,西瓜公司还聘请“私家侦探”长期“接洽”竞争对手聘请的工程师,获取了大量竞争对手内部的未上市产品数据与研发计划。

西瓜公司的行为,就可能被视为“不正当竞争行为”,为什么呢?因为不正当竞争行为指的就是上述各类“违反公认商业道德的竞争行为”。换言之,不正当竞争行为的目的是通过不正当手段取得竞争优势甚至获得竞争的胜利。显然,这类行为一样会扰乱市场秩序并损害消费者利益。

一般来说,不正当竞争行为包括:混淆行为、商业贿赂行为、虚假宣传行为、侵犯商业秘密行为、不当有奖销售行为、商业诋毁行为与互联网不正当竞争行为等。至于西瓜公司的行为具体属于哪几类不正当竞争行为这个问题,我就留给同学们自行探索了。

明确了《反垄断法》与《反不正当竞争法》的“核心意涵”,与之相关的法律服务便已“呼之欲出”。具体来说,在法律行业,与“反垄断”相关的法律服务有这样一些:

最常见的是“经营者集中申报”业务,“经营者集中”是反垄断法体系下的一个专有词汇,在商业世界,这个词其实可以直接理解为企业之间发起的收购与并购交易。而该业务指的就是具有一定规模和体量的企业一旦发起了相关交易,就需要向监管机关申报以获得批准。为什么企业发起的收购和并购与反垄断法相关呢?因为在商业实践中,企业获得市场支配地位的最重要的手段之一,就是不断通过收购与并购,扩大企业规模与影响。所以协助中大型企业依据国内或海外国家的反垄断法律法规向交易所在地监管机构申报相关交易并获得审批,消除监管机构对于垄断的担忧,便是最主要的反垄断法律服务之一。

此外,企业——尤其是具有一定规模和市场份额的企业——在运营过程中从事的各类行为,都有可能因为具有排除或限制竞争的效果而违反反垄断法的相关规定,从而招致执法机构的调查与处罚。在这种情况下,许多律所与律师团队也会提供“反垄断合规”法律服务,这类服务包

---

〔1〕 这便是典型的“刷单”行为。

括但不限于:对企业与其他市场主体签订的协议进行“反垄断审核”、协助企业搭建内部反垄断合规体系并在企业内部展开培训。当然,近几年来,随着国家对反垄断执法的日益重视,很多大型企业也开始聘请全职反垄断合规法务提供相关服务。毕竟,比起动辄以“亿”为计量单位的“反垄断罚单”,[1]聘请专职“反垄断法务”的成本可谓“不值一提”。

最后,反垄断法律服务还包括协助企业配合执法机关应对其展开的反垄断调查以及代理企业应对与反垄断指控相关的民事诉讼、行政诉讼和行政复议。

与反不正当竞争法相关的法律服务一般包括协助客户应对各类与反不正当竞争行为相关的平台投诉、法律诉讼及行政查处;此处的“客户”既有可能是相关民事案件的原告或被告,也有可能是相关刑事案件的被告(因为部分不正当竞争行为可能涉嫌违法犯罪),甚至是行政诉讼的当事人。

虽然我对反不正当竞争法业务的介绍相对简单,但在法律实践中,相关案件的复杂程度并不逊色于任何其他案件,因为这类案件往往也涉及包括民法、知识产权法、刑法甚至是数据与网络安全法在内的各类法律法规。

✍ 知识产权

知识也可以成为一种受法律保护的权利,就是我们所说的知识产权。知识产权一词源于英文的 Intellectual Property,又被称为智慧产权,是指公民、法人或者其他组织对其在科学技术和文学艺术等领域内,主要基于脑力劳动创造完成的智力成果所依法享有的专有权利,即排除他人未经许可擅自使用的权利。

广义上(生活中)的知识产权包括:文学艺术和科学作品,表演艺术家的表演以及唱片和广播节目,人类一切领域的发明,科学发现,工业品外观设计,商标,服务标记以及商品名称和标志,以及在工业、科学、文学和艺术领域内通过智力活动而产生之一切成果及相关权利。而狭义上

---

〔1〕 2021 年 4 月,因实施“二选一”行为,市场监管总局依法作出行政处罚决定,责令阿里巴巴集团停止违法行为,并处以其 2019 年中国境内销售额 4557.12 亿元 4%的罚款,计 182.28 亿元。2021 年 10 月 8 日,基于相似的“独家合作”行为,市场监管总局依法作出行政处罚决定,,责令美团停止违法行为,全额退还“独家合作”保证金 12.89 亿元,并处以其 2020 年中国境内销售额 1147.48 亿元 3%的罚款,计 34.42 亿元。

(法律中)的知识产权则一般只包括著作权、专利权、商标权、名称标记权、制止不正当竞争、商业秘密、集成电路布图设计、植物新品种等由法律明确规定予以保护的智力成果。

从上述举例可以看出,不同于房屋、设备、汽车等有形资产,知识产权都属于无形资产,虽然没有固定的形式,但是通常依托于有形载体呈现,例如印制在书本上的小说、贴附在店招上的LOGO等,同时知识产权作为智力成果,通常具有较高的价值,在某些特定的场景下,甚至拥有远高于有形资产的价值,例如可口可乐公司的配方,苹果公司的商标,华为公司的5G专利等。

类似于"物权法定",知识产权也是由法律明文授予的权利,换言之,受法律保护的知识产权也需要满足法定的条件;但也不同于物权,房屋、车辆等财物可以通过客观的事实占有体现初始权利归属,知识产权往往有赖于登记公示制度体现谁是真正的权利人,例如商标注册公告、专利授权公告等。

我国的知识产权保护制度虽然起步较晚,相应的法律法规体系的建立与完善还是在20世纪80年代以后,但经过近几十年快速发展,全社会尊重和保护知识产权意识明显提升。截至目前,中国发明专利申请量和商标申请量已连续多年位居全球第一,著作权登记、植物新品种申请等都创下历史新高,中国已成为知识产权大国。近年来,我国进一步发布《知识产权强国建设纲要》,开始侧重于高质量知识产权以及知识产权的运用。

知识产权的典型业务包括专利、商标、著作权、商业秘密及非注册商标标识等与竞争法相关业务类型。

专利业务板块:专利检索和监控[包括现有技术检索、FTO(Free to Operate,专利自由实施分析)、主题检索、法律地位检索、专利历史检索以及竞争对手的专利组合监控];专利申请(发明、实用新型和外观设计);专利复审;专利无效;专利评估报告和专利侵权;专利年费管理;专利组合管理;专利技术转让许可;专利技术出资;专利奖助申请;委托开发合作开发交易;科技成果转化;侵权及权属纠纷等。

著作权业务板块:著作权登记(计算机软件著作权、作品著作权登记,合同登记,质押登记等);著作权及著作权合同管理;著作权转让许可交易;著作权委托创作合作创作交易;著作权海关备案;侵权及权属纠纷等。

商标业务板块:商标注册;商标复审、异议、无效宣告和撤销;商标和品牌保护;管理维护商标数据库;商标检索、监控及评估;商标转让许可;品牌联名;商标海关备案;侵权及权属纠纷等。

除了以上知识产权业务分类之外,知识产权法律业务还包括

(1)维权打假:制止仿造及盗版行为;打击平台侵权行为;海外平台维权;海关备案与保护;市场调查与举报等。

(2)交易投融资:知识产权价值评估;知识产权出资;企业合并及收购、企业合资及私募交易中知识产权尽职调查;知识产权融资租赁;知识产权质押融资等。

✍ 劳动法

如果说与“竞争法”和“知识产权法”相关的法律概念和法律服务对于即将踏入法学院的同学们来说还需要一定的时间进行理解和消化的话,那么相比之下,“劳动法”这个概念应当显得直白与具体的多——最通俗的理解,它泛指一系列与社会之中的“劳动关系”或“劳务关系”相关的法律,什么是劳动(务)关系,最通俗的理解,就是“老板与员工”之间的关系。

具体来说,劳动法律法规一般会对下述事项进行规定,从而平衡雇主与雇员之间的利益并在必要时对劳动者予以保护,这些事项包括:劳动合同的内容、工作时间和休息时间制度、劳动报酬、劳动安全与卫生条件、女工与未成年工的特殊保护、劳动纪律与奖惩制度、社会保险与劳动保险制度、职工培训制度、工会制度、劳动争议处理制度等等。

劳动法最早属于民法的范畴,后来,随着市场经济的不断发展,劳动关系变得越来越多样与复杂,与之相关的纠纷解决机制也日渐独立和完善,久而久之,其便脱离了民法的范畴,成为独立的部门法,有了自己的体系。值得一提的是,早在1931年,中国共产党领导的中华苏维埃工农兵第一次全国代表大会就通过了在苏区适用的《中华苏维埃共和国劳动法》。

今时今日,我国已经建立了较为完备的以《劳动法》为核心的劳动法律法规体系,除此之外,我国主要的劳动法律法规还包括:《劳动合同法》《工会法》《社会保险法》《就业促进法》《劳动争议调解仲裁法》与《女职工劳动保护特别规定》等等。

与劳动法相关的法律服务种类繁多,但最为大众所熟知的,当属“劳

动争议解决业务”。根据我国相关法律的规定,劳动者和用人单位就劳动关系发生纠纷后,应当首先进行调解,调解不成,则必须先进行劳动仲裁;若当事人对仲裁结果不满,则可以向法院提起诉讼。由此可见,劳动关系纠纷,涉及了三大类纠纷解决机制,而提供这类服务的法律行业从业者既有可能代表的是雇员,也有可能代表的是雇主。考虑到我国成百上千万的“市场主体”与数以亿计的劳动者,劳动关系纠纷,自然是劳动法最为核心的业务领域。

此外,也有很多律所与律师团队向具有一定规模的企业提供“劳动法合规”业务,这类业务的目标就是“防患于未然”,通过在企业内部建立完善的劳动法合规体系从而规避任何可能的劳动纠纷。因为对于具有一定规模和雇员数量的企业来说,如果出现劳动纠纷——尤其是涉及众多员工的劳动纠纷——其不仅需要耗费大量的成本应付相应争议,甚至还有可能招致执法机构的调查与处罚。

具体来说,相关法律合规服务包括但不限于:协助企业建立员工入职与离职文件审查制度,对员工入职时签订的各类协议(尤其是与保密、竞业限制、知识产权与劳动成果归属相关的条款)进行审核;协助企业建立内部人事管理规章制度,对与员工行为准则、激励奖惩机制、保密政策、数据使用与网络安全、反商业贿赂与反职场骚扰相关的事项进行规定;在企业计划裁员——尤其是面临破产重组与破产清算的企业将可能实施大规模裁员时——为企业提供相关法律意见;代表企业对雇员的各类不当——甚至违反法律的行为——进行内部调查;最后,协助企业办理与其雇佣的外籍员工——尤其是资深专家与高管——相关的签证与工作证件许可。同时,还需要注意,这里介绍的很多法律服务,在不少企业内部,也可能由人事部门负责,并在必要时聘请外部律师提供法律服务。

✍ 数据安全

在本章“法务与合规”部分,我其实已经用了不少笔墨对数据安全业务进行了具体介绍,故在此处,我们再进行一些适当的补充即可。随着互联网技术的蓬勃发展,信息数据的巨大商业价值和随之而来的网络安全、个人信息保护与监管问题(尤其是涉及海量数据在不同法域之间跨境流动的监管问题)日益引起政府与公众的重视。数据与网络安全法律服务,便是在这一大背景下应运而生的。

概而言之,数据安全法律问题的核心是对数据的合规使用,其要求数据收集者及控制者在收集数据的过程中对与数据相关的储存、分析、使用与披露等行为以符合法律法规和监管要求的方式进行,妥善保护数据安全,并不得侵犯数据所有者与其他利益相关方的合法权益。

近年来,我国、美国和欧盟,纷纷出台了多项法律法规,对各类企业——尤其是以互联网公司为主的市场主体的数据使用行为进行严格管理与规范。我国的数据安全相关法律法规主要包括《数据安全法》《网络安全法》《个人信息保护法》以及本书写就之时尚处在征求意见稿阶段的《网络数据安全管理条例》。同时,各级立法机构还会制定企业数据安全合规指引及相应标准文件,对数据合规内容进行细化规定。

现阶段,在我国,与数据安全相关的法律服务主要以合规为主,合规律师一般需要协助企业建立数据分类保护制度、数据安全保护制度、数据安全应急处置制度与数据安全审查制度等机制,确保企业合法合规搜集使用数据。

此外,还需要提及的是,与数据相关的法律服务,有时具有非常明显的"涉外"性质,因为基于网络技术搜集、存储与分析的各类数据信息几乎永远都处于"流动"之中,当相关信息"从一个国家向另一个国家(即:跨境)"流动时,就可能涉及不同国家和地区之间的数据安全法律法规。而在经济全球化——尤其是互联网企业服务全球化——的大背景下,这一问题给监管机构带来的挑战正日益凸显。所以不少专业律师团队,还会特别提供与之对应的"跨境数据监管与合规"涉外法律服务。

✍ 娱乐产业

作为第三产业与服务业的重要组成部分,娱乐产业正在我国市场中扮演着越来越重要的角色。不同于几十年前人们视野中以"歌厅、舞厅、电影院"为主体的"娱乐业",今天的娱乐产业或所谓"大文娱"行业是一个内涵和外延不断扩展的新型业态。自然,也有越来越多的法律行业从业者投身其中,提供围绕这一产业展开的各类法律服务。

广义上来说,娱乐产业包括但不限于:娱乐业、传媒业、体育产业(例如:体育赛事、体育经纪等)以及各类文化产业(例如:电影产业、出版业、发行业、广告业、演艺业、文化会展业、动漫业、文创业等)。可以说,这一产业涉及同学们课后休闲生活的方方面面。

与之相关的法律服务也十分庞杂,在此我们无法一一陈述,故只选择其中比较有代表性的进行介绍：首先，同学们不难看出，娱乐产业的价值在很多时候都体现为相关作品与产品的知识产权价值，娱乐产业中炙手可热的“IP”一词更是直接化用了知识产权一词的英文缩写，自然，首当其冲的娱乐产业法律服务便是知识产权服务；其次，娱乐市场中的主体依然以公司为主（比如：同学们熟知的所谓“艺人工作室”主体就是公司），各类与之相关的公司业务自然也是娱乐产业法律服务的重要组成部分，近年来兴起的网红直播也是以 MCN 公司为业务主体；最后，“娱乐产业律师”一般还要有能力提供一个特殊的法律服务——这一服务虽然收费不高、技术含量也许也没那么高，但却总是能够吸引全社会的关注——那就是代表明星艺人甚至主播起草律师函与辟谣声明。

近年来，随着国内娱乐产业的日趋成熟，不少实务工作者与法学研究者对标娱乐产业最为发达的美国，提出了中国版的“娱乐法”这样一个概念。当然，从快速入门的角度，以这一视角分析娱乐产业相关法律法规，有其必要性与合理性；但另一方面，如果仔细阅读相关论述，其实也不难发现，所谓“娱乐法”，更像是各类与娱乐产业相关的法律法规的梳理与总结。在此说明这一问题，并非要对这一现象进行“评价”，而是提醒大家，接下来介绍的以产业为核心的法律服务行业，都存在类似的现象，本质上，这些基于产业或行业的法律服务，考查的依然是法律行业从业者基于各种不同部门法的“基本功”。

✍ 基础设施与能源

基础设施与能源行业涉及日常“衣食住行”的方方面面，具体来说，这一行业包括但不限于：电力行业（例如，火电行业、风电行业、水电行业与核电行业等）、能源与自然资源行业（例如，煤炭行业、石油行业、天然气行业与矿产开发行业、氢能源等）、市政公用事业（例如，污水处理行业、垃圾处理行业、公共交通行业与交通基础设施建设行业）、水利与环境行业、石油化工行业与碳排放交易行业等。

从我的介绍中同学们应该不难发现，这类行业的项目建设、投资与相关交易通常涉及海量资金投入，多项证照要求，牵扯利益极深极广，政府往往是不可或缺的相关方，且许多交易必须通过银行的融资服务与烦琐的政府审批才能实现。例如，我曾作为投资方团队的法律顾问，参与过一个大型煤矿项目的审批申报工作，同学们可能想象不到，这个项目从发起、审批到投产，“盖了一百多个公章”，历时三年，才最终落地。而与之相关的法律服务往往围绕相关项目的收购与并购、项目融资、项目审批、项目投资与尽职调查展开。在国内,相关服务主要由律所提供。

✍ 房地产与建筑工程

作为我国的核心支柱产业与 GDP 增长的“发动机”,伴随着过去数十年间房价的上涨,来自房地产与建筑工程行业的“老板们”一度是法律服务行业的“座上宾”。而房地产与建筑工程行业与上文提及的基础设施与能源行业一样,也是一个涉及海量资金投入,牵扯利益极深极广,文件审批流程细致烦琐的行业,且许多交易必须通过银行的融资服务与烦琐的政府审批才能实现。

而与之相关的法律服务,则涉及房地产与建筑工程行业的各个关键“环节”,这些环节包括但不限于:土地开发、土地出让、项目投资、项目融资、工程建设、项目转让以及与项目相关的收购并购交易和运营与管理等事务;此外,在具体项目实施的过程中,法律服务还可能涉及合约规划、招投标事项、合同审查及谈判、履约监管、工程索赔、验收交付及工程结算等环节。而在该行业寻求法律服务的主体主要包括各类房地产企业、建筑工程承包商、建筑工程材料供应商、相关生产企业、销售企业与银行和投资机构。

换言之,房地产与建筑工程法律服务可以非常“高大上”,比如,为国际投资基金就其对国内房地产项目发起的收购交易提供涉及交易结构设计、政府审批、银行融资与背景调查在内的法律服务;但同时,这类法律服务也可以非常接地气——比如,我的一位学员法学院毕业后的第一份工作就是加入某知名律所的“房地产团队”,正式入职的第一周,他就被派驻到一家正在招商的大型购物中心的施工现场,协助投资方洽谈商铺未来的租赁事宜,按他的话说,那半年,他每天的工作就是戴着安全头盔提着公文包,“跟着包租婆点头哈腰”。当我听到他的故事后,我笑着告诉他,这还不是我听过落差最“悬殊”的“房地产律师”,我的一位好友本科毕业后的第一份“房地产法律工作”是和物业公司一道被小区业主堵在办公室饿了一整天。

✍ 生物科技与医疗

最后介绍的是“生物科技与医疗”行业,随着国家经济的发展和人民生活水平的提高,这一行业与人们的生活关系越来越紧密,在国民经济中扮演的角色也越来越重要。而与之相关的法律服务则涉及生物科技与医疗行业的整个产业链,这些环节包括但不限于:药品研发与临床试验、药品审批与生产、医疗器械研发与生产、医疗服务与生物科技等等。而在该行业寻求法律服务的主体主要包括各类医药公司、生物科技企业、医疗器械公司、相关生产企业、销售企业、提供医疗服务的机构与投资机构。

而与该行业相关的法律服务也十分多元:首先,生物科技与医疗行业涉及大量产品技术的研发,科技含量极高,自然与知识产权相关的法律服务是必不可少的;其次,该行业也是一个"资本密集型产业",企业之间发起的收购与并购交易和投资机构对企业进行的投资自然也需要相应法律服务为其"保驾护航";最后,生物科技与医疗行业向市场和社会提供的产品往往也事关千家万户的健康,所以与相关产品的审批、市场准入以及许可和商业化相关的法律服务也是这一行业的重点。

总结

在本节,我们对围绕细分领域开展的法律服务进行了介绍,它们基本上囊括了大部分法学院毕业生初入职场时所可能接触的行业。当然,本节的介绍肯定是"非常笼统"的,因为所有细分领域的业务,如果细细研究,都"大有文章",相关专业著述,也不胜枚举,这些内容,自然是要留给感兴趣的同学们在未来自行探索了。

5.6　法律援助

介绍完了传统认知中最主流的业务领域,本节,我将介绍时常被忽视的法律服务,那就是法律援助工作。通俗理解,这一工作指的是法律行业从业者无偿或收取极低的费用,为有需要的以弱势群体为主的客户所提供的以维护个人合法权利为目标的法律服务。

✍ 广义的法律援助工作

在我国,法律援助服务有广义与狭义之分。在我看来,广义上的"法律援助",指的是无偿向社会公众提供包括普法教育在内的各类法律信息并在必要时就特定案件向特定当事人提供专门法律意见和服务的行为。细心的同学们应该能发现,在这里,我使用了两个"特定"进行修饰,前一个"特定",指的是需要法律援助的案件,往往是"老百姓经常遇到的各类纠纷",换言之,诸如"高大上的资本市场业务"和与之相关的案件,是无论如何也“配不上”法律援助的。以此观之,一些热心公益的法学院同学在学生时代参与的各类“法援组织”与“普法活动”在我眼中,都是不折不扣的“法律援助活动”。

而狭义的“法律援助行为”,概念则十分明确,其特指由政府设立的法律援助机构或得到政府认可的法律援助组织,在范围特定的案件中、在当事人符合条件的情况下,对其提供的法律服务。提供服务的主体一般来说是“专职法律援助律师”。这一制度的目的是依法保障法律纠纷中的社会弱势群体(尤其是经济困难群体)和特定案件中必须得到专业法律意见的当事人的合法权益,维护社会的公平正义与法治的温度和威严。

具体来说,根据《中华人民共和国刑事诉讼法》第三十五条的规定:“犯罪嫌疑人、被告人因经济困难或者其他原因没有委托辩护人的,本人及其近亲属可以向法律援助机构提出申请。对符合法律援助条件的,法律援助机构应当指派律师为其提供辩护。

“犯罪嫌疑人、被告人是盲、聋、哑人,或者是尚未完全丧失辨认或者控制自己行为能力的精神病人,没有委托辩护人的,人民法院、人民检察院和公安机关应当通知法律援助机构指派律师为其提供辩护。

“犯罪嫌疑人、被告人可能被判处无期徒刑、死刑,没有委托辩护人的,人民法院、人民检察院和公安机关应当通知法律援助机构指派律师为其提供辩护。”

此外,根据《法律援助条例》、国务院《关于完善法律援助制度的意见》与《最高人民法院、司法部关于扩大刑事案件律师辩护全覆盖试点范围的通知》,除了以上特定情形外,下述情况中,案件当事人也可以通过提出申请获得法律援助:

(1)依法请求国家赔偿的;(2)请求给予社会保险待遇或者最低生活保障待遇的;(3)请求发给抚恤金、救济金的;(4)请求给付赡养费、抚养费、扶养费的;(5)请求支付劳动报酬的;(6)与主张因见义勇而产生的民事权益相关的;(7)案件涉及医疗事故、交通事故、工伤事故造成的人身损害赔偿的;(8)案件涉及家庭暴力、虐待、重婚等行为,受害人要求离婚及人身损害赔偿的;(9)犯罪嫌疑人在被侦查机关第一次询问后或者采取强制措施之日起,因经济困难没有聘请律师的;(10)公诉案件中的被害人及其法定代理人或者近亲属,自案件移送审查起诉之日起,因经济困难没有委托诉讼代理人的;(11)自诉案件的自诉人及其法定代理人,自案件被人民法院受理之日起,因经济困难没有委托诉讼代理人的。

此外,在我国,还有一种提供法律援助的方式,那就是“值班律师制度”,根据《中华人民共和国刑事诉讼法》第三十六条与最高人民法院、最高人民检察院、公安部、国家安全部、司法部联合印发的《法律援助值班律师工作办法》的规定,值班律师是指法律援助机构在看守所、人民检察院、人民法院等场所设立的法律援助工作站,被派驻的值班律师在符合条件的情况下为没有辩护人的犯罪嫌疑人、被告人提供法律援助。

根据以上规定,同学们不难发现,在刑事案件中,符合条件的当事人不仅可以通过“提出申请”获得法律援助;而在其他情况下,当事人如果符合要求,法律援助机构也必须为其提供法律援助服务,后者“当事人”的范围不仅限于刑事案件中的犯罪嫌疑人,也包括民事纠纷与行政纠纷中的当事人。

当然,在特定情况下,法律援助机构也可以拒绝提供服务,根据《关于刑事诉讼法律援助工作的规定》,下列情况,法律援助中心不予提供法律援助:“(1)因申请人的过错责任侵犯他人的合法权益而引起的民事诉讼或刑事自诉案件;(2)因申请人过错而引起的行政诉讼案件;(3)申请人无法提供涉讼案件的有关证据且无法调查取证;(4)可由行政机关处理而不需通过诉讼程序的纠纷;(5)案情及法律程序简单,通常无须聘请法律服务人员代理的案件;(6)已穷尽法律救济的案件;(7)申请人提供不出任何证明材料或出具虚假证明骗取法援的;(8)其他经主管机关批准不予受理的案件。”

明确了法律援助服务的范围,我们不难推知,在法律行业,实际上有两种“法律援助”从业者。对于“广义的”法律援助从业者,工作内容更像是“公益服务”;而在现实中,也确实有许多法律行业的从业者定期参与各类公益法律援助活动,为维护社会弱势群体的权益贡献自己的力量。

✍ 狭义的法律援助工作

而“狭义的”法律援助律师,则是一份全职的职业,在绝大多数情况下,他们需要接受司法机关的指派,为这个社会中的弱势群体提供力所能及的法律服务。换言之,成为法律援助中心的“常驻律师”或“专职援助律师”意味着从业者选择了一份深具使命感与法治理想的职业,但选择这份职业的代价也许是相较其他“赚钱的律师”而言并不“光鲜”的收入。

✍ 法律援助工作的意义与价值

非常惭愧,直到写就本书之时,我才发现,自诩对国内法学圈子和法律行业“无所不知”的我,其实对“他们”——尤其是全职法律援助工作者——的了解并没有我想象的丰富,所以行文至此,我甚至都不知道怎样向同学们给出具体的与之相关的职业生涯规划建议。或者说,即使我有一些具体的想法和见解,我也不知道如何向同学们进行“不偏不倚”的表达。此时此刻,我唯一能说的有这么几点:

首先,我希望同学们在校期间,能够抽出时间参加“广义上的”法律援助活动。从最简单的“人情世故”角度出发,这能让身在“象牙塔”的同学们尽早认识到真实世界的“多样”“复杂”与“现实”,这有助于同学们理解为什么“许多知识是书本里学不来的”,也有助于同学们理解为什么“每个国家有每个国家独特的国情与制度”。

其次,从“形而上”的角度来说,长期以来,我明白同学们对于法律行业的从业者——尤其是其中的成功人士——都怀有一种“精英滤镜”;当然,也确实有不少成功的法律人从衣食住行各个方面打造着“高端风尚金领生活领导者”的人设——特别是在社交媒体平台中。这一切似乎都在暗示,“成功的法律精英”所处的生活,本就应该和需要法律援助的群体“泾渭分明”。但我想,社会风气对于这些人关注越多,其实意味着,那些真正需要帮助的弱势群体与给予他们法律援助的默默无闻的律师们能够得到的流量与关注也就越少。而一个显而易见的事实是,在我们国家,由于并不存在从“公益律师”过渡到“政客”的“西式职业路径”,甘于“默默无闻”的人,会不会因此而越来越少呢?须知,社会中的每个人,都处于一个“共同体”之中。所以,无论同学们如何想要追求世俗的成功,这都没有问题。但在必要时,抽出一些时间,去帮助他人,或多或少,都是在让自己生活得更好吧。

最后,回归到法学教育领域,我知道,如今在不少高校的法学院,都陆续举办了与法律援助有关的活动,也有学生自发组织了相关公益社团(比如,我的一位学员在校期间,就发起成立了专门向妇女儿童提供法律援助的学生志愿服务组织,我很为她骄傲)。我希望法学院能够更多的对同学们开展的这类活动提供支持,并且在可能的情况下,适当放宽“官方法律援助项目”的“参与门槛”。我能理解不少法学院设定高标准的初衷，毕竟学业优秀的同学才更有可能在参与法律援助活动的过程中提供相对更加“靠谱”的建议。但另一方面，我想说，让更多的同学参与进来，并通过合理分工消除“成绩不好”可能带来的影响，也许是一件更加符合法学教育理念与法律援助活动初衷的事情，不是吗？

5.7 涉外法律工作

本节，我们将正式介绍之前已经多有提及的“涉外法律工作”。“党的十八大以来，以习近平同志为核心的党中央高度重视涉外法治工作。党的十八届四中全会和十九届四中、五中全会审议通过的有关决定、建议均明确提出加强我国涉外法治工作、加快我国法域外适用的法律体系建设的要求并作出部署。2020 年 11 月，习近平总书记在中央全面依法治国工作会议上指出，要坚持统筹推进国内法治和涉外法治。要加快涉外法治工作战略布局，协调推进国内治理和国际治理，更好维护国家主权、安全、发展利益。2021 年 10 月，习近平总书记在中央人大工作会议上就统筹推进国内法治和涉外法治工作提出明确要求。”[1] 而对于同学们来说，涉外法治工作在实务领域最普遍的体现即为“涉外法律工作”，故本节，我们将以点带面，以此作为介绍涉外法治工作的主要内容。

✍ 何为涉外法律工作？

何为“涉外法律工作”或“涉外业务”？从最广义的角度上说，只要日后同学们所处理的法律事务具有“涉外要素”，那么都可以被认为是涉外法律工作的一部分：比如作为法官助理，如果协助处理的案件中原告或被告一方为在海外设立并经营企业，那么这就是典型的“涉外民事案件”；比如作为检察官助理，如果协助处理的案件中犯罪嫌疑人或被害人具有外国国籍，那么这就是典型的“涉外刑事案件”；比如作为律师，如果处理的是中国企业与外国金融机构之间的投资争议，那么这就是典型的“涉外法律纠纷”。此外，涉外法律工作还涉及中国政府、央企国企与民间企业的对外投资、对外开放、对外贸易活动以及知识产权保护、外国人服务管理、涉外民商事替代性争议解决等具体业务。

---

〔1〕 张业遂：《加强涉外法治工作 坚定维护国家利益 坚持和完善人民代表大会制度 发展全过程人民民主》，http://www.qstheory.cn/qshyjx/2022-04/06/c_1128535115.htm。

而从理论角度来说,涉外法律工作“从根本上讲,是指如何以法治的思维和法治的方式来处理涉及我们国家的涉外事务,包括立法、执法、司法、法律服务等方方面面”。〔1〕并且“涉外法律体系涉及国内法、外国法、国际法等法律法规、条约规则,涉及领域广、环节众多……改革开放以来,我国涉外法律体系建设取得了历史性成就,基本建立起符合我国国情的涉外法律体系”。〔2〕以此观之,其实法律职业共同体当时的任何专业人士,都可以在“对的时间、对的场合”在涉外法律工作领域贡献自己的力量。

✍ 涉外法律工作的适用场景

近年来,随着我国综合实力的不断提升与对外交往的日益频繁,国家对涉外法律人才的需求与日俱增,而涉外法律人可以“一展拳脚”的舞台,也越来越多,在许多具体的业务领域中,涉外法律人才都能充分发挥自己的特长与能力,为涉外法治工作添砖加瓦。

首先,近年来,随着我国通过的“涉外”法律与签署批准的国际条约的数量越来越多,这必然呼唤更多涉外法律人对其进行研究、实践与总结推广。比如,为了反制部分西方国家对我国的经济贸易科技的“脱钩”行为,充分发挥我国法律在解决涉外法律纠纷中的重要作用,有效反击国外的“长臂管辖”等严重侵犯我国主权和国家利益的行为,2021 年,我国商务部就公布了《阻断外国法律与措施不当域外适用办法》,该办法为我国的涉外法律人合法捍卫我国企业正当利益,拒绝承认与执行外国法律政策提供了有效法律依据。

其次,伴随着我国“一带一路”国家顶级合作倡议在世界范围内影响的与日俱增,相关涉外法律服务市场,正是一片蓝海:越来越多中国企业走出国门,前往“一带一路”沿线国家投资创业,这必然创造与带动了巨大的双边及多边法律服务需求。这些国家包括但不限于:俄罗斯、白俄罗斯、伊朗、伊拉克、土耳其、叙利亚、沙特阿拉伯、意大利、希腊、塞浦路斯、印度、巴基斯坦、孟加拉国、阿富汗、斯里兰卡、哈萨克斯坦、乌兹别

〔1〕 参见李秀梅:《加快构建我国涉外法治工作体系》,载《理论前沿》2022 年第 1 期,第 43 页。

〔2〕《完善体系加强实施 推进涉外法治建设》,载中华人民共和国最高人民检察院官网,https://www.spp.gov.cn/spp/llyj/202104/t20210419_516024.shtml。

克斯坦、土库曼斯坦、塔吉克斯坦和吉尔吉斯斯坦等。截至2022年底，我国企业在“一带一路”沿线国家累计投资达571.3亿美元，为当地创造了42.1万个就业岗位。[1] 而截至2022年12月7日，中国已与150个国家、32个国际组织签署3200余份共建“一带一路”的合作文件。[2]

再次，越来越频繁的对外经贸交往，必然带来越来越多法律纠纷解决需求，“涉外争议解决律师”势必成为满足相关需求的核心力量：“随着我国改革开放的程度不断加强，我国企业加快了走出去的步伐，与许多国家在开展基础设施建设合作、创建产业园区、商务合作等方面都取得了重大进展。”[3]在此背景下，法律纠纷与争议是否能够顺畅解决，便成为我国企业在海外发展的关键因素，这些纠纷都需要涉外法律工作者的经验与智慧加以应对。

最后，涉外法律服务市场也需要更加专业的“涉外法务”：“近年来，我国走出国门的企业和公民越来越多，保证企业合规经营、维护企业和公民的安全与利益问题越来越突出。党的十九届四中全会《决定》提出，建立涉外工作法务制度。可以探索在重点国家和地区使领馆设置相关职位，通过专门法务人员的指导、帮助和服务，最大限度运用国际法、国内法以及区域性法律、相关法域法律，有效维护海外中国机构、企业、公民的合法权益。探索建立贯通国内和海外的法律服务体系，以中国的法律服务机构为依托，建立面向海外中国机构、企业、公民的全球性法律服务网络。”[4]走出去的中国企业成为“国际企业”后，法务人员自然也需要应对各类复杂的涉外工作。

✍ 涉外法律工作的意义

涉外法律工作，是一项系统性工程，这项工作对于国家和社会来说，也具有十分重大的意义：首先涉外法律工作的展开是推进涉外法治体系

---

〔1〕 吴有志：《“一带一路”由纸上蓝图变广阔通途》，载新浪财经网，https://finance.sina.cn/2023-04-07/detail-imypqcyi5679426.d.html。

〔2〕 国家发展改革委：《中国政府与巴勒斯坦政府签署共建“一带一路”谅解备忘录》，https://mp.weixin.qq.com/s/N2tRqQ5RrYtCMlWX5_ju2g。

〔3〕 《法官观点丨(四)建立涉外多元化纠纷解决机制 化解企业海外发展法律风险》，https://www.dlhsfy.gov.cn/court/html/2020/sfjy_0901/1887.html。

〔4〕 《善于运用法律武器维护国家利益 加强涉外法治体系建设》，载中国人大网，http://www.npc.gov.cn/npc/c30834/202101/2e4dafe2a53342609191ab522b88dfc2.shtml。

建设的基本前提;其次涉外法律法规的健全完善与实施是涉外法治建设的关键环节;再次涉外法治工作是增强我国国际话语权的必要渠道;最后涉外法治工作是捍卫我国国家利益并进行伟大斗争的必备工具。

总之,在统筹推进国内法治和涉外法治、保障我国高质量发展、推动国际关系法治化、构建人类命运共同体的征程上,涉外法治工作的全方位展开,是我国法治建设走向繁荣富强的必经之路与必由之路。如果同学们立志从事涉外法律业务,在奋斗之余,也一定要把这一“核心使命”牢记在心间。

第六章

职业技能与实践

本章我们将对求职的基本技巧进行简要介绍,“基本”与“简要”是本节内容的核心特征,换言之,这一节的内容将是概述性的。之所以如此为之,是因为在我们看来,近年来自媒体行业的爆炸式发展对于法律职业教育最大的贡献之一,就是在各大视频、文字与信息分享平台,涌现了许多优质且免费的“法律行业求职技巧干货”。

当然,在我看来,这一现象并不是一种偶然,相较于学术研究或实务工作内容,求职知识与技巧并不需要“多年积淀”,一位“二十出头”的网红也可以拥有丰富且成功的求职经历并与同学们分享。并且,大量与求职相关的技术细节与流程,是非常适合通过图文或视频的形式进行科普的(比如,如何制作简历、如何使用各类求职网站、如何进行面试),我们所使用的纯文字内容在表达效率方面反倒“吃力不讨好”。所以,在浏览完本章后,如果同学们还希望获取更多信息,完全可以相关内容为基础,自行进行信息搜集与检索。

6.1 求职基本技巧

✍ 搜集岗位信息

求职的第一步自然是确定“哪些岗位在招人”,换言之,最理想的情况下,我们在正式开始求职时,应当已经整理好了一份“岗位清单”。这份清单中至少应当包含如下信息:“我可以投递的岗位(即我的学历背景与各类指标符合该岗位的要求)”“与该岗位相关的关键时间节点(例如,简历投递的截止日期、面试邀请的发出时间等)”“工作地址与基本待遇”与“实习期政策(比如,是否提供‘转正’[1]机会)”。

那从哪些渠道获取这些信息呢?

---

〔1〕“转正”指的是这样一种流程:实习期满后,若实习生符合用人单位的要求,则可以转为正式员工,并办理正式入职的手续。

对于在校生来说,最“靠谱”的渠道有二,即校内资源与校友内推。具体来说,校内资源指的是同学们所就读的高校、学院及分管就业工作的相关部门定期发布的各类求职信息,这类信息一般都经过了验证与筛选,且不少岗位都由校友工作单位直接发布。而校友内推则指的是同学们通过联系在特定工作单位正式入职的学长学姐,尝试由他们直接“在单位内部进行推荐”从而获得面试与入职机会的求职方式。

这两种方式既可以结合在一起使用(比如:同学们通过校内渠道获得岗位信息,随后与在该单位工作的前辈取得联系),也可以独立分别使用。这里肯定有同学会问,等到大四找工作的时候,我该如何联系那些已经工作的学长学姐呢?对此,我的回答是,你应该在大一大二提前思考这个问题。

如果同学们无法通过上述渠道获得岗位信息,那么,你还可以通过下述渠道进行信息搜集:(1)各类专门性的求职网站;(2)各类定期搜集、整理与发布法律行业岗位的自媒体平台;(3)各用人单位官网。[1]这些渠道不仅可以搜集全职岗位信息,同学们在校期间,也可以通过它们搜集各类实习岗位信息。

此外,在大四毕业季,各大高校一般也都会组织“校园招聘会(即‘校招’)”。何为“校招”?其指的是用人单位受高校之邀或通过主动申请,在特定时间前往校园“摆摊设点”对招聘岗位进行宣讲介绍并现场接收应届生简历、甚至直接展开面试的活动。而根据举办时间的不同,校园招聘又分为“秋招(每年9至11月举行)”与“春招(每年3至4月举行)”。

一般我们建议,如果同学们计划在本科毕业后“找(体制外)工作”,那么从大三下学期开始提前搜集整理各类岗位信息与“求职攻略”是比较正常的节奏。大四上学期结束法考后,便可直接开始毕业季的求职之旅。

✍ 简历制作

整理好了岗位清单,下一步我们需要做的工作就是投递简历,而在此之前,同学们需要完成的任务自然就是制作一份求职简历。那关于简

---

〔1〕 由于大量具体的网址与自媒体平台信息可能涉及商业宣传与付费内容,我们在此便不再进行具体展示。

历的制作,需要注意哪些问题呢?

对于这个问题,我经验很多,因为在美国的教育机构兼职期间,我的第一份工作就是辅导学员修改简历。这里的修改并不只是“改改而已”,我要根据一份十几位专家共同编纂的“法学院学生简历指南”仔仔细细与学员“逐行打磨”一份通常不超过一面纸的简历。然而本书写就之时,在修改了那么多份简历之后,我对简历的看法却彻底“返璞归真”了。当然,精美的简历固然对于求职有着不小的帮助,但对于本科或硕士应届生来说,对于你们所申请的岗位来说,其实制作一份“合格的”简历便足矣。而我的这一观点,近几年来,在私下沟通的过程中,也得到了足够多的负责招聘法律岗位的人事部门负责人的同意。那么,什么样的简历能满足“合格”的要求呢?对此,我的回答如下:

首先,这份简历必须包含所有必要信息,相应信息包括求职者的个人基本信息、教育背景、绩点与标准化考试成绩、个人荣誉、实习经历、活动经历、学术经历与个人兴趣爱好。

具体来说,个人基本信息包括,但不限于:求职者的姓名、性别、籍贯、户口所在地、手机或微信号码、电子邮箱地址、收发实体邮件的联系地址与个人证件照等;教育背景包括,但不限于:求职者所就读高校、院系、具体专业与相应起止时间等;绩点与标准化考试成绩包括,但不限于:求职者的总绩点、法学相关课程(专业课)绩点、成绩特别优异的课程清单、[1]英语标准化考试成绩与法考成绩等。

其次,实习经历、活动经历与学术经历需要倒序展示,即:越靠近求职者预计毕业时间的活动,应当越优先展示于简历中,并注明起止日期与求职者的具体职位和分工;同时,对于这一部分内容,尤其需要注意根据用人单位的岗位需求进行“战术调整”,这是一件很有学问的事,同学们请好好做功课。举例来说,对于过往的实习经历,一定要写具体,工作内容千万不要笼统,如“参与 XX 企业上市”“参与 XX 收购 XX 项目”。因为简历的工作内容一定要是我们亲自参加过,并且能够对答如流的,所以当你简历里说参与了某企业上市交易时,如果面试合伙人真的让你把上市的流程描述一遍,你确定自己真的可以表述的清楚吗?正确的做法是具体做了什么就写什么,如“参与尽职调查并撰写历史沿革部分”“协助项目交割并起草交割确认清单(closing checklist)”、“起草董事会

[1] 例如绩点满分的专业课或百分制评分体系下总分超过 90 分的专业课。

决议”等内容。一般没有必要出现企业的名字，这些内容可以留在面试的时候再细说。

再次，重点回答几个我常年遇到的与简历“兴趣爱好栏”相关的问题。第一，简历一定要包括这一栏信息吗？我的回答是“最好有（即使你认为你在学业方面的表现特别优秀）”。特别是在简历没有令人“惊艳”的教育及实习经历的情况下，尽量把自己塑造成一个拥有兴趣爱好的普通年轻人其实更好，毕竟一味地表达自己多么热爱工作只会让你的形象与内容单薄的简历产生冲突。第二，什么样的活动算“兴趣爱好”？我的回答是“你定期从事的一项对你的‘三观’持续产生影响或对你的某种能力持续进行提高的活动；但‘爱学习’不是兴趣爱好”。第三，“性价比最高或‘不花钱’就能培养的兴趣爱好是什么？”我的回答是“阅读并整理读书笔记”。第四，“我有多个爱好，应当如何取舍？”我的回答是“爱好最好不超过两个，如果你必须从众多爱好中选两个，我建议你选择投入时间最多的两个”。对了，千万不要编造自己的爱好，这件事没办法瞒天过海。

关于简历，还有一项内容具有举足轻重的地位，那就是简历的“排版样式与文字编辑技巧”。这一部分内容，我推荐大家分三步来掌握：第一，简历的内容原则上不要超过一页，且千万不要出现任何错别字；第二，请在“各大平台”搜索相关攻略或教程，通过自学了解最重要与最核心的排版技巧；第三，比对各类“模版简历”，使用已掌握的方法和技巧，将个人信息与关键内容逐一进行添加，并在必要时修改模版简历；使之在视觉观感与内容呈现方面尽量和谐。在此过程中，请记住，模版并不是“标准答案”，只是参考，好的简历往往就是在不断比对各种模版简历的基础上不断进行修改而得到的。

最后，当你面对自己的简历初稿时，要时刻问自己这一行存在的目的是什么？如果之后这份简历帮你获得了面试机会，面试官为什么会认为这一行的内容会使你成为一个“更加合适的人选”？面试官可能因此问你什么问题？你如何回答这个问题或说一个生动的故事从而给他留下深刻的印象？顺着这个思路，参照具体的岗位要求，你才能得到最终的简历定稿。

✍ 面试与笔试

投递完成个人简历后，如果一切顺利，同学们就将收到求职单位发来的面试与笔试邀请。在此，我们着重对求职面试的主要技巧进行介绍。因为不同单位的笔试要求往往五花八门，具体介绍不具有可行性也毫无必要。[1] 但需要提醒大家的是，在法律行业，绝大多数人单位的笔试内容一般都会围绕两个要点展开，那就是求职者的专业能力与外语水平。

面试的言行举止

从我个人的经验和观察来看，本科生的求职面试，一般时长不会超过20分钟。无论你个性如何"腼腆内向"，至少在这20分钟里，你要尽力让面试官觉得"舒服"。这不仅取决于你说了什么，更取决于你的"一举一动"。而如果你要让他人感觉舒服，你自己首先要觉得"自在"。这意味着面试时你不能紧张，要显出自信和友好。如何做到这几点，我的建议如下：

第一，端正态度。什么是"态度"？想象你困在深井好几天，饥寒交迫，这时面试官的脸出现在了深井的另一头。你肯定会不顾一切下意识的呼救，你说话的内容也许会语无伦次，但你肯定会表现出正确的态度（即求生的渴望）。与之类似，面试求职时，你是在为了个人独立生活而战，所以表达正确的态度——认真、严肃、得体——是成功面试最基本的前提。

第二，保持微笑。微笑确实有魔法，能把整个面试交流的基调瞬间定格的轻松和友好，双方能更快放下作为陌生人的戒备，而持续的微笑还给人一种温暖的感觉。所以，在进入面试房间落座后，请记得给你的面试官一个真诚的微笑。

第三，学会眼神交流。有人说眼神交流才是真正的交流。但眼神交流要自然，比如，说话时不逃避面试官的目光；面试官提问时，认真倾听并保证不断的眼神交流；思考如何回答时，可以转移眼神，看看面试官"周围的空间"。当然，如何显得自然肯定是一件因人而异的事情，大家可以在下文提及的模拟面试环节中不断调整自己的"自然感"。

第四，"模仿"面试官。这一点很多同学可能"闻所未闻"，举个例

---

〔1〕 不过在各大平台长期有用户兜售各用人单位（主要是各大律所）的"笔试真题"，我们团队也收集整理了不少这类资料并向相关律所工作人员进行求证。我们得到的答复是，大部分相关资料可以分为两类：一类完全是"凭空杜撰"；一类则是"已经过时但有参考价值的真题"。在此提供相关信息，仅供同学们参考。

子:如果面试时你看到面试官下意识摸了摸自己的脸颊,你也可以随后如此为之;如果对方往后倾一下,你也可以倾一下。这样做是为了迎合心理学的一个理论——人潜意识里喜欢和自己相似的人。最初进行求职时,我特别怀疑这个理论,但是尝试几次之后,我觉得特别有用。在面试中,我模仿了面试官的肢体语言后,就感觉整个交流的气场变了。因为只要模仿地比较自然并稍微延迟一两秒模仿,其实没有人会注意到这一点。此外,你的模仿不能“用力过猛”,换言之,你的动作幅度永远要“小于等于”面试官的幅度。此外,模仿也要注意区分面试官的性别,如果对方是女性,并偏好不时轻触自己的长发,作为男性面试者,我认为还是“无动于衷”比较好。

第五,留下“话头”。在面试结束时,正常情况下,我们一定要做到的是礼貌的进行告别。但如果你对面试的整个环节“掌控自如”,你一定会在面试的最后发现,有一些话题,是面试官有意无意提起,你却没有来得及回答或详细展开的。对于这些“没聊完”的问题,在起身离开时,除了告别,你还可以微笑着告诉面试官,希望有机会能继续进行沟通和讨论。这一点很重要,会让面试官觉得你很“有心”,我曾不止一次在面试后偶遇当时的面试官,对方见我的第一个话题话除了打招呼,就是问我“还记得当时面试我们没聊完的话题吗”?

总结一下,一场成功的面试,态度是根本,保持微笑很重要,注意恰当的眼神交流,保持身体放松,适时模仿对方的小动作是可以贯穿始终的小技巧,并且它们都会被作为“加分项”,体现在同学们的言行举止之中。而在面试的最后,如果还能够留下一个有心的话题并以此告别,那就最好不过了。

面试谈话清单

除了言行举止的建议外,如果想要在激烈的面试竞争中脱颖而出,准备一份“谈话清单”是非常必要的。谈话清单就是一条一条汇总所有面试时可能提及话题的笔记,如上文所言,其一般会围绕着你的简历展开并发散。按照这个思路,谈话清单其实可以分为两部分内容:一部分直接与简历信息相关,这一部分的清单是用来“防守(即回答问题)”的;而另一部分内容可以被视为前一部分的延伸与拓展,它的首要目的是用来避免无话可谈的尴尬,并且在可能的情况下,将面试话题引导到对你有利(即适合展现你的优点)的内容之上。

很多同学可能认为面试的状态就是“你问我答”,可实际情况是,面试到中途"空气突然的安静"并不罕见。换言之,不少面试官并不会主动"保持话题",在必要的问题问答结束后,很可能面试官就会把接下来的时间交给你,甚至直接问你"有什么想要问的问题吗?"实际上,这也是一种对你的综合能力的十分恰当的考查方式。如果你不为可能的冷场或反问做好准备,这场面试失败的可能性就要大大增加了;而如果你"有备而来",你甚至可能因此改变一场结局本已注定的面试。[1]

此外,对于本科生来说,以下几个问题是你在本科寻找实习期间几乎一定会被问及的,你可以在面试前提前进行准备。

1. 为什么选择学法律?
2. 为什么选择这家律所/公司/机关单位?
3. 毕业后的学业与就业规划。

其他注意事项

除了以上核心要点外,在面试中,如果同学们能够注意下述事项,也会对你的面试表现加分不少。具体来说:

第一,学会赞美。不管一个人有多大的权力,有多高的地位,本能都会让他喜欢被认同和赞美。我被夸奖的时候,也会不自觉地对对方产生好感。但这种赞美不能脱离实际,应当真诚而自然且不卑不亢,否则那就是谄媚与拍马屁。这种夸奖,当然也要建立在你对面试官的充分了解之上。比如在准备一次暑期实习面试时,我通过在该律所工作的前辈得知某位管理合伙人一定会出现在"终面"[2]之中。我随后在律所的官网看到这位合伙人能说多种语言,而我恰好又去过以这几种语言为母语的国家。那天面试刚介绍完自己,我就笑着问道这位管理合伙人,我在这几个国家都待过,一句当地语言都没学会,你是怎么找到时间学习这

---

〔1〕 以我(本部分主要作者胡启鹏)个人经历为例,在面试时,我主动提及自己的爱好是"脱口秀/即兴表演(improv)",之所以选择它,是因为我觉得很多美国面试官会对中国留学生有先入为主的印象,那就是比较内向,英语口语不流利,对于美国本土的"人情世故"缺乏了解,因此肯定不擅长"和美国客户打交道"。而善于用英文进行即兴脱口秀表演,肯定代表着我对这几方面还是有一定自信的。虽然在面试时我并没有和所有面试官聊到这个爱好,但面试结束后的接待活动中,记住我的面试官不一定都能叫出我的名字,但都会和其他人说我是"会 improv 的中国留学生"。

〔2〕 不少公司和律所都会安排多轮面试以层层筛选求职者,所谓"终面"一般指的就是"大老板(即公司法务部门负责人或律所管理合伙人)"所主持的"最终轮次的求职面试",通过这次面试,求职者一般就能获得入职或实习邀请。

几种语言的？他一听到这个问题就很惊讶,但很自然的笑了笑,在问了我一些基本的问题后,就和我谈了五分钟他在学生时代学习语言的经历与感悟。

第二,避免“嘴碎”。一方面,这指的是同学们在面试时,要尽量避免不断重复无意义的口头语,比如“然后、就、那个”或者“Um …/ you know / I mean”等。曾经不止一次我听到前辈提及,这类话语在面试时就像“brain fart(在大脑里放了个屁)”。面试时你每重复一次这些无意义的口头禅,面试官对你的印象就要下降一分,在注重言谈的律师行业尤其如此。另一方面,这还指的是同学们在面试时不要有多余的废话。什么是“废话”？在我看来,面试时,你对任何问题的回答都应该“直入主题”,所有与之无关的内容都是“废话”。

第三,学会倾听。正确的倾听面试官表达的内容也非常重要。很多时候——尤其在我也成为面试官后——我发现,当面试官说话而非提问时,同学们只是在“保持安静”或思考接下来说什么,根本没有听面试官说了什么。这样的面试者,很可能既思考不好,也倾听不好。所以当面试官说话时,我建议同学们全神贯注地倾听。一边听,一边思考如何“接话”。这样,当面试官说完时,你自然就能说出“迎合”或符合面试官期待的话题。

第四,不要打断面试官。无论什么情况,人都会因为被打断而不开心甚至是恼怒,在面试环节,这也会让面试官不自主地对你产生不满,甚至觉得你“没有礼貌”。在不少场景下,或是出于对谈话内容的强烈兴趣,或是预测到了面试官接下来的问题,或是急于展现自己,总有同学会自作聪明的通过打断面试官来展示自己“机智的预判”。请不要这么做,这一点很容易被忽略,但同时又非常重要。[1]

第五,注意语速。无论面试官的语速是快是慢,你一定要保持一个对方听得清,你说的也“不紧不慢”的速度。语速太快不仅会让面试官难以跟上你的表达,而且还会暗示面试官你其实很紧张。说得慢一点,多停顿,多呼吸,这样既能让对方听得比较舒服,又能显示出你说的话是

---

〔1〕 与之相关的另一个问题是,如果面试官打断你,你应该怎么办？对此,我的建议是,无论你在被打断的那一刻真实的情绪如何,请不要流露出不满,没办法,谁让对方是面试官呢？而如果对方打断你之后说出的话确有道理,你如果还能表现出“恍然大悟”的神情,停顿几秒“咀嚼吸收”一下面试官的“谆谆教导”,那种“醍醐灌顶”的感染力将是非常强大的。

经过深思熟虑的。[1]

模拟面试

模拟面试的重要性怎么强调都不为过，如今越来越多高校、法学院系与学生社团都会为在读生举办模拟面试活动，而不少同学会选择不参加这样的活动，我觉得非常可惜。我建议，在可能的情况下，尽量多参加模拟面试，甚至你可以和同学好友互相模拟面试，并主动要求你的模拟面试官给你反馈意见。比如你的微笑是否得体，眼神交流是否自然，是否有多余的动作或语言等。然后你要认真地总结思考他们的反馈并尽快改进。

甚至在条件允许时，你还可以把自己的表现用视频录下来，然后反复观看自己的"表演"，尝试从面试官的角度评价自己。一开始这让我非常不舒服，非常尴尬，但当我认真记录并逐一列明自己的问题之后，我发现我的提高非常迅速。后来我和一些美国的律所"大趴"[2]聊到这一点，对方告诉我"这是当然的事情"，因为这就和职业运动员反复观看自己的比赛并复盘整个过程从而提高自己一模一样。

6.2　成为公务员

本节将要介绍的，是进入体制内的求职方法和渠道。不过我想首先提醒一下同学们，在接下来的阅读过程中，你大可跳出之前"法律公职人员"的知识背景，以一种更加"开阔"的视野来审视本节的内容。因为通过本节介绍的方法，你不仅可以成为法官助理与检察官助理，你也可以成为我们先前介绍的其他司法与政法机关的法律公职人员，你还可以成为所有其他国家机关的公职人员——只要你符合相应岗位的报名门槛与要求。对于处于择业期[3]的应届生来说，成为公务员有"公务员考试"与"选调生项目"两种主流方式。现依序介绍之：

---

〔1〕 不少法学院时代经常参加模拟法庭或辩论赛的同学总认为语速快是"优点"，其实走进法律职场后你会发现，绝大多数情况下，这是一个不折不扣的缺点。

〔2〕 律所合伙人英文为"partner"，通常被口语化为"趴（par）"，而"大趴"一般指的就是极为资深或拥有丰富工作经验的律所合伙人。

〔3〕 根据有关规定，高校毕业生从毕业之日起两年内均视为处于择业期，择业期内未落实就业单位的毕业生可以享受应届毕业生同等待遇。一般来说，如果你没签三方、没交过社保、档案还在学校或者就业指导中心，两年内依然被视为拥有应届生身份。

✍ 公务员考试信息的发布

首先,我们先来好好聊一聊公务员考试,这个考试多年来被广大考生简称为"考公"。考试的第一步,自然就是备考。研究当年考前由官方发布的"招考公告",可以说是备考公务员考试最重要的步骤之一,因为相关公告会披露:(1)招考范围、招考对象和条件;(2)录用单位、职位与计划(名额);(3)考试录用的方法和程序;(4)报名时间、地点及报名时应审查的证件;(5)笔试的科目、时间和地点;(6)面试办法;(7)笔试、面试成绩公布办法;(8)录用的程序和方法;(9)其他须向考生说明的事宜等相关的信息。

公务员招考公告一般会在各权威纸质媒体与考试组织机关部门的官方网站发布,当然,各类考公培训机构、网站和手机 App 也会同步实时更新相关信息。而接下来我们介绍的所有信息,就来自于对过去与公务员考试相关的公开信息的总结,等到同学们真正要开始准备公务员考试时,我一定要提醒大家,不要以本书介绍的内容——而一定要以当年公务员考试组织单位发布的"招考说明""招考简章"与类似性质文件为依据,合理进行备考规划与岗位抉择。对于这一点,下文不再重复,但希望同学们务必牢记。

✍ 公务员招录的基本流程

根据《公务员法》的规定,录用担任一级主任科员以下及其他相当职级层次的非领导岗位公务员,采取公开考试、严格考察、平等竞争、择优录取的办法。所以,在我国,通过公务员考试是"从零开始"成为公务员的基本方法,公务员考试招录的,一般也都是初级公务员。那从参加公务员考试到正式成为公务员,总共分几步呢?整个流程大致如下:

第一步,你需要符合报考所有公务员岗位都必须符合的基本条件,即:"(一)具有中华人民共和国国籍;(二)18 周岁以上、35 周岁以下,应届毕业硕士研究生和博士研究生(非在职)年龄可放宽到 40 周岁以下;(三)拥护中华人民共和国宪法;(四)具有良好的品行;(五)具有正常履行职责的身体条件;(六)具有符合职位要求的工作能力;(七)具有大专以上文化程度;(八)具备中央公务员主管部门规定的拟任职位所要求的其他资格条件。"

除了这个基本指标外,还有不少岗位要求报考者需要"具有 2 年以上基层工作经历”,不过这些岗位一般和应届生所能报考的岗位是分开投放的。这一般指的是在“县级以下党政机关、国有企事业单位、村(社区)组织及其他经济组织、社会组织”工作的经历,实际上,这个范围是非常宽泛的,因为该要求的最后两个部分,即:“其他经济组织和社会组织”实际上囊括了大部分以公司、企业为核心的市场主体,其中,自然也包括律师事务所。最后,同学们在报考相关岗位时,还要特别留意不同岗位的其他门槛,以上列举的,其实只是“最基本的”要求。

第二步,你需要选择岗位,完成报名。具体来说,每年公务员考试之前,各用人单位都会发布“招考公告”(当然,也有各种信息平台和 App 会搜集汇总并实时更新这些信息),同学们需要根据当年发布的最新招考公告核实考试方式、考试内容与具体岗位要求;对于有疑惑的部分(比如对于自身是否符合岗位报名条件),同学们一般都可以直接电话咨询用人单位;确定具体职位后,在指定日期,登录指定网站,根据流程网上完成报名即可。〔1〕

第三步,你需要准备并参加公务员考试。考试包括笔试和面试,通过笔试才能进入面试。通过面试之后,还需要进行体检,随后便是政审与公示,公示通过,待考生正式毕业后,便可直接前往单位报道。关于这一流程,有三点事项需要提醒同学们注意:首先,体检和政审环节绝不是“走形式”,这几年的趋势更是如此,同学们通过面试后,也要认真准备;其次,如果同学们的父母是“失信人”,即我们常说的“老赖”,这也很有可能会使得你无法通过政审;最后,即使完成了所有这些流程和步骤,同学们依然要确保自己一定可以准时毕业,否则便是“空欢喜”一场。

✍ “国考”和“省考”与招录机关单位

习惯上,依据公务员考试负责招录的机关单位的不同,在进行岗位选择、备考甚至就业规划时,准备“考公”的同学会将公务员考试分为两个基本类型,那就是“国考”与“省考”。通过前者上岸的公务员,往往被称为“国家公务员”,通过后者上岸的公务员,一般被称为“地方公务员”。接下来我们对公务员考试的介绍,也会依循这一“民间分类方式”。之所以用“民间”一词,是因为在官方话语体系中,从来没有特别

---

〔1〕 不过需要注意的是,后文提及的选调生在考取之前是没有选岗环节的,而部分地区则需要通过笔试之后才会要求考生进行选岗。

或专门区分过“国家公务员”与“地方公务员”这两个群体,因为所有公务员都是国家公职人员,都是“人民的公仆”,大家拥有共同的使命,绝无“国家”和“地方”之分。

国考又称“国家公务员考试”,一般指的是由中央和国家机关及其直属单位提供岗位、负责招录的公务员考试。同学们如果选择参加“国考”,就要从为数众多的“国考岗位”中进行抉择。那国考岗位具体包括哪些呢?按照相关文件——尤其是考试职位报名表——的分类,国考岗位可以分为如下四类:(1)中央党群机关;(2)中央国家行政机关(本级);(3)中央国家行政机关省级以下直属机构;(4)中央国家行政机关参照公务员法管理事业单位(即参公单位)。现依序对这四大类提供岗位的机关进行简要介绍:

中央党群机关

中央党群机关包括:(1)党中央组成部门及其直属事业单位;(2)人民代表大会(人大)和中国人民政治协商会议(政协)相关机构;(3)司法机关(法院和检察院);(4)群众性团体组织;(5)民主党派机关。

党中央组成部门及其直属事业单位主要指的是中国共产党内部的组成部门与直属事业单位,我们在前文重点提及的中纪委与中央政法委就属于“组成部门”,此外,这类部门还包括但不限于:中共中央办公厅、中央组织部、中央宣传部等。而党中央直属事业单位则包括中央党校、中央党史和文献研究院、人民日报社、浦东干部学院等。

人大和政协的相关机构主要由办公厅、办公室与各类专门委员会组成。以全国人大常委会下辖的办公厅为例,其下辖部门包括但不限于:秘书局、外事局、新闻局、全国人大信息中心、全国人大图书馆等。

法院和检察院在前文已经具体介绍过,此处不再赘述。

群众性团体组织,简称“群团组织”,是我国社会团体中的一个专门类别,具有一定的“政治属性”。根据中央机构编制委员会办公室的公开数据,我国现有“群团组织”共22家,如:中华全国总工会、中国共产主义青年团中央委员会、中华全国妇女联合会、中国文学艺术界联合会、中国作家协会、中国科学技术协会、中国国际贸易促进委员会、中国残疾人联合会、中国红十字总会等。

“民主党派”不是一个泛称,它特指我国的“八大民主党派”,它们是我国多党合作制度中除中国共产党之外的八个政党的通称,这些党派作为参政党接受中国共产党的领导,具有参政议政的职能,它们包括:中国国民党革命委员会、中国民主同盟、中国民主建国会、中国民主促进会、中国农工民主党、中国致公党、九三学社和台湾民主自治同盟。

中央国家行政机关(本级)

中央国家行政机关(本级),通俗理解,就是我国中央行政机构(即国务院)与其下属的各单位与部门,具体来说,它们包括但不限于:(1)国务院办公厅;(2)国务院组成部门26个(如外交部、国家发展和改革委员会、商务部、司法部、中国人民银行等);(3)国务院直属机构(如海关总署、国家税务总局、国家市场监督管理总局等);(4)国务院办事机构(如国务院研究室);(5)国务院直属事业单位(如新华通讯社、中国科学院、中国社会科学院等)。

中央国家行政机关省级以下直属机构

这一类机构,指的是国务院系统各部门直属或派出在全国各地的办公机构,也是日常生活中,和同学们生活"交集"最多的国家机关。以中央国家行政机关(本级)中介绍的"国家税务总局"为例,其在全国各地的直属机构自然就是各省、市、县的"税务局(比如国家税务总局上海市税务局)"。以此类推,大部分上一段落介绍的国务院的部门,都会以类似形式,在各省、市、县等行政区划内派出相应机构,行使相应职能。

中央国家行政机关参照公务员法管理事业单位

参公单位,我们已经在之前介绍过,这类单位的公务人员,一般被称为"参公人员"。从技术上说,他们并不符合之前提到过的有关公务员的三个定义,因为他们的工作编制属于事业单位,但现实中,参公人员与公职人员能够直接实现岗位之间的调动与晋升。所以一般这类单位的公务人员,也会在国考时与前述单位一同招录。典型的这类单位有档案局、城管执法局、旅游局、社保局、供销社等。

那么在每次的"国考"中,以上几大类机关单位提供岗位的数量是多少呢?以上图总结的2021年国考为例,根据公开资料统计,中央国家行政机关省级以下直属机构所提供的岗位,占到当年国考总岗位数的83%,其招录的总人数,占到当年国考招录总人数的89%,这一趋势和占比,也基本和近几年持平。

通过国考招录的公务员实施"垂直管理",即其管理权并不归属于机关所在地政府(例如,上海市税务局的最高管理权限归于国家税务总局)。换言之,其工资、各类福利待遇以及组织和人事关系,均服从"国

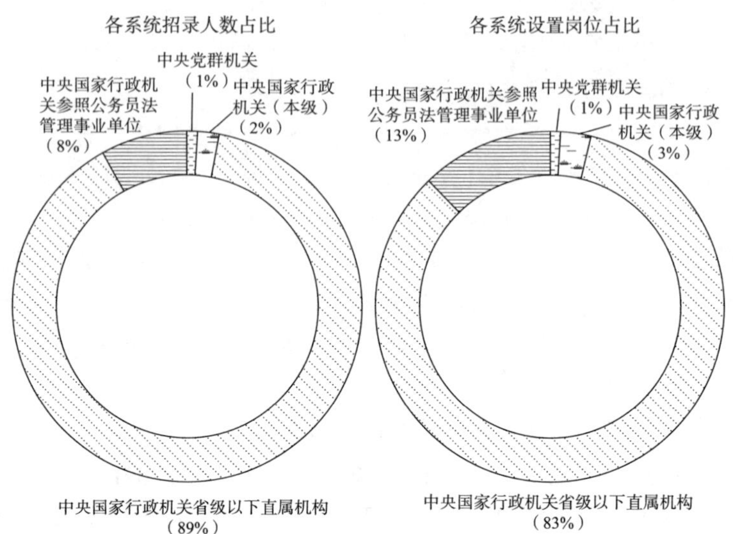

税系统自上而下的管理”。

国考开放报名时间一般为每年 10 月，报名网址为国家公务员局官方网站，考试时间一般为每年的 11 月底或 12 月初的周末。

省考岗位

而省考，其实更像是一个“统称”，它泛指由各省的省委组织部门和公务员管理部门负责招录的公务员考试。许多省考岗位在职能上其实和国考岗位相似，比如由地方各级党政机关提供的岗位。如果非要说区别，那最大的区别大概就在于这些机关单位处于“地方”而非“中央”。通过省考招录的公务员自然由地方部门管理，管理机关往往是对口人事组织部门。

以多省 2022 年发布的拟录用省直属机关职位表为例，其提供的岗位均包括但不限于：(1)省政府组成部门（如省财政厅、省教育厅、省民政厅）；(2)省政府直属机构（如省广播电视局、省体育局、省医疗保障局等）；(3)直属事业单位（如机关事务管理局、地质局、供销合作联社等）以及省高级人民法院和省高级人民检察院等。

就考试安排来说，省考比国考复杂一些，当然，其中一个很显然的原因就是我国有三十个省及直辖市、自治区，每个省和自治区都有资格单独组织本地区的公务员考试。一般来说，一些经济相对发达的省份和直辖市,比如北京市、上海市、浙江省等,会单独举行省考。而不少其他省份,则会选择以“联考”的形式统一招录地方公务员。

省考的具体时间,就需要大家在每年的下半年提前关注了(同样,不少网站和App也会实时搜集汇总相关信息)。一般来说,省考的持续时间较长,从当年年底到次年年初(对于应届本科生来说,形象理解,就是从大四上学期最后两个月持续到大四下学期前两个月),在此期间,不同省份都可能安排本省的省考或举办多省联考。而省考的报名网址,一般也都设于各省的人社部门或考试组织部门的官网。

还要提醒同学们一点,那就是国考和省考并不存在“二选一”的问题,只要在时间上允许,同学们完全可以先后参加国考与多个省份的省考。比如,很常见的情况是,如果我的学员计划在本科或研究生期间“上岸”,他们一般都会在本科或研究生最后一个学年,陆续报名国考和多个省份的省考。

✍ 考试的内容

从考试内容来说,国考和省考都分为初试(笔试)与复试(面试)两部分。无论是国考还是省考,初试的基本考核内容试题都是围绕“行政职业能力测试(即行测)”与“申论(通俗理解,即要求考生撰写有关时事热点的议论文)”展开;当然,部分岗位会加试与岗位直接相关的专业知识内容。

国考初试,根据考生报考岗位的级别不同,试卷还会分为“省级以上(含副省级)职位试卷”(俗称“副省级试卷”)与“市(地)级以下职位试卷”(俗称“地市试卷”)两类,两类考试的核心内容也均为行测与申论。简单来说,副省级与地市级试卷在行测部分,难度差异不大,副省级试卷略难一些。而在申论部分,两者的考题数量和难度,差异较为明显,副省级试卷一般均难于地市级试卷。

省考初试,考试内容与国考基本一致,区别在于题量、难度与侧重点不同。早期复习阶段,如果同学们同时准备国考与省考,可使用国考备考教材同时复习这两类考试,一般来说,同学们只需要在考前,针对国考与省考的不同侧重点,有针对性的复习即可。不过特定地区的试卷(比如上海市和广东省)在内容编排上还是会有一些比较突出的不同,需要同学们专门进行准备。

只有通过初试,同学们才有资格获得面试资格,那如何才能通过初试呢?这里用具体的例子说明会比较形象直接,假设某岗位拟招录 10 人,该岗位有 100 人报名参考,那么在初试阅卷结束后,这 100 人会将按照分数由高到低进行排序。这时,根据考试的性质与该单位的具体规定,用人单位会按照一个比例取排名靠前的若干考生进入复试。比如,若该单位的“计划录用与面试人数比”常年定为“1:3”,则该单位便会将这 100 人中初试分数排名前 30 的考生“放入”面试。

国考与省考的复试——即我们常说的“面试”——形式上也基本是一致的,采用的都是被称为“结构化面试”或“标准化面试”的方式。具体来说,面试阶段,考生的所有具体信息都会被“抹去”,走进面试考场,理论上说,所有考官都不会知道你是谁,你从哪里毕业,学生时代成绩如何,有过什么荣誉。考官只会单纯就你的面试表现进行标准化的评价与打分。相应的,面试题目也是高度“标准化的”,你不会被问及与个人信息相关的问题,面试一般每人持续 15-20 分钟,面试题一般不少于 3 道,不超过 4 道。

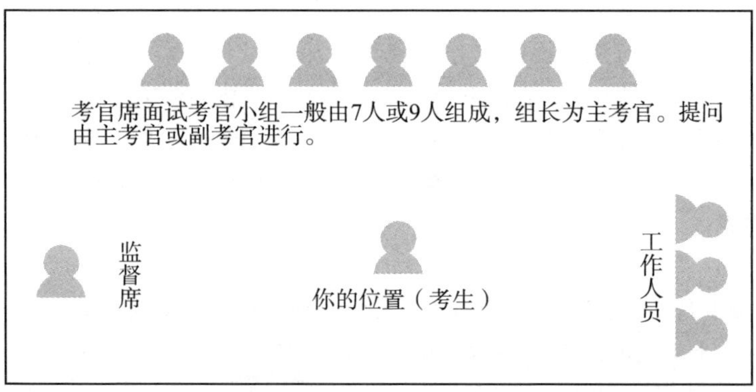

总结

至此,我们对公务员考试提供的各类岗位的基本性质与考试本身的相关重要信息进行了必要的介绍。细心的同学们或许发现,和之前的考试介绍相比,我们似乎遗漏了一些内容,比如如何在不同的公务员岗位之间进行抉择以及如何详细的备考公务员考试。在本书的撰写阶段,坦诚地说,其实我们对相关内容,都做了大量的资料收集整理工作,也采访了“考公名师”与“岗位报考专家”,但最终,考虑到这些内容与“法学院”的主题确实有些“相距颇远”——大部分公务员岗位其实从事的并不是法律工作,分析如何进行岗位抉择在本书中就显得有些“跑偏”——我们还是将其在定稿中进行了删除，希望大家可以理解。

✍ 选调生

选调生，指的是被中央及地方党委组织部门有计划地从高等院校选拔的应届大学本科、硕士及博士毕业生群体。在被选为"选调生"后，他们直接获得公务员编制，毕业后首先要到基层工作，随后根据在基层工作的表现"定职定岗（即根据相应工作考核评价确定最终岗位与职务）"。选调生制度的初衷，就是选拔品学兼优的年轻公务员作为领导干部和县级以上党政机关工作人员的后备人选与培养对象。

同学们只有以在校生的身份才有机会报名参与选调生的选拔，一般来说，选拔程序分为如下几个步骤：（1）在选调生项目开放报名后，以"自主报名+学校推荐"形式，确定参与选拔流程的人选；（2）相关组织部门随后对相关人选进行初步审核；（3）通过审核后，同学们要参加针对选调生的笔试与面试，随后根据综合成绩与选调生名额确定"拟录用"人选并安排体检；（4）随后组织部门要再次对这些人选进行审核，从政治素质、学习成绩、校园表现、道德品行等多方面进行全面评价；（5）通过这一轮的审核与体检后，组织人事部门会对拟录用人选进行公示，公示期间若无异议，则可按照相关程序办理录用。公示期间出现异议，经组织调查核实，确不符合录用条件，则取消拟录用资格；（6）录用后，现在几乎所有选调生都要"下到"基层进行"锻炼（当然，具体锻炼的'名义'可能因选调生具体身份的不同而有所差异）"，时长以"年"为单位。这段时期的表现，对于选调生职业生涯初期的发展，尤为重要，所以在此特别提及，同学们要有"去基层吃苦，为人民奉献"的觉悟。

不过上述流程描述，实际上是一个较为笼统的"基本程序"，因为在现实中，根据选调生具体种类的不同，具体的流程细节还是存在诸多较为显著的差异的。比如，一个比较重要也比较现实的差异是，不同选调生项目对于同学的户籍地、生源地会有要求，这就需要同学们提前及时了解本校选调生项目的具体政策再做抉择了。那此时同学们肯定会问，选调生有哪些种类呢。一般来说，选调生分为三种，它们分别是中央选调生、定向选调生与普通选调生，现依序介绍之。

中央选调生

中央选调生，是由特定大学直接向"中央机关"推荐的在校生。他们在经过选拔考核后，将在毕业时直接成为相应"中央机关"的公务员。

这里需要强调一点的是,中央选调生之所以特殊,就在于其“岗位的确定性”。换言之,同学们在中央选调生的招录阶段,就是以特定岗位为目标进行选拔的,在被录取后,也不存在再次确定岗位这一环节。

以本书写就之时正在进行中的2023年“中央选调生”项目为例。本次中央选调项目只向几十所大学开放,〔1〕其中专门的政法院校在本书写就之时,根据信息披露来看只有一所。至于中央选调生项目提供的具体岗位,由于相应岗位列表原则上只向拟参与项目的同学开放,故在此,我们仅给出网络公开资料中的“回忆版”供同学们参考。〔2〕

此外,相较于普通公务员考试,中央选调生的报名要求相对而言也较高,比如要求候选人具备中国共产党党员或预备党员身份、一般至少需要具有硕士学历、必须获得“校级及以上优秀学生干部、三好学生或优秀毕业生(获得其中一项即可)”荣誉并且“具有良好的政治素质、品学兼优、有较强组织和实践能力”。最后一组标准,其实在现实中意味着候选人在校期间应具有担任重要学生干部岗位〔3〕的经历。

中央选调生一般在每年的十月初开放报名,笔试与国考相同;换言之,报名中央选调生的同学,在初试阶段,只需要参加当年度举行的国考笔试即可,你所取得的成绩将直接用于中央选调生项目面试资格成绩排名之中。就录取人数来说,2019年,根据公开资料报道,最后录取的中央选调生人数只有数十人;2020年中央选调生计划招录人数为258人;2021年计划招录人数为284人,2022年为317人,本书写就之时刚刚公布的2023年中央选调生共计划招录385人。

总体来看,中央选调生项目选拔人数少、竞争人选都极为优秀,且只向特定大学开放(即相关选调项目信息只在学校内部渠道传达);换言之,绝大部分同学们在大学时代,是无法获得参与中央选调生项目的机会的。

---

〔1〕 本书写就之时,通过网络公开渠道的信息检索可以得知,2023年有资格推荐在读学生参与中央选调项目的大学包括:北京大学、清华大学、中国人民大学、上海交通大学、复旦大学、浙江大学、南京大学、武汉大学、华中科技大学、中国科学技术大学、东南大学、中山大学、南开大学、山东大学、西安交通大学、哈尔滨工业大学、天津大学、四川大学、吉林大学、同济大学、厦门大学、中央财经大学、中国政法大学等。由于中央选调项目信息只在大学内部进行传达,所以此处列举的大学肯定不是一份“完全”的名单。

〔2〕 具体情况参见 https://www.163.com/dy/article/HK02I6E705169TBH.html。

〔3〕 此处的学生干部,可能包括:校或院系团委或党、团支部书记、副书记,校或院系学生会主席、副主席、部长、副部长,班长、副班长等。

定向选调生

定向选调生是各省与直辖市的相关机关和部门（一般为省直属机关与市直属机关）面向传统“985”“211”“双一流”与具有地区知名度的特色院校和海外知名院校同学开放的选调生项目。“定向”通常意味着同学们在报名相应项目的阶段就需要对岗位进行选择，被招录后，也不存在后期“定职定岗”的环节。[1] 这一点上，定向选调生和中央选调生是一致的。与中央选调生相比，定向选调生的不同之处有如下几点：

首先，定向选调生项目的“入围门槛”（无论是从毕业院校还是从个人条件来看），从各省市这几年的趋势来看，相较于“中央选调生”，还是会“低一些”，换言之，能够参与定向选调生项目并被招录的同学在绝对人数上看，肯定远远多于中央选调生。

其次，定向选调生是公开招录的，和公务员考试一样，招录单位会在相应网站发布类似的“招考公告”。通常情况下，只要符合报名条件的同学，在时间允许的情况下，可以像报名国考和省考一样，报名相应考试；不过一些地区也会有例外规定。[2] 不同省市定向选调项目的开放报名时间与考试时间，基本上可以理解为穿插于国考和各省常规省考之间（一般从每年 10 月开始到次年 2、3 月份结束）。实践中，也确实有不少同学，同时准备国考、省考与定向选调生项目。

最后，定向选调项目具有一定的“地域色彩”，以上海为例，上海各市直单位或各区相关部门每年的定向选调项目，一般会对本地大学同学比较“友好”；换言之，一些本地大学在读生并不具有报考其他省市选调生项目的资格，但是因为其在上海就读，上海市的定向选调项目往往会对其敞开大门。同理，其他省份的选调生项目，在报名资格环节也都存在类似的情况。

普通选调生

以中央选调生和定向选调生的概念为参照，普通选调生的概念其实

---

〔1〕 不同省市的规定会有许多差异：以上海为例，市直属机关的选调生一般为专项选调生，区直属机关的选调生一般为定向选调生。专项选调生是上海选调生招考环节比较特殊的一种制度，以 2022 年为例，上海市市属机关面向全国高校共招录了约 200 名应届优秀大学毕业生，这些选调生，就是上海的专项选调生。而这部分选调生在组织对其进行考察之前就需要选岗，而常规定向选调生是在考察之后选岗。

〔2〕 比如上海市，会首先通过简历对报考者进行筛选和面谈，只有通过了这一轮“简历关”，报考者才能参加考试，上海简历关进笔试的比例一般为 6:1。

很容易理解。首先,其与定向选调生一样公开招录,同学们只要报考相应省市的普通选调生项目即可。其次,相较于前两者,其报名毕业院校门槛相对而言更低,一般在“具有党员身份”“具有学生干部经历”与“获得一定级别荣誉或奖学金”三个条件中满足一个即可。比如某省普通选调生的毕业院校要求为“全国普通高校及国家承认学历的海外高校2020年全日制应届大学本科及以上学历优秀毕业生。”最后,普通选调生在招录完毕后需要通过几年的“基层锻炼”进行表现评定,然后再“定职定岗”,这是该项目与前两者最大的不同。

相较于公务员考试,通过选调生项目“上岸”的优势还是比较明显的——尤其在公务员职业生涯的初期,比如:如果能够满足选调生的报名条件,入围之后同学们所面临的竞争相比于传统公务员考试还是轻松不少。在物质待遇方面,选调生在职业生涯初期,一般也稍显优厚。并且选调生项目提供的岗位,相较于统一考试中的“大杂烩”,普遍比较有吸引力。

总体来看,通过选调进入“体制内”,由于在大政方针上,“选调生”被视为后备领导干部梯队中的重要力量,职业生涯前期由各级组织部门直接管理考核,所以在一些机会的分配方面,自然有所倾斜。但同时,还是要说一句有些“题外”的话,那就是这种优势,在现实中,不可能“永远发挥作用”,通过普通公务员考试进入体制内的同学,也不用担心一直“低人一等”,这也显然是不符合现实情况的。

✍ 合同编与劳务派遣

如前所述,在包括司法机关在内的“公家单位”内部,近年来的一个趋势是,越来越多岗位开始出现没有行政编制但工作内容与同岗位行政编制同事几乎没有差异的“合同工”与劳务派遣人员。其中最典型的机关单位,就是法院。如今,全国各地的法院都会以劳动合同形式聘用书记员,竞争最为激烈的聘用制书记员,就是直接与用人单位签约的“合同编书记员”。比如某省高级人民法院,就会定期组织合同编书记员考试,报名门槛一般为拥有全日制法学本科及以上学位,并通过法考、获得A证。通过考试后,省高院会直接与合同编书记员签约,且会定期组织考核,对于表现优异的合同编书记员,也有相应的“转正”考评机制。而相比之下,现阶段检察院的聘用制书记员体系,还不算特别完善,提供的工作岗位也不多,故在此便不做介绍。

除了合同编书记员，无法和法院直接签约的书记员就是我们之前介绍过的“劳务派遣书记员”，一般来说，法院也会定期组织考试，对相应人员进行考核与选拔。这类考试的报考要求往往不会明显低于本单位在正式的公务员考试中发布的要求。在现实中，由于这类员工并不拥有明确的晋升渠道，考生绝大部分都是有志于进入法院但在之前的省考或国考中“铩羽而归”的同学。一边在法院全职工作一边在下班后备考来年国考与省考中的法院岗位，往往是这类劳务派遣人员的工作常态。

✍ 其他项目

除了以上介绍的公务员考试与选调生项目外，近几年来，国家与各地方党政机关也陆续推出了不少其他项目，为有志于服务社会的同学提供相关工作机会，并且相应工作经历，也能够帮助同学们在公务员考试与选调生项目中获得一定的“优势”，这类项目中的代表，就是“三支一扶”与大学生村官项目，我们以前者为例，进行进一步的介绍：

三支一扶项目指的是国家人力资源社会保障部具体负责实施的为大学生毕业后前往农村基层从事支农、支教、支医和扶贫工作的项目的统称。近年来，根据公开数据，国家每年都会选拔几万名“三支一扶”人员前往基层工作，比如，2019 年，全国共计招募相关人员 2.7 万名，2020 年为 3.2 万名，而 2021 年为 3.8 万名。三支一扶项目和公务员项目类似，也会公开选拔并进行相应考试。

一般来说，整个项目服务期为 2 年。服务期满表现合格后，相关人员可以享受一系列后续优惠政策，例如：研究生初试总分加分；不少公务员岗位在报名招录时，会将三支一扶服务期满且考核合格的考生视为应届生且在同等条件下优先录取；还有一些公务员岗位“定向”招收拥有三支一扶经历的考生；甚至在部分地区，符合要求的三支一扶人员还能够在服务期满后直接转为事业单位的正式员工，享有“事业编制”。

此外，各地方省市党政机关近年来还推出了各类“人才引进”计划，相关计划名称不一，政策力度也各不相同，且提供岗位的主体不仅包括党政机关及其直属单位，也可能包括国企与事业单位等等。在此，我们便不再详细进行介绍。同学们如果感兴趣，在本科就读期间，一定要多关注相关信息。

总而言之，现阶段，对于大部分同学来说，本科期间准备国考与省考，是最主流地成为公职人员的方式。对于少部分比较优秀的同学来说,参加各类选调项目的选拔,显然是一定要尝试的。并且从流程上来看,准备国考与省考,并在同时准备相应选调项目,也完全是有实际可操作性的。而其他项目,则更需要同学们根据在校期间所获得的信息作出合理的抉择与规划。

✍ 法律公职岗位报考

介绍完了“通用”的信息,最后,我再简要点评一下与法律公职岗位报考相关的内容。对于想要报考这类岗位的同学们来说,选调、国考和省考当然可以同时准备,前两者提供的岗位相对“高大上”,但从数量上看,后者提供的岗位才是法律公职岗位的主力军。故此处,我们主要以省考相关岗位的报名门槛和基本情况为切入点,进行介绍。

从报名门槛来看,以法院、检察院和司法局为代表的法制工作部门对于报考者的学历要求与岗位所在地区关系密切。比如,在本书写就之时,大多数一线城市的法院岗位都要求报考者的最低学历为全日制法律硕士或法学硕士,这意味着,在这些城市,即使是基层法院,其所招录的公职人员——尤其是法官助理或检察官助理——在大多数情况下都必须是硕士生。与之相对,在三四线城市,相关司法机关或司法行政机关的报考学历门槛往往只需要法学本科学历。

此外,单位级别对于报考门槛也会起到重要影响。这一影响在前述一线城市并不突出,毕竟相应城市所有岗位都需要报考者拥有硕士学历。但在其他城市,比如我的老家,相对而言较为明显。比如,该市基层法院的法官助理报考门槛为拥有全日制法学本科及以上学历,通过法考并取得 A 证。但位于该市的中院与高院一般则要求所有报考者都拥有全日制法学硕士研究生学历,通过法考并取得 A 证。而该市基层检察院的招录,在学历和工作经验要求方面也低于该市市级检察院。

相似的情况也出现在司法行政系统之中,比如某一线城市,司法局招录人数相较于法院和检察院较少,且近年来只通过选调生项目进行招录,要求较高。而该市区级司法局招录人数相较同区法院、检察院人数也较少,报考者需拥有全日制法学本科学位、通过法考取得 A 证且可能需要 2 年基层工作经验。

在单位的选择方面,我并没有太多建议,但可以向同学们介绍一些基本的情况。从“工作是否繁忙”的角度来看,现阶段,在司法改革提倡“减员增效”的大背景下,几乎所有司法机关内部的法律公职人员与行政人员——尤其是年轻人——都是非常忙碌的,加班肯定是一种常态。

如果非要进行区分,以下几点观察,基本上符合大多数地区的法律公职人员职场生态:(1)一般而言,经济发达地区的司法机构,肯定是最忙碌的,因为相应地区市场主体活跃、法律纠纷争议频发、法律服务与司法活动需求自然旺盛;(2)基层单位,无论是法院、检察院还是区一级的司法局,相对而言,都会比“上级”忙碌;尤其是基层法院,可以说近年来是公认最为忙碌的司法机关;(3)相对而言,法院的司法审判工作量——尤其是民事案件的工作量——远高于检察院;但法院,尤其是乡镇法院的工作环境,相对于同一地区的检察院,会更好一些;(4)而在法院和检察院内部,相比于司法业务部门,综合部门的工作其实更庞杂,在实际工作中,也一样忙碌。行政岗位就是“端茶送水”的“职场画面”,早已不复存在。

此外,在同学们选择报考地区和特定级别的法院时,除了通过有关单位的工作人员了解内部工作情况外,通过相关单位发布的年度工作报告,也能够大致了解相关单位的工作量和工作重点。比如,通过法院的工作报告,就能大致了解相关法院的人均办案量与日常工作强度。

最后,除了法院、检察院和司法行政部门之外,同学们千万不要忘记,许多其他从事法律工作的岗位,也非常欢迎法学院的毕业生们报考。政法委、公安系统、各政府部门内部专职负责法律事务的“法制办公室”,甚至是组织人事部门莫不如此。并且不少在法院和检察院有过一定工作经历的法律公职人员还能通过公务机关系统内部的遴选考试“跳槽”至前述单位,实现晋升。更多内容,我们无法在本节一一叙明,所以就留给同学们进入法学院后再自行探索了。

6.3　成为涉外法律人

对于正在法学院本科就读又立志成为职业涉外法律人的同学们来说,最“直接”学业就业规划方案就是在法学院毕业后,在海外国家和地区拥有一段扎实的涉外或国际法律从业经验。而要获得相关工作机会,同学们不仅要了解当地就业市场的岗位要求,而且在必要时,也必须获得当地的律师从业资格——比如,不少大型中国企业在走向海外并招聘相关法律工作者时,也都会提出“拥有丰富的海外工作经验”与“获得相应国家或地区律师执业资格”这样的必备条件。

以此,本节,我们将对两个最大的“海外”法律就业市场进行简单介绍,这两大法律就业市场,应该是除了中国内地以外,中国法学院的本科毕业生活跃最多的就业市场,也为我国法律实务领域培养输送了大量涉外法治人才,它们就是香港法律就业市场与美国法律就业市场。不过,我们的介绍只能算是抛砖引玉,我们的目的也只是希望能为同学们未来的职业发展打开思路,并为中国涉外法律人才的培养打破基本的信息差。

✍ 中国香港法律就业市场概况

香港的法律市场可以说是即发达又拥挤,发达在于香港法作为普通法法系地区,其司法体系的国际认可度很高,大部分非诉业务的交易文件的准据法都是香港法,且很多国际性的争议解决的案件都会选择在香港仲裁。同时,香港对于其他地区的律所也持开放态度,这也就导致了很多不同"牌照(即持有不同国家和地区律师执业资格证)"的律师在香港执业(尤其是来自其他普通法系国家的律师),由于非诉交易中的规则普遍贯通,使得香港本地非诉律师的竞争压力非常大,大部分从内地来到香港工作的律师,从事的都是这类业务。

在香港执业的律师通常可以分为两类,一类是香港本地律师,包括事务律师(Solicitor)和持香港律师资格的出庭大律师(Barrister)。事务律师与我们常规理解的律师一样,什么业务都可以去做,当然也包括诉讼,只是不能出庭。而出庭大律师顾名思义,通常就是案件出庭时才需要的专业律师。根据香港律师会的要求,出庭大律师一般需要单独执业,无法挂靠在律师事务所,因此他们的许多诉讼业务都是经律师事务所中从事争议解决类业务的事务律师转介而来,由事务律师准备材料再由出庭大律师出庭,二者之间一般属于合作关系。

另一类就是注册外国律师(Registered Foreign Lawyer,简称"RFL"),指的是已持有其他司法辖区的律师资格而后在香港从事相关法律业务的律师,因此很多 RFL 的名片上都会注明他们律师牌照的属地,如美国纽约州、中国大陆或是澳大利亚等,香港允许他们在香港从事与这些地区法律相关的法律业务。国际律师事务所里,经常会出现一个团队中可能有好几个国家的律师同时参与同一个项目的情况。

由于香港本身没有律所准入标准的限制,所以香港的国际律所的数量远远高于本地律所的数量,除了个别律所,大部分香港律所都只专注本土中小型项目,其规模和创收远比不上香港的国际律所,因此本地律所对于除香港律师以外的人才需求几乎为零。因此,不论是香港本地的法学生还是其他国家和地区的法学生,如果考虑在香港求职,国际律所肯定是首选。

✍ 中国香港律师执业资格获取

有些同学常会有这样一个问题,那就是我们为什么不能直接考取一个香港律师资格呢?这就涉及香港本地法律教育的特殊性了,因为香港律师严格意义上说并不是“考”来的,其具体的律师资格取得过程其实颇为复杂:

香港律师资格的取得通常有三种方式:第一种,对于香港本地的学生来说就是于香港大学、香港城市大学、香港中文大学取得法学士学位并取得法学专业证书(LLB),然后再通过法律学深造证书(Postgraduate Certificate in Laws,简称“PCL”)的考试并继续完成深造。在取得前述学历后,需要找到一家愿意聘用你作实习律师(trainee solicitor)的律所,这里的实习律师并不是我们通常以为的实习,而是一份工作,只是这份工作叫作“实习律师”而已。此后,只有实习律师在之后两年的实习期内被律所认定表现良好并留用之后才可获认允许在香港以律师身份执业。

第二种,也是我们大陆背景同学通常会选择的路线就是到香港攻读JD项目。香港JD项目的学费大约为40万港币左右,远远低于美国JD项目,并且项目本身也仅需两年的时间。之后的步骤就和香港本地学生一样,需要通过PCL的考试及学习并找到一家律所签下两年的实习律师的合同,在经过两年的实习期且表现良好之后才可获认允许在香港以律师身份执业。

第三种,针对在香港有2-5年工作经验的RFL,[1]他们可通过由香港律师会主办的海外律师资格考试(Overseas Lawyers Qualification Examination,简称“OLQE”)成为香港律师。

以上三种路线,前两种律师执业资格获得难度已经很大。因为前两种不仅需要通过PCL的考试,还需要找到接纳申请人做实习律师的律所,好好表现了两年后才可以成为一名香港律师,而这其中的任何一步

---

〔1〕 视RFL的具体的法律资格地而定,一般香港对同属普通法系的国家和地区宽容度高一些,一般RFL在香港执业2年后就可以参加考试,大陆法系的国家和地区通常需要5年后才可以有考试资格。

一旦出现问题都意味着前功尽弃,甚至无法成为律师。这里再提一句,香港寻求成为实习律师的步骤其实与美国 JD 在美国找暑期实习和毕业后就业都是一样的,大律所们都是早早就确定下来想要签约的学生,留到最后的毕业生们可能什么机会都没有了,不同的是在香港如果没有找到实习律师工作的话可能连律师都做不了。

所以总有不少香港律师圈前辈说在香港读法律有一种赌前途的感觉,因为总会有一部分的香港本地法本(即 L. L. B.)没有通过 PCL 或者没有找到律所做实习律师而无法成为律师,虽然这样的比例一般也就三分之一左右并不算特别高,但是因为他们只能去一些企业或者机构做法务或者合规之类的工作,所以工资收入以及未来前景都与其他进入大律所的同学们可以说是天壤之别。而香港 JD 项目中最后可以成为香港持牌律师的毕业生的比例大约为三分之一,虽然香港除了 JD 和 LLB 项目外也设有 LLM 项目,但是由于香港的 LLM 毕业生是没有途径取得香港律师资格的,因此这里就不过多讨论了。

至于第三种获得香港律师资格的途径,通常是为有一定工作经验的律师提供的,因为只有持牌的香港律师才有资格出具香港的法律意见书。并且香港律师会还要求,想要在香港持有"合伙人"这个"title"的话也需要持有香港律师资格,因此 OLQE 这个考试实际也是为比较资深的法律人设计的。当然我也听过一些香港本地法学院学生用这个考试来曲线救国,例如本地的毕业生没有通过 PCL 考试的,则会考虑去美国考一个加州[1]的律师资格;或是去澳大利亚攻读短期的项目再加上一个短期的实习,不到一年的时间就能取得澳大利亚的律师资格。之后再以 RFL 的身份回到香港法律市场,经过几年的工作后再考取香港律师资格。当然也是一条非常曲折且并不适用大多数人的路线了。

✍ **总结**

如前所述,由于高度发达的金融业和国际人才的广泛聚集,香港的法律市场竞争一直极为激烈,所以,对于想要前往香港发展的同学,一定要在求学期间尽力获得更多的"牌照"。由于目前顶级的国际律所大部

---

〔1〕 截至本书写就之时,仅美国加州的律师资格考试不需考生拥有美国法学学位即可报名,这也解释了为何一些国内法学院也会宣传其毕业生拥有"美国律考资格"。

分仍为美国律所，所以香港法律市场中持有美国律师牌照[1]的毕业生相比与持有其他普通法系的律师资格（如英国、澳大利亚等）的毕业生是更有竞争力的。对于大陆背景的同学，除了持有美国律师资格外，若还持有中国大陆的律师资格（即通过法考取得A证），这样的背景在香港涉外法律市场上就更具竞争力。此外，越来越多中资律所也在这几年进入香港，它们对于涉外律师的要求也很高。所以，如果想要在香港法律市场站稳脚跟，同时持有中国律师资格加一个普通法律师资格一定会让你成为具有竞争力的求职者，帮助你顺利开启香港法律职业生涯及涉外法律工作的第一步。

✍ 美国法律就业市场基本情况

截至2021年底，全球法律服务市场规模总量约7600亿–7700亿美元，其中仅美国法律服务市场规模就占据全球总规模约44%份额，而其他所有国家占据剩余约56%份额。如果按法律从业人员占美国人口比例来看，在美国，每万人中有律师约40人。

得益于庞大的市场规模，美国律师在各行业中相对于属于报酬较为丰厚的职业群体。2021年全年，全美律师平均年薪达到14.8万美元，而中位数年薪达到12.8万美元。虽然律师行业的高薪可以为人称羡，但美国律师行业经过百年发展已经趋于成熟甚至是饱和。截至2021年底，根据美国律师协会的统计，美国共有常驻执业律师132.7万名，而这一数字在十年前2011年已达到122.5万名，即十年仅录得年复增长率不足1%，表示相对于井喷式发展的新兴产业（例如人工智能等），美国法律服务市场随全球经济有起伏，但已是红海，在总体规模和从业人员人数上都趋于平稳和饱和。

放眼未来，根据美国劳工统计局预测，美国法律就业市场在2020–2030年间的增长率约为9%，基本与美国其他行业平均增长水平持平，且每年提供新就业岗位约为4.6万个，绝大部分将主要来源于已有从业人员转行从事其他行业或者是由于年龄原因退休产生的新老交替。因此，虽然每年法学院毕业进入律师行业的新人络绎不绝，但绝大多数是

---

[1] 律师资格多确实会有竞争力但并不绝对，考取美国多个州的律师资格回到了亚洲市场后求职优势也并没有特别的增加，比较主流的是选择还是考取美国纽约州或加州律师执业资格即可。

市场参与者自然的替换和迭代,而非市场自身扩容。每年,法学院毕业生数量和每年就业市场能提供的新律师职位基本持平,供过于求和供不应求的情况都比较少见。

不同于以英国、中国香港地区为代表的其他普通法系国家,美国律师并不区分出庭律师(barristers)与非出庭律师(solicitors)。学生从法学院毕业之后,参加各州举办的律师资格考试,通过并满足其他条件(例如公益法律服务等)后,便可以注册成为该州律师协会的一员并开始执业。然而,获得执业资格和找到工作之间并没有必然的联系,学生往往在在校期间获得工作要约。如果不幸没有在校期间锁定毕业去向,则可能面临毕业后律考和找工作同时进行的处境,这很有可能给自己带来过大的压力。

美国注册律师由各州律师协会负责注册和管理。其中,纽约州和加利福尼亚州拥有美国境内规模最大的两个法律市场,活跃执业律师人数分别占到美国律师总人数的13.9%(约185,000人)和12.62%(约168,000人)。美国境内其余主要法律业务发达的地区还包括得克萨斯州、佛罗里达州、伊利诺伊州以及宾夕法尼亚州。值得注意的是,这些律师人数众多的州也同时有着全美著名的法学院,可以说印证了法学教育、人才输送和法律市场提供就业之间互相催生、唇齿相依的必然关系。

按照平均薪水从高到低排名,在美国从事律师职业报酬最高的就业城市分别是圣何塞(律师平均年薪23.1万美元)、旧金山市(律师平均年薪19.1万美元)、华盛顿特区(律师平均年薪18.6万美元)、纽约市(律师平均年薪18.4万美元)和洛杉矶市(律师平均年薪17.8万美元)。可以看到这些城市也是美国的金融和经济重镇,大多拥有着发达的金融业、科技产业或娱乐业,而其中的科技巨头、金融巨头也正构成了大型律所的主要客户群体和主要收入来源。

执业领域

美国律师简单可以分为公益律师(主要供职于公益组织、政府部门、国际组织等)和商业律师(主要供职于律师事务所、公司法务部门或者以个人身份执业)。其中,公益律师通常致力于借助司法系统和法律工具实现特定的社会公益目标,例如帮助少数群体争取利益或是推动或引导立法活动。

政府律师供职于美国联邦政府、州政府或其他各级政府,属于美国“公务员”范畴。联邦层面,联邦政府各执行机构(例如司法部、商务部等）、各独立机构及委员会（例如证监会）等均有大量公职律师职位，负责修订审阅联邦律例、处理政府诉讼以及确保机构运作合法合规。州及下级政府，各州总检察长办公室和立法机构也提供大量相关岗位。联邦和州法院的法官助理通常也由法学院毕业生担任。特别注意的是，通常联邦政府层面工作（包括实习）要求申请者具有美国国籍，而州或县政府层面没有类似要求，国际学生可以担任联邦法院法官助理，但无法获得薪资，这点希望赴美留学生同学在申请职位和考虑职业方向时注意。

有志于在公益法律领域执业的律师可以选择供职公益法律组织。公益法律组织通常为实现特定的社会目标而设立，主要依靠社会捐助或者政府补贴作为收入，致力于服务于特定的弱势群体或追求实现更广泛的社会目标，并通过具有影响力的诉讼或者政策宣传等方式影响立法、司法或行政进程，力求长久改善社会问题。美国主流的公益法律组织专注的主要领域涵盖宪法第一修正案、儿童权益、消费者保护、死刑及囚犯人权、教育、老年人权益、雇佣及歧视、环境保护、家庭和妇女权益、难民和国际人权、性少数人群权益等。

为了鼓励律师从事公益法律事业，一些大学和律师事务所有设有带有研究性质的公益律师奖学金、助学金或奖教金（Fellowship），通常会直接资助给机构或以项目为单位对组织或个人提供资金支持。更广义的公益法律组织还包括联合国、国际红十字会、反奴隶制和保护原住民协会等国际政府间或非政府组织。

商业律师主要供职于大小律师事务所。在美国，律师事务所多为合伙形式组织。美国约有律师事务所 44 万家，从以美国大所为代表的大型律师事务所，到中小所分布广泛。大型律师事务所业务常以部门划分，大类上可以分为公司业务和诉讼业务两部分。

公司业务部门细分通常包括资本市场、兼并收购、税务、融资、房地产、员工福利及薪酬、遗嘱和继承、公司及个人破产、知识产权等。相比大型律师事务所，中小所及精品所通常或是在业务领域或类型方面有精专，或是深耕于特定的地区市场，例如美国加州硅谷地区就存在大量服务初创企业的精品型律师事务所；美国得州地区是能源大州，也催生出一众律师事务所专注服务石油化工或能源型企业；美国首府华盛顿则有大量专业进行巡回法院或最高法院诉讼，或是进行国会立法政策研究或游说方面的律师和律师事务所。精品律师事务所的业务领域则更加细化，例如专业进行人身伤害、遗嘱继承、工伤或交通肇事违法方面的小型事务所,甚至存在许多仅一个人执业的单人律师事务所。

✍ 美国大所(Biglaw)

说起美国法律就业,大家更为熟知的是 Biglaw。Biglaw 没有精确的定义,但泛指律师人数众多、整体创收高以及业务领域覆盖广(通常横跨公司业务、诉讼业务、税务等)的律师事务所。就美国整体来看,在职律师(含合伙人)人数超过 1,000 人的超大型律师事务所有 30-40 家家左右,人数超过 500 人的大型律师事务所则有 100-150 家左右。

由于高额营业收入需要依赖强劲的客户需求,Biglaw 通常分布在美国的主要城市,例如纽约、旧金山、洛杉矶和芝加哥等。为了服务公司客户,Biglaw 也会在更多二线城市和主要国际都市(如我国的北京、上海、香港)开设办公室,以求和客户的商业版图逐步扩大,服务于客户业务拓展的方方面面,将客户和律所的合作关系向更长远的时间维度上推展。

Biglaw 国际办公室的人数多少不等,从几个人的卫星办公室至庞大到百人以上以至于足以和本土律所竞争的案例都屡见不鲜,主要取决于其发展策略,包括是否与美国总部统算成本还是自负盈亏等。不过大部分 Biglaw 在中国内地的办公室人数,常年都只维持在几十位律师的规模。

Biglaw 的总体营收惊人,头部 Biglaw 甚至可以达到每年数十亿美元,这主要得益于它们可以从跨国或大型公司客户收取高昂的律师小时费,通常一年级律师对客户收费费率达到 500-800 美元每小时,顾问和合伙人律师的收费则超过 2,000 甚至达到数千美元每小时。因此,常见的 Biglaw 客户通常为财力雄厚的集团公司,而鲜有个人。

Biglaw 支付美国职业法律博士应届生的起薪丰厚,且根据律师的工作年限逐年上调。为了竞争最优秀的法学院毕业生,Biglaw 市场经过长期的薪资竞争已经几近处于整体平衡状态,即只要有一家律师事务所提起涨薪,其他同级别的律师事务所会马上跟进,使得自己在招聘方面不居于劣势。这样一来,几乎排名靠前的顶尖 Biglaw 所支付的薪水都是完全透明且一致的,这一默契也避免了律师事务所之间出现恶性竞争。

2022 年初,Milbank、Davis Polk 和 Cravath 三家律师事务所引领了 Biglaw 业界律师薪酬的又一次调整,将 Biglaw 支付法学院毕业生的市场起薪提高至 215,000 美元(税前,不含 20,000 美元年终奖金),之后按工作年限逐年递增。例如,工作三年的律师工资为 250,000 美元(税前,不含 57,500 美元年终奖金),工作五年的律师工资至 345,000 美元(税前,不含 90,000 美元年终奖金)。年终奖金虽为固定,但部分 Biglaw 要求律师达到一定最低计费小时(例如 1,800 小时或 1,900 小时)要求才能获得。

除以上计算年终奖金的目的外,Biglaw 薪水通常与律师每年工作时长无关,也与工作表现或者工作评价无关,即工作年限相同的律师获得的薪水完全一致。这一点并不利于激励律师工作更长时间获得超额报酬,也并不奖励表现优秀的律师,但考虑到 Biglaw 律师工作时长已经很长,且晋升合伙人的压力已经可以起到一定的筛选和激励作用,且统一薪酬已经形成市场惯例。但作为例外情况,Wachtell 一直保持超过市场水平的年终奖金,且个别处于 Biglaw 范畴的律师事务所(例如 Jones Day)也实行差异化薪酬,即薪酬和奖金规模因人而异。

高额的薪水以及可以为年轻律师提供完整且系统的培训机会使得 Biglaw 成为顶尖法学院毕业生眼中的香饽饽。尤其考虑到美国法学院 JD 毕业生的平均负债达到 145,550 美元,使得毕业生不得不在毕业后寻求高报酬工作来快速偿还学生贷款。但是,Biglaw 工作其实充满挑战,包括精神和身体健康的压力,以及对个人生活的挤压等。因此,入职 Biglaw 的律师工作年限并不尽相同,从几个月就选择退出到坚持数年后成为合伙人继而继续工作几十年,因人而异。

在国内大家谈及的美国法律就业及所谓“高端涉外律师”通常都指 JD 毕业后进入 Biglaw 工作,主要因为其薪水可观以及招聘人数众多,所以吸引了许多中国同学参与其中。但应该看到,从人数上来讲,人数规模前 100 的美国律师事务所总律师人数只占到美国执业律师总数的约不足 10%(7%-8%左右),所以严格上来讲绝大多数的美国律师更多供职于中型或精品型律师事务所,从事着专业分化更高的业务,或是服务于公共服务、政治等领域,“高端”与否见仁见智。

✍ 学历和执业生涯

以 Biglaw 为代表的美国律师事务所主要面向 JD 毕业生招聘,通常法学院学生在第一年暑假期间参加律所面试,在第二年暑假到律所进行全职实习(通常为 8-12 周),以锁定毕业后的工作机会,然后第三年毕业后参加律师资格考试(通常为七月下旬),之后大约在九月或者十月入职律所。通常排名靠前的法学院会在暑假结束前为寻找律所工作的学生组织校园面试(On Campus Interview),并发放来年暑期实习机会邀约。

如果法学院排名不够靠前,参加校园面试的律所数量和质量都会受影响,也将会导致学生更要通过自己主动联系律所,向律所投递简历,参加律师举办的公开招聘活动或者走内推渠道等获得实习或者工作机会。基于这种情况,建议赴美就读法学院的同学在法学院录取阶段就应当把就业情况和找到心仪工作难度纳入考虑之中。

目前,大多数前往美国就读法学院的中国同学会选择 LL. M. 项目,由于其具有时间、金钱成本较低,不需要 LSAT 成绩等优势。坦诚地说,就读 LL. M. 项目后毕业在美国留下工作的机会偏少,每年均有少数同学成功获得留美工作机会。根据成功案例来看,LL. M. 留美的同学大多通过之前雇主的关系(例如以借调形式在纽约办公室工作),或者凭借其多年律师工作经验或一些律所急需的语言能力(例如普通话、粤语或西班牙语)等,找到律所特定部门或业务组合伙人的面试机会,并在通过面试后留用。值得注意的是,几乎全部法学院都不会允许 LL. M. 参加 JD 学生的招聘(例如 OCI 等),所以有志于就读 LL. M. 项目并希望留美的同学要做好相应的心理准备。值得一提的是,纽约会在每年的春季举办面向全美 LL. M. 同学的招聘会(疫情期间为线上),届时会有国内的内资所和外资所来到纽约面试当年毕业的 LL. M. 同学。

中国国籍且没有绿卡的同学若想留美工作,可以使用美国法学院毕业后提供的 OPT 签证,但期限只有一年时间,之后需要参与 H1B 签证的抽签。如果不幸没能抽到签证,则需要在毕业一年后离开美国,这种情况就比较被动,因为你不得不被分配到律所的其他办公室甚至被雇佣单位以没有签证为由解雇。每年中签概率不尽相同,但一般分布在 50%以下,具体可以查询美国移民局网站。大部分律所提供法学院第三年和毕业后第一年两次抽签机会。希望赴美深造和工作的同学要充分衡量这一因素,毕竟抽签结果超出自己甚至雇主的控制,且未能中签的情况一旦发生势必面临工作调动,将是不小的人生转变。

性别族裔

在美国就业市场中因为性别和族裔背景导致的歧视和不公平对待情况屡见不鲜。由于律师、法官和检察官行业整体受教育水平较高,法律行业内的性别和族裔歧视情况一直在得到纠偏,总体上持续得到改善。2021年,全美主要律师事务所雇佣的法学院二年级学生暑期实习生中41%为有色人种(即非白人,包括黑人和亚裔等),其中有色人种女性占到全体实习生总数的约四分之一,均达到三十余年来最高水平。但值得注意的是,在律所合伙人层面,女性和少数族裔代表仍居少数。例如,女性合伙人数量只占到全体总数的约25.9%,其中黑人女性更是不到总数1%。相对比,律师职位(Associate)层面,女性比例则占到48.2%,彰显着职业晋升层面女性律师面临的独特困难和挑战。

律所合伙人中,白人合伙人数量占到89.2%,其余所有族裔则人数则只有10.8%(其中亚裔占比约4.3%,将近有色人种的一半),而这一比例在律师职位层面则是白人律师占72.4%,少数族裔律师占27.6%。总结来看,雇佣和职场公平情况在改善,只是耗时良多。

✍ 长期职业发展

相比于少数以吃青春饭为代表的行业,在美国从事律师职业面临的年龄困境并不明显,且一定程度上律师通常"越老越吃香",类似于医生等职业。这主要是因为年龄一定程度上与从业经验成正比,通常客户也会更信赖经验丰富的律师而不是刚从法学院毕业的年轻律师。在美国,拥有法律学位的在职律师平均年龄为42.4岁。考虑到通常从法学院获得JD学位毕业的年龄大多在25-30岁之间,可以推算出律师的平均职业生涯可达十数年或数十年。当然,律师工作并不容易,对精力和体力都有一定要求,随着年资的增长可能会在工作时长和对熬夜的耐受程度上不如年轻时得心应手,这也是随着执业年限变长后中年律师面临的一大挑战。

✍ 美国律师执业资格考试

美国有50个州和1个特区(即首都华盛顿哥伦比亚特区)。各州都被视为独立的司法管辖区域(Jurisdiction),并颁发该州的律师执照。各州的州法并不相同,所以原则上,如果要在美国的某一州不受限制地进行法律执业,就需要持有该州的律师执照。由美国律师协会(American Bar Association)批准的美国法学院毕业的职业法律博士(J. D.)可以不受限制地选考任何上述司法管辖区域的律师执照。如果申请人在美国获得法律硕士学位(LL. M.),在满足相关要求时也可获得律师考试的资格。虽然并非这51个司法管辖区域都准许LL. M. 参加其律师执业考试，但是，经济较为发达、倍受留学生青睐的纽约州、加州、华盛顿等州准许在美国境外取得法学第一学位、完成美国相关课程要求且获得 LL. M. 学位的外国学生考取该州律师执照。

因为目前大多数 LL. M. 留学生报考纽约律师执照，且诸多涉外法律岗位偏好持有美国纽约州律师资格之中国学生，所以，我们以纽约州律师执业资格考试为例介绍 LL. M. 的报考资格。相应具体要求如下：

首先，美国以外法学学历和课程要求：申请人需证明其已满足在美国以外的国家/地区获得经该国政府认证的法学第一学位。该学位应当满足以下要求：(1)至少需要 83 个学时方可毕业，包括实体法和程序法以及专业技能方面的课程；(2)83 个学时中，至少有 64 个学时是通过参加法学院定期安排的课堂课程来获得的；(3)至少 2 个学时的职业责任课程。

中国法学院的法学本科毕业生大多都符合上述学历要求。专业是政治学、民族学、社会学、公安学或者马克思主义理论的申请人，虽然获得法学学士学位，由于法律学科的学分未必达到上述要求，所以不一定能够获得报考资格。但是，本科第二专业是法学的，如果获得足够的课时，也可能符合报考的学历要求。

纽约律师考试委员会一般要求申请人提供境外大学出具的成绩单和学位学历证明原件和英文翻译件。所以，建议申请人在赴美前就准备好这些文件，建议多开具几份备用。纽约律师考试委员会审核学历的过程一般比较慢，并且中间可能被要求补充材料，所以建议在来美之初就着手申请考试资格的事宜，以免影响报考。

其次，美国法律硕士学历和课程要求：申请人获得由美国律师协会批准的美国法学院所授予的法律硕士学位。该学位应当满足以下要求：(1)至少需要至少 24 个学时方可毕业；(2)扣除考试时间外，每个学时至少包含 700 分钟的教学时间；(3)至少 2 个学时的职业责任课程；(4)至少 2 个学时的法律研究、写作和分析；(5)至少 2 个学时的美国法律研究或美国法律制度；(6)其他课程至少 6 个学时纽约州律师考试中所测试的科目；(7)该法学院学期安排符合相关教学计划的要求。通常开设 LL. M. 项目的法学院都满足此项要求。

一般开设 LL. M. 项目的法学院在开学之前就会举办讲座，介绍纽约州和加州律考对课程的要求，指导学生选课。申请人可以通过选课同时满足两个州或者多个州的要求。但这也意味着要放弃一些自己感兴趣,但又不是律考要求的课程。所以,建议 LL. M. 的同学确定事务的优先级,想明白到底是执照更重要、还是兴趣更重要。这是一个见仁见智的问题。个人认为,对于想要留美工作的申请者,执照更重要。

上述条件是对于来自中国大陆第一学位是法学专业的申请人的要求。而对于在美国以外的其他普通法国家或地区获得法学学位或者拥有普通法国家或地区律师执业资格的申请人,纽约州律师考试委员会另有规定。LL. M. 报考加州律师执业考试的条件与纽约州大致相似,但细则亦有不同。值得注意的是,加州准许中国大陆执业律师在一定条件下直接参加其执业考试。

美国律师执业资格考试内容

美国律师执业考试每年有 2 次,时间在 2 月和 7 月。由于应届毕业生的缘故,参加 7 月考试的人数较多。2 月的考生中,重考人数比较多。一般 LL. M. 在五月毕业,参加当年 7 月的考试。

考试一般分为三个部分:案例分析、法律应用文写作和选择题。考试时间一般为两天,第一天通常为案例分析和法律应用文写作,第二天通常为选择题。关于考试题目,目前大多数州已经完全采用了由全国律师考试会议(National Conference for Bar Examiners,简称“NCBE”)命题的“统一律师考试”(Uniform Bar Examination,简称“UBE”)。这其中包括了纽约州、华盛顿州和得州等。而没有使用 UBE 的州也大多采用了 NCBE 的选择题部分——Multistate Bar Examination,简称“MBE”。比如加利福尼亚州,案例分析和法律应用文写作部分自主命题,选择题采用 MBE。以下主要介绍 UBE 与 MBE 考试相关内容。

MBE 包含 200 道单项选择题。考试时间为 6 个小时,上午和下午各 3 个小时分别对应 100 道题目。选择题考试包含 7 个科目:民事诉讼法、宪法、合同法、刑法与刑事诉讼法、证据法、不动产法、侵权法。MBE 着重考查对于普通法基本法律原则的理解和法律推理的能力。MBE 考试通常是母语非英语的考生得分的关键。此部分在纽约律师考试中占分 50%。

MEE 是法律案例分析,包含 6 个题目,考试时间为 3 个小时。MEE 科目与 MBE 相同。MEE 着重考查:(1)迅速确定案件争议焦点和甄别相关事实的能力;(2)分析事实和应用法律规则,并用语言表达的能力。虽然这部分通常是国际学生的短板,但可以通过大量的背诵和练习得以克服。此部分分值在纽约律师考试中占 30%。

MPT 包含 2 道 90 分钟的应用文写作。题目会提供相关的法律、判例和案情。考生根据题目要求撰写法律备忘录(Legal Memorandum)、诉讼摘要(Brief)、律师函(Attorney letter)等。这部分不考查考生对实体法律的理解,而考查其在实际情境中应用法律并完成任务的能力。MPT 是不少国际学生因疏于练习而失分的部分,事实上这部分通过适量练习即可快速提升成绩。此部分在纽约律师考试中占分 20%。

UBE 可以选择电脑机考,也可以选择传统笔考。机考的好处是可以复制、粘贴和检查拼写,但需要支付考试软件使用费,而笔考则不必。UBE 的优势在于,其成绩在一定条件下可以在签署互惠协议(reciprocity agreement)的州之间相互承认。目前,美国半数以上的州与纽约州有互惠协议。

成为美国律师:其他要求

成为美国律师最大的挑战在于律师考试。要成为律师,还有其他一些条件需要满足。以纽约州为例。申请人还必须:(1)通过职业责任联考(Multistate Professional Responsibility Examination,简称“MPRE”);(2)完成由纽约律师考试委员会推出的纽约法课程(New York Law Course,简称“NYLC”),并通过纽约法考试(New York Law Exam “NYLE”);(3)提供两封关于申请人道德品德的证言(Affirmation as to Applicant's Good Moral Character);(4)提供法律相关工作的证明信(Affirmation as to Applicant's Law-Related Employment and/or Solo Practice);(5)提供完成 50 个小时无偿法律援助服务(Pro bono)的证明。

这些内容可以在通过 UBE 考试之前或者之后完成,由申请人自主把握。提前完成这些要求的,可以在通过 UBE 以后进行宣誓,成为执业律师。但缺点是 LL. M. 本来时间很短,完成这些内容也需要花费不少时间,尤其是 50 个小时的法律援助。不少申请人在参加考试之前在中国有法律工作经历,所以可以考虑在赴美前从纽约律师考试委员会官网下载表格,开具相关证明。

当申请人完成所有要求之后,即可参加律师就职宣誓(Oath of office)。宣誓当天,申请人即成为该州律师。

总结

美国法律市场并非起步最早,但时至今日可以说在体量和繁复程度上领先全球。这主要归因于美国企业发展和司法制度催生的社会个体和商业主体对于合规和法律服务的源源不断的庞大需求。例如,美国证监会对于上市企业造假的情况采取高压处罚,一经查处,将对公司本身和董事及高级管理人员科以天价罚款。故而,上市公司在进行公开发行时或是上市后进行合规工作时,都不惜重金聘请价格昂贵的律师从旁协助或出具法律意见,以求规避被监管机构一罚到底的情况。而从总体来看,美国公司光在进行诉讼方面每年就会支出 200 亿美元以上的费用,而其中绝大部分是雇佣外部律师所产生的支出。

巨大的需求支撑着市场,而繁荣的市场又吸引着青年才俊们加入法律学习的大军,其中不乏来自中国的学生。如果立志成为涉外法律人,即便没有在美国长期执业的打算,如果有美国法学院的学习经历或者美国律所的工作经历,对于回国求职来讲也是不错的加分项,因为这往往代表着对求职者的英语能力、法律专业素养以及工作中的抗压和协调能力的有力背书。

6.4　职业技能进阶书单

本节,我们将对诸多与法律行业的“进阶能力”相关的读物进行介绍,同学们可以根据这份书单在本科阶段对它们进行有目的的阅读。

✍　实务综合能力

● 《实习律师指南》(修订版),薛晓蔚著,法律出版社。

■ 点评:建议法学院的本科生们在开始自己的第一段实习之前阅读此书。

● 《律师之道 · 新律师的必修课》,君合律师事务所著,北京大学出版社。

■ 点评:建议法学院的本科生们在开始自己的第一段律所或公司法务实习之前阅读此书。

● 《律师之道(二) · 资深律师的 11 堂业务课》,君合律师事务所著,北京大学出版社。

■ 点评:若阅读前一本书让你感到兴奋,可以继续阅读这本书。

● 《职业习惯养成手册:与律所新人一起练就高效工作习惯》,邓炜著,北京大学出版社。

■ 点评:主要突出的是许多细节注意事项,可以寝室一起买一本看。

● 《律师实务》(第八版),中华全国律师协会审定,徐家力、宋宇博编著,法律出版社。

■ 点评:大部头专业书,适合律师与法务新人阅读,建议在法学院毕业前确定了具体就业岗位后深入阅读。

● 《民商法实务技能手册》(第二版),高杉峻主编,中国民主法制出版社。

■ 点评:同上。

● 《合同全流程实务指南:谈判·起草·审查·修改·签订·履行·管理》,余斌著,中国法制出版社。

■ 点评:同上。

✍ 刑事案件入门

● 《刑事辩护实务操作技能与执业风险防范(第三版)》,徐宗新著,法律出版社。

■ 点评:只有很少一部分法学院的同学会在毕业后专门从事刑事案件的办理工作,所以在本书中,我们也未对相关业务进行具体介绍。但如果同学们对此感兴趣,可以在本科任何阶段阅读此书。

● 《职务犯罪办案手册·实体篇》《职务犯罪办案手册·程序与技巧篇》,李高明、戴奎著,法律出版社。

■ 点评:同上。

✍ 法务实务

● 《推开法务的门》,徐泰辉著,中国法制出版社。

■ 点评:推荐对法务与合规工作感兴趣的同学们阅读。

● 《法务之道:成为精英法务的八堂课》,陶光辉著,中国法制出版社。

■ 点评:同上。

● 《公司法务:定位、方法与操作》,熊定中著,中国民主法制出版社。

■ 点评:法务专业书,适合法务新人阅读,建议在法学院毕业前确定了具体就业岗位后深入阅读。

● 《企业合规实务指引》,法盟主编,中国法制出版社

■ 点评:同上。

● 《新兴行业合规指引:合规要点及风控清单》,王莹、范否著,法律出版社。

■ 点评:同上。

✍ 实务写作

● 《法律文书情境写作教程》(第六版),郭林虎主编,法律出版社。

■ 点评:推荐同学们在第一次实习前阅读此书;如果你在本科阶段没有选修“法律文书”相关课程,我推荐你在毕业前阅读此书。

● 《律师文书写作技能与范例》(第四版),栾兆安著,法律出版社。

■ 点评:可以作为对前一本书的补充。

✍ 合同审查

● 《合同起草审查指南:三观四步法》(第三版),何力、常金光等著,法律出版社。

■ 点评:合同审查专业书,适合律师与法务新人阅读,建议在法学院毕业前确定了具体就业岗位后深入阅读。

● 《合同审查思维体系与实务技能》(第二版),张海燕著,中国法制出版社。

■ 点评:同上。

✍ 尽职调查

● 《法律尽职调查实务》,乔文骏著,北京大学出版社。

■ 点评:若同学们在实习前或正式工作前确认你的职责包括尽职调查,则可以选择本部分前三本书中的任意一本进行阅读。

● 《法律尽职调查完全手册》(第二版),李俭著,法律出版社。

■ 点评:同上。

● 《法律尽职调查指要》(修订版),康言、谢菁菁著,中国检察出版社。

■ 点评:同上。

● 《数据合规实务:尽职调查及解决方案》,刘瑛、李晓华著,法律出版社。

■ 点评:对于将要在互联网公司以及业务与互联网相关的公司进行法务合规实习或工作的同学来说,这本书值得阅读。

✍ 演讲沟通

● 《像 TED 一样演讲 · 打造世界顶级演讲的 9 个秘诀》,[美]卡麦恩 · 加洛著,中信出版社。

■ 点评:想要提高自己的表达能力,这一部分的所有书籍都很有用,大家可以在本科期间自由安排逐一阅读,下同。

● 《结构化表达:如何汇报工作、演讲与写作》,黄漫宇著,机械工业出版社。

● 《魏斯曼的演讲大师课 1:说的艺术》《魏斯曼的演讲大师课 2:答的艺术》《魏斯曼的演讲大师课 3:臻于完美的演讲》,[美]杰瑞 · 魏斯曼著,尹碧天译,四川人民出版社。

● 《魏斯曼的演讲大师课 4:演讲中最重要的事》,[美]杰瑞 · 魏斯曼著,范兆明译,浙江教育出版社。

● 《高绩效销售》,[美]博恩 · 崔西、迈克尔 · 崔西著,胡金枫、崔璨译,机械工业出版社。

● 《优势谈判:斯坦福商学院谈判金规则》,[美]玛格丽特 · A. 尼尔、托马斯 · Z. 利斯著,王正林译,中国科学技术出版社。

■ 点评:开卷有益。

PART Ⅰ 下部

从职业到规划

第七章

规划与案例

7.1 考研留学还是就业？

在本章，我们将要正式进入“法学本科学业就业规划（以下简称‘法本规划’）”的讨论环节。在我看来，法本规划的第一步，是想清楚一个最重要的问题，那就是“大学的目标”。当然，大学的目标可以有很多，读万卷书、行万里路、收获一段恋情甚至经济独立都可以是其中之一。

但这些，都与我眼里的“目标”毫无关系。我们在此处提及的“目标”，其实非常“功利”，那就是，本科毕业时，你希望继续在国内读研、出国留学还是直接工作。换言之，法本规划的目标就是三个词——“考研”“留学”与“就业”，三选一即可。只有明确了这个大方向，我才有能力为同学们接下来要走的每一步提供明确的指引。

那刚刚填报完高考志愿的同学们马上就要做决定么？在我看来，大可不必。当然，如果你在进入大学的第一天就有了明确的目标，那肯定是一件好事，但如果你希望先“好好体会一下大学”，然后再做决定，我觉得也没问题。毕竟高中时代，老师们总是和大家说，“读了大学就解放了”。为了不让老师们的鼓励变成谎言，我认为，大家至少可以“解放”一年。当然了，这一年不是“信马由缰”“无拘无束”的一年，就像我在接下来会反复强调的，大一这一年，一些基本的学业目标也还是需要达到的。那么，在大一结束的那个暑假，同学们就应该好好想想自己的未来了。而接下来我所提供的信息，就应该能够为你那时的决策，提供必要的指引。

✍ 利弊分析：考研与留学

我们先来分析一下升学大方向的两个基本选项，即“考研”与“留学”。此处的考研，特指同学们在大四下学期参加的全国统考，并不包括保研或推免等“免试入学”的情况；而此处的出国，主要指的是同学们在大四上学期进行申请投递,并于次年秋天入读的海外[1]法学院一年制法学硕士(LL. M.)项目。因为相比于其他细分方向(比如国内法学院硕博连读项目或海外法学院的其他研究生项目),大多数选择升学的同学们只会在这两个选项之间进行权衡和抉择。

不过,在正式进行分析前,我还要澄清一点,那就是在预算充足、科学规划且付诸努力的情况下,考研与留学这两个选项当然是可以兼顾的。相关内容,我会在"本科规划"部分举例详细介绍。

考研相较于留学的优点有哪些?

首先,相较于留学,考研最大——对于不少同学来说也许也是最"无奈"——的优点是"便宜"或备考的资金成本可以很低。一般来说,除非同学们报考价格不菲的各类培训班,如果同学们在校备考且主要依靠自学——这一最为普遍的备考形式——进行复习的话,你需要花费的资金成本大概只有几千元人民币。这些资金主要用于购买教材、各类网课与杂项开支(比如购买一台千元级别的平板电脑与考试报名费等)。而出国留学的开销,以使用英语成绩申请的一众国家和地区为例,最便宜的项目,一般一年的开销也要十余万人民币,对于许多来自小镇或农村的家庭——甚至是城市中的普通工薪家庭——来说,这肯定是一笔十分不菲的开支。

其次,相较于留学申请这一较为"体系化"的工程,考研的备考流程还是比较"单纯"的。当然,这并不代表考研简单,而是相较于留学申请,考研需要同时完成的"流程性事项"少得多。以我个人的辅导经验来看,对于无法一心二用或者同时兼顾"多线操作"的同学来说,考研的整个过程比较容易"集中精力",且能更快找到"高考的感觉"。用我的好几位同时经历过考研与留学申请的学员的话说,考研就是"每天看书复习、年底到点考试"而已。

再次,与留学申请的"综合全面考量"不同,考研——尤其是初试——对于应试者的其他学业成果不做任何硬性要求。从这个角度来说,研究生统考无疑是公平的,它甚至不会与应试者大学期间的成绩挂钩。换言之,如果同学们在校成绩一般,这几乎不会对你的考研结果产生任何负面影响。从这个意义上说,考研确实就是许多人的"第二次高考"。

---

[1] 此处的分析也纳入了中国香港、中国澳门与中国台湾地区的相关项目。

最后，从法本规划的角度来看，如果成功“上岸”，国内研究生相对海外法学硕士更长的学制显然能够为同学们提供更加充分的“就业准备期”，并能够正常参加国内针对应届生的校园招聘。比如，就像我在“本科规划”部分会提及的，在国内读研期间，同学们只要够勤奋、肯吃苦，一定可以拥有多段实习经历；而且在学有余力的情况下，同学们还可以参加除了法考之外的其他对就业起到重要作用的资格证书考试。而海外一年制法学硕士项目，在许多无法提供就业实习机会的留学目的地国家，实际上真正的授课时间只有 9 个月左右，〔1〕一旦毕业，理论上，同学们就必须回国求职，但那时，许多针对应届生的招聘会已经结束。

考研相较于留学的缺点有哪些？

首先，考研在录取模式上是非常残酷的，甚至在我们看来，比高考填志愿还要残酷。因为考研的流程是在考试之前，你就必须选择一所高校作为你的目标，这其中的不确定性与随之相伴的残酷竞争，几乎是难以估量的。而近几年来，随着考研人数的不断增加，即使是冲击名校失败的高分落榜考生，想要和十年前一样通过“调剂”去一所还不错的法学院系都已绝无可能。换言之，考研的目标是没有容错率的。

其次，考研的竞争是十分激烈的，本书写就之时，2022 年“全国硕士研究生招生考试报考人数为 457 万”，〔2〕而能够被录取的同学应该只有四分之一左右。从法学专业来看，一些知名法学院校的法律硕士报考与录取人数比例早就超过了 10∶1。且这种激烈程度在法学硕士、法本法律硕士与非法本法律硕士三个细分领域都有愈演愈烈的趋势。辅之以考研在录取模式上的残酷，同学们就不难想象，为何越来越多包括法学专业学子在内的“考研人”早就把二战甚至三战视为“上岸”前的必经之路了。换言之，在许多考研人看来，“一战上岸既要实力也要（报考）运气”而“二战甚至三战上岸才是常态”。

最后，不算“缺点”的缺点是，相对而言，考研对于英语水平的要求偏低，当然，这个结论只适用于“同一档次的”国内法学院与海外法学院研究生项目之间的对比。比如，如果比较一下国内顶级法学院与海外顶

〔1〕 以美国一年制 LL. M. 项目为例，一般的开学时间为每年的八月底至九月初，毕业的时间为次年五月中旬。

〔2〕 载中国网，http://www.moe.gov.cn/fbh/live/2021/53908/mtbd/202112/t20211222_589430.html。

级法学院研究生项目的英语考试或语言成绩门槛，后者需要的分数所对应的英语综合能力显然会比前者高得多，这应该是没有什么争议的，尤其是在口语和写作这两个细分板块。

留学相较于考研的优点有哪些？

首先，留学申请最大的优点，就是在目标院校的选择方面具有巨大的容错率。因为在申请阶段，你可以针对不同法学院的要求逐一准备相应申请材料。只要你肯下功夫，你完全可以根据院校排名科学规划并“海投”十几所海外法学院，在这种情况下，你肯定能够在本科毕业后“有书读”，而完全不需要面对可能的“二战”甚至“三战”风险。

其次，留学申请在时间安排上更加宽容，研究生考试一年一次，而对于应届生来说，申请海外法学院硕士项目的时间，一般从大三升大四的暑假开始直至次年年初结束。换言之，所谓的“申请季”往往可以横跨一个季度甚至半年，而部分海外法学院的法学硕士项目甚至已经实现了“全年可申请”。

最后，在我个人看来，留学还有两个技术性的优点值得注意：首先，如今一线城市对于留学生落户的政策，较之于国内高校毕业生，普遍比较友好；如果本科毕业无法满足落户政策，在经济条件允许的情况下，我一般也会推荐学员在完成留学经历的同时，通过一线城市的留学人才引进政策完成落户。其次，对于选择去美国留学的同学来说，美国纽约州一般接受完成了美国一年制法学硕士的毕业生报考本州的律师执业资格考试；能够通过这一考试并取得美国纽约州的律师执业资格，对于回国在律所与外企涉外法律求职，往往也能起到可观的“加分”效果。

留学相较于考研的缺点有哪些？

首先，毋庸置疑的一点，留学的资金成本是极高的，即使放在今天的中国，申请出国依然只是少数人的“特权”。特别是普通法系发达国家高校法学院提供的一年制法学硕士项目，每年学费与必要生活费的开销，一般在十几万至七八十万之间。此外，这类国家的勤工俭学政策相对而言也比较严格，且在一年制的学习中，也没有多少时间可以留给同学们打工用以补贴留学开销。对于不少同学来说，放弃留学这一选项，很多时候并不是因为他们不够优秀或英语不好，而只是因为囊中羞涩。

其次，留学的整个准备过程，总体来看，还是比较烦琐的，战线也可能被拉得很长。举几个例子来说：第一，留学申请需要提交申请者大学期间的全部课程成绩，换言之，应届生想要去好学校留学，必须确保每个学期的成绩都比较优秀。而如前所述，考研——尤其是法律硕士项目——几乎不会考虑应试者在校期间的成绩。第二，在大四上学期申请投递期间，申请者不仅可能要同时准备申请材料与各类流程事项（比如将成绩单与个人资料提交甚至邮寄给海外法学院），其往往还要同时备考法考及考研。在这种情况下，一旦有一条“战线”出现了问题或意外，往往也会对申请者的心态造成不小的影响——甚至在极端情况下，出现“心态崩了”的情况。第三，即使同学们准备找中介帮助自己，且不谈可能比较昂贵的中介费用；就算聘请了中介，同学也不可能完全做到“撒手不管”，而如果找到了不靠谱的中介，甚至可能导致申请季“满盘皆输”，这并不是什么新鲜事，“血泪教训”年年都有、屡见不鲜。

再次，如果同学们在留学期间想以应届生身份参加国内的各大招聘会，[1]海外法学硕士一年制的学制安排就会使得这个目标的达成变得异常艰难。举一个例子，假设同学们前往美国就读 LL. M. 项目，你在 9 月份开学，由于第二年 5 月份就会毕业，此时刚刚入读的你，就已经被视为“应届生”了，如果你还想参加国内的招聘会（比如各大银行的应届生招聘）。你很有可能需要在当年年底或次年年初，多次飞回国内参加面试或选拔活动。在现实中，这几乎是不可能完成的任务。所以这也导致大部分攻读海外法学院 LL. M. 项目的同学回国后的第一份工作要么是律师要么是法务，不会有其他可能。

最后，还有一个问题，近年来也在引起越来越多留学生及家长们的重视，那就是热门留学目的地——尤其是美国、英国与西欧——近年来普遍下降的社会治安总体状况与增长的排外情绪。换言之，同学们只有去了国外才能切身体会到，相比于不少发达国家，国内的治安有多好。当然，只要在行前充分的做好准备工作，这一点大概率是可以避免与克服的，但却往往是家长向我咨询时最关心的。

还有什么需要关注？

此外，关于考研与出国，我还想分析两点，但这两点在我眼中既不算“优点”也不算“缺点”，而更多是基于客观事实的个人观点分享。换言之，在我看来，无论同学们未来选择考研还是留学，下述信息都是你们需

---

〔1〕 许多大的公司、企业和金融机构在专门针对应届生的招聘会中会投放大量专门留给应届生的岗位，所以这类招聘会往往在求职过程中起着十分重要的作用。

要思考与权衡的。

一方面，这些年来，对于海外留学项目，尤其是不少非顶级名校法学院提供的一年制法学硕士项目，国内法律求职市场中出现了一股不可忽视的“水硕无用论”观点。这一观点的核心内容如下：不少海外法学院LL. M. 项目门槛不高、学业压力不大，毕业生素质一般，这类项目因此很“水”。这一论断有其合理性，以我在美国南加州大学担任法学院中国学生学者联合会负责人期间的观察与我所组织的多次学业就业规划活动当中的所见所感，我能理解为何会出现这种声音，因为确实有不少来自中国的LL. M. 学生把这个教育项目当成了一次“超长的海外游学”。他们对自己的要求就是别挂科、剩下的时间好好享受生活，拿到文凭就回国。但所有人都是这样度过留学时光的吗？答案肯定是否定的。在南加州大学法学院，每年都有一批来自中国的留学生在攻读法学硕士期间获得多个专业方向的结业证书〔1〕并且通过美国纽约州或加州的律师执业资格考试。他们在毕业回国后，自然也能在一线城市的法律行业寻得一份并不逊于“名校硕士生”待遇的工作，这也是事实。所以，对于“水硕无用论”，我的观点是，“水”的不是学校，而是“学生”；留学的经历“水不水”，完全取决于同学们想要怎么读。

另一方面，还有一点需要引起同学们的注意，那就是无论是国内（除法学硕士）还是海外法学院的硕士项目，以五年或十年为一个周期进行观察，在所有梯队的法学院当中，扩招或所谓“offer 超发”都已经是一个十分明显的趋势。这意味着，在就业市场当中，拥有硕士学位的应届与往届求职者的数量是越来越多的。换言之，在如今以北京、上海和深圳为代表的国内一线法律就业市场，“硕士学历”基本上已经成了“好工作”的入门条件。我们认为，同学们在进行本科学业就业规划时，肯定也要考虑这一仍在持续进行中的趋势。

当然了，这意味着没有硕士学位就没有出路了吗？毕竟在不少情况下，同学们本科毕业即就业可能只是出于家境的无奈选择。对于这个问题，我的答案当然否定的。那对于本科毕业选择就业的同学们——尤其

---

〔1〕 和绝大部分美国法学院的一年制法学硕士项目一样，在就读期间，如果同学们完成了特定的课程组合，就可以得到相应“方向”的结业证书，一个硕士项目最多可以获得三份证书。但要获得项目证书，尤其是获得两份及以上的证书，往往需要选修多门难度较大的课程，对就读者的能力要求很高。

是没有背景和资源的“普通学生”——来说,又要如何进行职业生涯初期的规划以确保“不掉队”呢？这就是接下来我们将要介绍与分析的重点内容了。

✍ 殊途同归:就业与升学

我们先给出结论,那就是本科毕业后直接参加工作并不会让你在职业生涯的竞争中落后于你的同学,但前提是,处于全职工作状态中的你没有“荒废时光”或“混日子”。当然,这一结论建立在了两个前提之上:第一个前提是职业生涯的“成功”与否是一个相对的概念,它取决于我们和他人之间的比较;我坦然承认,这种对于成功的定义是很“世俗”的,在进行规划时,我也不能免俗。第二个前提是,如果一个毕业后就工作的同学认同我陈述的第一个前提,并且也渴望这种成功,但在工作的过程中,这位同学并没有付出努力来实践可能获得这种成功的计划,那么他就是在荒废时光或混日子。[1]

换言之,我在这一部分的分析不适用于怀有两种心态的同学:第一,你不认同成功来自和他人的比较——和自己比较也可以、不比较也可以;比起功名利禄,你要的是“随心(Follow your heart)”。第二,你并不渴望我所定义的成功,你对成功有其他的定义;比如——尽可能多的陪伴家人。在这种情况下,虽然你在职场一直“原地踏步”、除了上班的八小时外拒绝在任何时间加班或学习,你从不认为这会阻碍你获得成功。我认同这些价值观,甚至很羡慕能拥有这种价值观的人;只不过在这些价值观的基础上,我没有办法给出拥有“明确坐标”的学业就业规划建议。所以,如果你拥有类似价值观,又疑惑于本科毕业后应该就业还是升学,我不是那个可以给你答案的人。只有明确了这些大前提,我接下来的陈述才有意义。

那么,让我们先思考这样一个问题,那就是在什么情况下我们会选择本科毕业后直接就业？答案不复杂,无外乎是这么几种情况:(1)研究生考试没有“上岸”、留学申请结果不符合预期或公务员考试没有“上

〔1〕 我的这一段陈述就很像一道经典的 LSAT 选择题。题干部分是:“某人在法庭上持有这样一种观点,那就是本科毕业后直接参加工作并不会让一个人在职业生涯的竞争中落后于他人,但前提是,处于全职工作状态中的他没有荒废时光。请问,这一段论述建立在下述哪个或哪几个前提之上?”

岸”；（2）在大四你找到了令自己满意的工作；（3）出于种种原因，你“没有选择”，必须就业。[1] 那在这三种情况下，我们应该如何正确看待就业和升学之间的关系呢？

首先，对于考试失利心有不甘的同学们来说，要么“全职二战”，要么一边工作一边备考。前者显然拥有更多的时间复习，但如果二战失败，应试者所面对的将是更加不利的求职环境。而在这种情况下，一边工作一边备考显然更加稳妥，因为就算“没考上”，应试者还有工作和收入，还可以继续备考。但这种备考模式显然是极为辛苦的，想要坚持下来，确实需要远超“普通同学”的勇气和毅力，如果你选择了这条路，希望你能做好相应的心理和物质准备。

其次，如果你在本科毕业时找到了心仪的工作，显然，你并没有太大必要去羡慕升学成功的同学，因为在我们看来，他们选择升学，无非也就是为了找到一份自己想要的工作而已。但是，如果你依然拥有“怕掉队”的危机感，我会给你如下建议：在工作中，尽量多学习了解各类法律业务，找到自己擅长或适合的领域，这样，如果有一天，你认为自己有必要回到校园“充电”，你的目标就会非常明确，动力也会非常足。而你所积累的扎实的工作经验，也一定会在你升学的过程中给予你非常大的帮助，在留学申请领域尤其如此。如果你选择了这条路，选择一个合适的时机升学就显得尤为重要。但这个问题不需要我给你答案，因为当那个时机快要到来时，你自会有答案。

最后，如果你没有选择只能工作，你完全可以参考上两段的建议。当然，对于你来说，想要再次回到校园“成本”肯定是更高的，坚持肯定也是更难的，愿你始终能够“不忘初心”。

此外，我还想提醒一点，那就是对于法律行业来说，毕业后直接工作其实还有一点特殊的优势，那就是你可以通过在律所工作尽快获得律师执业资格证。不要小看这一个小小的“优势”，因为无论你之后想要转型体制内法律岗位或公司法务，带着“律师证”求职，都会给你带来极大的优势。即使你在拿到律师证后选择升学，这本证书同样也能给你加分。举例而言，两位同学毕业于同一法学院，本科背景和成绩相差无几。

---

〔1〕 当然，这里我还忽略了一些可能，比如，毕业时选择彻底放弃法律行业直接改行或暂时放弃使用“法学本科教育背景”进行求职。同样，这两情况也超出了我能够给予建议的范围。

一位海外名校一年制 LL. M. 项目留学归来但没有律师执业资格，一位工作一年有余且获得了律师证，如果这两位同学应聘或面试相同的岗位——比如他们都通过了公务员考试的初试或律所的笔试考核——大家认为谁会更有优势呢？我的答案是，他们两位，至少肯定是“势均力敌”的求职竞争者。

总结

行文至此，对于考研、留学还是就业的大方向抉择，我们总算给出了相对而言较为全面的比较和建议。在最后，我还想多说一段“鸡汤”：

基于多年咨询和辅导的经验，我非常理解，很多同学在大四升学失败后，会面对一种“史无前例”的恐慌，看着身边“上岸”的同学，想到自己模糊不清的未来，心中充满焦虑。可我想说：就算你 25 岁才开始走上“正轨”，你好像比那些“一帆风顺”的同学们落后了两三年，但放到人生的“大尺度”当中去衡量，这两三年真的会彻底改变你的未来吗？我们这一代人，很可能都要 65 岁才能退休。就算你 25 岁才找到你在 22 岁那年认定自己一定要找到的工作，你还有 40 年去追赶你认为自己“落下”的两三年。何况，如果你积极参考我的建议，你在这两三年中，也一样可以取得对你的未来至关重要的成果。所以，不要被一次的失败所击倒，这样的人很可能会被一次失败击倒一辈子；也不要害怕失败，失败多了你就知道，脱离了父母和家庭的庇护，这只是人生的常态。失败了，再继续努力，然后达到目标，在我眼里，就是一种平凡的成功。哪怕那个目标只是通过法考、只是找到一份让自己经济独立的工作、只是考上一所“不算有名的法学院”。毕竟每个人的起点无法改变，我们能做的，就是完成一个又一个目标，然后在到达终点时，心平气和地和自己曾经无法释怀的“起点”与无数次失败握手言和。

7.2　硕士择校

本节，我们将对法学硕士与法律硕士的择校思路进行“有总有分”的介绍。何为有总有分？这意味对于这两种不同硕士项目的择校思路，我们首先会对其高度重合的“总体思路”进行统一介绍；随后，我们将分别介绍法学硕士与法律硕士在择校方面所需要考量的不同要素。有总有分，因此而来。此外，本节内容将不再对法学院总体实力的高低进行赘述，相关信息，同学们需比照《推开法学之门：法学专业高考志愿填报指南》中相应内容。

✍ 考研择校的重要性

如前所述,研究生考试的招录模式与高考有着天壤之别,能否考取既看个人实力,也取决于应试者当年填报的院校竞争是否激烈。所以在考研圈中一直流传着一句话——“考得好不如报得好”。当然,这句话或许过于突出了择校的重要性,那我们不妨这样说,对于研究生考试来说,“考得好与报得好一样重要”。所以,无论同学们想要报考的是法学硕士还是法律硕士,考前的择校环节一定要三思而后行:

一方面,目标院校的选择将对考研的结果产生直接影响。从近年的趋势来看,同学们在完成考研“一志愿”〔1〕的填报后,若分数无法进入一志愿院校复试线,则几乎不可能再通过调剂入读与一志愿院校档次相近或“相差不大”的其他院校。〔2〕所以,对于绝大部分考生来说,若“初试不利”,那么大概率就必须在就业与二战(甚至三战)之间“二选一”。如果再将“水区”与“旱区”的因素考虑在内,就不难理解为何许多备考者为了冲击北上顶尖法学院,往往要付出至少两到三年的备考时光,并承担三战也无法上岸的巨大风险。〔3〕

另一方面,研究生择校需要更加务实的考虑与就业相关的因素,对于法学院的同学们来说,更是如此,因为法律行业极为看重院校的“地区影响力”。并且在研究生阶段,不同法学院——尤其是“知名法学院”——毕业生的就业倾向差异性也十分明显,譬如:有些法学院硕士生

---

〔1〕“一志愿”是对“考研第一志愿”这一术语的简称。考生填报研究生志愿时,其实有多个院校可以填报,但第一志愿是最重要的,因为大部分高校规定,当考生初试成绩合格时,第一志愿优先录取。当考生的分数未得到第一志愿学校的要求或者分数达到分数线的要求但由于志愿填报不当而被退档时,则进入后续志愿的录取,即所谓的“调剂”环节。所以,第二志愿与第三志愿也被称为“调剂志愿”。第一志愿填写完成后,第二志愿与第三志愿随时可以填写,且这两个志愿是平行关系,互不影响。更多内容,见《考研一志愿二志愿三志愿是什么意思?》,载腾讯网,https://new.qq.com/rain/a/20210422A079BS00。

〔2〕以2021年的统计数据为例,该年研究生考试报名人数为377万人,预计招录人数为118万人。该年初试结束后,调剂人数约为150万人,除去一志愿已报名的同学与放弃调剂的同学,真正能够留给考生进行调剂的名额已所剩无几。

〔3〕近年来的趋势是,不少考生为了冲击北京与上海仅有的那几所“顶级法学院”,已经将“二战”甚至“三战”视为理所当然的选项,这种想法显然有待商榷,因为两到三年的光阴完全可以将初出茅庐的律师新人训练为从容不迫的初级律师。而不少“三战党”却宁愿困在备考状态中执迷不悟,也不愿客观理性调整自己的目标院校。因此在不少人看来,他们完全把“备考名校”当成了一种逃避就业与脱离社会的手段。

毕业后大部分都会优先进入“体制内”，而有些法学院的硕士生毕业后大部分都会进入律所。提前考虑个人就业倾向进行择校，也因此有了积累校友资源方面的合理性。在这一背景下，考虑到冲击名校所可能承担的二战、三战风险，理性结合就业诉求与“一战上岸”的概率进行择校，就有了绝对的必要性。

✍ 研究生择校的总体思路

无论同学们报考的是法学硕士还是法律硕士，无论同学们本科的专业是否为法学，我们都推荐同学们在选择一志愿院校时，仔细考虑如下相关因素：

毕业后的职业规划

在考研之前，我建议同学们要确定好自己研究生毕业后的“大方向”：如果你的目标是走出校园寻找一份实务领域的工作，那么你在择校方面应当考虑的“点”，除了本部分提及的总体思路外，还应当包括法律硕士部分的内容——即使你眼前的目标是备考法学硕士；如果你的目标是“留在校园”，即：在硕士毕业后继续攻读博士学位并在博士毕业后谋求一份高校教职，那么你首先参考的应该是法学硕士部分的内容，其次才是本部分的总体思路，即使你眼前的目标是备考法律硕士。

学校优先还是上岸优先

明确了大方向，我们建议同学们思考的第二个问题需要同学们在“情怀”与“功利/务实”之间进行取舍，那就是——我究竟是要冲击自己心心念念的“名校”[1]还是适当“放低要求”根据自己的综合实力与职业规划选择一所更容易“上岸”的法学院校。坦诚地说，这个问题，真的没有标准答案。

对于有名校情结的同学来说，将硕士经历作为“重新洗牌”的跳板确实是实现“逆袭”的“捷径”——对于那些本科就读于“非名校”[2]的同学们来说，尤其如此。但“一将功成万骨枯”，顶级法学院研究生项目的淘汰率也是惊人的，无论是法学硕士还是法律硕士项目，报录比达到

---

〔1〕 当然，“名校”并没有绝对的标准，而是一个相对的概念，不同教育背景、经济基础与就业目标的同学们心目中的名校也肯定是不同的。

〔2〕 与“名校”的标准一样，“非名校”也是一个相对的概念。

10:1 甚至 20:1 都很正常。所以如果你能接受风险,[1]那么大胆去考吧!愿你心想事成。

如果你的目标是"一战上岸",那你显然要做出一些比较现实的妥协,当然,这里的妥协肯定不是"毫无底线"的,[2]而是"相对的":比如,参照上一届与你本科绩点相似的学长学姐的考研战绩与他们的建议,你认为自己可以冲击一线城市知名 985、211 大学的法学硕士项目;此时,为了"求稳",你就可以选择该法学院相对冷门、竞争较小的部门法专业(若你报考的是法学硕士)或你选择了相同城市报录比更加友好的传统政法院校或 211 非 985 大学法学院(若你报考的是法律硕士)。

竞争强度

在第二章有关法学硕士与法律硕士的部分,我们已经介绍了如何通过"报录比"等数据分析相关硕士项目的竞争激烈程度。而在此处,我要提醒同学们的是一个更加细节的要点,那就是相应项目的"复试难度/竞争强度"。从我们的辅导经验来看,很多同学在择校阶段总是忽略这一关键问题。

法学院硕士项目的传统复试比率[3]一般在 1:1.2 至 1:1.5 之间,而部分法学院的复试比率则远高于这个区间。在进行与之相关的择校分析时,一个基本的原则是,"放进复试的人越多,比率越高(比如比率超过 1:1.5)",复试的不确定性就越高。这其中的原因在此不作展开,我仅举一例,同学们可以自行体会:

假设甲乙两位同班同学学习能力与综合能力相同,分别报考了某一线城市相同档次的不同法学院的法律硕士项目 A 与 B。这两个项目的报录比是相同的,但复试比率差距巨大。A 项目的复试比率为传统的 1:1.2,而 B 项目的复试比率为 1:1.8。假设这两个项目最终均录取 100 人,甲乙两位同学在初试阶段的分数排名均为第 70 名,这两位同学通过

---

[1] 从我们的辅导经验来看,每年最"痛苦"的考生并不是那些"毫无悬念"落榜的考生(即个人分数与名校分数线差距超过 5 分),而是与名校复试线"几分之差"而不得不面临调剂的考生,当他们在浏览可以调剂的志愿院校时,才会明白什么叫"报考时你爱理不理,调剂时你高攀不起"。这种经历真的非常痛苦。

[2] 比如参照上一届与你本科绩点相似的学长学姐的考研战绩,你本可以冲击一所一线城市传统政法院校的法学硕士项目,但你为了"求稳",选择与其初试分数线差距巨大的一所位于西南地区的普通高校法学院。

[3] 项目拟录取人数与参加复试的考生总人数之间的比率。

复试成功上岸的可能性是相同的吗?[1] 在此,我们可以非常负责任地告诉大家,甲同学上岸的可能性远高于乙同学——没错,这里我们使用的词是“远高于”。[2]

那如何才能具体分析相关院校的复试难度呢? 一方面,同学们可以从院系官网搜集相关项目近两三年的与复试考核和拟录取名单(如有)相关的信息,然后自行计算大致的比例。[3]另一方面,最简单明了的方式,就是通过我们在前文介绍的方式与成功上岸相应项目的前辈取得联系,直接进行咨询。

其他注意事项

在进行择校时,还有几个“没那么重要”但在择校的最终阶段(例如:只剩下两所法学院,需要选择其中一所填报为一志愿)能够起到关键决定性的事项,在此一并进行介绍。

首先,一些硕士项目——尤其是学硕项目——也存在“大小年”现象,[4]只不过这一现象在硕士择校方面并没有高考志愿填报那样明显。[5] 而规避“大小年陷阱”的方式也不复杂,那就是参考相应项目历年或过去三年的分数线进行比较。

其次,对于会“压分”的硕士项目,切不可盲目自信。此处的“压分”不同于“旱区”的概念,而是特指某所法学院将大部分一志愿考生的分数压低至初试线或国家线之下。如此操作的目的,实际上是为了给填报了其他法学院但并未进入初试的高分调剂考生“留指标”。[6] 如果同学们通过信息搜集能够基本确定某所法学院近年来“会压分”,那一定要慎之又慎,因为一旦未能被这样的法学院系录取,由于考生的初试分

---

〔1〕 在进入A项目复试的120人中,甲同学排名第75名;在进入B项目复试的180人中,乙同学排名也是第75名。

〔2〕 再举一个真实的例子,某年广东省某高校硕士项目的复试比例为1:4,当年未通过该校复试的同学中,包括了初试分数排名前十的考生;这在复试比例较为“传统”的法学院研究生招录中,几乎是不可想象的事情。

〔3〕 因为录取名单中可能包含保送研究生,所以无法做到精确计算。

〔4〕 法律硕士实施全国统考多年,相较于法学硕士,相关分数线相对稳定。

〔5〕 与高考类似,硕士择校的“大年”指的是某一年考生报考较多,竞争激烈导致某校某专业复试线奇高;第二年考生考虑到这一情况,报考人数下降,导致该校该专业的复试线较大幅度下降,这便被称为“小年”。

〔6〕 换言之,这就是一种变相提高“生源质量”的招录策略。

数在这种情况下很可能低于国家线,想要调剂都是不可能的。[1]

最后,对于“不保护一志愿”的硕士项目也格外需要留心。不保护一志愿指的是在复试阶段,相关法学院系并不会对一志愿考生与调剂考生进行区别对待。[2] 而一般能够通过调剂进入复试的考生,往往分数较高,此时,若相关法学院在复试阶段采取的是“一视同仁”的政策,这些“高分调剂考生”大概率会“挤掉”不少分数“没那么高”的一志愿考生。[3]

✍ 法学硕士择校的注意事项

接下来,我们着重谈一谈法学硕士项目的择校注意事项,此处,我们默认攻读法学硕士的同学们至少在择校阶段的职业目标是在硕士毕业后攻读博士学位并在未来获得一份教职。

首先,法学硕士项目既要考虑大学与法学院的综合实力,更要考虑特定部门法与导师的“软实力”。换言之,对于有志于从事科研或教职的同学们来说,学硕择校,不仅择的是“校”,还择的是法学院系在细分领域的科研能力与导师师门的影响力。所以,如果某法学院的综合实力高于另一法学院,但后者在特定部门法领域更加权威或导师更具知名度,显然,对于有志于从事相应部门法科研与教职的同学来说,后者的优先度不会低于前者。此时进行择校,就可先把985、211、双一流与地理位置这类主要用于评价高校综合实力的“硬指标”暂时放在一边,而将更多目光聚焦于学科评估排名、相应法学院是否设置有博士点以及导师的个人风格与“师门传承”[4]之上。

其次,不同于法律硕士项目,部分高校的法学硕士项目可能会在招录过程中按照“一级学科”与“二级学科”分别进行。举例来说:某高校法学院法学硕士项目计划招生30人,如果该高校的政策是一级学科与二级学科分别招录,那么这30个名额就会按计划分配给该高校法学院

---

〔1〕 学校是否会压分,不要过于相信个别(比如某位熟识的学长)说辞。依据我们的辅导经验,不少情况下,考生自己没发挥好,很可能就会埋怨相应法学院“压分”。所以对于压分问题,同学们还是要科学搜集信息后自行判断。

〔2〕 法学院系如此为之,其动机与压分一样,主要也是为了提高“生源质量”。

〔3〕 当然,不少院校为了平衡“对一志愿考生的保护”与“提高生源质量”两个目标,在复试阶段会预留特定数量的指标给所有调剂考生进行竞争。

〔4〕 拟报考学术硕士项目导师的导师是谁及其学术影响力。

的民商法、经济法、刑法与法理学等方向，然后考生再分别在具体的二级学科部门法内进行竞争。这一政策对于考生的影响是十分明显的：同样是高分考生，如果高校不对此进行区分，其往往可以凭借自己的高排名顺利上岸，可如果一旦将招录工作具体到部门法，就可能出现相同的分数在这个部门法无法进入复试，但是在另一个部门法却可能是专业排名第一的情况。所以一般来说，除非考生对于某法学院系的部门法"情有独钟"，否则我们一般会建议考生在学硕择校环节重点考虑不进行区分的法学院系。

最后，如前所述，由于法学硕士是自主命题，所以目标项目"考试范围"是否清晰，也是择校阶段一个重要的考量因素。举例来说，有些法学硕士项目历年真题以及复习资料难以获得，或参考书目过多、范围过大且不标明考核重点，这种"考试范围政策"显然加重了考生的备考负担。当然，也可以理解为这是一种对考生进行筛选的方式。但是，对于备考时间并不足够充分的考生（比如：大三才开始复习的同学）来说，一般还是要尽量"绕开"这些法学院系。

✍ 法律硕士择校的注意事项

接下来，我们继续聊一聊法律硕士项目的择校注意事项，此处，我们默认攻读法律硕士的同学们至少在择校阶段的职业目标是在硕士毕业后直接从事实务领域的法律工作。

首先，既然同学们攻读法律硕士的目标是为了就业，那么地理位置无疑是极为重要的参考因素。甚至在不少情况下，当咨询我们的考生已经极为明确硕士毕业后的求职方向时，我们都会建议，为了"保就业"，完全可以舍弃"高档次"的法学院系而选择地理位置更好的"低档次"法学院系。〔1〕 当然，这一择校思路显然也是一把双刃剑：一方面，城市越"大"，往往经济也更加发达、居民的法治意识也更强，显然当地的就业

---

〔1〕 不仅在律师或法务领域这一现象十分明显，其实在选调生领域，这一原则一样适用。在我们撰写此书的过程中，曾与不同地区组织部门负责选调工作的同志有过深入沟通，他们不约而同表达过类似观点——在考察选调生的过程中，由于不少单位要求组织部门前往选调生所就读的高校直接与其导师或辅导员进行沟通与情况核实，从"心理上"来说，他们自然会偏好本地、本省或邻近省份就读的候选人。用其中一位同志的话说，"除非选调生本人极其优秀，否则，从'地缘、人缘与亲缘'的角度，我很难想象某个沿海经济发达城市的组织部门，会为了一位选调生，特地前往某西北部的重点大学对其进行考察"。

市场能够提供的岗位也更多；但另一方面，城市越“大”，相应法学院校就越可能处于考研的“旱区”之中，这显然要求同学们在择校时，尽量精确把握“院校实力”、“地理位置”与“旱区水区”之间的平衡。

其次，不少雇主在进行招聘时都会对应届生的毕业院校设置“硬性门槛”，此时，在法律硕士择校阶段将这一现实情况纳入考量范围就有了绝对的必要性。类似的例子不胜枚举：中央与各省机关有关选调生的政策就对应届生的毕业院校有明确要求、不少知名律所也会对律师新人的硕士毕业院校设定“院校清单（即：Target School List）”、大型国企与民企的管培生项目一般也会对申请者的毕业院校划定具体范围。最经典的情况，无非就是在985、211大学与传统政法院校之间进行取舍，我们认为，前者更适合毕业后想要进入体制内非法律岗位或从事非法律行业工作的同学，后者更适合毕业后想要进入体制内法律岗位或从事律师或法务工作的同学。

最后，相较于法学硕士，法律硕士是很“贵”的。不仅三年的学费要花费数万元，且普遍来看，各大法学院系针对法律硕士的奖学金政策相较于法学硕士，也“吝啬”得多。而且除了学费，由于部分法学院校的招生人数持续上涨但学生宿舍“床位数量”却并未跟上，近几年来，已经出现多次“法律硕士无宿舍可住”的窘况。而这一情况，实际上对同学们的读研预算构成了极为严峻的挑战：以一线城市为例，若同学们在校外租房，个人单间的住宿成本至少在1000元至3000元每月之间，一年的租房成本就是几万元。所以在法律硕士择校阶段，同学们一定要做好相应的信息搜集工作。

✍ 值得参考的榜单

同学们读到这里应该会发现一个问题，那就是我们的择校建议均建立在一个前提之上，那就是同学们在硕士择校阶段已经拥有了明确的就业规划。可与之相关的一个问题是，如果同学们并没有如此清晰的规划，又应当如何进行择校呢？坦诚地说，我并不太想回答这个问题，因为我认为想清楚这个问题是进行法学硕士与法律硕士择校的前提。

但一个不可否认的事实是，每年都有大量计划报考法律硕士的学生和家长在择校阶段向我们或在各大信息分享平台提出类似问题，那就是在兼顾各类就业方向的基础之上，选择哪所法学院校攻读硕士学位是最有“性价比”的。

考虑到这一情况,我们在此提供一份具有绝对主观色彩的“法律硕士性价比院校”榜单,这份榜单统筹考量了各大法学院校的专业实力、高校综合实力、地区认可度与行业认可度,并在同时兼顾了相关项目的报录比、分数线与复试难度。按照性价比从高到低它们分别是:[1]

清华大学、北京大学、中国人民大学、上海交通大学
复旦大学、浙江大学、南京大学、北京大学国际法学院
武汉大学、中山大学、南开大学、四川大学、中国政法大学
对外经贸大学、厦门大学、吉林大学、华东政法大学
上海财经大学、中南财经政法大学、西南政法大学
北京师范大学、西安交通大学、北京航空航天大学
天津大学、山东大学、华中科技大学、华中师范大学
中南大学、重庆大学、湖南大学、中央财经大学
西南财经大学、苏州大学、南京师范大学等
【仅供参考】

总结

研究生择校之所以不同于高考志愿填报,不仅在于其填报模式的不同,更在于择校阶段绝大部分同学都已经对于“自己为什么要考研”拥有了一个明确的答案。在这一前提下,大家其实就很容易理解,除了顶级的十几所法学院外,其他法学院都是“有长有短”的。换言之,这个世界上肯定不存在“牌子好”“招生多”“竞争小”且“分数低”的研究生院。你所填报的一志愿,实际上代表了你的就业预期及求职倾向。所以,我们在此再次诚挚地建议各位同学,在择校时,只有带着目的选择,才知如何取舍,才能找到最适合自己的“最佳性价比”法学院。

7.3　涉外法律人培养:基本规划与选校

对于正在就读法学本科或非法本法律硕士的同学们来说,想要成为涉外法律人,我们建议需要进行的学业与就业规划就是拥有海外留学背景或者取得海外律师执业资格。虽然这听上去是一个“很单一”的问题,但在现实中,能够实现这一目标的方式其实是多种多样的。故在此,我直接给出相应方案,以供同学们做参考。

---

〔1〕　为了避免不必要的争议,在此,我们将不对为何如此进行梯队划分进行解释。

✍ 涉外法律人学业就业规划

方案一:对于法学本科毕业、英语基础较好且预算充足的同学们来说,在本科毕业、取得中国法律职业资格证或律师证之后(三个条件满足其一即可,当然同时满足是更好的),前往美国就读法学硕士(LL. M.)项目并在毕业后通过美国纽约州的律师执业资格考试或难度偏高的美国加州律师执业资格考试,成为所谓"双 Bar"[1]律师,是最为直接的获得"涉外法律行业"入门资格的手段。当然,这一方案对于法学本科毕业,且已经攻读了法学硕士或法律硕士的同学们来说,也是一样适用的。只不过这一方案从成本来说,是"最贵的",不光攻读美国法学院硕士项目的开销甚巨,报名并备考美国律师执业资格考试,开销折合人民币也能轻松突破万元大关。

方案二:对于没有计划前往海外留学或者计划前往非美国地区攻读法学学位的同学们来说,如果想要取得认可度比较高的海外律师执业资格,最为主流的方式就是在获得中国律师证之后,以中国律师身份申请报名参加美国加州的律师执业资格考试。当然,这一路径最大的挑战在于通过美国加州的律师执业资格考试,毕竟采用这种方案的应试者并没有学习美国法——尤其是具有比较高独立性的美国加州州法——的经验。但至少从我所知的情况来看,2020 年之前,每年国内至少都有数十人通过这种"性价比"比较高的方式成功上岸"双 Bar"律师,完成职业生涯的重要进阶。并且这种方式也比较适合不打算前往美国留学但希望获得海外律师执业资格的国内非法本法律硕士毕业生。

并且,如果顺利完成上述两种方案,未来同学们返回中国——尤其是前往香港地区——就业时,如前所述,同学们还能够在满足条件的情况下直接注册成为香港的外国律师(RFL),并在理论上拥有中国内地、美国纽约州/加州与中国香港地区的三重律师执业资格。这基本上就完全满足现阶段要求较高的涉外法律岗位对求职者执业资质的要求了。

方案三:较为小众,但一直也有国内本科毕业生成功实践的第三条

---

〔1〕 在美国法语境下,英语词汇"Bar"意味"律师职业资格或法律从业资格",日后同学们在招聘时会看到的要求应聘者拥有"NY Bar"或"CA Bar",一般指的是要求同学们通过美国纽约州或加州律师执业资格考试。与之相关的另一个问题是,如果要求应聘者拥有美国纽约州或加州律师执业资格,通常使用的英文表述是"NY Licensed"或"CA Licensed"。

路径就是按照先前介绍的方式成为香港地区的执业律师。值得补充的是,这种方案也同时适用于法本与非法本的毕业生。

此外,还要注意,我在此处介绍的三条规划方案并不涉及如下几种情况:

第一,同学们在本科阶段学习的是除了英语之外的其他语种,如日语、法语、德语等。在这种情况下,同学们若想成为涉外律师,最直接的方式自然是前往相应母语国攻读符合相关国家律师执业资格获取条件的学位并成为相应国家的执业律师。

第二,此处我所提及的方案默认同学们前往英美攻读的是法学硕士(LL. M.)学位。换言之,我的方案并不直接适用于美国法学院三年制职业法律博士毕业生们,也不当然适用于香港或其他国家或地区开设的各类"J. D."项目,更不适用于国内法学院开设的可以"直接考取美国加州律师执业资格"的"J. D."项目。但在大方向上,我给出的方案对于这些项目的毕业生都有很强的直接借鉴价值。而且考虑到这些项目的就读时间普遍在 2 年及以上,入读这些项目的同学在读书期间其实也有非常丰富的渠道获取相关信息并完成属于自己的"涉外法律人"成长规划。

第三,走"学术路线"的同学是否能参考上述方案成为"涉外法律人"呢?这种情况比较复杂,且容我展开来聊聊:首先,走"最纯粹"的学术路线本身就与成为涉外法律人不矛盾,比如我国在开展各项涉外法治工作的具体环节,都会在必要时邀请长期研究相关议题的学术工作者献言献策,这本身就是最直接的涉外法律工作实践方式;其次,在不少国家,如果拥有了所在国的法学博士学位,一般也都符合参加当地律师执业资格考试的报名条件;所以,如果同学们在相关国家攻读法学博士之后,"顺带"考一个律师执照,也并不是什么不可能的事;最后,如果同学们在走学术路线的过程中,下定决心彻底"转行"法律实务领域并希望从事涉外法律业务,在这种情况下,只要你能够通过我在上文提及的任何方式获得相应"入场券",你当然也可以转型从事涉外法律工作。

✍ 50-LLM 选校榜单

聊完了成为涉外法律人的基本规划思路,在本节,我将以简单明了的方式对中国内地以外法学院所提供的硕士项目(LL. M.)进行推介,毕竟如前所述,攻读这一类项目,是同学们成为涉外法律人最简单直接的途径。此处,我进行推介的具体形式是一份包含 50 所具体法学硕士项目的“50-LLM 选校榜单”。[1] 不过，在同学们浏览这份榜单之前，请务必首先仔细阅读我对这份榜单所进行的说明，这非常重要。

第一，榜单涵盖的“留学目的地”仅包括：中国香港地区、中国澳门地区、美国、英国、加拿大、澳大利亚与新加坡。

第二，榜单所针对的硕士项目主要为一年制授课制法学硕士项目（即 LL. M.）。只要相应项目的学制不少于两个学期但不足两个学年，均符合我们对“一年制”的定义。比如美国法学院的 LL. M. 项目实际授课时间一般为 8 到 9 个月，英国的 LL. M. 项目除了两个授课学期外，还有一学期用于撰写毕业论文。这类项目，均符合我们对一年制的定义。

第三，榜单所针对的硕士项目为法学硕士项目（即：LL. M.）。当然，此处的“LL. M.”也为泛称。换言之，若相应法学院开设的一年制授课法学硕士项目即使名称并非 LL. M.，但其在课程安排与毕业要求方面若实质上与本学院名为 LL. M. 的项目没有区别，或者与本地区或本国其他法学院开设的名为 LL. M. 的项目没有区别，则均属于本榜单所涵盖的范围。

第四，这份公开披露的榜单中，我们并未对不同法学院所开设的不同方向的 LL. M. 项目进行区分。换言之，对于这份榜单，我们默认所有法学院所开设的所有 LL. M. 项目在教学质量方面“差异不大”且同学们依据这份榜单进行择校参考时，已经确定在 LL. M. 项目毕业后将从事实务领域的工作，而非继续升学或从事其他行业的工作。

第五，榜单据以考量的因素共计 21 项，包括但不限于：各大综合性榜单的排名、专业类榜单排名、项目所在国与地区的主管部门所公布的各类数据、各法学院公布的各类数据、不同梯队雇主中雇员的毕业院校

---

[1] 在此，我（本书作者李中衡）简要对这份榜单的来龙去脉进行说明：2019 年回国后，我随即着手组建某海外教育咨询公司的中国与东亚分部。在分部筹备阶段，有感于国内高质量留学信息与高素质升学顾问的匮乏，我们计划在 2020 年秋季，面向中国法学院同学推出专门为他们定制的海外法学院留学榜单，当时的榜单共计有三份，分别为包括 126 高校法学院的“中国留学生海外法学院 LL. M. 项目榜单（Top LLM Programs for Chinese Law Student）”、包括 42 所美国法学院的“中国留学生美国法学院 JD 项目就业榜单（Top US JD Programs for Chinese Law Student-Job Focus）”与包括 32 个全球博士项目的“中国留学生海外学术博士推荐榜单（Recommended Ph. D. Programs for Chinese Law Student）”。这三份榜单的外部咨询专家，均由我所就职的教育咨询公司聘请，他们曾就职于中国、美国、英国与中国香港地区的顶尖法学院与教育部门以及 LSAC、US News、泰晤士报业等知名教育机构。由于这份榜单的评级设计思路主要以包括我与胡雪梅教授在内的中外法教育学研究者的研究成果为依据，相关知识产权并非排他归属于该海外教育咨询公司，故其内容并不完全受我所签订的竞业限制协议之约束。正是在此情况下，经与该教育咨询公司的友好协商，在本节，我便从原包括 126 法学院的“中国留学生海外法学院 LLM 项目榜单”中择取了在国内法学留学圈知名度较高的 50 所法学院制为本表，以供同学们参考。

与薪资范围、法律行业榜单中的校友构成、招录标准与人数、就读成本、地理位置、外聘专家意见、是否满足特定雇主的求职毕业院校要求等。但我们将不会进一步披露分析比较这些考量因素的具体方法以及不同考量因素所占权重。

第六,我们将这 50 所法学院提供的 LL. M. 项目分为了六档评级(即:A+、A、A-、B+、B、B-),相同档次之内,又按照国家与地区进行了分类。此处,我们的排序与分类方式既不代表我们以“排名分先后”的方式进行排序,也不代表我们并未以“排名分先后”的方式进行排序。如何理解我们的“排列顺序”,交给同学们自行思考。

第七,本榜单绝不可被用以参考相关法学院提供的其他学位项目,比如:职业法律博士项目(J. D.)或法学学术博士项目。也请各位中介与留学机构的“导师们”在复制粘贴我们的榜单时,务必记住这句话。

第八,为了行文之便,我们将只展示相应法学院所属大学的名称,而不展示相应法学院的全名。

2023 50-LLM 选校榜单					
评级	国别	英文名	中文常见名称〔1〕	所在地区	总开销〔2〕
A+	美国	Yale University	耶鲁大学	纽黑文市	$$$$
		Stanford University	斯坦福大学	帕罗奥多市	$$$$
		Harvard University	哈佛大学	剑桥市	$$$$
		Columbia University	哥伦比亚大学	纽约市	$$$$
		University of Chicago	芝加哥大学	芝加哥市	$$$$
	英国	University of Cambridge	剑桥大学	剑桥郡	$$
		University of Oxford	牛津大学	牛津郡	$$

〔1〕 此处的“常见名称”即有可能是官方中文译名,也有可能指的是留学圈约定俗成的称呼。若为后者,则我们会在其名称进行(*)标注。

〔2〕 若该项目一年的全部开销(包括学费、生活费、住宿费、书本费与保险在内的所有必要开销)在人民币 50 万至 80 万之间,则我们会对其进行“$$$$”标注。若相应开销在人民币 35 万至 50 万之间,则我们会对其进行“$$$”标注。若相应开销在人民币 25 万至 35 万之间,则我们会对其进行“$$”标注。若相应开销不超过人民币 20 万元,则我们会对其进行“$”标注。此处我们搜集的是 2021 年至 2022 年的数据。

（续表）

A	美国	University of Pennsylvania	宾夕法尼亚大学	费城	$$$$
		New York University	纽约大学	纽约市	$$$$
		Duke University	杜克大学	达勒姆市	$$$$
		University of Virginia	弗吉尼亚大学	夏洛茨维尔市	$$$$
	英国	LSE[1]	伦敦政经（＊）	伦敦市	$$$
A-	美国	UoB[2]	伯克利大学（＊）	伯克利市	$$$$
		Michigan-Ann Arbor[3]	密歇根大学（＊）	安娜堡市	$$$$
		Cornell University	康奈尔大学	伊萨卡市	$$$$
		Northwestern University	西北大学	芝加哥市	$$$$
		UCLA[4]	UCLA（＊）	洛杉矶市	$$$$
		Georgetown University	乔治城大学	华盛顿市	$$$$
	英国	UCL[5]	UCL（＊）	伦敦市	$$$
		KCL[6]	KCL（＊）	伦敦市	$$$
	中国香港	University of Hong Kong	香港大学	中国香港	$$
	新加坡	NUS	新加坡国立大学	新加坡	$$
	加拿大	McGill University	麦吉尔大学	蒙特利尔市	$$

〔1〕 London School of Economics and Political Science 的缩写。

〔2〕 University of California-Berkeley 的缩写。

〔3〕 University of Michigan-Ann Arbor 的缩写。

〔4〕 University of California-Los Angeles 的缩写。

〔5〕 University College London 的缩写。

〔6〕 King's College London 的缩写。

（续表）

B+	美国	UT-Austin[1]	奥斯汀分校（*）	奥斯汀市	$$$$
		Vanderbilt University	范德堡（*）	纳什维尔市	$$$$
	英国	University of Edinburgh	爱丁堡大学	爱丁堡市	$$
		Durham University	杜伦大学	杜伦市	$$
		University of Nottingham	诺丁汉大学	诺丁汉市	$$
		CUKH[2]	香港中文大学	中国香港	$$
	澳大利亚	University of Sydney	悉尼大学	悉尼市	$$$
		University of Melbourne	墨尔本大学	墨尔本市	$$$
	加拿大	UBC[3]	UBC（*）	温哥华市	$$
		University of Toronto	多伦多大学	多伦多市	$$
B	美国	WUSTL[4]	WUSTL（*）	圣路易斯市	$$$$
		USC[5]	南加大（*）	洛杉矶市	$$$$
		Boston University	波士顿大学	波士顿市	$$$$
		UMN[6]	明大（*）	双子城	$$$$
		Emory University	埃默里大学	亚特兰大市	$$$$
	英国	University of Bristol	布里斯托大学	布里斯托市	$$
		Queen Mary[7]	玛丽女王大学（*）	伦敦市	$$$
	加拿大	University of Ottawa	渥太华大学	渥太华市	$$
		Université de Montréal	蒙特利尔大学	蒙特利尔市	$$
	中国澳门	University of Macau	澳门大学	中国澳门	$$

[1] University of Texas-Austin 的缩写。

[2] Chinese University of Hong Kong 的缩写。

[3] University of British Columbia 的缩写。

[4] Washington University in St Louis 的缩写。

[5] University of Southern California 的缩写。

[6] University of Minnesota-Twin Cities 的缩写。

[7] Queen Mary University of London 的缩写。

(续表)

B-	美国	Boston College	波士顿学院	波士顿市	$$$$
		Fordham University	富德汉姆大学	纽约市	$$$$
		UCI[1]	UCI(*)	尔湾市	$$$$
	英国	University of Glasgow	格拉斯哥大学	格拉斯哥市	$$
		University of Manchester	曼彻斯特大学	曼彻斯特市	$$
		University of Southampton	南安普顿大学	南安普顿市	$$
	中国香港	City U[2]	香港城市大学	中国香港	$
	澳大利亚	UNSW[3]	新南威尔士大学	悉尼市	$$$

总结

自此,我用一种较为独特的方式完成了对非内地地区法学院一年制法学硕士项目的介绍,同学们在日后进行择校时,可以结合个人预算与综合背景,依据这张榜单“按图索骥”。当然,我相信,大家依然还会有许多疑惑,这些问题,日后我一定会在时机恰当时一一进行解答。此外,如果你对我的这张榜单存有异议甚至“嗤之以鼻”,我完全理解你的感受,你也完全可以按照自己内心的榜单选择你想要申请的法学院。

7.4 法本规划:原则与案例

行文至此,整本书说了这么多有关法本规划的内容,我猜,很多同学还是对究竟如何具体规划处在“似懂非懂”的状态之中。换言之,这本书说了这么多学业就业的内容,其实我还没有解释一个最重要的问题,那就是如何将这些“知识点”科学的“串联”起来形成一份适应个体独特性的规划。

实践出真知,要解决这个问题,我们给出的方案非常简单:首先,我将提纲挈领地对法本规划的基本原则和方法进行介绍。其次,我会挑选

[1] University of California-Irvine 的缩写。

[2] City University of Hong Kong 的缩写。

[3] University of New South Wales 的缩写。

我与胡雪梅教授过去数年间辅导的最为典型的六个案例与同学们进行分享。这六个案例各具代表性，因为案例的"主人公"们性格各异、家境悬殊、目标不同；在我们看来，他们的经历能够很典型的代表最主要的几类法学院在校生。通过抽丝剥茧地介绍我们对他们进行学业规划的点点滴滴，我认为，绝大部分同学应该就能够结合自身的情况，给自己法学院的本科设定合理的学业与就业目标。

并且，通过"全景式"还原他们的成长点滴，我们实际上也在帮助大家掌握甄别高质量法本规划信息的方法，因为我们对案例的介绍将完全源于第三方视角，换言之，这些案例将以一种跳出"自我思维"的方式被呈现。什么是"自我思维"，其指的是分享者在介绍自己的"成功经验"时，并不会对自己先天的优势与实际的不足进行介绍，而这显然将误导作为信息接收者的同学们。这也同时解释了为何我们要完成这本书——因为即使身处信息大爆炸的今天，真正优质的信息与"干货"依然是稀缺的。所以，希望接下来这六个绝对真实的辅导案例能教会同学们如何分析自己的优点与不足并科学制定专属于自己的法本规划方案。

✍ 基本原则

在正式着手制定个人法本规划前，我想首先分享一些事关"大方向"与"核心思路"的基本原则，这些原则适用于所有想要通过阅读这本书以为自己制定计划的同学，所以，请你们务必仔细阅读，并思考这些原则背后的"原理"。

首先，谈几点具有"战略价值"的"大原则"。这几点原则，我建议大家都能够悉数听取。当然，我只是"建议"。

第一，制订任何计划，一定要有"目标意识"。此处的"目标"并不是简简单单的"我本科毕业一定要考上研究生或公务员"，而是落实到每一天应当完成什么任务的非常"细碎"而具体的目标。这实际上考验的，是一个人将"大目标"拆解为"小目标"与"小小目标"的能力，所谓不积跬步无以至千里，说的就是这个意思。以法考为例，我们在制订复习计划时，最理想的状态，就是将所有复习任务切分为每天必须完成的"模块"，比如说："用一周时间完成法考民法讲义的阅读与整理"在我看来，就是一个不合格的学习目标；而"明天完成民法讲义前三章（约15%内容）的阅读与整理并在睡前确定第二天需要完成的进度"则是一个相对合格的目标。而且用这种方式很容易让我们看到自己的进步，也能非常及时地让我们建立一种良性循环与正反馈机制,促使我们每天不断完成一个又一个“小目标”,直到“大目标”真正实现的那一天。

第二,除非你拥有绝对自信的资本,否则不要给自己设定两个及以上的“大目标”。什么是“大目标”,很简单,“考研”“留学”“就业”和与之相关的关键节点(如法考、英语标准化考试与求职准备活动)就是。换言之,如果你铁了心就业,请你在充分准备法考后全力冲刺公务员考试或校园招聘;而如果你想要升学,请你在考研与留学两条路当中明确选择一个目标并尽早开始实施你的计划。我理解,大部分同学在刚踏入大学校园时,都有着雄心万丈的理想并且认为实现它们易如反掌,就像大部分刚刚进入职场的00后都认为自己会在十年内年薪百万一样。[1]但基于我们作为过来人的经历,我可以非常明确地告诉大家,除非你曾经成功的同时完成过两个大目标,比如:通过高考进入心仪的法学院并同时在高中阶段雅思取得6.5分及以上;否则,绝大部分情况下,想要完成两个大目标的同学要么“满盘皆输”,要么收获的是两个不尽如人意的结果。现实一些其实才能更快获得“成功”,就像我国目前有14亿人,真正“年入百万者”大概率不会超过百万人(即比率为万分之七)一样。[2]

第三,从科学规划的角度来说,目标并无“高低”之分,只有“合适与不合适”之分。当然,一个与之相关的核心问题是,如何判断同学们为自己设定的目标合适与否。最简单的方式,是找到如本书作者团队这样工作五到十年且拥有“复合”[3]学历与工作经历的“过来人”,让他们告诉你答案。如果找不到,还有一个很简单的方式:大一结束那年,同学们将会知悉自己的绩点与班级或年级排名,请按照自己的排名和学习情况并参考与你“背景相似”的大三大四和刚毕业的学长学姐们所设定的目标来制订自己的计划。此外,“先苦后甜”与“先甜后苦”的计划也没有“对错之分”,比如,同学们既可以保研或留学为目标在大四之前保持着始终

---

〔1〕《“00后”大学生职场调查:超6成自认为10年内会年入百万》,载澎湃新闻网,https://www.thepaper.cn/newsDetail_forward_14483599。

〔2〕虽然没有明确的官方数据,但基于较为权威的信息渠道的公开报道均显示,截至2021年,我国年收入超过100万(税后收入)的人群总数应当在50万人至80万人之间。参见《放眼全国,年入百万的到底有多少人?》,载新浪网,https://k.sina.com.cn/article_5202984134_1361f3cc60190107na.html;《年薪100万在国内是什么水平?看一组90后真实数据,颠覆你的认知》,载解决网,https://www.isolves.com/news/sh/2021-11-11/46374.html。

〔3〕国内与海外求学经历与至少具备两段实质性的不同法律行业工作经历(如公司法务与律所律师)。

如一的高强度学习节奏，并在达到目标后好好享受毕业前的时光；也可以在大学前一两年好好感受大学生活，而后在大二结束后“义无反顾”投入研究生考试与法考备战之中。在我们看来，这两条路线都很科学，唯一的区别在于不同的路线需要同学们具备与之相匹配的心态。

第四，坦诚地说，努力确实可能不会有结果，但不努力，一定没有结果。这句话不需要多展开，毕竟除非选择“躺平”，否则想要得到任何“好机会”竞争都很激烈。所以，如果你确定了自己的目标，我祝愿你有能力拿出高考的态度去对待接下来你将要面对的所有“大考”。夜深人静的时候，也请尽力不要想起那句“读了大学就解放了”。

第五，我再补充几点“战术”建议，这些建议相比于以上的原则更加主观，所以同学们完全可以自由决定是否采纳。

首先，请在学有余力的情况下再思考如何“提升个人背景”。什么是个人背景，这是一个很难精确定义的词汇，并且放在不同的情境（如留学、考研与就业）之下，其具体含义也会不同。总之，这类“背景经历”起到的核心作用只有一个，那就是向面试你的老师或雇主证明，除了学习能力之外，你还有其他特长。但如果我们对所有情境下“个人背景”的可能内涵提取一个“最大公约数”，其轮廓又是比较清晰的，那就是同学们在本科就读期间所参加的各类实习、社团、竞赛、活动与获得的荣誉。换言之，个人背景就是同学们的简历中除了个人基本信息与学业水平信息之外的其他所有内容的统称。那我们应当如何科学平衡学业目标与这些经历之间的关系呢，对此，我的观点如下：

其次，“学有余力”意味着作为法学院的学生，你的本职工作始终应该是学习，再强的个人背景也无法替代优异的本科成绩。换言之，如果你为自己设定了明确的学业或就业目标，拥有好的成绩，即使没有“光鲜亮丽”的个人背景，你依然有机会崭露头角；反之，绝大部分“好的机会”都不可能向你敞开大门。所以，提升个人背景固然要求我们尽可能多的参加各类活动，但千万不要本末倒置，如果这些活动影响了你的学业，你应该及时“止损”并全身心地投入到学习之中，具体来说：

（1）大一这一年，我推荐大家可以适当多参与一些背景提升活动，我如此建议的原因有二：首先，从不戳破“读了大学就解放了”这句话的角度，我认为同学们有权利至少在大一（甚至大二——如果你的目标是考研的话）这段时间好好体会一下“五光十色”的大学生活。显然，参与各类活动应该是最好的达成这一目的的方式。其次，通过在大一期间参与不超过三段性质各异的活动，绝大部分同学们应该能找到至少一项自己真正感兴趣也愿意为之付出与投入的活动。不过我还是要提醒一点，如果你在进入法学院后就明确自己的目标是保研或者留学，我的这一点建议还请酌情参考，因为这两项目标的完成需要考察同学们在大学前三年的总成绩；换言之，大一这一年的成绩，对于计划保研和留学的同学们来说一样至关重要。

(2)对于和“学生工作(即所谓的‘学工’)”具有比较强联系的各类“校园体制内”活动(如校级或院级学生会、团委与各类院系或校级活动)，从较为理性的角度出发，我建议同学们“适度适时”参与。具体来说，大一这一年，这一类活动与其他所有社团活动都一样，同学们只要感兴趣，当然可以积极参加。但进入大二之后，如果同学们无法成为“具体的负责人(比如学生会下属部门的部长或副部长)”，我个人认为，继续参与的必要性就不大了：因为如果无法承担“领导岗位”的职责，即使继续参与，对于提升背景这个比较“功利”的目标来说，效果已经不“明显”了。

(3)对于围绕个人兴趣展开的学生社团与各类竞赛活动，〔1〕我给出的建议是：是否深度参与，需要视情况而定。在大一上学期，我建议大家多了解这些组织，以及你是否真的对它们所培养的能力与特长感兴趣。而在大一下学期或大二，我建议大家可以有针对性地参加你最感兴趣或最有可能“出彩”的某一个社团。这不仅可以提升你在特定方面的能力，也能使你在未来的求学或求职面试中展现出“有趣的另一面”。换言之，对于这类活动，我个人的观点是“贪多嚼不烂”。就算你所加入的社团并没有资格参与所谓“高规格”的竞赛，〔2〕只要你通过持续参与提升了某方面的能力，我认为这一样是有意义的。

(4)我想谈一谈对于荣誉(包括具有荣誉性质的各类官方资助活

---

〔1〕 之所以将社团与竞赛活动放在一起总结，是因为在校园中，大量社团本身就是围绕参与竞赛活动展开的，比如辩论社团、模拟法庭社团、足球社团甚至是舞蹈社团，这些社团在课后开展的各类活动的主要目的就是备战相应竞赛。

〔2〕 这里，我还想强调一点，不少二本大学的同学们总是默认自己的学校没有资格参加很多全国性比赛，但实际上，不少这类比赛都是开放报名的，只不过出于种种原因，从来没有二本院校同学主动参与而已。所以，如果同学们未来作为社团的成员或负责人真的对于某些竞赛感兴趣，请不要有太多其他想法，想参与，就报名并联系赛会组织方，不尝试，你永远没有机会参与，不是吗？

动:比如学术交流、访问、留学机会等)的态度。进入大学之后,我发现不少同学开始出现这样一种心态,那就是追求奖状或荣誉是一件“小孩子气”的事情,有没有它们都不影响我的大学生活,毕竟都是大学生了,谁也不会把奖状贴在寝室墙上。对于这一心态,我很难认可,因为它们能够实实在在地帮助同学们更快实现自己的规划目标。而在一些场合,一些掌握荣誉评定权的负责人也正是利用不少同学的类似心态,将这些教育资源以一种并不公允的方式直接进行分配。所以,大学期间,如果同学们有资格或条件评定任何荣誉,我建议大家都考虑报名参加,即使铩羽而归,也不会有任何损失。毕竟这些荣誉在简历中都是会被他人阅读并参考的正面信息。

再次,接着来谈一谈我们对于各类“社会实践活动”的看法。什么是“社会实践”?在我们看来,它是同学们作为在校生于社会中运用在法学院所学习到的专业知识提供各类法律服务之活动的统称,这类活动可以是有偿的(如实习)也可以是公益性质的(如法律援助或志愿者)。对于这些活动,我们的态度是十分鲜明的,同学们必须认真参加:例如,不少法学院都会在培养计划中列明在读生毕业前必须在至少一个寒假与一个暑假中参与总计不低于三个月的实习工作。对于这种“必修实习”的机会,我们建议同学们一定要结合自己感兴趣的就业方向踏踏实实地参与,而不是装装样子、走走过场。但同时,在本科阶段,两到三段实习经历也已经足够帮助同学们提升背景并指引大家寻找适合自己的就业方向,再多就又犯了本末倒置的错误。并且,我还想多说几句关于“付费实习”的问题,至少在我们进行咨询答疑与辅导的过程中,对于这种“实习”形式,我们是一贯坚定反对的,这其中的原因很多,大家不妨看一看脚注中我们提及的相关文章。[1]

最后,简单聊一聊如何在大学期间“感悟人生、融入社会”。虽然我们在整本书当中一直在谈学业和就业,但其实,在我看来,认真规划学业和就业的“终点”,无非是按照自己的方式过好这一生。可想而知,对于绝大多数同学来说,大学时光一定是这趟通往终点的旅程中,最为重要

---

〔1〕《人民直击:买来的实习,变味的内推》,载人民网,http://society.people.com.cn/n1/2020/0903/c428181-31847707.html;《本科毕业后实习被骗三万块,付费实习是骗钱天坑还是就业捷径?》,载网易网,https://www.163.com/dy/article/GHSJA1620536QRHH.html;《马上评|警惕“付费实习”乱象盘剥大学毕业生》,载澎湃新闻网,https://www.thepaper.cn/newsDetail_forward_18260027。

的一个节点与驿站。如果展开来谈,我们甚至可以再写一本书,但在这里,我只给大家这样几点建议,仅供参考:

(1) 大学期间,尽量每年完成一件“挑战自己”的事情;这件事情可以是一个月减重五公斤;可以是与实习单位“最讨厌的实习生”做朋友;可以是每个月读四本课外书并总结读书笔记。总之,我们建议你在大学期间不断突破个人的“舒适区”并扩展自己的“能力边界”,这是一种性价比非常高的自我提升模式,因为进入社会后,类似成长的体验往往是负面的,且代价通常十分高昂。

(2) 如果别人帮助了你,请一定要表达感谢,并且在恰当的时机,这种感谢应该不只是用口头的方式表达——一束教师节的鲜花、一张精致的贺卡甚至是一杯奶茶或咖啡,都能起到真诚的表达感谢的效果。永远记住,除了至亲之外,没有任何人有义务给予你工作职责以外的帮助,如果你得到了他人“额外的”帮助,请一定要表达谢意。

(3) 培养一个爱好,并尝试将其精通。如果你认为培养爱好是有物质成本的,我推荐两个“最便宜的”爱好:每个月读几本书并总结读书笔记或坚持进行一种体育锻炼活动。这不仅有益于你的身心发展,其实也在无形中提升着你的个人背景;并且,只要拥有这两个爱好,作为法律工作者,你永远不愁和他人无话可谈。

(4) 坚持锻炼身体,身体是“工(jia)作(ban)”的本钱。甚至在很多情况下,不少硕士生与博士生导师都会在挑选学生时着重考察其是否拥有良好的身体素质,原因? 大家可以自行思考分析。

(5) 恋爱不是大学时代必需的,但如果一段恋情在进行的过程中并不会阻碍你追寻大目标,显然它是弥足珍贵并值得追寻、守护与回忆的。

(6) 吃亏要趁早。感谢让你在校园中吃亏的人。

接下来,我们就正式进入案例分析环节,在正式开始之前,我先简要介绍一下我与胡雪梅老师在进行案例辅导的过程中所秉持的基本原则:

首先,在进行下述案例辅导的过程中,我们只负责提供建议,是否采纳我们的建议并付诸实施,由被辅导者自主决定。其次,被辅导者在辅导进行的过程中会依据约定定期向我们汇报其完成“小目标”的情况,我们也会根据相应情况适时调整辅导方案,在部分情况下,这会导致被辅导者最终取得的成果与其在辅导伊始所设定的大目标不同,也会导致在部分案例中出现一些看似“不自然”的规划方案,对此,我们也会在分析案例时进行必要的说明,同学们也应辩证参考与借鉴。最后,虽然我们对于辅导方案都给出了较为明确的时间安排，但同学们在进行规划时，一定要结合自己的具体情况，而绝对不要盲目参照我们给出的时间线，因为在部分案例中，受疫情的影响，相应时间安排其实是不太科学的，但在当时的情况下，也是没有选择的。

此外，在介绍与分析案例时，我们使用了不同的化名指代相应被辅导者，这纯粹只是出于叙述的方便。所以，不管我们使用的是怎样的化名，我需要强调的是，这些方案对于所有性别的同学们都具有相同的参考与借鉴价值。

✍ 案例一

被辅导者化名：	智秀	辅导开始时间：	大一开学前
被辅导者家乡：	某二线城市	被辅导者本科：	某一线城市政法大学
被辅导者学业基础：		高三毕业暑假托福获得 104 分	
大目标：	保研	辅导时长：	5 年
汇报频率：	不作要求	被辅导者自律程度：	非常自律

● 大一上学期

■ 学业线：[1]根据辅导建议，入学后第一个月，智秀就将本学期期末考试专业课的笔记收集完毕。随后，一面按照授课老师要求完成课业任务，一面对比在相同课程取得高分的学长学姐的笔记与复习资料。通过与我的沟通，其在开学后第二个月，就基本确定了适合自己的专业课复习方法，并付诸实施。

■ 就业线：[2]在学习与法考相关的专业课时，智秀会一并阅读法考讲义并练习法考客观题与主观题真题。

---

〔1〕“学业线”特指在相应时期被辅导者顺利完成的学业目标与取得的成果。出于保护被辅导者个人隐私的需要且应被辅导者本人的要求，我们会对被辅导者所完成之目标与取得之成就的具体名称进行必要的修饰与改动。

〔2〕“就业线”特指在相应时期被辅导者顺利完成的就业目标与取得的成果。出于保护被辅导者个人隐私的需要且应被辅导者本人的要求，我们会对被辅导者所完成之目标与取得之成就的具体名称进行必要的修饰与改动。

■ 背景线：[1]由于智秀身体状况并不是很好，我建议其参加1到2个体育类社团。大一上学期，智秀报名参加羽毛球社并与室友共同报名校外舞蹈培训班。此外，智秀还参加了校学生会，并被分配至外联部。

● 大一下学期

■ 学业线：智秀在大一上学期取得了班级前三的绩点；这个学期，其决定继续使用上学期的学习方法。其间，智秀表示自己已经可以腾出每周一个整天的时间用于完成其他任务，所以有意备考一门外语资格考试，我建议其推迟至大一结束后的暑假，并将额外多出的一天用于和室友交流并完成我布置的阅读任务，智秀采纳了我的建议。

■ 就业线：大一结束前，确定智秀大一暑假将在老家的检察院实习8周。

■ 背景线：智秀大一下学期退出外联部，终止参加舞蹈培训班；智秀向我表示"还是觉得学习最有意义"。

● 大二上学期

■ 学业线：智秀大一全年绩点依旧排名班级前三，并在大二开学获得奖学金若干。大一暑假备考托福，大二开学前考试一次，取得107分的总成绩。

■ 就业线：大一暑假实习结束后，智秀向我表示，"自己不想进入法院或检察院工作，感觉自己不适合"。

■ 背景线：智秀表示大二也不想再参加羽毛球社，因为"总有学长和我打羽毛球"，我建议其退出社团，但是还要保持定期锻炼的习惯，智秀决定每周跳绳四次，每次1000个。

● 大二下学期

■ 学业线：绩点排名无变化，大二寒假智秀的托福考了111分。

■ 就业线：智秀计划在即将到来的暑假前往老家律所实习。我建议其尝试整理一份简历并投递老家几所更知名的全国所，即使失败了，也能去父母介绍的小律所保底。最终，智秀通过自己的申请获得了一家全国知名律所在其老家分所的实习机会，具体业务方向为企业业务（涉外合规）。

---

[1] "背景线"特指在相应时期被辅导者参与的与背景提升相关的活动。出于保护被辅导者个人隐私的需要且应被辅导者本人的要求，我们会对被辅导者所完成之目标与取得之成就的具体名称进行必要的修饰与改动。

■　背景线：大二下学期，智秀被学院选拔参加某全国英语能力竞赛并取得优异成绩。

●　大三上学期

■　学业线：在大二暑假智秀撰写学年论文期间，我发现智秀拥有比较出众的学术写作天赋。具体而言，通过快速阅读在核心期刊发表的高质量论文，其在短时间内就可以准确模仿法学学术写作的基本“套路”。这令我印象深刻，大三开学后，我为其开具了一份学术类书单，其均在规定时间内完成了阅读和读书笔记的整理，并表示“阅读的过程很有意思”。此外，本学期智秀依然获得了奖学金若干。

■　就业线：暑期实习结束后，智秀表示合规与非诉业务“可以接受，但觉得有些枯燥。而且不少前辈通过实习期间的观察，也建议其考虑其他细分就业方向。”随后，智秀开始准备法考。

■　背景线：智秀被选拔进入模拟联合国社团，开始尝试用英文进行准学术类文章的撰写。

●　大三下学期

■　学业线：智秀的课业成绩依旧优秀，其开始要求我推荐更多学术类作品，但不仅限于与其所修读课程相关的内容。此外，智秀开始规划大三暑假的夏令营与推免活动，并按照我的要求开始提前准备部分个人申请入营材料。

■　就业线：智秀开始准备法考且在与我沟通后，决定放弃大三暑假的实习，全力冲刺暑假的保研夏令营。

■　背景线：智秀在模拟联合国比赛中代表校队获得荣誉若干。

●　大四上学期

■　学业线：顺利获得某顶尖985大学法学院的推免资格。

■　就业线：智秀通过法考。在排除了法院、检察院与律所非诉业务的就业选项后，我个人认为，智秀不会喜欢律所的诉讼业务。那么接下来两个比较好的就业方向，一个是体制内的其他岗位（比如：各类监管机构的职位）；一个是高校教职。无论哪个方向，都与其未来研究生专业方向与导师的选择关系密切。其间，我也介绍智秀与几位法学科班出身且在金融与保险业监管机构任职的前辈进行了沟通。最终，在与智秀父母进行沟通后，确定其就业方向——以老家省会城市知名大学讲师岗位为目标，在研究生期间准备博士申请。

■　背景线：无特殊情况介绍。

● 大四下学期(略)

● 研一上学期

■ 学业线:根据智秀的性格、就业规划与学术研究方向,我建议其选择一位近年来学术成果颇丰且人品端正的年轻副教授为导师,该副教授的博士生导师为智秀拟从事学术方向的奠基者之一,具有很高的学术威望与影响力。

■ 就业线:开学之后,智秀即向导师表达了希望继续攻读博士学位并在毕业后从事教职的想法。随后,其硕士导师专门为其制定了学术能力培养方案和计划。

■ 背景线:智秀开始在硕士导师的指导下参加学术论文征文活动及各类学术会议。

● 【点评】:智秀是非常典型的"别人家"的孩子,其在高中时代就已经展现了同时完成"两个大目标"的学习能力与自律天赋,其在本科阶段学业的一帆风顺并不令我意外——智秀是一个从来不需要我主动联系,完成了目标就会第一时间向我汇报的学员。但同时,非常坦诚地说,智秀一路走来的经历,具备的模仿价值也比较有限,因为能拥有智秀的天赋与自律程度的本科生,确实是"凤毛麟角"。而我之所以将其排在第一位实际上是因为在辅导智秀的过程中,我发觉了其更多无法被外人明显察觉的性格特点,对于这些性格特点的深入思考与我随后对其学业就业目标的具体规划,才是我希望同学们仔细体会的重点。

首先,智秀在性格上有比较明显的"洁癖",其之所以对部分就业方向表现出失望,通过我的观察,主要是因为"人",而非工作的性质。我也多次与智秀沟通,告诉智秀任何工作岗位都会有其反感的人,这是无法逃避的。但相对来说,高校教职圈子,还是相对比较单纯的,如果其有比较明确的学术志向,并且其相对优渥的家庭条件也能够支持其潜心学术,这是一个合适的选择;实际上,这也与智秀的家庭对其的规划和期望不谋而合。当然,在接下来智秀就读研究生期间,如果其有机会前往级别较高的政府机关与金融机构进行实习,我也会推荐智秀尝试选调生项目,无论结果如何,至少能够让智秀在决定职业道路时做到不后悔。

其次,智秀是一个非常典型的"不谙世事"的同学,在我看来,这应该源于其在老家社会地位颇高的父母常年来对其的保护。具体来说,在某些方面,智秀甚至不具备一个大学生所应该具有的平均"见识水平"。比如,智秀不理解为什么会有学长经常以其名义为宿舍所有室友买奶茶喝;不理解为什么辅导员对班级里某几位同学特别照顾;不理解为什么有同学本科毕业后“不考研”。换言之,智秀在“人情世故”方面的成长,是比较滞后的,但在所有法学就业方向中,这一“缺点”似乎与高校教职的相容度是最高的。

最后,智秀的个性中,还有一点隐忧,让我思考至今:大四开学后,其获得了保研资格,我对其的辅导取得了阶段性成果,那时我也早就成了智秀几乎无话不谈的朋友。得知保研结果的那个深夜,智秀第一次主动向我汇报了一件与其学业无关的事情,那就是,智秀一直觉得,大学时代“内心有点空空的”。我问智秀为什么,智秀回答“我好像从来没有叛逆过”。我问智秀有过什么叛逆的想法?智秀说高中想出国留学,但父母担心安全没有同意;大二那年,又想报名大学生参军项目,但也没有勇气告诉父母;从那之后,就觉得心里有点失落。我继续问,如果不当高校的老师,你现在想从事什么职业?智秀非常诚实的告诉我,其实自己也不知道。我又问了最后一个问题,即:“是不是这样的生活让你不快乐”。沉默了一会,智秀又问了我其他问题。那晚,我建议智秀如果真的在研究生期间依然有这样的想法,甚至开始郁郁寡欢,其可以尝试休学一年去做自己想做的事情。但智秀是否真的会走到那一步,我也不知道答案。我在征得智秀同意后,将之分享给各位同学以及你们的父母。

✍ 案例二

被辅导者化名:	留真	**辅导开始时间:**	大一开学前
被辅导者家乡:	某三线城市	**被辅导者本科:**	某一线城市政法大学
被辅导者学业基础:		高考理科考生近 40 万人排名约 4000 名	
大目标:	留学	**辅导时长:**	4 年
汇报频率:	每月一次	**被辅导者自律程度:**	不自律

● 大一上学期

■ 学业线:根据辅导建议,高三毕业的暑假,留真即开始预习大一上学期需要大量背诵记忆的专业课程,当时留真便向我反应,对于需要记忆的内容“有一些吃力”。大一开学后,留真在一周内就将本学期期末考试专业课的笔记收集完毕。随后,其一边跟随课堂进度学习,一边提前复习期末考试。本学期,留真表示,其本科学业大目标为保研。

■ 就业线:在学习与法考相关的专业课时,会一并阅读法考讲义并练习法考客观题与主观题真题。

■ 背景线:留真是一个多才多艺的同学,精通吉他与钢琴。进入大学后便参加了音乐社与校乐队,随后又参加了网球社。

● 大一下学期

■ 学业线:留真大一上学期的绩点“无功无过”,处于班级平均水平,且花费最多时间复习的需要大量背诵的课程分数一般。随后,我与留真展开了复盘,从复盘结果来看,尚不确定其究竟是真的“背不下来”还是“不愿意背”,随后,我们调整了复习方法,准备本学期继续观察。

■ 就业线:通过学长推荐,留真成功获得暑假实习的机会,实习单位为其就读高校所在城市某精品所。

■ 背景线:在音乐社与校乐队崭露头角,获得不少同学关注,也获得了一个市级比赛荣誉。

● 大二上学期

■ 学业线:留真大一的总绩点依旧无功无过,但根据这一年的绩点,我也坦诚向留真及其父母表示,除非其在大二与大三的绩点“接近满分”,否则,其几乎无可能获得其所就读高校的保研资格。随后,在与留真及其父母讨论后,留真将本科学业计划调整为考研,且我们在第一时间为其对接了一位一对一教师进行专门辅导,辅导内容为法律硕士研究生考试与法考,留真从本学期开始备战。

■ 就业线:大一暑假实习结束,虽然留真实习期间的主要工作是为诉讼业务团队“打杂”,但其表示对律所的工作非常感兴趣。留真决定在下一个寒假继续在该律所实习。

■ 背景线:留真退出音乐社与网球社,成为校乐队三位副队长之一。

● 大二下学期

■ 学业线:留真大二上学期的绩点较之于大一进步了不少,基本上已经找到了属于自己的法学院学习方法。并且每周,其会花费至少二十个小时,用于考研的提前复习。

■ 就业线:留真表示暑假将全力复习考研,不会实习,我表示同意。

■ 背景线:留真作为校乐队负责人之一,带队获得全国比赛荣誉。

● 大三上学期

■ 学业线：留真大二下学期成绩又出现了下滑，所以导致大二学年绩点较之大一并没有显著提高，沟通过后，才知道留真谈恋爱了，恋人在另一座城市，两人是在音乐比赛中相识的。留真暑假的考研复习进行得比较顺利，其辅导老师表示“基本上按时完成了所有计划”。经过一次长时间的深度沟通，留真表示会维持好“恋爱与学习的平衡”，我也表示不会向其父母提及此事。

■ 就业线：留真表示寒假将复习考研与法考，不会实习，我表示同意。

■ 背景线：我建议留真应当开始考虑在适当的时间退出校乐队，留真表示本学期结束后会选择退队。

● 大三下学期

■ 学业线：留真大三上学期的绩点进步较大，考研辅导老师表示其“基本上按时完成了所有计划”。

■ 就业线：无特殊情况介绍。

■ 背景线：无特殊情况介绍。

● 大四上学期

■ 学业线：留真大三全年的绩点较之前两年进步明显，总绩点也总算进入了班级前30%。但是，在年底，留真并未通过法考。

■ 就业线：无特殊情况介绍。

■ 背景线：无特殊情况介绍。

● 大四下学期

■ 学业线：留真考研初试分数并未通过国家线，考研失败。随后，在与留真和其父母沟通后，留真决定以留学为目标，重新规划自己未来三年的学业就业方案。

■ 就业线：留真表示还是希望留在其所就读高校所在城市工作，但没有通过法考，绩点也不是特别拔尖，其在校园招聘中找到的工作都不甚理想。之前其多次实习的本地精品所，也没有再向其发出实习或工作邀请。

■ 背景线：无特殊情况介绍。

● 【点评】：如果智秀是一个极端，那么在我辅导的所有学生中，留真算是另一个比较典型的极端。而在我看来，相比于智秀，留真其实更具有典型性，因为很多从高考竞争极其激烈的省份脱颖而出来到大城市名校的同学，不少和留真一样，由于在本科期间“疏忽大意”，没有为自己积攒下足够的“本钱”，在大四下学期面对着留不下来也不愿回去的就业窘境。

我该怎么形容留真“极其典型”的大学四年呢？——拥有极高的学习天赋，但也需要父母的持续监督。进入大学后，身旁没有了父母，开始“放飞自我”。而且很快，其也找到了展示自己的舞台，但在学习成绩并不优秀的情况下，这些“背景经历”也无法对其学业和就业目标的达成起到任何实质帮助。留真追求过爱情，但最后迎来的却是“无言的结局”，而在追求爱情的过程中，一度又短暂荒废了学业。在大三大四学业的冲刺阶段，积重难返的留真其实在最后选择了放弃，虽然其参加了法考与研究生考试，但考完之后留真就告诉我，自己“确实没有尽力”。辅导老师对留真的结论是“聪明，懂礼貌，但懒，不勤奋”。

当然。我也告诉留真的父母，这个小孩也有优点，除了多才多艺，其出人意料的通过学长介绍就在大城市找到了实习也证明其“情商不低”。并且实习期间，带教老师也非常喜欢留真，如果不是因为没有通过法考，留真作为本科生其实靠自己也能在一线城市找到不错的律所工作。但还是那句话，这些优点，如果没有“硬实力”的辅助，就永远无法真正发挥作用。所以，我也安慰留真的父母，像留真这样的小孩，一旦幡然醒悟，奋起直追也是很快的。

大四下学期开学前，我与留真及其父母有过一次长达一个多小时的沟通，那时，留真的父母表示，希望留真回到老家，以留真父母在老家的经济基础，“只要留真通过法考，找一个像样的工作，舒舒服服过日子没有任何问题”。而想到回家，留真心中满是不安，从我观察来看，其恐惧的原因如下：

首先，当年高中的同班同学、保研的保研、出国的出国、去国企的去国企，自己“一事无成”，回去“没脸见人”；其次，回到老家，父母必然开始催婚，留真害怕马上就要过上“一眼看到头”的日子；再次，父母为留真准备好一切，父母就是留真的“老板”，留真说，在那种情况下，在父母面前还算“比较任性”的自己只能“骂不还口”；最后，留真形容自己是一个不折不扣的“吃货”，而如果回老家，“这辈子什么好吃的外卖和网红餐馆都吃不到”。

既然留真这么喜欢大城市，那问题在哪呢？很简单——没有动力。留真不知道自己学习是为了什么，在老家，留真的家庭条件优渥；而整个大学时代，虽然其从不铺张浪费，但手头也从来“没紧过”。留真不懂为什么成功升学或找到一份好工作可以“改变命运”。所以，大三那年，我就和留真的父母交了底——这样的孩子，必须自己把自己逼到无路可退的那一步，才能把动力激发出来。显然，大四下学期开学前，当留真的父母表示毕业典礼那天会从老家开车直接把留真“拉回去”，留真才真正意识到自己已经“无路可退”。

本书写就之时，距离留真本科毕业还有3个月，此时的留真正全力备考留学出国的考试，其父母表示，如果在毕业前，其无法取得自己承诺的分数，那么就必须“服从安排、乖乖回家”。留真随后主动在寝室的书桌旁安装了一个小摄像头，父母可以随时监督其学习情况。这一次，我希望留真能真的努力。

✍ 案例三

被辅导者化名：	礼志	辅导开始时间：	大三上学期
被辅导者家乡：	二线城市	被辅导者本科：	二本独立学院
大目标：	考研留学	辅导时长：	4年
汇报频率：	每月一次	被辅导者自律程度：	非常自律

● 大三上学期

■ 学业线：礼志本科前两年的成绩非常优秀，其就读的法律系每届不到百人，其成绩常年处于前三名。礼志的目标很明确，通过考研冲击位于上海的知名法学院的法律硕士项目。随后，我为其对接了一位一对一教师进行专门辅导，辅导内容为法律硕士研究生考试与法考，礼志从本学期开始备战。

■ 就业线：礼志先前有过两段实习经历，一段在老家的法院，一段在老家的一家公司从事法务工作。其表示对于两个就业方向都可以接受，我建议其如果以考研为目标，可以暂时放弃继续实习的计划，将全部精力投入考研备战，礼志表示同意。

■ 背景线：作为校级公益项目的子项目，礼志在过去两年带领班级同学成立了法律系第一个“法律援助诊所”，常年向学校周边社区提供普法与法律援助服务，获得诸多相关校级荣誉。

● 大三下学期

■ 学业线:礼志依旧保持着高绩点,并同时备考考研与法律硕士考试。根据其辅导老师反馈,“一切都进行得非常顺利”。当年夏天,尊重礼志的意愿,其将上海最为著名的一所综合性大学的法学院作为考研目标。

■ 就业线:全力备战法考。

■ 背景线:礼志退出法律援助诊所,专心备考。

● 大四上学期

■ 学业线:这一学期对于礼志而言可谓是“喜忧参半”:一方面,礼志高分通过了法考,另一方面,其与考研复试线只差了几分,与名校失之交臂。在二战与接受调剂去一所所谓的“边区”二本院校之间,我与礼志进行了一次深谈。我认为,出于理智,我建议礼志选择调剂,原因:首先,礼志的大目标归根到底是在上海站稳脚跟,并且其本来也有去美国留学的想法,只不过出于家庭背景的考虑,其原想打算工作几年后再留学。那么现在,我认为可以适当对目标进行调整,那就是接受院校调剂,然后马上开始准备留学相关事宜,在研二开学申请。其次,出于预算的考虑,我为礼志列出了几所处于不同国家或地区、在国内法律就业市场具有相当认可度、而一年制法学硕士项目开销只有美国一半左右的目标院校。在这种情况下,如果礼志按部就班完成相应计划,其家庭可以支持其研究生毕业后立刻留学。最后,礼志可以在海外法学院毕业后,回到上海以留学生落户,真正在上海扎根。

■ 就业线:无特殊情况介绍。

■ 背景线:无特殊情况介绍。

● 大四下学期

■ 学业线:大四下学期,确定留学的目标。礼志开始了英语标准化考试的备考。

■ 就业线:无特殊情况介绍。

■ 背景线:无特殊情况介绍。

● 研一上学期

■ 学业线:一方面,我继续督促礼志在研究生期间,成绩必须保持和本科阶段相同的水准。另一方面,礼志仍然在备考英语标准化考试。

■ 就业线:无特殊情况介绍。

■ 背景线:我建议礼志在其研究生所就读高校再次组织法律援助

诊所，礼志接受了我的建议，并得到了院系领导的一致支持。很快，该组织开展的各项活动得到社区居民与区人大领导部门的一致好评，礼志也在随后获得了一系列校级荣誉与一项市级荣誉。

● 研一下学期

■ 学业线：在研一寒假，经过近一年的努力，礼志终于取得了我为其设定的英语标准化考试分数。随后，礼志在我的辅导下，正式启动了留学申请的材料准备工作。

■ 就业线：我建议礼志在研一暑假前往律所实习，礼志欣然接受。

■ 背景线：礼志作为首要负责人，继续开展法律援助诊所活动。其事迹经学校推荐，登上了当地的省级媒体。

● 【点评】：礼志是我的远房亲戚，大三那年，辗转多位亲朋好友联系上了我，随后，我开始对其进行辅导。

该如何评价礼志这个案例呢？

一方面，礼志可能是"不幸的"，起点也是"不高"的，这一点，使得礼志的案例具有了最广泛的参考价值。高中四年加上本科四年的寒窗苦读并没有让礼志实现自己曾经许下的学业愿望。作为高考复读生的她，前后两次高考成绩"相差无几"；而在考研阶段，几分之差，礼志与梦想中的法学院复试又失之交臂。任何人，可能都很难在短时间内接受两次如此巨大的打击。

但另一方面，礼志可能又是"幸运的"，态度也是务实的：在接受了我的建议后，礼志可以做到马上"擦干泪水"开始为新的目标努力，而不会多花一秒钟的时间沉溺在消极的情绪中，这一点，连我也自愧不如。从这个角度看，我相信，老天不会亏待这样一位一次又一次向着目标冲击，永不言弃的人。

从规划的角度来说，我认为礼志的路线其实具有非常强的启示意义，因为我为其制定的规划最突出的一个特点就是"及时跟进备选方案"。毕竟作为一位已经复读了一年，且因为家庭原因八岁才上学的同学，礼志一直有着非常强的年龄焦虑，所以礼志及其父母一直强调，希望我对其的规划，能"以防万一"。正是基于这一点，在礼志的考研结果确定之前，我就已经为其考研失利所可能面对的情况进行了规划，当时，我为礼志准备了三套备选方案：

首先，考研失败也无缘调剂，如果礼志也放弃二战，那么，在本科剩余的时间，我建议礼志选择一门可以用于留学申请的标准化考试开始备考。毕业后首先选择一家律所"挂证(即在律所实习以获得律师执业资格证)",在挂证工作期间不断提高英语标准化考试的分数。随后,在一个合适的时间,启动留学计划。按照这个方案执行,如果礼志随后能拥有扎实的工作经验,一样也能入读一所在法律就业市场具有相当认可度的海外法学院校。

其次,礼志在毕业后直接参加工作,当然,我还是推荐其优先挂证。而后,根据其个人意愿,选择是否在合适的时机重新开始准备考研或出国事宜;或者开始准备公务员考试。

最后,我给礼志的规划,就是礼志实际选择的这一种。

让同学们仔细思考这三套方案,才是我介绍礼志案例的目的。

✍ 案例四

被辅导者化名:	有娜	辅导开始时间:	大二下学期
被辅导者家乡:	农村地区	被辅导者本科:	三线省会 211 大学
大目标:	公务员	辅导时长:	3 年
汇报频率:	主动汇报	被辅导者自律程度:	自律

● 大二下学期

■ 学业线:有娜大一的成绩排名高于平均水平,但并不"出众"。在大二接手对其的规划辅导工作后,我仔细梳理了其在大一阶段的学习方法,指出了其中的不足,并给出了改进的建议。大二开始,有娜按照我的建议,开始建立新的学习习惯。而且,为了补贴生活费,有娜一直在校园附近的奶茶店勤工俭学。这当然对其学业规划会有影响,但我并没有对此发表任何建议。

■ 就业线:将与"背景线"一同介绍。

■ 背景线:有娜所面临的最大困难,其实来自就业规划,虽然其入学后就一直非常明确想要通过公务员考试进入体制内,但是进入大学后,由于比"城里的同学"需要更多时间适应大城市的生活,有娜并没有参加任何学生组织活动。尤其是诸多对于其日后公务员方向求职可以起到一定帮助的"校园体制内"工作。而进入大二,有娜又失去了加入相关社团与组织的机会。当时,后知后觉地有娜对此也一筹莫展。通过仔细在有娜所就读大学的官网与公众号浏览各类信息,我发现,有娜所在大学团委下属部门会定期组织开展短期和长期的支教活动,并刚刚建立了制度化的"支教保研"评比选拔流程。并且,相关活动的报名不限年级、不限专业,机会一直都有。于是,我建议有娜立刻联系负责老师咨询相关事宜。随后,有娜便获得机会参与当年暑期的短期支教活动,并在活动中表现突出,获得了相关荣誉。支教结束后,有娜向我表示,经历了支教,其深受基层高学历年轻扶贫干部优良作风的感染,想要入党,这实际上与我对其的规划不谋而合。很快,支教工作的负责老师成了其入党介绍人,有娜的入党之路,自此开始。

- 大三上学期

■ 学业线:有娜大二全年的成绩相较于大一取得了明显的进步,从总绩点在班级的排名前30%进入到前20%。

■ 就业线:有娜开始备考法考。

■ 背景线:有娜连续参加了两次当学期开展的扶贫社会调研活动,并在该学期作为"公益活动典型"获得学院的相关荣誉。随后,经高校支教工作负责老师推荐,有娜进入院团委,担任"支教推广联络人",定期向法学院同学介绍支教活动的开展情况与相关政策。

- 大三下学期

■ 学业线:由于其丰富的支教经历与相对优异的学习成绩,经过综合评比,有娜获得了奖学金与助学金若干。有娜从该学期开始可以停止校外打工的活动。

■ 就业线:无特殊情况介绍。

■ 背景线:由于在多次社会活动中表现突出,且成功推荐多名本学院同学参与支教活动,有娜获得了相关院级与校级荣誉,并在当学期成为入党积极分子。

- 大四上学期

■ 学业线:有娜大三全年的成绩依然取得了进步,但还是没能挤入班级"前10%"的"保研线"。然而,天无绝人之路,由于其过往出色的支教经历与相关公益活动经历,经支教负责老师推荐,且经过笔试、面试与组织考核,有娜成功获得了本学院唯一的"支教保研"名额。入选后,通过一段时间的培训,有娜只要在规定地区合格完成为期一年的支教任务,就能够获得本学院的保研资格。

■ 就业线:有娜成功通过法考。

■ 背景线:若无意外,有娜将在大四下学期正式入党。

● 【点评】:有娜是我的老乡,家境贫寒,是一位典型的“农村学生”。上大学是有娜第一次走出“山窝窝”,在此之前,有娜没有坐过高铁、没有坐过地铁、也不知道“支付宝”是什么。后来,通过我中学时代老师的介绍,有娜与我取得了联系,有娜的憨厚、朴实与对学业就业规划的“无知”深深震撼了我,于是我主动提出为有娜进行辅导。而我之所以想和同学们分享有娜的案例,是因为我想让大家亲眼见证一位“没有资源”也“起步晚”的“普通学生”,如何在本科阶段实现“弯道超车”。对于有娜的规划经历,我想着重突出三点:

第一,资源不仅来自家庭的馈赠,也来自自身的发掘。在有娜的案例中,其严格遵照我的建议,在大二上学期主动联系学校分管支教工作的老师,并在面谈中诚恳地告诉老师,自己来自农村,没有什么资源,希望通过支教活动积攒个人经历和工作经验,为以后成为一名合格的公务员打下基础。负责支教工作的老师欣然同意为有娜日后的支教工作提供帮助,实际上,也正是在这位老师的一路鼓励与支持下,有娜最终获得了支教保研的资格。而这段经历,对于其日后成为选调生或通过常规公务员考试进入体制内,都能起到莫大的帮助。

第二,有娜的案例也证明,很多时候“越努力、越幸运”。有娜无疑是我见过最能吃苦的人,大一读书时,除了上课和睡觉,有娜把所有时间都花在了校外打工这件事上。除了在奶茶店兼职,有娜还做过手机店的兼职销售与校外培训机构的传单派发员。在大三上学期,有娜不仅要保持并提高自己的绩点,还要准备法考,并承担与支教活动相关的工作,即使在这样的情况下,有娜依然还会每周“抽空”打工。最辛苦的时候,有娜一天只能睡四五个小时。后来我曾问有娜,为什么这么能吃苦。有娜说,这些工作肯定比父母以前在砖厂里搬砖或三伏天在工地干活轻松。但也就是凭着这股劲,有娜在大三下学期获得了一笔足以让其在本科期间不再需要打工的助学金。并且,原先有娜的计划是在大四上学期直接备考公务员考试,但通过两年多的努力,其不仅获得了保研资格,甚至还在研究生阶段竞争更为激烈的选调生选拔中,抢得了先进。所以,我经常和辅导的同学说,“目标确定好,你,努力就行了”。

第三,我想再次强调在校成绩的重要性。在有娜的案例中,即使其得到了“贵人相助”,按照这位贵人的话说,如果有娜在大四开学时的成绩没有进入班级前15%的“放宽线”,这个指标还是会与有娜擦肩而过。所以,我还是想再和同学们强调一遍,如果你有明确的“大目标”,请一定要好好思考这个大目标是否会考察你在校期间的所有成绩，如果是，请务必万分认真地对待每一场期末考试。

✍ 案例五

被辅导者化名：	彩领	辅导开始时间：	大三上学期
被辅导者家乡：	一线城市	被辅导者本科：	知名法学院
被辅导者学业基础：		大二取得托福 108 分	
大目标：	学术博士	辅导时长：	3 年
汇报频率：	每月一次	被辅导者自律程度：	自律

● 大三上学期

■ 学业线：彩领在大二前两年的成绩一直保持在年级前 20%，通过沟通，我发现其掌握的学习方法没有大问题，提高的空间有限，毕竟彩领所就读法学院生源质量十分优秀，能够保持这样一个成绩排名，在我看来已经殊为不易。受家风熏陶，彩领进入法学院的目标就是成为法学院教师，其也希望我以此为目标对其进行指导。通过几次深聊，我发现彩领虽然对“学术圈”了解颇多，但显然，其并不具备在本科生当中相对出众的“学术思维”。随后，我为其开具了一份书单，要求其按时完成阅读并总结读书笔记。

■ 就业线：在大一大二，彩领没有参加任何实习活动。但彩领在大三上学期已经开始备考法考。

■ 背景线：大二期间，彩领参加了院系青年教师组织的一些比较初级的学术活动，并承担了一些比较基本的学术任务。例如，搜集资料、整理问卷调查与简单的中英文翻译工作。此外，彩领一直是学院辩论队的主力队员。

● 大三下学期

■ 学业线：在本学期，彩领面对一次非常关键的学业规划抉择：第一，与大部分成绩相似的同学一样准备各类夏令营与推免活动；第二，准备竞争极为激烈的直博项目；第三，准备海外法学院硕士项目申请。在最初沟通时，彩领表示想要“同时准备”，我当即表示，在这种情况下，其需要考虑放弃备考法考。由于彩领表示本科通过法考与其他升学目标具有相同的优先度。权衡再三，我们决定同时准备直博项目、海外法学院硕士项目申请与法考。随后,我为其对接了一位来自知名政法大学的博士后前辈,专门负责对其直博申请中有关学术材料的撰写提供建议。

■ 就业线:无特殊情况介绍。

■ 背景线:彩领进入校辩论队,并获得多项荣誉。

● 大四上学期

■ 学业线:彩领直博申请失败,随即开始了海外法学院硕士项目的申请。并获得多所海外知名法学院的录取。

■ 就业线:彩领顺利通过法考。

■ 背景线:彩领代表校辩论队获得多项荣誉。

● 大四下学期

■ 学业线:在确定了硕士拟就读法学院后,彩领再次表示希望冲击国内顶级法学院的学术博士项目。此时,如果彩领希望海外法学院硕士毕业后能够尽快入学,实际上,其必须在接下来大约十个月左右的时间,确定个人研究方向并撰写一份具有竞争力的研究计划。此处,彩领的竞争对手将是那些在国内法学硕士期间已经进行了至少两年学术训练甚至已经公开发表过若干论文的硕士生。由于彩领想要申请的几位博士生导师都是热门的"部门法大牛",我与专门负责其法学博士申请的前辈当即表示这是一个有些"不切实际"的目标,如果其确实打算"读博",尽快启动海外法学院法学博士项目申请才是一个更加理智的选择。或许是出于直博失败的心有不甘,彩领依然表示希望我们支持其国内法学院博士申请。随后,我们为彩领制订了相关计划,并开始实施。

■ 就业线:无特殊情况介绍。

■ 背景线:彩领退出辩论队。

● 研一上学期

■ 学业线:彩领听从了我们的建议,在开学前一个月抵达了海外法学院,提前适应留学生活,因为其马上将要度过强度极高的海外法学院第一学期——彩领不仅要尽快适应海外顶级法学院的学习节奏,还要在同时深度参与国内法学院博士申请的流程,并且最重要的是,其必须撰写一份"具有绝对优势"的研究计划,以弥补其在其他学术成果方面的不足。

■ 就业线:无特殊情况介绍。

■ 背景线:无特殊情况介绍。

● 研一下学期

■ 学业线:彩领申请国内法学院博士项目失败。随后,其接受我们的建议,开始申请次年海外法学院的法学博士项目。

■ 就业线:硕士毕业后彩领按照我们的建议先行回国,随后入职了一家律所开始“挂证”,并在同时准备国内外法学博士申请。

■ 背景线:无特殊情况介绍。

● 【点评】:其实彩领拥有非常好的个人背景、学业成绩与英语基础,但是,彩领也拥有一个十分“可怕”的特点,那就是“自负”。坦诚地说,在过往我与他人共同辅导的申请学术博士的同学当中,他们或多或少都有一些“天生我材必有用”的“傲娇”,但这种情绪,随着我们辅导的深入,也都会逐渐消失。唯独彩领,给我留下的印象是最深刻的,因为直到第二次学术博士申请失败,其才彻底承认,自己在学术能力方面的不足。那么彩领有多么的“傲娇”呢?

在第一次直博申请期间,考虑到其乏善可陈的学术经历,我们推荐其重点突出个人的外语能力与相匹配的比较法研究方向。但彩领直接拒绝了我们的建议,而选择了难度极高的大陆法系框架下的“纯理论”研究方向。这无疑为其本就机会渺茫的直博申请雪上加霜。而在第二次博士申请期间,由于其缺乏任何高档次期刊的论文发表经验,我们均建议,其应该在撰写研究计划期间,按照“核心法学期刊的写作与引注规范”进行写作,负责指导其博士申请的前辈也花费了大量时间对其撰写的研究计划进行了批注,这些批准不仅是技术性的,也涉及大量谋篇布局的内容性修改。然而,令人大跌眼镜的是,彩领部分接受了对其文章的技术性修改,但对内容性修改,无动于衷。并且撰写了一封长信,试图向我们证明“为什么其研究计划的内容具有逻辑上的高度合理性”。面对这封哭笑不得的回复,我们决定不再提出内容性修改意见并按照彩领的要求“全力辅助”其博士申请,直至其经历第二次失败。

如果同学们问我为什么要在这里分享这个“彻头彻尾”的失败案例,我的回答是,如果同学们在本科期间有机会获得前辈的建议,如果这些建议与同学们的想法不同,请仔细思考为什么不同,并最大化的“吸收”这些不同背后的经验,而不是不假思索地反驳与捍卫自己的观点。

7.5 非法本规划概要

详细介绍了法本规划的内容,在本节,我将简要介绍“非法本”如何进行本科规划；此处，“非法本”当然指的就是本科并非法学专业的同学，而规划的目标当然就是在研究生阶段成功“转行”法律专业。

✍ 基本思路

在 2022 年之前，每年都有近百位非法本的同学通过各种渠道向我咨询有关转行法律专业的路径与具体方案，而在本书写就之时，我也辅导并帮助了近三十位非法本同学成功实现了“半路出家”。他们中约三分之二在国内就读本科，三分之一在海外获得了本科学位。他们的本科专业包括，但不限于：计算机、数学、生物、工商管理、政治学、历史、人类学、文学、影视编导与表演等等。

相较于法本规划，在我眼中，非法本规划其实是比较“单纯”的。具体来说，如果你本科的专业并非法学或者你在 2018 年之后才进入大学攻读本科且你已经确认你所修读的专业无法在本科毕业后直接报名参加法考。那么，对于你来说，转行其实只有一条主流路径，那就是参加国内的非法本法律硕士统考。除此之外，还有两条“非主流路径”仅供参考，那就是：(1)通过推免或考研攻读法学硕士项目；(2)申请海外法学院提供的能够被教育部留学服务中心认证为具有等同于国内法学本科学历的留学项目。[1] 具体来说：

对于想要通过国内研究生考试转行的同学来说，规划方案大同小异，而且出奇的一致，那就是在学有余力的情况下，尽早开始备战非法本法律硕士考试。在这一前提下，同学们只需要考虑清楚两个问题：

第一，对于本专业的学习，应当投入多少精力？换言之，非法本同学是否需要像法本同学进行本科规划时那样，确保自己本科的绩点也尽可能的高？关于这个问题，我的回答如下：

对于在国内攻读本科的同学来说，如果你有比较明确的计划在法律硕士毕业后直接入读海外法学院的法学硕士项目或职业法律博士项目，

---

〔1〕 当然，此处总结的路径受每年发布的《国家统一法律职业资格考试公告》的影响，根据 2022 年的规定：“《国家统一法律职业资格考试实施办法》实施后（即 2018 年后）取得学籍的港澳台或者国外高等学校法学（法律）类本科及以上学历学位的人员，学历学位证书经过教育部留学服务中心认证后，可以报名参加国家统一法律职业资格考试。”换言之，如果随后该文件对于能够报考国内法考的学历要求作出了改变，相应路径的梳理也会发生变化。因为在我们看来，转行成功的标准就是非法本同学通过法学院教育拥有报名国内法考的资格，毕竟通过这一考试是成为我国法律职业共同体成员的“必经之路”。

那么,你应该在备考法律硕士考试的同时确保自己本科绩点尽可能的优秀。否则,我认为,同学们有只要确保自己的本科绩点"不难看"即可,比如:在平均水平之上(例如:3.5/4.0)。因为,至少据我们了解,非法本法律硕士进入就业市场后,雇主主要考察的还是同学们是否通过了法考、硕士期间的成绩与外语水平,本科阶段的学业水平除非特别"突出"[1],否则影响十分有限。

而对于在海外攻读本科的同学们来说,从我近年来辅导的案例来看,大部分同学选择的路径都是申请美国法学院的职业法律博士(J.D.)项目。[2] 在这种情况下,本科绩点是十分重要的,具体分析,请参考我在下文介绍的非法本本科规划案例。

第二,非法本同学是否需要投入精力在本科阶段进行背景提升?对于这个问题,我的回答与上一题类似。如果同学们计划在法律硕士毕业后直接入读海外法学院的项目,那么可以参考我在上一节介绍的法本规划方案在本科与硕士期间进行安排。否则,我还是建议同学们只需要在学有余力的情况下参与自己感兴趣的社团与活动即可。

接下来,我再谈谈另外两条"非主流"路径。

首先,对于想要攻读法学硕士的非法本同学来说,我们能说的确实比较有限,以我个人的辅导经历为例,我迄今为止只辅导过两位本科非法本的同学成功"上岸"法学硕士项目。而且这两位同学的背景都比较特殊:其中一位本科录取的志愿虽然不是法学专业,但是是一个具有实验班性质的理工科与法学交叉的复合人才培养项目,该同学后来通过推免获得了入读法学硕士的资格。另一位在我眼中属于十分具有"天赋"的学术"潜力股",其本科修读的也是与知识产权法具有高度重合的专业,后来其通过法学硕士考试成功"上岸",导师看重的,也是其本科专业与导师自身研究方向的高契合度。而这两位同学的经历,对于大部分非法本同学来说,也不具有借鉴与参考的价值。不过值得提及的是,他们都在本科期间辅修了本校的法学第二专业。所以,由于缺乏可以充分统计、研究与分析的"样本",对于这一条路径,我们只能点到为止。不过非法本同学们备考法学硕士,在基本方法上,和法本同学是一致的。

---

〔1〕 此处的"突出"既可以是褒义的,也可以是贬义的。

〔2〕 当然,如前所述,美国法学院三年制的职业法律博士项目并不直接等同于国内法学教育中的"法本",确切地说,其只是美国法学教育体系中的"第一法律学位"。

其次,而对于另一条路径,在下文的案例分析环节,我将以一位我所辅导的非法本同学冲击美国法学院职业法律博士项目为例,具体展示如何进行规划。我之所以如此为之,原因有三:首先,以我个人的辅导经历来看,除了通过非法本法律硕士考试转行之外,通过申请美国法学院的职业法律博士项目转行,通常是本科起点较高、家庭条件较好且较为自律的非法本同学们会优先考虑的转行路径。其次,在法本与非法本冲击美国职业法律博士的规划方面,我自认为我在国内的水平是"不可言说"的。〔1〕最后,基于前两点原因,且考虑到美国知名法学院的职业法律博士项目竞争通常极为激烈、想要冲击名校在规划上的要求也极高。所以,我认为相应案例具有很高的"非法本规划参考价值";换言之,无论是国内还是海外高校的非法本同学都可以通过仔细思考我在这个案例中的"谋篇布局",来举一反三自己的非法本本科规划。

✍ 案例

被辅导者化名:	莉娅	辅导开始时间:	大一上学期
被辅导者家乡:	一线城市	被辅导者本科:	美国高校政治学专业
被辅导者学业基础:		高三毕业暑假托福获得分数 110+	
大目标:	JD 项目	辅导时长:	3 年
汇报频率:	主动汇报	被辅导者自律程度:	非常自律

● 大一上学期

■ 学业线:莉娅在高中阶段就希望本科毕业后入读美国排名前 10 的职业法律博士项目(J. D.),大一开始后,莉娅便要求我以此为目标对其本科学业进行规划。在该学期,我对其设定的目标有三:第一、归纳并建立本专业学习备考的方法,必要时,可以加入相关学习小组或学生团体;第二、与法律相关的课程内容,细心阅读课程资料后形成读书笔记;第三、完成我为其定制的法学政治学交叉内容书单并形成读书笔记。

■ 就业线:无特殊情况介绍。

■ 背景线:无特殊情况介绍。

〔1〕 因为我国的《广告法》一般将"第一""顶尖"与"最佳"视为禁止宣传用语。

● 大一下学期

■ 学业线:莉娅在大一上学期的绩点达到了我们共同确定的目标,在保持大一上学期相同学习方法的情况下,根据其形成的读书笔记,我继续为其开列相关书单,并开始引导其对发生在生活中的"法律政治问题"进行思考,并且鼓励其与本学期的授课老师就这些问题进行交流。

■ 就业线:无特殊情况介绍。

■ 背景线:在我的引荐下,莉娅在暑假成为某中学生夏令营的"政治学专业导师",向有志于在本科阶段学习政治学的中学生介绍相关学习内容。

● 大二上学期

■ 学业线:本学期,莉娅拥有了更多选修课学分,我对其选课思路提出的建议是"在涉及法学的选修课与给分高的课程之间保持平衡"。按照我的建议,莉娅选修了两门法学相关课程,授课教师均来自其所就读高校法学院。针对这一情况,我也给出了与这些教授进行学术沟通交流的建议。此外,莉娅继续按照我给出的书单完成阅读任务并形成读书笔记。

■ 就业线:无特殊情况介绍。

■ 背景线:在我的建议下,莉娅决定在即将到来的寒假在高校所在城市的福利机构做义工。

● 大二下学期

■ 学业线:本学期,莉娅选修了三门涉及法学内容的课程;并且,开始自主备考 LSAT 考试。我们设定的目标是大三开学前进行第一次考试,视分数情况决定接下来的安排。本学期,我停止为莉娅开列书单,只要求其完成一部"大部头的学术专著"的阅读与若干学术论文的阅读并形成读书笔记。

■ 就业线:无特殊情况介绍。

■ 背景线:莉娅所在学院提供了前往全球各地大学进行为期一学期的交换机会,具体交换时间为大三上学期,莉娅十分想前往位于西欧的一所大学进行交换。但经过反复沟通后,我认为这个计划并不可行,经过权衡,莉娅决定放弃交流。

● 大三上学期

■ 学业线:莉娅在暑假的 LSAT 考试中取得了理想的分数,本学期将继续独立备考。其本专业课程的绩点也达到了我们之前共同确认的目标。这一学期,我将莉娅的学业重点放在了获得“有分量的推荐信”这件事上。根据我的建议,其最终获得了本校法学院一位资深教授的推荐信。

■ 就业线:无特殊情况介绍。

■ 背景线:莉娅决定在即将到来的寒假继续在高校所在城市的福利机构做义工。

● 大三下学期

■ 学业线:本学期,莉娅在开学后不久便在 LSAT 考试中取得了一个更高的分数,随后,其将下一次也就是最后一次 LSAT 考试的时间定在了即将到来的暑假。此外,莉娅在我的辅导下开始个人申请材料的撰写与打磨;其法学相关课程的“单列成绩”也完全达到了我们之前设定的目标。此时对其 JD 申请的目标院校与可能结果,我已做到了心中有数。

■ 就业线:即将到来的暑假,莉娅所在学院的老师推荐其前往当地法律援助机构从事实习工作,我建议其放弃这一实习机会,莉娅接受了我的建议。

■ 背景线:莉娅决定在暑假 LSAT 考试结束后继续在高校所在城市的福利机构做义工,直至开学。

● 大四上学期

■ 学业线:开学后莉娅即着手投递申请,并在感恩节之前完成了全部申请工作。本书写就之时,其已获得 6 所目标法学院中 3 所的录取,其中两所还提供了丰厚的奖学金资助,另外三所法学院仍在等待录取结果。

■ 就业线:无特殊情况介绍。

■ 背景线:无特殊情况介绍。

● 【点评】:介绍完了莉娅本科期间的规划,我想再重点分析几个环节:

首先,我一直说,“JD 申请,规划先行”,这句话的意思是,成功的美国法学院职业法律博士项目申请,是建立在成功的贯穿大学本科(甚至是研究生)阶段的学业就业规划基础之上的。诚然,同学们可以在大四申请开始前找一家留学中介根据过往的经历“攒一套文书”。但我一直强调,如果想要实质性的提高自己的竞争力,尽早开始规划以形成完整连贯而清晰的“经历线”显然是更好的选择。莉娅的案例,就充分证明了这一点。

在规划开始之前，通过与莉娅及其父母的沟通，我对莉娅的性格有了比较清晰的了解，相应规划方案，也很快浮现在了我的脑海。具体来说，我为莉娅设计的经历线非常清晰——在学习本科政治学的过程中，莉娅不断探索自己对法律专业的兴趣，并基于丰富的社会公益活动经历，发现了“身边的”政治理论与法治实践之间的“结合点”。基于大量的阅读，莉娅可以对这个结合点提出十分深入的思考，其不仅能说出自己的看法，甚至还能给出自己的“解决方案”。这些亮点，随后都在其申请材料中被展现得淋漓尽致。后来为莉娅提供推荐信的法学院教授就曾当面向莉娅表示，看完了莉娅的申请材料，其充分感受到了莉娅“具有充分的法学院学习动力与清晰的法律行业就业目标”。

其次，正是在这一大思路下，我对莉娅随后在本科期间将要参与的各类活动进行了主次分明的“加减法”。对于交换经历，我认为不是必需的，从大方向上来说，这与莉娅的经历线并不契合（虽然也不矛盾）；而在这一背景下，一学期的交换将很有可能严重影响莉娅的备考；而且该交换大学所处国家并非英语母语国，一个十分容易被忽略的问题是，莉娅在该大学一学期取得的成绩很有可能在之后申请美国法学院 JD 项目时遭遇“技术障碍”；更不用说如果莉娅因为各种原因在交换期间成绩并不理想，这对于其之后的申请也将是不利的。所以，我建议其放弃交换的机会；事实证明我的建议也是对的，莉娅的另外一位同学后来远赴该国交换，其在后来申请研究生项目时，就因为该国大学开具的成绩单不符合要求，严重耽误了当年的申请。同理，对于实习经历，我认为也需要认真分析，以莉娅的经历线为参照，公益实习经历显然是必需的，但不应该追求“品种多”，而应该追求“参与深”。因此，在莉娅已经深度参与当地福利机构组织的公益活动的情况下，我建议其“从一而终”，莉娅也采纳了我的建议，放弃了其他机会。〔1〕 与之相关的另一个要点是，通过我对莉娅的规划，同学们也不难发现，只要规划得当，所谓“背景提升”就是手到擒来的事情；换言之，这也是为何我一直在各种场合强调，“付费实习”“付费背景提升”完完全全是一种赤裸裸的“智商税”。

最后，顺着这一思路，申请材料的撰写对于莉娅而言几乎是“水到渠

---

〔1〕 当时，莉娅也考虑过去参加一些商业背景浓厚的“背景提升项目”，或者参加国际组织远赴非洲国家的公益援助项目。

成”的。较之于传统留学中介集中于几周的时间用所谓“头脑风暴”来为申请者过去几年也许并没有任何“清晰逻辑线”的繁杂经历强行进行合理化解释,招生官在阅读莉娅撰写的倾注了真情实感的申请材料时,显然会有源于人性的本能共鸣。而在此时,恰到好处的来自法学院教授的“业内人士”推荐信,又为其成功申请增添了几乎必胜的砝码。

介绍完了莉娅规划的核心思路,基于这个案例,我再多说两点非法本本科规划所需要普遍注意的问题:

第一,非法本的同学们如果决定转行,在本科期间到底需不需要尽可能多的修读法律相关课程?对此,我的建议是,如果基于充分搜集的信息,同学们比较有信心在相应课程中获得好的成绩,我推荐大家积极地且尽可能多地修读相关课程。否则,还是老老实实学习自己更擅长的本专业课程。

第二,无论是准备 LSAT 考试还是非法本法律硕士考试,只要同学们确定了这个“大目标”,请一定尽快开始复习。尤其是近年来,各种升学考试的竞争都在加剧的大背景下,我已将见过太多“大一定好目标、大三开始努力、大四‘顺利’失败”的案例。

✍ 其他注意事项

自此,我算是详略得当地对非法本同学们如何进行法本学业规划进行了介绍与分析。不过在结束本节的介绍前,还有一些技术问题需要提醒非法本的同学们在决定是否转行以及如何转行前好好考虑。具体来说:

首先,非法本的同学们在报考法律硕士时应当如何择校?坦诚地说,由于非法本的同学本身拥有其他专业的背景知识,如何择校其实是一个学问很大的事情,并且在择校得当的情况下,还能够起到“四两拨千斤”的效果。比如,本科学习计算机或通信技术的同学,如果选择对于数字法学或知识产权法造诣颇深的法学院或导师,往往就能够给自己后续的规划和发展起到非常大的帮助。但受本书篇幅所限,我只能给出一条重要的原则性建议,那就是:对于法学院系综合实力的比较,请非法本的同学们参考《推开法学之门:法学专业高考志愿填报指南》当中介绍的方法论;而具体的院系选择,可以参考本书有关研究生择校部分的分析与介绍。

其次,对于非法本打算报考法学硕士的同学们来说,不同的国内法学院对于报名资格的要求是不同的。比如部分知名法院院系,就不接受非法本同学报名或只招录通过保送升学的本科生。此外，相关要求年年都可能发生变化，想要通过法学硕士转行的同学们一定三思而后行，尤其是招录政策这一点，特别需要留心与注意。

最后，有志于通过留学转行的非法本同学，还需要注意一个问题，那就是海外法学院一年制法学硕士项目与各类职业法律博士项目是否具有报考国内法考的资格。这个问题有两个答案，如果同学在 2018 年之前入读本科，由于享受“老人老办法”的政策，所以无论你是否已经留学，都可以报考法考。而对于本书的主要受众，即 2018 年及之后入读非法学本科的同学们来说，答案则比较微妙：

理论上，以 2018 年秋季入学的非法本本科生为例，其最快将于 2022 年夏季毕业。以此推之，其最快将在 2023 年至 2025 年夏天获得海外法学院颁发的法学硕士或职业法律博士文凭。在这种情况下，其是否具有报考法考的资格，就需要视其毕业当年法考考试公告与留学认证的具体实践情况而定。换言之，在本书写就之时，我们尚不确定通过这种方式转行的非法本同学是否具有报考资格。并且，在本科毕业后计划修读海外法学院法学硕士项目的同学还要留意，很多海外法学院的一年制法学硕士项目——尤其是名校开设的相关项目——往往不接受没有国内法学本科学位的同学们的申请。这些技术性问题，也都需要引起同学们的注意。

最后的最后，其实关于非法本的学业就业规划，我个人能说的还有很多，比如就业规划，其实是一个更重要的问题。原则上来说，具有复合专业的法律人在同等条件下进行就业，肯定不会有劣势，比如两位同学本科与硕士的就读院校都相同，成绩也差不多，都通过了法考，一位法本，一位非法本，在我看来，这两位在法律就业市场中，肯定是势均力敌的对手。而如果这位非法本的同学本科修读的专业对于雇主而言更加“对口”，比如互联网公司招聘法务，当然会更欢迎本科学习过相关专业的法律硕士，非法本同学还会有相当的优势。但还是限于本书的篇幅，我就不做过多展开了。

总结

总之，对于非法本的同学们来说，这本书的所有内容其实对你们都同样适用。从这个角度上来说，其实这本书里写给你们的内容也足够多了。更多的内容，就留到本书的第二版或第三版再“解锁”吧！

最后的话

终于，我们来到了这里。在本书的最后，以前文为内容，我还想额外说这么几句话，以作结尾。这些话不仅送给读到此处的同学们，也送给你们的父母：

(1)再优秀的人，也有不那么优秀的一面。不那么优秀也并不是什么错，大部分人都“不那么优秀”。

(2)“毕业了就回去”与“混不好就不回来了”并无高低之分，如果能够平静、知足且安心的与家人共度一生，即使是在老家，又有什么不好呢？

(3)普通的“小镇青年”或“农村出来的孩子”想要留在大城市，需要付出巨大的努力，需要舍弃许多同龄的“城里孩子”不会舍弃的东西，请一定做好相应的心理准备。

(4)怀揣着伟大梦想“蒙眼狂奔”对于自负的人来说，可能是更好的选择。

(5)知道做不到，等于不知道。甚至，还不如不知道。

(6)买书尽量买正版。

(7)保持身体健康，共勉！

后记：回顾、致歉与感谢

2012年的最后一周，刚刚结束本科留学申请后，我便将自己的经验、教训、前辈们的建议与精心收集的数据整理成了一篇万字长文，发表在一个留学论坛。[1] 这篇随后多年置顶的精华帖，可谓改变了我的命运——它不仅开启了我个人的“教育生涯”、帮助我结识了不少志同道合的朋友与“贵人”；也为我的人生打开了一扇可以暗中观察更多学子抉择与命运的小窗。

随后十年，我曾义无反顾于创业的艰辛与不易、我曾五味杂陈于法律工作的细致与繁琐、我曾流连忘返于校园生活的单纯与美好。但在这十年，无论我的“主业”为何，我永远未曾中断的“副业”，便是在各大平台默默分享自己就读法学院的心得体会，并向前来咨询的同学和家长提供力所能及的建议。

然而十年间，随着回答的问题越来越多，我却越来越沮丧：因为整整十年过去，我被问及最多的问题，依然没有太大变化，我也逐渐对回答这些问题感到疲倦。我很奇怪，为何十年过去，法学院教授们的学术成就屡创新高，但学生最基本的疑惑却始终无法得到解答？我开始思考如何“一劳永逸”地解决这些问题。正因如此，我与怀着相同困惑的胡教授一拍即合——我们都认为，应该有一本——甚至是多本——书，把我们所被问及的法学专业学生和家长最关心的问题汇总、整理、分类、归纳并逐一细致解答。

随后，我们开始为实现这个目标做准备，过程当然是殊为不易的。为了让这本书“经得起学生和家长的考验”，胡教授带着我投入了大量的时间进行走访调研——我们与学生对谈、与家长对谈、与法律行业各个细分领域的“老板”对谈、与法学院的教授和领导对谈、与高校思政就业老师对谈、与权威的教育学家和心理学家对谈。为了确保每一个问题

---

〔1〕 写就本文之时，我本想再次回到论坛找到那篇文章，但很不幸，直到此时，我才发现，那个曾经喧嚣多年的论坛，伴随着校外教育行业的大洗牌，早已不见踪影。

都能得到相对权威的回答,除了胡教授和我之外,我们还从几百位候选作者当中,精挑细选了十几位核心作者组成律路法学实践教育系列丛书的主干团队。这是一个怎样的团队呢?按胡雪梅教授的话说:

他们年纪正好——三十岁左右的年龄不仅确保他们在相关岗位拥有相对资深的工作经验,也能确保他们给出的回答不会同年轻的读者群体产生过于明显的代沟;他们背景正好——作者团队中既有传统意义上的"学霸精英",也有来自"默默无闻"本科院校的"逆袭榜样",他们共同给出的回答或许才能最大限度满足不同背景读者的期待;他们经历正好——绝大部分合作作者,都和主笔一样,拥有多年的学业辅导经验,对于学生和家长的需求,有着精确的洞见与解读,并善于通过文字,传达不激进也不隐晦的持中看法。

2018年,组建好了初始核心团队,剩下的事情自然就是进行创作。然而,突如其来的疫情完全打乱了我们的安排,原本计划于2021年面世的本书,也不得不推迟到今天才付梓。其间面对的挑战,亦完全超出了我个人的预想,比如:

2020年夏,我决意离开先前工作的跨国教育咨询公司,一年之前,我被该公司委以重任,负责筹建其在东亚的总部,该总部将面向中国内地、中国香港、中国澳门、中国台湾以及韩国与各东南亚国家的客户提供赴美留学与个人生涯规划服务。而在该公司任职期间,我带领一个"全博士"团队,专门策划撰写了一本针对来自上述地区"高端客户"的《美英法学院问答指南》。在离职时,我与该公司协商一致,购买了该书的版权,并将该书内容浓缩为近四万字的精华,编入本书第一版的初稿之中。然而,2021年初,按照先前的协议,当我告知该公司本书的出版计划后,我却收到了来自该公司董事会的一封律师函。在这份函件中,我被告知,先前我所购买的版权,并不包括将该书内容编入"非教材"书籍的权利。彼时,我有三个选择:(1)接受该公司的"替代方案",将该公司指定的人选列为本书副主编;(2)再支付一笔数十万美元的"完全买断费";(3)继续出版计划的同时随时准备与老东家对簿公堂。方案(1)对所有亲身参与本书创作的团队成员们不公;方案(3)随时可能影响本书的宣发;而我又没有理由满足方案(2)的要求。经过一夜思考,我提出了替代方案:我愿意再支付一笔费用,彻底"卖断一切";否则,我会继续出版该书,然后用这笔钱和老东家在法庭上"战斗到底"。一周后,老东家有条件地接受了我的方案,我也掏空了个人积蓄,扫清了律路法学实践教育系列丛书出版过程中最大的法律风险。但因此，我要向我的家人致歉——这几年，不时还需要你们在经济上给予我支持，这确实在我最初的“预算”之外，也让我深感自责。你们偶尔玩笑，问我“钱去哪了”，今天，我才把答案告诉你们，非常抱歉！

2022年秋冬之交，我刚刚完成了一本学术译著的翻译工作。彼时，我已入读上海交通大学凯原法学院，师从王先林教授。当时，王老师对我接下来的学术计划和安排提出了一些基本的规划意见，我也深知，和同门中其他优秀的前辈相比，自己的学术成果和科研进度着实不足。而就在此时，部分试读本书的同学不约而同向我们提出了一个重要的反馈意见，那就是，这本成书于2018至2020年，定稿于2021年初的作品，不少内容已经过时，特别是考虑到疫情对各类考试安排带来的影响，如果直接按照当时的内容出版，恐有“误人子弟”之虞。换言之，整本书的内容，需要进行一次彻底的修订。而作为本书的主笔与统稿人，能够胜任这一任务的人只有我；我也责无旁贷，必须完成这一工作。正因此，我也想向敬爱的王老师致歉——作为您的学生，中衡在本职工作方面确实没有下苦功、用全力；或多或少肯定辜负了您的期待，以本书的出版为起点，中衡定会全力以赴完成入学时为自己设定的学术和科研目标，不负老师的知遇之恩。

此外，在本书出版之际，我还要向以下诸位表达我的感谢之情，为了确保没有遗漏，请原谅我以“流水账”的方式按照与诸位结识的时间顺序进行致谢：

2013年初至2015年夏，我辗转在南昌与上海的多家留学与英语培训辅导机构兼职，正因这段经历，我与陈老板、李老板、刘老师、蔡老师、温老师，以及卜学长、Mindy、Reed、Alan，还有阿雨、小虎等人相识。我想对你们说：那段一起在教育机构工作的时光确实非常开心，那时我刚刚离开大学校园，敢想敢说，能够在你们的指导、帮助和支持下，进入“教培”行业并小有所成，确实是我人生中不可多得的一段缘分。你们的鼓励和肯定也让我意识到，自己或许确实有“做老师”的天赋。虽然我与你们当中的大部分人都失去了联络，但至今，我依然时不时会想起那时我们使用QQ软件，在世界的不同角落一同谈天说地的情景。衷心地希望，无论此时此刻，你们身在何方，都能平安、健康、快乐。

2015年夏至2017年夏，亲历了美国JD申请之旅，我通过各大论坛和平台，认识了不少一同前往美国就读JD的同学，其中的几位，后来还成为本书创作团队的成员。结束了1L的学习后,我又在普衡律师事务所以及一家跨国教育咨询公司实习。正因这几段经历,我与程老师、韩先生、王先生,以及Stephanie、Justin、Michael,还有大卫等人相识。在此,我想对你们说:我们因"JD"结缘,与你们相识的那段时光,也是我个人迷茫于学业和就业规划之时。你们给我的帮助、建议、言传身教,以及你们带我看到的世界,让我更加明白了自己"想要什么、想做什么"。没有你们出现在我的生命中,恐怕我还不能在那样一个年纪开始逐渐想清楚这件人生中最重要的事情(之一)。非常感谢你们对我人生之旅的启迪,衷心地希望,无论此时此刻,你们身在何方,都能平安、健康、快乐。

2016年秋至2019年夏,我于美国南加州大学古尔德法学院就读职业法律博士项目。正因这段经历,我与Susan Wright教授、Thomas Griffith教授、Deborah Call女士和Michael Roster先生相识,我想对你们说:When I study in the U. S., the extreme kind support you offered truly means a lot to me. Without your help and suggestions, I would not have thought about becoming an educator, and I would not have written this book. Thank you and wish you the best! 此外,我还要感谢给予我慷慨奖学金资助的古尔德法学院以及与我一同创立南加州大学法学院中国学生校友联合会的小票学姐、Owen学长、Yuchen学姐、云超兄、明美、Diana、小雷、戴通、凯凡、井总、壮汉、皮皮、Ivan、David和Kara。成立这个社团的初衷不仅在于团结USC法学院的中国校友,于我而言,也想通过这个社团组织的学业就业规划活动,进一步确认自己未来的就业方向。我很感激在你们的帮助下,这个社团可以成立,成功组织了多次辅导活动,且在疫情到来前做得有声有色。与你们在法学院Meeting Room相处的时光,是我最为怀念的L. A.留学生活片段。希望接下来,我们能够再次携手,恢复这个社团在中美的活动,我们继续一路同行。我想对你们说,无论此时此刻,你们身在何方,请你们一定要幸福。

2017年至2020年,我一直在一家跨国教育公司兼职,从最基本的专门负责帮助客户修改简历的Student Mentor做起,两年内连升三级,从Group Leader成为Team Leader再成为东亚分部筹备负责人。也正因此,我有幸结识了A女士、M先生以及L教授,我想对你们说:My tenure at your firm was unquestionably transformative: I was unprecedentedly chosen as the first mentee from outside the top 10 law schools. This was followed by an invaluable year of personal training with one of the most esteemed coaches in the industry. Ultimately, I was appointed as the inaugural non-native head of an entire office in East Asia. I am acutely aware that each decision you made in my favor was met with significant scrutiny and substantial pushback from the board, and if it had not been for the pandemic, I would have fully justified the faith you placed in me. Despite the fact that our journey did not conclude ideally, thanks to you, I personally witnessed how professional a student coach would be of which completed changed my perception basing on my previous experience when I worked in China. And I remain hopeful that when the time comes for you to return, I will be ready to assist in any capacity, mirroring the generosity you extended to me when I was a "nobody rising 2L student". I am deeply grateful for your recognition of my entrepreneurial and coaching abilities. Thank you! 此外,我还要感谢在该机构兼职时,我所在团队的四位同事,他们分别是 Kim、James、Bae 以及 Hunt,我想对你们说:The early morning discussions we had, spanning two continents and time zones in L. A. and Shanghai, will forever be etched in my memory. We deliberated about our clients, our cases, and our prospective futures, as well as broader societal themes such as educational equity, meritocracy, and the foundational philosophical disparities between the East Asia and American educational systems. These conversations ultimately guided me to my epiphany moment that my mission is to guide not only the privileged students of affluence, but students from all backgrounds. Thanks to you all, I have found my path and defined my mission.

2021 年初,在我已经收到上海交通大学的录取通知书,但尚未正式入学时,我抱着试一试的态度,报名了交大学生创新中心的创业培训项目,彼时,其实我还没有真正成为一名交大学子。但是让我感到意外的是,随后创业中心的老师们,向我提供了热情的指导和帮助,在此,我要感谢马老师、汤老师以及法学院的辅导员朱老师,感谢您们"提前"对我提供的帮助!

我还要特别感谢远在内蒙工作的小郭叔叔对我的鞭策和指导;上海坤澜律师事务所的刘宁主任对我的教导与鼓励以及韦林思创公司的创始人朱伟老师对我的辅导与建议。

我还要特别感谢三位我最重要的"商业伙伴":Owen、大可与饶先生。

我还要特别感谢本书创作团队的所有成员,虽然我总说“大恩不言谢”,但我依然认为,向你们的“大恩”表达感谢,是必须的。我还要特别感谢本书支持团队的所有成员,他们都是我的学员,希望有一天,你们都能成为本书的合作作者。我尤其还要特别感谢,出于工作需要,无法在本书署名的作者,他们共同为本书与公务员岗位及求职相关的内容,贡献了十分宝贵的创作素材与资料,他们分别是:夏先生、奚先生、梁女士、张女士、谢女士、冯女士、黄先生与方同学。

我还要特别感谢我的“学员们”,无论你们通过何种渠道与我相识,这份“师生之缘”,都是我一生的财富。

我还要特别感谢在本书策划出版过程中给予我宝贵建议的来自中信出版社的李老师和来自商务印书馆的金老师。我还要特别感谢最后承接本书策划工作的来自麦读的曾健老师以及麦读和中国民主法制出版社的诸位老师。我还要特别鸣谢《中国律师》原总编辑、《民主与法制》原总编辑、桂客学院院长刘桂明老师。

此外,我还要特别感谢华东政法大学法律学院的副院长马金芳老师与前副校长陈晶莹老师。2016 年,马老师曾邀请即将赴美留学的我为华政的同学们进行了一场学业就业规划的讲座,我一直记得我在分享个人的观点与见解时,同学们专注的眼神,那一次讲座结束后,我开始认真思考,我是否应该写一本书,把自己的想法分享给大家。2021 年,带着本书的初稿与搜集的各类资料,受陈校长之邀,我有幸向华政的几位校领导和院领导就法学学业就业规划教育进行了汇报,报告会上我所得到的建议及会后我所得到的帮助,更让我坚定了完成这本书的想法。

最后,我要向我本科时代的老校长与法制史老师何勤华先生致以深深的谢意,您的法制史课程推开了属于我的“法学之门”,使我有幸走进了史学、哲学与法学的宏伟世界。您作为当之无愧的法学家和教育家,更是我学习的榜样。而今天,作为您的学生,我希望用这本书,帮更多中国法科生推开属于他(她)们的法学之门。感谢您在本书最后的出版阶段给予本书的无私帮助,希望这本律路法学实践教育系列丛书的开篇之作不会辜负您所给予的信任与期待!

以此为记。

主笔:李中衡

2023 年 5 月

本书创作团队全体成员介绍

主编

✍ 胡雪梅:胡雪梅教授负责律路法学实践教育系列丛书的前期调研工作、本书的提纲策划工作、创作进度管理工作与编辑审阅工作;同时,还负责为本书作者团队的创作提供技术指导与建议。

主笔

✍ 李中衡:李中衡博士为本书主笔,第一作者;除与其他作者共同参与创作相关部分内容外,本书其余部分内容初稿,均由李中衡博士主笔完成。读者寄语:每次买盗版书下次考试就会少考 10 分。

合作作者

✍ 蔡崇山:甘肃人,1990 年生。曾先后就职于华为公司、“红圈”律所与国内知名律所。蔡先生法学本科毕业于上海对外经贸大学,法学硕士毕业于华东政法大学。蔡先生主要参与本书第四章与第五章相关内容的创作,并协助胡雪梅教授与李中衡博士统筹律路法学实践教育系列丛书相关工作,参与本书各章节的提纲创作与审校工作。读者寄语:热爱创造一切。

✍ 胡启鹏:江西新余人,1991 年生。胡先生现任奥睿律师事务所(Orrick, Herrington & Sutcliffe LLP)美国旧金山办公室管理律师。胡先生法学本科毕业于华东政法大学,法学硕士(LL. M.)毕业于美国得州大学奥斯汀分校,职业法律博士(J. D.)毕业于美国密歇根大学。胡先生主要参与本书 2.4 节、2.5 节与 3.3 节相关内容的创作,并参与本书若干章节的审校工作。读者寄语:你比自己想象的更坚强,act accordingly。

✍ 简鸣蝉:江西南昌人,1996年生。现任互联网上市公司法务。简女士本科毕业于华东交通大学,法律(非法学)硕士毕业于华东政法大学。简女士主要参与本书2.1节与2.2节相关内容的创作。读者寄语:玉汝于成,功不唐捐。

✍ 杨翼飞:北京人,1992年生,现任美国知名律所纽约办公室律师。杨先生本科毕业于北京大学,获法学与经济学双学士学位,职业法律博士(J. D.)毕业于美国哈佛大学。杨先生主要参与本书2.4节、2.5节、3.2节、3.3节与6.3节相关内容的创作,并参与本书若干章节的审校工作。读者寄语:不要怕,明天太阳会照常升起。

✍ 张先生:上海人,1991年生。现任上海某高校法学院教师。张先生本科毕业于华东政法大学,后留学美国,获法学硕士(LL. M.)与法学博士(S. J. D.)学位。张先生主要参与本书2.4节与4.5节相关内容的创作。读者寄语:开心就好。

✍ 刘一尘:北京人,1992年生,现任职于某中资律所香港办公室,曾就职多家美资、英资律所北京及香港办公室。刘先生法学本科毕业于华东政法大学,职业法律博士(J. D.)毕业于美国埃默里大学。刘先生主要参与本书3.2节、3.3节与6.3节相关内容的创作与本书的推广工作。

✍ 吴墨茨:江西抚州人,1991年生。现任知名互联网公司法务经理,曾任职于律所与投资公司。吴女士本科毕业于华东政法大学,法学硕士(LL. M.)毕业于英国布里斯托大学。吴女士主要参与本书5.2节相关内容的创作。此外,吴女士还协助胡雪梅教授与李中衡先生统筹律路法学实践教育系列丛书策划工作。

✍ 李女士:江苏连云港人,1993年生。现就职于美国知名律所华盛顿办公室,曾就职于外资银行。李女士本科毕业于中国人民大学,职业法律博士(J. D.)毕业于纽约大学。李女士主要参与本书5.7节与6.3节相关内容的创作。读者寄语:享受生活的每一天。

✍ 王维康:山东枣庄人,1993年生。曾就职于华中科技大学国际部,任对外英语和英语口语写作教师。王先生本科毕业于黑龙江大学和俄罗斯新西伯利亚国立大学;法学硕士毕业于武汉大学和英国爱丁堡大学(LL. M.),法学博士就读于上海交通大学。王先生主要参与本书2.3节与3.2节相关内容的创作。寄语:随心所至,或者就算了。

✍ 方翔:安徽芜湖人,1993年生。现为苏州大学王健法学院讲师,兼任江苏省法学会经济法学研究会理事。方先生法学本科与法律(法学)硕士毕业于浙江理工大学,法学博士毕业于上海交通大学。方先生主要参与本书2.3节与4.5节相关内容的创作。读者寄语:为学日益,为道日损。

✍ 毕文轩:陕西西安人,1992年生。现为东南大学法学院讲师、东南大学人权研究院助理研究员。毕先生法学本科与法学硕士毕业于华东政法大学,法学博士毕业于上海交通大学。毕先生主要参与本书2.3节与4.5节相关内容的创作。读者寄语:日拱一卒,功不唐捐。

✍ 宋云超:河南南阳人,1991年生。现为美国加州、纽约州和得州执业律师。宋先生本科毕业于华东政法大学,法律硕士(LL.M.)和职业法律博士(J.D.)毕业于南加州大学。宋先生主要参与本书5.7节与6.3节相关内容的创作。读者寄语:明德新民,止于至善。

✍ 吕点点:北京人,1994年生,现任中国政法大学讲师。吕先生本科毕业于华东政法大学,法学硕士(LL.M.)毕业于清华大学-美国天普大学合作项目,法学博士由中国政法大学-美国康奈尔大学联合培养。吕先生主要参与本书2.3节与4.5节相关内容的创作。读者寄语:选择让自己开心的路。

✍ 黄佩佩:江西抚州人。现从事教育工作,曾长期就职于政府部门。黄女士本科毕业于华中科技大学,法律(非法学)硕士毕业于复旦大学。黄女士主要参与本书2.1节、2.2节与3.2节相关内容的创作。

✍ 蒋先生:1992年生。现为上海政法学院国际法学院讲师。蒋先生职业法律博士(J.D.)毕业于美国康奈尔大学。蒋先生主要参与本书1.4节与4.6节相关内容的创作。读者寄语:永远保持初心,always day one!

✍ 王哲:江西抚州人,1994年生。现为上海政法学院刑事司法学院(纪检监察学院)讲师。王先生法学本科、法学硕士和法学博士均毕业于华东政法大学。王先生主要参与本书2.3节与4.5节相关内容的创作。

✍ 庄凌宇:福建泉州人,1990年生,现为厦门市青空法务咨询有限公司创始人、CEO,曾就职于上海知名律所。庄先生法学本科毕业于华东政法大学,法学硕士(LL.M.)毕业于英国卡迪夫大学。庄先生主要参与本书4.6节内容的创作。读者寄语:多尝试,走出与众不同的路。

✍ 谢剑威:广东广州人,1998年生。现就职于国内知名律所。谢先生本科毕业于西南政法大学,法律(法学)硕士毕业于南京大学。谢先生主要参与本书5.3节、5.4节与5.5节内容的创作。

✍ 翟同学:河南驻马店人,1995年生。翟先生本科毕业于内蒙古科技大学,法学硕士毕业于华东师范大学,法学博士就读于天津大学。翟先生主要参与本书2.1节与2.2节相关内容的创作。读者寄语:尽人事,听天命。

✍ 陈泉程:河南驻马店人,1993年生。陈先生法学本科就读于华东师范大学,法学硕士就读于华东师范大学与巴黎第二大学,法学博士就读于华东师范大学与巴黎第二大学。陈先生主要参与本书2.4节相关内容的创作。

✍ 王先生:河南鹤壁人,1990年生,现为上海道朋律师事务所律师。王先生本科毕业于上海对外贸易大学,法学硕士毕业于华东师范大学。王先生主要参与本书2.1节与3.1节相关内容的创作。读者寄语:切记浪费时间,把握好每一分钟,用实际行动向着梦想努力。

✍ 姜智夫:吉林四平人,1999年生。姜先生法学本科与法学硕士毕业于华东师范大学,法学硕士(LL. M.)就读于美国西本大学。姜先生主要参与本书1.1节与1.2节相关内容的创作。

✍ 司徒沛宏:广东中山人,1998年生,法学本科毕业于中国政法大学,法学硕士毕业于美国乔治城大学法与美国纽约大学。司徒先生主要参与本书4.6节相关内容的创作。

✍ 刘霖:山东济南人,1992年生。现任互联网上市公司副主编。刘先生本科毕业于华东政法大学。刘先生主要参与本书4.6节相关内容的创作。读者寄语:让自己喜欢的寄语在自己身上实现吧。

✍ 雷女士:湖北襄阳人,1995年生。现为某跨境支付公司涉外高级法务,曾长期就职于律所。雷女士法学硕士(LL. M.)毕业于美国南加州大学。雷女士主要参与本书5.7节相关内容的创作。读者寄语:开心最重要。

✍ 石莹:辽宁大连人,2000年生。石同学本科毕业于西南政法大学,法学硕士就读于中国政法大学。石同学主要参与本书2.2节与3.2节相关内容的创作。

✍ 付女士:山东潍坊人,1999年生。现为美国纽约州执业律师,任职于美国律所。付女士本科毕业于西南政法大学,法学硕士(LL. M.)毕业于加州大学洛杉矶分校。付女士主要参与本书5.7节与6.3节相关内容的创作。

✍ 胡子涵:江西九江人,2000 年生。胡同学本科毕业于华东政法大学。胡同学主要参与本书 1.1 节与 1.4 节相关内容的创作。读者寄语:我一定要上岸!

本书研究支持团队

✍ 姜同学:本科就读于美国加州大学圣地亚哥分校。

✍ 刘同学:本科就读于香港中文大学(深圳)。

✍ 赵同学:本科就读于香港大学。

✍ 韩同学:本科就读于北京大学。

✍ 陈同学:本科就读于厦门大学嘉庚学院。

✍ 戚同学:本科就读于东北大学,职业法律博士(J. D.)就读于美国威廉与玛丽学院。

✍ 张同学:本科毕业于上海政法学院。

✍ 周同学:本科就读于美国 College of the Holy Cross。

✍ 纪同学:本科就读于华东政法大学,法学硕士(LL. M.)毕业于香港大学。

✍ Lisa:本科就读于澳门大学。

✍ Mia:本科就读于上海纽约大学。

✍ Alex:本科毕业于法国巴黎第一大学。

✍ Isabelle:本科就读于美国斯坦福大学。

✍ William:本科就读于英国伦敦大学国王学院。

(注:以上所有个人信息,更新截止日期为 2023 年 7 月 1 日。)

图书在版编目(CIP)数据

法学学业规划与就业指南 / 胡雪梅，李中衡主编. —北京：中国民主法制出版社，2023.7

(推开法学之门)

ISBN 978-7-5162-3308-5

Ⅰ. ①法… Ⅱ. ①胡… ②李… Ⅲ. ①法学-专业-大学生-职业选择-指南 Ⅳ. ①G647.38②D90-62

中国国家版本馆 CIP 数据核字(2023)第 126888 号

图书出品人：刘海涛

图书策划：麦　读

责任编辑：陈　曦　庞贺鑫　曾　健

书名/**推开法学之门：法学学业规划与就业指南**

作者/胡雪梅　李中衡　主编

出版 · 发行/中国民主法制出版社

地址/北京市丰台区右安门外玉林里 7 号（100069）

电话/（010）63055259（总编室）　63058068　63057714（营销中心）

传真/（010）63055259

http：//www.npcpub.com

E-mail：mzfz@npcpub.com

经销/新华书店

开本/32 开　880 毫米×1230 毫米

印张/15.75　**字数**/468 千字

版本/2023 年 8 月第 1 版　2023 年 8 月第 1 次印刷

印刷/北京天宇万达印刷有限公司

书号/ISBN 978-7-5162-3308-5

定价/75.00 元